두 글자로 풀어내는 서신서와 요한계시록

권혁정 지음

권혜영 그림

두 글자로 풀어내는 서신서와 요한계시록

지음	권혁정
그림	권혜영
편집	김덕원, 이찬혁

발행처	감은사
발행인	이영욱
전화	070-8614-2206
팩스	050-7091-2206
주소	서울특별시 강동구 암사동 아리수로 66, 401호
이메일	editor@gameun.co.kr

종이책

초판발행	2024.03.31.
ISBN	9791193155424
정가	44,000원

전자책

초판발행	2024.03.31.
ISBN	9791193155431
정가	36,800원

Exploring the Epistles and Revelation in Two Letters

Hyuk-Jung Kwon

| 일러두기 |

1. 본서에서 사용된 약어 '헬.'은 신약성경이 기록된 언어인 '헬라어'를, '히.'는 구약성경
   이 기록된 언어인 '히브리어'를 가리킵니다.
2. (XX절)이라는 표기는 해당 섹션의 장에 속한 절을 가리킵니다.

추천의 글

대학교에서 신약 성경을 강의하고 교회에서 목회하면서 신학과 목회를 융복합하는 권혁정 박사가 성도들을 위하여 쉽고 재미있게 신약 성경 전체를 관통하는 책을 펴냈습니다. 이 책은 신학과 목회의 융복합이며, 어려운 성경 주석과 쉬운 경건 서적의 융복합입니다. 재미있게 술술 읽히는 이 책을 읽다 보면 누구나 성경의 깊이 있는 내용을 아주 쉽게 파악하게 될 것입니다. 깊이 있는 내용을 짧은 분량에 담아 쉽게 전달하는 것이 독자들을 위한 좋은 책의 기준이라면, 신약 전체를 한 장 한 장 주해적으로 깊이 연구한 내용을 이렇게 짧은 분량에 담아 누구나 이해할 수 있는 언어로 풀어낸 이 책은 그 목표를 실현한 책입니다. 한 송이 국화꽃을 피우기 위해 봄부터 소쩍새가 울어야 했다고 한 시인이 노래했듯이, 독자들이 재미있게 읽으며 깊은 통찰을 얻을 수 있는 이 아름다운 책이 피어나기까지도 그러했을 것입니다. 저자는 긴 세월 동안 인고의 시간을 보내야 했을 것이고 아이들은 도서관에서 돌아오는 아빠를 기다려야 했을 것입니다. 모든 성도들에게 목회하는 신학자가 쓴, 국화꽃처럼 늦게 피어난 이 책을 강력히 추천합니다. 성경 통독과 함께 이 책을 활용한다면 수준 높은 가이드가 안내하는 성경 여행의 묘미를 느낄 수 있을 것입니다.

신현우

총신대학교 신학과 신약학 교수

들어가면서

필자는 교회와 대학에서 성경을 가르치는 자로서 '하나님의 말씀인 성경을 한 번 듣고도 오래 기억할 수 있는 방법이 없을까?'를 고민하고 기도하면서 저술한 것이 바로 본서입니다. 이 책은 성경과 기억법의 협업으로, 단 두 글자만을 사용하여 마태복음부터 요한계시록까지, 신약 성경 27권 전체를 제대로 한 코에 꿰는 기막힌 비법을 제시합니다. 이 책은 크게 세 개의 코너로 구성되어 있는데, 이를 통해 독자 여러분은 '재미'와 '진미'(참된 의미)라는 두 마리 토끼를 잡게 될 것입니다.

첫 번째 코너는 '**배**경과 **지도**'(배지)입니다. 본 강설에 앞서 필자는 여러분 가슴에 '배지'(Badge) 하나를 달아 드릴 것입니다. 책이 쓰인 배경을 먼저 알고 들어가야 그 책의 내용을 이해하기 쉽습니다. 아울러 각 책의 전체 숲을 한눈에 보는 길 안내 지도까지 장착하면 금상첨화입니다.

두 번째 코너는 '장별 제목 붙이기'입니다. 여기서는 단 두 글자로 꼬리에 꼬리를 물며 성경 각 장의 제목을 파악하는 기억법 여행을 떠납니다. 이를 통해 여러분은 성경 각 장의 주된 내용이 제대로 한 코에 꿰지는 '재미'를 만끽하게 될 것입니다.

마지막 세 번째 코너는 '해설'입니다. 여기서는 꼬꼬 여행(꼬리에 꼬리를 무는 여행)을 통해 숙지한 각 장의 내용을 귀에 쏙쏙 들어오게 족집게 해설을 합니다. 이를 통해 여러분은 성경의 '참된 의미'(진미)를 맛보게 될 것입니다.

이 책은 전 세계가 코로나바이러스와 사투하고 있는 기간에 그에 대한 기독교적 대안을 제시하고자 쓴 책입니다. COVID19와 같은 위경(危境)의 진정한 백신은 하나님의 말씀입니다. "그가 그의 말씀을 보내어 그들을 고치시고 위험한 지경에서 건지시는도다"(시 107:20).

본서는 필자 개인이 아니라 가족 공동의 작품입니다. 늦둥이가 태어나 감사하면서도 염려가 컸는데, 나머지 다섯 자녀가 서로 돌아가면서 동생을 돌보아 주었습니다. 그리하여 귀중한 짬이 나서 이 책을 마무리할 수 있었습니다. 아울러, 첫째 딸 권혜영 작가는 260개나 되는 삽화를 맛깔나게 그려줌으로써 책의 품격을 한 단계 높여주었습니다. 지금까지 독립운동 한번 한 적 없는 필자를 애국하는 아빠로 만들어준 여섯 자녀, 낙기, 혜영, 혜란, 민석, 민우, 혜인, 그리고 무엇보다도 아내 박경애에게 고마운 마음을 전합니다.

2023년 11월 사당동 모교에서

권혁정

제1부
바울서신

배경과 지도

배경

로마서는 바울이 주후 57년경, 제3차 선교 여행 중 고린도에서 로마 교회에 보낸 편지인데, 사도가 로마서를 쓰게 된 이유는 크게 두 가지로 발신자와 수신자가 처한 상황과 연관이 있습니다.

첫째, 발신자인 바울의 상황입니다. 로마서 15:19에 보면 사도는 자신의 사역을 이렇게 요약하고 있습니다. "내가 예루살렘에서부터 두루 행하여 일루리곤(동유럽 알바니아)까지 복음을 편만하게 전하였노라." 그래서 이제 바울은 이 로마의 동반구 지역에 더 이상 일할 곳이 없었습니다. 이는 뒤따르는 23-24절에서 분명히 드러납니다. "이제는 이 지방에 일할 곳이 없고 또 여러 해 전부터 언제든지 서바나로 갈 때에 너희에게 가기를 바라고 있었으니 이는 지나가는 길에 너희를 보고 먼저 너희와 사귐으로 얼마간 기쁨을 가진 후에 너희가 그리로 보내주기를 바람이라."

바울은 그동안 자신을 괴롭혔던 고린도 교회 문제가 평정되어 각 교회의 헌금을 모아 예루살렘 교회에 전달함으로 로마 제국의 동반구에서 자신의 선교 사역을 완성하는 시점에 있었습니다. 선교의 새로운 국면에 착수하고자 바울은 이제 로마 제국의 서반구로 옮겨 서바나(스페인)로 선교하러 가려고 계획하는데, 그동안 로마 제국의 동반구 선교의 후원 교회였던 안디옥 교회는 거리상 너무 멀기 때문에 중간에 있는 로마 교회를 방문하여 제국 서방 선교의 후원 교회로 삼고자 로마서를 쓰게 됩니다. 하지만 바울에게는 몇 가지 문제가 있었습니다. 로마 교회는 바울에 의해 설립되지도 않았고, 그가 한 번도 방문한 적이 없는 교회였습니다. 게다가, 로마 교인들은 도처에 있는 바울의 대적자들을 통해서 바울에 관해 좋지 않은 소문을 들었을 가능성이 있었습니다. 이로 인해 바울의 사도직과 그가 전하는 믿음으로만 구원을 얻는다는 이신칭의(以信稱義) 복음을 의심했을 것입니다. 따라서 사도는 무엇보다도 먼저 자신과, 특히 자신이 전하는 복음에 대해 체계적인 설명을 함으로써 그들의 오해를 불식시킬 필요가 있었습니다.

둘째, 수신자인 로마 교회의 상황입니다. 로마 교회는 원래 오순절날 예루살렘에서 베드로의 설교를 통해 복음을 듣고 기독교로 개종하여 로마로 돌아온 유대인들과 이들을 통해 개종한 이방인들로 이루어져 있었습니다. 그런데 주후 49년에 발표된 글라우디오 황제의 유대인 로마 추방령으로 유대인 그리스도인들이 교회를 비웠다가 54년경 글라우디오가 죽자 55년경부터 다시 로마 교회로 돌아오게 되는데, 자신들이 없는 사이 교회를 지키던 이방인 그리스도인들이 차지한 우세한 위치와 상황 변화로 인해 두 그룹 사이에 갈등이 심화되었습니다.

이 두 상황을 해소하기 위해, 즉 자신의 사도직과 복음을 잘 변호하여 로마 교회의 재정적인 지원을 받아 제국의 서반구인 스페인을 선교하고, 갈등 속에 있는 두 그룹 사이를 화해시켜 다시 하나의 공교회를 만들기 위해 바울은 붓을 들어 로마서를 쓰게 된 것입니다.

지도

로마서 또한 첫 장에 길 안내 지도가 제시됩니다. 사도 바울은 로마서를 시작하는 첫 장에서부터 이 편지를 통해 자신이 다루고자 하는 주된 화두(話頭)는 '복음'(헬. '유앙겔리온')이라는 사실을 분명히 합니다. 그는 서론부인 1장을 '복음'이라는 단어로 거의 도배하다시피 합니다. 먼저 바울은 편지 여는 말 부분(롬 1:1-7)에 '복음'이라는 단어를 거듭 사용합니다. "예수 그리스도의 종 바울은 사도로 부르심을 받아 하나님의 **복음**을 위하여 택정함을 입었으니 이 **복음**은 하나님이 선지자들을 통하여 그의 아들에 관하여 성경에 미리 약속하신 것이라"(롬 1:1-2).

그리고 그 바통을 그대로 이어받아 감사 단락(롬 1:8-17)에서 무려 다섯 번이나 '복음'을 반복합니다. "내가 그의 아들의 **복음** 안에서 내 심령으로 섬기는 하나님이 나의 증인이 되시거니와 항상 내 기도에 쉬지 않고 너희를 말하며 … 그러므로 나는 할 수 있는 대로 로마에 있는 너희에게도 **복음** 전하기를 원하노라"(롬 1:9, 15). "내가 **복음**을 부끄러워하지 아니하노니 이 **복음**은 모든 믿는 자에게 구원을 주시는 하나님의 능력이 됨이라. 먼저는 유대인에게요 그리고 헬라인에게로다. **복음**에는 하나님의 의가 나타나서 믿음으로 믿음에 이르게 하나니 기록된 바 오직 의인은 믿음으로 말미암아 살리라 함과 같으니라"(롬 1:16-17).

사도는 이제 자신이 1장 서론부에서 예고한 이 로드 맵에 따라 로마서 본론을 채워 나갑니다. 그는 2-4장에서 '믿음으로만 경험할 수 있는 하나님의 의의 계시인 **복음**'을, 5-8장에서 '구원을 위한 하나님의 능력인 **복음**'을, 9-11장에서 '**복음**과 이스라엘의 관계'를, 그리고 12-15장에서 '**복음**과 삶의 변화'를 다룹니다.[1]

장별 제목 붙이기

그럼 이제 두 글자만을 사용해서 꼬리에 꼬리를 물며 편지의 꽃 로마서 각 장의 핵심 내용을 파악하는 기억법 여행을 떠나겠습니다.

로마서는 총 16장으로 되어있는데, 먼저 첫 장은 전체 로드 맵으로 '복음'을 제시합니다. 그래서 1장은 복음 이렇게 두 글자로 기억하시면 되겠습니다. 이 복음을 거부하는 자에게는 하나님의 진노가 임합니다. 그래서 2장은 진노입니다. 하지만 회개하고 복음을 받아들이면 하나님은 그를 의롭다고 칭하십니다. 따라서 3장은 칭의입니다. 칭의의 좋은 예가 아브라함입니다. 그래서 4장은 실례입니다. 칭의의 실례인 아브라함은 하나님이 주시는 화평을 누렸습니다. 따라서 5장은 화평입니다. 하나님과 화평한 자는 죄의 지배로부터 자유를 누립니다. 그래서 6장은 자유입니다. 그리고 율법의 정죄로부터 해방됩니다. 그러므로 7장은 율법입니다. 이러한 자유와 해방을 맛본 신자는 구원을 확신할 수 있습니다. 따라서 8장은 확신입니다. 여기 1-8장이 로마서의 전반부로 교리 부분입니다.

이제 후반부도 두 글자로 정리하겠습니다. 8장이 확신이었는데, 우리가 구원을 확신할 수 있는 것은 하나님께서 주권적으로 선택해 주셨기 때문입니다. 그래서 9장은 선택 이렇게 두 글자로 기억하시면 되겠습니다. 이스라엘은 하나님의 선택을 받았으나, 우상 숭배하며 배교함으로써 결국 실패하게 됩니다. 그래서 10장은 실패(이스라엘의 **실패**)입니다. 하지만 하나님은 그들을 완전히 버리지 않고 때가 되면 회복시키실 것입니다. 따라서 11장은 회복(이스라엘의 **회복**)입니다. 회복된 이스라엘은 이제 삶이 변화합니다. 그래서 12장은 변화(삶의 **변화**)입니다. 변하된 삶에는 힘, 즉 권세가 있습니다. 그러므로 13장은 권세(**권세** 잡은 자들에 대한 태도)입니다. 이렇게 권세가 생기니 그 힘으로 분열된 교회를 바로잡습니다. 그래서 14장은 분열(로마 교회 내의 **분열**)입니다. 그리고 '선교' 비전을 밝힌 후에 '작별' 인사를 합니다. 그래서 차례도 15장 선교(**선교** 비전), 16장 작별(**작별** 인사)입니다. 여기 9-16장이 후반부로 윤리 부분입니다.

<로마서 각 장 제목 두 글자 도표>

1장	2장	3장	4장	5장	6장	7장	8장
복음	진노	칭의	실례	화평	자유	율법	확신
9장	10장	11장	12장	13장	14장	15장	16장
선택	실패	회복	변화	권세	분열	선교	작별

1장 복음

(복음 요약)

사도 바울이 살던 시대는 그레코-로만 시대(Greco-Roman Period)였습니다. 헬라와 로마인들은 편지를 통해 자신들의 의사 표현하기를 즐겼습니다. 이들은 자신들이 만들어 놓은 일정한 틀에 맞추어 편지를 썼는데, 바울의 13편의 서신 또한 동일한 방식으로 혹은 각색된 형태로 이를 반

영하고 있습니다. 그레코-로만 편지는 사적 서신, 공적 서신, 문학 서신 등 종류는 다양했지만, 편지 구조는 편지 여는 말(Letter Opening), 편지 본론(Letter Body), 편지 맺는말(Letter Closing)의 세 요소로 이루어져 있었는데, 바울의 편지는 이와 유사하게 편지 여는 말, 감사 단락(Thanksgiving Section), 편지 본론, 편지 맺는 말의 네 요소로 구성되어 있습니다.

편지 여는 말 부분은 편지를 보내는 발신인(Sender), 편지를 받는 수신인(Receiver), 문안 인사(Greeting)의 세 요소로 되어 있습니다. 감사 단락은 '내가 하나님께 감사한다'라는 헬라어 동사 '유카리스테오'로 시작하며, 수신자를 칭찬함으로써 발신자와 라포(rapport), 즉 친밀감을 형성합니다.

편지 본론의 내용은 발신인과 수신인의 정황에 따라 다양성을 띠었습니다. 편지 맺는말 부분은 보통 '평강의 축도',[2] '최종 권면',[3] '작별 인사',[4] '자필 서명',[5] '은혜의 축도'[6] 순으로 이루어져 있습니다.

로마서를 시작하는 여는 말 부분(1:1-7)은 당시의 편지 관습을 그대로 답습하여 '편지 보내는 사람', '편지 받는 사람', '문안 인사'의 세 구성 요소로 이루어져 있습니다.

편지 발신인은 '바울'입니다. 바울은 로마서를 필두로 빌레몬서까지 13편의 서신에서 이렇게 자신의 이름을 밝힘으로써 자신이 이 모든 편지들의 저자임을 분명히 합니다. '바울'(Paul)이란 헬라어로는 '파울로스'(Paulos)인데, 이 말은 라틴어 '파울루스'(Paulus)를 음역(音譯)한 것입니다. 우리가 프랑스를 불란서라고 부르는 것처럼 말입니다. 사도행전에서 알 수 있듯이, 바울은 나면서부터 로마 시민권자였습니다(행 22:28). 로마 시민들은 오늘날 미국 사람들, 예를 들면 존 에프 케네디(John Fitzgerald Kennedy)처럼 세 이름이 있었는데 첫 번째에는 주어진 이름, 즉 오늘날의 이름, 두 번째에는 자신의 가족 창시자의 이름, 그리고 마지막에 가족 이름, 즉 성(姓)을 썼습니다. 바울은 이 마지막 이름(Last Name), 즉 성에 해당합니다. 우리는 사도의 첫 두 이름은 모릅니다. 다만 그의 성이 바울이라고 하는 사실만을 알 뿐입니다. 바울은 당시 다소 흔한 성이었는데, 그 말의 뜻은 애칭(愛稱)으로는 'little'입니다. 그리고 비칭(卑稱)으로는 'small'입니다.[7] little과 small 둘 다 '작다'는 의미이지만 뉘앙스가 다릅니다. 제가 남아공 유학 시절에 낳은 두 딸의 예를 들어 이 두 단어의 뉘앙스 차이를 설명해 보겠습니다.

저의 둘째 딸은 이름이 '혜란'인데, 2004년 5월 5일 어린이날에 남아공의 수도 프리토리아에서 태어났습니다. 이 아이는 출생일이 특이한 만큼 생김새도 독특합니다. 그래서 동료들이 저희 집에 돌연변이가 하나 태어났다고 말하곤 했습니다. 혜란이가 3살 정도 되었을 때 집사람이 몸이 아파서 함께 병원에 갔는데 아이를 보는 간호사마다 "돌리", "돌리"라고 했습니다. '돌리가 뭐야? 복제 양 돌리, 아니면 아기 공룡 둘리.' '아이가 유별나게 생겼다고 놀리는 건가?'하고 아이를 부르는 간호사들의 표정을 보니 그런 것 같지는 않았습니다. 그들은 한결같이 미소를 띤 얼굴로 혜란이를 바라보고 있었습니다. 그래서 집에 와서 얼른 영어 사전을 찾아봤더니 인형을 뜻하는 '돌'(doll)에 'y'를 붙인 말이더군요. 바비 인형같이 예쁘게 생겼다는 말인데, 영어가 짧다 보니 오해를 했습니다. 'little'이 바로 이 'dolly'에 해당됩니다. 비록 작지만 '귀엽고, 앙증맞고, 사랑스러운 존재.'

둘째 딸 얘기를 했으니 이제 첫째 딸 얘기로 화제를 돌리겠습니다. 저의 첫째 딸 '혜영'은 2001년 7월 7일에 혜란이와 똑같이 프리토리아에서 태어났는데, 저를 닮아서 그런지 키가 좀 작습니다. 하루는 학교에서 강의를 마치고 집에 왔더니 혜영이가 시무룩해 있었습니다. 그래서 왜 그러냐고 물었더니 친구들이 놀린다는 겁니다. "뭐라고 놀리는데?" 하니까 "슈퍼 땅콩" 하고 대답했습니다. 그러면서 "아빠 왜 저를 이렇게 조그맣게 낳으셨어요"라고 반문하더군요. 그래서 저는 위로한답시고 "하나님의 뜻이니라"라고 답했습니다. 'small'이란 바로 이와 같은 의미입니다. '난쟁이 똥자루만한 사람.'

초대 교회 전승에 따르면 바울의 외형은 별 볼 일 없었다고 합니다. 키가 아주 작고 볼품없는 외모의 소유자(small man)였다고 전해집니다. 하지만 그의 내면은 완전히 달랐습니다. 주후 33년 다메섹으로 가는 도중에 부활하신 주님을 만나 회심한 이후로 바울은 무려 35년간 그분께 일편단심으로 충성을 다했습니다. 그리하여 신흥 종교였던 기독교를 이스라엘의 한계를 훌쩍 뛰어넘어서 세계 종교가 되도록 하는 데 결정적으로 이바지한 '작은 거인'(little giant)이 되었습니다.

바울의 이름과 관련해서 한국 교회에 잘못 알려진 사실 하나는 바울의 본래 이름은 '사울'이었는데, 다메섹 도상에서 부활의 주님을 만나 회심한 후에 '바울'로 개명(改名)했다는 것입니다. 이렇게 주장하는 이들은 '사울'이라는 이름이 '큰 자'를 의미하며 '바울'은 '작은 자'를 뜻한다고 합니다.

기독교로 개종하기 전에 당대 최고의 지성 가말리엘 문하에서 수학했으며 학문적으로도 높은 평가를 받아 제 잘난 맛에 살았을 자칭 '큰 자' 사울이 부활하신 그리스도를 만난 후 하나님 앞에서 자신의 죄인

됨을 깨닫고 완전히 깨져서 스스로 '작은 자'를 뜻하는 바울로 이름을 바꿨을 것이라는 설명은 그럴듯해 보이지만 성경의 증거와는 맞지 않습니다. 왜냐하면 다메섹 도상에서 회심한 직후뿐만 아니라 회심한 지 3년이 지난 뒤에도 사도의 이름은 여전히 '사울'이었기 때문입니다(행 9:26).

게다가, '바울'이라는 이름의 뜻이 '작은 자'라는 것은 맞지만 '사울'이라는 이름이 '큰 자'라는 설명은 잘못된 것입니다. 사울(히브리어 발음으로는 '샤울')은 '묻다, 구하다'라는 뜻을 가진 히브리어 동사 '샤알'에서 온 말로 '구하여진, 간청된'이란 뜻을 가지고 있습니다.

결론적으로 말하면, 사울은 히브리식 이름이고 바울은 로마식 이름입니다. 그는 본래 히브리인 중의 히브리인으로서 사울이라는 히브리식 이름을 가졌고, 동시에 로마 시민으로서 바울이라는 로마식 이름을 또한 갖고 있었던 것입니다. 사도 바울이 회심 때문에 자기 이름을 '사울'에서 '바울'로 개명한 것이 아니라 본래부터 그의 이름은 두 개였습니다. 그는 유대인 사회에서는 히브리식 이름인 사울을 사용하다가 본격적으로 이방인 선교를 시작하면서 로마식 이름인 바울을 사용하였습니다.[8]

저의 경험을 비추어 설명하면 이런 것입니다. 제가 몇 해 전에 연구 교수로 미국에 가 있었을 때 한인 교회에서 사역하는 재미교포 전도사 한 분을 알게 되었습니다. 이분은 미국 시민권자로서 평소 미국 친구들과 생활할 때는 'Daniel Lee'(대니얼 리)라는 미국식 이름을 사용했습니다. 그런데 한인 교회에 와서 한인 청년들을 지도할 때는 '이강석'이라는 한국식 이름을 썼습니다. 이 전도사님은 본래부터 두 이름을 가지고 있었는데, 만나는 대상에 따라 적절한 이름을 취사선택했던 것입니다.

이와 마찬가지로 사도는 이방인이 주를 이루는 선교지 교회들에게 서신을 보낼 때에는 로마식 이름 '바울'을 사용하였습니다. 이렇게 사도가 선교 상황에서 유대적인 이름 사울이 아닌 이방적인 이름 바울을 쓴 것은 '이방인의 사도'로 자신을 복음 선포의 대상자인 이방인들과 동일한 지위에 두기를 원했기 때문일 것입니다.

하지만 그가 만일 팔레스타인 본토 유대인들에게 복음을 전하는 일을 부여받았다면 로마식 이름 바울보다는 히브리식 이름 사울을 사용하여 선교 사역을 감당했을 것입니다. 그 이름을 쓰는 것이 상대방에게 보다 친근감을 주고 복음 전파에 더 효과적이었을 것이기 때문입니다.

바울은 독자들에게 자신을 3단계로 소개를 합니다. 첫째로, '예수 그리스도의 종'이라고 말합니다(1절 상). 여기 '종'이라는 말은 헬라어로 '둘로스'인데, 이는 '노예'를 의미합니다. 바울 당시 로마 제국에는 약 600만 명의 노예가 있었습니다. 로마 시내에만 해도 전체 인구의 1/3인 30만 명가량의 노예가 있었습니다. 이 노예들은 자유를 상실한 채 무자비한 주인 밑에서 개고생하면서 죽지 못해 살았습니다. 그럼에도 불구하고 바울은 스스로 자유를 포기하고 기꺼이 노예가 되기를 원했습니다. 명화 <빠삐용>에서 스티브 매퀸(Steve McQueen)이 감옥에서 바퀴벌레까지 잡아먹으면서 체력을 유지하여 얻고자 했던 것이 바로 자유인데 말입니다. 자유란 인간이면 누구나 갈구하는 가장 원초적인 욕망입니다. 그런데도 바울은 이 자유를 기꺼이 버리고 어리석게도(?) 예수 그리스도의 노예가 되기를 간절히 원했습니다. 왜 그랬을까요? 그 이유는 주님의 노예가 될 때에만 진정 자유한 자가 될 수 있기 때문입니다. 주님으로부터 자유하려고 하면 할수록 오히려 종이 됩니다. 하지만 그분의 종이 되고자 하면 자유자가 됩니다. 이것이 기독교의 역설입니다. 예수 그리스도를 떠나 자유를 얻고자 하는 인간은 누가복음 15장의 아버지를 떠난 탕자처럼 자유자가 되기는커녕 악한 마귀에 사로잡혀 종의 신세로 전락하고 맙니다. 그러나 예수님의 종이 되면 참된 자유를 얻게 됩니다. "진리(예수)가 너희를 자유롭게 하리라"(요 8:32). 영리한 바울은 이 진리를 깨달았기에 기꺼이 주님의 종이 되어 그분께 충성을 다했습니다.

둘째로, '사도로 부르심을 받은 자'라고 진술합니다(1절 중). '사도'(헬. '아포스톨로스')는 '종'과는 대조적으로 권위 있는 칭호입니다. 사도는 부활하신 예수님을 실제로 목격하고, 그분으로부터 복음 선포 사명을 수행하라고 보냄 받은 자로 보냄 받은 자는 보낸 자의 권위를 대신합니다. 그러므로 사도가 그 일을 행할 때는 자신을 보낸 분의 권위를 행사하는 것입니다. 누군가에게 보냄 받은 사람은 자신이 원하는 대로 행해서는 안 됩니다. 자신을 보내신 분이 자신에게 맡긴 사명을 충실히 행하는 것이 사도의 본분입니다. 사도의 직무는 복음 전파, 교회 개척, 말씀 교육, 교회 감독, 권징 시행, 성경 기록 등으로 요약될 수 있습니다. 마지막으로, '하나님의 복음을 위하여 택정함을 입은 자'라고 말합니다(1절 하). 여기 '택정하다'(헬. '아포리조')라는 말은 특정한 목적을 위해 구별되었다는 뜻입니다. 하나님께서는 복음을 위하여 바울이 어머니의 태에 있을 때부터(갈 1:15), 아니 창세전에(엡 1:4) 구별하여 사도로 삼으셨습니다.

이렇게 바울은 자신에 대해 3가지로 소개한 후에, 자신이 전하는 복음에 대해 간략히 요약합니다. '복음'(헬. '유앙겔리온')은 무엇보다도 하나님의 아들에 관한 것입니다(2절). 하나님의 아들 예수 그리스도가 복음의 주인공이자 핵심입니다. 그래서 바울은 뒤따르는 절에서 하나님의 아들이 어떤 분인지 간략히 설명합니다. "그의 아들에 관하여 말하면

육신으로는 다윗의 혈통에서 나셨고 성결의 영으로는 죽은 자들 가운데서 부활하사 능력으로 하나님의 아들로 선포되셨으니 곧 우리 주 예수 그리스도시니라"(3-4절). 예수님은 지금부터 약 2천 년 전에 이스라엘에서 다윗 왕의 자손으로 태어나셨습니다. 이스라엘 백성들은 나단의 신탁(삼하 7:1-17) 등을 통해 메시아가 다윗의 자손으로 오시리라는 소망을 품고 있었습니다. 따라서 예수님이 다윗의 자손이라는 말은 메시아 되심을 의미합니다. 메시아의 임무는 성전을 정화하고 이교도를 무찌르고 이스라엘을 구출해 이 세상에 하나님의 정의를 가져오는 것이었습니다. 하지만 예수님의 비참한 십자가의 죽으심을 바라보며 절대 다수의 유대인들은 예수님이 메시아라는 사실을 받아들일 수 없었습니다. 그런데 부활이 모든 것을 뒤집었습니다. 하나님은 성령의 능력으로 예수님을 죽은 자 가운데서 살리셨습니다. 그리고 부활하신 예수님은 하나님의 우편에 올리심을 받은 후에 권세 있는 하나님의 아들로 임명되셨습니다.[9]

이 부활하신 주님으로부터 바울은 사도의 직분을 선물(은혜)로 받았는데, 바울의 사도적 사명은 "모든 이방인들로 믿어 순종하게 하는 것"입니다(5절). 복음을 믿는 것에는 순종이라고 하는 것이 포함되어 있다는 사실을 우리 신자들은 꼭 기억해야 합니다. 진정한 믿음은 믿는 바를 행동으로 옮기는 것입니다.

바울은 보통 발신자를 소개하고 곧바로 수신자를 언급하는데, 일면식이 없는 로마 교회가 바울의 사도성을 의심하고 그가 하자가 있는 복음을 전하고 있다는 선입견에 사로잡혀 있었기 때문에 중간에 간략하게 복음을 설명한 것입니다. 이제 드디어 편지를 받는 자들이 등장합니다. "로마에서 하나님의 사랑하심을 받고 성도로 부르심을 받은 모든 자에게 (편지하노니)"(7절 상). 로마서의 수신자는 '로마 교회'로, 바울은 그들을 "성도로 부름받은 자"라고 불렀습니다. '성도'(헬. '하기오이')는 거룩한 무리를 뜻하지만 당시 교회의 직분자와 일반 신자를 구분할 때 사용되었고(빌 1:1), 공급과 돌봄이 필요한 존재로 여겨지곤 했습니다(롬 12:13; 15:25).[10] 그래서 "사도로 부름받은" 바울은 "성도로 부름받은" 로마 교회를 심기고 싶은 마음에서 이렇게 편지를 보내는 셋입니다.

수신자를 소개한 후, 바울은 "하나님 우리 아버지와 주 예수 그리스도로부터 은혜와 평강이 있기를 원하노라"고 그들에게 문안 인사를 합니다(7절 하). 은혜와 평강 둘 다 '신적 기원'(Divine Source)을 가지고 있습니다. 이 둘은 오로지 '하나님 아버지와 주 예수 그리스도'만이 제공할 수 있습니다. 한국 성도들이 즐겨 부르는 '내 영혼의 그윽히 깊은 데서'라는 찬송가의 후렴 가사처럼 은혜와 평강은 '하늘 위'에서 내려옵니다. 이 땅의 그 무엇(명예, 권력, 재물 등)도 인간에게 진정한 은혜와 평강을 줄 순 없습니다.

바울의 편지에는 여는 말 뒤에 감사가 뒤따라오는데, 로마서도 같은 패턴을 따릅니다. 사도는 로마 성도들의 믿음이 온 세상에 전파된 사실에 대해 하나님께 감사합니다(8절). 그리고 자신이 로마 교회를 위해 늘 기도하면서 여러 번 그들에게 가고자 했다고 고백합니다(9-10절). 그가 로마 교회를 방문하고자 열망한 이유는 "너희 중에서도 다른 이방인 중에서와 같이 열매를 맺게 하려 함"이었습니다(13절). 바울은 여러 문제로 갈등하고 있는 로마 교회를 방문해서 그 문제들을 해결해주고 열매가 주렁주렁 맺히는 성숙한 교회로 만들어주고 싶었습니다. 그러면 무엇으로 바울은 로마 교회를 열매 맺게 하려고 했을까요? 그는 "어떤 신령한 은사를 그들에게 나누어 주어 그들을 견고하게 하려고 했다"고 밝힙

니다(11절). 그러면 이 '신령한 은사'란 무엇일까요? 우리는 이를 방언이
나 예언과 같은 성령의 은사를 지칭한다고 생각하기 쉬우나 15절의 "나
는 할 수 있는 대로 로마에 있는 너희에게도 복음 전하기를 원하노라"
라는 말씀과 관련해 생각해 보면, 이는 복음을 가리킨다고 보는 것이 타
당합니다.

복음은 어마어마한 능력이 있습니다. 복음은 그것을 "믿는 모든 자
에게 구원을 주시는 하나님의 능력"입니다(16절). 여기 16절에 나오는
'능력'이라는 단어는 헬라어로 '뒤나미스'로 다이너마이트의 어원입니
다. 다이너마이트가 터지면 거대한 암반도 콩가루가 됩니다. 마찬가지
로 영적 다이너마이트인 복음이 사람의 심령에 떨어지면 제아무리 바
윗덩어리처럼 딱딱한 심령도 박살 나서 마블링이 잘 들어간 고기처럼
부드러워집니다. 바울은 복음에 이러한 능력이 있다는 사실을 분명히
알았던 사람이었습니다. 그래서 복음을 전혀 부끄러워하지 않았습니다.
복음을 자랑스럽게 여겼습니다.

이러한 복음의 능력을 체험하기 위해서는 믿음이 중요합니다. 그래
서 바울은 로마서의 주제를 이렇게 정의합니다. "복음에는 하나님의 의
가 나타나서 믿음으로 믿음에 이르게 하나니 기록된 바 오직 의인은 믿
음으로 말미암아 살리라 함과 같으니라"(17절). 여기 복음에는 하나님의
의가 계시되었다고 할 때 '하나님의 의'란 중요한 세 요소를 포함합니
다. 첫째, 하나님의 정의롭고, 참되고, 공정한 성품입니다. 둘째, 하나님
께서 자신의 약속을 지킴으로써 옳은 일을 행하시는 것입니다. 다시 말
해서, 하나님의 신실하심입니다. 셋째, 믿는 자에게 값없이 주어지는 의
인 '칭의의 의'를 가리킵니다.¹¹ 그리고 '믿음으로 믿음에'라는 말은 '오
직 믿음으로', 즉 '처음부터 끝까지 믿음에 의해'라는 뜻입니다. 복음에

계시된 하나님의 의는 믿음으로만 얻을 수 있는 것이고, 그렇게 믿음으
로 의를 얻은 사람들은 믿음으로 매일매일의 삶을 살아야 합니다.

2장 진노
(하나님의 진노)

로마서 서문을 마무리하면서 사도는 복
음에는 '하나님의 의'가 나타났다고 선언
했습니다(롬 1:17). 그리고 이어서 이와 대
조적으로 '하나님의 진노'에 대해 언급합
니다. "하나님의 진노가 불의로 진리를
막는 사람들의 모든 경건하지 않음과 불
의에 대하여 하늘로부터 나타나나니"(롬 1:18). 하나님의 '진노'(헬. '오르
게')란 죄에 대한 하나님의 의로우신 심판을 의미합니다. 이 공의의 심판
을 받을 대상은 인류 전체입니다. 바울은 먼저 심판받을 수밖에 없는 이
방인의 죄를 지적한 후(롬 1:19-32), 이어서 유대인을 취조합니다(롬 2:1-
3:8).

　　하나님께서는 양심과 자연이라는 일반계시를 통해 이방인들에게도
하나님을 알 만한 것을 주셨습니다(롬 1:19). 하지만 이에 대한 이들의 반
응은 부정적이었습니다. 첫째, 그들은 하나님을 하나님으로 인정하지
않았습니다(롬 1:21 상). 둘째, 그들의 생각이 허망하여지고 마음은 지각이
어두워졌습니다(롬 1:21 하). 셋째, 스스로 지혜 있다고 하나 어리석게 되
었습니다(롬 1:22). 넷째, 썩어지지 않을 하나님의 영광을 썩어질 사람과

짐승의 형상으로 바꿨습니다(롬 1:23). 이를 종합하면 하나님을 하나님으로 여기지 않고 우상 숭배했다는 말입니다. 이방인들은 스스로 똑똑하다고 생각했지만 어리석게도 하나님 대신 짝퉁인 우상을 섬겼습니다. 그 결과 하나님은 그들을 상실한 마음대로 내버려 두셨습니다. 하나님을 버린 사람들을 하나님도 버리셨습니다. 우리는 이 짧은 본문에 '내버려 두었다'는 말이 세 번이나 반복해서 사용된 것을 주목할 필요가 있습니다(롬 1:24, 26, 28). 하나님의 최고 심판은 유기(遺棄)입니다. 하나님의 진노하심의 절정은 범죄한 인간을 그대로 내버려 두는 것입니다. 방치하는 것입니다. 하나님께서 신경 끄시는 것입니다. 더 이상 간섭하지 않으시는 것입니다. 이렇게 하나님께 버림받으면 인간은 자신의 정욕에 이끌려 살고, 부끄러운 욕심대로 살고, 상실한 마음대로 살게 됩니다. 사람의 탈을 뒤집어쓰고 있으면서 금수(禽獸)처럼 살게 됩니다. 따라서 하나님께 버림받은 인생이 가장 비참한 인생입니다.

　전 장에서 바울은 하나님을 믿지 않는 이방인의 범죄를 고발했다면 본 장에서는 하나님을 믿는 유대인의 범죄를 적나라하게 고발합니다. 바울의 고발장의 구성과 상대적 비중은 유대인이 그의 주된 표적임을 드러냅니다. 결국 이방인 중에는 하나님의 의를 받아야 한다고 굳이 설득해야 할 사람은 별로 없었을 것입니다. 그러나 유대인의 경우는 달랐습니다. 그들은 하나님의 백성이고 하나님은 이미 옛 언약의 조건들을 통해 그들에게 하나님의 의를 약속하셨기 때문입니다. 유대인들은 바울이 전 장에서 말한 우상 숭배와 도덕적 타락 상태에 있는 이방인들에게 하나님의 진노가 내리는 것이 마땅하다고 생각했습니다. 그래서 사도는 유대인을 가상의 대화자로 상정하여 '남을 판단하는 자'라고 부릅니다(1절). 하나님을 믿는다고 자처하는 사람들이 빠질 수 있는 함정이 있습니다. 교회 좀 오래 다니고, 새벽 기도에 꼬박꼬박 나가며, 십일조도 착실히 하는 사람들이 범할 수 있는 죄가 있는데, 그것은 의인 의식입니다. 의인 의식에 사로잡힌 사람들의 특징 중의 하나가 남을 판단하는 것입니다. 의인 의식에 빠진 사람은 자신의 허물은 보지 않고 남의 허물만 보는 경향이 있습니다. 누가복음 18장에 보면 바리새인과 세리의 기도가 나오는데, 바리새인은 "서서 따로 기도하여 이르되 하나님이여 나는 다른 사람들 곧 토색, 불의, 간음을 하는 자들과 같지 아니하고 이 세리와도 같지 아니함을 감사하나이다. 나는 이레에 두 번씩 금식하고 또 소득의 십일조를 드리나이다"라고 기도했습니다(눅 18:11-12). 반면에 세리는 "멀리 서서 감히 눈을 들어 하늘을 쳐다보지도 못하고 다만 가슴을 치며 이르되 하나님이여 불쌍히 여기소서. 나는 죄인이로소이다"라고 기도했습니다(눅 18:13). 의인 의식으로 찌든 바리새인은 자신의 죄는 간과하고 세리의 죄만 크게 보고 지적했기 때문에 은혜를 받지 못했지만 세리는 자기 죄만 직시하고 하나님께 울부짖었기에 사죄의 은총을 체험했습니다. 누가도 분명히 "저 바리새인이 아니고 이 사람이 의롭다 하심을 받고 그의 집으로 내려 갔느니라"라고 기록하고 있습니다(눅 18:14). 목회자가 침을 튀기며 죄를 지적하는 신가한 설교를 헤도 바리새인처럼 의인 의식에 취해 있는 사람은 눈 하나 깜박하지 않습니다. 그 말씀은 나에는 해당되지 않는다고 생각하기 때문입니다. 이런 의인 의식을 벗어버리지 않으면 목회자의 설교 말씀에 절대로 은혜받을 수 없습니다. 은혜받으려면 죄인 의식을 갖고 모든 설교 말씀을 나를 향한 말씀으로 받아들여야 합니다. 남이 아닌 나에게 적용하고 회개해야 하늘에서 큰 은혜가 임합니다.

　전반부에서 사도는 "남을 판단하는 사람아"라고 부르며 암시적으로 유대인을 언급했다면, 후반부에서는 "유대인이라 불리는 네가"라고 하며 명시적으로 유대인을 언급합니다(17절 상). 여기 "유대인이라고 불리는 네가"라는 말은 "유대인이라고 우쭐대는 네가"라는 말입니다. 유대인들은 자신이 이방인이 아닌 것에 대해 엄청난 자부심을 갖고 우쭐댔습니다. 그들은 이방인들은 지옥의 땔감으로 쓰이기 위해 지음 받았다고 생각했습니다. 그래서 오늘날까지도 정통 유대인들은 키파(kippah)라는 정수리만 겨우 가려지는 새까만 빵모자를 쓰고 다니면서 자신이 유대인이라는 것을 가시적으로 드러냅니다. 이런 대단한 프라이드를 가진 유대인들은 자신들은 적어도 두 가지 특권을 가지고 있기 때문에 하나님의 심판을 면할 수 있다고 생각했습니다.

첫 번째 그들이 내세우는 특권은 '율법'입니다. "네가 율법을 의지하며"(17절 중). 유대인들은 시내 산에서 모세로부터 받은 율법을 자신들을 하나님의 심판으로부터 막아줄 방패로 신뢰했습니다. 그래서 유대인들은 어릴 때부터 자녀들에게 율법 교육을 철저하게 시킵니다. 12세가 되기까지 신명기 정도는 웬만한 유대 청소년들은 다 줄줄 암송하고 좀 더 열심인 아이들은 모세오경을 히브리어로 외운다고 합니다. 이렇게 율법을 소유하고, 율법을 잘 알고 있기에 유대인들은 자신들을 맹인의 길을 인도하는 자요, 어둠에 있는 자의 빛이요, 어리석은 자의 선생이라고 생각했습니다(19-20절). 그런데 문제는 많은 지식을 가지고 가르치지만, 자신들이 가르친 대로 살지 않는다는 것입니다. 바울은 유대인들의 문제점을 구체적으로 지적합니다. "그러면 다른 사람을 가르치는 네가 네 자신은 가르치지 아니하느냐? 도둑질하지 말라 선포하는 네가 도둑질하느냐?"(21절). 복음서에 보면 유대 종교 지도자들은 성전에서까지 돈놀이를 해서 예수님이 시위를 벌일 정도였습니다. 그리고 역사를 살펴

보면 셰익스피어의 『베니스의 상인』(*The Merchant of Venice*; 민음사, 2010년 역간)에도 샤일록이라는 유대인 고리대금업자가 주인공으로 등장할 정도로 유대인들은 악덕 대부업을 통해 돈을 많이 벌어서 돈밖에 모르는 사람들로 비난을 받았습니다. 지금도 뉴욕 월가의 경제를 쥐락펴락하는 사람들의 상당수는 유대인들입니다. 이 유대인들이 미국의 경제를 주무르면서 로비를 엄청 하기에 미국 정부도 이스라엘 편을 들고 아랍 편을 들지 않는 것입니다. 유대인들의 위선의 또 다른 예는 "간음하지 말라 말하는 네가 간음하느냐? 우상을 가증히 여기는 네가 신전 물건을 도둑질하느냐"입니다(22절). 예수님 당시까지도 유대인들은 능력만 되면 여러 부인을 거느릴 수가 있었습니다. 그리고 부인이 마음에 안 들면 밥을 태웠다는 이유만으로도 이혼할 수 있었습니다.

하나님의 율법과 그 율법에 대한 지식을 가진 것을 자부하며 남에게 이래라저래라 훈수를 뒀던 유대인들은 정작 자신들이 알고 가르친 대로 살지 않는 위선자들이었습니다.

두 번째로 유대인들이 내세우는 특권은 '할례'입니다. 할례는 하나님께서 유대인과 언약을 맺으셨다는 표시이며 보증인데, '할례받은 사람들은 게헨나로 내려가지 않는다', '할례는 이스라엘을 게헨나에서 구해 줄 것이다'라는 랍비들의 경구가 잘 보여주듯이, 유대인들은 그들이 받은 할례가 구원의 능력을 가지고 있다고 거의 미신적으로 확신하고 있었습니다. 하지만 할례받은 것이 중요한 것이 아니라 하나님과 맺은 언약을 지키는 것이 중요한 것입니다. 그것은 순종의 대용품이 아니라 오히려 순종하기로 헌신하는 것입니다.[12]

유대인들은 자신들이 율법을 가지고 있다고 하는 것만으로, 율법을 안다고 하는 것만으로, 할례를 받았다고 하는 것만으로 하나님의 심판

을 면할 수 있다고 믿었으나 이는 엄청난 착각입니다. 언약 백성 됨의
본질은 할례나 율법의 소유에 있는 것이 아니라 일상의 삶 속에서 주어
진 율법에 온전히 순종하는 것에 달려 있습니다.

여기서 한 가지 주지할 점은 이게 유대인의 문제만이 아니라는 것
입니다. 우리 그리스도인들도 '나는 세례 받았다', '나는 성경 지식이 많
다', '나는 가르치는 교사다'라는 근거로 하나님의 자녀라고 생각하면
큰 오산이라는 것입니다. 진정 하나님의 자녀이면 고백한 대로, 아는 대
로, 가르친 대로 살아야 하는 것입니다.

3장 칭의
(하나님의 해법인 칭의)

1장 후반부와 2장을 통해 이방인과 유대
인의 상태를 점검한 후 바울은 다음과 같
은 결론을 내립니다. "유대인이나 헬라
인이나 다 죄 아래에 있다고 우리가 이미
선언하였느니라. 의인은 없나니 하나도
없으며 깨닫는 자도 없고 하나님을 찾는
자도 없고 다 치우쳐 함께 무익하게 되고 선을 행하는 자는 없나니 하
나도 없도다"(9-12절). 9절의 '죄'(헬. '하마르티아')란 '죄의 권세'를 의미합
니다. 따라서 유대인·헬라인 할 것 없이 모든 사람은 다 죄의 권세 아래
사로잡혀 있어서 죄가 가자고 하는 대로 가고, 하자고 하는 대로 하고
살 수밖에 없는 죄의 노예가 되어 있다는 말입니다. 10-12절에서 사도

는 '한 사람도 없다'는 문구를 네 번이나 사용하여 죄의 보편성을 강조합니다. 이어서 바울은 인간이 한 사람 열외 없이 모두 죄의 노예가 된 탓에 (목구멍, 혀, 입술, 입, 발, 눈 등) 모든 지체가 이웃에게 악을 행하고 하나님께 반역하는 데 사용되고 있다고 진술합니다(13-18절).[13]

지금까지 바울은 모든 인간은 죄의 권세 아래 사로잡혀 있어 하나님의 심판을 피할 수 없다고 인간에 대해 철저히 비판했습니다. 하지만 그가 아무런 해법 없이 비판만 한 것은 아닙니다. 확실한 해법을 알고 있었기에 더욱 철두철미하게 인간의 죄를 고발한 것입니다. 이제 드디어 바울은 해법을 제시합니다. 이 서슬 시퍼런 하나님의 진노를 피하기 위해서 인간은 하나님의 의를 덧입어야만 합니다. 이전에도 바울은 복음에는 하나님의 의가 나타났다고 말한 바 있습니다. 그리고 본 장에서 하나님의 의를 재차 언급합니다. "이제는 율법 외에 하나님의 한 의가 나타났으니 율법과 선지자들에게 증거를 받은 것이라"(21절). 한글 개역 개정판은 21절을 시작하면서 그냥 '이제는'이라고 했는데, 원문에는 '그러나'(헬. '데')가 있습니다. 그래서 이는 '그러나 이제는'이라고 해야 합니다. 다시 말해서, 구속사에서 대전환점을 맞이했다는 말입니다. 하나님의 심판에서 구원으로 가는 문이 활짝 열렸다는 말입니다. 본 장의 키워드인 '하나님의 의'가 무엇인지 이어지는 구절에서 바울은 부연 설명합니다. "그리스도 예수 안에 있는 속량으로 말미암아 하나님의 은혜로 값없이 의롭다 하심을 얻은 자 되었느니라"(24절). 복음 안에 계시된 하나님의 의는 결국 하나님의 은혜로 값없이 의롭다 하시는 것입니다. 이를 학술 용어로 '칭의'(Justification)라고 부르는데, 칭의는 정죄(condemnation)의 반대말로, 칭의와 정죄 둘 다 법정 용어입니다. 죄를 지은 죄인이 재판정에 서면 판사가 검사의 논고와 변호사의 변호를 다 들어보고 유죄 혹은 무죄 판결을 내리는데, 앞서 살펴본 대로 우리 힘으로는 도저히 무죄 방면될 길이 없습니다. 있다면 정죄받을 일밖에 없습니다. 그런데 재판장이신 하나님께서 '너는 무죄다, 죄 없는 것으로 인정한다'고 판결을 내려주신 것입니다. 이것이 바로 칭의입니다. 이 칭의의 근거는 예수 그리스도의 십자가입니다. 바울은 본 장에서 예수님의 십자가의 죽으심을 '속량'과 '화목 제물'이라는 두 용어로 설명합니다. 첫째로, 주님의 십자가는 죄인 된 나를 속량해 줍니다. '속량'(헬. '아폴뤼트로시스')은 상업적 용어로 노예로 팔려 간 자를 노예 시장에서 값을 대신 지불하고 사서 해방시켜 주는 행위를 말합니다. 아담의 타락 이후 사람은 누구나 태어나면서부터 죄의 종으로 태어났습니다. 그래서 죄의 종노릇하며 사는데, 예수님이 십자가의 피로 값을 지불하고 죄로부터 해방시켜 주셨습니다(24절). 십자가에서 흘리신 주님의 보혈이 죄의 유일한 해독제입니다. 둘째로, 십자가의 죽으심을 통해 하나님이 예수님을 화목 제물로 삼으셨습니다. 그렇게 해서 하나님도 의롭게 되시고 사람들도 의롭게 될 수 있게 하셨습니다. 십자가는 하나님과 죄인을 화해시키는 유일한 해결책입니다. 하나님의 공의도 실현하고 사람들도 만족시키기 위해 하나님이 세우신 것이 화목 제물인데 하나님은 십자가를 통해서 자신과 죄인인 인간 양쪽이 다 의롭게 되는 길을 제시하셨습니다(25-26절).

이 예수 그리스도의 십자가를 통한 속량과 화목이 내 것이 되게 하는 칭의의 유일한 수단은 믿음입니다. 율법은 인간 자신의 자구적인 노력을 요구하지만 믿음은 인간 자신에 대한 포기와 함께 그리스도에 대한 전적인 신뢰를 요구합니다. 율법은 인간의 행동을 강조하지만 믿음은 그리스도 안에 나타난 하나님의 행동을 강조합니다. 이런 점에서 믿음은 인간 자신의 산물이라기보다 하나님으로부터 오는 선물이요 성령의 역사입니다.

본 장을 마무리하면서 바울은 이신칭의 진리와 관련하여 3가지를 반대합니다. 첫째로, 자랑을 반대합니다. "그런즉 자랑할 데가 어디냐? 있을 수가 없느니라. 무슨 법으로냐? 행위로냐? 아니라, 오직 믿음의 법으로니라"(27절). 자랑이란 자만심에서 나오는 것으로 자기 의를 내세우는 것입니다. 이것은 타락한 인간이 가지고 있는 본성인데 복음서에 보면 바리새인과 서기관들이 얼마나 자기 의를 드러내려고 했는지 잘 보여줍니다. 하지만 믿음으로 얻는 구원은 나의 공로가 아닌 하나님의 은혜로 오는 것이기에 아무도 자랑할 수 없습니다. 바울의 고백처럼 신자들은 예수 그리스도의 십자가 외에는 자랑할 것이 하나도 없습니다. 그러므로 우리는 예수님만 자랑해야 하고, 주님만 자랑하는 것이 찬양이고 감사입니다.

둘째로, 차별을 반대합니다. "하나님은 다만 유대인의 하나님이시냐? 또한 이방인의 하나님은 아니시냐? 진실로 이방인의 하나님도 되시느니라"(29절). 유대인들은 하나님을 자신들만의 하나님이지 이방인의 하나님은 아니라고 생각했습니다. 그래서 우월주의와 차별 의식을 가지고 있었습니다. 그들은 이방인은 사신들과 전혀 다른 족속이라고 생각했습니다. 이방인은 구원의 대상이 아니고 자기들만 구원의 대상이라고 착각했습니다. 심지어 이방인들은 지옥의 불쏘시개에 불과하다고 생각했습니다. 그러나 믿음은 차별이 없습니다. 유대인이나 헬라인이나, 젊은이나 늙은이나, 남자나 여자나, 동양인이나 서양인이나 차별이 없습니다. 모든 사람이 다 믿음으로 구원받는 것이기에 거기에는 우월주의나 차별주의가 없습니다.

마지막으로, 율법 폐기를 반대합니다. "그런즉 우리가 믿음으로 말미암아 율법을 파기하느냐? 그럴 수 없느니라. 도리어 율법을 굳게 세우느니라"(31절). 여기서 율법은, 특히 도덕법을 말하는데, 믿음으로 구원받는다고 해서 율법을 폐기해야 한다는 말이 아닙니다. 물론 우리가 의롭게 되는 것은 율법으로 된 것이 아니지만 의롭게 된 자는 이제 말씀대로 산다는 면에서는 율법이 필요합니다. 율법을 지킴으로 구원받는다고 하는 것은 가능하지 않지만 구원받은 사람들이 하나님의 의로우심을 나타내는 율법을 지키는 것은 지극히 당연합니다.

4장 실례

(칭의의 **실례** 아브라함)

본 장 또한 전 장의 핵심 화두인 칭의를 계속 논합니다. 바울의 이신칭의 복음은 유대주의자라고 일컬어지는 보수적인 유대인 그리스도인으로부터 격렬한 반대를 받았습니다. 바울의 대적자들은 아브라함의 이야기를 자신들의 신학적 입장을 세우는 데 이용했습니다. 그들은 창세기 17:14("할례를 받지 아니한 남자 곧 그 포피를 베지 아니한 자는 백성 중에서 끊어지리니 그가 내 언약을 배반하였음이니라")을 근거로 이방인 그리스도인이 아브라함의 온전한 자손이 되려면 반드시 할례와 율법을 수용해야 한다고 주장했습니다.[14] 이에 대해 본 장에서 바울은 아브라함의 칭의는 오직 믿음으로 말미암았음을 천명합니다. 그는 이 사실을 증명하기 위해 세 가지 근거를 제시합니다.

첫째로, 아브라함은 '행위'로 의롭다 하심을 받지 않았다는 것입니다. "그런즉 육신으로 우리 조상인 아브라함이 무엇을 얻었다 하리요"(1절). 여기 '육신으로'라고 할 때 '육신'은 '육신의 행위'를 말합니다. 그래서 다음 절에서 바울은 이를 부연 설명합니다. "만일 아브라함이 행위로써 의롭다 하심을 받았으면 자랑할 것이 있으려니와 하나님 앞에서는 없느니라"(2절). 아브라함이 선행으로 하나님 앞에 의롭다 하심을 받았다면 자랑할 거리가 있었을 것입니다. 하지만 아브라함에게는 자랑할 것이 1도 없었습니다. 그 근거는 3절에 잘 나타나 있습니다. "성경이 무엇을 말하느냐? 아브라함이 하나님을 믿으매 그것이 그에게 의로 여겨진 바 되었느니라." 창세기 15장에 보면 어느 날 밤 일점혈육 없는 노년의 아브라함에게 하나님께서 찾아와서 별을 보여주며 이 하늘에 떠 있는 뭇별을 세어보라고 말씀하셨습니다. 그리고 그에게 하늘의 별처럼 헤아릴 수 없이 많은 자손을 주겠다고 약속하셨습니다. 그러자 아브라함은 하나님의 약속을 액면 그대로 믿고 "아멘" 했습니다. 그래서 하나님은 그 믿음을 의로 여기셨습니다. 아브라함은 뭔가를 행했기 때문이 아니라 단지 하나님의 약속을 믿었기 때문에 의롭다고 인정받았습니다.

아브라함만이 행위가 아닌 믿음으로 의롭다 하심을 받은 것은 아닙니다. 유대인들이 아브라함 못지않게 최고 권위로 인정하는 다윗 또한 행위가 아닌 믿음으로 의롭다 하심을 받은 실례입니다. 이 사실을 증명하기 위해 바울은 다윗의 시라고 여겨지는 시편 32:1-2을 인용합니다. "일한 것이 없이 하나님께 의로 여기심을 받는 사람의 복에 대하여 다윗이 말한 바 불법이 사함을 받고 죄가 가리어짐을 받는 사람들은 복이 있고 주께서 그 죄를 인정하지 아니하실 사람은 복이 있도다"(6-8절). 이 시에서 다윗은 아무런 일한 것도 없이 받는 것이 얼마나 행복한지를 노

래했는데, 이처럼 아브라함도 행위가 아니라 믿음으로 의롭다 하심을
받았기 때문에 큰 행복을 누렸을 것입니다. 사람은 자신이 열심히 일한
대가를 받을 때도 행복하지만 아무런 공로가 없는데도 불구하고 전혀
예측하지 못한 은혜를 받았을 때 행복을 느끼게 됩니다. 칭의는 이렇게
당사자를 행복하게 하는 것인데, 행복의 전제는 '나는 하나님의 진노를
받아 마땅한 죄인 중의 괴수다', '나는 정말로 구제불능이다'라는 사실
을 뼛속 깊이 깨닫는 것입니다. 그럴 때만이 나를 의롭다고 하시는 칭의
에 감격하게 되고 행복을 만끽하게 되는 것입니다.

둘째로, 아브라함은 '할례'를 통해서 의롭다 하심을 받지 않았다는
것입니다. 유대인들은 할례를 받으면 의롭게 되는 줄로 알고 지극정성
으로 육신의 할례를 받았습니다. 그들은 할례받으면 다 구원받는 줄로
착각하고 있었습니다. 이에 바울은 그들의 조상인 아브라함의 사례를
들면서 아브라함이 의롭다 하심을 받은 것은 할례 시가 아니라 무할례
시라고 반박합니다(10절). 시간적인 순서로 따지면 아브라함이 믿음으로
의롭다 하심을 받은 것은 그의 나이 86세 때입니다. 그리고 그가 할례
를 받은 것은 한참 후인 99세 때입니다. 그러므로 할례는 할례받기 전
에 얻은 믿음의 의를 확증하는 표지에 불과합니다. 구약 시대의 할례는
우리가 사는 신약 시대의 세례에 비유될 수 있습니다. 물 세례는 죄 사
함을 받았다고 확증하는 것입니다. 죄 용서함을 받은 사람이 나중에 세
례를 받는 것입니다. 결코 죄 용서함을 받기 위해 세례받는 것이 아닙니
다. 그런데 천주교에서는 영세받아야 죄 용서받는다고 가르칩니다. 하
지만 이것은 비성경적입니다. 할례받는다고 구원받는 것이 아니듯이
물 세례를 받기만 하면 자동적으로 구원받게 되는 것이 아니기 때문입
니다.

셋째로, 아브라함은 '율법'으로 의롭다 하심을 받지 않았다는 것입니다. 유대인들은 하나님께 의롭다 하심을 받기 위해서는 율법을 철저히 지켜야 한다고 생각했습니다. 하지만 바울은 또다시 그들의 조상 아브라함의 예를 들면서 오직 의롭다 하심은 믿음으로만 받는 것임을 피력합니다. 하나님은 아브라함과 그의 자손에게 온 세상을 주겠다고 약속하셨습니다(13절). 그리고 이 약속이 주어진 후 430년이 지나서 율법이 등장했습니다. 그러므로 아브라함이 의롭다 하심을 받은 것은 율법 때문이 아닙니다. 아브라함은 율법이 주어지기 훨씬 전에 약속을 믿음으로 의롭다 하심을 받은 것입니다.

이처럼 아브라함이 의롭다 하심을 받은 것은 행위도, 할례도, 율법도 아닌 오직 믿음 때문입니다. 하나님은 외모로 사람을 취하지 아니하십니다(롬 2:11). 유대인이라고 해서 특혜를 베풀고 이방인이라고 해서 차별하지 않습니다. 하나님은 인종, 성별, 나이, 신분과 상관없이 오직 그 사람의 믿음만 보십니다. 그래서 믿음이 가장 공평한 하나님의 판단 기준인 것입니다.

5장 화평

(하나님과의 화평)

사도는 3장에서 시작한 칭의의 진리를 본 장인 5장까지 세 장에 걸쳐 설명합니다. 특히, 여기에서는 이신칭의가 가져온 4가지 결과를 구체적으로 언급합니다.

첫째, 하나님과의 화평입니다. "그러므로 우리가 믿음으로 의롭다

하심을 받았으니 우리 주 예수 그리스도로 말미암아 하나님과 화평을 누리자"(1절). 본 절 하반절을 한글 개역개정판에는 "하나님과 화평을 누리자"라고 청유형으로 해석했는데, 이는 대부분의 영어 역본들(NIV, KJV 등)이 그랬듯이 "우리가 하나님과 화평을 누리고 있다"라고 서술형으로 번역하는 것이 낫습니다. 여기서 바울은 칭의의 결과를 말하고 있기 때문입니다. 우리가 죄 가운데 있을 때에 하나님은 우리를 진노로 다룰 수밖에 없었고 그래서 우리는 하나님을 늘 두려워했습니다. 그러나 예수님을 믿고 의롭다 하심을 받으면 하나님의 진노는 누그러지고 우리는 하나님과 화목하게 됩니다. 그러면 그 두려움은 진노의 대상으로서의 두려움이 아니라 존경의 대상으로서의 경외로 바뀝니다. 이제 우리를 바라보는 하나님의 눈길은 차가운 진노의 눈길이 아니라 따뜻한 사랑의 눈길입니다.

칭의가 가져온 첫 번째 결과물인 '화평'(헬. '에이레네')은 히브리적 개념으로, 히브리어로 '샬롬'입니다. 화평, 평화, 평안 등으로 번역되는 샬롬은 전(全) 우주적이고, 전(全) 포괄적인 관계 회복의 산물입니다. 우리 인간은 삼중적으로 관계를 맺고 있습니다. 즉, 하나님과 인간 간의 대신(對神) 관계, 인간들 사이의 대인(對人) 관계, 인간과 자연 간의 대물(對物) 관계를 맺고 있습니다. 그런데 칭의를 통해 하나님과의 관계가 회복되면 우리 인간에게 샬롬이 선물로 주어집니다. 그리고 이 하나님과의 샬롬이 모든 샬롬의 기초가 됩니다.

현대인들은 평안과 받침 하나 차이 나는 '편안'을 선호합니다. 저의 아이들만 보더라도 저의 어릴 적보다는 비교할 수 없이 좋은 환경에서 살고 있는데 조금만 불편하면 '못 살겠다', '죽겠다'라며 아우성칩니다. 자녀들과 더불어 편안하게 살려면 돈이 필요합니다. 돈은 우리에게 편안함을 제공합니다. 돈이 많으면 무더운 여름날에 에어컨도 빵빵하게 틀어 놓고 시원하게 지낼 수 있습니다. 불편하게 전철이나 버스를 타지 않고 기사 딸린 좋은 차를 타고 럭셔리하게 살 수 있습니다. 하지만 돈은 우리에게 평안까지 보장하지는 못합니다. 돈이 많으면 불안합니다. 밤에 제대로 잠을 잘 수 없습니다. 바스락 소리만 나도 도둑인가 싶어 겁이 덜컥 납니다. 그러므로 여러분 가짜 복인 편안에 매달리지 말고 진짜 복인 평안을 추구하세요. 편안은 돈이 주지만 평안은 예수님이 주십니다. 예수님을 믿는 것과 상관없이 부자일 수도 있고 가난할 수도 있습니다. 하지만 주님을 안 믿고 참된 평안인 샬롬을 맛볼 수는 없습니다.

둘째, 은혜의 영역으로 옮겨집니다. "또한 그로 말미암아 우리가 믿음으로 서 있는 이 은혜에 들어감을 얻었으며"(2절 상). 사도는 여기서 영역 이동에 대해서 말하고 있는데, 칭의로 말미암아 우리는 하나님의 은혜 안에 들어갔고 그 은혜 안에 머물게 되었습니다. 사실 주님을 믿기 전에 우리는 은혜 밖에 있었습니다. 그 밖에는 진노가 있습니다. 그래서 우리는 진노의 대상이었습니다. 하지만 믿음으로 말미암아 진노의 영역에서 옮겨져 지금은 은혜의 영역 안에 서 있는 것입니다. 바울은 이를 후반부에서 은혜가 왕 노릇한다고 표현했습니다(21절).

셋째, 기쁨입니다. "하나님의 영광을 바라고 즐거워하느니라"(2절 하). 이전에는 죄로 인해 꿈도 꾸지 못했던 자들이 그리스도로 말미암아 의롭다 하심을 받고 난 후, 하나님의 영광에 이를 소망을 품게 되었습니다. 이로 인해 기쁨이 심령 깊은 데서부터 샘물처럼 터져 나옵니다. 본절의 '하나님의 영광을 바라고 즐거워한다'는 표현 속에는 장차 우리

신자도 영광의 하나님처럼 영광스럽게 변화될 것이라는 사실이 내포되어 있습니다. 그러므로 이를 바라보며 즐거워하는 것이야말로 의롭다 하심을 받은 성도의 특징입니다.

넷째, 생명입니다. "한 사람의 범죄로 말미암아 사망이 그 한 사람을 통하여 왕 노릇 하였은즉 더욱 은혜와 의의 선물을 넘치게 받는 자들은 한 분 예수 그리스도를 통하여 생명 안에서 왕 노릇 하리로다"(17절). 본장 후반부(12-21절)에서 사도는 다시 한번 영역 이동을 강조합니다. 옛 영역의 대표는 아담이고 새 영역의 대표는 예수입니다. 아담은 인류의 대표로 모든 인류에게 죄와 죽음을 선물로 주었고 신인류의 대표인 예수는 모든 신자에게 의와 생명을 제공하셨습니다. 그러므로 우리는 줄을 잘 서야 합니다. 아담의 영역이 아닌 예수의 영역에 서야 합니다. 옮겨 타야 합니다. 아담은 죽이고 그리스도는 살리시기 때문입니다.

바울은 본문에서 아담과 예수를 대조시키면서 '한 사람(분)'이라는 표현을 10번이나 사용하여 '한 사람의 중요성'을 강조합니다. 특히, 한 사람의 '불순종'과 '순종'의 차이를 강조합니다. "한 사람이 순종하지 아니함으로 많은 사람이 죄인 된 것같이 한 사람이 순종하심으로 많은 사람이 의인이 되리라"(19절). 우리가 죄인 되고 사망에 이르게 된 것은 한 사람 아담의 '불순종' 때문이었습니다. 반면에, 우리가 의인 되고 사망에서 생명으로 옮겨지게 된 것은 한 사람 예수의 '순종' 때문입니다. 우리 주님의 순종의 절정은 십자가입니다. 무죄한 예수님은 죽을 아무런 이유가 없는데도 십자가에 달려 말로 다 할 수 없는 고통을 감내하며 대속의 죽음을 맞이하셨습니다. 주님이 이 엄청난 죽음을 수용하신 이유는 인간을 구원하시기 위한 하나님의 뜻에 순종하려는 것이었습니다. 우리 예수님은 하나님 아버지에게만 순종하신 분이 아닙니다. 누가 복음 2장에 보면 예수님의 유년 시절 기사가 나오는데, 소년 예수는 하나님 아버지께 순종하셨을 뿐만 아니라 육신의 부모인 마리아와 요셉에게도 순종하셨습니다. 이는 누가복음 2:51("예수께서 나사렛에 이르러 순종하여 받드시더라")이 잘 보여주는데, 여기서 '순종하고 받드시더라'라는 동사구는 한 번으로 끝나는 것이 아닌 계속되는 예수님의 순종을 강조합니다. 예수님은 육신의 부모인 마리아와 요셉에게 지속적으로 순종하셨습니다. 순종의 전형(典型)이셨습니다. 그리하여 하나님과 사람 모두에게 사랑을 받으며 자랐습니다(눅 2:52).

저와 여러분도 아담처럼 불순종함으로 죄와 죽음을 물려주는 인생이 아니라 주님처럼 순종함으로 이웃과 후손들에게 의와 영생을 선사하는 축복의 통로가 되어야 할 것입니다.

6장 자유
(죄의 지배로부터 자유)

바울이 지금까지 선포한 이신칭의 복음에서 방종주의적인 추론을 끌어내는 사람들이 있었습니다. 사도가 칭의와 관련하여 "죄가 더한 곳에 은혜가 더욱 넘쳤나니"(롬 5:20)라는 표현을 했을 때, 이 말을 곡해하여 "그러면 은혜를 많이 받으려면 죄를 많이 지어야겠네"라는 허무맹랑한 주장을 하는 이들이 나타났습니다. 그 대표적인 사람이 제정 러시아의 라스푸틴인데, 그는 "사람은 보통 죄인이 되면 하나님께 보통 영광을 돌리는 것이고, 큰 죄인이 되면 하나님께 큰 영광을 돌리는 것이다. 하나님의 영광과 은총을 더욱 드러내기 위해서는 계속 반복하여 죄를 지어도 괜찮다"라는 궤변을 늘어놓았습니다. 바울은 이러한 터무니없는 주장에 대해 다음과 같은 수사학적 질문을 던집니다. "그런즉 우리가 무슨 말을 하리요 은혜를 더하게 하려고 죄에 거하겠느냐?"(1절). 여기 '죄에 거한다'는 말은 아무런 양심의 가책도 느끼지 않으면서 죄를 지속적으로, 반복적으로 짓는 무법하고 방종한 생활을 가리킵니다. "하나님은 용서하는 것이 전문이고, 우리 인간은 죄짓는 것이 전문이니 죄를 밥 먹듯이, 물 마시듯이 지어도 하등 문제가 없는 것 아닌가"라고 개풀 뜯어먹는 소리하는 자들에게 바울은 강력히 반발합니다. "그럴 수 없느니라"(2절 상). 이는 절대부정으로 결코 그럴 수 없다는 단호한 거부의 말입니다.

우리가 더 이상 죄에 거할 수 없는 이유는 죄에 대하여 죽었기 때문입니다. "죄에 대하여 죽은 우리가 어찌 그 가운데 더 살리요"(2절 하). 후속 절에서 사도는 우리가 죄에 대해 죽었다는 것을 설명하기 위해 먼저 그리스도와의 연합, 특히 그의 죽음과의 연합을 강조합니다. 3-8절에 '합하여', '함께', '연합한 자'라는 단어가 9번이나 등장합니다. 한마디로 신자는 예수 그리스도와 연합된 존재입니다. 우리는 작은 예수로 그분과 동일한 체험을 하는 존재입니다. 예수님이 십자가에 못 박혀 죽으실 때 우리도 그분과 연합하여 십자가에 못 박혀 죽었습니다. 그런데 이때 못 박힌 것은 우리의 "옛 사람"입니다(6절). 그리스도와 연합함으로 십자가에 죽은 것은 우리의 옛 사람입니다. 이 옛 사람은 아담 안에서 함께 죄를 지었던 나의 옛 자아입니다. 죽음의 노예가 되었던 나의 옛 자아입니다. 그 옛 자아가 예수와 함께 십자가에 죽었다는 말입니다. 죽음이라는 것은 대단한 파괴력을 가지고 있습니다. 일단 죽음이 오면 인간 관계는 완전히 끝납니다. 법적 관계는 완전히 중단됩니다. 그래서 빚쟁이도 채무자가 죽어버리면 더 이상 돈을 달라고 요구할 수 없습니다. 법관도 죽은 자에게는 형을 선고하지 못합니다. 죽은 자는 완전히 자유하게 됩니다. 죽음은 우리를 모든 책임에서 벗어나게 하고, 모든 지배에서 벗어나게 하며 자유히도록 만듭니다. 마찬가지로 옛 자아가 십자가에 못 박혀 죽는 순간 우리는 죄와 완전히 단절됩니다. 죄의 권세가 통제력을 잃게 됩니다. 우리는 완전히 죄에서 자유하게 됩니다. 더 이상 죄의 지배를 받지 않게 됩니다. 4절은 "우리도 그와 함께 장사되었나니"라고 말하고 있습니다. '장사되었다'는 말은 '완전히 죽었다'는 말입니다. 장례식은 사망확인서와 같은 것입니다. 우리 옛 사람은 완전히 죽었습니다. 그 결과 우리는 죄의 통치로부터 자유를 얻게 되었습니다.

죄에 끌려다니던 우리의 옛 자아는 이미 십자가에 못 박혀 죽음으로 죄의 지배에서 벗어났을 뿐 아니라 우리는 그리스도의 부활과 연합하여 새 생명을 부여받음으로 새 사람으로 변화되었습니다. 과거에는 죄를 짓지 않을 수 있는 자유가 없었지만 거듭난 우리 신자들은 죄를 짓지 않을 수 있는 자유를 새로 부여받게 되었습니다. 중생한 신자들 안에 성령이 내주하여 그 내주하는 성령의 능력으로 말씀에 순종하며 살 수 있는 자유를 얻게 되었습니다.

그동안 죄의 왕국에서 죄라는 왕의 지배와 통치를 받던 사람이 이제 완전히 죄의 나라에서 빠져나와 더 이상 죄의 지배와 통치를 받지 않고 자유하게 되었다는 이 명백한 영적 현실을 인정하고 받아들이는 것은 의롭다 하심을 받은 자가 의로운 삶을 사는 데 결정적인 영향을 미칩니다. 그래서 바울은 "이와 같이 너희도 너희 자신을 죄에 대하여는 죽은 자요 그리스도 예수 안에서 하나님께 대하여는 살아 있는 자로 여길지어다"라고 권면합니다(11절). 여기 '여기다'라는 동사는 헬라어로 '로기조마이'인데, 이는 '인정하다' 혹은 '인식하다'라는 의미입니다. 그래서 그리스도와 연합을 통해 우리에게 일어난 사건, 즉 신분의 변화를 그대로 인정하고 계속 인식해야 된다는 말입니다. 성화에 이르는 삶을 살기 위해서는 우리 안에 이러한 사건이 일어났다는 것을 끊임없이 인식해야 합니다. 이런 인식이 우리의 삶을 능력 있게 바꾸어서 죄와 상관 없는 삶을 살게 합니다.

바울은 죄의 지배로부터 자유롭게 된 신자들에게 보다 구체적인 권면을 합니다. 사도의 권면은 크게 두 가지인데, 하나는 부정적인 권면입니다. "그러므로 너희는 죄가 너희 죽을 몸을 지배하지 못하게 하여 몸의 사욕에 순종하지 말고 또한 너희 지체를 불의의 무기로 죄에게 내주지 말고"(12-13절 상). 우리가 거듭난 것은 우리의 영혼이지 몸은 아닙니다. 거듭난 내 속사람은 죄의 지배로부터 자유하지만, 내 몸은 그렇지 못합니다. 우리 몸이 살아 있는 한 죄가 우리 몸에 들어와 활동합니다. 우리 몸에는 욕구 혹은 욕망이라는 것이 있는데, 이 욕망이 유혹을 받으면 악한 욕망으로 돌변합니다. 그래서 각종 부당한 몸의 욕망이 끌고 가는 대로 끌려가다가는 신앙이 자랄 틈이 없습니다. 그렇기 때문에 우리는 이러한 몸의 사욕과 사투를 벌여야 하는 것입니다.

우리 마음속에 죄의 욕망이 있어도 죄를 지으려면 지체, 즉 우리 신체 기관들이 도구가 되어 주어야 합니다. 탐욕이 생기더라도 내 손이나 발이 움직여 주지 않으면 도둑질을 하지 않을 것이고 마음에만 죄가 머물 것입니다. 그러나 탐욕에 이끌리어 손과 발이 실제로 움직여 타인의 것을 취하게 되면 범죄가 성립되는데, 이렇게 하는 것이 우리의 지체를 불의의 도구로 드리는 것입니다. 선을 행하는 데 사용되어야 할 좋은 도구인 우리의 사지백체(四肢百體)가 죄를 짓고 불의를 행하는 일에 사용되는 것입니다. 따라서 바울은 이제 할 수 있는 자유, 그렇게 할 수 있는 성령의 권능을 부여받았기에 몸의 악한 욕망대로 살지 아니하는 것뿐만 아니라 그 지체를 불의와 죄짓는 도구로 사용하지 말라고 권면하는 것입니다.[15]

또 하나는 긍정적인 권면입니다. "오직 너희 자신을 죽은 자 가운데서 다시 살아난 자같이 하나님께 드리며 너희 지체를 의의 무기로 하나님께 드리라"(13절 하). 과거에 예수 믿기 전에는 내 사지백체를 가지고 의의 병기로 하나님께 드리는 것이 불가능했습니다. 그때는 죄의 종이 되어서 죄가 끌고가는 대로 끌려가면서 죄짓는 데 바빴습니다. 그러나 이제 우리는 그리스도 안에서 새사람이 되었습니다. 우리 속에는 거룩하신 성령님이 내주하고 계십니다. 이제는 성령님이 주시는 힘과 능력으로 얼마든지 우리 자신을 하나님께 드릴 수 있게 되었습니다. 그러므로 우리 그리스도인들은 자신의 유익이 아니라 하나님의 영광을 위해 지체를 사용해야 합니다. 술잔을 들던 손으로 성경을 들고, 음란으로 질주하던 발로 심방하고, 유행가를 부르며 욕하던 입으로 하나님을 찬미하며 복음을 증거해야 할 것입니다.

죄(사탄)의 종 되어 산 자와 의(하나님)의 종 되어 산 자의 운명은 극명하게 갈립니다. 죄는 자기 종에게 충성스러운 섬김의 대가로 품삯을 지불합니다. "죄의 삯은 사망이요"(23절 상). 그러면 하나님의 종으로 의롭게 산 자에게는 무엇이 주어질까요? "하나님의 은사는 그리스도 예수 우리 주 안에 있는 영생이니라"(23절 하). 죄의 종에게는 영벌이 주어지지만, 하나님의 종에게는 영생이 주어집니다. 우리는 제아무리 하나님께 충성을 다했다고 할지라도 사실 영생을 받을 자격이 없습니다. 하나님은 인간에게 아무것도 빚진 것이 없기 때문입니다. 따라서 영생은 하나님이 거저 주시는 은혜의 선물입니다.

7장 율법

(신자와 **율법**과의 관계)

전 장에서 사도는 신자를 죄에 대하여 죽은 자라고 정의했습니다. 본 장에서는 이를 달리 표현하여 '율법에 대해서 죽은 자'라고 말합니다. 그는 일반법의 원리를 통해서 그리스도인과 율법의 관계를 설명합니다. "형제들아 내가 법 아는 자들에게 말하노니 너희는 그 법이 사람이 살 동안만 그를 주관하는 줄 알지 못하느냐"(1절). 법이 사람이 살아 있을 동안만 사람을 주관하는 것은 어느 시대 어느 사람이나 다 알고 있는 내용입니다. 살인자일지라도 그가 죽어버리면 그 법은 그것으로 끝입니다. 시체를 피고석에 놓고 재판하거나 형을 내리는 법은 없습니다. 일단 죽으면 법에서 벗어납니다. 법은 죽은 사람을 절대로 지배하지 못합니다.

바울은 이 법의 구속력의 한계를 결혼 관계를 예로 들어 좀 더 쉽게 설명합니다. "남편 있는 여인이 그 남편 생전에는 법으로 그에게 매인 바 되나 만일 그 남편이 죽으면 남편의 법에서 벗어나느니라. 그러므로 만일 그 남편 생전에 다른 남자에게 가면 음녀라. 그러나 만일 남편이 죽으면 그 법에서 자유롭게 되나니 다른 남자에게 갈지라도 음녀가 되지 아니하느니라"(2-3절). 한 여자가 남편과 결혼해서 살다가 그 남편에게로부터 자유롭게 되기 위해서는 남편이 죽어야 됩니다. 남편이 서슬 시퍼렇게 살아 있는데 다른 남자에 가면 음녀가 되지만 남편이 죽으면 자유자가 되어 얼마든지 갈 수 있게 됩니다.

사도가 이런 비유를 드는 것은 신사가 이제 율법과 새로운 관계에 들어갔음을 알려주기 위함입니다.[16] "그러므로 내 형제들아 너희도 그리스도의 몸으로 말미암아 율법에 대하여 죽임을 당하였으니 이는 다른 이 곧 죽은 자 가운데서 살아나신 이에게 가서 우리가 하나님을 위하여 열매를 맺게 하려 함이라"(4절). 그리스도인은 원래 율법과 결혼한 자였는데, 그리스도가 우리 대신 율법의 저주를 담당하사 십자가상에서 죽으셨습니다. 우리는 믿음으로 그의 죽음과 연합해서 율법의 지배(정죄하는 권세)로부터 해방되었을 뿐 아니라 그의 부활과 연합함으로써 부활해 만유의 주로 높임 받으신 그리스도와 결혼하게 되었습니다. 그래서 전 남편인 율법에서 벗어나 새 남편인 그리스도에게 시집을 간 것입니다. 그러므로 이제 율법은 더 이상 그리스도인을 주관할 수 없습니다. 신자는 율법과의 관계를 완전히 청산하고 예수 그리스도와 새로운 관계를 맺게 되었습니다. 이 새로운 관계는 율법으로 섬기는 것이 아니라 영으로, 은혜로, 사랑으로 섬기는 것을 의미합니다(6절).

그리스도인은 은혜가 넘치는 사람이어야지 바리새인처럼 법만 운운하는 사람이 되어서는 안 됩니다. 주님께서 나면서부터 38년 동안 한 번도 걷지 못하는 병자를 긍휼히 여기시고 고쳐주셨을 때에도 바리새인들은 안식일 법을 어겼다고 방방 뛰며 분을 삭이지 못했습니다. 법이 지배하는 곳에는 생명의 역사가 나타나지 못합니다. 거기에는 정죄와 심판만이 있을 뿐입니다.

율법으로 섬기는 것과 은혜로 섬기는 것은 천양지차(天壤之差)입니다. 율법에 얽매여 섬기는 사람은 주일 성수를 안 하면 하나님께 심판받을까 봐 두려운 마음에 마지못해 예배당에 옵니다. 공부하기 싫은 아이가 엄마한테 혼나는 게 두려워서 억지로 하듯이 그에게는 자발성이나 자원하는 마음이 전혀 없습니다. 이렇게 신앙생활을 하면 기쁨이 1도 없습니다. 하지만 마음 가운데 성령의 새롭게 하시는 은혜를 힘입고 교회 생활을 하면 예배드리는 일이나 말씀 듣는 일이 즐겁기 그지없습니다. 교회 봉사도 마찬가지입니다. 율법에 사로잡혀 억지로 남의 눈치 보면서 하게 되면 강대상에 물 한잔 올려놓는 것도 귀찮기만 합니다. 그러나 구원의 은혜에 사로잡혀 자원하여 봉사하게 되면 더러운 화장실 청소를 하는 것도 신나서 할 수 있는 것입니다.

본 장에서 사도는 전 남편인 율법에 대해 좀 더 언급하는데, 그것의 기능을 세 가지로 요약합니다. 첫째, 율법은 죄를 드러내는 역할을 합니다(7절). 율법은 내 안의 죄악들을 적나라하게 드러내는 '영혼의 거울'입니다. 둘째, 율법은 죄를 자극합니다. 사람들은 청개구리 같아서 하지 말라면 더 하는 습성이 있습니다. 보지 말라고 하면 더 보려고 하고, 가지 말라고 하면 기어코 갑니다. 금지하고 있는 것이 오히려 속에 있는 나쁜 생각을 자극해서 올라오게 만드는데, 이것이 율법의 또 다른 기능입니다(8-9절). 셋째, 율법은 죄를 정죄합니다(10-11절). 율법은 인간 마음속의 죄를 드러내 죄의 삯이 사망이므로 결국 인간을 사망에 이르게 하는 역할을 합니다.

사실 이러한 기능을 하는 율법은 선하고 거룩한 것이지만 안타깝게도 인간을 의롭게 하거나 거룩하게 하지 못하는 한계가 있습니다. 그러므로 율법을 통해 칭의나 성화에 이르려고 하는 사람이 있다면 그는 헛수고하고 있는 것입니다. 신자가 거룩하게 되는 것은 남편이 바뀌었다는 사실을 인지하고 그 남편과의 관계를 돈독하게 하는 것입니다. 그리스도라는 남편과 신부인 그리스도인이 좋은 관계를 다지는 것이 성화에 이르는 유일한 길입니다.

8장 확신

(구원의 확신)

본 장을 열면서 바울은 놀라운 선언을 합니다. "그러므로 이제 그리스도 예수 안에 있는 자에게는 결코 정죄함이 없나니"(1절). 사도는 '그리스도 안에 있는 자들'은 결코 정죄를 받지 않는다고 선포합니다. 여기 '정죄'(헬. '카타크리마')라는 단어는 신약성경에서 로마서 5:16, 18절에 두 번 더 등장하는데, 갈라디아서 3:10에 언급된 '저주'와 같은 단어입니다. 그러면 어째서 그리스도 안에 있는 자들에게는 종말론적인 정죄가 없는 걸까요? 그 이유는 하나님의 아들이 인간이 되사 우리를 위하여 십자가 위에서 정죄, 즉 율법의 저주를 받으셨기 때문입니다(2-4절). 전에 우리는 내주하는 죄의 세력의 전적인 지배를 받아 율법을 행하고 싶어도 도저히 행할 수가 없었습니다. 하지만 이제는 하나님께서 죄의 세력을 붕괴시키시고 우리가 새로운 세력의 지배를 받게 하셨습니다. 우리에게 성령을 주셔서 성령이 우리 안에 내주함으로 하나님에 대한 순종을 가능하게 하셨습니다.

로마서 8장은 흔히 '성령' 장이라고 불립니다. 이는 1-7장에 성령이 단지 3번(1:4; 5:5; 7:6) 언급되는 데 반해 8:1-30에만 19번 등장하기 때문입니다. 여기서는 성령이 행하는 사역이 9가지로 소개되고 있습니다. 첫째, 성령께서는 죄와 사망의 법, 즉 율법에서 우리를 해방시키십니다(1-2절). 둘째, 성령을 따라 행하는 신자에게 율법의 요구, 즉 사랑이 이루어지게 하십니다(3-4절). 셋째, 영을 따르는 자들로 영의 생각을 하게 하십니다(5-8절). 넷째, 하나님은 성령을 통해서 신자의 죽을 몸도 살리실 것입니다(9-11절). 다섯째, 성령은 신자들에게 몸의 행실, 즉 육신의 정욕을 죽임으로써 진정 살게 하십니다(12-13절). 여섯째, 성령께서 신자가 하나님의 자녀인 것을 증언하십니다(14-17절). 일곱째, 첫 열매이신 성령께서 신자로 하여금 현재의 고난을 참고 몸의 속량을 기다리게 하십니다(18-25절). 여덟째, 성령께서는 신자들을 위해서 친히 기도하십니다(26-27절). 아홉째, 성령께서는 신자가 하나님의 아들의 형상을 닮도록 하십니다(28-30절).

이스라엘은 출애굽한 후 하나님과 언약을 맺었으나 우상 숭배함으로 언약을 스스로 파기했습니다. 그래서 잘려 나갔습니다. 그러므로 하나님의 은혜로 구원받은 그리스도인들 또한 실패하지 않을까 하는 두려움이 마음 한편에 자리 잡고 있습니다. 그래서 바울은 우리의 구원이 확실하고 안전하다는 것을 강조하기 위해서 지금 '성령'을 언급하는 것입니다. 유대교와 기독교의 중요한 차이가 하나 있는데, 그것은 유대교는 자기 홀로 분투하지만, 기독교는 나 홀로 분투하는 것이 아니라 성령이 나를 도우신다는 것입니다. 유대교는 자신의 힘과 노력으로 하나님의 뜻을 성취하기 위해 분투하는 종교라면 기독교는 하나님께 순종하고자 하는 자를 성령이 돕는 종교라는 것입니다.

　본 장을 마무리하면서 사도는 다시 한번 그리스도인의 구원의 확실성을 강조합니다. 먼저 그는 "모든 것이 합력하여 선을 이룬다"라고 말합니다(28절). 여기 '모든 것' 안에는 긍정적인 것과 부정적인 것이 함께 포함됩니다. 웃음과 눈물, 희망과 절망이 동시에 내포되어 있습니다. 그러나 그 무게 중심은 오히려 35 39절에 언급되는 부정적인 일에 맞춰져 있는 듯합니다. 좋지 않은 일이 벌어지면 우리는 '하나님이 나를 버리셨는가?' 하고 구원을 의심하게 됩니다. 하지만 우리가 당하는 고난, 실패, 시련 등 모든 나쁜 일이 결과적으로는 하나님의 도구가 되어서 선을 이루는 수단이 됩니다. 그러므로 조금도 낙심할 필요가 없습니다. 모세를 한번 생각해 보세요. 천하를 호령하던 애굽의 왕자가 한순간에 살인자가 되어 미디안 광야로 도망갔습니다. 그리고 그 광야에서 이드로의 양이나 치면서 속된 말로 40년을 썩었습니다. 하지만 그것은 허송세월이 아니었습니다. 광야 체험을 통해 모세는 광야 전문가로 거듭났습니다. 이는 누구보다도 광야의 특성을 잘 아는 모세를 출애굽한 이스라엘 백성을 40년 광야 길로 인도하는 리더로 만들고자 하신 하나님의 섭리였던 것입니다. 하나님 안에서 낭비되는 시간은 없습니다. 모든 것이 합력하여 결국 하나님께서 목적하신 것들을 이루십니다.

　이어서 바울은 다섯 가지 질문을 제기함으로 구원의 확실성을 주장합니다. 첫 번째 질문은 "만일 하나님이 우리를 위하시면 누가 우리를 대적하리요"입니다(31절). 여기 '하나님이 우리를 위하신다'는 말은 하나님이 우리 편이 되신다는 말입니다. 하나님께서 우리 편에 서 계셔서 우리를 보호하시기에 우리의 구원이 확실하다는 말입니다. 그러므로 문제는 우리가 누구 편에 서 있느냐입니다. 미국이 노예 해방 문제로 남북 전쟁을 벌일 때 한 직원이 링컨 대통령에게 "하나님은 우리 북군 편일까요? 아니면 적인 남군 편일까요" 라고 물었습니다. 이에 링컨은 우리가 하나님 편에 서 있느냐가 중요하다고 대답했습니다. 우리가 하나님 편에 서 있으면, 즉 진리 편에 서 있으면 하나님은 우리 편에 서 계신다는 것을 확신하게 될 것이고, 또한 "누가 우리를 대적하리요"라고 고백할 수 있을 것입니다.[17]

바울이 던지는 두 번째 질문은 "자기 아들을 아끼지 아니하시고 우리 모든 사람을 위하여 내주신 이가 어찌 그 아들과 함께 모든 것을 우리에게 주시지 아니하겠느냐"입니다(32절). 이는 가장 소중한 보물인 독생자까지도 아낌없이 십자가에 내어주신 하나님께서 우리의 구원에 필요한 것은 무엇이든 거절하지 않고 후하게 주실 것이기에 우리의 구원이 확실하다는 말입니다. 하나님은 우리가 필요하다면 흔들어 넘치도록 부어주실 것입니다. 그러므로 우리가 무엇인가 부족함을 느낀다면 그것은 우리가 불필요한 것을 필요하다고 느끼고 있든지 아니면 우리의 필요를 하나님께 아뢰지 않기 때문입니다. 하나님은 그냥 주셔도 되지만 우리의 간구를 통해서 응답하시기를 기뻐하시는 분이십니다. 따라서 우리는 조지 뮬러(George Müller)와 같이 하나님께 부지런히 간구해서 천국의 창고를 수시로 침노해야 할 것입니다.

세 번째와 네 번째 질문은 법정 용어로 되어있습니다. "누가 능히 하나님께서 택하신 자들을 고발하리요?"(33절). "누가 정죄하리요?"(34절). 여기 '고발'과 '정죄'는 사탄이 하는 행위입니다. 악한 마귀는 우리를 기소해서 법정에 세우고 죄인은 정죄받아 마땅하다고 주장합니다. 하지만 그는 그리스도의 강력한 반대에 직면합니다. 그리스도는 우리 죄인들을 의롭다 하기 위해 죽으셨을 뿐 아니라 다시 살아나셔서 하나님 우편에서 우리를 위해 간구하십니다. 따라서 재판장이신 하나님은 사탄의 주장을 기각하고 우리를 의롭다고 하며 무죄 방면하실 것이기에 우리의 구원은 확실한 것입니다.

　　마지막 질문은 "누가 우리를 그리스도의 사랑에서 끊으리요"입니다 (35절 상). 사탄은 '환난, 곤고, 박해, 기근, 적신, 위험, 칼'(35절 하) 등을 총동원해서 그리스도의 사랑에서 우리를 끊으려고 온갖 애를 쓰지만 이와 같은 것들이 과연 그리스도의 사랑에서 우리를 끊어놓을 수 있을까요? 사도는 37절에서 이렇게 대답합니다. "그러나 이 모든 일에 우리를 사랑하시는 이로 말미암아 우리가 넉넉히 이기느니라." 여기 '넉넉히 이긴다'는 말은 철저한 승리, 완벽한 승리를 말합니다. 바울은 어떻게 그것이 가능하다고 말씀합니까? "우리를 사랑하시는 이로 말미암아서"라고 합니다. 우리가 환난이나 곤고나 박해를 이기는 것이 아닙니다. 우리를 사랑하시는 주님이 우리를 도우시기 때문에 이길 수 있는 것입니다.[18] 그러기에 우리 그리스도인의 구원은 백 퍼센트 확실하고 절대적으로 안전한 것입니다.

9장 선택
(이스라엘의 선택)

로마서 9장부터 11장까지에서 바울은 자신의 동족 유대인들의 구원 문제를 다룹니다. 전 장에서 사도는 구원의 확실성을 논증했습니다. "누가 우리를 그리스도의 사랑에서 끊으리요"라고 말하면서 자신의 구원이 요지부동이라는 것을 선언했습니다(롬 8:35). 하지만 본 장에서는 분

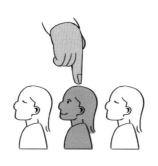

위기가 180도 전환되어 그는 깊은 수심에 사로잡혀 있습니다(1절). 사도는 자기 혼자 구원받았다고 감격하고 기뻐할 겨를이 없었습니다. 불행하게도 자신의 동족인 이스라엘 사람들 대다수가 예수 그리스도 믿기를 거부하여 구원의 대열에서 이탈되어 있기 때문입니다. 이러한 비극적인 사실 때문에 바울은 깊은 고통을 느끼면서 동족이 구원을 받을 수만 있다면 자신은 저주를 받아서 그리스도에게서 끊어질지라도 그것을 달게 받겠다고 말합니다(3절). 이 절규는 출애굽 후 금송아지 우상을 만들어 대역죄를 범한 이스라엘이 하나님의 진노를 사서 절멸할 위기에 처했을 때 "이제 그들의 죄를 사하시옵소서. 그렇지 아니하시오면 원하건대 주께서 기록하신 책에서 내 이름을 지워 버려 주옵소서"라고 간구했던 모세의 중보 기도를 연상시킵니다(출 32:32). 바울은 자기 백성의 구원을 위하여 친히 저주를 담당하신 예수님의 마음을 간직한 자였습니다.

이 고귀한 성품의 소유자 바울이 구원받기를 간절히 소망했던 이스라엘은 사실 하나님으로부터 많은 특권을 부여받았습니다. 사도는 본장에서 그들의 8가지 특권을 소개합니다. 첫째, 이스라엘은 하나님의 아들들로 입양되었습니다(출 4:22; 호 11:10). 둘째, 이스라엘 중에 하나님의 영광, 즉 하나님의 임재가 나타났습니다(출 16:10; 민 14:10 등). 셋째, 그들은 하나님과 언약을 체결했습니다(출 19:5; 신 29:1 등). 넷째, 하나님은 그들에게 율법을 주셨습니다. 다섯째, 이스라엘은 성막과 성전을 통해 하나님께 예배드릴 수가 있었습니다. 여섯째, 하나님은 이스라엘에게 메시아에 대한 약속을 주셨습니다. 일곱째, 아브라함을 비롯한 조상들이 그들의 것이었습니다. 여덟째, 육신으로 말하면 하나님의 아들이신 그리스도가 그들에게서 태어나셨습니다(4-5절). 이스라엘은 이와 같은 특권적인 지위를 가지고 있었지만, 대다수가 불신앙으로 그리스도를 배척하고 있습니다. 이러한 이스라엘의 실패와 관련해서 본 장에서는 세 가지 질문이 등장합니다. 그리고 이에 대한 사도의 답변이 제시됩니다.

첫 번째 질문은 위와 같은 특권을 가진 이스라엘이 구원받지 못한다면 '하나님의 약속이 폐하여졌는가?', 다시 말해서 '하나님께서 아브라함을 비롯한 조상들에게 하신 구원의 약속들이 폐하여졌는가?' 하는 문제입니다. 바울은 하나님의 약속은 폐하여지지 않았다고 말합니다(6절). 이스라엘이 지금 구원받지 못한다고 해서 하나님의 약속이 폐하여진 것이 아니라고 말합니다. 유대인은 이스라엘에게서 난 사람이면 모두 이스라엘이요 하나님의 백성이라고 생각했습니다. 그러나 바울은 두 종류의 이스라엘, 즉 육적 이스라엘과 영적 이스라엘을 구분합니다(7-8절). 그리고 영적 이스라엘만이 참 하나님의 백성으로 구원받는다고 말합니다. 다시 말해서, 이스라엘 사람, 즉 혈통적, 민족적 이스라엘이라고 다 구원받는 것이 아니고 이삭과 야곱처럼 하나님이 주권적으로 선택하신 영적 이스라엘만 구원받는다고 말합니다(10-13절). 이것을 통해 내린 결론은 지금 하나님의 약속이 폐해진 것이 아니고 영적 이스라엘에게만 하나님의 약속이 성취된다는 것입니다.

여기 바울의 선택 교리에 대해 사람들이 의문을 제기하면서 자연스럽게 두 번째 질문이 나오는데, '인간의 조건이나 행동과는 무관하게 오직 하나님의 무조건적인 선택에 따라 누구는 구원하고 누구는 버리신다면 하나님은 공평하시냐?' 하는 것입니다(14절). 사도는 이 질문에 대해 출애굽기에서 모세와 바로에게 하신 말씀을 인용하면서 결코 하나님이 불의하신 것이 아니라고 답변합니다(15-18절). 하나님께서 주권적 선택을 통해 어떤 사람을 구원해 주시는 것은 하나님의 긍휼이라는 성품에서 비롯된 것임을 말합니다. 모든 사람이 죄인이기에 모두 심판받아 마땅하지만 그중 일부가 구원받는 것은 하나님의 주권적인 긍휼 때문입니다. 그것은 사람의 의지나 노력에 근거한 것이 아닙니다.

여기서 우리가 한 가지 주의할 점은 구원받은 사람들에게 하나님이 긍휼을 베푸셨다는 말은 구원받지 않은 사람에게 긍휼을 베풀지 않으셨다는 말이 아니고 전자는 하나님의 긍휼을 믿음으로 받아들인 것이고 후자는 마음을 완악하게 하여 긍휼을 안 받아들인 것입니다.[19] 그러므로 실은 하나님이 불의한 것이 아니고 인간이 불의한 것입니다.

앞선 내용을 근거로 해서 마지막 질문이 제기됩니다. '하나님이 사랑하여 선택하였으면 구원받았을 텐데, 하나님은 어찌하여 죄인, 곧 선택함을 받지 못한 불신자들을 책망하시는가? 사랑 못 받은 것도 서러운데 믿지 않았다고 심판하신다면 너무 억울한 일 아닌가?'(19절). 이에 바울은 그 유명한 토기장이 비유로 답합니다(20-21절). 이 비유는 창조주로서 하나님께서는 절대 주권을 가지고 계신다는 점을 부각합니다. 인간은 먼저 하나님 앞에서 주제 파악을 해야 합니다. 하나님은 창조주요 토기장이이십니다. 그리고 인간은 피조물이고 진흙이요, 심판받아 마땅한 죄인에 불과합니다. 토기장이가 진흙으로 하나는 귀히 쓸 그릇, 하나는 천히 쓸 그릇을 만드는데 이에 대해서 토기가 뭔 할 말이 있겠습니까? 하나님이 당신 맘대로 하겠다는데 누가 브레이크를 걸겠습니까? 하나님은 긍휼을 베푸시고 진노하실 권한이 있는 분이십니다. 죄인인 인간은 여기에 대해 이의를 제기할 수 없습니다. 구원받지 못한 자가 "왜 나는 구원하지 않습니까?"라고 항의할 수 없습니다. 다른 사람을 긍휼히 여겨 구원한다고 해서 하나님께 뭐라고 따질 수 없습니다. 그것은 전적으로 하나님의 주권에 속한 것이고 자신이 심판받는 것은 자신의 죄에 대한 대가이기 때문입니다.

하나님의 놀라운 선택의 은혜를 생각하면 이방인인 우리로서는 입이 만 개가 있어도 할 말이 없습니다. 원래 이스라엘은 긍휼의 그릇이었고 우리는 진노의 그릇이었습니다. 그런데 큰 이변이 일어났습니다. "호세아의 글에도 이르기를 내가 내 백성 아닌 자를 내 백성이라, 사랑하지 아니한 자를 사랑한 자라 부르리라"(25절). 과거에는 이스라엘 백성이 하나님의 백하심을 받은 자녀들이었습니다. 그런데 진짜 하나님의 백성이었던 그들은 버림받고 이제 우리가 예수 믿고 그분의 자녀로 부름을 받게 되었습니다. 하나님의 복음이 그들에게는 오히려 부딪혀서 넘어지게 하는 장애물이 되었습니다(32절). 그러므로 새 이스라엘인 교회 공동체 또한 옛 이스라엘처럼 자고(自高)하여 복음을 업신여겼다가는 얼마든지 막판 뒤집기가 일어날 수 있다는 사실을 가슴 깊이 새겨야 할 것입니다.

10장 실패
(이스라엘의 실패)

전 장에서 사도는 모든 이스라엘이 구원받는 것이 아니라 하나님이 주권적으로 선택한 영적 이스라엘만 구원받는다고 말하며 구원에 있어서 하나님의 절대 주권을 강조했습니다. 이에 반해 본 장은 인간의 책임에

초점을 맞춥니다. 다시 말해서, 구원받지 못한 이스라엘의 잘못을 지적합니다. 이들이 실패한 이유는 크게 두 가지입니다. 첫째는 지식 없는 열심입니다. "내가 증언하노니 그들이 하나님께 열심이 있으나 올바른 지식을 따른 것이 아니니라"(2절). 이스라엘 사람들처럼 열심인 사람들도 없습니다. 열심이라는 면에서는 타의 추종을 불허합니다. 하지만 그들의 열심은 참된 지식이 없는 열심이었습니다. 이것은 화를 부르기 쉽습니다. 바울은 열정의 사람이었습니다. 하지만 그의 유대교 시절의 열심은 분별없는 열심이었습니다. 그래서 제 딴에는 하나님을 위한다고 했던 일이 그리스도인들을 박해하고 심지어는 스데반을 죽이는 일이었습니다. 오늘날에도 다메섹 회심 이전의 바울처럼 속된 말로 똥인지 된장인지 분별 못하고 지식 없는 열심만 내는 사람이 있습니다. 이런 사람이 사람 잡습니다. 이단들을 보세요. 얼마나 열심을 냅니까? 하지만 그 열심은 결국 자신도 죽이고 남의 인생도 망치지 않습니까? 아무것도 모르고 열심만 낸다고 장땡은 아닙니다. 하나님께서 무엇을 원하시는지를 먼저 제대로 파악하고 그러고 나서 하나님께서 원하시는 일에 최선을 다하는 것이 무엇보다 중요합니다. 이스라엘은 하나님께서 어떻게 구원하시려고 하는지, 어떻게 의에 이를 수 있는지 전혀 모른 채 자기 세계에 빠져서 무식하게 열심만 낸 결과 실패하게 되었습니다.

둘째, 복종 없는 열심입니다. "하나님의 의를 모르고 자기 의를 세우려고 힘써 하나님의 의에 복종하지 아니하였느니라"(3절). 이스라엘은 하나님께는 전혀 복종하지 않으면서 자기 의만 내세우려고 열심을 냈

습니다. 그 결과 구원에 이르지 못했습니다. 바리새인을 한번 생각해 보
세요. 경건의 표지라고 할 수 있는 기도와 금식을 밥 먹듯이 하는 사람
이었습니다. 하지만 자신이 세리보다 더 경건한 사람이라는 자기 의를
드러내려는 불순한 동기에서 그렇게 했던 것이지 하나님의 뜻에 복종
하려고 그렇게 한 것이 아니었습니다. 그래서 예수님이 그 저의를 간파
하고 외식하는 자라고 채망했던 것입니다.

　사도는 여기에서 두 가지 의에 대해서 상술합니다. 먼저 율법으로
말미암는 의입니다. 이 의는 행위를 의지하는 의이며(롬 9:32), 지식을 따
르지 않는 의이며(2절), 하나님의 의를 복종하지 않는 자기 의이며(3절),
율법에[20] 순송함으로 생명을 얻으려는 의입니다(5절). 이것이 이스라엘
이 추구했던 의입니다. 하지만 안타깝게도 이 의를 통해서는 구원에 이
를 수가 없습니다. 그러면 구원에 이르는 의는 어떤 의일까요? 그것은
믿음으로 말미암는 의입니다. 이 의는 전파된 복음을 통해 그리스도를
믿음으로 얻는 의를 말합니다(6-8절).

　바울은 하나님께서 어떤 방식으로 우리를 구원하시는지 구체적으
로 기술합니다. "네가 만일 네 입으로 예수를 주로 시인하며 또 하나님
께서 그를 죽은 자 가운데서 살리신 것을 네 마음에 믿으면 구원을 받
으리라. 사람이 마음으로 믿어 의에 이르고 입으로 시인하여 구원에 이
르느니라"(9-10절). 본 절의 '마음'은 신체 가운데 어느 한 부분이 아니고
지정의의 좌소(座所)입니다. 그러므로 마음으로 믿는다는 것은 단순히
감정적으로 동의하는 것이 아니고 지성을 다하고, 감정을 다하고, 의지
를 다해 믿는 것, 자신의 전 인격을 예수님께 온전히 의탁하는 것을 의
미합니다. 그리고 입으로 '시인'한다고 하는 것은 공교회 앞에서 세례를
받으면서 그리스도를 주로 시인하는 것을 말합니다. 기독교에 적대적

인 초대 교회 상황에서 이렇게 행동하면 그다음에 어떤 일이 벌어졌겠습니까? 유대인들 앞에서 예수님을 주님으로 고백하는 것은 하나님에 대한 신성 모독죄에 해당합니다. 또한 로마인들 앞에서 예수님을 주님으로 고백하는 것은 황제 가이사에 대한 반역죄에 해당합니다. 그러므로 예수님을 주라고 입술로 시인하는 것은 순교까지도 각오하는 비장한 결단입니다.

11장 회복

(이스라엘의 회복)

이스라엘은 결국 복음 안에 계시된 하나님의 의를 거부함으로 실패했습니다. 그래서 본 장에서는 이들의 구원과 관련하여 두 가지 질문이 제기됩니다. 첫째로, "하나님은 이스라엘 민족을 모두 버리셨는가" 하는 질문입니다(1절 상). 이 질문에 대해 바울은 "그럴 수 없느니라"고 단호하게 거부합니다(1절 중). 하나님이 이스라엘을 버리지 않으신 증거는 두 가지인데, 첫째, 바울 자신입니다. "나도 이스라엘인이요 아브라함의 씨에서 난 자요 베냐민 지파라"(1절 하). 바울은 하나님이 자기의 백성 이스라엘을 저버리지 아니하셨다는 사실의 살아 있는 증거입니다. 둘째, 남은 자의 존재입니다. 바알 숭배가 만연했던 엘리야 시대에도 바알에 무릎 꿇지 않은 7천 명을 하나님께서 남겨두셨듯이, 바울 당시에도 강력한 불신 풍조가 있었지만 "은혜로 택하심을 따라 남은 자"가 있었습니다(5절). 브리스가와 아굴라를 비롯하여 적지 않은 유대인들이 그리스도의 복음에 순종하여 구원을 받았습니다.

　　이스라엘 민족은 현재 소수의 남은 자만이 구원을 경험하고 있습니다. 그렇다면 대다수는 어떻게 되는 걸까요? 그래서 그들의 미래 구원과 관련하여 두 번째 질문이 제기됩니다. "그러므로 내가 말하노니 그들이 넘어지기까지 실족하였느냐"(11절 상). 이는 "다수의 이스라엘은 영구적으로 버림받았는가"라고 하는 질문입니다. 이에 대해 바울의 대답은 첫 대답과 동일합니다. "그럴 수 없느니라"(11절 중). 하나님의 아들이 자기 백성을 구원하려고 찾아왔지만, 이스라엘 민족은 그를 거부하고 십자가에 달아 죽여 버렸습니다. 하지만 하나님의 구속 사역은 여기서 중단되지 않았습니다. 하나님께서는 불순종한 이스라엘 원가지를 꺾어 버리시고 그 꺾인 가지 대신 이방인인 돌감람나무 가지를 접붙임으로 이방인들이 하나님의 백성이 되는 구원을 맛보게 하셨습니다(12절).

　　잘나가던 이스라엘이 버림받고 천대받던 이방인들이 그 빈자리를 메운 사건을 보면서 우리 신앙인들은 하나님께는 얼마든지 사람이 있다는 사실을 기억해야 할 것입니다. 나 없으면 아무 일도 안 될 것 같지만, 하나님은 쓸 패(Card)가 너무나 많습니다. 사무엘상 2장을 보면, 엘리 제사장에게는 홉니와 비느하스라는 두 아들이 있었습니다(삼상 2:12). 이들 또한 아버지와 함께 제사장 노릇하며 회막에서 봉사했습니다. 그런데 행실이 나빠서 이스라엘 백성들이 하나님께 드리기 위해 제물을 가져오면 세 살 갈고리를 가지고 하나님보다 먼저 자신들이 제물을 취하는 도둑질을 수시로 저질렀습니다(삼상 2:13-17). 이들의 범죄는 여기서 그치지 않고 회막 문에서 수종 드는 여인들과 동침하는 간음죄를 범하는 데까지 나아갔습니다(삼상 2:22). 회개할 마음은 추호도 없고 계속해서 죄만 쌓아가자 하나님께서는 더 이상 그들을 선도할 생각을 포기하셨습니다. 그리고 엘리 가문을 대신할 대타를 준비하셨습니다. 그 대안은 바로 소년 사무엘이었습니다(삼상 2:26).

결국 신앙이 떨어지면 나만 손해입니다. 가룟 유다를 대신할 맛디아가 있었듯이(행 1:26), 하나님께는 얼마든지 사람이 있습니다. 저는 섬기던 교회를 뒤로하고 남아공으로 유학을 갈 때 '나 같은 인재(?)가 없으면 이 교회는 문 닫는 것이 아닌가?' 하고 태산 같은 걱정을 했습니다. 그런데 없으니까 오히려 몇 곱절로 부흥하더군요. 그러므로 우리는 '내가 잘나서 하나님이 나를 여전히 쓰고 계신다'고 착각해서는 안 될 것입니다. '나 아니더라도 얼마든지 좋은 사람이 많은데, 그래도 나같이 부족한 자를 주님께서 일꾼 삼아주셨구나!' 하고 생각하면서 하나님의 은혜에 늘 감사하며 맡겨준 사명에 충성을 다해야 할 것입니다.

접붙임된 이방인들이 누리는 하나님의 풍성한 복을 보고 넘어졌던 이스라엘 안에 시기심이 불타올라 그들도 결국 복음을 받아들이고 언젠가 구원에 이르게 될 것입니다(14절). 이것이 만세 전에 감추어졌던 비밀이자 하나님의 지혜입니다(25절). 구속 경륜 속에 발휘된 하나님의 이 놀라운 지혜를 깨달은 후 사도 바울의 입술에 다음과 같은 탄성이 터져 나옵니다. "깊도다, 하나님의 지혜와 지식의 풍성함이여. 그의 판단은 헤아리지 못할 것이며 그의 길은 찾지 못할 것이로다. 누가 주의 마음을 알았느냐? 누가 그의 모사가 되었느냐? 누가 주께 먼저 드려서 갚으심을 받겠느냐"(33-35절). 결국 세 장에 걸친 긴 이스라엘의 구원 논의는 하나님의 절대 주권에 대한 찬양으로 마무리가 됩니다. "이는 만물이 주에게서 나오고 주로 말미암아 주에게로 돌아감이라. 그에게 영광이 세

세에 있을지어다 아멘"(36절). 하나님은 만물의 창조자요 섭리자요 심판
자이십니다. 그러므로 하나님께서는 영원히 영광을 받으시기에 합당하
신 분이십니다.

12장 변화

(삶의 **변화**)

12장부터 새로운 대단원이 펼쳐집니다.
우리가 편의상 로마서의 전반부를 8장까
지로 한정시켰지만 보다 엄밀히 말하면
11장까지라 할 수 있습니다. 이 전반부에
서는 교리, 즉 우리가 믿어야 할 내용을
다루었다면, 후반부인 12장부터는 윤리,

즉 우리가 행해야 할 내용을 취급합니다. 본 장은 사도의 권면으로 시작
합니다. "그러므로 형제들아 내가 하나님의 모든 자비하심으로 너희를
권하노니 너희 몸을 하나님이 기뻐하시는 거룩한 산 제물로 드리라 이
는 너희가 드릴 영적 예배니라"(1절). 여기 '그러므로'(헬. '운')는 앞에서
이야기한 모든 교리들을 받습니다. 따라서 이제 그 교리와 불가분리의
관계에 있는 윤리 문제를 짚고 넘어가겠다는 것입니다. 그래서 사도는
'하나님의 모든 자비하심'으로 권면하는 것입니다. 우리 신자의 삶은 하
나님의 자비 때문에 존재합니다. 심판받아 마땅한 대역죄인인데, 하나
님은 자신의 독생자를 주시고 성령을 보내주셔서 우리를 당신의 자녀
삼아주셨습니다. 이러한 엄청난 자비에 대한 합당한 반응은 '몸을 드리

는 것'입니다. 칭의를 통해 우리의 영은 구원받았지만, 몸은 아직 죄의 영향력 아래 있습니다. 그러므로 몸을 드린다고 하는 것은 죄의 영향력 아래 있는 몸의 모든 지체가 하나님의 통치와 하나님의 뜻에 굴복하고 그분이 기뻐하는 삶을 살아가게 하는 것입니다. 좀 더 자세히 말하면, 우리 몸의 지체를 의의 도구로 하나님께 드리는 것입니다. 우리의 눈은 세상이 아닌 하나님을 바라보며, 우리의 귀는 고통 속에서 부르짖는 자의 음성을 들으며, 우리의 입술은 진실만을 말하며, 우리의 손은 넘어진 자를 일으키며, 우리의 발은 하나님의 길로 행하는 것입니다. 이것이 영적 예배입니다.[21] 참된 예배란 주일에, 예배당에서만 드려지는 것이 아닙니다. 그것은 날마다, 매 순간마다 우리가 직면한 삶의 현장에서 몸의 지체를 죄에게 드리지 않고 하나님께 드리는 것을 포함합니다. 순종의 삶이 동반되지 않는 제사는 하나님이 받지 않으십니다(사 1:10-17; 58:1-11; 암 5:21-24).

　　사도는 바로 다음 절에서 몸을 드리는 예배를 구체적으로 말합니다. "너희는 이 세대를 본받지 말고 오직 마음을 새롭게 함으로 변화를 받아 하나님의 선하시고 기뻐하시고 온전하신 뜻이 무엇인지 분별하도록 하라"(2절). 신령한 예배를 하나님께 드리기 위해서는 먼저 이 세대를 본받지 말아야 합니다. 여기 '이 세대'란 하나님에 반하는 세상의 풍조와 사상을 말합니다. 그리고 '본받지 말라'는 것은 모델로 삼지 말라는 말입니다. 우리 인간에게는 모방하려는 본성이 있습니다. 그래서 중생하고 난 후에도 자꾸 세상의 풍조와 사상을 삶의 모델로 삼으려고 합니다. 세상을 모델로 삼지 않으려면 마음을 새롭게 해야 합니다. 참된 예배를 하나님께 드리기 위해서는 마음을 변화시키는 것이 필수적입니다. 그런데 여기서 마음을 새롭게 한다고 할 때, '마음'은 감정(feeling)이 아니라 생각(mind)을 의미합니다. 세상에 있는 모든 것은 육신의 정욕과 안목의 정욕과 이생의 자랑으로 압축되는데(요일 2:16), 중생하기 전 옛 사람의 본성은 끊임없이 이 세 가지를 추구해왔습니다. 우리의 생각(mind)이 이 세 가지로 가득 차 있었습니다. 하지만 중생한 우리 안에는 기본적으로 새 사람의 본성이 들어있습니다. 그래서 마음을 변화시킨다고 할 때 1차적으로 생각해야 할 것은 내 본성이 바뀌었고 하는 사실을 인지해야 한다는 것입니다. 이제 본성이 바뀌었다는 것을 깨닫고 잘못된 생각들을 끊임없이 뇌리 속에서 좇아내야 합니다. 내 생각을 바꾸어 가려고 하는 것이 없이는 결코 새 사람이 될 수 없습니다.

1-2절은 후속 절들의 기초 원리로써 작용합니다. 새로운 본성에 걸맞게 마음을 리셋하는 것은 결국 형제자매와 외인들에 대한 사랑과 연결됩니다. 하지만 사도는 바로 사랑의 주제로 점프하지 않고 고린도전서와 마찬가지로 은사를 먼저 언급합니다. 바울이 하나님의 은혜로 사도의 직분을 받은 것처럼 우리도 우리에게 주신 은혜를 따라 각기 서로 다른 은사를 받아 소유하고 있습니다. 그런데 각자가 받은 이 은사는 하나님의 은혜입니다. 은사는 자신의 노력이 아닌 하나님께서 공짜로 주신 선물입니다(6절). 그러므로 우리는 자신이 받은 은사에 대해 만족하고 감사해야 합니다.

고린도전서 12장에서 은사 문제를 취급한 다음 13장에서 사랑을 언급한 것처럼, 로마서 12장에서도 동일하게 바울은 은사 활용에 대한 권면에 이어 사랑의 가르침으로 이동합니다. 먼저 그는 형제 사랑에 대해 거론합니다. 여기서 그는 하나님의 가족 안에서의 진정한 사랑을 여섯 가지로 정리합니다. 첫째, 형제를 육신의 가족처럼 여기고 친밀한 애정을 보이는 것입니다(10절 상). 둘째, 형제의 은사나 재능을 먼저 인정하고 칭찬하는 것입니다(10절 하). 셋째, 곤궁한 형제의 필요를 채워주는 것입니다(13절 상). 넷째, 타지에서 온 그리스도인 손님들을 위해 숙식을 제공하는 것입니다(13절 하). 다섯째, 고락을 함께하며 형제와 자신을 동일시하는 것입니다(15절). 여섯째, 늘 겸손으로 허리를 동이는 것입니다(16절).

이어서 사도는 원수 사랑을 언급합니다. 여기서는 '하지 말라'는 금지 명령이 네 번 나옵니다. 첫째, 핍박하는 자를 저주하지 말라(14절 하). 둘째, 악으로 악을 갚지 말라(17절 상). 셋째, 친히 원수를 갚지 말라(19절 상). 넷째, 악에게 지지 말라(21절 상). 그리고 '하라'는 명령이 여섯 번 등장합니다. 첫째, 너희를 박해하는 자를 축복하라(14절 상). 둘째, 모든 사람 앞에서 선한 일을 도모하라(17절 하). 셋째, 할 수 있거든 너희로서는 모든 사람과 더불어 화목하라(18절). 넷째, 원수 갚는 것을 하나님의 진노하심에 맡기라(19절 하). 다섯째, 네 원수가 주리거든 먹이고 목마르거든 마시게 하라(20절 상). 여섯째, 선으로 악을 이기라(21절 하). 이렇게 원수에게 사랑을 베풀면 그는 자신의 머리에 숯불을 쌓아 놓을 것이라고 바울은 말합니다(20절 하). 고대 애굽에서는 참회자가 회개의 공적 증거로서 불타는 숯불을 머리에 이고 다니는 의식이 있었습니다. 그러므로 원수 사랑은 원수를 부끄럽게 하여 참된 회개에 이르게 할 수도 있습니다.

사실 원수라고 하면 사랑은 고사하고 "뒈져라" 하고 저주를 퍼붓고 싶은 것이 인지상정입니다. 그러나 그것은 믿지 않는 사람들이 소유하고 있는 옛 본성이 요구하는 것입니다. 이제 예수 그리스도를 믿고 성령이 내주하는 우리의 본성은 바뀌었습니다. 우리 안에 그리스도의 영이 와 계십니다. 그렇다면 십자가의 죽으심으로 원수 사랑의 본을 친히 보이신 그분을 본받아 그분의 영의 인도하심을 따라 그분의 성품을 닮아가는 삶을 살아가기 위해 분투해야 하지 않겠습니까?

13장 권세
(권세 잡은 자들에 대한 태도)

본 장 또한 전 장의 사도의 가르침과 연결되어 있습니다. 우리 그리스도인들은 교회의 일원일 뿐만 아니라 지상 국가의 국민입니다. 그러므로 우리는 하나님이 우리에게 부여하신 국가에 대한 책임을 성실하게 수행해야 합니다. 이것이 앞에서 언급한 "모든 사람 앞에서 선한 일"(롬 12:17)을 힘쓰는 좋은 예 중의 하나입니다. 바울은 13장을 시작하면서 "각 사람은 위에 있는 권세들에게 복종하라"고 권면합니다(1절 상). 여기 '권세들'이란 이 세상 국가의 인간 통치자들을 가리킵니다. 신자가 위정자들에게 복종해야 하는 이유는 그들의 권세가 하나님께로부터 온 것이기 때문입니다(1절 하). 사람들은 위정자의 권세도 국민들에게서 비롯된다고 생각을 합니다. 소위 국민 주권사상을 주장합니다. 하지만 성경은 위정자에게 부여되는 권위의 출처와 기원이 하나님으로부터 비롯된다고 분명히 말하고 있습니다. 이는 국가의 통치자에게만 해당되는 것이 아닙니다. 모든 인간관계에 있어서 상급자의 권위는 하나님께서 부여하신 것입니다. 부모의 권위, 스승의 권위, 목회자의 권위 모두 하나님이 주신 것입니다. 그러므로 그들의 권위를 존중하고 그 권위에 철저히 순복해야 합니다. 만일 이들의 권위를 무시하고 불순종하면 그것은 권세를 부여하신 하나님을 무시하는 것이 되는 것입니다.

세상 권세자들은 하나님의 일꾼들입니다. 우리 그리스도인들은 그들이 합법적인 요구를 하면 그것을 하나님의 명령으로 간주하고 순종해야 합니다. 그들은 부여받은 권세로 선을 증진하고 악을 억제합니다(3-4절). 국가가 하나님의 임명을 받아 권선징악이라는 본연의 사명을 잘 감당하고 있을 때 신자들은 이에 적극 순종해야 합니다. 국가에 대한 복종의 구체적인 형태로써 납세의 의무를 성실히 수행해야 합니다(5-7절).

군사 독재를 두 번이나 겪으면서 할 말도 제대로 못하고 벙어리 냉가슴 앓듯 숨죽이며 살아오다 이제 민주화가 되니 정부나 위정자들을 마구 비판하고 비방하며 불신하는 것이 오늘날 유행이 되고 있습니다. 우리 신자들도 이런 사회적 분위기에 편승해서 아무 생각 없이 세상 사람들과 같이 거친 말을 토해내는 경향이 있습니다. 하지만 바울 당시의 로마 제국은 미치광이 황제 네로가 최고 통치자였습니다. 그런데도 네로 치하에서 순교한 바울은 그와 같은 통치자에게도 '굴복하라'(한글 개역판), '복종하라'(한글 개역개정판)는 아주 센 표현을 사용했다는 점을 기억하고 우리는 우중(愚衆)에 동조하여 부화뇌동(附和雷同)해서는 안 될 것입니다.

그러나 또 한 가지 기억할 것은 권세에 복종해야 한다는 바울의 명령이 절대적인 것은 아니라는 점입니다. 때론 크리스천이 시민 불복종(civil disobedience)의 권리를 사용해야 할 경우도 있는데, 예를 들면, 정부의 명령이 하나님 말씀보다 더 클 때(출 1:15-17), 하나님 외에 다른 것을 숭배하라고 강요할 때(단 3:10), 하나님께 기도하기를 금할 때(단 6:10), 정부 권력이 하나님께 순종하지 못하게 할 때(행 5:29)입니다.

그러면 굴복하지 않아도 될 때 우리는 어떤 식으로 해야 할까요? 화염병을 던지거나 사시미 칼로 암살하는 식의 폭력적인 방법으로 정부 권력에 항거하라고 성경은 그 어디에서도 주장하지 않습니다. 신앙의 선진들은 한결같이 비폭력으로 항거하다가 권력 행사가 들어올 때 묵묵히 당했습니다. 불복종한 상태로 죽어갔습니다. 우리 주님도 열두 군단(72,000명)이 더 되는 천사를 동원할 능력이 충분히 있으셨지만, 무력 행사하지 않으셨습니다(마 26:53). 칼을 쓰면 칼로 망하기 때문입니다.

14장 분열

(로마 교회 내의 분열)

지상에 존재하는 그 어떤 교회도 완벽한 교회는 없습니다. 나름 다 문제가 있습니다. 바울 당시 가장 중요한 제국의 수도에 있던 로마 교회 또한 문제가 있었습니다. 그것은 교회 내의 분열이었습니다. 로마 교회는 바울이 편지를 보낸 여타의 교회들과 다르게 이방인 그리스도인들이 주를 이루었고 소수의 유대인 신자들이 있었습니다. 그런데 이 두 그룹 사이에 문화적인 관습의 차이로 분열과 다툼이 일어났습니다. 유대인 신자들은 모세 율법의 음식법에 따라 정결한 음식만 고집했습니다. 특히 시장에서 파는 고기는 우상에게 바쳤던 제물일 수도 있기 때문에 먹지 않았습니다. 또한 이들은 로마에서 유월절이나 오순절과 같은 유대 명절들을 지켰습니다. 이들은 음식과 날에 대한 모세의 율법이 신자가 된 후에도 여전히 유효한 것으로 생각하고 이를 지키려고 했습니다. 이에 반해 다수를 차지하고 있던 이방인 신자들은 먹는 것과 날에 대해 자유로운 입장을 취했습니다. 이 둘 사이의 음식과 날에 대한 문제를 사도는 다음과 같이 진술합니다. "어떤 사람은 모든 것을 먹을 만한 믿음이 있고 믿음이 연약한 자는 채소만 먹느니라"(2절). "어떤 사람은 이 날을 저 날보다 낫게 여기고 어떤 사람은 모든 날을 같게 여기나니"(5절).

바울은 수도 적고 믿음도 연약해서 고기를 먹지 못하고 소처럼 풀이나 뜯고 있는 보수성향의 유대인 신자들을 '약한 자'라고 정의합니다. 이에 반해 다수로 믿음이 강해 먹는 것에 하등의 문제가 없는 진보적 성향의 이방인 신자들을 '강한 자'라고 부릅니다. 그리고 이들 사이에서 생겨난 문제의 해결책을 제시합니다. 바울의 권면의 핵심 메시지는 '용납'입니다. 사도는 두 번에 걸쳐 "받아주라"고 말합니다(1절; 롬 15:7). 용납이란 얼마나 믿음이 없으면 그것도 못 먹느냐고 비난하거나 우상에게 바친 고기를 먹는 것은 죄짓는 것이라고 정죄하지 않고 상대를 있는 그대로 인정해 주는 것입니다. 그리고 한 걸음 더 나아가서 교제권에 끌어들여 친밀한 교제를 유지하는 것을 말합니다.

로마 교회가 자리하고 있는 이탈리아 로마가 강력한 제국이 되어 1,500년간 천하를 호령하게 만든 것도 '관용'이었습니다. 15권으로 된 시오노 나나미의 『로마인 이야기』(ローマ人の物語; 한길사, 2007년 역간)에 보면 로마의 강점으로 '관용'을 들고 있습니다. 로마는 폐쇄적인 태도가 없었고 정복한 민족 중에서 자신들의 왕을 뽑을 정도로 상당히 개방적인 체제였습니다. 좋은 교회는 용납하는 마음, 관용적인 자세가 있는 곳입니다. 신앙이 좋은 사람이나 연약한 사람이나 모두 함께 어울릴 수 있

는 곳입니다. 어중이떠중이도 다 품을 수 있는 교회가 좋은 교회입니다. 우리가 서로를 용납해야 하는 근본 이유는 이에 대해 주님께서 친히 모범을 보이셨기 때문입니다. "그러므로 그리스도께서 우리를 받아 하나님께 영광을 돌리심과 같이 너희도 서로 받으라"(롬 15:7). 생사를 다투는 진리의 문제라면 아무리 친한 사이라도 용납해서는 안 되겠지만 무엇을 먹느냐 마느냐 하는 시소한 비본질적인 문제라면 힘들어도 주님이 받으신 것처럼 우리는 형제를 이를 악물고라도 용납해야 합니다.

사실 우리에게는 한가하게 남을 비난하거나 정죄할 겨를이 없습니다. 나 자신의 앞가림이 타인에 대한 비판보다 시급하기 때문입니다. "네가 어찌하여 네 형제를 비판하느냐? 어찌하여 네 형제를 업신여기느냐? 우리가 다 하나님의 심판대 앞에 서리라. 기록되었으되 주께서 이르시되 내가 살았노니 모든 무릎이 내게 꿇을 것이요 모든 혀가 하나님께 자백하리라 하였느니라. 이러므로 우리 각 사람이 자기 일을 하나님께 직고하리라"(10-12절).

우리가 하나님의 최후 심판대 앞에 서는 날 우리는 각자 자기 일을 하나님께 바른대로 고해야 합니다. 우리 각자는 하나님의 심판대 앞에 서서 자기 인생살이에 대해 낱낱이 보고드려야 합니다. 그 자리에서는 누구도 남의 죄에 대해서 왈가왈부할 수 없습니다. 이러한 사실을 주지하고 자신의 주제를 파악한 자는 비판과 멸시의 입을 함부로 열지 못하고 오히려 자신을 겸손히 돌아보게 될 것입니다.

정녕 먹고 마시는 것을 중요하게 여기는 것은 세상 나라입니다. 이는 우리가 지향하는 하나님 나라에서 결코 중심이 될 수 없습니다. "하나님의 나라는 먹는 것과 마시는 것이 아니요 오직 성령 안에 있는 의와 평강과 희락이라"(17절). 우리가 지향하는 하나님의 나라는 먹는 것과 마시는 것 때문에 좌우되지 않습니다. 이것보다 훨씬 중요한 것은 '의와 평강과 희락'입니다. 그러므로 먹는 것 때문에 의가 상하고, 평강이 깨지고, 기쁨이 사라져서는 안 됩니다. 우리는 이 장을 마무리하면서 "본질적인 것에는 일치를, 비본질적인 것에는 자유를, 모든 것에 사랑을"이라는 리차드 백스터(Richard Baxter)의 금언을 다시 한번 마음에 새겨야 할 것입니다.

15장 선교

(선교 비전)

서바나도 보아야 하리라

이제 신학적 해설과 실질적 권면은 모두 끝이 났습니다. 본 장에서 바울은 자신이 왜 로마서를 쓰고 있는지 구체적으로 밝힙니다. 먼저 그는 과거 자신의 사역에 대해 언급합니다. 다메섹 도상에서 부활의 주를 만나 이방인의 사도가 된 후 20년 이상을 열심히 사도직을 수행했습니다. 그 결과 바울은 예루살렘에서부터 두루 행하여 일루리곤(현재 유고슬라비아와 알바니아 영토)까지 복음을 편만하게 전하였습니다(19절). 지리적으로 말하면, 예루살렘은 바울 사역의 기점이었고 일루리곤은 종점이었습니다. 그래서 이제 바울은 이 로마의 동반구 지역에 더 이상 사역할 곳이 없었습니다. 따라서 선교의 새로운 국면에 들어서고자 바울은 이제 로마 제국의 서반구로 옮겨 서바나(스페인)로 선교하러 가려고 계획하는데, 그동안 로마 제국의 동반구 선교의 후원 교회였던 안디옥 교회는 거리상으로 너무 머니까 중간에 있는 로마 교회를 방문하여 제국의 서방 선교의 후원 교회로 삼고자 로마서를 쓰게 됩니다(23-24절).[22] 고린도에서 로마서를 기록하고 있을 당시 바울의 나이는 최소 55세 이상은 되었다고 학자들은 추정하고 있습니다. 지금이야 55세가 결코 많은 나이가 아니지만 1세기 당시에는 평균 수명이 40세 정도였으니까 55세면 상당한 고령이니이었습니다. 그런데도 그는 왜 뱃길로 4,800km나 되는 여행을 해서 멀고 먼 서바나에 가고자 했을까요? 바울은 견문을 쌓거나 레저를 즐기기 위한 사사로운 여행을 하려고 한 것이 아니라 복음을 전하기 위한 선교 여행을 하려고 한 것입니다. "땅끝까지 이르러 내 증인이 돼라"(행 1:8)는 주님의 지상 명령을 준행하기 위해서 당시 땅끝 중의 하나인 서바나에 가고자 했던 것입니다. 바울은 복음을 목숨보다 소중하게 여겼던 사람입니다. 그는 복음이 가라고 하면 가고 서라고 하면 멈추었던 사람입니다.

하지만 사도가 로마 교회의 후원을 받아 그곳으로 복음 증거를 하러 가기 전에 수행해야 할 일이 있었습니다. 그것은 예루살렘 교회의 가난한 성도들을 위해 마게도냐와 아가야 사람들이 수년 동안 기쁜 마음으로 마련한 구제 헌금을 예루살렘에 전달하는 것이었습니다(25-26절). 이에 대해 그는 로마 성도들에게 두 가지 기도 요청을 합니다. 첫째는, 예루살렘에 가서 복음에 적대적인 유대인들에게 죽임을 당하지 않도록 자신의 신변 안전을 구하는 기도입니다(31절 상). 둘째는, 예루살렘 성도들이 이방인 성도들의 구제 헌금을 거절하지 않고 기쁜 마음으로 받아주기를 구하는 기도입니다(31절 하). 이어서 바울은 자신의 두 가지 기도 제목이 응답되어 로마 교회 성도들과 함께 편안하게 쉴 수 있기를 소망합니다(32절).

우리는 직접 선교의 현장으로 달려가지는 못하더라도 바울 사도처럼 복음을 위해 최일선에 나가서 일하는 선교사들을 위해 위의 두 가지 기도는 꼭 드려야 할 것입니다. 선교사들은 온갖 위험에 늘 노출되어 있는 사람들입니다. 남아공에서 유학하던 시절 적지 않은 한인 선교사들을 만나봤는데, 권총 강도 한두 번 경험하지 않은 선교사가 거의 없었습니다. 그러므로 우리는 위험으로부터 그들의 생명과 안전을 지켜달라고 하나님께 간구해야 합니다. 또한 선교사들은 바울처럼 각자 자기가 계획하고 추진하는 사역이 있습니다. 우리는 그들이 맡은 사역을 성공적으로 마무리할 수 있도록 기도하고 후원해야 합니다. 먹고 싶은 것을 한두 번 절제하고 보낸 선교비가 선교사들이 역동적으로 사역하는 데 큰 도움이 됩니다.

16장 작별

(작별 인사)

로마서의 마지막 장인 본 장은 바울의 작별 인사(1-23절)와 송영(25-27절)으로 이루어져 있습니다. 바울이 쓴 이 로마서를 로마 교회에 전달해준 인물은 겐그레아 교회 여집사 뵈뵈입니다. 그녀는 업무차 로마로 가는 길에 이 편지를 로마 교회에 전달해주었습니다. 사도는 로마 교인들에게 뵈뵈를 추천하면서 합당한 예로 영접하고 필요한 모든 도움을 주라고 권고합니다(1-2절). 뵈뵈 자매에 대한 추천이 나온 후에 작별 인사가 소개되는데, 로마서의 마무리 인사는 바울의 다른 서신들의 인사들과 비교해 볼 때 상당히 파격적입니다. 먼저, 그 길이가 참으로 방대합니다. 사도는 여기에서 무려 26명의 이름을 직접 거명하면서 17번의 문안 인사를 합니다. 게다가, 3-16절의 작별 인사만으로도 충분히 긴데, 바울은 21-23절의 문안 인사 리스트를 추가적으로 제공합니다.

　이 긴 문안 인사 목록을 통해 우리가 알 수 있는 사실은 수많은 믿음의 동역자들이 있었기 때문에 사도 바울이 많은 일을 할 수 있었다는 것입니다. 보통 우리는 한 사람의 능력을 그 사람이 가지고 있는 재력, 학력, 권력 등으로 측정합니다. 그런데 실제는 그렇지 않습니다. 영어 독해서로 잘 알려진 『영어순해』라는 책에는 이런 짧은 이야기가 나옵니다. 어느 꼬마가 무거운 돌을 들어 올리려고 안간힘을 썼습니다. 하지만 꿈적도 하지 않았습니다. 이를 지켜보던 꼬마의 아빠가 "Are you sure you're using *all* your strength?(넌 네가 사용할 수 있는 **모든** 힘을 다 쓰고 있다고 확신하니?)"라고 물었습니다. "Yes, I am"이라고 대답하는 꼬마에게 아빠는 "아니야, 너는 나에게 도와달라고 요청하지 않았잖아"라고 반박했습니다. 한 사람의 능력은 그 사람의 힘에 그 사람이 동원할 수 있는 사람의 힘을 합한 것입니다. 어리석은 사람은 이러한 힘을 간과하고 혼자 북 치고, 장구 치다가 종국에는 탈진하고 명을 재촉합니다. 그러므로 여러분은 독불장군식의 마인드를 벗어버리고 주변의 동역자들과 합심하여 하나님 앞에 사도 바울처럼 크게 쓰임받으시길 바랍니다.

　바울의 로마서 작별 인사, 특히 첫 번째 작별 인사(3-16절)는 다른 어떤 작별 인사 속에서도 발견되지 않는 '칭찬 모드'라고 하는 독특한 특징을 지니고 있습니다. 사도는 이 작별 인사 단락에서 편지 수신자들이 문안해야 할 사람들을 극찬합니다. 예를 들면, 3-4절에서 바울은 자신의 동역자 브리스길라와 아굴라를 언급하면서 "그들은 내 목숨을 위하여 자기들의 목숨까지도 내놓았다"고 칭찬을 아끼지 않습니다. 이 리스트상에서 바울이 칭찬하는 사람들은 당시 로마 교회에 잘 알려진 인물들이었습니다. 그리하여 바울은 지금 이 셀럽들의 이름을 들먹이면서(?) 그들과의 친분을 과시하고 있는 것입니다. 사실 사도는 로마 교회를 개척하지도 않았고 방문한 적도 없습니다. 따라서 로마 교회 내에 존경받는 사람들에게 인사를 건넴과 동시에 그들을 칭찬함으로써 자신이 그들과 밀접한 관계를 갖고 있다는 사실을 부각합니다. 이를 통해 바울은 로마 교회에서 자신의 입지를 확고히 하고자 하는 것입니다.[23]

긴 첫 문안 인사 후에, 바울은 거짓 교사 주의보를 세 가지로 발령합니다. 첫째, 사도적인 교훈을 거스르며 분란을 일으키는 자들을 경계하라(17절 상). 둘째, 이러한 자들과 같이 있지 말고 떠나라(17절 하). 셋째, 선한 데는 지혜롭고 악한 데는 미련해라(19절). 같은 그리스도인들 사이에 본질적인 문제는 일치하지만, 지엽적인 문제(예를 들면, 세례냐 침례냐 하는 문제)에 대해 불일치하는 경우가 있습니다. 이런 경우에 우리는 상대방의 견해를 존중해주어야 합니다. 그러나 복음의 진리를 거스르는 이단, 사이비에 대해서만은 단호해야 합니다. 바울 사도가 권면한 대로 떠나야 합니다. 그들과 관계를 끊어야 합니다. 신천지와 같은 이단이 전도하러 오면 평신도가 취해야 할 자세는 상종하지 않는 것입니다. 정중하고 단호하게 문전박대하는 것입니다. 괜히 문을 열어 줬다가는 사람을 호리는 기술이 조희팔 뺨치는 이 사기 전문가들의 마수에 걸려 인생을 망칠 수도 있기 때문입니다.

다음으로, 사도는 편지를 쓸 당시 자신과 고린도에 같이 있었던 디모데를 비롯한 8명의 문안 인사를 덧붙입니다(21-23절). 특히, 바울이 더디오를 "이 편지를 기록하는 나 더디오"라고 소개하고 있는데(22절), 이는 그가 직접 로마서를 썼다는 말이 아니라 대서(代書)했다는 의미입니다. 더디오는 바울의 로마서 편지의 구술을 받아 적은 사람입니다.

바울은 이렇게 2번에 걸쳐 로마 교회에 문안 인사를 했는데, 특히 16절에 "너희는 거룩하게 입맞춤으로 서로 문안하라"고 한 점을 우리는 눈여겨볼 필요가 있습니다. 여러분은 매주 만나는 동료 성도들과 어떤 인사를 나눕니까? 그들에게 형식적인 예만 갖추는 인사를 한다면 그것은 립(lip) 서비스에 지나지 않습니다. 우리는 사도 바울처럼 주님 안에서 영혼을 사랑하고 영적 유익을 구하는 인사를 해야 합니다. 서로를 예수 그리스도 안에서 사랑하고 존중하는 마음으로 문안해야 합니다.

바울서신 중의 가장 긴 편지인 로마서는 송영으로 마무리가 됩니다. 편지를 맺으면서 바울은 다시 한번 로마서의 핵심 키워드인 '복음'이 무엇인지 상기시킵니다. 복음이란 영세 전부터 감추어졌다가 계시되어 모든 민족으로 믿어 순종하게 하시려고 계획된 하나님의 비밀입니다(25-26절). 우리는 이 복음으로 구원받고, 복음으로 견고해져 갑니다. 그러므로 복음을 통해 우리를 능히 견고하게 하신 하나님께 전신을 다해 다음과 같이 외쳐야 할 것입니다. "지혜로우신 하나님께 예수 그리스도로 말미암아 영광이 세세무궁하도록 있을지어다. 아멘"(27절).

제2장
고린도전서

배경과 지도

배경

고린도전서는 바울이 주후 54-55년경, 제3차 선교 여행 중 에베소에서 고린도 교회에 보낸 편지인데, 사도가 고린도전서를 쓰게 된 이유는 고린도 교회에 관한 두 가지 보고 때문입니다.

첫째, '구두 보고'(Oral Report)입니다. 고린도전서 1:11에 따르면, 바울은 글로에 집안 사람들로부터 고린도 교회 안에 분쟁이 있다는 소식을 듣게 되는데, 그것은 파당, 음행, 송사 문제로 인한 분쟁이었습니다. 이 구두 보고에 대한 사도의 답변이 '고린도전서 1-6장'입니다. 둘째, '서신 보고'(Letter Report)입니다. 고린도전서 7:1이 암시하듯이, 한 편지가 스데바나, 브드나도, 아가이고를 통해 고린도 교회로부터 에베소에 체류하고 있던 바울에게 전달되었습니다(참고, 16:17). 이 편지를 통해 고린도 교인들은 여러 가지 문제들에 대해 바울의 자문을 구했는데, 그것들은 결혼 문제, 우상에게 바쳐진 제물을 먹는 문제, 영적 은사 문제, 예루살렘 교회를 위한 연보 문제, 그리고 아볼로에 대한 문제였습니다. 이 서신 보고에 대한 사도의 답변 내용이 '고린도전서 7-16장'입니다.

지도

로마서와 마찬가지로 고린도전서 또한 첫 장에 길 안내 지도가 제시되고 있습니다. 이 편지에서 다루고자 하는 핵심 이슈는 '분쟁'입니다. 속된 말로 고린도 교회는 서로 박 터지게 싸우는 교회입니다. 그래서 사도는 감사 단락을 마무리하면서 간접적으로 분열된 교회 내에서 '코이노니아'의 중요성을 강조합니다(고전 1:9). "너희를 불러 그의 아들 예수 그리스도 우리 주와 더불어 교제하게 하시는 하나님은 미쁘시도다." 그리고 이어서 노골적으로 '분쟁'이라는 단어를 거듭 사용하여 본 서신의 주된 화두가 무엇인지 분명히 밝힙니다. "형제들아 내가 우리 주 예수 그리스도의 이름으로 너희를 권하노니 모두가 같은 말을 하고 너희 가운데 **분쟁**이 없이 같은 마음과 같은 뜻으로 온전히 합하라. 내 형제들아 글로에의 집 편으로 너희에 대한 말이 내게 들리니 곧 너희 가운데 **분쟁**이 있다는 것이라"(고전 1:10-11).

　이렇게 바울은 첫 장에서 '분쟁'이라는 주제를 예고한 후에, 이 로드맵을 중심으로 편지를 이끌어 나갑니다. 먼저 그는 본문 곳곳에서 고린도 교회가 사분오열되어 있음을 지적합니다. 고린도전서 1-4장에서 사도는 최소한 네 개의 파벌(바울파, 아볼로파, 게바파, 그리스도파)로 나뉘어진 '파당 문제'를, 8-10장에서 '우상에게 바쳐진 제물을 먹는 문제'를, 11장에서 '가진 자와 못 가진 자의 문제'를, 12-14장에서 '영적 은사 문제'를 다룹니다. 그리고 고린도후서 12:20에서는 이러한 분열상을 종합하여

"다툼과 시기와 분냄과 당 짓는 것과 비방과 수군거림과 거만함과 혼란"이라고 규정합니다.

이와 같이 그들의 실상을 폭로한 후에, 바울은 무려 한 장을 할애하여 사랑의 위대함을 노래합니다. "내가 사람의 방언과 천사의 말을 할지라도 **사랑**이 없으면 소리 나는 구리와 울리는 꽹과리가 되고 ⋯ (중략) ⋯ 그린즉 믿음, 소망, **사랑**, 이 세 가지는 항상 있을 것인데 그중의 제일은 **사랑**이라"(고전 13:1-13). 그리고 이제 그만 싸우고 "서로 한마음을 갖고 평안히 살라"(고후 13:11)고 최종 권면을 한 후에, 독특한 축도로 편지를 마무리합니다. "주 예수 그리스도의 은혜와 하나님의 **사랑**과 성령의 **교통**하심이 너희 무리와 함께 있을지어다"(고후 13:13). 바울 사도는 보통 "우리 주 예수의 은혜가 너희에게 있을지어다"(롬 16:20; 고전 16:23; 갈 6:18; 빌 4:23; 살전 5:28; 살후 3:18)라고 짤막하게 축복 기도하며 편지를 끝내는데, 편지 전체에서 다루고 있는 주제를 한 번 더 부각하기 위해 이와 같이 길게 축도를 변형시켰습니다. 여기 추가된 두 소원, '사랑'과 '교통'(교제)은 분열된 고린도 교회가 필요로 했던 평화와 일치의 문제를 반영하는 용어들입니다.[24]

장별 제목 붙이기

고린도전서도 로마서와 마찬가지로 총 16장으로 되어있는데, 각각의 장을 두 글자로 정리하겠습니다. 먼저 첫 장은 전체 로드 맵으로 '분쟁'을 제시합니다. 그래서 1장은 분쟁 이렇게 두 글자로 기억하시면 되겠습니다. 우리가 분쟁에 빠지지 않으려면 지혜가 필요합니다. 그래서 2

장은 지혜(하나님의 **지혜**)입니다. 그런데 어리석게도 하나님의 '일꾼'이라는 자가 '성도'와 '음행'을 했습니다. 그래서 차례로 3장 일꾼(하나님의 일꾼), 4장 성도(바울과 고린도 **성도**), 5장 음행(교회 내 **음행**)입니다. 결국 음행한 것이 탄로 나 송사가 벌어졌습니다. 그래서 6장은 송사(형제에 대한 **송사**)입니다. 여기까지가 고린도전서의 전반부로 구두 보고에 대한 바울의 답변입니다. 글로에의 종들이 말로 전해줘서 알게 된 내용을 1-6장에 걸쳐 고린도 성도들에게 사도가 답변하는 내용입니다.

이제 후반부도 두 글자로 정리하겠습니다. 6장이 송사였는데, 이 문제가 원만히 잘 해결되어서 바울은 두 당사자를 결혼시켰습니다. 그래서 7장은 결혼입니다. 그리고 이들이 '제물'을 '사도'에게 바쳤습니다. 그래서 차례로 8장 제물(우상에게 바친 **제물**을 먹는 문제), 9장 사도(**사도**의 권리)입니다. 사도는 이들의 행위를 보고 당황하여 자신을 '숭배'하지 말고 하나님을 '예배'하라고 권면했습니다. 그래서 순서대로 10장 숭배(우상 **숭배**), 11장 예배(**예배** 때 여성의 복장)입니다. 바울의 권면에 따라 이들이 예배하자 하나님께서는 많은 은사를 주셨습니다. 그래서 12장은 은사(영적 **은사**)입니다. 그런데 받은 은사를 시도 때도 없이 남발하자 바울은 '사랑'이라는 '예방' 주사를 놓아주었습니다. 그래서 차례로 13장 사랑(**사랑** 장), 14장 예방(**예**언 & **방**언)입니다. 이 주사를 맞은 후 이들은 영적으로 부활했습니다. 그래서 15장은 부활(**부활** 장)입니다. 그리고 감사하는 마음으로 연보를 드렸습니다. 그래서 16장은 연보(예루살렘 교회를 위한 **연보**)입니다. 여기 7-16장은 서신 보고에 대한 바울의 답변입니다. 고린도 성도들인 스데바나, 브드나도, 아가이고가 전해준 편지 질문들에 대해 사도는 이렇게 열 장에 걸쳐 길게 답변합니다.

<고린도전서 각 장 제목 두 글자 도표>

1장	2장	3장	4장	5장	6장	7장	8장
분쟁	지혜	일꾼	성도	음행	송사	결혼	제물
9장	10장	11장	12장	13장	14장	15장	16장
사도	숭배	예배	은사	사랑	예방	부활	연보

1장 분쟁

(교회 내 분쟁)

고린도전서는 당시의 편지 쓰던 관습을 따라 인사(1-3절)와 감사(4-9절)로 시작합니다. 로마서와 마찬가지로 편지 보내는 발신자는 '바울'입니다(1절 상). 바울은 이곳뿐만 아니라 고린도후서 인사 부분에서도 자신을 "하나님의 뜻을 따라 그리스도 예수의 사도로 부르심을 받은 자"라고 소개하는데(고후 1:1), 바울이 자신의 사도직을 이처럼 강조하는 이유는 고린도 교회 내에서 그의 사도권에 대해 의문을 품는 사람들이 있었기 때문입니다(참고, 고전 4:3; 9:1-23; 고후 4:1-15). 본 절에서 주목할 점은 바울은 그냥 사도라고 주장하지 않고 '예수 그리스도의' 사도라고 말하고 있다는 사실입니다. 이는 바울이 사도로서 복음을 전하도록 권위를 부여하신 분은 예수 그리스도이심을 의미합니다. 이어서 바울은 공동 발신자로 '소스데네'를 언급하는데, 그에게는 덜 권위적인 '형제'라는 호칭을 사용합니다(1절 하). 이 소스데네는 고린도에 있는 유대인 회당장으로 바울의 사역을 통해 회심하였고 바울의 동역자가 되어 고린도 교회를 개척하였던 인물입니다(행

18:17).

이 편지의 수신자는 고린도에 있는 교회입니다(2절). 고린도에 많은 가정 교회들이 있음에도 불구하고 그 교회들을 '에클레시아'라는 헬라어 단수 명사로 표현한 것은 고린도 교회를 하나의 연합된 교회로 간주하려는 바울의 의도 때문일 것입니다. 이렇게 연합에 강세를 둔 것은 비록 고린도 교회가 바울의 노고로 개척된 교회이지만 그것을 바울의 교회가 아니라 '하나님의 교회'라고 부르는 데에서도 찾아볼 수 있습니다. 고린도 교회는 어느 한 사람이 마음대로 좌지우지하는 그러한 교회가 아니라 하나님의 교회입니다. 이 점은 1:12에 언급된 교회 지도자들을 중심으로 일어난 그룹 간의 분쟁 문제에 대한 해답을 제공합니다. 고린도 교회는 바울의 교회도, 베드로의 교회도, 아볼로의 교회도 아니고 오직 하나님이 세우신 하나님의 교회입니다. 그러므로 교회는 사람이 중심이 되어 분열되지 말고 하나님이 중심이 되어 하나가 되어야 합니다.[25]

앞에서도 언급했듯이, 바울서신의 감사 단락은 편지 본론에서 다루고자 하는 주요 이슈들을 예고하는데, 고린도전서 또한 예외가 아닙니다. 고린도전서 감사 단락 속에서 발견되는 첫 번째 이슈는 영적 은사 문제입니다. 바울은 감사 단락 초·중반부에서 이 문제를 예고합니다. "이는 너희가 그 안에서 모든 일 곧 모든 **언변**과 모든 **지식**에 풍족하므로 … 너희가 모든 **은사**에 부족함이 없이 우리 주 예수 그리스도의 나타나심을 기다림이라"(5, 7절). 이 두 절의 은사들에 대한 사도의 언급은 편지의 본론 12-14장 속에서 자세히 다루어지는 영적 은사 문제를 예시합니다. 특히, 1:5상반절의 '언변'(헬. '로고스')이라는 용어는 고린도전서의 키워드의 하나로 현란한 수사법, 즉 말의 은사를 사용하여 귀만 간질

거리는 목회자를 선호하는 고린도 교인들의 태도를 책망하는 1-4장을 예시합니다. 이 장들에서 바울은 네 번 반복하여 자신의 말씀 선포와 가르침이 복음의 메시지 자체를 흐리게 하는 설득력 있는 말이나 능숙한 언변에 의존하고 있지 않음을 강조합니다(17절; 고전 2:1, 4, 13). 사도는 또한 두 번 말과 능력을 대조시키며(고전 4:19, 20), 네 차례에 걸쳐 복음의 메시지보다 말을 중시하는 데서 오는 고린도 교인들의 거만한 태도를 공격합니다(29절, 31절; 고전 3:21; 4:7). 5절 하반절의 '지식'(헬. '그노시스') 또한 고린도전서의 키워드의 하나로 사도가 오용된 지식의 은사를 자세히 다루는 서신의 본론 5-10장을 예시합니다. 5-6장에서 고린도 교인의 일부는 자신들의 음행을 합리화하기 위해 '지식'의 은사를 사용합니다. 이어서 8-10장에서 그들은 우상에게 바쳐진 음식을 먹는 것을 정당화하기 위해 또 한 번 '지식'의 은사를 이용합니다.

고린도전서 감사 단락 속에서 발견되는 두 번째 이슈이자 핵심 이슈는 분쟁입니다. 사도는 감사 단락을 마무리하면서 분열된 교회 내에서 '코이노니아'의 중요성을 강조합니다. "너희를 불러 그의 아들 예수 그리스도 우리 주와 더불어 **교제**하게 하시는 하나님은 미쁘시도다"(9절). 그리고 바로 후속 절에서 고린도 교회가 여러 양상으로 분열되어 있음을 안타까워하면서 '같은'이라는 말을 세 번이나 반복 사용하여 고린도 교인들이 상호 간의 교제에 있어서 하나 될 것을 강력히 호소합니다. "형제들아 내가 우리 주 예수 그리스도의 이름으로 너희를 권하노니 모두가 **같은** 말을 하고 너희 가운데 분쟁이 없이 **같은** 마음과 **같은** 뜻으로 온전히 합하라"(10절). 이렇게 바울은 감사 단락과 이어지는 절에서 '분쟁'이라는 주제를 예고한 후에, 그 예고된 주제를 중심으로 편지 본론을 전개시켜 나갑니다. 먼저 1-4장에서 사도는 '파당 문제'로 인한 분쟁을, 8-10장에서 '음식 먹는 문제'로 인한 분쟁을, 11장에서 '부자와 빈자' 간의 분쟁을, 12-14장에서 '영적 은사 문제'로 인한 분쟁을 다룹니다.[26]

사도는 글로에의 집 사람들을 통해 구두로 고린도 교회 안에 분쟁이 있다는 소식을 들었습니다(11절). 그들은 각각 "나는 바울에게, 나는 아볼로에게, 나는 게바에게, 나는 그리스도에게 속한 자"라며 네 개의 파벌로 나뉘어 갈등하고 있었습니다(12절). 바울 파는 고린도 교회를 개척한 바울을 따랐던 사람들입니다. 아볼로는 바울이 고린도를 떠난 후에 고린도에 와서 사역했는데, 그는 그리스-로마 수사학에 정통해서 언변이 좋았습니다. 그래서 그의 화술에 매료된 사람들이 아볼로 파를 형성했을 것입니다. 게바 파는 시리아 지역에서의 베드로의 선교 사역을 통해 회심한 디아스포라 유대인들이 고린도에 모이게 되었을 때 형성된 분파로 추정됩니다. 그리스도 파는 사도적인 권위나 인간적인 권위를 무시하고 그리스도와 직통한다고 주장하는 사람들로 보입니다.[27] 이들은 자신들에게 세례를 주는 사람을 중심으로 줄을 섰던 것 같습니다. 그래서 사도는 "바울이 너희를 위하여 십자가에 못 박혔으며 바울의 이름으로 너희가 세례를 받았느냐"고 반문했던 것입니다(13절). 어떤 인간도 그리스도처럼 대속의 죽음을 죽을 수 없고, 자기 이름으로 세례를 줄 수 없습니다. 세례는 바울이 주든, 베드로가 주든, 그 누가 주든지 간에 성부와 성자와 성령의 이름으로 줍니다(마 28:19). 이렇게 삼위 하나님의 이름으로 세례를 받고 우리는 그리스도와 연합하게 됩니다.

본 장에서 바울은 특히, '주'(헬. '퀴리오스')라는 용어를 남발합니다(2[×2], 3, 7, 8, 9, 10, 31절). 사도가 이와 같이 의도적으로 '주'라는 말을 거듭 사용하는 이유는 진짜 주는 당파의 리더가 아니고 예수 그리스도라는 사

실을 추종자들에게 각인시켜 주기 위함입니다. 사실 교회 안에서 분쟁
이 일어나는 근본 이유는 예수님이 주님이시라는 인식이 희미해졌기
때문입니다. 그리스도가 아닌 인간이 주요, 왕 행세를 하기에 교회에서
싸움이 일어나고 분쟁이 생기는 것입니다. 여호와의 왕 되심을 부인하
고 각자 소견대로 행하다가 생고생했던 사사 시대의 이스라엘의 진철
을 밟지 않으려면 우리는 예수님의 주님 되심을 겸손히 인정하고 그분
아래로 헤쳐 모여야 할 것입니다.

2장 지혜

(하나님의 지혜)

1장 후반부에서 여기 2장까지 사도는 지
혜의 문제를 길게 다루고 있습니다. 분파
문제와 함께 지혜의 문제는 고린도 교회
의 분열의 원인이 되었기 때문에 바울은
본 장에서 이 문제를 집중적으로 다루고
있는 것입니다. 서양 철학의 근간을 이루
는 소크라테스를 비롯한 헬라인들은 고상한 삶을 추구하며 지혜(sophia)
에 심취했습니다.[28] 그래서 바울은 고린도의 헬라인들이 복음을 세상의
지혜의 일종으로, 그리고 사도들을 지혜의 선생으로 오해하고 서로의
지혜를 자랑하는 데서 고린도인의 분쟁의 근본 원인을 발견하고 하나
님의 지혜인 십자가와 세상의 지혜를 대조시킵니다.

바울은 복음을 전할 때 말의 지혜로 하지 않았다고 말합니다(고전

1:17 상). 여기서 '말의 지혜'란 그리스-로마 수사학과 관련된 용어로 현란한 수사학적 기술을 동원한 연설을 가리킵니다. 고린도 교인들은 이러한 수사학적 연설을 높이 평가했지만, 사도는 인간의 지혜, 곧 수사학을 의지하지 않았습니다. 만일 그렇게 했다면 청중에게 자신을 돋보이게 하는 효과가 있었을 것입니다. 그러나 그 결과 청중의 관심이 십자가가 아니라 바울 자신을 향하게 되었을 것이고 그리스도의 십자가는 헛되게 되었을 것입니다(고전 1:17 하). 사실 우리가 복음을 받아들여 구원받는 것은 사람의 지혜로운 말이 아니라 전도의 미련한 것을 통해서 이루어집니다(고전 1:21).

유대인들은 표적을 추구합니다. 그들은 표적을 보여주어야 믿는 경험주의자들입니다. 반면에 헬라인들은 지혜를 추구합니다. 그들은 이성적으로 설득해야 믿는 합리주의자들입니다(고전 1:22). 그러면 십자가의 복음은 이 두 부류의 사람들에게 부합할까요? 하나님으로부터 보냄 받은 구원자에게 홍해가 갈라지는 것과 같은 기상천외한 이적을 기대하는 유대인에게는 메시아가 십자가에 못 박혔다는 사실은 모순을 넘어서 걸림돌일 수밖에 없습니다. 영웅호걸도 아니고 가장 처절한 패배와 무능력의 상징인 십자가형에 처해진 자가, 가장 잔인한 사형 방법에 의해 처형된 죄수가 하나님의 아들이요 구원자라고 주장하는 것은 헬라인들에게 논리적으로나 이성적으로 전혀 설득이 안 되는 것입니다(고전 1:23).[29] 그래서 이 둘이 추구하는 방식으로는 도저히 십자가를 받아들일 수 없습니다. 이들을 믿게 하는 유일한 방법은 돌쇠와 같이 단순 무식하게 복음을 선포하는 와중에 하나님의 능력인 성령께서 나타나시는 것입니다(4절). 사람이 예수 그리스도의 십자가를 받아들이고 구원의 복음을 받아들여서 믿게 되는 것은 성령님의 나타남을 통해서만 가능합니다. 누군가가 예수를 믿는 것은 지혜로운 말에 설득되어 믿는 것도, 표적을 보여줌으로 믿는 것도 아닙니다. 세상의 헛똑똑이들에게 성령께서 역사하셔야만 비로소 하나님의 지혜인 십자가를 깨닫고 받아들이게 되는 것입니다.

십자가의 복음을 이해함에 있어서 성령이 굉장히 중요합니다. 그래서 신약의 모든 책은 성령을 이야기하고 있는 것입니다. 성령은 복음을 전하는 자나 듣는 자 모두에게 역사하시는데, 먼저 사도들과 같이 복음을 전하는 자들에게 성령이 복음을 계시하시고(10절), 그것을 깨닫게 하시고(11-12절), 가르치십니다(13절). 이어서 듣는 자들에게는 성령을 받게 하여 복음을 영접하게 하고(14절 상), 그것을 깨닫게 하여(14절 하), 모든 것을 분별하게 하십니다(15절).

사도는 이 성령과 연관하여 사람을 두 부류로 구분합니다. 첫째, 온전한 자(헬. '텔레이오스') 혹은 신령한 자(헬. '프뉴마티코스')입니다(6, 15절). 이는 성령을 받고 그리스도를 믿는 자로, 성령의 인도함을 따라 하나님께 순종하며 사는 사람을 지칭합니다. 둘째, 육에 속한 사람(헬. '프쉬키코스')입니다(14절). 이는 성령이 없이 자연 상태에서 살아가는 불신자를 말합니다. 믿지 아니하는 자는 그 안에 하나님과 교제할 수 있는 성령이 없기에 영적인 일을 전혀 알지 못하며 그러한 일에 1도 관심이 없습니다. 그래서 매일 무엇을 먹을까만 고민하며 금수와 진배없이 살아갑니다. 그러므로 우리는 사람답게 살기 위해서 반드시 성령을 받아야 합니다. 성령으로 충만해야 합니다. 그럴 때 "누가 주의 마음을 알아서 주를 가르치겠느냐? 그러나 우리가 그리스도의 마음을 가졌느니라"(16절)라고 바울처럼 고백할 수 있는 것입니다. 성령 충만한 사람만이 예수 그리스도의 피 끓는 심장을 소유하기 때문입니다.

3장 일꾼

(하나님의 일꾼)

본 장을 시작하면서 사도는 "형제들아"라는 부름말을 사용하여 화제를 전환합니다(1절). 고린도 성도들이 하나님의 일꾼들을 분쟁의 도구로 사용하고 있었기에 바울은 그들의 진정한 위상이 무엇인지 적나라하게 밝힘으로 분쟁의 병인을 치료하고자 합니다.

전 장에서 바울은 지혜의 문제를 다루었습니다. 안타깝게도 고린도 성도들은 하나님의 지혜를 따르는 신령한 자들이 아니라 육신에 속한 자들, 곧 영적으로 미숙한 어린아이들이었습니다(1절). 이 어린아이의 특징은 두 가지인데, 첫째는 밥은 소화하지 못하고 젖만 먹는다는 것입니다(2절). 여기 '젖'은 신앙의 초보 단계를 의미합니다(참고, 히 5:13). 제아무리 교회에 오래 다녔을지라도 신앙의 초보 단계에 머물고 있다면 그 사람은 베이비 크리스천입니다. 둘째, 시기하고 분쟁을 일삼는다는 것입니다(3절). 저는 하나님의 은혜로 자녀가 여섯이나 되는데, 초등학교에 다니는 두 자녀를 보면 당장 내다 버려도 주워갈 사람 하나 없는 고물 로봇 장난감을 가지고도 왕왕 박 터지게 싸웁니다. 그런데 고린도 성도들도 대상만 달랐지 영적 수준은 저의 어린 자녀들과 매한가지였습니다. 그들의 분쟁의 원인은 '사람', 즉 지도자였습니다. 소피스트 제자들이 서로 자기 스승을 자랑하며 "프로타고라스가 캡이야", "고르기아스가 짱이야"라고 박 터지게 싸웠던 것처럼, 고린도 교인들 가운데 더러는 "바울이 최고야"라고 하고 또 더러는 "아니, 나는 아볼로가 더 좋아" 라고 하며 서로 다투었습니다. 그래서 사도는 뒤따르는 절들에서 리더 의 참된 위상에 대해 길게 논합니다.

그는 지도자의 정체성을 두 가지에 비유합니다. 첫째, 지도자는 정 원사입니다(5-9절). 자신과 아볼로가 시빗거리로 떠올랐기에, 비율은 두 사람을 분쟁의 도구로 삼는 것이 얼마나 우스운 짓인지 말해야 했습니 다. 바울은 자신과 아볼로를 '사역자'(헬. '디아코노스')라고 정의합니다(5 절). 이는 섬기는 자, 곧 종을 의미합니다(마 20:26; 23:11; 막 9:35). 바울은 사 역자에 대해 추가적인 설명을 덧붙입니다. 사역자는 사람들을 신앙에 이르게 하는 도구입니다(6절). 그러니 고린도 성도들은 신앙의 도구를 분쟁의 도구로 만들어서는 안 됩니다. 사역자마다 주어진 역할이 다 다 릅니다(5, 7절). 고린도 교회에 관한 한 바울은 심는 역할(전도를 통한 교회 개척)을, 아볼로는 물을 주는 역할(양육을 통한 관리)을 했습니다. 하지만 최 종적으로 자라게 하시는 역할은 하나님께서 하십니다. 교회의 생명과 성장은 오직 하나님의 소관입니다. 사역자들이 상이한 역할을 제아무 리 훌륭히 수행했다고 해도 하나님이 자라게 하지 않으면 헛수고가 됩 니다. 이 때문에 사역자의 가치는 최소화되고 하나님의 가치는 극대화 됩니다. "그런즉 심는 이나 물 주는 이는 아무것도 아니로되 오직 자라 게 하시는 이는 하나님뿐이니라"(7절). 하나님의 일을 하는 사역자가 자 신의 위치를 이탈하지 않으려면 여기 바울 사도처럼 무시로 "저는 아무 것도 아닙니다", "저는 무익한 종입니다", "주님의 종으로서 마땅히 할 바를 했을 뿐입니다"라고 고백해야 할 것입니다.

둘째, 지도자는 건축자입니다(10-23절). 바울은 또한 복음 사역자를 하나님의 집, 즉 교회를 세우는 건축자로 비유합니다(10절). 이 비유에는

'터'와 '건축 자재'가 등장하는데, 집의 기초가 되는 터는 '예수 그리스도'입니다(11절). 그리고 이 터를 기반으로 집이 지어지는데 거기에 들어가는 건축 자재는 두 종류입니다(12절). 그 가운데 하나는 금이나 은이나 보석과 같이 불을 견딜 수 있는 견고한 자재로 이는 하나님의 지혜인 십자가에 못 박힌 그리스도의 복음을 지칭합니다. 또 다른 하나는 나무나 풀이나 짚같이 불을 견디지 못하는 부실한 자재로 이는 사람의 지혜, 곧 웅변술, 철학, 대중 심리학, 기복 신앙, 약삭빠른 경영술 등을 가리킵니다. 마지막 때에 하나님께서는 불로써 사역자들이 사용한 건축 자재의 좋고 나쁨을 심판하실 것입니다(13절). 그러면 사역자들의 공적, 즉 사역의 질이 고스란히 드러날 것입니다. 십자가의 도를 올바르게 증거하며 성실하게 사역한 사역자는 상을 받을 것입니다(14절). 하나님의 인정과 칭찬 그리고 그에 따른 보상이 주어질 것입니다. 하지만 그렇지 못한 사역자는 해를 받을 것입니다(15절 상). 부주의한 복음 사역자는 구원을 받긴 하지만 불 속에서 겨우 살아남게 될 것입니다(15절 하). 일생의 사역이 말짱 도루묵이 되고 달랑 알몸 하나 구원받는 데 만족해야 할 것입니다. 따라서 복음 선포자는 왜곡된 복음이 아니라 진정한 복음을 선포하여 성도로 하여금 바르고 굳건한 믿음을 갖도록 해야 하고 그로 인해 자신도 풍성한 사역의 열매를 맺어야 할 것입니다.

4장 성도

(바울과 고린도 성도)

전 장의 핵심 화두가 사역자들이었다면 본 장은 고린도 성도들입니다.

바울은 본 장을 시작하면서 고린도 교인들에게 두 가지를 권면합니다. 첫째로, 자신을 비롯한 복음 사역자들을 '그리스도의 일꾼'과 '하나님의 비밀을 맡은 자'로 여기라고 말합니다(1절). 여기 '일꾼'(헬. '위페레테스')은 배 아래층에서 노를 젓는 하위 뱃사공을 가리킵니다. 그리고 '하나님의 비밀을 맡은 자'(헬. '오이코노모스')는 십자가의 복음을 하나님으로부터 위탁받은 청지기를 의미합니다. 세상의 주인은 자신의 관리인에게 별의별 것을 다 요구하지만, 우리 주님은 관리인에게 달랑 '충성' 하나만 요구하십니다(2절). 그러므로 사역자에게 중요한 것은 교인들을 상대로 인기를 얻는 것이 아니라 주님께 얼마나 충성했느냐 하는 것입니다. 다시 말해서, 얼마나 위탁받은 복음을 액면 그대로 신실하게 선포하고 가르쳤느냐 하는 것입니다.

둘째로, 사역자들을 판단하지 말라고 주문하십니다(3-5절). 복음 선포자들에게 사명을 맡기신 이는 고린도 교인들이 아니라 주님이시기에 최종 판단은 주님이 하실 것입니다. 그러므로 그들이 누가 잘하느니, 못하느니 판단하는 것은 사실상 월권행위입니다. 우리 인간들은 보통 겉으로 드러나는 것들을 보고 판단합니다. 하지만 우리 주님은 겉이 아닌 속, 즉 마음의 중심을 보고 판단하십니다. 무엇을 얼마나 이루었느냐보다 그 저변에 깔려 있는 동기를 더 중히 여기십니다.

고린도 교인들이 권력을 놓고 서로 경쟁하는 관계로 설정한 두 사역자 바울과 아볼로는 실제로는 서로 사이가 참 좋았습니다. 그들은 동역자들이었고 그런 관계를 교인들에게 모범적으로 보여주었습니다(6절 상). 교인들은 이 두 사역자의 이러한 모범적인 협력 관계를 보고 교만한 마음을 품고 서로 다투는 것을 중단해야 했습니다(6절 하). 하지만 그들은 자신들이 하나님의 은혜로 풍족히 받은 영적 은사들에 도취되어 종말에 가서 얻게 될 완전한 구원을 이미 얻은 것으로 착각했습니다. 그래서 바울은 "너희가 이미 배부르고 이미 부요하며 우리 없이 왕 노릇 하였다"고 비꼬는 말을 퍼부었습니다(8절). 그들은 영광의 신학에 취해 있었지만, 최종적인 영광은 아직 오지 않았습니다. 믿는 자들은 여전히 십자가의 연약함과 고난을 경험하며 살고 있습니다. 바울 사도 자신의 삶이 이를 극명하게 보여주고 있습니다.

후속 절에서 바울은 자신의 고난을 묘사하면서 그것이야말로 사도됨의 진정한 표지임을 강조합니다(11-13절). 하지만 안타깝게도 이 철부지 고린도 성도들처럼 오늘날에도 적지 않은 그리스도인들이 고난 없이 영광에 이르고자 하는 천박한 번영의 신학에 푹 빠져있습니다. "No Pain, No Gain", "No Cross, No Crown"이라는 금언이 구호에만 그치지 않게 하기 위해서 우리는 꿀만 빨려고 하지 말고 주님 가신 그 쓰디쓴 골고다 길도 함께 걸어가야 할 것입니다

이어서 바울은 자신을 고린도 성도들에게 아비로 비유하면서 "나를 본받으라"고 말합니다(16절). 이 말은 교만하게 들릴 수도 있지만, 금방 언급한 바울의 고난과 연결해서 이해해야 합니다. 사도는 고린도 교인들에게 십자가에 달리신 그리스도를 선포했고 자신도 직접 십자가의 길을 기쁘게 걸어갔습니다. 그러므로 "너희는 나를 본받는 자가 돼라"는 권면은 남을 위해서 자신을 희생시키고 십자가의 능욕을 감내하신 그리스도를 따르는 자신을 본받으라는 말입니다. 그러니까 바울 자신이 그리스도를 본받는 것처럼 그를 본받으라고 요청하는 것입니다.

바울은 자신의 모범을 상기시키기 위해 신실한 아들 디모데를 고린
도 교회로 파송했습니다(17절). 일부 고린도 성도들은 디모데가 오니까
바울은 오지 않을 것이라고 생각하며 우쭐했던 것 같습니다(18절). 하지
만 주님께서 허락하시면 바울은 속히 고린도를 방문할 것입니다(19절).
그리고 그들이 과연 허황된 말이 아니라 하나님의 백성으로서 성령의
능력, 즉 사람들을 도덕적으로 변화시키고 고난 속에서도 믿음과 소망
과 기쁨을 견지하게 하는 능력을 가지고 있는지 조사해 볼 것입니다. 하
나님 나라, 곧 하나님의 다스림은 허황된 말로 나타나는 것이 아니라 바
로 이런 능력으로 나타나기 때문입니다(20절).

　　우리 신앙인들은 "하나님의 나라는 말에 있지 않고 능력에 있다"는
사도의 진술을 깊이 유념해야 합니다. 우리가 아무리 말을 잘해도 그것
으로 사람들이 변하지 않습니다. 하나님의 능력이 역사해야 합니다. 하
나님의 능력이 역사해야만 그들이 복음을 믿게 되고 자라게 됩니다. 그
러므로 우리는 고린도 교인들처럼 말을 의지하지 말고 철저히 하나님
의 능력만 의지해야 할 것입니다.

5장 음행

(교회 내 음행)

고린도전서 5-6장은 구두 보고에 대해 바울이 답변하는 마지막 부분에
해당됩니다. 이 두 장의 음행과 송사 문제는 개인의 개별적인 죄의 차원
을 넘어서 교회 공동체 전체의 거룩성과 연결되어 있습니다. 무엇보다
교회는 공동체 안에서 벌어지는 여러 개별적인 죄들을 단순히 개인의

차원에서가 아니라 공동체 차원에서 심각하게 다루어야 합니다.

사도가 에베소에 체류하고 있을 때 고린도 교회에 관한 충격적인 소문이 들려왔습니다. 그것은 교인 중의 하나가 "자기 아버지의 아내를 취하였다"는 소문이었습니다(1절). 여기 '아버지의 아내'는 친모가 아니라 '계모'를 가리킵니다. 보통 '아내를 취하다'라는 말은 결혼을 뜻하지만 본 절에서는 '여자를 범하다'는 뜻으로 비윤리적인 의미를 지닙니다.[30] 이러한 음행은 근친상간으로 율법뿐만 아니라 로마법에서도 금하는 불법 행위입니다. 이와 같은 부도덕한 행동은 두 가지 이유, 즉 외부적인 이유와 내부적인 이유로 인해 발생되었을 것입니다.

외부적인 이유는 고린도 교인들의 그릇된 구원관과 관련이 있습니다. 영과 육을 구분하는 이원론적 사고방식을 가진 고린도의 헬라 그리스도인들은 성령의 은사를 받고는 그들의 영혼이 벌써 구원을 받아 썩어질 육신의 제약에서 완전히 벗어난 것으로 착각했습니다. 고린도 교회 내의 이러한 열광주의자들은 영혼이 벌써 하늘의 구원을 얻었으므로 몸으로는 무슨 짓을 해도 괜찮다고 생각했습니다. 그리하여 이방인 시절의 문란한 성생활을 계속했을 뿐 아니라 심지어는 문란한 고린도의 이방인조차 할 수 없는 짓까지도 저질렀던 것입니다.

내부적인 이유는 앞서 언급한 교회 내의 분쟁 문제와 연동되어 있습니다. 서로 파당을 지어 분쟁함으로 고린도 교회는 상호 간의 도덕적 책무와 결속이 약해졌습니다. 일단 연합이 깨지면 개인주의와 함께 도덕과 윤리는 느슨해지고 방종과 부도덕으로 나아가게 됩니다. 그래서 일부 교인들은 콩가루 집안의 도덕적 모습으로 될 대로 되라는 식의 방탕과 방종의 삶을 살았던 것입니다.

　　하나님의 영이 머무르는 교회 안에서 이런 천인공노할 죄가 발생했음에도 고린도 교인들은 오히려 교만하여져서 그 사건에 대해 통탄히 여기지 않고 그런 파렴치한 죄를 범한 자를 그들 가운데서 제거하지도 않았습니다(2절). 그들은 못 본 체했습니다. 교인들이 죄를 범한 자를 묵인한 이유는 당시 사회-문화적인 관행으로 인해 유발된 것이었습니다. 1세기 지중해 연안 사회는 후원자는 피후원자들에게 재원과 직업과 보호 등을, 그리고 피후원자는 후원자에게 정보와 봉사 등을 제공하는 후견인 사회였습니다. 여기 음행을 행한 자는 사회적으로 신분이 높고 부유한 자로서 고린도 교인들의 후원자였습니다. 그래서 교인들은 그가 저지른 음행을 잘 알고 있었지만, 그 일을 행한 자가 자기들의 후원자이고 사회적으로 힘과 명성을 가진 자이기 때문에 그들은 침묵을 지켰을 것입니다.[31] 만일 누군가 그의 잘못을 정죄하고 그를 고발한다면 '내가 그동안 저를 어떻게 돌보아주었는데 나에게 이런 짓을 하나?' 하고 온갖 종류의 보복이 뒤따랐을 것입니다. 그래서 몸을 사리고 모두 쉬쉬하고 있었던 것입니다.

　　하지만 정의의 사도인 바울은 이러한 세상의 힘을 깡그리 무시하고 그 행악자를 주 예수의 능력을 힘입어 사탄에게 내어주기로 결정했습니다(5절 상). 이는 예수님의 주권 아래 있는 교회에서 사탄이 아직도 주권을 행사하는 세상으로 몰아내는 것을 의미합니다. 하지만 이런 추방의 목적은 단순한 처벌이 아닙니다. 바울은 그런 출교를 통해 두 가지 목적을 달성하고자 했습니다. 첫째, 개인적으로는 그 음행자를 구원하기 위함이었습니다(5절 하). 돈푼깨나 헌금한다고 교회에서 왕 노릇하다가 한순간에 헌신짝처럼 내팽개쳐짐으로 인해 그가 강한 충격을 받고 진정으로 회개하고 다시 회복되기를 원했던 것입니다. 둘째, 공동체적으로는 고린도 교회의 거룩함과 순결함을 지키기 위함이었습니다(6절).

사도는 유월절 절기와 연관해서 교회를 누룩 없는 반죽 덩어리에 비유하면서 "새 덩어리가 되기 위하여 묵은 누룩을 내버리라"고 주문합니다(7절). 이는 누룩으로 발효되지 않은 떡을 먹었던 첫 번째 유월절처럼 고린도 교회가 죄를 제거하여 깨끗하고 진실한 반죽으로 그리스도께 드려져야 한다는 말입니다. 이럴 때만이 교회에 하나님의 영이 운행하십니다. 교회가 죄로 오염되어 있으면 절대로 성령의 역사는 일어나지 않습니다.

본 장을 마무리하면서 바울은 이 행음자와 "사귀지도 말고 먹지도 말라"고 명령합니다(9, 11절). 이는 그를 성도의 교제에 끼워 주지 말고 왕따시키라는 말입니다. 사도는 이에 한발 더 나아가 "이 악한 사람을 너희 중에 내쫓으라"고 권면합니다(13절). 이것은 계모를 취한 음행자를 교회에서 출교시키라는 세 번째 명령입니다. 세 번의 명령을 정리하면 다음과 같습니다: "이런 자를 사탄에게 내어주었으니"(5절 상). "너희는 누룩 없는 자인데 새 덩어리가 되기 위하여 묵은 누룩을 내버리라"(7절). "이 악한 사람은 너희 중에서 내쫓으라"(13절).

교회 공동체의 후원자를 출교시키는 것은 결코 쉬운 일이 아니었을 것입니다. 그것은 고린도 교회 내의 몇몇 극빈 가정들의 생계가 걸려있는 문제일 수도 있었기 때문입니다. 하지만 자신들에게 돌아올 불이익을 기꺼이 감수하고 행악자를 출교시키는 것만이 상생하는 길이었습니다. 고린도후서에 보면 바울의 권위에 대항하다 출교당한 자가 있었는데, 그는 결국 자신의 죄를 뉘우치고 회개했습니다(고후 2:5-11). 그로 인해 그도 살고 고린도 교회도 자정이 되었습니다. 하지만 안타깝게도 오늘날 한국 교회에 이러한 권징이 사라진 지 이미 오래입니다. 교회들이 권징을 시행하는 것을 꺼리는 데는 나름의 이유가 있을 것입니다: '부유한 교인 하나 빠져나가면 재정적 타격이 크기에', '출교시킨들 회개는 커녕 "뭐 교회가 여기 하나뿐인가?" "널린 게 교횐데" 하며 콧방귀를 끼고 다른 교회로 가버리기에', '죄인인 주제에 상대를 징죄하고 혼자 의로운 척하고 싶지 않아서' 등등. 하지만 이러저러한 이유로 물의를 일으킨 자를 수수방관하면 나쁜 사과 하나가 결국 전체를 망치는 셈이 됩니다. 따라서 과단성 있게 권징할 용기를 내어 묵은 누룩을 바울 사도처럼 가차 없이 내버려야 다 같이 삽니다.

6장 송사

(형제에 대한 송사)

고린도의 그리스도인끼리 정부, 즉 불신자의 재판정에 나아가 서로 송사하는 일이 벌어졌습니다. 이 법적 다툼은 영적 문제가 아니라 사소한 일상사, 즉 오늘날로 말하면 이해관계에 얽힌 일종의 민사소송 사건이었던 것 같습니다(참고, 7절 이하). 이방인 중에도 없는 초대형 음행의 문제는 너그럽게 묵인하였던 고린도 교인들이 이와 같은 지극히 작은 일에는 뻔뻔할 정도로 용감하게 세상 법정에 고소하는 모습은 참으로 아이러니가 아닐 수 없습니다. 헬라 문화권에 사는 사람들은 고소의 광기라고 불릴 만큼 소송하기를 즐겼습니다. 아고라라고 부르는 저잣거리에 위치한 법정에 수백 혹은 수천 명이 모여 아침부터 저녁까지 진행되는 법적 소송 감상하기를 즐겼습니다. 하지만 유대 문화에서는 어떤 문제가 생기면 그것을 세상 법정에 가지고 가지 않았습니다. 가능하면 가족 안에서 해결하고 안 되면 회당의 지도자를 찾아가서 해결했습니다. 교회 또한 이런 점에 있어서는 유대교적 전통 안에 있어서 공동체 안에 있는 사람들끼리 문제가 일어났을 때 그것을 세상 법정으로 가져가지 않고 교회 안에서 스스로 해결해야 하는 것이 성경의 정신입니다.

교회 내에서 이와 같은 문제가 벌어졌을 때 어떻게 해야 하는지 바울은 3가지 행동 수칙을 제시합니다. 첫째, 그 문제를 세상 법정으로 가지고 가지 않아야 합니다(1, 4, 6절). 둘째, 형제들 가운데 지혜로운 사람이 그 사건을 다루도록 해야 합니다(5절). 셋째, 힘들겠지만 소송보다는 차라리 형제에게 불의를 당하고 속아주는 편을 택해야 합니다(7-8절). 개인의 재산보다 더 중요한 것은 교회의 명예와 하나님의 영광이기 때문입니다.

사실 그리스도인은 세상의 판단을 받는 자가 아니라 세상을 판단할 자입니다(1-3절). 우리는 판사들이고 왕 같은 제사장들입니다. 종말에 하나님의 백성은 하나님의 최후의 심판에 동참하여 불신자들뿐만 아니라 악한 천사들까지도 심판할 것입니다. 하지만 이러한 신분을 망각하고 굳이 자신의 이득을 위해 세상 법정에 소송을 제기하게 되면 두 사람 모두 '허물'이 있는 것입니다(7절). 여기 '허물'(헬. '헬테마')은 '패배'를 의미합니다. 따라서 비록 세상 법정에서 판사가 한쪽의 손을 들어줄지라도 그것은 실제로는 승리가 아니라 '패배'라는 말입니다. 이는 부부싸움과 같은 것입니다. 이기는 쪽은 없고 결국 두 사람 모두 허물만 드러나게 됩니다.

이러한 사건은 교회의 본질인 거룩성과 연합성에 위배되는 것입니다. 그래서 사도는 의도적으로 이 사건에 관련된 당사자들을 때론 성도(1-2절), 때론 형제(5-6, 8절)로 지칭합니다. '성도'라는 명칭은 교회의 거룩성을 함의하고 있고 '형제'라는 호칭은 교회의 연합성을 내포하고 있기 때문입니다.

송사 문제를 마무리하면서 바울은 사소한 일로 형제를 세상 법정에 고소한 피고소인과 함께 고린도 교회 전체에 엄중한 경고를 합니다. "불의한 자가 하나님의 나라를 유업으로 받지 못할 줄을 알지 못하느냐? 미혹을 받지 말라"(9절). 여기 '미혹을 받지 말라'는 말은 우리가 죄를 지어도 마지막 구원에 아무런 영향이 없을 것이라고 착각하지 말라는 말입니다. 오늘날 너무도 많은 교인이 "나는 믿으니까 구원은 떼 놓은 당상이야" 하고 착각합니다. 그것은 거짓 안전감입니다. 회개 없는 믿음, 행함 없는 믿음은 말로만 믿는 것입니다.

7장 결혼
(결혼 문제에 대한 조언)

5장 전체와 6장 후반부는 교회의 음행 문제를 다루고 있습니다. 이와 같은 5-6장의 교회의 음행 문제는 7장의 결혼의 문제로 자연스럽게 연결됩니다. 본 장을 바울은 "너희가 쓴 문제에 대하여 말하면"이라는 문구로 시작합니다. 고린도전서 전반부인 1-6장은 글로에 집 사람들의 구

두 보고에 대한 답변입니다. 이에 반해 후반부인 7-16장은 '너희가 쓴 문제', 즉 고린도 교회의 서신 보고에 대한 답변입니다. 바울은 그들이 물어본 주제들에 대해 '이제 ~에 대하여'(헬. '페리 데')라는 정형화된 문구를 사용하여 답하는데, 구체적으로 말하면 결혼 문제에 대하여(7장), 우상 제물을 먹는 문제에 대하여(8장), 영적 은사에 대하여(12장), 연보에 대하여(16장) 등입니다.

바울은 "남자가 여자를 가까이 아니함이 좋다"라는 고린도인들의 구호를 인용하면서 기혼자들을 위한 권면을 시작합니다(1절). 여기 '가까이하다'(헬. '합토')는 직역하면 '만지다'라는 말인데, 이는 성행위를 뜻하는 완곡어법입니다. 일부 고린도인들은 헬라의 이원론 사상의 영향을 받아 잘못된 금욕주의에 빠져있었습니다. 5장에서도 헬라적 이원론에 근거하여 기독교 신앙을 오해한 자들이 있었는데, 그들은 자신들의 성령과 구원에 대한 체험을 내세우면서 이미 자신들의 영혼은 구원을 받았으므로 몸으로 무슨 일을 해도 괜찮다고 생각하는 방종주의자들이었습니다. 이에 반해 본 장의 금욕주의자들은 영적인 사람은 악한 육신과의 관계를 되도록 끊고 순결한 영의 상태를 보존해야 한다고 생각했습니다. 이런 금욕주의자의 입장은 결혼한 부부의 경우 이혼을 하든지, 아니면 같이 살면서도 성관계를 하지 말든지 양자택일을 요구했습니다.

사도는 때로는 금욕이 필요하다고 말하지만, 성관계 자체를 금하지는 않습니다. 그는 후속 절에서 성관계와 관련된 몇 가지 원칙들을 제시합니다. 첫째, 음행을 피하기 위해서는 결혼을 하라(2절). 결혼과 성관계를 언급하면서 바울이 음행 문제를 가장 먼저 거론하는 이유는 그가 바로 앞에서 음행 문제를 다뤄왔기 때문입니다. 음행 문제를 해결하는 유일한 해결책은 결혼입니다. 하나님은 부부간의 성관계만 허락하시기 때문입니다. 둘째, 결혼한 부부는 서로 성적 의무를 다하라(3절). 사도가 이렇게 권면하는 이유는 부부 사이의 성적 금욕은 비정상적인 육체관계, 즉 음행의 원인이 될 수 있기 때문입니다. 셋째, 성관계의 주도권은 상대 배우자에게 있다(4절). 바울의 이 주장은 남편을 아내의 주인으로 보는 고대 가부장적인 질서에 대한 강력한 도전입니다. 사도는 지금 남편과 아내 간의 주종 관계 개념을 허물고 둘 사이에 동등한 위치를 정립합니다. 넷째, 서로 분방하지 말라(5절 상). 이는 부부가 상호 간의 의무를 다하기 위함입니다. 하지만 부부는 기도하기 위해서 성관계를 중단할 수 있습니다. 그러나 두 사람 간 합의하에 일시적으로만 가능합니다(5절 중). 소기의 목적을 이룬 후에는 다시 합쳐야 합니다. 참지 못하게 된 상태에서 계속 분방하면 사탄이 시험하여 죄를 범할 수도 있기 때문입니다(5절 하).

　바울 자신은 결혼보다는 독신을 선호합니다(7절 상). 혼자 살면 얽매이지 않고 복음 사역에만 전적으로 헌신할 수 있기 때문입니다. 하지만 아무나 혼자 살 수 있는 것은 아닙니다. 결혼은 각각 하나님께 받은 은사에 따라 해야 합니다. 절제의 은사를 받아서 독신으로 살 수 있는 사람은 혼자 살면 되고, 그런 은사가 없는 사람은 결혼해서 함께 살면 됩니다. 독신이 결코 결혼보다 우월한 것은 아닙니다. 성(性)은 하나님께서 주신 선물이기에 그것은 선합니다.

　아내나 남편과 사별한 홀아비나 과부는 자신처럼 혼자 사는 것이 낫다고 사도는 말합니다(8절). 하지만 바울은 꼰대처럼 독수공방하며 수

절할 것을 요구하지 않습니다. 혼자 사는 사람이 절제할 수 없다면 재혼하는 것이 낫다고 권면합니다(9절). 그런데 재혼은 반드시 '주 안에서만', 즉 믿는 신자와만 해야 합니다(39절).

결혼한 두 가정 중에 한 가정이 이혼하는 것이 작금의 현실인데, 사도는 결혼한 자들에게 "갈라서지 말라"고 예수님과 동일하게 준엄한 명령을 합니다(10절). "하나님이 짝지어 주신 것을 사람이 나누지 못할지니라"라고 우리 주님이 말씀하셨듯이(마 10:9), 성경은 원칙적으로 이혼을 반대합니다. 하지만 상대 배우자가 음행했을 경우 이는 언약을 파기한 것이기에 이혼을 요구할 수 있습니다.

바울은 만일 어쩔 수 없이 헤어지게 된다면 이혼한 사람은 다른 사람과 재혼하지 말고 혼자 살라고 권면합니다. 하지만 그 혹은 그녀가 계속해서 혼자 사는 것을 원하지 않는다면 전 배우자와 화해하고 재결합하라고 조언합니다(11절).

사도는 배우자가 불신자인 경우에도 이혼하지 말라고 권면합니다. 그와 이혼을 하지 말아야 할 이유는 믿는 배우자로 인해 믿지 않는 배우자와 자녀가 거룩하게 될 수 있기 때문입니다(12-14절). 믿는 자는 결혼 관계를 부담스러운 의무로만 생각해서는 안 되고 하나님의 거룩함과 변화의 능력이 역사하는 선교 사역의 영역으로 보아야 합니다. 하지만 만일 믿지 않는 배우자가 믿는 배우자 때문에 자기가 섬기는 신의 처벌이나 어떤 불이익을 두려워하여 헤어지려고 할 경우에 신자는 구속받을 것이 없게 되어 이혼을 할 수 있습니다(15절).

이어서 사도는 결혼 권면을 지배하는 원리를 제공하는데, 그것은 하나님의 부르심을 받았을 때의 처지와 상태를 그대로 유지하라는 것입니다(17절). 고린도 교회는 종교적인 면에서 두 부류, 즉 할례자인 유대인과 무할례자인 헬라인으로 구성되어 있었습니다. 이에 바울은 자신이 부르심을 받았을 때 할례자의 상태이든, 무할례자의 상태이든 가능한 한 그 상태 그대로를 유지하라고 말합니다. 중요한 것은 할례 여부가 아니라 하나님의 계명을 지키는 것이기 때문입니다(18-19절). 고린도 교회는 종교적인 면에서와 마찬가지로 사회적인 면에서도 두 부류의 사람들, 즉 종과 자유인으로 구성되어 있었습니다. 하지만 사도는 이러한 사회적 신분을 굳이 바꾸려고 애쓰지 말라고 말합니다(20절). 중요한 것은 현재의 사회적인 신분이나 위치가 무엇이든 주님을 섬기는 것이기 때문입니다.

끝으로 바울은 처녀와 과부에 대한 권면을 하는데, 여기서도 부르심을 받았을 때 상태 그대로 지내라는 원리를 다시 한번 반복합니다. 이 단락은 우리에게 중요한 두 가지 삶을 강조하는데, 첫째, 집착하지 않는 삶입니다(29-31절). 우리는 이 세상에서 자기 아내, 자기 남편, 자기 자식이 전부인 양 너무 집착하며 살면 안 됩니다. 이는 배우자나 자녀를 사랑하지 말라는 말이 아닙니다. 다만 거기에 너무 목을 매지 말라는 말입니다. 이 세상의 외형은 다 지나가기에 거기에 너무 연연하지 말라는 말입니다. 둘째, 마음이 흐트러지지 않고 주님을 섬기는 삶입니다(32-35절). 이는 바울이 결혼보다 독신을 더 선호하는 이유입니다. 그러므로 결혼한 사람이라도 가급적이면 집중해서 주님을 섬기는 삶에 최선을 다해야 할 것입니다.

8장 제물

(우상 제물을 먹는 문제)

사도는 본 장을 시작하면서 '페리 데'(이제 ~에 대하여)라는 화제 전환 표현을 사용하여 새로운 이슈를 소개합니다. "우상의 제물에 대하여는" 고린도 교인들은 우상의 제물, 곧 우상에게 바친 제물을 먹는 문제로 고심하고 있었습니다. 그래서 바울의 고견을 듣고자 그에게 편지를 보냈는데, "우상의 제물에 대하여는"이라는 문구를 사용하여 이제 그 질문에 대해 답변하겠다고 하는 것입니다. 사실 이 문제는 고린도 교회에 매우 중요한 사안이어서 사도는 8-10장, 세 장에 걸쳐 길게 다룹니다.

우상의 제물을 먹는 것과 관련해서 고린도 교인들에게는 세 가지 문제가 걸려있었습니다. 첫째, 신앙의 문제입니다. 고린도 같은 도시에서 시장에서 파는 고기 대부분은 신에게 바치는 의식을 거친 후 도축된 것이었습니다. 그래서 그리스도인이 시장에서 고기를 살 때는 이미 우상에 바친 고기를 살 가능성이 무척 컸습니다. 초대 교회는 우상에 바친 제물을 먹지 말도록 금하고 있었는데(행 15:29; 계 2:14 등), 과연 신앙의 양심을 저버리고 이런 고기를 사 먹어야 할까요?

둘째, 이웃과의 교제 문제입니다. 그레코-로만 세계에서는 국가적인 행사나 축제 그리고 개인적인 다양한 축하 행사(예를 들면, 생일 축하, 결혼식, 장례식)가 신전을 중심으로 거행되었습니다. 그러한 행사 때에는 고기를 비롯하여 많은 음식을 준비해서 우상에게 바친 다음 초대받아 참석한 사람들이 우상 숭배 의식의 일부분으로 그것을 나누어 먹었습니다. 고기를 먹을 기회가 많지 않았던 고대인들에게 신전은 사실상 레스토랑의 역할을 하였습니다.[32] 그렇다면 그리스도인들은 이런 잔치에 초대되었을 때 참여해야 할까요?

셋째, 생존의 문제입니다. 당시 직업 동맹인 길드에는 수호신이 있었는데, 그들은 매년 정기적으로 수호신에게 제사하는 축제를 느렸습니다. 이때 길드에 속한 모든 사람과 가족은 함께 축제에 참여해서 그 신전에서 먹고 마셨습니다. 그런 길드의 축제에 참석하지 않으면 왕따 당하고 일자리도 잃을 수 있었는데, 그러면 앞으로 생계는 어떻게 꾸려나가야 하나요?

고린도 교회 안에는 이러한 우상에게 바쳐진 제물을 먹는 문제에 대해 두 가지 견해가 있었습니다. 소위 강한 자라고 자처하는 사람들은 자신들에게 우상에게 바쳤던 제물을 마음대로 먹을 수 있는 자유가 있다고 주장했습니다. 이는 그들이 가지고 있는 지식에 근거한 것으로, 강한 자들이 소유한 지식이란 신은 자신들이 믿는 하나님 한 분밖에 없고, 우상은 신이 아니라 한낱 돌멩이나 나무 조각에 불과하다는 것이었습니다. 따라서 강한 자들은 우상은 실체가 없기 때문에 우상에게 바쳐진 음식에 실체 없는 우상이 어떤 영향력을 발휘해 더럽힌 것도 아니므로 마음 놓고 먹을 수 있다는 논리를 폈습니다. 이에 반해 약한 자들은 과거에 우상을 숭배하던 자들이었다가 최근에 그리스도인이 되어서 우상을 항상 실제 신으로 믿었던 습관으로부터 아직 자유를 얻지 못하고 있었습니다. 그래서 이들은 우상에 바친 음식을 먹으면 그 음식을 통해서 우상의 힘이 작용한다고 보고 우상에게 바쳤던 고기 먹기를 꺼려했습니다.

"우리는 지식을 가지고 있다"(1절 상)라는 말은 강한 자들이 외쳤던 구호입니다. 바울은 일단 그들의 슬로건을 수용합니다. 사도는 바로 앞 장에서 "남자가 여자를 만지지 않는 것이 좋다'라는 금욕주의자들의 구호를 인정했습니다. 그리고 그렇게 하다가 음행에 빠질 수 있기에 혼자 사는 독신의 은사가 없는 자들은 객기 부리지 말고 결혼해서 건전한 성생활을 해야 한다고 그들의 구호를 교정해 주었는데, 여기서도 마찬가지입니다. 바울은 즉시 그러한 지식은 위험하다고 말합니다. "지식은 교만하게 한다"(1절 중). 여기 '교만하게 하다'라는 헬라어 동사 '퓌시오'는 공기를 넣어 부풀어 오르게 하는 것을 가리키는데, 속된 말로 허파에 바람이 잔뜩 들어가게 한다, 즉 자만하여 경거망동하게 한다는 의미입니다. 강한 자들이 말하는 지식은 약한 자들을 세우기는커녕 도리어 약한 자들을 경거망동으로 인도할 수 있다는 말입니다. 만약 강한 자가 우상의 신전에 앉아 자유롭게 먹는 것을 약한 자가 보면 약한 자는 용기를 얻어 제물을 먹게 될 것입니다(10절). 정말 그렇게 되면 약한 자는 강한 자의 지식 때문에 다시 이방 신전으로 돌아가서 하나님의 구원의 능력으로부터 멀어지고 이전의 우상 숭배에 빠져 망하게 되는 것입니다(11절). 이것은 이전에 알코올 중독자였던 자가 모든 음식은 하나님이 주신 것으로 다 선하다는 말에 설득을 받고 다시 술을 마심으로써 더 깊은 수렁에 빠져 망하게 되는 것과 마찬가지입니다.

그러므로 우리는 고린도 교회의 이 강한 자들처럼 뭐 좀 안다고 자기 하고 싶은 대로 다 하고 먹고 싶은 것을 다 먹어서는 곤란합니다. 음식에 대한 자유가 연약한 형제들에게 거침돌이 되어서는 안 됩니다(9절). 그리스도께서는 그 연약한 형제를 구원하기 위해 자신의 생명까지도 내어주셨습니다(11절). 따라서 우리는 한 형제라도 걸려서 넘어지지 않게 하기 위해서 우리의 권리와 자유를 기꺼이 제한해야 합니다. 이를 몸소 실천한 사람이 바로 바울입니다. "그러므로 만일 음식이 내 형제를 실족하게 한다면 나는 영원히 고기를 먹지 아니하여 내 형제를 실족하지 않게 하리라"(13절). 약한 자를 위하여 기꺼이 자신을 희생하는 것은 십자가를 지신 그리스도의 사랑의 정신에 부합되는 것입니다. 그리스도인의 행동의 기준은 지식이나 자유가 아니라 사랑입니다.

　사도는 13장에 가서야 비로소 사랑의 위대함을 노래하지 않습니다. 본 장에서 벌써 지식보다는 사랑을 앞세우는데, 지식은 나와 남을 동시에 파괴할 수 있지만 참된 지식인 사랑은 교회 공동체를 세우기 때문입니다. "지식은 교만하게 하며 사랑은 덕을 세우나니"(1절 하). 정말 제대로 아는 사람이라면 자기를 포기하고 형제자매를 사랑하게 되어있습니다.

9장 사도
(사도의 권리)

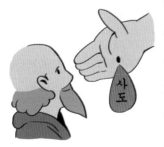

얼핏 보면, 본 장은 앞 장과 동떨어진 이야기를 하고 있는 것처럼 보입니다. 바울이 이방 신전에서 우상의 제물을 먹는 문제를 다루다가 뜬금없이 그 문제와 아무런 상관이 없는 자신의 이야기를 꺼내고 있기 때문입니다. 하지만 8장과 9장은 내용적으로 긴밀하게 연결되어 있습니다. 8장을 마무리하면서 바울은 자신이 우상에 바친 음식을 먹음으로 연약한 형제가 실족한다면 자신은 영원히 고기를 먹지 않겠다고 선언했습니다(고전 8:13). 그렇게 함으로써 솔선해서 스스로의 권리와 자유를 제한하는 모범을 보였습니다. 그리고 이제 9장에서는 자신이 사도로서 마땅히 교회로부터 생계비를 받아 살 권리와 자유가 있음에도 불구하고 복음의 효과적인 선포를 위해 그것을 포기하는 모범을 보여왔음을 강변합니다.

9장을 시작하면서 바울은 네 개의 수사학적 질문을 던짐으로 자신이 사도라는 사실을 고린도 교인들에게 부각합니다. "내가 자유인이 아니냐? 사도가 아니냐? 예수 우리 주를 보지 못하였느냐? 주 안에서 행한 나의 일이 너희가 아니냐"(1절). 8장 마지막 절에서 바울은 약한 자들을 위하여 자신의 자유를 제한하겠다고 말했습니다. 이 말에 대해 강한 자들은 바울이 자유인이 아니기에 저런 말을 한다고 생각했던 것 같습니다. 이를 염두에 두고 바울은 자신도 먹고 싶은 것은 무엇이든지 먹을 수 있는 자유로운 존재라고 반론을 제기하고 있는 것입니다.

바울은 고린도에서 천막을 제조하는 천한 노동을 하며 자비량으로 선교했습니다. 당시 사회에서 천한 노동은 존귀한 선생에게는 어울리지 않는 것으로 여겨졌기 때문에 일부 고린도 교인들로 하여금 그의 사도로서의 정통성을 의심하게 만들었습니다. 이런 것을 염두에 두고 바울은 자신이 그리스도의 사도임을 주장하는 것입니다. 그리고 두 가지 구체적인 증거를 제시합니다. 첫째 증거는 바울이 부활하신 주님을 직접 목격했다는 것입니다. 둘째 증거는 바울의 복음 전파의 결과로 고린도 교회가 세워져 지금 존재하고 있다는 사실입니다.

이어서 바울은 그리스도의 사도로서 자신이 누릴 수 있는 권리를 세 가지로 진술합니다. 첫째, 먹고 마실 권리입니다(4절). 이는 다른 사도들처럼 교회로부터 물질적인 후원을 받을 권리입니다. 둘째, 아내를 교회의 비용으로 데리고 다닐 권리입니다(5절). 셋째, 생계를 위하여 일하지 않을 권리입니다(6절). 이는 자신이 섬기는 교회로부터 생활비를 전적으로 지원받을 권리를 말합니다.

우리가 어떤 일을 하고 그에 합당한 대가를 받는 것은 당연한 것으로 사도는 이를 뒷받침하는 다섯 가지 근거를 제시합니다. 첫째, 사람의 실례입니다(7절). 군인이 복무에 대한 대가로 급료를 받고, 포도원 주인이 그 열매를 따 먹고, 목자가 양 떼의 젖을 짜서 마시는 것은 당연합니다. 둘째, 율법의 증거입니다(8-10절). 모세의 율법은 "곡식을 밟아 떠는 소에게 망을 씌우지 말라"고 말합니다(신 25:4). 여기 소는 인간과 동물을 포함한 모든 유형의 노동자를 대표하는 것으로 이는 일한 자의 먹을 권리를 보장하라는 말입니다. 셋째, 뿌림과 거둠의 원리입니다(11-12절). 이는 자연의 원리로 씨를 뿌린 자가 거두는 것은 당연하듯이, 영적인 씨(복음의 말씀)를 뿌린 자가 물질적인 것을 거둔다고 해서 그것을 지나친 일이라고 말할 수는 없을 것입니다. 넷째, 성전 봉사의 예입니다(13절). 성전과 제단에서 봉사했던 레위인들은 성전에서 음식을 얻고, 제단 제물을 나누어 먹었습니다. 다섯째, 그리스도의 명령입니다(14절). 우리 주님은 제자들을 파송하면서 "일꾼이 그 삯을 받는 것이 마땅하다"라고 말씀하셨습니다(마 10:10). 이 마지막 예수님의 명령은 복음 사역자들이 재정 지원을 받을 권리가 있다는 지금까지의 그 어떤 근거보다도 가장 권위 있는 것입니다.

바울이 사도는 이런 권리가 있다고 조목조목 나열하는 이유를 여기에 걸맞은 대우를 해달라는 것으로 오해해서는 안 됩니다. 바울은 교회로부터 단 한 푼의 사례비도 받지 않고 고된 노동을 하며 선교 사역을 감당했기 때문입니다. 그가 사도로서 자신의 권리를 사용하지 않은 이유는 네 가지인데, 첫째, 복음에 아무 장애가 없도록 하기 위함이었습니다(12절). 둘째, 복음 증거에 대한 뜨거운 열정 때문이었습니다(15-18절). 셋째, 더 많은 사람을 얻기 위함이었습니다(19-23절). 넷째, 하나님으로부터 상을 받기 위함이었습니다(24-27절).

여기서 우리는 진정한 사도상, 진정한 목자상에 대해서 잠시 생각해 볼 필요가 있습니다. 바울의 뒤를 이어 고린도에 왔던 다른 사역자인 아볼로는 부유한 교인들의 재정적인 후원을 받아 존경받는 철학자같이 행동을 했습니다. 그런데 바울은 하층 신분의 직업으로 속된 말로 노가다를 하며 생계를 유지하고 있었습니다. 그래서 교인들은 바울이 진정한 사도가 아닌 모양이다라고 생각했습니다. 하지만 자기희생과 자기 권리를 기꺼이 포기하는 자야말로 참된 사도요 선한 목자인 것입니다.

10장 숭배

(우상 숭배)

앞의 8장과 9장에서 바울은 자신들의 지식을 자랑하는 강한 자들의 이방인들의 신전에서 벌어지는 우상 숭배 잔치에 참여함이 어떻게 약한 형제들을 시험에 들게 하고 넘어지게 하는지 지적했습니다. 설사 그들이 기독교의 유일신 사상에 기초하여 그런 자유와 권리를 가지고 있다 하더라도 그것은 이웃 사랑의

계명을 어기는 것이므로 절제해야 한다는 것이었습니다. 여기 10장에서는 이방인의 신전에서 벌어지는 우상 숭배 잔치에 참여하는 것은 실제로 우상 숭배가 초래하는 해악에 스스로를 노출시키는 위험이 있다는 점을 언급하며 출애굽 세대를 예로 들어 엄중히 경고합니다.

바울은 본 장을 이렇게 시작합니다. "형제들아 나는 너희가 알지 못하기를 원하지 아니하노니"(1절 상). 사도는 모세의 영도하에 출애굽한 후 이스라엘 백성이 광야에서 어떻게 되었는지를 고린도 교인들에게 상기시켜주고 싶어합니다. 우리는 왜 바울이 뜬금없이 이스라엘 이야기를 하는가 의아해할 수도 있겠지만 사실 구약 이스라엘 백성은 이방인 그리스도인들의 영적 조상들이었습니다. 이방인 그리스도인들은 이스라엘 백성에게 접붙임을 받아 그들의 영적 후손들이 되었습니다(참고, 롬 11:17). 따라서 이스라엘 백성의 이야기는 고린도 교인들과 무관한 이야기가 아니라 그들의 조상들의 이야기요 또한 그들의 이야기입니다.

출애굽 당시 그들의 조상 이스라엘 백성들은 하나님의 임재 속에 홍해 바다 가운데로 통과했습니다(1절 하-2절). 그들은 또한 광야에서 하나님으로부터 만나와 반석에서 솟아나온 물을 공급받아 먹고 마셨습니다(3-4절). 하지만 이러한 놀라운 영적 체험들에도 불구하고 이스라엘 백성들의 대다수가 광야에서 멸망당했습니다(5절). 그러므로 바울은 고린도 교인들에게 이스라엘 백성이 광야에서 멸망당한 역사를 거울과 경계로 삼으라고 권면합니다(6절).

이어서 사도는 고린도 교인들에게 이스라엘이 저지른 네 가지 죄악을 구체적으로 언급하면서 그들의 실수를 되풀이하지 말라고 주문하는데, 이는 모두 금지 명령으로 되어있습니다. 첫째, 우상 숭배하지 마라(7절). 둘째, 음행하지 마라(8절). 셋째, 시험하지 마라(9절). 넷째, 원망하지 마라(10절). 만일 고린도 교인들이 바울의 이 권면을 무시하고 이교 신전에 가서 우상을 숭배하고 마련된 제물을 먹음으로 그리스도를 시험하며 하나님이 세운 지도자에게 불순종한다면 그들은 자신들의 조상 이스라엘 백성들과 동일한 운명에 처할 것입니다. 따라서 우리 그리스도인들은 선 줄로 알고 우쭐하지 말고 늘 넘어질까 삼가 조심해야 할 것입니다(12절). 이천 년 기독교 역사상 가장 위대한 그리스도인으로 칭송받는 사도 바울도 "내가 내 몸을 쳐 복종하게 함은 내가 남에게 전파한 후에 자신이 도리어 버림을 당할까 두려워함이로다"라고 고백하고 있는데(고전 9:27), 어떻게 우리가 나는 믿으니 구원은 떼 놓은 당상이다라고 자고할 수 있겠습니까?

사도는 신앙생활의 대원칙을 제시하면서 우상 제물 먹는 문제에 대한 답변을 마무리합니다. "그런즉 너희가 먹든지 마시든지 무엇을 하든지 다 하나님의 영광을 위하여 하라"(31절). 이에 대한 구체적인 실천 방안은 남에게 걸림돌이 되지 않고 많은 사람의 유익을 구하는 것입니다(32-33절). 고린도 교회의 강한 자들처럼 개인의 자유와 권리를 추구하여 이방 신전에 가서 거리낌 없이 먹고 마심으로 약한 자들을 시험에 들게 해서는 안 됩니다. 우리 각자는 자신에게 주어진 자유를 항상 하나님의 영광과 남에게 유익이 되는 방향으로 사용해야 할 것입니다.

11장 예배

(예배 때 여성의 복장)

사도는 11-14장에서 예배 중에 발생한 문제들을 다루는데, 먼저 예배 때

여자의 복장, 즉 너울을 쓰는 문제를 언급합니다.

1세기 바울 시대에 여자들은 남자들보다 열등한 존재로 간주되었습니다. 유대인 남자들은 자신들이 이방인이나 여자나 종으로 태어나지 않았다는 사실로 인해 하나님께 감사하기까지 했습니다. 당연히 여자에게는 회당 예배 시 어떠한 중요한 역할도 허용되지 않았습니다. 이천 년이 지난 지금도 보수 정통 유대 회당에는 남자들이 모이는 공간과 여성들의 공간이 엄격히 구분되어 있습니다. 여자들의 방은 장막 뒤에 잘 보이지도 않는 곳에 있으며 남녀가 따로따로 예배를 드립니다. 그런데 한때 골통 보수 유대인이었던 바울은 갈라디아서 3:28("너희는 유대인이나 헬라인이나 종이나 자유인이나 남자나 여자나 다 그리스도 예수 안에서 하나이니라")의 원칙, 즉 그리스도 안에서 이루어진 새 창조의 질서 속에서는 불평등과 불의를 가져오는 이 세상의 인종적, 신분적, 성적 차별이 해소되었다는 원칙을 그가 개척한 교회에 적용하여 여자들로 하여금 남자들과 한 방에서 예배드리게 했을 뿐 아니라 여자들도 이제는 새로운 영적 지위를 가지고 남자들과 동등하게 예배에 참여하여 대표 기도도 하고 예언(오늘날 식으로 말하면, 설교)도 할 수 있게 했습니다. 그런데 갑자기 자유를 얻은 고린도 교회의 여자들이 남자들과 평등하게 예배에 참여하면서 "모든 것이 가하다"는 구호(참고, 고전 10:23) 아래 문화적 상식마저 무시하고 너울을 벗어 던지고 자유 부인처럼 행동함으로써 예배의 분위기가 엉망이 되었습니다. 그래서 바울은 무질서와 혼란을 바로잡아야 할 필요성을 느끼게 되었던 것입니다.[33]

당시 그리스 사람들의 남녀 의상은 아주 비슷했습니다. 다만 한 가지 차이가 있었는데, 그것은 여자가 머리에 너울을 쓰는 것이었습니다. 여자들은 일상생활을 할 때뿐 아니라 교회에 갈 때도 너울로 머리를 덮었습니다. 이렇게 너울은 여성의 외적인 표시였으므로 여자들이 교회 안에서 너울을 벗어버리는 것은 하나님께서 창조하신 성의 구별을 무시하고 무너뜨리는 행동이었습니다. 유대교 배경의 그리스도인들도 동일한 인식을 가지고 있었습니다. 여성의 머리는 성적 충동을 유발시킬 수 있다고 생각해서 미쉬나에서는 여자가 공식 석상에서 머리를 가리지 않으면 이혼당해야 한다고까지 규정되어 있었습니다. 하지만 고린도 교회 내의 강한 자들처럼 일부 여인들은 자신들의 자유를 절제하지 않고 공중 예배 시에 머리에 너울을 쓰지 않은 채 기도도 하고 예언도 했습니다. 그들의 이런 행태를 현대에 대입하면 꽉 조이고 깊이 파인 옷을 입고 예배를 인도하는 여성의 모습이라고 할 수 있을 것입니다. 만일 그렇다면 어떻게 남성들이 예배에 온전히 집중할 수 있겠습니까? 그래서 사도는 여성이 왜 너울을 써야 하는지 그 이유를 네 가지로 제시합니다.

첫째, 머리의 원리입니다. "각 남자의 머리는 그리스도요 여자의 머리는 남자요 그리스도의 머리는 하나님이시라"(3절). 여기서 말하는 '머리'(헬. '케팔레')는 질서와 관계가 있습니다. 그래서 위계질서상 하나님 > 그리스도 > 남자 > 여자 이렇게 되어있다는 것입니다. 하나님과 그리스도는 사실 한 하나님으로 본질상 동등한 위치에 있지만 질서 혹은 순서에 있어서 하나님이 그리스도 위에 있습니다. 그래서 우리는 삼위 하나님을 성부-성자-성령이라고 부르지, 거꾸로 성자-성부-성령이라고 부르지는 않습니다. 성부와 성자가 같은 하나님인 것처럼, 남자와 여자도 같은 인간입니다. 그런데 질서상 성부가 성자 위에 있듯이, 남자가 여자 위에 있습니다. 그래서 이것을 표시하고 구분 짓기 위해 머리에 뭘 쓰고 예배드리는 것이 필요하다고 바울은 말하고 있는 것입니다.

둘째, 창조의 원리입니다. "남자가 여자에게서 난 것이 아니요 여자가 남자에게서 났으며 또 남자가 여자를 위하여 지음을 받지 아니하고 여자가 남자를 위하여 지음을 받은 것이니"(8-9절). 하나님께서 사람을 만드실 때 아담을 만드시고 아담의 갈비뼈를 취해서 하와를 만드셨습니다. 창조의 순서에 있어서 남자가 먼저이고 여자가 나중입니다. 그리고 하나님께서 여자를 창조하신 이유는 남자를 돕는 배필이 되도록 하기 위함입니다(창 2:18-23). 여기서 바울은 여자들이 교회 안에서 리더 역할을 하는 것을 반대하지 않습니다. 오히려 그들에게 공적 예배에서 기도하고 예언적인 메시지를 전하라고 독려합니다. 다만 하나님이 남녀에게 부여한 창조 질서를 무시하는 것을 질타할 뿐입니다.

셋째, 본성의 원리입니다. "너희는 스스로 판단하라. 여자가 머리를 가리지 않고 하나님께 기도하는 것이 마땅하냐? 만일 남자에게 긴 머리가 있으면 자기에게 부끄러움이 되는 것을 본성이 너희에게 가르치지 아니하느냐"(13-14절). 하나님의 창조 안에 의도된 성의 구별은 존중되어야 하고 그 구별에 따라 부여된 서로 다른 역할도 존중되어야 합니다. 그리고 남성과 여성은 각자 자기 성에 어울리는 자연스러운 외모를 갖추어야 합니다. 보편적으로 여성들은 남성들보다 머리가 깁니다. 이는 남자의 머리는 짧은 것이 자연스럽고 여자의 머리는 긴 것이 자연스럽기 때문입니다.

넷째, 관행의 원리입니다(16절). 당시 고린도 교회를 제외하고 관례상 예배 때 여자가 머리에 너울을 쓰지 않고 기도하고 예언하는 교회는

없었습니다. 그러므로 예루살렘 교회를 포함해서 기독교 초창기의 모든 교회가 이 관례를 존중하며 지키는데, 너희는 무슨 용가리 통뼈라고 그것을 무시하느냐고 지금 바울은 고린도 교인들을 꾸중하고 있는 것입니다. 따라서 고린도인들 또한 다른 모든 교회의 실천 관례를 따라야 할 것입니다.

12장 은사

(영적 은사)

 본 장을 시작하면서 바울은 다시 '페리 데' 공식(이제 ~에 대하여)을 사용하여 새로운 이슈를 끄집어냅니다. "형제들아 (이제) 신령한 것에 대하여 나는 너희가 알지 못하기를 원하지 아니하노니"(1절). 사도는 화두를 바꿔 고린도전서에서 가장 길게 다루는 영적 은사의 이슈를 언급합니다.

고린도 교인들은 황홀경에 빠진 상태에서 방언이나 예언하는 것을 성령의 역사라고 열광했습니다. 그래서 앞다투어 방언하고 예언하는 바람에 교회의 예배가 혼돈에 빠지게 되었습니다. 이는 고대 헬라 세계에서 신의 영이 임하여 일으킨다고 본 황홀경 상태를 높이 평가하고 황홀경에 빠진 상태에서 디오니소스 같은 신에게 제사를 하던 전통이 반영된 것입니다. 오늘날에도 많은 그리스도인이 신비하거나 일상의 체험과 다른 초자연적인 현상을 경험하게 되면 그것을 모두 성령의 현상

이나 역사의 체험으로 간주하는 경향이 있습니다. 하지만 다른 종교에서도 방언이 있고 귀신을 쫓아내는 일도 있으며 신비적 체험도 합니다. 무당들도 접신하여 황홀경에 빠져 환상을 보기도 하며 귀신과 이야기도 나눕니다. 그러므로 신비스럽게 느껴지는 경험 모두를 성령의 역사로 간주해서는 안 됩니다.

바울은 예수님을 주님으로 고백하는 것 또는 예수님의 주권을 드러내는 것이 진정한 성령의 역사인지 아닌지를 구분할 수 있는 시금석이라고 밝힙니다. "그러므로 내가 너희에게 알리노니 하나님의 영으로 말하는 자는 누구든지 예수를 저주할 자라 하지 아니하고 또 성령으로 아니하고는 누구든지 예수를 주시라 할 수 없느니라"(3절). 따라서 어떤 신비로운 체험을 했을 때, 또는 어떤 행동을 평가할 때 그것이 진정 성령의 역사에 의한 것인지 분별하는 기준은 그것이 우리로 하여금 예수께서 주되심을 인식하게 하고 고백하게 하는가 또는 예수께서 주되심을 드러내고 그분의 주권에 순종하여 의의 열매를 드러내는가, 아니면 예수의 주권과 무관하거나 도리어 그분의 주권을 부인하고 그분의 주권에 반하는 악을 드러내는가 하는 점입니다. 성령은 윤리의 영이기에 반윤리적이거나 비윤리적이면서 다만 신비스럽기만 한 체험이 나타나는 것은 절대로 성령의 역사라고 볼 수 없습니다.

사도는 이렇게 먼저 신학적 원칙을 제시한 후, 이제부터 본격적으로 핵심 이슈를 다룹니다. 본 주제를 다루는 이 시점에서 한 가지 주목할 점이 있는데, 그것은 바울이 1절에서는 "신령한 것"(헬. '프뉴마티카')이라고 했다가 여기 4절에서는 그것을 "은사"(헬. '카리스마타')라는 말로 바꾸었다는 것입니다. 이런 용어 변경은 다분히 의도적입니다. 고린도 교인들은 신령한 것들에 대해 자신들을 권위자로 여기고 또한 그런 성령의 나타남을 그들 자신의 영적 수준이나 능력의 표시라고 생각했습니다. 그래서 바울은 이를 바로잡기 위해 신령한 것들을 은사들이라는 용어로 바꾸어 사용한 것입니다. 이 새로운 용어를 도입함으로써 바울이 주장하고자 하는 바는 성령의 현시가 하나님의 '은혜'(헬. '카리스')의 선물로 이해되어야지 인간의 개인적인 성취나 소유물로 취급되어서는 안 된다는 것입니다.

본문에서 바울은 고린도 교인들이 한 은사, 곧 방언에 지나치게 몰두한 것에 반하여 교회에 주어진 은사의 다양성을 강조합니다. 그는 여기에서 9가지 은사를 나열하는데(8-10절),[34] 이를 셋으로 범주화할 수 있습니다. 첫째, 교육적 은사입니다. 여기에는 지혜의 말씀과 지식의 말씀이 속합니다. 둘째, 초자연적 힘을 발휘하는 은사로, 이에는 믿음, 치유, 이적 행하는 은사가 있습니다. 셋째, 특별한 의사소통과 관련된 은사로, 예언, 영 분별, 방언, 방언을 통역하는 은사가 이에 해당합니다.

본 장에서 사도는 이 다양한 은사들과 관련하여 몇 가지 유의점들은 제시하고 있는데, 이를 다음과 같이 넷으로 정리할 수 있습니다: 1) 은사는 소수의 리더들이나 영적으로 특출난 사람에게만 주어지는 것이 아니다. 그리스도인이라면 단 한 사람도 예외 없이 모두가 최소한 한 가지 은사를 받는다; 2) 하나님이 은사를 주신 목적은 공동체 구성원들의 유익과 교회 전체의 이익을 위한 것이다(7절). 그러므로 그것을 공익을 위해 겸손히 사용해야지 사적인 용도와 사적인 이익을 위해 오용해서는 안 된다; 3) 은사는 순전한 은혜의 선물이다. 따라서 그리스도인은 일부 개념 없는 고린도 교인들이 했던 것처럼 자기가 받은 은사를 자신의 신령함의 표시인 양 자랑해서는 안 된다; 4) 은사는 성령이 주권자적 결정에 따라 나누어 주신 것이기 때문에 모든 은사는 동급이다(11절). 우열에 따른 차등이 있을 수 없다.

13장 사랑
(사랑 장)

사랑 장인 13장은 은사를 다루는 12장과 14장 사이에 샌드위치처럼 끼어 있는 장입니다. 그러므로 본 장에서 사랑(헬. '아가페')은 은사와의 관련성 속에서 나온 말이라는 사실을 먼저 유념해야 합니다.

전 장을 마무리하면서 바울은 은사들을 사용하는 제일 좋은 길을 제시합니다. "너희는 더욱 큰 은사를 사모하라. 내가 또한 가장 좋은 길을 너희에게 보이리라"(고전 12:31). 여기서 '가장 좋은 길'이란 본 장에서 언급하는 '사랑'입니다. 많은 사람들은 사랑을 최고의 은사로 생각하는 경향이 있는데, 사랑은 성령의 은사가 아니라 성령의 열매입니다(갈 5:22). 앞에서 언급한 모든 은사는 사랑이 동기가 되어 행해지지 않으면 아무 소용이 없습니다. 그래서 사도는 처음부터 사랑 없는 은사의 무용론을 펼치는 것입니다. "내가 사람의 방언과 천사의 말을 할지라도 사랑이 없으면 소리 나는 구리와 울리는 꽹과리가 되고"(1절). 여기 '사람의 방언'이나 '천사의 말'은 고린도 교인들이 선호하는 '방언으로 말하는 것'을 가리킵니다. 그리고 '울리는 꽹과리'는 이교도들이 광란의 예배에 사용했던 악기입니다. 그러므로 사랑이 결여된 방언은 제아무리 유창하게 떠벌려도 광란의 이교도 예배의 시

끄러운 소음에 지나지 않는다는 말입니다. 속된 말로, 돼지 멱따는 소리
라는 것입니다.

방언 외에 다른 놀라운 은사들 또한 내적 동기가 사랑이 아니라면
마찬가지로 무익합니다. 하나님 안에 감추어진 모든 비밀과 모든 지식
을 알고 드러낼 수 있는 엄청난 예언의 능력과 산을 들었다 놨다 할 정
도의 큰 믿음을 가지고 있을지라도 그것이 사랑 없이 시행된다면 아무
것도 아닙니다(2절). 심지어 자신에게 있는 전 재산으로 구제하고 또 자
기 몸을 불사르게 내어주는 순교할 정도의 열심이 있어도 사랑이 없으
면 아무 유익도 없습니다(3절). 우리가 무슨 일을 하든지 사랑의 동기에
서 하지 않으면 그것은 소용이 없고 무익합니다.

그러면 도대체 이토록 중요한 사랑이란 어떤 것일까요? 바울은 사
랑의 특성을 15가지로 자세하게 묘사합니다(4-7절). 첫째, 사랑은 오래
참는다. 이는 그 대상이 환경이 아니라 사람으로 화내기를 더디하는 것
을 의미합니다. 코딱지만 한 일에도 쉽게 뚜껑이 열리는 것은 결코 사랑
이 아닙니다. 둘째, 사랑은 온유하다. 이는 사람을 부드럽고 친절하게
대하는 것을 말하는데, 이 온유는 우리 주님의 대표적인 성품입니다(마
11:29). 셋째, 사랑은 시기하지 않는다. 이는 다른 사람이 내가 가지고 있
지 않은 은사나 나보다 더 좋아 보이는 은사를 가졌다고 해서 질투하지
않는 것을 의미합니다. 넷째, 사랑은 자랑하지 않는다. 은사 받은 자는
그 은사를 통해 자신을 드러내거나 뽐내지 말아야 합니다. 대단한 은사
의 소유자라고 자기 자신을 자랑할 것이 아니라 오히려 그러한 은사를
주신 예수님을 자랑해야 할 것입니다. 다섯째, 사랑은 교만하지 않는다.
이는 부풀리지 않는다는 뜻입니다. 즉, 무슨 은사를 받았다고 자신을 다
른 사람들보다 높여 마음을 부풀리지 않는다는 의미입니다. 여섯째, 사

랑은 무례히 행치 않는다. 사랑에는 예의가 있습니다. 사랑은 상대를 존중히 여기는 것입니다. 반말, 욕지거리, 상스러운 소리가 난무하는 현대인들에게 아마도 사랑의 속성에 대한 정의 가운데 이 정의가 가장 충격적일 것입니다. 입술로는 사랑한다고 말하면서 그 사람에게 무례히 행동함으로써 그 사람의 기분을 상하게 하는 것은 결코 사랑이 아닙니다. 일곱째, 사랑은 자기 유익을 구하지 않는다. 이는 사랑은 자신의 것을 구하지 아니하고 다른 사람의 것을 구한다는 의미입니다. 즉, 이타적인 것이 사랑의 본질입니다. 여덟째, 사랑은 성내지 않는다. 이는 날카롭게 화내지 않음을 의미합니다. 아홉째, 사랑은 악한 것을 생각하지 않는다. 이는 다른 사람에게 악을 끼치거나 복수하는 것을 생각하지 않음을 뜻합니다. 열째, 사랑은 불의를 기뻐하지 않는다. 여기서 '불의'란 도덕적으로, 법적으로 불의한 것을 의미합니다. 사랑은 마음과 삶에서의 부정직함, 법과 정의를 어기는 행위를 기뻐하지 않는 것입니다. 우리는 사랑이라는 이름으로 불의와 죄악을 눈감아 주거나 미화시켜서는 안 됩니다. 열한째, 사랑은 진리와 함께 기뻐한다. 사랑은 진리이신 하나님이 기뻐하시는 것을 기뻐하고 하나님이 기뻐하지 않으시는 것을 기뻐하지 않는 것입니다. 열두째, 사랑은 모든 것을 참는다. 이는 4절의 오래 참음과는 다른 말인데, 여기 참는다는 말은 헬라어로 '스테고'로 '지붕을 덮다'라는 뜻입니다. 그래서 입 밖에 내면 해로운 일에 대해 조용히 덮고 넘어가는 것을 말합니다. 요셉은 자신과 정혼한 마리아가 임신했다는 소식을 들었을 때, 그 사실을 발설하면 마리아가 곤경에 처해지기 때문에 드러내지 않고 덮어주었습니다. 입 밖으로 발설하지 않고 철저히 함구했습니다. 이것이 바로 사랑입니다. 열셋째, 사랑은 모든 것을 믿는다. 이 말은 무한정 속고 무조건 믿어준다는 말이 아니라 다른 사람이 실망스러운 일을 할지라도 앞으로 차츰 더 성숙해질 것을 소망하며 신뢰 관계를 지속한다는 뜻입니다. 열넷째, 사랑은 모든 것을 바란다. 이는 역경과 환난 중에도 소망을 잃지 않는 것을 의미합니다. 사랑은 어떤 상황에도 희망의 끈을 절대로 놓지 않습니다. 열다섯째, 사랑은 모든 것을 견딘다. 이는 주님의 다시 오심을 바라며 모든 어려움과 난관들을 견뎌내는 것을 말합니다.

이와 같이 사랑은 추상적인 것이 아니고 아주 구체적이고 실제적인 행동입니다. 이러한 사랑은 결코 소멸되지 않고 영원합니다. 하지만 방언과 예언과 같은 은사는 일시적입니다. 그것들은 종말에 결국 사라질 것입니다(8-13절). 그러므로 우리는 성령의 은사가 아닌 성령의 열매, 특히 그것의 첫 번째 열매인 사랑을 추구하는 삶을 살아야 할 것입니다.

14장 예방

(예언 & 방언)

바울은 13장의 간주 후에 14장에서 다시 성령의 은사 문제로 돌아옵니다. 사도는 먼저 "사랑을 추구하라"고 말함으로써 전 장의 핵심 메시지를 독자들에게 상기시킵니다(1절 상). 그리고 이어서 12장 마지막 절의 명령, 즉 "너희는 더욱 큰 은사를 사모하라"는 명령으로 돌아가서 "신령한 것들을 사모하되 특별히 예언을 하라"고 권면합니다(1절 하). 예언이 바로 방언보다 더 큰 은사이

기 때문입니다.

그러면 왜 예언이 방언보다 큰 은사일까요? 바울은 그 이유를 예언과 방언이 가져오는 두 가지 효과에서 찾습니다. 첫째, 교회를 위한 효과입니다. 방언은 자기를 세웁니다(4절 상). 이는 방언하는 자신에게만 유익이 된다는 말입니다. 이에 반해 예언은 교회에 유익을 끼칩니다. 예언은 단순히 미래에 일어날 일을 예측하는 것이 아닙니다. 예언은 듣는 사람의 믿음을 세워주고, 격려하고 위로합니다(3, 4절 하). 둘째, 세상을 위한 효과입니다. 방언은 이 세상의 불신자들에게 아무런 유익이 되지 못할 뿐 아니라 오히려 조롱거리가 됩니다. 온 교회가 모여 방언을 하면 세상 사람들이 보고 "미쳤다"고 말할 것입니다(23절). 오순절 날 마가의 다락방에 모였던 120문도에게 성령이 임하여 방언을 했을 때도 이를 들은 사람들이 새 술에 취했다고 조롱했습니다(행 2:13). 반면에 예언은 이 세상의 불신자들에게 큰 충격을 줍니다. 세상 사람들은 예언을 통해 책망을 받고 판단을 받습니다. 예언은 그들의 마음에 숨은 일들을 드러냅니다(24-25절). 그리하여 세상 사람들은 꼬꾸라져 하나님을 경배하며 하나님의 존재를 인정하게 됩니다. 그러므로 세상 사람들을 이기는 은사인 예언은 세상 사람들에게 조롱당하는 은사인 방언보다 더 큰 은사입니다.[35]

은사 장을 마무리하는 본 장에서 바울은 은사를 사용할 때 유념해야 할 세 가지 대원칙을 제시합니다. 첫째, 사랑으로 하라(1절). 앞에서도 언급했듯이, 사랑이 내적 동기가 되지 않는 은사 활용은 백해무익합니다. 둘째, 덕을 세우기 위해서 하라(27-31절). 성령님이 은사를 주신 목적은 자기를 세우거나 교회를 세우기 위한 것입니다(3절). 그러므로 은사를 받아서 청개구리처럼 다른 사람들을 실족하게 하고 교회를 허무는

데 사용하면 되겠습니까? 은사를 사용해서 교회에 덕이 아닌 해를 끼치기에 많은 목회자가 은사를 중단시키는 것입니다. 셋째, 질서 있게 하라 (26-35절). 교회에서 은사를 질서 있게 사용해야 하는 이유는 우리가 섬기는 하나님은 무질서의 하나님이 아니라 화평의 하나님이시기 때문입니다(33절). 그런데 만일 우리가 은사를 자기중심적으로 사용하여 교회를 혼란스럽게 만들고 따라서 분열을 야기한다면 이는 화평을 도모하시는 하나님의 뜻에 반하는 것입니다. 이 대원칙을 잘 지키면서 은사를 사용하게 된다면 교회에 엄청난 유익을 줄 것입니다.

15장 부활
(**부활** 장)

고린도 교회 내에는 바울이 전한 복음의 핵심인 부활을 부인하는 자들이 있었습니다(12절). 이들이 이렇게 생각한 이유는 아마도 내세와 부활을 부인하는 유대의 사두개파의 신학적 영향이나, 영혼 불멸은 믿지만 몸의 부활을 믿지 않는 헬라의 플라톤 철학의 이원론적 사고의 영향을 받았기 때문일 것입니다. 현대 비평적 자유주의자들 또한 그리스도의 부활을 역사적 사건으로 받아들이지 않고 초대 교회가 신앙적으로 만들어낸 교리나 신화로 치부합니다. 하지만 부활 교리는 초대 교회가 공교히 만들어낸 교리가 아닙니다. 그것은 사도들로부터 전해진 복음입니다(1-2절).

사도들이 증거한 부활의 복음의 골자는 "성경대로 그리스도께서 우리 죄를 위하여 죽으시고 장사 지낸 바 되었다가 성경대로 사흘 만에 다시 살아나셔서 게바를 비롯한 많은 사람들에게 보이셨다"는 것입니다(3-7절). 이 편지를 쓰는 사도 바울의 생의 터닝 포인트 또한 주님의 부활입니다. 바울이 평생 잊지 못할 사건이 있다면 그것은 다메섹 도상에서 **부활**하신 예수 그리스도를 만난 사건입니다. "맨 나중에 만삭되지 못하여 난 자 같은 내게도 보이셨느니라"(8절).

하나님의 교회를 핍박하던 자를 부활의 주님이 친히 찾아오셔서 그를 사도 삼아주신 것은 전적으로 하나님의 은혜였습니다(9-10절). 사람이 참으로 은혜를 받으면 두 가지 일이 벌어집니다. 첫째, 변화합니다. 은혜는 사람을 변화시킵니다. 유대인 핍박자 사울이 은혜를 받자 기독교인 선교사 바울로 변화되었습니다. 둘째, 수고합니다. 은혜는 사람을 수고하게 만듭니다. "내가 모든 사도보다 더 많이 수고하였으나 내가 한 것이 아니요 오직 나와 함께 하신 하나님의 은혜로라"(10절). 성도들이 진짜 은혜를 받으면 "목사님! 오늘 말씀에 은혜 많이 받았습니다"라고 립 서비스만 하지 않고 바울처럼 기꺼이 주님을 위해 희생하고 헌신할 것입니다.

사도는 고린도 교인들에게 자신이 직접 목도한 주님의 부활을 열심히 증거했습니다(11절). 하지만 이들 중의 일부는 앞에서 언급한 잘못된 교리에 오염되어 죽은 자의 부활을 받아들이지 못했습니다(12절). 바울은 이들의 말처럼 부활이 없다면 어떤 결과가 도출되는지 '만일'이라는 가정법을 사용하여 자세히 진술합니다. 첫째, 죽은 자의 부활이 없다면 그리스도도 다시 살아나지 못하셨다(13절). 둘째, 우리가 전파하는 것도 헛것이다(14절 상). 셋째, 우리의 믿음도 헛것이다(14절 하). 넷째, 우리가 하나님을 거짓 증거하는 자가 된다(15절). 다섯째, 우리는 여전히 죄 가운데 있다(17절). 여섯째, 그리스도를 믿고 죽은 자들도 망했다(18절). 일곱째, 우리가 모든 사람들 가운데 가장 불쌍한 자들이다(19절).

이처럼 부활이 없다면 얼마나 끔찍하겠습니까? 우리가 이제까지 신앙생활한 모든 것이 한순간에 와르르 무너질 것입니다. 그토록 목숨 걸고 드렸던 예배도 시간 낭비일 것입니다. 스데반 집사처럼 복음을 증거하다 죽는 순교 또한 속된 말로 개죽음에 불과할 것입니다. 하지만 바울은 "그러나"라는 접속사 하나로 우리의 한숨을 감탄으로 바꿔놓습니다. "그러나 이제 그리스도께서 죽은 자 가운데서 다시 살아나사 잠자는 자들의 첫 열매가 되셨도다"(20절). 여기 '첫 열매'(헬. '아파르케')는 추수 기간에 최초로 거두어들인 열매를 가리키는데, 그것 다음에는 반드시 광범위한 대규모 수확이 뒤따라옵니다. 그렇다면 그리스도의 부활이 첫 열매라는 것은 그를 믿는 모든 그리스도인들의 부활이 필연코 그리스도의 부활의 뒤를 따를 것이라는 것을 말해줍니다. 이것은 그리스도의 부활이 믿는 자들의 부활의 보증이 된다는 사실을 의미합니다(참고, 고후 1:22; 5:4-5).

바울은 그리스도께서 부활의 첫 열매가 되신다는 사실에서 부활의 순서를 설명합니다. 부활의 순서는 3단계로 진행되는데, 먼저, 첫 열매이신 그리스도가 부활하시고, 이어서 그리스도께서 재림하실 때 그를 믿는 그리스도인들이 부활합니다. 그리고 마지막으로 재림하신 주님은 하나님의 통치를 반대하고 자기들이 지배하는 나라를 세우려는 모든 세력들을 멸하시고 나라를 하나님 아버지께 바치실 것입니다(23-24절).

부활의 순서에 대해 짤막하게 논의한 후에 부활체에 대한 긴 언급이 이어집니다. 사도는 특히, 부활 전후의 몸의 상태의 변화를 다음과 같이 대비시킵니다.

절	부활 전의 몸	부활 후의 몸
42절	썩는 몸	썩지 않는 몸
43절 상	욕된 몸	영광스러운 몸
43절 하	약한 몸	강한 몸
44절	육의 몸	신령한 몸

　그렇다면 이러한 영광스러운 부활체를 입을 사람은 어떻게 살아야 할까요? 본문은 세 가지를 우리에게 말해주는데, 첫째, 감사하는 삶을 살아야 합니다. "우리 주 예수 그리스도로 말미암아 우리에게 승리를 주시는 하나님께 감사하노니"(57절). 여기 "승리를 주시는"이라는 말은 현재형입니다. 이는 미래에 우리에게 승리를 줄 것이라는 말이 아닙니다. 이미 그리스도 안에서 그리스도의 부활로 말미암아 그와 연합한 우리는 죽음에서 승리한 자입니다. 그러므로 부활 신앙을 가지고 살아가는 사람은 인간의 최대의 적인 죽음으로부터 승리를 주신 하나님께 감사해야 합니다. 둘째, 악한 마귀가 끊임없이 흔들어도 견고하여 조금의 미동도 없는 삶을 살아야 합니다(58절 상). 셋째, 항상 주의 일에 더욱 힘쓰는 삶을 살아야 합니다(58절 중). 부활이 없는 자처럼 내일 죽을 터이니 먹고 마시자 하는 허랑방탕한 삶이 아니라 사도 바울처럼 부활과 영생을 바라보며 고난도 마다하지 않는 삶을 살아야 할 것입니다. 이렇게 살기만 하면 결코 우리의 수고는 헛되지 않을 것입니다(58절 하). 반드시 그에 대한 보상이 뒤따를 것입니다.

16장 연보

(예루살렘 교회를 위한 연보)

 바울은 갈라디아 교회들에게 가난한 예루살렘 교회를 위해 연보할 것을 지시했습니다. 그리고 마게도냐 교회들에게도 이 연보에 참여할 것을 부탁했습니다(고후 8:1). 그래서 고린도 교인들은 그 운동에 어떻게 동참해야 하는지 사도에게 행동 지침을 달라고 부탁했습니다. 이에 바울은 다음과 같이 답변합니다: "성도를 위하는 연보에 관하여는 내가 갈라디아 교회들에게 명한 것같이 너희도 그렇게 하라"(1절).

사도는 고린도 교회가 갈라디아 교회들이 했던 방식대로 하라고 말하면서 네 가지 연보 지침을 제시합니다(2절). 첫째, 매주 첫날에 돈을 따로 떼어 두어라. 여기 '매주 첫날'은 일요일, 즉 주일을 지칭하는 말로, 바울 당시에 예수 그리스도께서 부활하신 날인 주일이 교회의 회집일이었음을 알 수 있습니다. 이 날에 가난한 형제들을 생각하는 것은 하나님의 은혜에 대한 합당한 반응입니다. 둘째, 사전에 준비하라. 헌금은 성심껏 미리 준비해야지 아무런 준비 없이 허둥지둥하는 것은 바람직하지 않습니다. 셋째, '각 사람'이 참여하라. 연보는 모든 성도들이 참여해야 합니다. 소수의 부유한 자들이 이를 도맡아 모든 영광을 그들만 누리게 되면 교회는 가진 자와 못 가진 자 사이에 분열이 생기게 될 것입니다. 넷째, 수입에 따라 드려라. 헌금은 소득이 많으면 많이 내고, 적으면 적게 내야 하는 것입니다.

이런 지침에 따라 구제금이 모이면 다음 단계는 그것을 예루살렘 교회에 전달하는 것입니다. 바울은 연보 전달의 방법 또한 자세히 일러 주는데, 자신이 고린도 교회에 도착하면 고린도 교인들이 인정한 사람들에게 추천 편지를 써 주어서 그들이 직접 헌금을 가지고 예루살렘으로 가게 하겠다고 말합니다(3절). 사도는 이렇게 자신이 아닌 고린도 교회가 직접 선정한 사람들이 돈을 전달하게 하는 데는 깊은 뜻이 있습니다. 만일 바울 자신이나 또는 그가 선정한 사람들이 돈을 예루살렘 교회에 전달하게 된다면 횡령에 대한 오해와 비방이 있을 수 있기 때문입니다. 하지만 이보다 더 중요한 이유가 있는데, 그것은 구제금 전달을 통해 이방인 교회와 유대인 교회 사이의 일치를 도모하기 위함입니다. 당시 디아스포라 유대인들이 예루살렘에 있는 동족 유대인들에게 선물을 보내는 것은 흔히 있는 일이었습니다. 그런데 이방인 교회들이 유대 그리스도인들을 위하여 돈을 모은다는 것은 획기적인 사건이었습니다. 바울이 이런 이례적인 일을 하는 이유는 이방인 그리스도인과 유대인 그리스도인이 하나라는 사실을 표현하기 위함이었습니다. 교회들끼리 이렇게 연합하여 서로 돕는 초대 교회의 아름다운 미덕은 오늘날에도 지속되어야 합니다. 물질적으로 여유가 있는 교회들은 은행에 돈을 쟁여 두지 말고 주변의 어려운 교회들, 사례비는 고사하고 월세도 제대로 못내 문 닫기 일보 직전인 교회들에게 그 돈의 일부만이라도 흘러가게 해야 할 것입니다.

이 '하나 됨'이라는 주제는 바울의 독특한 인사법을 통해서 더욱 부각됩니다. "모든 형제도 너희에게 문안하니 너희는 거룩하게 입맞춤으로 서로 문안하라"(20절). 사도 바울과 베드로는 편지 맺는말 끝부분에서 종종 "서로 입맞춤하며 문안하라"고 성도들에게 권면합니다(롬 16:16

상; 고전 16:20 하; 고후 13:11 하; 살전 5:26; 벧전 5:14). 도대체 이 기둥 같은 두 사도는 왜 경건한 성도들에게 망측하게도(?) '키스'하며 서로 인사를 주고받으라고 하는 걸까요? 만일 오늘날 이들의 권면을 문자 그대로 받아들여서 목회자가 교인에게, 혹은 교인 상호 간에 이를 실행에 옮긴다면 교회는 발칵 뒤집힐 것입니다. 하지만 문안 인사의 일부로 입맞춤을 하는 것은 고대 근동에서는 흔한 행위였습니다. 도착했을 때나 떠날 때 상대방과 입맞춤으로 인사를 한 예들은 구약성경과 신구약 중간기 문헌에서 쉽게 발견됩니다(창 29:11; 출 4:27; 토빗 5:17; 마카비3서 5:49 등). 이렇게 입맞춤하며 서로서로 인사했던 관습은 예수 그리스도의 시대에도 계속되었습니다(막 14:45; 눅 7:45; 15:20; 22:47). 그리하여 바울의 "서로 입맞춤하며 문안하라"는 명령은 당시의 널리 행해졌던 관행을 반영한 말입니다.

오늘날 우리의 문화적 상황을 고려한다면 사도의 이 권면은 "서로 악수하며 문안하라" 정도로 재해석될 수 있습니다. 그런데 바울서신에서 새로운 점은 사도가 이 입맞춤을 '거룩한 입맞춤'이라고 부른다는 사실입니다. '거룩한' 입맞춤이란 도대체 뭘까요? 교인들 중 일부 음흉한(?) 인간들이 흑심을 품고 이 입맞춤 인사를 악용하는 사례가 있었단 말인가요? 물론 바울은 '거룩한'이라는 형용사를 삽입함으로써 입맞춤 인사를 행하는 동안 순수하고 거룩한 동기를 유지하는 일의 중요성을 지적하고 있습니다. 하지만 사도가 '거룩한' 입맞춤이라는 신조어를 사용하는 보다 근본적인 취지는 '거룩한' 성도(聖徒)들 사이에서 행해지는 입맞춤 인사와 믿음 밖에 있는 불경건한 자들 사이에 이루어지는 입맞춤 인사 사이를 구분하고자 하는 것입니다.

불신자들에게 입맞춤 인사는 단지 우정과 선의의 표시이지만 신자들 사이에서 이것은 보다 더 고차원적인 의미를 담고 있습니다. 거룩한 입맞춤은 예수 그리스도의 교회 안에서 신자들이 서로에게 속해 있다는 '하나 됨'을 상징합니다. 다시 말해서, 거룩한 입맞춤이란 우정과 선의의 표현일 뿐 아니라 화해와 평화의 표현입니다. 따라서 바울의 "거룩한 입맞춤으로 서로 문안하라"는 권면은 편지 수신자들에게 자신들 사이에 존재하는 어떠한 적의도 제거하고 그리스도의 몸의 지체로서 그들이 공유하는 하나 됨을 보이라는 사도의 엄준한 경고로서의 역할을 합니다.[36]

이 긴 편지를 읽고도 하나 되지 못하고 끝까지 분쟁을 일삼는 자들을 향해 사도는 다음과 같이 무시무시한 경고를 발합니다: "만일 누구든지 주를 사랑하지 아니하면 저주를 받을지어다"(22절 상). 여기 '저주받는 것'(헬. '아나떼마')은 하나님의 진노의 심판에 넘겨지는 것을 의미합니다. 따라서 우리는 주님의 몸 된 교회를 분열시키려는 악한 마음을 꿈에라도 품지 말아야 할 것입니다.

제3장
고린도후서

배경과 지도

배경

바울이 자신이 개척한 고린도 교회를 떠난 이후 탁월한 성경 지식과 화술을 겸비한 아볼로가 고린도에 와서 고린도 교인들을 지도했습니다. 아볼로는 그 이후에 고린도를 떠나 바울이 있는 에베소에 와서 거기에 머물렀습니다. 그래서 바울은 아볼로를 대신하여 영적 아들 디모데를 고린도에 보내 고린도 교회를 지도하도록 했습니다(고전 16:10-11). 하지만 문제 많은 고린도 교인들을 통제하는 일은 디모데에게 너무 벅찬 일이었습니다. 그래서 디모데는 에베소에 있는 바울에게 돌아와 고린도 교회의 심각한 사정을 보고했고 문제의 심각성을 감지한 바울은 급히 일정을 앞당겨서 고린도를 방문했습니다. 하지만 완악한 고린도 교인들은 바울을 문전박대했습니다. 이에 바울은 빈손으로 돌아간 뒤 강경한 어조의 편지를 써서 디도를 통해 고린도로 보냈습니다. 이 편지를 보통 '눈물의 편지'라고 부르는데, 안타깝게도 후세에는 전해지지 않고 있습니다. 고린도에서 돌아온 디도는 바울의 '눈물의 편지'가 효과를 내 고린도 교인들이 편지를 통해 지적한 잘못을 인정하고 회개하고 있다는 소식을 전했습니다. 그러나 디도가 좋은 소식만 가져온 것은 아니었습니다. 나쁜 소식도 있었는데, 그것은 바울이 떠난 후에 예루살렘에서 거짓 사도들이 고린도에 와 바울이 전하는 것과 다른 복음을 전하면서 바울의 사도권을 노골적으로 비판하고 있다는 것이었습니다(참고, 고후 11:4). 이에 바울은 자신의 사도직을 변호하지 않으면 안 되었습니다. 그래서 바울은 주후 56년경 빌립보에서 고린도후서를 쓰게 되었습니다.

지도

고린도전서와 마찬가지로 고린도후서 또한 첫 장에 길 안내 지도가 제시되고 있습니다. 이 편지에서 다루고자 하는 핵심 이슈는 사도의 직분에 관한 것입니다. 고린도전서가 수신자, 즉 고린도 교회의 분당 문제를 해결하기 위해 쓰였다면, 고린도후서는 발신자, 즉 바울의 사도직 문제를 변호하기 위해 기록되었습니다. 바울은 고린도후서 총 13장 중에 예루살렘 교회를 돕기 위한 연보 참여를 독려하는 8-9장을 제외하고 나머지 전체를 자신의 사도직 변호에 할당하고 있습니다. 그가 이렇게 하는 이유는 예루살렘에서 온 거짓 사도들이 다른 복음을 전하면서 바울을 가짜 사도로 매도하고 있기 때문입니다.

　　바울은 편지를 시작하면서부터 바로 자신은 하나님의 뜻으로 인해 예수 그리스도의 사도가 되었다고 주장합니다. "하나님의 뜻으로 말미암아 그리스도 예수의 사도 된 바울과 형제 디모데는 고린도에 있는 하나님의 교회와 또 온 아가야에 있는 모든 성도에게 하나님 우리 아버지와 주 예수 그리스도로부터 은혜와 평강이 있기를 원하노라"(고후 1:1-2).
거짓 교사들이 "하나님의 사도라는 자가 어떻게 그토록 혹독한 고난을
받을 수 있는가?"라고 의문을 제기하자, 바울은 자신의 고난을 "그리스
도의 고난"이라고 정의하며(고후 1:5), 세 번에 걸친 고난 목록(고후 4:8-9;
6:3-10; 11:23-28)을 제시하면서 그리스도를 위해 고난받는 것이야말로 참
사도의 표지라고 반박합니다.

바울의 대적들이 알량한 추천서 한 장 달랑 내밀면서 "네가 사도라
면 우리처럼 당당하게 추천서를 내놓으라"고 으름장을 놓자, 자신에게
는 그런 먹으로 몇 줄 긁적인 죽은 추천서가 아닌 '살아 있는 추천서'(그
리스도의 편지)가 있는데, 그것은 바로 고린도 교인이라고 맞섭니다(고후
3:1-3). 바울은 거짓 사도들이 옛 언약을 추종하며 모세에게로 돌아가자
고 주장한 것에 반대하여 자신을 새 언약의 일꾼으로 소개합니다(고후
3:6). 그리고 참된 사도는 옛 언약의 일꾼이 아니라 새 언약의 일꾼으로
서 의의 직분, 영의 직분을 감당하는 사람이라고 말합니다(고후 3:7-4:6).

바울의 대적들은 찌질하게 사도의 외형을 지적했습니다. 별 볼 일
없는 외모에, 언변도 어눌하고, 게다가 병을 달고 다니는 바울을 보고
"어떻게 저렇게 약하디 약한 자가 사도일 수 있는가"라고 비난했습니
다. 이에 바울은 자신의 약함을 쿨하게 인정합니다. 그리고 그것에 대해
전혀 부끄러워하지 않는데, 그 이유는 하나님께서 '질그릇 속에 보배'를
감추어 놓으셨기 때문입니다(고후 4:7). 바울은 자신의 약함이 사도의 직
분을 감당하는 데 전혀 문제가 될 것이 없다고 생각합니다. 그로 인해
하나님의 심히 큰 능력이 더 부각되기에 오히려 바울은 자신의 약함을
자랑하기까지 합니다(고후 10-12장).

장별 제목 붙이기

고린도후서는 총 13장으로 되어있는데, 첫 장은 전체 로드 맵으로 '사도'입니다. 그래서 1장은 사도(사도의 표지) 이렇게 두 글자로 기억하시면 되겠습니다. 사도가 무심코 '냄새' 풀풀 나는 '수건'을 '토기' 속에 넣었습니다. 그래서 차례로 2장 냄새(그리스도의 냄새), 3장 수건(수건 비유), 4장 토기(토기 속의 보배) 이렇게 또 두 글자로 기억하세요. 이를 본 사람이 불쾌해하자 그와 화해를 거듭 시도합니다. 따라서 5장도 화해(하나님과 화해 요청), 6장도 화해(바울과 화해 요청)입니다. 하지만 안 받아주자 근심합니다. 그래서 7장은 근심(두 종류의 근심)입니다. 근심 중에 그의 마음을 달래기 위해 연보를 합니다. 따라서 8장은 연보(예루살렘 교회를 위한 연보 독려)입니다. 그리고 한 번 더 연보를 합니다. 그래서 9장도 연보(연보 결과)입니다. 그러고 나서 자신이 했던 일에 대해 변호를 합니다. 그래서 10장은 변호(사도적 변호)입니다. 그런데 변호하는 가운데 자기 자랑이 섞여 있었습니다. 그래서 11장은 자랑(자기 자랑)입니다. 그러자 벌을 받아 가시에 찔리게 됩니다. 그래서 12장은 가시(육체의 가시)입니다. 이를 불쌍히 여긴 주님이 가시를 빼주기 위해 친히 사도를 방문하십니다. 그래서 13장은 방문(고린도 방문 예고) 이렇게 두 글자로 정리하시면 되겠습니다.

<고린도후서 각 장 제목 두 글자 도표>

1장	2장	3장	4장	5장	6장	7장
사도	냄새	수건	토기	화해(대신)	화해(대인)	근심
8장	9장	10장	11장	12장	13장	
연보(독려)	연보(결과)	변호	자랑	가시	방문	

1장 사도

(사도의 표지)

고린도후서를 시작하면서 바울은 자신의 사도성을 독자들에게 부각합니다. "하나님의 뜻으로 말미암아 그리스도 예수의 사도 된 바울과 형제 디모데는 고린도에 있는 하나님의 교회와 또 온 아가야에 있는 모든 성도에게 (편지하노니)"(1절).

바울이 초두에서부터 이렇게 자신의 사도직을 강변하는 이유는 자신이 고린도 교회를 떠난 후에 예루살렘에서 내려왔다고 주장하는 거짓 사도들이 등장하여 그를 악의적으로 비방했기 때문입니다. 따라서 바울은 고린도후서에서 거짓 사도들을 비판하면서 자신의 사도권을 본격적으로 변호하는 데 많은 부분을 할애합니다. 그들은 바울이 참 사도라면 고난을 겪을 수 없다고 고린도 교인들에게 가르쳤습니다. 그래서 그들에게 세뇌된 일부 어리석은 교인들은 "그가 만일 하나님의 사도라면 어떻게 이렇게 혹독한 고난을 받을 수 있단 말인가?", "그가 사도가 아니기에 하나님께서 축복을 안 하시는 것이 틀림없다" 이렇게 생각했습니다.

이에 대해 바울은 반박할 필요가 있었습니다. 그래서 1장에서부터 환난, 고난이라는 용어를 반복하면서 이 화두를 집중해서 다룹니다. 사실 바울이 처음에 다메섹 도상에서 부활하신 예수님을 만났을 때 예수님께서는 그가 고난받을 것이라고 말씀하셨습니다. "그가 내 이름을 위하여 얼마나 고난을 받아야 할 것을 내가 그에게 보이리라 하시니"(행

9:16). 그러므로 바울이 당하는 '고난'이야말로 그가 참된 사도임을 드러내는 표지입니다. 그래서 바울은 자신의 고난을 "그리스도의 고난"이라고 말합니다(5절). 이는 그리스도 때문에 당하는 고난을 의미합니다. 다시 말해서, 그리스도의 몸 된 교회를 세우기 위해서 그리스도께서 바울에게 부탁하신 희생과 수고의 삶을 말합니다.

사도는 그리스도 때문에 받은 환난의 구체적인 예로 아시아에서 당한 극심한 고난을 언급합니다. 환난과 고난으로 점철된 삶에 익숙했던 바울에게도 이 고난은 특별한 것이었습니다. 바울은 힘에 겹도록 심한 고난을 당해서 살 소망까지 끊어졌다고 고백합니다(8절). 바울이 이렇게 사도로서 자신이 고난받은 이야기를 꺼내는 것은 "난 주님을 위해서 이만큼 고난받은 사람이야. 내가 고생한 얘기를 하자면 책을 수십 권, 수백 권 쓰고도 남아" 이런 자기 자랑을 하고자 함이 아닙니다. 이는 고난 자체가 목적이 아니라 그 고난 가운데 경험한 하나님의 위로에 대해 언급하기 위함입니다. 바울은 극한의 고난도 넉넉히 이기게 하시는 하나님의 위로를 말하고 싶은 것입니다. 신자의 삶에 고난만 있는 것이 아니라 하나님의 위로도 있다는 것을 말하고 싶은 것입니다. 그래서 본 장에 '위로'라는 단어가 10번이나 나옵니다. 여기 '위로'라는 말은 헬라어로 '파라클레시스'인데, '파라'는 '옆에서'(beside), '클레시스'는 '소리치다'(cry)라는 뜻으로 이를 합치면 '옆에서 소리친다'는 의미가 됩니다.

42.195km를 달리는 마라톤 경주는 얼마나 힘든 운동입니까? 올림픽에서 금메달을 딴 황영조 선수는 연습할 때 너무 힘들어서 달려오는 차에 뛰어들까 하는 충동을 여러 번 느꼈다고 합니다. 하지만 제아무리 힘든 마라톤 경주라도 코치가 곁에서 같이 달리면서 포기하지 않고 끝까지 달릴 수 있도록 힘차게 소리를 지르면서 격려해 주면 완주할 수

있습니다. 이렇게 옆에서 소리치는 것이 바로 '파라클레시스'입니다. 그리고 그 일을 하시는 분이 바로 보혜사(헬. '파라클레토스') 성령님이십니다. 그래서 바울은 "모든 위로의 하나님"이라는 표현을 사용하는 것입니다(3절). 이 위로의 하나님은 모든 환난 중에 있는 자들을 위로하십니다(4절 상). 그리고 하나님의 위로를 통해 위로의 능력이 생긴 사람은 그 힘으로 다른 지체들을 위로하게 됩니다(4절 하). 헨리 나우엔의 표현을 빌리자면, '상처입은 치유자'(the Wounded Healer)가 됩니다.

2장 냄새
(그리스도의 냄새)

바울은 디모데를 고린도에 보내 고린도 교회를 지도하도록 했습니다(고전 16:10-11). 하지만 사고뭉치 고린도 교인들을 통제하는 일이 디모데에게는 벅찼습니다. 게다가, 바울이 떠난 후에 거짓 사도들이 고린도 교회에 등장하여 디모데의 권위에 도전하면서 더 이상 디모데는 사역을 할 수 없었습니다. 그래서 에베소에 있는 바울에게 돌아와 고린도 교회의 영적 타락 소식을 보고했습니다. 이에 바울은 일정을 당겨서 급히 고린도를 방문했습니다. 하지만 소기의 성과를 거두지 못하고 문전박대만 당하고 쓸쓸하게 돌아왔습니다. 그리고 나서 바울은 강경한 어조의 '눈물의 편지'를 써 디도를 통해 고린도로 보냈습니다. 결국 이 편지는 효력을 발휘해서 사도를 문전박대했던 많은 사람들이 회개를 했고, 회개의 징표로 당시 바울의 권위에 정면으로 도전하며 면전에서 모독을 주었던 주모자를 교회에서 내보냈습니다. 그런데 그 사람이 치리받은 후에 진심으로 회개했습니다.

사랑의 사도 바울은 이 무도한 사람 때문에 고민합니다(5절). 그리고 회중 다수에 의해서 그가 받은 처벌은 지금까지로 충분하니 그를 용서하고 위로해 주라고 권면합니다(6-8절). 치리의 목적은 본질적으로 교회의 거룩과 순결을 유지하고 동시에 죄인이 회개하고 돌이킬 기회를 제공하기 위함입니다. 그러므로 징계받는 자가 징계 기간 동안 충분히 자숙하고 회개했다면 교회 공동체는 그를 너그럽게 용서하고 다시 예전처럼 환대하고 그와 교제해야 할 것입니다. 만일 교회 안에 사랑과 용서가 결여된다면 사탄은 그 자리에 비통함과 분열을 가져와 교회가 무너질 수 있기 때문입니다(11절).

바울은 전반부에서 용서라는 주제를 다룬 후에, 이어서 '그러나'라는 의미를 가진 헬라어 '데'를 사용하여 '그리스도의 향내'라는 새로운 주제를 도입합니다.[37] "(그러나) 항상 우리를 그리스도 안에서 이기게 하시고 우리로 말미암아 각처에서 그리스도를 아는 냄새를 나타내시는 하나님께 감사하노라"(14절). 본 절의 '이기게 하신다'는 어구는 헬라어로 '쓰리암뷰오'인데, 이 단어는 '승전의 행렬을 선도한다'라는 뜻으로 바울은 지금 개선 행진이라는 그림 언어를 사용하고 있는 것입니다. 로마는 수많은 정복 전쟁을 치른 나라입니다. 그들은 중요한 전쟁에서 승리한 장군들로 하여금 로마의 중심부에 이르기까지 승리를 축하하는 긴 행진을 하도록 허락했습니다. 월계관을 쓴 장군은 화려한 치장을 하고 네 마리의 말이 끄는 마차 위에서 로마 시민들의 열렬한 환영을 받았습니다. 승리를 축하하기 위해 나팔수들이 나팔을 불고 무녀들은 춤을 추었으며 향료를 뿌리는 사람들은 향기를 진동시키며 그 뒤를 따랐습니다. 장군의 마차 뒤로는 적에게 잡혀 있다가 풀려난 로마 사람들과 군사들이 따랐고 그 뒤에는 적군의 포로들이 쇠사슬에 묶여 끌려갔습니다.

이 개선 행렬을 선도하는 개선장군은 당연히 하나님이십니다. 그러면 바울의 역할은 무엇일까요? 어떤 이들은 그 뒤를 따니기는 군사라고 말합니다. 또 다른 이들은 행렬의 맨 끝에 있는 포로라고 말합니다. 하지만 개선 행렬 속의 바울의 역할은 향료를 뿌리는 사람에 더 부합하는 것으로 보입니다. 개선 행렬 속에 향료를 뿌리는 사람이 장군의 승리를 축하하고 그 기쁨을 전파하듯이 바울은 그리스도의 죽음과 부활을 통해 나타난 하나님의 우주적 승리를 모든 사람에게 향기처럼 퍼뜨리는 역할을 맡았습니다(15절).[38] 그런데 그가 퍼뜨리는 이 향내는 모두에게 향기가 되는 것은 아닙니다. 개선 행진에서 아군 포로나 적군 포로나 모두 향내를 맡지만, 그 냄새가 노예들에게는 죽음의 냄새이고 자유케 된 로마인들에게는 생명의 냄새가 되듯이 바울이 뿌리는 향기, 곧 복음의 내용을 거부한 사람들은 멸망에 이르고 받아들인 사람들은 구원에 이르게 됩니다. 이처럼 그리스도의 향기는 생명과 죽음을 가르는 향기입니다. 그래서 자신이 가는 곳마다 죽고 사는 일이 벌어지니까 바울은 자신의 직분에 부담감을 느껴서 "누가 이 일을 감당하리요"라고 고백합니다(16절).

그리스도의 향기인 복음이 하는 일은 인간의 운명을 가르는 일입니다. 죽이고 살리는 일입니다. 생사를 가르는 일입니다. 복음은 선명합니다. 회색지대가 없습니다. 복음의 향내를 "Yes" 하고 받아들이면 살고 "No" 하고 거부하면 죽습니다. 바울이 전한 복음을 듣고 사람들은 양극단의 반응을 보입니다. 어떤 사람은 살아나서 바울을 생명의 은인이라고 칭송하며 하나님께 영광을 돌립니다. 하지만 어떤 사람은 듣고 오히려 마음이 완악해져 그를 대적하고 쫓아다니며 죽이려고 합니다. 그러므로 우리는 모든 사람에게 좋은 사람이 되려고 하면 이 복음의 직분을 감당할 수 없습니다.

바울은 자신이 인간의 운명을 좌지우지하는 이 중차대한 직분을 맡았기에 하나님의 말씀을 혼잡하게 하지 않겠다고 말합니다(17절 상). 여기 '혼잡하게 하다'(헬. '카펠류오')라는 말은 부정하게 이윤을 얻기 위해 순수한 포도주에 물을 넣어 희석시키는 것을 말합니다. 고린도의 거짓 사도들은 복음에 물을 탔습니다. 사람들의 입맛에 맞게 복음에 물을 탔습니다. 하지만 이런 물 탄 복음, 희석된 복음으로는 절대로 향기를 낼 수 없습니다. 그것은 악취만 풍길 뿐입니다. 그래서 바울은 전혀 물 타지 않은, 하나님께 받은 그대로의 순전한 복음만을 하나님 앞에서 증거하겠노라고 천명하는 것입니다(17절 하). 듣는 자의 눈치를 보지 않고 하나님의 복음을 액면 그대로 전하는 것, 이것이야말로 참 사도와 거짓 사도를 판가름하는 시금석입니다.

3장 수건

(수건 비유)

사도직 시비는 본 장에서도 이어집니다. 예루살렘에서 온 거짓 사도들은 자신들과 달리 바울이 고린도 교회에 올 때 아무런 추천서도 들고 오지 않았다는 것을 문제 삼았습니다. 후견인 제도가 만연해 있던 그레

 코-로만 사회에서 추천서는 매우 중요한 사회적 관습이었는데, 이는 낯선 땅에서 신뢰, 도움, 환대, 고용, 후원 등을 얻을 수 있는 중요한 수단이었습니다.[39] 이들 대적자들은 바울이 이 중요한 추천서를 지니지 않았던 사실을 고린도 교인들에

게 상기시키면서 그에 대한 신뢰를 떨어뜨리려고 했습니다. 사실 바울에게는 추천서 외에도 열두 사도들이 가지고 있었던 객관적인 조건 중 없는 것이 많았습니다. 바울은 예수님과 함께 공생애 기간 동안 생활한 일도 없었고, 주님이 선택한 열두 사도단에도 소속되어 있지 않았으며, 게다가 스데반을 죽이고 교회를 진멸하려고 했던 치명적인 약점을 지니고 있었습니다. 그가 유일하게 내세울 수 있는 것은 다메섹 도상에서 부활하신 주님을 개인적으로 만난 체험뿐이었습니다. 그래서 이 삯꾼 목자들은 이러한 바울의 약점을 집요하게 파고들면서 "당신이 진짜 사도라면 우리들처럼 내로라하는 유명한 사람들에게 받은 추천서를 내놓아 보라"고 으름장을 놓고 있었던 것입니다.

이에 바울은 "우리가 다시 자천하기를 시작하겠느냐? 우리가 어찌 어떤 사람처럼 추천서를 너희에게 부치거나 혹은 너희에게 받거나 할 필요가 있느냐"라고 반문하면서 고린도 교인 너희들이 바로 "우리의 편지", 곧 추천서라고 대답했습니다(1-2절). 거짓 사도들은 알량한 종이 한 장 달랑 내밀었지만, 바울은 사역의 열매를 내보였습니다. 참된 사역자에 대한 평가는 그가 목사 안수 증명서나 신학 박사 학위를 소지하고 있느냐가 아니라 '살아 있는 편지'가 있느냐 여부에 달려 있습니다. 한 사람의 사역을 확증해 주는 것은 사람들의 삶 속에 '그 사역의 결과가 나타나 있는가?'입니다.

바울은 고린도 교인들을 우리의 편지라고 했다가 "그리스도의 편지"라고 고쳐 부릅니다(3절 상). 이는 그들의 회심의 원천과 기원이 '그리스도'임을 밝히는 것이며, 동시에 바울이 그리스도의 '일꾼'임을 분명히 하는 것입니다. 바울은 그리스도의 편지가 돌판이 아니라 육의 마음판에 기록되어 있다고 부연합니다(3절 하). 여기 '돌판'은 하나님이 모세에게 율법을 기록해 주신 그 "돌판"(출 31:18)을 연상시킵니다. 그리고 육의 '마음판'이라는 표현은 예레미야가 새 언약을 언급하면서 하나님께서 자신의 법을 이스라엘 백성들 속에 두며 그들의 '마음'에 기록할 것이라고 할 때 그 "마음"(렘 31:33)이라는 표현에서 가져온 듯합니다. 이와 같이 말함으로써 바울은 자신을 "새 언약의 일꾼"으로 자천합니다(6절). 그리고 이어서 작은 것에서부터 큰 것으로의 결론을 이끄는 랍비의 논증법을 통해 율법으로 대표되는 옛 언약의 일꾼인 모세의 직분보다 복음으로 대표되는 새 언약의 일꾼인 바울의 직분이 훨씬 더 영광스럽다는 사실을 3가지로 강조합니다. 죽음에 이르게 하는 문자에도 선포할 때 영광이 있었고(7절), 정죄를 선포하는 직분에도 영광이 있었으며(9절 상), 잠시 있다가 사라져 버릴 것도 영광이 있었는데(11절 상), 하물며 사람을 살리는 영의 직분(8절), 의의 직분(9절 하), 영원히 남을 직분(11절 하)에는 얼마나 그 영광이 크고 빛나겠느냐는 것입니다.

바울은 출애굽기에서 모세가 썼던 '수건'을 매개로 해서 옛 언약과 새 언약을 계속해서 대조합니다. 출애굽기 34장에 보면 모세는 하나님의 부르심을 받고 두 돌판을 가지고 시내 산에 올라갔다가 내려옵니다. 이때 하나님의 영광의 광채가 모세의 얼굴에서 빛나는 것을 본 아론과 이스라엘은 두려워서 그에게 가까이 다가가지 못합니다. 그래서 모세는 자기 얼굴을 수건으로 가려서 그 빛을 차단한 후에 하나님께서 자기에게 하신 말씀을 전합니다. 그리고 다시 여호와 앞에 들어가서 여호와와 함께 말할 때는 수건을 벗습니다.

바울은 모세가 수건으로 얼굴을 가렸다 벗었다를 반복하고 있음을 보도하는 출애굽기 본문으로부터 모세가 얼굴을 가린 부분을 인용하면서 모세가 얼굴을 수건으로 가린 이유는 "이스라엘 자손들에게 상자 없어질 것의 결국을 보지 못하게 하기 위한 것이었다"라고 얼핏 들으면 다소 생뚱맞은 해석을 합니다(13절). 통상적으로는 하나님의 영광의 빛을 죄인이 직접 보면 그 빛을 감당해 내지 못하고 죽을 수 있기 때문에 응시해서는 안 되는 것으로 되어있습니다. 그것은 마치 햇빛이 좋은 빛이지만 직접 응시하면 눈이 멀어버리기 때문에 직사광선을 응시하지 않는 것과 같습니다. 이처럼 모세의 얼굴에 나는 영광의 빛이 이스라엘 백성들이 직접 바라보기에는 위험한 빛이기 때문에 모세가 얼굴을 수건으로 가렸다고 하게 되면 별다른 의문이 일어나지 않고 모세의 행동이 간단히 이해될 수 있습니다. 그런데 지금 바울은 모세의 얼굴에 있는 영광이 사라지는 것을 두려워했기 때문에 수건으로 얼굴을 가렸다고 우리의 상식선을 뛰어넘는 해석을 합니다. 이것은 옛 언약인 율법의 유효성이 그리스도의 사역에 의해 종결되었다는 의미입니다. 하지만 아직도 유대인들은 옛 언약이 종결되었다는 사실을 깨닫지 못하고 있습니다. 그래서 바울 당시까지도 회당에서 구약을 읽을 때 마음에 수건이 가려져 있어서 진리를 바로 알지 못하는 것입니다(15절). 이 수건은 그리스도 안에서만 벗겨질 것입니다(14절). 유대인들도 언제든지 주님께로 돌아가기만 하면 그 수건이 벗겨질 것이고 예수를 그리스도로 발견할 수 있을 것입니다(16절). 따라서 바울은 새 언약의 특징이 자유임을 선언합니다(17절). 이 자유는 율법과 그에 속한 모든 속박으로부터 자유를 의미하며, 이 자유는 주의 영만이 주실 수 있는 선물입니다(18절).[40]

4장 토기

(토기 속의 보배)

초대 교회 전승이 언급하듯이, 바울의 외형은 참으로 초라했습니다. 대머리에다, 다리는 휘었고, 단신이었습니다. 게다가, 몸은 치명적인 고질병을 지니고 있었고, 아볼로에 비해 언변도 어눌했습니다. 꼬투리 잡기 선수인 바울의 대적들은 이러한 그의 볼품없는 외모를 지적하면서 "어떻게 저런 자가 사도일 수 있단 말인가"라고 의문을 제기했습니다. 이에 외적인 화려함만 추종했던 일부 개념 없는 고린도 교인들이 화답했습니다. 그럼에도 불구하고 바울은 거짓 사도들의 지적에 대해 자기를 증명하려고 하지 않습니다. 오히려 "너희들의 말이 맞아. 나는 질그릇이야"라고 자신의 연약함을 쿨하게 인정합니다(7절 상). 고대 사회에서 '질그릇', 즉 토기는 가정과 시장 바닥 등에서 다목적으로 사용하기 위해 대량으로 생산한 값싼 용기로 바울은 여기서 그것이 흙으로 만들어져 깨지기 쉽다는 점을 비유의 포인트로 사용하고 있는 것입니다.

이어서 사도는 자신이 그냥 질그릇이 아니고 '보배를 담은 질그릇'이라고 부연합니다. 본 절의 '보배'는 바로 앞 절에서 언급한 '예수 그리스도의 얼굴에 있는 하나님의 영광을 아는 빛'을 가리키는 것으로, 한마디로 말하면 '복음'을 의미합니다. 바울은 이 복음을 보배 곧 값비싼 보석에 비유합니다. 사실 값비싼 보석을 흙으로 만든 토기에 담아둔다는 것은 상식을 벗어난 행동입니다. 고가의 보석이 금으로 도금된 단단한 보석함이 아닌 모양 빠지는 약하디 약한 질그릇에 담겨 있는 모습은 정말로 어울리지 않는 그림입니다. 그러면 하나님은 왜 관례를 깨고 나이아몬드와 같은 구원의 복음을 토기와 같은 바울 속에 담아 두셨을까요? "이는 심히 큰 능력이 하나님께 있고 바울에게 있지 아니함을 알게 하기 위함"입니다(7절 하). 이 말로 바울은 고린도에 들어온 이후 마치 자신들이 소유한 능력에 복음 사역의 결과가 좌지우지되는 것처럼 행동했을 거짓 교사들을 반박하고 있는 것입니다. 인간을 변화시켜 그리스도의 형상을 닮게 하고 그로 인해 하나님의 영광에 이르게 하는 힘은 보배인 구원의 복음과 그 복음의 원천인 하나님께만 있습니다. 그 어떠한 인간도 그런 능력이 없습니다. 인간은 모두 자기 하나도 구원해낼 힘이 없는 연약한 질그릇에 불과하기 때문입니다. 이 사실을 분명히 하기 위해 하나님은 금이나 은과 같은 보석함이 아닌 질그릇에 보화를 담으신 것입니다.

　같은 맥락에서 사도는 자신이 그동안 겪은 고난의 목록을 언급합니다. "우리가 사방으로 욱여쌈을 당하여도 싸이지 아니하며 답답한 일을 당하여도 낙심하지 아니하며 박해를 받아도 버린 바 되지 아니하며 거꾸러뜨림을 당하여도 망하지 아니하고"(8-9절). 여기 보면 바울의 역경과 하나님의 건져내심이 각각 짝을 이루어 제시되고 있습니다: 사방으로 욱여쌈을 당함 – 싸이지 않게 하심, 답답한 일을 당함 – 낙심하지 않게 하심, 박해를 받음 – 버리지 않으심, 거꾸러뜨림 – 망하지 않게 하심.

사도는 이러한 고난과 역경을 통과하면서 자신이 '질그릇'일 뿐임을 더욱 깨달았습니다. 그러기 때문에 바울은 모든 능력이 하나님께 있음을 절감했습니다. 연약한 자신을 하나님이 건져 주실 뿐만 아니라 그러한 자신을 통해서 하나님의 능력과 영광을 드러내셨기 때문입니다.[41]

앞서 바울은 역경 목록을 제시했는데, 바울의 모토는 세상 사람들처럼 어떻게 해서든 고난받지 않고 편안히 사는 것이 아니었습니다. 그는 고난을 담대하게 받아들이는데, 고난을 통해 그리스도의 부활 생명에 동참할 수 있기 때문입니다(10-11절). 십자가 없이 면류관도 없기 때문입니다. 바울이 고난을 감수하며 수고하는 것, 곧 질그릇을 깨뜨려 복음이라는 보배를 드러내는 것은 고린도 교인을 포함한 많은 사람이 하나님의 은혜를 깨닫고 하나님께 감사함으로 영광을 돌리게 하기 위함입니다(15절).

본 장을 통해 우리는 고린도 교회를 향한 목회자 바울의 절절한 심정을 읽을 수 있습니다. "그런즉 사망은 우리 안에서 역사하고 생명은 너희 안에서 역사하느니라"(12절). 자신의 수고를 통해 탄생한 고린도 교회가 그토록 자신을 업신여길지라도 사도는 "내가 죽고 네가 산다면 나는 얼마든지 그 고통을 감내하겠다"고 선언합니다. 이것이 주님께서 십자가상에서 우리에게 보여주신 것 아닙니까? 예수님께서 십자가에서 죽으심으로 진짜 죽어야 할 자인 저와 여러분이 생명을 얻지 않았습니까? 그러므로 우리의 삶 또한 주님과 바울 사도처럼 다른 사람을 위한 것이어야 합니다. 나 하나 잘 먹고 잘사는 것만 생각하고 살아간다면 금수와 무슨 차이가 있겠습니까? 우리는 이 세상의 무수한 질그릇들이 그 마음 중심에 보배 둠 없이 무가치하게 버려져 있음을 직시하고 사도 바울처럼 긍휼한 마음을 가져야 합니다. 그리고 그 세상의 무가치한 질그릇에 보화를 담는 일이 삶의 최대 관심사가 되어야 할 것입니다.

5장 화해

(하나님과 **화해** 요청)

전 장에서 바울은 사람을 변화시키는 "심히 큰 능력이 우리에게 있지 않다"라고 고백하면서 자신을 연약한 질그릇에 비유했습니다(고후 4:7). 대적자들은 그 능력이 자신들에게 있다고 건방을 떨었습니다. 그들은 겉치장의 화려함을 추구하는 철없는 고린도 교인들에게 어필하기 위해 자신들의 외모를 자랑했습니다. 그래서 바울은 이 거짓 사도들을 "외모로 자랑하는 자들"로 규정하면서 자신은 그들과 달리 "마음"을 자랑하고 싶어합니다(12절). 그러면 사역자의 '마음' 속에는 무엇이 있어야 할까요? 바울은 '주님에 대한 경외심'이라고 대답합니다(11절).

옛 어른들이 사람을 고르는 방법으로 내세웠던 것이 신언서판(身言書判)입니다. 제가 신학생 때 어느 유명한 원로 목사님이 채플에 오셔서 이 신언서판을 언급하시면서 오늘날 한국 교회에서 담임 목사 선택 조건의 1순위로 보는 것이 '신'(身), 즉 출중한 외모라고 씁쓸한 말씀을 하셨습니다. 정말 그 말씀대로 우리가 장동건이나 정우성과 같은 미남 배우를 고르듯이, 비친 외모로 하나님의 일꾼을 선택하고 있다면 이 어리석은 고린도 교인들과 똑같은 행동을 하고 있는 것입니다. 그리고 잘못

선출된, 이 껍데기만 그럴듯한 목자들 속에는 바울과 같이 하나님에 대해 두려워하는 마음이 전혀 없기에 그들은 겁을 상실한 채 엘리의 두 아들 홉니와 비느하스처럼 교회 헌금을 제 돈인 양 유용한다거나 교인과 불미스러운 행동을 함으로써 세간의 입방아에 오르내리는 것입니다. 그러므로 우리는 외모가 아닌 마음을 볼 수 있는 심미안을 달라고 하나님께 간절히 기도해야 할 것입니다.

다메섹 체험 이전에 바울을 지배하던 내적 동기는 그리스도에 대한 증오였습니다. 하지만 다메섹 경험을 통해 그 적대감이 그를 향한 그리스도의 사랑이라는 압도적인 느낌으로 대체되었습니다. 그래서 이제부터 바울은 자신을 사랑하사 자신을 위해 죽었다가 다시 사신 그리스도를 위해 사는 것입니다(14-16절). 이제 바울은 그리스도를 섬기는 새로운 피조물이 되었습니다. "그런즉 누구든지 그리스도 안에 있으면 새로운 피조물이라. 이전 것은 지나갔으니 보라 새것이 되었도다"(17절). 바울이 새롭게 된 것은 그리스도를 통해서 이루신 하나님의 화해 행위로 인한 것입니다.

우리가 잘 아는 이사야 11:6-8에는 하나님께서 이루신 평화의 나라를 다음과 같이 그림 언어를 통해 표현하고 있습니다. "그 때에 이리가 어린양과 함께 살며 표범이 어린 염소와 함께 누우며 송아지와 어린 사자와 살진 짐승이 함께 있어 어린 아기에게 끌리며 암소와 곰이 함께 먹으며 그것들의 새끼가 함께 엎드리며 사자가 소처럼 풀을 먹을 것이며 젖 먹는 아기가 독사의 구멍에서 장난하며 젖 뗀 어린 아기가 독사의 굴에 손을 넣을 것이라." 이 얼마나 아름다운 모습입니까! 하지만 안타깝게도 인간이 하나님께 반기를 들고 불순종하여 평화가 깨졌습니다. 그러자 자연도 더 이상 인간에게 고분고분하지 않고 덤벼들게 되었습니다. 따라서 똥개가 겁을 상실하고 창조의 꽃인 인간을 문다든지 땅이나 산이 자체 발광하는(?) 지진과 화산 폭발 같은 자연재해는 질서 전도(顚倒)에 의한 '평화 파괴 현상'의 한 단면을 보여주는 것입니다.

예수 그리스도께서는 첫 사람 아담이 하나님의 말씀에 불순종하여 죄를 지음으로써 깨어진 관계를 회복시키시기 위해 평강의 왕으로 이 땅에 오셨습니다(사 9:6; 눅 2:14). 그래서 인류 역사상 최대 사건인 '십자가'는 이러한 파괴된 관계를 정상적으로 되돌리는 사건이었습니다. 십자가상에서 예수님은 수직적으로는 하나님과 인간 사이의 죄로 인해 막혔던 담을 허물어 버리셨고, 수평적으로는 사람과 사람 간에 대립과 반목의 관계에서 화목으로 나아갈 수 있는 길을 여셨습니다.

바울의 대적자들은 교회를 핍박하던 자가 그리스도의 화해의 복음을 전할 자격이 있느냐고 집요하게 바울을 비방했습니다. 이에 바울은 오히려 그러한 전력 때문에 하나님이 자신에게 화해의 메시지를 맡기셨고 화해의 증거인 자신이야말로 화해가 절실한 인간의 상태를 가장 잘 보여주는 사람이라고 반박합니다(18-19절).

바울은 하나님께로부터 위임받은 화해의 직분과 메시지에 대해 상술하는데, 먼저 그는 "우리가 그리스도를 위하여 사신이 되었다"고 선언합니다(20절 상). 사신은 왕을 대신하여 메시지를 전하는 자입니다. 그래서 사신으로서 바울은 자신을 보낸 왕명을 고린도 교인들에게 다음과 같이 전합니다. "하나님과의 화해를 수용하라"(20절 하).

6장 화해

(사도와 화해 요청)

전 장을 마무리하면서 바울은 고린도 교인들에게 하나님의 화해를 수용하라고 간청했습니다. 그리고 이제 본 장을 시작하면서 "하나님의 은혜를 헛되이 받지 말라"고 권면합니다(1절). 고린도 교인 중의 일부는 거짓 교사들이 제시하는 다른 복음, 다른 예수, 다른 영에 현혹되어 그리스도를 통해 얻는 화해와 은혜의 선물에 이르지 못할 지경에 처해 있었습니다. 이 대적들은 다른 예수를 전할 뿐만 아니라, 바울을 그릇되게 비방하며 고린도 교인들과 바울 사이를 이간질했습니다. 그러기 때문에 하나님의 은혜를 제대로 받기 위해서는 그리스도의 대사로 보냄 받은 바울과 화해하는 것이 필요했습니다. 그래서 바울은 자신을 하나님의 동역자로 소개하면서 하나님이 직접 보내신 화해의 사도를 외면하는 일이 없도록 하라고 말하고 있는 것입니다.

바울은 잘못을 범하고 있는 고린도 교인들에게 이사야 선지자의 말(사 49:8)을 인용하여 "지금은 은혜받을 만한 때요 구원의 날"이라고 선언함으로써 하나님이 그들에게 주신 은혜에 대해 올바르게 반응할 것을 촉구합니다(2절).

이어서 바울은 두 번째 역경 목록을 제시하면서 자신이 참된 사도임을 강변합니다(3-10절). 그리고 이를 근거로 고린도 교인들을 향해 "너희도 우리를 향해 마음을 넓히라"고 화해를 호소합니다(11-13절). 전 장에서 바울은 고린도 교인들에게 하나님과의 화해를 요청했습니다. 그리고 본 장에서 너희가 하나님과 화해했으니 나와도 화해하자고 요청하는 것입니다. 화해를 통해 대신(對神) 관계가 회복되었으니 이제 대인(對人) 관계의 회복으로 나아가라고 권면하는 것입니다. 하지만 양자 간의 화해를 가로막는 장애물이 있었는데, 그것은 고린도 교인들의 고질적인 윤리적 문제였습니다. 그래서 바울은 그늘이 "믿지 않는 자와 멍에를 같이 하지 말라"고 명령합니다(14-16절). 이는 세상 사람들의 생활과는 구별되는 깨끗하고 거룩한 삶을 살 것을 요구하는 것입니다.

지금까지 사도는 두 장이나 되는 지면을 할애해서 화해의 문제를 다뤘습니다. 이는 둘 사이를 이간하는 거짓 사도로 말미암아 고린도 교회가 참 사도인 바울과 골이 깊었다는 것을 반증하는 것입니다.

오늘날 우리 사회 또한 고린도 교회처럼 '화해'가 절실히 요구됩니다. 예루살렘에서 온 거짓 사도들처럼 일부 지도자들은 국민을 화해시키기는커녕 이간하지 못해 안달이 나 있기 때문입니다. 이들은 갈라치기의 달인입니다. 자신의 영달을 위해 대한민국을 동과 서로, 보수와 진보로, 노동자와 사업주로, 정규직과 비정규직으로, 내 편과 네 편으로 찢어놓습니다. 하지만 우리 주님은 원수에게도 기꺼이 손을 내밀어 회해와 화목을 도모하시는 분이십니다. 그러므로 우리 그리스도인들은 이념이나 진영 논리에 경도되어 분열을 조장하는 우를 범치 말고 하나님과 화목하게 된 새로운 피조물로 화목케 하심의 통로가 되어야 할 것입니다.

7장 근심
(두 종류의 근심)

전 장에서 자신과 화해를 요청한 바울은 본 장 서두에서 다시 한번 고린도 교인들을 향해 "마음을 열고 우리를 영접하라"고 호소합니다(2절). 고린도 교인들은 거짓 사도들의 사주를 받아 바울이 두 번째로 고린도를 방문했을 때 그를 문전박대했습니다. 그래서 비통한 마음으로 에베소에 돌아와 '눈물의 편지'를 써서 디도 편으로 고린도 교회에 보냈습니다. 그러고 나서 복음을 전하기 위해 드로아로 갔는데 복음 전도의 문이 활짝 열려있었습니다. 하지만 그는 전할 수가 없었습니다. 고린도 교인들이 자신이 보낸 편지를 읽고 회개를 할지, 마음을 더 완악하게 할지 알 수 없어서 일이 손에 잡히지 않았습니다. 그래서 그곳을 떠나 마게도냐로 갔습니다(고후 2:12-13). 하지만 바울이 마게도냐에 이르렀을 때 육체가 편하지 못했고 사방으로 환난을 당하여 바울의 근심이 해소되기는커녕 한층 가중되었습니다(5절). 하지만 기다리던 디도가 마침내 돌아옴으로 그 모든 염려는 해결되었습니다(6절). 디도의 등장으로 고린도 교인들과의 화해가 완성되었습니다.

바울은 '눈물의 편지'를 써서 고린도 교인들이 근심하게 했습니다. 하지만 그들의 근심은 차원이 다른 근심이었습니다. 근심에는 두 종류가 있는데, 그중 하나는 세상적 근심으로 세상의 가치와 방식을 따라가느라 얻는 근심입니다. 이러한 근심은 후회를 면치 못하게 하며 궁극적으로는 사람을 사망에 이르게 합니다. 이와는 차원이 다른 또 하나의 근심이 있는데, 그것은 하나님의 뜻대로 하는 근심으로 이는 하나님의 뜻을 지키기 위해 근심하는 것입니다. 이런 근심은 회개의 열매를 맺어서 결국 구원에 이르게 합니다(10절). 고린도 교인들의 영적인 슬픔은 다음 7가지로 표출되었습니다: 1) 하나님과 바울과의 관계를 회복하고자 하는 긴절함; 2) 자신이 왜 바울의 가르침으로 돌아서려는지 그 이유를 변호함; 3) 바울에 대한 부당한 반대, 특히 그 불의를 행한 자에 대한 분노(12절); 4) 하나님을 향한 큰 두려움; 5) 바울을 다시 만나고자 사모함; 6) 하나님과 바울 편에 서려는 열심; 7) 바울의 명령을 따라 그 불의를 행한 자들을 처벌함(11절).

결국 심신의 고난을 겪고 있었던 바울은 디도를 통해 들려온 고린도 교인들의 회개 소식을 듣고 큰 위로를 받게 되었습니다. 우리 하나님은 낙심한 자를 위로하시는 분이십니다. 바울은 이 사실을 강조하기 위해 동격 구문을 사용하여 '위로하시는 분, 곧 하나님'이라고 표현했습니다(6절). 위로의 하나님은 먼저 고린도 교인들을 통해 디도를 위로했습니다. 디도는 바울이 쓴 눈물의 편지를 전달하려고 고린도에 가면서 마음이 조마조마했을 것입니다 '사도 바울을 대적했던 사람들이 나 같은 사람이야 얼마나 더 대적할까?' 심히 불안한 마음을 가지고 고린도 교회에 당도했을 것입니다. 하지만 교인들이 디도의 예상과는 달리 "두려움과 떪으로" 그를 영접하고 순종함으로 디도는 위로를 받았습니다(15절). 이어서 위로받은 디도가 가져온 소식을 통해 바울이 또 위로를 받았습니다. 위로는 이렇게 연쇄반응을 일으킵니다.

8장 연보

(연보 독려)

이제 고린도 교회와 화해한 바울은 고린도 교회가 1년여 전에 시작했으나 지금은 중단 상태에 있는 예루살렘 교회의 가난한 자들을 돕는 연보를 마무리하려고 합니다. 고린도전서에서 바울은 고린도 교인들에게 예루살렘 교회를 위해 연보하도록 권한 바가 있습니다(고전 16:1-3). 바울은 매주 첫날에 각자의 수입에 따라 연보하여 자신이 도착했을 때 별도로 헌금하지 않도록 부탁했습니다. 하지만 거짓 사도들이 중간에 끼어들어 바울과 고린도 교인들 간의 관계가 소원해졌습니다. 그로 인해 예루살렘 교회를 위한 연보가 중단되었습니다. 그래서 이제 양자 사이의 관계가 회복되었으므로 바울은 그 일을 매듭짓고 싶은 것입니다. 사도는 고린도 교회를 비롯한 이방 그리스도인들이 유대 그리스도인들을 돕는 이 구제 사역을 굉장히 중요하게 생각했습니다. 그래서 고린도후서에서 두 장이나 할애해서 이 문제를 다룹니다. 바울은 8장에서 연보를 마무리할 것을 '독려'하고, 9장에서는 그 연보가 가져오는 '결과'에 대해 논합니다.

몇 푼 안 되는 돈을 끝까지 받아내려고 동료 신자를 세상 법정에 고발한 사건이 잘 보여주듯이(고전 6:1-15), 고린도 교인들은 돈에 관해서는 상당히 인색했던 것 같습니다. 이를 감지한 바울은 본문에서 일부러 '풍성'(2절) 혹은 '풍성하다'(7절)라는 말을 반복 사용합니다. 그리고 없는 가운데서도 풍성하게 연보한 마게도냐 교인들의 사례를 제시하면서 그들의 본을 따르라고 고린도 교인들에게 권면합니다. 빌립보 교회를 중심으로 한 마게도냐 교회들은 극도의 가난 속에서도 힘이 닿는 대로, 아니 힘에 부치도록 헌금을 했습니다. 그것도 누구의 강요가 아니라 자원해서 그렇게 했습니다(2-3절).

마게도냐 교인들의 모범을 예로 들어 권면한 바울은 이제 풍성한 연보를 위한 보다 근원적인 모델을 제시합니다. "우리 주 예수 그리스도의 은혜를 너희가 알거니와 부요하신 이로서 너희를 위하여 가난하게 되심은 그의 가난함으로 말미암아 너희를 부요하게 하려 하심이라"(9절). 고린도 교인들이 본받아야 할 궁극적인 모델이신 예수 그리스도를 바울은 "부요하신 이로서 가난하게 되셨다"라고 말합니다. 이는 하나님에게 주어지는 지위를 스스로 포기하고 인간이 되셨다는 의미입니다. 창조주가 피조물이 되는, 말로 형언할 수 없는 희생을 하신 이유는 고린도 교인들로 대표되는 그리스도인들을 부요하게 하기 위함입니다. 따라서 사도는 지금 주님의 희생으로 너희가 영적인 부요함을 누리게 되었으니 이제 그 자기 희생을 본받아 너희도 자발적으로 희생하여 물질적으로 가난함에 시달리는 예루살렘 교인들을 부요하게 하라고 권면하고 있는 것입니다.

이와 같이 두 모델을 제시하며 고린도 교인들에게 연보를 독려한 바울은 '균등의 원리'를 통해 한 번 더 연보를 독려합니다. 사도는 지금 현재 너희 고린도 교인들이 물질적으로 더 여유가 있으니 여분의 물질을 가난한 예루살렘 교인들에게 흘려보내서 부의 균형을 맞추면, 양지가 음지가 되고 음지가 양지가 되어 상황이 역전될 때 마찬가지로 경제적 형편이 더 나은 예루살렘 교회가 궁핍해진 너희 고린도 교회를 도와 부의 균형을 이룰 것이라고 말합니다(14절).

바울이 제시하는 이 균등의 원리는 오늘날 전 세계에 만연한 빈익빈 부익부 현상을 해소할 수 있는 유일한 해결책입니다. 앞에서도 언급했듯이, 제가 6년 동안 유학 생활했던 남아공은 인구의 근 80퍼센트가 그리스도인이었습니다. 게다가, 이천 년대 초반까지만 해도 전 세계에서 억만장자가 가장 많은 나라였습니다. 하지만 아이러니하게도 인구의 절반이 빈곤선상에서 허덕이고 있었습니다. 그 이유가 무엇이겠습니까? 부유한 그리스도인들이 균등을 이루라는 바울의 이 권면에 귀 기울이지 않았기 때문입니다. 하지만 경제적으로 훨씬 열악했던 초대 교회에는 핍절한 사람이 없었습니다. 그 이유는 바나바와 같이 물질적으로 좀 더 여유가 있는 그리스도인들이 땅을 판 값을 사도들이 각 사람의 필요를 따라 나누어 주어 균등을 이루었기 때문입니다(행 4:34-35).

9장 연보

(연보 결과)

전 장에서 3가지 권면을 통해 연보를 독려한 바울은 본 장을 시작하면서 먼저 고린도 교인들을 칭찬합니다. "성도를 섬기는 일에 대하여는 내가 너희에게 쓸 필요가 없나니 이는 내가 너희의 원함을 앎이라. 내가 너희를 위하여 마게도냐인들에게 아가야에서는 일 년 전부터 준비하였다는 것을 자랑하였는데 과연 너희의 열심이 퍽 많은 사람들을 분발하게 하였느니라"(1-2절). 여기

'성도들'은 경제적으로 어려움을 당하고 있는 예루살렘 교인들을 가리 킵니다. 그리고 '성도들을 섬기는 일'은 경제적으로 어려움을 만나고 있 는 예루살렘 교인들을 위해 연보하는 일을 지칭합니다.

사도는 고린도 교인들이 어려움 속에 처해 있는 예루살렘 교인들을 위해 연보할 때 어떤 마음으로 해야 하는지에 대해 3가지 지침을 제시 합니다. 첫 번째 지침은 준비해서 하니는 것입니다(6절 상). 우리가 헌금 을 사전에 미리 준비하지 않으면 충동적으로 드릴 수 있고 그렇게 되면 아나니아 부부처럼 집에 가서 딴생각이 들 수도 있기 때문입니다. 두 번 째 지침은 인색하게 하지 마라는 것입니다(7절 상). 바울은 본 장에서 하 나님의 관대하심을 보여주는 단어들을 곳곳에 배치합니다(8절: 넘치게[2 회], 넉넉하게; 10절: 풍성하게, 더하게; 11절: 넉넉하게, 너그럽게; 12절: 넘쳤느니라; 13 절: 후한 연보; 14절: 지극한 은혜; 15절: 말할 수 없는). 이를 통해 사도는 하나님의 성품을 본받아 너희도 관대하게 연보하라고 주문하고 있는 것입니다. 적게 심는 자는 적게 거두고 많이 심는 자는 많이 거둘 것이기 때문입 니다(6절). 세 번째 지침은 억지로 하지 마라는 것입니다(7절 중). 우리 하 나님은 타인의 이목을 의식해서 마지못해 내는 것을 원하지 않습니다. 하나님은 즐거운 마음으로 베푸는 자를 사랑하십니다(7절 하).

바울의 이 지침대로 준비를 철저히 해서, 즐거운 마음으로, 후하게 연보하면 어떤 일이 벌어질까요? 바울은 그 결과를 다음과 같이 5가지 로 언급합니다: 1) 예루살렘 교인들이 고린도 교인들로 말미암아 하나 님께 감사하게 된다(11절); 2) 예루살렘 교인들의 실질적인 필요가 채워 진다(12절); 3) 이 연보를 통해 고린도 교인들이 그리스도의 복음을 진실 히 믿고 복종하고 있음이 증명된다(13절 상); 4) 고린도 교인들의 후한 연 보로 인해 예루살렘 교인들이 하나님께 영광을 돌린다(13절 하); 5) 예루살렘 교인들이 고린도 교인들을 사랑하는 마음이 깊어진다(14절).

　　돈을 어떻게 사용하는가를 보면 그 사람이 누구인지 정체성이 고스란히 드러납니다. 먹고, 마시고 즐기는 데는 돈을 펑펑 쓰면서도 구제하고 선교하는 데는 만 원짜리 한 장 내는 것이 아까워서 손을 부르르 떤다면 신앙이 1도 없는 사람입니다. 우리 그리스도인들은 믿지 않는 세상 사람들처럼 돈의 노예가 되어 돈, 돈, 돈 하면서 돈생(生)돈사(死) 하지 말고, 하나님께서 주신 돈을 하나님의 영광을 위해 기꺼이 사용해야 할 것입니다.

10장 변호

(사도직 변호)

두 장에 걸쳐 연보 문제를 다룬 바울은 다시 10-13장의 긴 분량을 할애하여 자신의 사도권 문제를 상세하게 다루고 고린도후서를 마무리합니다. 바울은 본 장을 시작하면서 거짓 사도들이 자신에 대해 가한 한 가지 비판을 인용합니다. "너희를 대면하면 유순하고 떠나 있으면 너희에 대하여 담대한 나 바울은 이제 그리스도의 온유와 관용으로 친히 너희를 권하고"(1절). 여기 '너희를 대면하면 유순하고 떠나 있으면 너희에 대하여 담대한 나 바울은'이라는 구절은 바울 자신의 생각을 말하는 것이 아니라 바울의 대적자들이 비판한 내용을 바울이 인용한 것입니다. 그들은 얼굴과 얼굴을 맞대고 있을 때는 제대로 말 한마디 못하면서 떨어져 있으면 편지로 담대하게 하고 싶은 말을 다한다고 바울을 비난했습니다. 다시 말해서, 호랑이 같은 무서운 동물이 다가오면 오금을 못 펴고 있다가 멀리 안전한 거리에 떨어져 있으면 사납게 짖어대는 겁 많은 개 취급을 하면서 바울을 맹비난했습니다.

바울은 사도랍시고 쓸데없는 권위를 내세우지 않았습니다. 그는 신실한 예수님의 종으로 주님처럼 섬기는 리더십을 발휘했습니다. 그래서 예수님처럼 온유와 겸손으로 그들을 대했습니다. 하지만 거짓 사도들과 그들에게 동조한 일부 고린도 교인들은 이런 바울을 무능한 사람으로 매도했습니다. 사실 미숙한 사람들은 바울처럼 자신을 낮추고 상대를 인격적으로 대하는 리더는 무시하고 속된 말로 후카시 겁나게 잡는 삯꾼에게는 껌벅 죽는 경향이 있습니다. 하지만 사도는 세속화된 삯꾼과 자신을 차별화하면서 끝까지 온유와 겸손을 포기하지 않았습니다.

대적들은 이렇게 물러 터져 보이는 바울을 보고 무능한 자로 여겼지만, 그에게는 세상의 그 어떠한 철옹성도 무너뜨릴 수 있는 복음이라는 강력한 무기가 있었습니다(4-6절). 고린도에 바울이 설립한 그리스도인 신자 공동체가 존재한다는 사실이야말로 그가 이 강력한 무기를 지니고 있다는 결정적 증거입니다. 그래서 바울은 자신의 사도직을 의심하는 자들을 향해서 고린도에 있는 그리스도인 회중이라는 실재를 바라보라고 권합니다(7절).[42]

사도는 "그 편지들은 무게가 있고 힘이 있으나 그가 몸으로 대할 때는 약하고 그 말도 시원하지 않다"(10절)고 말함으로써 서두에 대적들이 자신에게 가했던 비판을 상기시킨 후에, 대적들의 비판에 대한 자기 입장을 이렇게 밝힙니다. "이런 사람은 우리가 떠나 있을 때에 편지들로 말하는 것과 함께 있을 때에 행하는 일이 같은 것임을 알지라"(11절). 여기 '이런 사람'은 바울의 대적자들입니다. 이 대적자들이 알아야 할 것이 하나 있는데, 그것은 '우리가 떠나 있을 때에 편지들로 말하는 것과 함께 있을 때에 행하는 일이 같다'는 사실입니다. 이를 헬라어 원문에 좀 더 가깝게 번역하면 "우리와 같은 부류의 사람들은 함께 있을 때는 행함으로 가르침을 전달한다"입니다. 이 한 구절로 바울은 자신을 비난하는 대적들에게 결정타를 날립니다. 거짓 사도들은 바울이 고린도 교인들과 함께 있을 때 말도 제대로 못하는 무능한 자라고 비판했습니다. 그러나 바울은 자신이 그들과 함께 있을 때에는 말을 할 필요가 없다고 생각했습니다. 이는 말로 할 내용을 행동으로, 곧 삶 자체로 보여주었기 때문입니다. 사실 말만 번드르르하게 잘하고 삶은 개차반이면 무슨 소용이 있겠습니까? 백문이 불여일견입니다. 말이 필요 없습니다. 행동으로, 삶으로 보여주면 됩니다.

창세기에 보면 요셉은 어린 나이에 애굽으로 팔려갔습니다. 그런데 요셉의 주인 보디발이 여호와께서 요셉과 함께 하심을 보았다고 말하고 있습니다(창 39:3). 어떻게 보이지 않는 하나님이 믿지 않는 보디발의 눈에 보였을까요? 이는 보디발이 환상을 본 것이 아니라 요셉의 행동을 통해서 하나님의 살아 계심을 본 것입니다. 시위 대장 보디발의 집에는 수많은 종들이 있었습니다. 그런데 히브리 종 요셉은 여타 종들과는 확연히 달랐습니다. 다른 종들은 주인의 눈만 신경썼지만, 요셉은 자신과 보디발의 아내 단 둘이 있는 상황에서도 "내가 어찌 이 큰 악을 행하여 하나님께 죄를 지으리이까"(창 39:9)라고 말할 정도로 늘 하나님의 시선을 의식했습니다. 그래서 그들과 달리 주인이 보든 안 보든 상관없이 성실하게 일했습니다. 맡은 일은 작은 일이든 큰일이든 똑소리 나게 해냈습니다. 그래서 보디발의 절대 신임을 얻은 요셉은 그의 소유를 위탁받았습니다(창 39:6). 예수님을 믿는 사람은 요셉처럼 성실해야 합니다. 신자들의 성실한 행동을 통해서 불신자들은 보디발처럼 하나님을 보기 때문입니다. 우리가 바로 살아 계신 하나님을 보여주는 거울이기 때문입니다. 그러므로 수시로 지각하고, 새벽 예배 갔다 왔다는 이유로 식상에서 꾸벅꾸벅 조는 바람에 믿지 않는 상사가 불성실하다고 나무란다고 해서 그를 사탄 취급하면서 영적 전쟁을 운운하면 그건 믿음이 좋은 것이 아니라 좀 모자란 것입니다.

11장 자랑

(자기 **자랑**)

전 장을 마무리하면서 바울은 자신은 자화자찬하는 거짓 사도들과는 달리 주님을 자랑한다고 말했습니다(고후 10:17). 그런데 본 장에 들어서면서 우리는 어리석게도(?) 자기 자신을 자랑하는 '바보' 바울을 만납니다.[43] 학자들은 바울이 바보처럼 자신을 자랑한다고 해서 본 장을 '바보 연설'(The Fool's Speech)이라고 부르는데, 연설하기에 앞서 바울은 먼저 어리석은 자처럼 자신을 자랑하는 것을 이해해 달라고 고린도 교인들에게 당부합니다(1절). 특히, 본 절에서 사도는 '용납해 달라'는 말을 두 번이나 되풀이하는데, 이는

그만큼 자신을 자랑해야 하는 것이 내키지 않았기 때문일 것입니다.

이어서 바울은 자신이 '바보 연설'을 하는 이유는 그리스도의 신부인 고린도 교인들의 영적 순결함을 보호하기 위함이라고 말합니다. 여기서 사도는 자신을 신부의 정절을 걱정하는 중매인으로 묘사합니다(2절). 바울은 예루살렘에서 온 거짓 사도들이 간계로, 뱀이 하와를 꾀어 하나님으로부터 멀어지게 했듯이 다른 복음으로 예수와 약혼한 신부를 꾀어, 그녀가 다른 예수와 시시덕거리며 가까워져서 참 예수에게 부정을 저지를 정도가 된 것을 보고 깜짝 놀랍니다(3-4절). 그래서 그들이 그리스도를 향하는 진실함과 깨끗함에서 떠나지 않게 하려고 바보처럼 자기 자랑을 하겠다고 하는 것입니다. 그러므로 바울의 자기 자랑은 대적자들처럼 자신을 위한 자기 자랑이 아니라 교회를 세우기 위한 자기 자랑으로, 완전히 다른 차원에서 자기 자랑 하는 것입니다.

바울이 냉소적으로 "지극히 큰 사도들"(5절)이라고 일컫는 거짓 사도들은 고린도 교인들을 미혹시키기 위해 그들에게 '다른 복음'을 전했습니다. 이들이 전파한 다른 복음이란 바울이 전한 이신칭의의 복음과 다른 복음을 말합니다. 간단히 말하면, 인간이 구원받는 데는 믿음 하나만으로는 부족하다는 것입니다. 예루살렘에서 온 유대파 그리스도인들인 이 거짓 교사들은 이방인인 고린도인들도 자신들처럼 할례를 받고 율법이 요구하는 제의법을 준수해야 비로소 하나님의 자녀로서의 자격을 완성한다는 메시지를 전했는데, 이는 그리스도의 속죄의 완전성을 정면으로 부정하는 것입니다.

이와 같이 이 거짓 사도들은 믿음 플러스 알파를 주장하며 순수한 복음에 불순물을 첨가하기도 했지만, 그 반대로 복음의 내용에 꼭 필요한 뭔가를 빼기도 했습니다. 이들은 화려함과 자랑 그리고 영광에 대해 과도하게 집착한 나머지 그리스도를 십자가와 고난 없는 승리하신 메시아로만 선전했습니다. 그래서 바울은 본격적으로 '바보 연설'을 하면서 고린도후서의 역경 목록 중 가장 긴 역경 목록을 제시합니다(23-29절). 그리고 자신의 외모와 능력을 자랑하는 대적자들과 달리 바울은 그리스도와 교회를 위해 당한 자신의 고난을 자랑합니다. 그리스도 또한 하나님 백성의 공동체인 교회를 남기시기 위해 고난당하셨고 교회가 곧 그리스도의 몸이라 부를 수 있다면 그 그리스도를 따르는 최선의 길 중 하나는 바로 교회를 세우기 위해 고난당하는 것입니다.

본 장의 자칭 '큰' 사도라고 했던 거짓 교사들처럼 사람들은 보통 '큰 것'을 자랑합니다. 삼성이나 현대 같은 대기업에 다니는 것에 자부심을 느끼고, 평수 넓은 집에서 사는 것을 으스대며, 큰 차 모는 것을 뽐냅니다. 세상에서 크게 성공하고 출세한 것을 가지고 큰소리칩니다. 하지만 세상의 큰 것을 너무 좋아하지 마시길 바랍니다. 키가 3m에 육박하는 거인 골리앗도 소년 다윗의 물맷돌 한 방에 쓰러졌고(삼상 17:49), 큰 성 바벨론도 천사의 지진 한 방에 무너졌기 때문입니다(계 16:19).

우리 그리스도인들은 편안하고 안락한 대형 교회 다니는 것을 자랑하지 말고 오히려 고생길이 훤한 개척 교회에서 이름 없이 빛도 없이 섬기는 것에 더 자부심을 가져야 할 것입니다. 그렇게 꽃길보다 흙길을 선호하는 바울 사도와 같은 그리스도인들이 많아지면 많아질수록 한국 교회의 미래는 밝을 것입니다.

12장 가시

(육체의 가시)

본 장에서도 바울의 '바보 연설'이 이어 집니다. 전 장에서 사도가 자신의 고난을 자랑했다면 여기서는 자신의 '약함'을 자랑합니다.

이 단락을 시작하면서 바울은 자신이 예전에 본 환상을 하나 소개합니다. "무익하나마 내가 부득불 자랑하노니 주의 환상과 계시를 말하리라"(1절). 사람들은 뭐 좀 신비한 것을 경험하면 호들갑을 떨며 엄청 자랑합니다. 그래서 펄시 콜레(Percy Collett) 같은 사기꾼이 쓴 『내가 본 천국』(*I Walked In Heaven With Jesus*; 한실미디어, 1997년 역간)류의 책들이 베스트셀러가 되어 날개 돋친 듯이 팔리곤 합니다. 하지만 환상과 계시를 내세우면서 자기 자랑하는 것은 참으로 어리석은 짓입니다. 꿈을 내 맘대로 꿀 수 없듯이 우리 인간이 환상과 계시를 만들어낼 수 있는 것이 아니기 때문입니다. 보고 싶다고 다 볼 수 있는 것이 아니라 주님께서 주셔야만 받을 수 있기 때문입니다. 그러나 무익한 줄 알면서도 어쩔 수 없이 자신의 체험을 자랑하는 바울의 모습 뒤에는 자신들에게 환상과 계시가 있음을 자랑하며 바울에게는 그것이 결여되어 있다고 공격한 대적자들이 놓여 있었을 것입니다.

바울이 과거에 경험한 환상은 다음과 같습니다. "내가 그리스도 안에 있는 한 사람을 아노니 그는 십사 년 전에 셋째 하늘에 이끌려 간 자라. (그가 몸 안에 있었는지 몸 밖에 있었는지 나는 모르거니와 하나님은 아시느니라.)

내가 이런 사람을 아노니 (그가 몸 안에 있었는지 몸 밖에 있었는지 나는 모르거니와 하나님은 아시느니라) 그가 낙원으로 이끌려 가서 말로 표현할 수 없는 말을 들었으니 사람이 가히 이르지 못할 말이로다"(2-4절). 바울은 자신이 본 환상을 '주'의 환상, 곧 주님께서 주신 환상이라고 정의를 내렸습니다(1절). 그리고 여기서 그 환상을 본 자가 자신임에도 불구하고 '어떤 사람'이라고 제삼자로 처리해 놓고 있습니다. 이렇게 함으로써 그는 독자의 관심이 환상을 본 자신에게 집중되지 않고 그리스도에게 집중되도록 하기 위해 최선을 다하고 있는 것입니다.

바울은 본 절에서 환상 가운데 들림을 받아 셋째 하늘, 곧 '낙원'에 갔다 오는 신비 체험을 했다고 고백하는데, 신약에서 '낙원'은 하나님이 거하시는 공간이자 하나님의 구원받은 백성이 이르게 될 최종적인 장소입니다. 따라서 이것이 진짜 '내가 본 천국'입니다. 하지만 바울은 실제로 천국에서 하나님으로부터 직접 말씀을 듣고 와서도 펄시 콜레처럼 떠벌리지 않고 함구합니다.

앞 단락에서 셋째 하늘 체험에 대해 마지못해 자랑한 바울은 이제 자신의 약함을 자랑합니다(5-6절). 바울처럼 삼층천의 체험을 한 자는 그곳에 오래 머물고 싶어하는 것이 인지상정인데, 그는 범인(凡人)과 다르게 바로 현실의 세계로 돌아옵니다. 그리고 혹여나 자신이 받은 지극히 큰 계시 때문에 자고하지 않도록 하나님이 자신에게 '육체의 가시'를 주셨음을 고백합니다. "여러 계시를 받은 것이 지극히 크므로 너무 자만하지 않게 하시려고 내 육체에 가시 곧 사탄의 사자를 주셨으니 이는 나를 쳐서 너무 자만하지 않게 하려 하심이라"(7절). 여기 바울에게 견딜 수 없는 고통을 준 '육체에 가시'가 무엇인지에 관해서 학계의 의견이 분분한데, 다수는 고질적인 육체의 질병이라고 생각합니다. 바울이 구

체적으로 그것이 무엇인지 언급하고 있지 않기 때문에 정확히 알 수 없
지만 저는 '간질'에 무게를 둡니다. 저의 동료 목회자 중에도 간질을 앓
고 계신 분이 있는데, 어느 날 갑자기 발병하는 간질로 인해 이루 말할
수 없는 고통을 당하고 있습니다. 그리고 한번 발병하면 상당한 수치심
을 느낍니다. 그래서 바울도 이 육체의 가시가 떠나도록 겟세마네 동산
에서 예수님께서 기도하셨듯이, 세 번 간구했습니다(8절). 하지만 우리
주님은 "내 은혜가 네게 족하다"고 말씀하시면서 바울의 간구를 들어
주지 않으셨습니다(9절 상).

　바울은 외모가 인상적이지 못하였습니다. 아볼로처럼 연설하는 기
술도 부족했습니다. 천막 장수라는 낮은 계층의 직업을 겸하는 초라한
복음 전도자였습니다. 이것만으로도 외형의 화려함을 추종하는 고린도
교회 교인들의 눈에 차지 않았을 텐데, 여기에다 무시로 발작하는 '간
질'이라니! 그들은 '제 한 몸도 제대로 추스르지 못하는 연약한 바울을
통해 과연 주님이 역사하실 수 있을까?'라고 반문했을 것입니다. 하지
만 우리 주님은 바울의 약함의 상징인 육체의 가시를 치유하여 주지 않
고 "내 능력이 약한 데서 온전하여진다"라고 말씀하셨습니다(9절 중). 자
신의 육체의 가시가 주님의 능력을 가로막고 있다고 생각한 바울에게
오히려 그것 때문에 주님의 능력이 온전하게 나타난다는 이 주님의 말
씀은 큰 위로의 말씀으로 다가왔을 것입니다. 주님은 스스로 자신의 은
혜와 능력을 나타내시는 분이므로 인간이 자신의 연약함을 인정하고
겸손히 주님을 의지할 때 주님의 은혜와 능력이 더 온전하게 나타난다
는 것을 깨달은 바울은 자신의 약한 것들을 자랑할 뿐 아니라 이제 자
신의 약한 것들을 기뻐한다고 밝힙니다(9절 하-10절).

　통상 우리는 주변 사람들이 우습게 여길까 봐 약한 모습을 보이지

않으려고 애를 씁니다. 하지만 바울은 육체의 가시가 있다고 말함으로 자신의 약함을 노골적으로 드러냅니다. 그 이유는 자신이 약한 그때에 강하기 때문입니다(10절 하). 육체의 질병과 사역의 제한으로 자신의 연약함과 한계를 겸손하게 고백할 때 오히려 하나님은 그를 통해 더 강력하게 역사하시기 때문입니다.

13장 방문

(고린도 방문 예고)

전 장을 마무리하면서 사도는 고린도 교회를 방문하겠다고 말했습니다(고후 12:14). 그리고 본 장을 시작하면서 다시 한번 자신의 세 번째 방문을 예고합니다. "내가 이제 세 번째 너희에게 가리니 두세 증인의 입으로 말마다 확정하리라"(1절). 여기 '두세 증인의 입으로 말마다 확정하리라'는 구절은 신명기 19:15의 말씀을 인용한 것입니다. 이 말씀에 따르면 모든 소송 사건은 두세 증인의 말을 근거로 하여 결정지어야 합니다. 이것은 바울이 세 번째로 고린도 교회를 방문할 때 재판을 열겠다는 뜻이 아닙니다. 여기서 '증인'은 회개하지 않는 자들에 대한 바울의 경고를 의미합니다. 바울은 이미 고린도 교회를 두 번째 방문했을 때 범죄한 자들에게 경고한 바가 있습니다. 그리고 이제 세 번째 방문을 앞두고 다시 한번 그들에게 경고합니다. 이렇게 하면 합해서 두 번 경고한 셈이 됩니다. 바울은 자신이 곧 방문하여 범죄한 고린도 교인들을 권징하는 일이 감정을 이기지 못해 충동적으로 행하는 것이 아니라 구약의 율법에 따라 절차를 밟아 신중하게 행하는 것임을 보여줍니다. 이렇게 바울이 방문하면 징계하겠다고 거듭해서 경고하는 이유는 최악의 상황을 가정한 것이고 바울의 의도는 바울이 고린도 교회에 가기 전에 이런 일들로 인해서 서로 관계가 불편해지지 않도록 사전에 철저히 준비시키기 위함입니다.

그동안 고린도 교인들은 계속해서 그리스도께서 바울 안에서 말씀하시는 증거, 다시 말해서 그가 사도라는 증거를 제시하라고 요구해 왔습니다. 그래서 이제 편지를 정리하는 시점에서 바울은 사도 됨을 검증하는 기준을 두 가지로 제시합니다. 첫 번째는 진리를 위해서 사는지, 진리를 거슬러 사는지를 보면 그가 사도인지 아닌지를 알 수 있습니다 (8절). 자신이 전한 복음을 체화(體化)하여 살아가는 사람이야말로 복음에 대한 최고의 증인이기 때문입니다. 두 번째는 성도들을 강하게 만들기 위해서라면 자신이 연약해지더라도 기뻐하는지를 보면 그의 사도 됨의 여부를 알 수 있습니다. 자칭 사도라 하는 자들은 자신들의 사도적 권위를 인정받는 것을 목표로 했지만, 바울은 교회와 성도들을 온전히 세우는 것을 목표로 삼았습니다. 그래서 바울은 그들이 제대로 세워질 수만 있다면 얼마든지 고난을 감수할 준비가 되어있었습니다(7, 9절).

이제 바울은 편지를 마무리하면서 최종적으로 권면을 합니다. 바울의 최종 권면은 종종 편지 본론부에서 다룬 주제들을 재차 상기시키는데, 고린도후서에서 또한 서신의 주요 주제들을 5개의 명령문에 담고 있습니다(11절). 첫 번째 권면인 "기뻐하라"라는 표현은 '기뻐하다'라는 동사를 네 번(고후 7:7, 9, 13, 16절)이나 사용하며 화해의 완성을 이야기했던 7장의 밝은 분위기를 떠올리게 합니다. 두 번째 권면인 "온전하게 되라"는 표현은 고린도전서의 주요 화두인 교회의 분열상을 반영한 표현입니다. 여기 '온전하게 된다'는 것은 의학용어로 뼈들이 다 어그러져 있을 때 이 뼈들을 맞추어서 제자리에 들어가도록 끼워 넣는 것을 의미합니다. 따라서 지금 고린도 교회라는 그리스도의 몸의 뼈들이 분파의 문제, 음행의 문제, 송사의 문제, 은사의 문제 등으로 인해 다 탈골되어 있는데, 이제 그 어그러진 뼈들을 하나씩 제자리에 맞추어 넣으라고 주문하고 있는 것입니다. 세 번째 권면인 "위로를 받으라"는 표현은 1장의 위로의 주제를 반복하는 것입니다. 그리고 네 번째와 다섯 번째 권면인 "마음을 같이하라"와 "평안할지어다"라는 표현은 고린도 교회에 있었던 불화와 불협화음의 문제를 반영한 말입니다.[44]

고린도후서는 우리에게 익숙한 축도로 끝을 맺습니다. "주 예수 그리스도의 은혜와 하나님의 사랑과 성령의 교통하심이 너희 무리와 함께 있을지어다"(13절). 이 축도를 통해 바울은 고린도 교회의 문제(또한 우리가 속한 교회의 문제)는 결국 성삼위 하나님이 역사하여야만 해결될 수 있음을 고백합니다.

바울이 개척한 수많은 교회 중에 고린도 교회처럼 속을 썩인 교회는 없었습니다. 그런데 바울은 이 징글징글할 정도로 자신을 괴롭힌 교인들을 향해 손을 높이 치켜들고 축도합니다. 이것이야말로 참 사도의 표지가 아니겠습니까? 이 모습을 통해 우리는 자신을 돌로 쳐 죽이는 자들을 향해 용서의 기도를 하며 죽어갔던 스데반을 떠올립니다. 스데반의 순교의 피가 결국 그를 죽이는 일을 배후 조종했던 사울을 바울로 변화시켰습니다. 그리고 이제 바울이 제2의 스데반이 되어 그와 같은 헌신된 삶을 살고 있는 것입니다. 그러면 이제 그 다음의 바통은 누가 이어받아야 하겠습니까?

배경과 지도

배경

이방인을 위한 사도인 바울은 갈라디아를 포함한 이방 지역에서 복음을 전했을 때 오직 믿음으로만 의롭게 된다는 이신칭의의 복음을 전파했습니다. 그런데 바울은 자신이 개척한 갈라디아 여러 교회들에 거짓 선생들이 침투해서 그들의 거짓 복음으로 교인들을 설득하고 있다는 소식을 듣게 되었습니다. 이 거짓 교사들은 예루살렘에서 온 유대주의자들로서 하나님의 참 이스라엘에 편입되기 위해서는 이방인들도 예수 그리스도를 믿는 것만으로는 부족하며 플러스 알파로 하나님 백성의 표지인 할례를 받고, 음식 규정과 절기를 준수해야 한다고 주장했습니다. 그러자 많은 교인들은 바울이 전한 복음을 저버리고 이들이 전한 다른 복음을 좇아갔습니다. 그래서 사도는 이를 바로잡고자 주후 48년경에 갈라디아서를 기록하게 되었습니다.

지도

갈라디아서 또한 첫 장에 길 안내 지도가 제시되고 있습니다. 이 편지에서 다루고자 하는 핵심 이슈는 로마서와 마찬가지로 '복음'입니다.[45] 바울서신 13편 중 가장 초기 서신으로 간주되는 갈라디아서는 서론부(갈 1:1-10)가 매우 독특합니다. 먼저 편지를 시작하는 여는 말 부분(갈 1:1-5)이 굉장히 깁니다. 그리고 대다수의 편지에 등장하는 감사 단락이 이 편지에는 존재하지 않습니다. 사도 바울을 무진장 속 썩였던 고린도 교인들에게 보내는 두 편지에도 나오는 이 감사 단락이 갈라디아서에 없는 까닭은 갈라디아 교인들이 그가 전한 복음을 떠나 다른 복음을 좇아갔기 때문입니다. 이러한 사실은 다른 편지의 감사 부분에 해당하는 갈라디아서 1:6-10을 통해 분명히 드러납니다. "그리스도의 은혜로 너희를 부르신 이를 이같이 속히 떠나 **다른 복음**을 따르는 것을 내가 이상하게 여기노라. **다른 복음**은 없나니 다만 어떤 사람들이 너희를 교란하여 그리스도의 복음을 변하게 하려 함이라. 그러나 우리나 혹은 하늘로부터 온 천사라도 우리가 너희에게 전한 복음 외에 **다른 복음**을 전하면 저주를 받을지어다. 우리가 전에 말하였거니와 내가 지금 다시 말하노니 만일 누구든지 너희가 받은 것 외에 **다른 복음**을 전하면 저주를 받을지어다"(1:6-9). 여기 보면 바울은 '다른 복음'이라는 말과 이와 대조되는 '자신이 전한 복음'('그리스도의 은혜', '그리스도의 복음', '우리가 너희에게 전한 복음', '너희가 받은 것')이라는 말을 각각 네 번씩 반복함으로써 편지 본론에서 다룰 주제(다른 복음 vs 바울 복음)를 수신자들에게 미리 알려 줍니다. 그리고 이어서 본론에서 이 둘을 대비시키면서 자신의 논지를 펼쳐 나갑니다. 먼저 편지 본론(갈 1:11-6:10)을 1:8의 "우리가 너희에게 전한 복음"이라는 표현과 거의 유사한 "내가 전한 복음"이라는 구절로 시작함으로써 앞에서 예시한 주제들을 이제부터 본격적으로 다룰 것임을 시사합니다. "형제들아 내가 너희에게 알게 하노니 **내가 전한 복음**은 사람의 뜻을 따라 된 것이 아니니라. 이는 내가 사람에게서 받은 것도 아니요 배운 것도 아니요 오직 예수 그리스도의 계시로 말미암은 것이라"(갈 1:11-12).

본론에서 바울은 사신이 전한 복음은 유대 율법주의자들이 만들어 낸 인적 고안물인 다른 복음과는 달리 예수 그리스도께 직접 받은 신적 계시임을 분명히 합니다. 사도는 또한 1:3, 6절에 예시된 '은혜'라는 용어를 1장 후반부와 2장에서 거듭 반복함으로써 자신이 전한 복음은 다른 복음처럼 인간의 행위가 아니라 예수 그리스도(혹은 하나님)의 구속의 은혜와 깊은 연관성을 가지고 있음을 부각합니다. "그러나 내 어머니의 태로부터 나를 택정하시고 그의 **은혜**로 나를 부르신 이가"(갈 1:15). "또 기둥같이 여기는 야고보와 게바와 요한도 내게 주신 **은혜**를 알므로 나와 바나바에게 친교의 악수를 하였으니 우리는 이방인에게로, 그들은 할례자에게로 가게 하려 함이라"(갈 2:9). "내가 하나님의 **은혜**를 폐하지 아니하노니 만일 의롭게 되는 것이 율법으로 말미암으면 그리스도께서 헛되이 죽으셨느니라"(갈 2:21).

사도의 복음과 다른 복음의 대조는 편지 본론 3-5장에서도 계속 이어지는데, 먼저 3장에서 바울은 아브라함을 예로 들어 자신이 전한 복음은 어리석은 갈라디아 사람들이 좇는 다른 복음과는 달리 율법의 행위가 아니라 (그리스도의 구속의 은혜를) 오직 믿음으로만 의롭게 되는 이신칭의 복음임을 강조합니다. 그리고 이어서 4-5장에서는 몸종 하갈과 주인 사라의 비유를 통해 율법의 행위에 의존하는 다른 복음은 그 추종자들에게 종의 멍에를 지우지만, 은혜에 의존하는 사도의 복음은 자유를 제공한다고 선언합니다.

장별 제목 붙이기

갈라디아서는 총 6장으로 되어있는데, 먼저 첫 장은 전체 로드 맵으로 '복음'을 제시합니다. 그래서 1장은 복음(**복음** 변호) 이렇게 두 글자로 기억하시면 되겠습니다. 바울은 복음을 받아들이기 전을 회고해 보았습니다. 따라서 2장은 회고(자전적 **회고**)입니다. 회고해 보니, 실례한 일이 많았습니다. 그래서 3장은 실례(아브라함의 **실례**)입니다. 하지만 하나님은 이런 자신을 유업 이을 자로 삼아주셨습니다. 따라서 4장은 유업(**유업** 이을 자)입니다. 그리고 '자유'을 주시면서 '신령'한 자가 되라고 말씀하셨습니다. 그래서 차례로 5장 자유(신자의 **자유**), 6장 신령(**신령**한 자에게 주는 권면) 이렇게 두 글자로 정리하세요.

<갈라디아서 각 장 제목 두 글자 도표>

1장	2장	3장	4장	5장	6장
복음	회고	실례	유업	자유	신령

1장 복음
(복음 변호)

편지를 시작하면서 바울은 자신에 대해 다음과 같이 소개합니다. "사람들에게서 난 것도 아니요 사람으로 말미암은 것도 아니요 오직 예수 그

리스도와 그를 죽은 자 가운데서 살리신 하나님 아버지로 말미암아 사도 된 바울은"(1절). 여기 보면 바울은 자신의 다른 편지들과는 달리 사도직의 출처를 '사람들에게서 난 것도 아니요, 사람으로 말미암은 것도 아니요 오직 예수 그리스도와 그를 죽은 자 가운데서 살리신 하나님 아버지로 말미암아'라고 굉장히 길게 진술합니다. 바울이 이렇게 장황하게 사도직의 출처를 밝히는 이유는 당시 갈라디아 교회들의 상황과 깊은 관련이 있습니다. 바울은 이방인 신자들이 구원을 얻기 위해서 믿음 하나로 충분하다는 이신칭의의 복음을 전했습니다. 하지만 예루살렘에서 온 유대주의자들은 구원받기 위해서 믿음만으로는 부족하고 플러스 알파(할례, 음식법, 안식일 준수 등)가 필요하다고 맞섰습니다. 이 거짓 선생들은 바울의 복음뿐 아니라 이 복음 아래 놓여 있는 권위, 즉 바울의 사도권까지 공격했습니다. 그들은 바울의 사도권이 하나님께로부터 온 것이 아니고 예루살렘의 사도들이 그에게 사도의 권위를 부여했다는 주장을 펼치며 그의 사도권에 이의를 제기했습니다. 이에 바울은 자신의 사도직의 정당성을 강력히 변호하지 않으면 안 되었습니다.

사도직의 출처를 명시하는 구절은 이중 부정 표현과 이중 긍정 표현, 즉 "사람들에게서 난 것도 아니요 사람으로 말미암은 것도 아니요"(이중 부정), "오직 예수 그리스도와 그를 죽은 자 가운데서 살리신 하나님 아버지로 말미암아"(이중 긍정)로 되어있습니다. 여기 이중 부정 표현을 통해 먼저 바울은 그의 사도직이 다른 사도들처럼 인간에게서 온 것이 아님을 거듭 강조합니다. 이어서 이중 긍정 표현을 사용하여 자신의 사도직이 최고 권위자이신 예수 그리스도와 성부 하나님, 즉 신적 기원으로 말미암은 것임을 분명히 합니다. 또한 바울은 공동 발신자란에 '모든 형제들'(2절 상)을 포함시킴으로써 그와 함께 있는 모든 신자들이 자신의 사도직을 지지하고 있으니 너희 갈라디아인들도 이 대열에 참여하라고 암묵적으로 요구합니다. 따라서 바울은 편지 서두에서부터 자신의 사도직을 강변함으로써 거짓 교사들의 터무니없는 주장에 선제공격을 가하고 있는 것입니다.[46]

편지 발신자가 '바울'이라면 편지 수신자는 '갈라디아 교회들'입니다. "갈라디아 여러 교회들에게 (편지하노니)"(2절 하). 여기 보면 하나님 또는 예수 그리스도와 갈라디아 교회 사이의 관계를 긍정적으로 묘사하는 어떤 구절도 없습니다. 온갖 분쟁으로 사도의 심기를 어지럽혔던 고린도 교회에조차 바울은 '그리스도 예수 안에 있는' 교회라고 긍정적으로 코멘트를 하고 있는데, 왜 유독 갈라디아서에만 이 중요한 전치사구를 생략한 걸까요? 이는 갈라디아 교인들이 어리석게도 거짓 교사들이 전하는 '다른 복음'을 따라갔기 때문입니다. 이에 대한 반응으로 바울은 편지 수신자인 교회 앞에 의례 삽입하는 긍정적 묘사 구절을 의도적으로 뺌으로써 갈라디아 교인들에 대한 자신의 강한 불만을 표시하고 있는 것입니다. 생사가 왔다 갔다 하는 복음에 관한 문제에 빨간불이 들어왔는데, 제아무리 인품이 훌륭한 사도 바울이라고 해도 칭찬의 말이 입에서 술술 나오겠습니까? 하지만 바울은 이런 못난 갈라디아인들에게도 은혜와 평강의 메시지를 보냅니다(3절).

바울은 다른 서신들과 달리 여기 갈라디아서에서는 문안 인사 바로 다음에 송영을 첨가했습니다. 바울서신의 전형적인 문안 인사는 "우리 하나님 아버지와 주 예수 그리스도로부터 너희에게 은혜와 평강이 있기를 원하노라"입니다. 그러나 갈라디아서는 그리스도의 구속 사역을 부각하는 구절들을 삽입시켰습니다. 그리스도께서는 우리의 죄를 위하여 자기 몸을 내어주신 분, 즉 십자가상에서 대속의 죽음을 죽으신 분으로 묘사됩니다(4절 상). 대속의 죽음을 죽으신 목적은 이 악한 세대에서 신자들을 건지시기 위함이었습니다(4절 하). 이미 언급했듯이, 예루살렘에서 온 거짓 선생들인 유대주의자들은 이방 그리스도인들에 믿음으로 불충분하고 추가적으로 할례받고 유대인이 되는 것의 중요성을 강조함으로써 십자가상에서의 그리스도의 희생의 완전성을 최소화하고 있었습니다. 따라서 바울 사도는 자신의 정형화된 문안 인사 형식에 그리스도의 구속 행위를 부각하는 구절들과 송영(5절)을 일부러 추가시킴으로써 하나님의 백성이 되기 위해서는 모세 율법의 준수와 관계없이 그리스도의 십자가 사역만으로 충분하다고 강변하고 있는 것입니다.

문안 인사에 으레 뒤따라오는 것은 감사 인사입니다. 하지만 갈라디아서에서 바울은 감사 표현 대신 저주를 써넣었습니다. 그것도 두 번씩이나(8-9절)! 그들에게 바울이 이렇게 쓴 소리를 하는 이유는 "그리스도의 은혜로 너희를 부르신 이를 속히 떠나 다른 복음을 따라갔기 때문"입니다(6절). 본 절의 '떠나'(헬. '메타티떼미')라는 단어는 탈영한 군사 혹은 정치나 철학에서 탈당한 사람들에게 사용되었던 말입니다. 그러므로 바울은 지금 갈라디아인들을 종교적 변절자 혹은 영적 탈영병으로 규정하고 있는 것입니다.[47]

다른 복음을 좇아가는 것은 배교 행위입니다. 바울이 전한 복음 이외에 다른 복음이란 존재하지 않기 때문입니다(7절). 유대주의자들의 주장은 복음 진리의 다양한 표현 중 하나가 아니라 그리스도의 복음을 다른 것으로 변질시키는 행위, 곧 가짜 해답으로 진짜 해답을 바꿔치기하는 것입니다.

바울은 사랑과 온유로 똘똘 무장된 사도임에도 불구하고 이러한 행위를 하면 하늘에서 온 천사라 할지라도 저주를 받을 것이라고 무시무시한 선언을 합니다. 여기 '저주'라는 말은 헬라어로 '아나떼마'인데, 이는 히브리어 '헤렘'을 번역한 말입니다. 구약에서 '헤렘'은 하나님께 드려진 것, 그래서 사람이 손대서는 안 되는 것을 가리키며, 전쟁에서는 하나도 남기지 말고 진멸하라는 명령이 됩니다. 본 장에서 "아나떼마가 되기를"이라는 저주문은 하나님께 바쳐짐이라는 긍정적 의미 대신 진멸됨이라는 부정적 의미를 부각한 것입니다.[48]

그리스도의 유일한 복음에 무엇을 더하거나 빼는 일을 하려는 자는 바울의 이 서슬 시퍼런 경고에 귀를 기울여야 할 것입니다. 빈말로 듣고 흘려보냈다가는 아골 골짜기에서 '헤렘'이 되어 멸문지화를 당한 아간과 같은 운명에 처할 수 있기 때문입니다.

2장 회고
(자전적 회고)

바울은 1장 전반부에서 다른 복음을 전하는 자들에게 저주를 선언한 후에, 후반부에서부터 자전적 회고를 합니다. 그는 회심 전후의 자신의 행보를 기술한 다음(갈 1:11-17), 첫 번째 예루살렘 방문을 언급합니다(갈 1:18-24). 그리고 이어서 2장 전

반부에 두 번째 예루살렘 방문을 언급합니다.[49]

이 방문에 그는 바나바와 동행했고, 헬라인, 즉 무할례자인 디도를 동반했습니다(1절). 바울은 자의적인 행동에 의한 것이 아니라 계시를 따라, 즉 하나님의 뜻에 의해 예루살렘에 올라갔는데, 이는 유력한 자들에게 자신이 그동안 이방 가운데서 전파한 복음을 제시하기 위함이었습니다(2절 상). 본 절의 '유력한 자들'이란 베드로, 야고보, 요한과 같이 예루살렘 교회에 기둥처럼 여겨지는 자들을 일컫는 말입니다. 바울이 이들에게 자신의 복음을 '제시하였다'(헬. '아네떼멘')는 것은 자신의 복음을 설명하고 그들의 의견을 물었다는 의미입니다. 이는 다른 사도들에게 자기 복음에 대한 공식적인 재가를 받으려는 것이 아니라 자신이 전하는 복음을 정확히 밝히고 그들과 더불어 복음의 동질성을 확인하려고 하는 것입니다. 바울이 예루살렘으로 올라가 자기 복음을 제시하는 강수를 둔 것은 다메섹의 부르심 이후 지금까지 계속되는 사도적 달음질, 즉 이방인 선교에 차질이 빚어지지 않게 하기 위함이었습니다(2절 하).

바울은 할례받지 않은 헬라인 디도를 데리고 갔는데, 디모데의 경우와 달리 그에게는 억지로 할례를 받게 하지 않았습니다(3절). 이는 가만히 들어온 거짓 형제들, 즉 유대주의자들 때문이었습니다(4절). 유대주의자들은 이방인들도 유대인들처럼 할례를 행하고 유대의 관습을 따라야만 하나님의 자녀가 될 수 있다고 주장했습니다. 그들은 그리스도를 믿는 믿음 하나만으로는 충분하지 않다고 생각했습니다. 다시 말해서, 그들은 그리스도의 십자가 공로가 구원에 충분하고 완전한 조건이 된다는 사실을 부정하였습니다. 하지만 바울은 구원을 얻기 위해서는 믿음만으로 충분하다고 생각했습니다. 그는 할례를 받고 유대 관습을 지키는 것을 그리스도의 십자가에 역행하는 것으로 보았습니다. 그는 이것을 강조하기 위해서 디도에게 일부러 할례를 받지 않게 했던 것입니다. 이 유대주의자들은 계속해서 이방인 디도가 자기들처럼 할례를 받아야 한다고 요구했던 것 같습니다. 하지만 바울은 단 한순간도 그들의 요구에 굴복하지 않았습니다(5절). 이는 그저 할례와 비할례, 이방인의 풍습과 유대인의 풍습의 문제가 아니었기 때문입니다. 그것은 복음의 진리에서 근본적으로 중요한 문제, 곧 그리스도인의 자유 대 속박의 문제였습니다. 그리스도인은 그가 하나님 앞에서 받아들여지는 것이 예수 그리스도의 죽음에 나타난 하나님의 은혜를 믿는 것에 전적으로 좌우된다는 의미에서 율법으로부터 자유하게 되었습니다. 율법의 행위를 끌어들이고, 우리가 규칙이나 법규에 대한 순종 여부에 따라 하나님께 받아들여지도록 만드는 것은 자유인을 다시 속박하는 것입니다. 이 원리에 대해 디도는 시험 사례였습니다. 그는 할례받지 않은 이방인이었지만 회심한 그리스도인이었습니다. 그는 예수님을 믿었기 때문에 그리스도 안에서 하나님께 받아들여졌으며 바울은 그것으로 충분하다고 말합니다. 그의 칭의를 위해 더 이상 어떤 것도 필요가 없습니다.

　예루살렘 교회 지도자들과 다른 사도들은 유대주의자들처럼 바울에게 의무를 더하지 않았습니다(6절). 그동안 바울이 이방인들에게 증거한 복음을 예루살렘의 유명한 지도자들도 인정하였습니다. 야고보와 게바와 요한은 안디옥 복음이 예루살렘 복음과 동일하다는 것을 인정하고 그 증거로 손을 내밀어 바울과 바나바에게 친교의 악수를 청했습니다(9절). 그리고 가난한 자들을 도와달라고 부탁했습니다(10절 상). 사실 바울은 그동안 가난한 유대 교회를 위한 연보에 이방 교회들이 적극 참여하도록 독려했습니다(참고, 고후 8-9장). 그래서 그는 예루살렘 지도자들이 부탁하기 이전에도 가난한 자들을 기억하고 구제에 힘써 행하여 왔다고 고백합니다(10절 하). 복음을 전하는 자는 자신이 전하는 복음에 합당한 삶을 살 때 그 전한 복음이 더욱 강력한 힘을 발휘합니다. 아울러, 사도적 복음을 전해 들은 우리 또한 반드시 사도적 실천이 동반되어야 합니다. 우리 그리스도인들은 사도적 복음을 읽는다는 것으로 만족하지 말고 필히 사도적 실천으로 나아가야 합니다. 그중 하나가 가난한 자를 도와주는 것입니다. 참된 신자의 특징 중의 하나는 가난한 자를 돕고 사는 것입니다. 가난한 자는 당장 먹을 것이 필요하기에 복음이 귀에 잘 들어오지 않습니다. 그러므로 먼저 그의 주린 배를 채워 준 후에 복음을 증거해야만이 마음의 문을 활짝 열고 복음을 받아들일 것입니다.

본 장의 전반부가 예루살렘 방문에 대한 회고라면 후반부는 안디옥 사건에 대한 회고입니다. 여기에서 바울은 자신에게 친교의 오른손을 내밀었던 게바(베드로)를 면전에서, 그것도 많은 사람들 앞에서 책망하는 쇼킹한 일을 벌입니다. 예수님의 수제자요 대(大)사도인 베드로가 자신의 사도권조차 의심받고 있던 바울에게 무엇 때문에 이토록 망신을 당했을까요?

베드로는 예루살렘에서 유대인들을 상대로 복음을 전했지만 그렇다고 해서 언제나 그가 예루살렘에만 머물렀던 것은 아니었습니다. 지금 그는 유대 땅을 넘어 시리아 안디옥에 이르렀습니다. 그리고 이방인들과 함께 격의 없이 식사하다가 예루살렘에서 보수적 유대인 그리스도인들이 오자 그들을 두려워해서 식사를 하다 말고 나가 버렸습니다(12절). 이러한 게바의 행동은 바울의 눈으로 볼 때 이방인 신자에게 유대인처럼 살라고 강요한 것입니다. 권위를 널리 인정받았던 베드로가 이방인 신자와의 식탁 교제를 꺼렸다는 것은 그가 유대인을 일등 신자로, 그리고 이방인을 이등 신자로 그 지위를 낮추어 보았다는 의미이고 이는 이방인 신자도 할례를 받고 유대인처럼 살아야만 온전한 하나님의 백성이 될 수 있다고 주장한 것과 진배없습니다.[50]

앞에서 게바는 자신이 전하는 복음이나 바울이 전하는 복음이나 동등한 복음이라는 의미에서 친교의 악수를 했습니다. 이는 할례를 안 받아도 같은 믿음 아래 유대인과 이방인의 차이가 없다는 선언이기도 합니다. 그런데 이제 와서 자신의 말과는 정면으로 배치되는 행동을 하자 바울은 게바를 외식하는 자로 규정하고 책망하는 것입니다. 달리 말하면, 베드로는 자기가 믿는 복음의 진리를 따라 바르게 행하지 않았기 때문에 책망을 받은 것입니다(14절). 본 절의 '바르게 행하다'라는 말은 헬라어로 '올쏘포데오'인데, 이와 유사한 어근을 가진 단어가 정통주의로 번역되는 'orthodoxy'('올쏘독시')입니다. 이는 직역하면 '바른 견해'입니다. 바른 견해는 바른 행동과 결코 분리될 수 없습니다. 복음의 진리는 반드시 행동으로 표현되어야 합니다. 정통을 운운하며 말만 뻔지르르하게 하고 행함이 없는 자는 현대판 바리새인입니다.

3장 실례

(아브라함의 실례)

전 장 후반부에서 게바의 외식을 지적한 후에, 바울은 유대인도 이방인도 모두 율법의 행위가 아니라 그리스도에 대한 믿음으로 의롭다 하심을 받는다는 이신칭의의 복음을 천명합니다(갈 2:16). 그리고 본 장에서는 로마서 4장과 마찬가지로 아브라함을 실례로 들어 이신칭의에 대한

성경적 논증을 합니다.

먼저 바울은 갈라디아 교인들이 어리석다고 꾸짖습니다(1절). 그들이 사도의 꾸중을 듣는 이유는 처음에는 사도의 복음을 듣고 믿음을 통해 의롭다 하심을 받는다는 것을 받아들였다가 유대주의자들의 꾀임을 받아 이제 의롭다 하심을 받기 위해서 할례 등 유대 관습 준수가 필요하다는 견해를 채택했기 때문입니다. 이에 바울은 그들이 성령 받은 경험을 상기시키면서 "너희가 성령을 받은 것이 율법의 행위로냐? 복음을 듣고 믿음으로냐"라고 반문합니다(2절). 그리고 관점을 하나님께로 돌려 "너희에게 성령을 주시고 너희 가운데 능력을 행하시는 이의 일이 율법의 행위에서냐? 듣고 믿음에서냐"라고 재차 묻습니다(5절).

이어서 사도는 칭의가 율법의 행위와 관계없이 믿음으로 얻게 된다는 것을 입증하기 위해 아브라함을 모델로 제시합니다(6절). 바울이 아브라함을 실례로 드는 이유는 아브라함의 자손이라는 사실에 엄청난 자부심을 갖고 있던 유대주의자들의 주장을 박살내기 위함입니다. 모든 유대인의 조상인 아브라함은 갈대아 우르에 살 때 하나님의 존재조차도 제대로 알지 못했습니다. 그랬던 아브라함을 부르신 것은 그 어떤 종교적 행위에 대한 보상이 아니라 전적인 하나님의 은혜였습니다. 아브라함이 하나님으로부터 의롭다 하심을 얻은 것은 그가 율법의 어떤 행위를 지켰기 때문이 아니라 하나님의 언약을 믿었기 때문이었습니다(창 15:6). 유대인들은 자신들이 아브라함의 자손이기에 할례를 받음으로 하나님의 백성이라는 지위를 얻거나 지킬 수 있다고 생각했지만 사실 아브라함은 할례를 통해 하나님의 백성이 된 것이 아니라 하나님의 언약의 표징으로서 할례를 시행한 것입니다.

바울은 본 장에서 아브라함의 언약(창 12:2-3)과 모세의 율법 언약을 서로 비교합니다. 아브라함의 언약은 두 가지 면에서 모세의 언약보다 우위에 있습니다. 첫째로, 그것은 시간적인 면에서 모세 언약보다 우선합니다. 아브라함의 언약이 있은 후 430년이 지나서야 비로소 모세의 언약이 주어집니다. 둘째로, 아브라함은 하나님께로부터 직접 약속을 받습니다. 반면에, 율법은 모세 혹은 천사라는 중보자를 통해서 간접적으로 이스라엘 백성에게 주어집니다. 이렇게 시간적으로 밀리고, 간접적으로 주어졌다고 하는 사실은 모세 언약이 아브라함 언약에 종속된다는 것을 의미합니다. 땅의 모든 족속이 아브라함으로 말미암아 구원의 복을 얻을 것이라는 약속(창 12:3)은 결국 아브라함의 후손으로 오신 예수 그리스도 안에서 완성됩니다. 그래서 아브라함의 언약의 하위 언약인 모세 언약 또한 예수님 안에서 완성됩니다.

그러면 여기서 자연스럽게 한 가지 의문이 제기됩니다. 모세 언약이 아브라함 언약에 종속된다면 아브라함 언약만 있으면 되는데, 하나님은 왜 군이 이스라엘 백성들에게 율법을 주신 걸까요? 이는 죄를 범법으로 규정하기 위하여 더하여진 것입니다(19절). 종교 개혁자 칼빈(John Calvin)이 잘 말했듯이, 율법은 우리의 죄와 관련해서 세 가지 기능을 합니다. 첫째, 율법은 거울과 같은 역할을 합니다. 우리는 얼굴에 뭐 묻었나? 머리가 헝클어지지는 않았나? 하고 거울을 봅니다. 거울을 보면 내가 무슨 문제가 있는지 쉽게 알 수 있습니다. 율법도 마찬가지입니다. 만일 율법이 없다면 우리 인간들은 자기가 하는 것이 다 옳은 것이라고 착각하기 쉽습니다. 그래서 하나님께서 율법을 주셔서 죄를 책망하고 깨닫게 하십니다. 둘째, 율법은 울타리와 같은 역할을 합니다. 죄 많은 인생들이 함께 어울려 살기 위해서는 법이 반드시 필요합니다. 법이 없다면 세상은 소돔과 고모라 성과 같이 죄로 관영할 것입니다. 그래서 하나님께서는 율법으로 울타리를 쳐서 죄가 퍼져 나가지 않게 막아주셨던 것입니다. 셋째, 율법은 빛과 같은 역할을 합니다. 시인이 "주의 말씀이 내 발의 등이요 내 길의 빛이니이니"(시 119.105)라고 노래했던 것처럼, 율법이 규범이 되어서 우리가 죄를 극복할 수 있도록 우리의 앞길을 환히 비춰줍니다. 이런 측면에서 볼 때 율법은 선한 것입니다. 문제는 죄와 관련하여 율법을 쓰지 않고 의를 이루기 위한 수단으로 율법을 사용하는 것입니다. 이는 배탈이 났을 때 까스활명수 대신 바세린을 먹는 것과 같은 것입니다. 약이라는 것이 처방에 맞게 써야 그 약이 제대로 작동하면서 우리를 치료할 수 있습니다.

끝으로 바울은 율법과 그리스도의 관계를 설명합니다. 사도는 율법을 우리를 그리스도에게로 인도하는 "초등교사"라고 말합니다(24절). 여기 초등교사(헬. '파이다고고스')는 선생이 아니고 소년 감시자를 가리킵니다. 그레코-로만 사회에서 소년 감시자는 주인집 사내아이들이 가는 곳마다 수행하고 행동을 감시하며 잘못하면 매질도 했습니다. 그런데 이 아이가 성인이 되면 토가를 입게 되고 소년 감시자로부터 자유하게 됩니다. 이 소년 감시자인 율법은 칭의와 상관없고 오로지 죄를 다루는 역할만 맡았습니다. 그리고 그 역할은 아브라함의 씨인 그리스도가 오실 때까지였습니다. 그런데 이미 그리스도는 오셨습니다. 그러므로 율법의 제한된 기능조차 주님과 더불어 끝이 났습니다. 그런데도 지금 갈라디아인들처럼 시효가 끝난 율법 아래로 들어가 율법의 행위들에 집착하는 삶을 살겠다고 하는 것은 그리스도 이전의 옛 언약으로 돌아가려는

것과 같은 시대착오적인 행위입니다. 믿음이 온 후에는 더 이상 율법이
라는 소년 감시자 아래 있지 않는데(25절), 이를 무시하고 제 발로 그의
엄한 감시하에 들어가는 것은 스스로 매를 자초하는 어리석은 행위입
니다.

　본 장을 마무리하면서 우리가 다시 한번 주지할 점은 바울 사도가
천명한 대로 '율법의 행위가 아니라 복음을 듣고 믿음으로 성령을 받는
다'는 사실입니다. 성령이 교회를 사로잡을 때 그곳에서 일어나는 가장
강력한 역사는 주님에 대한 뜨거운 사랑과 더불어 지체들 상호 간의 화
평, 하나 됨입니다. 율법의 행위가 만들어 놓은 사람과 사람 사이의 장
벽들이 무너지고 오직 예수 안에서 참된 사랑의 공동체로 성장하는 일
이 일어납니다. 현대 오순절 성령 강림 사건으로 일컬어지는 1906년
LA 아주사 거리(Azusa street) 성령 임재 사건이 일어났을 때 무수히 많은
사람이 방언을 받았고, 심지어 자신이 받은 방언을 사용하는 지역으로
즉각 선교를 떠나기도 했는데, 중국어 방언을 받은 사람은 중국 선교사
로, 힌디어 방언을 받은 사람은 인도 선교사로 갔습니다. 하지만 이 방
언이 대규모로 쏟아진 것보다 더 놀라운 일은 아주사 거리에 성령이 역
사하자 흑인과 백인, 아시아인 등 인종적 차별이 완전히 사라졌다는 것
입니다. 1년 후 1907년 한국판 오순절 성령 강림 사건인 평양 대각성 운
동이 일어났을 때도 양반과 천민 사이에 존재하던 반목이 사라지고 차
별과 미움이 쫓겨나는 놀라운 일이 벌어졌습니다. 하지만 안타깝게도
오늘날 이 땅에 성령의 강렬한 역사가 더 이상 일어나지 않고 있습니다.
그 이유는 필경 그리스도의 십자가 앞에 너와 내가 손을 맞잡고 하나
되는 믿음이 아니라 각자 신학적, 정치적 기준과 서로 다른 생각들을 앞
세워 다른 이를 밀어내고 차별하고 반목하는 율법의 행위들이 우리 안

에 팽배해 있기 때문일 것입니다. 이 땅의 교회들이 율법의 행위가 아닌 듣고 믿음으로 새롭게 거듭나 다시금 성령이 폭발적으로 역사하는 날이 조속히 임하기를 간절히 소망합니다.[51]

4장 유업

(유업 이을 자)

전 장을 마무리하면서 바울은 신자들이 하나님의 아들이신 그리스도와의 연합을 통해서 하나님의 아들들이 되었고 따라서 하나님의 유업을 이을 자들이 되었기 때문에 믿음이 온 후로 그들은 더 이상 소년 감시자 밑에 있지 않다고 말했습니다(갈 3:26-29). 그리고 그 바통을 이어받아 본 장을 시작하면서 유업을 이을 자에 대해 부연 설명합니다.

먼저 사도는 한 비유(1-3절)를 드는데, 이 비유에는 유업을 이을 자, 아버지, 후견인과 청지기가 등장합니다. 유업을 이을 자는 현 상황에서는 '갈라디아 교인들'입니다. 그리고 아버지는 '하나님'이십니다. 바울 당시의 사회 문화적인 관습에서는 유업을 이을 자가 모든 것의 주인이기는 했지만 어렸을 때는 종과 다름이 없었습니다. 아들이 아버지의 유업을 이으려면 성년이 되어야 했습니다. 그에게 아버지의 재산을 관리할 만한 지혜와 능력이 없었기 때문에 어린 아들은 그의 아버지가 정한 때까지 후견인과 청지기 아래에 있었습니다. 후견인(헬. '에피트로포스')은 아이가 바르고 건강하게 자라도록 보살펴 주는 사람이고, 청지기(헬. '오이코노모스')는 주인의 재산을 관리하고 증식시켜 주는 사람입니다. 바울은 이 후견인과 청지기를 '세상의 초등학문'이라고 말합니다. 여기 '초등학문'(헬. '스토이케이아')은 사람들이 회심 전에 따르던 것으로 유대인들에게는 모세 율법이고, 이방인들에게는 이방의 사상입니다. 유업을 이을 자는 성년이 될 때까지 한시적으로 이 세상의 초등학문의 통제와 제약 아래에서 종노릇하고 있었습니다. 예수를 만나기 전에 모든 사람은 실제적으로 종노릇하며 삽니다. 자유롭게 사는 것 같지만 그렇지 않고 이 세상의 종이요, 죄의 종이요, 자기 욕망의 노예가 되어 사는 것이 사람들의 모습입니다.

그런데 때가 찼습니다. 자녀가 성년에 이르러 그들의 후견인과 청지기로부터 자유하게 되고 약속을 유업으로 받는, 아버지가 정한 날짜가 된 것입니다. "때가 차매 하나님이 그 아들을 보내사 여자에게서 나게 하시고 율법 아래에 나게 하신 것은"(4절). 본 절에서 바울이 '때가 차매'라고 하는 말은 참으로 의미심장한 말입니다. 여기 '때'라는 용어는 연대기적 시간을 의미하는 헬라어 '크로노스'가 아니라 중요한 시간, 적기를 뜻하는 '카이로스'입니다. 이 시기는 여러 요소가 결합되어 최적의 시기를 형성했습니다. 먼저 로마가 전 세계를 정복하여 여행을 쉽게 하기 위해 길을 건설하고, 로마의 군대가 도처에 주둔하여 강력한 힘으로 팍스 로마나, 즉 로마하의 평화를 구축해 놓았던 때였습니다. 또한 헬라의 언어와 문화가 사회를 어느 정도 응집되게 만들던 때였습니다. 동시에 유대인들은 오랜 식민지 생활로 인해 그 어느 때보다 더 메시아를 대망하던 때였습니다. 이렇게 복음에 대한 갈증이 최고조로 달하고 또 복음 전파를 효과적으로 할 수 있게 최적의 상황을 만들어 놓으신 후,

바로 그 타이밍에 하나님께서는 당신의 아들을 이 땅에 보내셨습니다. 하나님이 이처럼 최적기에 아들을 보내신 목적은 우리를 세상의 초등학문인 율법의 속박으로부터 속량하고(구속), 아들의 명분(입양)을 주시기 위함이었습니다(5절). 바울이 살던 시대는 명예와 수치(Honor and Shame)라는 가치가 지배하던 때였습니다. 그러므로 한때 수치의 대명사였던 노예였다가 입상을 통해 하나님의 아들, 딸이라는 가장 명예로운 신분을 얻게 된 것이야말로 그리스도인들에게는 더할 나위 없는 큰 은혜요 축복입니다. 하나님의 아들은 신의 아들로 불리던 로마 황제에 비길 만한 높은 신분이기 때문입니다.[52]

하나님은 우리 신자들에게 단지 아들의 명분만 주신 것이 아니라 아들의 영을 주셔서 하나님을 아빠 아버지라 부르게 하셨습니다(6절). 그리고 더 이상 종이 아니라 아들로서 아버지 하나님으로 말미암아 유업을 받을 자가 되게 하셨습니다(7절). 그런데 갈라디아 교인들은 어리석게도 다시 종으로 돌아갔습니다(9절). 그들이 세상의 초등학문으로 돌아갔다는 것은 "날과 달과 절기와 해를 삼가 지키는 것"을 보아 알 수 있습니다(10절). 이는 유대교의 관습들을 지키는 것을 말하는데, 오늘날 현대 그리스도인들은 이런 유대교의 관습들을 지키지 않습니다. 하지만 예수님을 믿으면서도 이사를 아무 날짜나 못 가는 사람들이 있습니다. 그들은 '손 없는 날'을 운운하면서 그날에만 이사를 가야 한다고 말합니다. 결혼을 할 때에도 어느 날짜를 받아야 한다고 하고, 심지어는 예수를 믿으면서도 궁합을 봅니다. 이런 모든 미신적인 것들은 복음 안에서 하나님께서 우리에게 베푸신 자유를 누리지 못하게 우리를 얽어맵니다. 그래서 바울은 갈라디아 교인들을 "나의 자녀들아"라고 부르며 그들이 다시 하나님의 아들로서 자유를 맛보게 해주기 위해 해산하는 수고를 또 하겠다고 말합니다(19절). 바울 사도는 자기 배로 낳은 자식처럼 갈라디아 교인들을 진리의 말씀으로 낳았습니다. 그런데 그들이 유대주의자들의 미혹에 넘어가 바울의 복음을 떠나고 그를 원수처럼 여기고 있습니다. 하지만 바울은 교인들을 배은망덕한 것들이라고 비난하면서 내치지 않고 "내가 다시 너희를 위하여 해산하는 수고를 아끼지 않겠다"고 합니다.

해산의 고통은 인간이 경험할 수 있는 고통 중에서 가장 큰 고통에 속합니다. 저는 오남매의 아버지인데, 제 아내는 아기를 낳을 때마다 말로 다 할 수 없는 해산의 고통으로 인해 저를 원망의 눈초리로 바라보며 "이번이 정말 마지막이야"라고 외칩니다. 그런데 어이쿠! 또 아기가 생겼습니다. 여섯째 아기를 잉태했습니다. 이제 그녀는 어떻게 할까요? 배 아파서 낳은 아이들이 지지리도 말 안 듣는 모습을 보고 실망해서 혹은 자신이 한 말로 인해서 이 아기를 포기할까요? 절대로 포기하지 않습니다. 순교하는 일이 있어도 포기하지 않습니다. 그녀는 자신이 한 말을 까맣게 잊고 실핏줄이 다 터지는 극한의 고통도 기꺼이 감내하며 아기를 낳는 수고를 마다하지 않을 것입니다. 이것이 위대한 어머니의 사랑이요 바울과 같은 복음 사역자들이 간직하고 있는 마음입니다.

5장 자유

(신자의 자유)

갈라디아인들은 세상의 초등학문의 종노릇 하다가 바울을 통해 복음을 듣고는 종노릇에서 벗어나 자유인이 되었습니다. 그런데 곧 유대주의

 자들에게 현혹되어 다시 율법의 종이 되었습니다. 그래서 본 장을 시작하면서 바울은 "그리스도께서 우리를 자유롭게 하려고 자유를 주셨으니 그러므로 굳건하게 서서 다시는 종의 멍에를 메지 말라"고 말합니다(1절 상). 이는 그리스도께서 친히 십자가에 달려 돌아가심으로 우리를 대신하여 율법의 저주를 받으셨고, 이로써 우리가 저주에서 풀려나 자유롭게 되었으니 다시 종의 멍에를 메고 종처럼 속박된 삶을 살아가지 말라는 말입니다

사도의 종의 멍에를 메지 말라는 경고는 할례에 관한 경고로 이어집니다(2-3절). 그리고 이 할례는 다시 '율법 안에서 의롭다 하심을 얻으려 하는 것'으로 묘사됩니다(4절 상). 갈라디아 신자들에게 할례는 단지 신체의 작은 외과적 수술에 불과한 것이 아닙니다. 그들은 그것을 칭의의 수단으로 여겼습니다. 다시 말해서, 하나님의 참된 백성이 되기 위해서는 믿음 하나만으로는 부족하고 할례가 더해져야 한다고 그들은 생각했습니다. 이에 대해 바울은 할례를 더하는 것은 그리스도를 잃는 것, 즉 은혜에서 떨어지는 것이라고 반박합니다(4절 하). 사도는 구원은 오직 믿음(Sola Fide), 오직 은혜(Sola Gratia)로만 얻을 수 있음을 천명합니다.

이어서 바울은 유대주의자들의 권면(8절)이 미친 악영향 세 가지를 언급합니다. 첫째, 그것은 교인들의 달음질 방향을 바꿔 놓았습니다(7절). 믿음의 경주를 잘하던 갈라디아 교인들이 역주행하게 했습니다. 둘째, 누룩처럼 거짓 복음을 교회 전체에 퍼지게 했습니다(9절). 셋째, 교회를 혼란하게 만들었습니다(10절). 그래서 사도는 할례의 복음을 전함으로 교회를 혼란하게 만드는 이 유대주의자들에게 "할례가 그렇게도 좋은 것이라면 단지 생식기 포피가 아니라 아예 너희들의 생식기 전체를 거세하라"고 조롱을 퍼부었습니다(12절).

지금까지 바울은 신학적 논증을 하였습니다. 우리 신자들은 할례가 아닌 그리스도를 믿음으로 의롭게 되어서 자유를 얻게 되었다고 그는 말했습니다. 그리고 이제부터 사도는 실천적인 문제를 거론합니다. 다시 말해서, 자유를 얻은 그리스도인들은 어떻게 살아야 하는가를 논합니다. "너희가 자유를 위하여 부르심을 입었으나 그러나 그 자유로 육체의 기회를 삼지 말고 오직 사랑으로 서로 종노릇 하라"(13절). 여기 '육체'란 인간의 타락한 본성을 가리킵니다. 그래서 자유를 사용하여 '육체의 기회로 삼는다'는 말은 육체의 욕망을 채우는 것을 말합니다. 자유하면 우리는 내 마음대로 하는 것이라고 생각하기 쉽습니다. 하지만 그렇게 하면 그것은 자유가 아니라 오히려 죄의 종노릇하는 것입니다. 그러므로 진정한 자유를 만끽하려면 사랑으로 종노릇해야 합니다. 사랑으로 지체를 섬기는 삶을 살아야 합니다.

후속 절에서 바울은 이를 성령을 따라 행하는 삶이라고 정의합니다(16-23절). 성령을 좇아 행하는 삶을 살기 위해서는 우리 안에 두 가지 작업이 함께 이루어져야 합니다. 한편으로 우리는 회심 후에도 여전히 남아 있는 죄성을 계속해서 죽이는 작업을 해야 합니다(24절). 또 다른 한편으로 우리는 성령의 도우심을 의지하는 가운데 적극적으로 선을 행하며 살아가야 합니다(25절). 이러한 과감한 결단과 실천이 있을 때 비로소 성령의 열매가 우리 심령 안에서 주렁주렁 맺히게 될 것입니다.

육체의 일과 대조되는 성령의 열매를 바울 사도는 사랑, 희락, 화평, 인내, 자비, 양선, 충성, 온유, 절제의 9가지 항목으로 열거하지만, 사실은 하나입니다. 성령의 열매가 원어로는 복수가 아닌 단수(헬. '카르포스')

로 표현되어 있기 때문입니다. 다시 말해서, 성령의 열매 중 핵심이면서 가장 근원적인 미덕인 사랑이라는 하나의 열매에 아홉 가지 양상이 펼쳐지는 것입니다. 22절의 '사랑'(헬. '아가페')이란 주님의 십자가에서 나타난 숭고한 복음적 자기희생으로 우리가 진정 그리스도의 십자가로 구원받은 하나님 나라의 백성이라면 성령이 이끄시는 대로 이 사랑의 열매를 거두는 자기 되어야 할 것입니다. 나인을 적취하고 희생시키고 도구로 삼아서 나를 높이고 채우는 길이 아니라 나를 던져 이웃을 구원하고 서로 종노릇하는 십자가의 길을 뚜벅뚜벅 걸어가는 존재가 되어야 할 것입니다.[53]

6장 신령

(신령한 자에게 주는 권면)

5장을 마무리하면서 바울은 성령의 열매에 대해 언급했습니다. 그리고 6장을 시작하면서 그는 성령의 열매가 실제 삶 속에서 어떻게 적용되어야 하는지를 말합니다. 바울은 먼저 편지 수신자를 '신령한 자'라고 부릅니다(1절 상). 여기 신령한 자(헬. '프뉴마티코스')는 육에 속한 사람(헬. '프쉬키코스')과 대비되는 말로 성령의 인도함을 따라 하나님께 순종하며 사는 사람을 지칭합니다(참고, 고전 2:14-15). 사도는 이 성령을 따라 행하는 신령한 자에게 크게 3가지 권면을 합니다.

첫째 단락에서는 신령한 자에게 그리스도의 법을 성취하라고 권면합니다(1-5절). 여기서 바울은 다른 신자가 범죄했을 때 이 성령을 따라 행하는 신령한 자는 어떻게 해야 하는지 두 가지 지침을 제시합니다. 먼저, 그는 온유한 심령으로 범죄한 자를 바로잡아야 합니다(1절 중). 율법주의자들은 누군가가 어떤 잘못을 행하는 것을 발견하면 그들이 제멋대로 해석하고 왜곡하여 적용한 알량한 율법을 들먹이며 그를 정죄할 것입니다. 하지만 신령한 그리스도인은 그 사람에 대해 긍휼한 마음을 갖고 온유한 심령으로 그를 바로잡아야 합니다. 여기 '바로잡는다'(헬. '카타르티조')는 말은 복음서에서 자기 그물을 깁는 사도들에 대해 사용되었습니다(막 1:19). 그러므로 이는 찢어진 그물을 기워서 원상태로 되돌려 놓듯이, 범죄한 자를 온전히 회복시키는 것을 말합니다. 이어서, 신령한 자는 자신을 살펴서 시험을 받지 않도록 해야 합니다(1절 하). 자신도 그 사람처럼 언제든지 죄에 빠질 수 있음을 자각하고 늘 근신하는 삶을 살아야 합니다. 앞 절에서 바울은 신령한 자에게 성령의 열매인 온유를 언급했다면 이어지는 절에서 또 다른 성령의 열매인 사랑을 거론합니다. 사도는 신령한 "너희는 짐을 서로 지라"고 권면합니다(2절 상). 고대 사회에서 노예와 그 노예의 주인이 있을 때 짐을 지는 것은 노예의 몫이었습니다. 그러므로 이는 상대방을 주인처럼 존중해주라는 말입니다. 그리하면 그리스도의 법, 즉 사랑을 성취하는 놀라운 일이 벌어집니다(2절 하).

둘째 단락에서는 신령한 자에게 성령을 위하여 심으라고 권면합니다(6-10절). 본 단락은 특히, 긍정 명령과 부정 명령의 교차 대구(Chiasm)를 이루는 특징을 가지고 있습니다.

 A 가르침을 받는 자는 말씀을 가르치는 자와 모든 좋은 것을 함께 하

  라(6절: 긍정 명령)

  B 스스로 속지 말라(7절: 부정 명령)

   C 자기의 육체를 위하여 심는 자는 육체로부터 썩어질 것을 거

    둔다(8절 상)

   C' 성령을 위하여 심는 자는 성령으로부터 영생을 거둔다(8절

    하)

  B' 선을 행하되 낙심하지 말라(9절: 부정 명령)

 A' 모든 사람에게 착한 일을 하되 더욱 믿음의 가정들에게 하라(10절: 긍

  정 명령)

이 구조의 핵심은 8절, 즉 "자기의 육체를 위하여 심는 자는 육체로부터 썩어질 것을 거두고 성령을 위하여 심는 자는 성령으로부터 영생을 거두리라"는 구절로, 이는 간단히 말하면 뿌린 대로 거둔다는 말입니다. 심은 대로 거두는 것은 자연의 원리나 도덕적 원리나 영적 원리나 매한가지입니다.

 마지막 단락에서는 신령한 자에게 십자가만 자랑하라고 권면합니다(11-18절). 이 단락에서 바울은 신령한 자와 유대주의자를 서로 비교하면서 편지를 마무리합니다. 유대주의자들의 특징은 다음 3가지로 요약될 수 있습니다: 1) 육체를 과시하려는 자들(12절 상). 이들의 관심은 내면에 있지 않았고 오로지 외양에만 있었습니다. 유대주의자들은 할례를 받는 것이 하나님의 참된 백성의 표지가 되며 칭의를 받을 수 있는 수단이 된다고 확신하여 할례를 중대한 의식으로 격상시켰습니다. 하지만 바울은 조폭들이 등에 용 문신을 한 것처럼 그것은 한낱 육체를 과

시하는 것에 불과하다고 평가절하했습니다; 2) 박해받는 것을 면하려고 했던 자들(12절 하). 이들은 할례를 받지 않으면 유대인들로부터 핍박을 받는 상황에 놓여 있었습니다. 그래서 박해를 모면하기 위해 적당히 타협했던 것입니다; 3) 율법을 지키지 않는 사람들. 이들의 관심은 할례나 절기 준수와 같은 외적인 것들에 국한되었을 뿐 율법 전체에 나타난 하나님의 도덕적 요구에 순종하는 것은 아니었습니다.

이에 반해 신령한 자는 다음과 같이 정의될 수 있습니다: 1) 십자가만 자랑하는 사람(14절). 바울과 같은 신령한 그리스도인은 육체를 자랑하는 부류와는 달리 오직 그리스도의 십자가만 자랑합니다. 할례가 아니라 예수의 십자가가 우리를 의롭게 하기 때문입니다; 2) 새로 지으심을 받은 사람(15절). 이는 그리스도 안에서 새롭게 창조된 사람을 가리킵니다. 다시 말해서, 겉이 아닌 속사람이 거듭난 사람을 말합니다; 3) 이 규례를 행하는 사람, 곧 하나님의 이스라엘(16절). 여기 '규례'(헬. '카논')는 바울의 복음과 그 복음이 가르치는 것을 말합니다. 그러므로 할례를 받은 사람이 아니라 사도의 가르침을 준행하는 사람이 참 하나님의 백성인 것입니다; 4) 예수의 흔적을 가진 자(17절). 본 절의 '흔적'(헬. '스티그마')은 노예에게 가해진 낙인으로 이는 주인이 자기 소유권을 명시하기 위해 만든 상처 자국을 가리킵니다. 따라서 예수의 흔적은 편지 서두(갈 1:10)에서 바울 자신이 명명한 자기 정체성인 '그리스도의 노예'와 서로 상응하는 말입니다.[54] 유대주의자들은 할례의 흔적을 지니고 있었습니다. 이는 앞에서도 설명했듯이, 고난을 피하기 위함이었습니다. 하지만 바울에게는 예수의 흔적이 있었습니다. 그리스도 때문에 매 맞고, 투옥당하고, 고문당하고 …. 그래서 그의 몸은 어디 하나 성한 곳이 없었습니다. 이뿐만 아닙니다. 예수를 믿는다는 이유로 가족에게 버림받고, 동료들에게 따돌림당하고, 유대 사회에서 추방되고 …. 그의 마음 또한 상처투성이였습니다. 이 심신(心身)의 상흔, 이 고난의 흔적이 있는 자만이 "저는 예수님의 것입니다"라고 당당하게 고백할 수 있는 것입니다.

제5장
에베소서

배경과 지도

배경

바울이 인생 말년인 주후 60년대 초반에 로마 감옥에 갇혀 있을 때 쓴 에베소서는 상황서신이 아닙니다. 대부분의 바울서신들은 특별한 상황에 특별한 목적을 가지고 기록된 것이지만 이 서신은 특별한 상황을 찾아보기 힘들기 때문입니다. 자신의 생애 마지막 시기에 그의 영광스러운 사역이 마무리되어 갈 즈음 사도는 성령의 감동을 따라 교회론에 대해 총체적으로 정리하고자 했던 것 같습니다. 그래서 에베소서 속에는 그리스도의 교회에 대한 깊은 이해와 명료한 해설이 고스란히 드러납니다.

지도

에베소서 또한 첫 장에 길 안내 지도가 제시되고 있습니다. 옥중서신(에베소서, 빌립보서, 골로새서, 빌레몬서)의 꽃이라고 불리는 이 에베소서를 이끌어 가는 로드 맵은 '교회'입니다. 에베소서의 감사 단락(엡 1:16-23)에서 바울은 '교회'(헬. '에클레시아')라는 말을 두 번 반복하면서 이 주제를 편지 수신자들에게 미리 알려줍니다. "또 만물을 그의 발아래에 복종하게 하시고 그를 만물 위에 **교회**의 머리로 삼으셨느니라"(엡 1:22). "**교회**는 그의 몸이니 만물 안에서 만물을 충만하게 하시는 이의 충만함이니라"(엡 1:23).

이어서 사도는 편지 본론인 2-5장에서 다양한 은유를 사용하여 교회를 묘사합니다. 먼저 그는 2장에서는 교회를 그리스도 안에서 창조된 '하나님의 작품'(엡 2:10), 유대인과 이방인에게서 창조된 '한 새 사람'(엡 2:15), 성령 안에서 하나님께서 거하시는 '성전'(엡 2:21-22)이라고 말합니다. 그리고 4장과 5장에서는 '그리스도의 몸'(엡 4:12, 16), '그리스도의 신부'(엡 5:25-27) 등의 이미지로 그려냅니다. 그뿐만 아니라 바울은 본론에서 교회의 창조에 관한 독특한 가르침(엡 2:10, 14-18절), 교회의 우주적 사명에 관한 진술(엡 3:10), 교회의 하나 됨과 성장에 관한 교훈(엡 4:1-16)을 전합니다.

장별 제목 붙이기

에베소서도 갈라디아서와 마찬가지로 총 6장으로 되어있는데, 먼저 하나님께서는 사도 바울이 가장 오래 사역했던 에베소 교회에 특별히 다섯 가지 복, 즉 오복(五福)을 주셨습니다. 그래서 1장은 오복 이렇게 두 글자로 기억하시면 되겠습니다. 오복을 주시면서 동시에 가족을 '구원'

하라는 '사명'을 주셨습니다. 그래서 차례로 2장 구원(하나님의 **구원**), 3장 사명(바울의 **사명**)입니다. 그 결과 '하나'같이 '가정'에서 영적 '전투'가 벌어졌습니다. 그래서 순서대로 4장 하나(교회의 **하나** 됨), 5장 가정(**가정** 법규), 6장 전투(영적 **전투**)입니다.

<에베소서 각 장 제목 두 글자 도표>

1장	2장	3장	4장	5장	6장
오복	구원	사명	하나	가정	전투

1장 오복

(영적 오복)

바울의 다른 편지들과 마찬가지로 에베소서 또한 시작하는 편지 서두가 발신자(1절 상), 수신자(1절 하), 문안 인사(2절)의 세 부분으로 되어있습니다. 그런데 흥미롭게도 이 세 부분은 각각 두 개씩 구성됩니다. 첫째, 편지를 보내는 발신자는 자신의 이름('바울')과 자신의 직분('사도')을 제시합니다. 둘째, 편지를 받는 수신자는 두 가지 명칭('성도들'과 '신실한 자들')으로 불립니다. 셋째, 문안 인사의 내용도 둘입니다('은혜'와 '평강').

이 편지를 쓰는 저자 바울은 자신의 사도직을 언급합니다. 그런데 자신이 예수 그리스도의 사도가 된 것은 '하나님의 뜻으로 말미암은 것'이라고 말합니다. 이는 바울이 자격이 있기 때문이거나 어떤 조건을 갖추었기 때문에 사도가 된 것이 아니라 하나님의 주권적인 부르심으로 말미암아 자신이 사도가 되었다는 겸손한 고백입니다. 동시에 예수 그리스도의 전권대사인 사도가 되었다고 하는 것은 암묵적으로 사도의 권위를 주장하는 것입니다. 따라서 이 편지는 바울의 개인적인 충고나 조언이 아니라 예수님을 대신하는 사도의 권위로 가르치는 말씀이기에 이를 듣고 있는 성도들은 반드시 경청하고 순종해야 합니다.

에베소서를 받아 읽는 독자는 에베소에 있는 '성도들'(헬. '하기오이')입니다. 이는 거룩한 무리라는 뜻으로 여기 거룩하다는 말은 도덕적으로 성결하다는 뜻이 아니라 하나님의 것으로 구별되었다는 말입니다. 구약 시대에 성전에서 사용하던 물건들이 하나님께 바쳐진 것이기에 거룩하였듯이, 하나님께 바쳐진 사람들도 거룩한 것입니다. 다시 말해서, 그리스도인들은 자신의 경건한 행동이나 선한 일 때문에 거룩한 것이 아니라 그리스도를 통해 맺은 하나님과의 새로운 관계 때문에 거룩한 것입니다.[55] 바울은 수신자를 또한 '신실한 자들'(헬. '피스토이')이라고 말하는데, 이는 '믿음을 가진 자들'(the faithful)과 '믿을 만한 자들'(the trustful)이라는 두 가지 의미를 다 포함합니다.

사도는 이들에게 은혜와 평강이 임하기를 기원합니다. 바울은 구약의 제사장들이 이스라엘 백성들에게 은혜와 평강을 구했던 것처럼(민 6:25-26), 동일한 마음으로 에베소 성도들에게 은혜와 평강을 구합니다. 바울 당시의 사람들은 은혜와 평강을 로마 황제가 준다고 생각했습니다. 하지만 바울은 은혜와 평강은 하나님 아버지와 예수 그리스도께로부터 오는 것이라고 그 기원을 바로잡아 줍니다.

바울서신은 문안 인사에 이어 감사 단락이 오는 것이 통상적인데, 에베소서는 하나님을 찬양하는 긴 찬미문이 이어집니다. 이 부분에서 사도는 에베소 성도들에게 복 주신 하나님을 찬송하는데, 먼저 "하나님이 우리에게 복을 주셨다"고 말합니다(3절). 그리고 이어서 그 복의 내용이 어떤 것들인지 구체적으로 언급합니다(4-14절). 하나님께서 교회에게 주신 복은 두 가지 특징이 있는데, 하나는 그것이 '그리스도 안에서' 주어진다는 사실입니다(3절 상). 다시 말해서, 성도는 그리스도와의 영적인 연합을 통해서 승귀하신 그리스도와 함께 하늘에 앉아 영광스러운 복을 누린다는 말입니다. 그리스도를 떠나서는 구원도 없고 그 어떠한 복도 없습니다. 또 하나는 그것은 '하늘에 속한 신령한 복'이라는 사실입니다(3절 하). 하나님의 복은 영적입니다. 이는 아브라함의 경우를 보아서도 알 수 있듯이, 물질적인 복을 전혀 주지 않으신다는 말은 아닙니다. 하나님의 가장 큰 복은 영적인 것이고 그 복은 이 땅이 아닌 하늘에 속한 복이라는 말입니다.

　이 영적 축복을 바울은 오복(五福), 즉 5가지 복으로 요약하여 제시합니다. 첫째, 택하심의 복입니다(4절 상). 이는 시점이 '창세전'입니다. 세상이 창조되기 이전에 이미 선택이 있었기에 인간의 선함이나 의로움이 선택의 원인으로 작용할 수 없습니다. 구원은 우리에게서 난 것이 아니라 하나님의 일방적이고 주권적인 선택에서 기인된 것입니다. 하나님께서 우리를 선택하신 목적은 "그 앞에 거룩하고 흠이 없는" 존재가 되게 하는 것입니다(4절 하). 여기 거룩함은 하나님께 구별된 상태를 의미하고, 흠 없음은 주님의 형상을 온전히 이루는 것과 관계된 것입니다.

　둘째, 양자 삼음의 복입니다(5-6절). 양자 하면 친자와는 어느 정도 차별이 있다고 생각하기 쉽지만, 당시 로마법에서는 입양된 자녀도 친자와 똑같은 권리를 누렸습니다. 그러므로 우리는 하나님의 양자로서 그리스도와 함께 하나님의 상속자입니다(참고, 롬 8:17).

셋째, 속량 곧 죄 사함의 복입니다(7-8절). '속량'(헬. '아폴뤼트로시스')이란 값을 지불하고 노예를 해방시키는 것을 말합니다. 그런데 바울은 "그의 피로 말미암아"라고 말합니다(7절). 이는 예수 그리스도의 십자가 죽음이 우리를 해방시키는 비용이었다는 말입니다. 이것은 우리 편에서 보면 거저 받은 것입니다. 그래서 바울은 "우리에게 거저 주신 바"라고 말한 것입니다(6절). 우리의 구원은 인간 편에서 볼 때는 값없이, 공짜로 받은 것이지만 하나님의 편에서는 독생자를 십자가에 달려 피 흘리게 하는 엄청난 비용이 지불된 것입니다. 바울은 이 속량을 죄 사함이라고 달리 표현합니다. 속량은 죄로부터 해방시키는 것이기에 결국 죄 사함과 같은 말입니다.

넷째, 하나님의 비밀을 알리신 복입니다(9-10절). 여기 '하나님의 비밀'은 하나님의 계획(경륜)으로 그 내용은 "하늘에 있는 것이나 땅에 있는 것이 다 그리스도 안에서 통일되게 하려는 것"입니다(10절). 다시 말해서, 하늘과 땅에 있는 모든 것이 예수님의 다스림을 받게 하는 것이 하나님의 계획인데, 성도들이 이 하나님의 계획을 알고 그 신적 사역에 동참할 수 있는 것이야말로 하나님의 크신 은혜와 축복이 아닐 수 없습니다.

다섯째, 미래 영광에 대한 보장의 복입니다(11-14절). 여기 보면 바울은 성도가 "기업이 되었다"고 말합니다(11절). 이는 성도가 하나님의 소유물이 되었다는 말입니다. 그런데 우리 그리스도인들은 하나님의 소유물이지만 지금은 고난과 핍박이 있고 죄와 죽음으로부터 자유롭지 못합니다. 하지만 장차 주님이 재림하실 때 우리는 완전히, 백 퍼센트 하나님의 소유물이 될 것입니다. 하나님의 영광스러운 백성이 될 것입니다. 이 사실을 보증하기 위해 하나님께서는 우리를 "성령으로 인 치셨다"고 바울은 말합니다(13절). 고대 사회에서 주인은 자신의 소나 양에 인(印), 즉 도장을 찍어서 그것의 주인이 누구인지를 분명히 하고 도둑으로부터 그것을 보호했습니다. 그러므로 성령을 통해 인을 쳤다는 것은 에베소 성도들을 소유로 삼으시고 끝까지 그들을 보호하시겠다는 의미입니다.

하나님께서 우리 그리스도인들에게 이 오복을 주신 목적은 하나님을 찬송하게 하려는 것입니다. 이 사실을 분명히 하기 위해서 바울은 같은 말을 세 번이나 반복합니다. "이는 … 그의 은혜의 영광을 찬송하게 하려는 것이라"(6절). "이는 … 그이 영광이 찬송이 되게 하려 하심이라"(12절). "이는 … 그의 영광을 찬송하게 하려 하심이라"(14절). '찬송하다'라는 헬라어 '율로게오'는 '~을 좋게 말하다', '~을 인정하다'라는 의미입니다. 다시 말해서, 우리가 찬송한다는 것은 하나님을 인정한다는 말입니다. 교회에서 한 시간 동안 박수 치며 목이 터져라 노래하는 것이 찬송이 아니라 진정한 찬송은 우리의 일상의 삶 속에서 하나님을 인정하는 것입니다. 하나님이 내 삶의 주인이시고 하나님을 의지하고 순종하는 것이 성도의 가장 큰 복이라고 하는 사실을 마음 깊은 곳에서부터 인정하는 것이 찬송입니다.

본 장을 마무리하면서 사도는 하나님으로부터 오복을 선물 받은 교회를 '그리스도의 몸'이라고 지칭합니다(23절). 교회가 그리스도의 몸이라는 말은 두 가지 뜻을 함축하는데, 첫째, 교회가 그리스도와 분리될 수 없는 생명의 관계로 엮여 있음을 의미합니다. 그리스도에게서 분리된 교회는 생명을 상실할 뿐 아니라 더 이상 교회일 수 없습니다. 그리스도와 연합하여 그리스도께 영적 생명을 공급받고 도움을 입을 때만 교회는 교회로서 존재할 수 있는 것입니다. 둘째, 교회가 그리스도의 몸이라는 것은 교회 안에 많은 지체가 서로 유기적으로 연결되어 생명을 가진 한 몸을 이루고 있음을 의미합니다. 몸 안에 지체들의 관계는 높고 낮음의 관계가 아니라 서로 협력하고 섬김으로써 온몸을 자라게 하는 사랑의 관계입니다.[56]

이전에 우리는 알게 모르게 죄를 지으며 사탄의 종이 되어 그와 밀착해서 살고 있었습니다. 그런 우리를 예수님께 접붙인 것은 하나님의 능력입니다. 이제 우리는 성령의 강력 본드로 예수님과 결합된 사람들입니다. 흔히 예수님처럼 살아야 한다는 말을 하는데 이는 정확한 표현이 아닙니다. 우리는 예수님처럼 살면 안 됩니다. 예수님으로 살아야 합니다. 우리가 예수님의 몸이기 때문입니다.[57]

2장 구원

(하나님의 구원)

전 장의 후반부는 감사 단락(엡 1:15-23)으로 바울은 이 감사 단락에서 두 가지 내용에 대해 감사합니다. "이로 말미암아 주 예수 안에서 너희 **믿음**과 모든 성도를 향한 **사랑**을 나도 듣고"(엡 1:15). 사도는 에베소 성도들의 믿음과 사랑의 아름다운 소문을 듣고 하나님께 감사를 드리는데, 이는 편지 본론에서 다룰 이슈들을 미리 예고하는 것입니다. 여기 언급된 '믿음과 사랑'은 편지 전체의 주제입니다. '믿음'이라는 주제는 편지 전반부, 즉 1-3장의 핵심 주제이며, 편지 후반부, 즉 4-6장의 핵심 주제는 '사랑'입니다.

1장에서 예시된 주제를 그대로 이어받아 본 장에서 바울은 하나님의 구원 문제를 다루면서 구원의 올바른 수단으로 '믿음'을 제시합니다. 사도는 여기서 구원받기 이전과 이후를 서로 대조하여 설명하는데, 먼저 전체 요지를 한 문장으로 요약합니다. "그는 허물과 죄로 죽었던 너희를 살리셨도다"(1절). 여기 '허물과 죄로 죽었던'이란 구원받기 이전 인간의 모습입니다. 그리고 '너희를 살리셨도다'란 하나님의 구원과 그 이후의 상태입니다. 이어서 사도는 허물과 죄로 죽었던 구원 전의 상태(2-3절)와 하나님께서 죽었던 이들을 살리신 구원 후의 상태(4-10절)를 부연 설명합니다.

먼저 바울은 구원 전의 상태를 세 가지로 상술합니다. 첫째, '너희', 즉 이방 기독교인들은 회심 이전에는 "이 세상 풍조를 따라" 살았습니다(2절 상). 여기 '세상 풍조'는 세상의 잘못된 가치관과 기준과 전통과 상식과 관습과 관행을 통칭하는 말입니다. 둘째, 구원받기 전에 이방 기독교인들은 '공중의 권세 잡은 이의 지배 아래' 있었습니다(2절 하). 이들이 세상의 풍조에서 벗어나지 못했던 것은 이들 배후에 공중의 권세 잡은 자가 도사리고 있었기 때문입니다. 여기 '공중의 권세 잡은 자'는 바로 뒤에 나오는 '불순종의 아들들 가운데서 역사하는 영'으로 마귀를 지칭합니다(참고, 요일 3:8). 셋째, '우리', 즉 유대 기독교인들 또한 불순종의 아들들 가운데서 육체의 욕심을 따라 지내며 육체와 마음이 원하는 것을 행하며 살았습니다(3절 상). 율법을 소유한 유대인들이라고 해서 이방인들보다 조금도 나을 것이 없었습니다. 그래서 이방인들뿐만 아니라 하나님의 선민이라고 자부하는 유대인들조차도 본질상 진노의 자녀였습니다(3절 하). 여기 '본질상 진노의 자녀'란 태어날 때부터 원죄로 말미암아 하나님의 진노, 즉 심판을 받아 마땅한 죄인을 의미합니다. 이 대상에는 사도 바울도 제외될 수 없습니다. 단 한 명도 열외가 없습니다. 세상의 모든 사람이 회심 전에는 하나님의 진노와 심판의 대상이었습니다.

바로 앞 단락에서 바울은 구원받기 이전의 인간의 상태를 어두운 색채로 그렸다면 이제는 구원받은 후의 모습을 밝은 톤으로 묘사합니다. 세상과 마귀와 육체의 정욕을 추종하며 하나님의 진노를 자초한 인간의 비참한 실존에 관하여 말한 사도는 이제 죄로 죽은 인간을 살리신 하나님의 구원에 관해 진술합니다. 먼저 그는 이 단락을 역접 접속사 '그러나'(헬. '데')로 시작하여 상황이 역전될 것을 암시합니다.[58] 이어서 주어를 "하나님이"로 표기함으로써 구원의 주체가 '하나님'임을 밝힙니다(4절 상). 그리고 하나님의 구원과 관련하여 크게 4가지를 이야기합니다. 첫째, 구원의 원인입니다. 본질상 진노의 자녀였던 인간을 구원하신 근본적인 원인은 하나님의 "긍휼"과 "사랑"입니다(4절 하). 둘째, 구원의 특권입니다. 본문에서 바울은 "함께"(헬. '쉰')라는 단어를 3번 사용(5-6절: "함께 살리다", "함께 일으키다", "함께 앉히다")하여 예수님의 구원 사역에서 연속적으로 일어나는 세 개의 역사적 사건, 즉 부활, 승천, 좌정이 그분과 연합한 성도들에게도 함께 일어나 그들 또한 영적으로 부활, 승천해서 하늘 보좌에 앉아 왕 노릇하는 특권을 부여받았다고 말합니다.

셋째, 구원의 수단입니다. 바울은 복음의 진수를 다음과 같이 제시합니다. "너희는 그 은혜에 의하여 믿음으로 말미암아 구원을 받았으니 이것은 너희에게서 난 것이 아니요 하나님의 선물이라. 행위에서 난 것이 아니니 이는 누구든지 자랑하지 못하게 함이라"(8-9절). 여기 보면 우리 인간이 구원을 얻기 위한 잘못된 수단과 올바른 수단이 제시됩니다.

타 종교에서는 구원의 수단으로 인간의 노력과 행위, 선행과 공로를 듭니다. 하지만 기독교는 이를 단호히 거절합니다. 구원의 올바른 수단은 '은혜와 믿음'입니다. 이는 우리의 구원이 하나님의 은혜와 우리의 믿음이 반반씩 섞인 합작품이라는 말이 아닙니다. 여기 '은혜'(헬. '카리스')는 하나님 편에서의 이야기입니다. 하나님 편에서 우리에게 구원이라는 은혜를 베풀어 주신 것입니다. 구원은 하나님의 선물입니다. 우리가 무언가를 해서 그 대가로 준 것이 아니라 거저 주신 것입니다. 공짜로 주신 것입니다. 이에 반해 '믿음'(헬. '피스티스')은 인간 편에서의 이야기입니다. 하나님께서 예수 그리스도를 통해서 하신 일을 믿음으로 우리는 구원을 빕니다.

넷째, 구원의 결과입니다. 우리는 "선한 일을 위해서" 구원받았습니다(10절). 선행은 우리가 구원받은 원인이 아니라 오히려 구원받은 결과입니다. 선한 일은 구원받은 성도들이 마땅히 맺어야 할 구원의 열매입니다. 의롭다 하심을 받았으면(칭의), 의로운 삶을 살아야 하는 것입니다(성화).

하나님은 구원받을 자격이 전혀 없던 우리를 그리스도의 피로 구원하여 주시고 "한 새 사람"으로 창조하셨습니다(15절 상). 바울은 전 장에서 교회를 '그리스도의 몸'이라고 지칭했는데, 본 장에서는 '한 새 사람'이라고 부릅니다. 한 새 사람은 옛 사람 아담에서 시작된 옛 인류와 대조를 이루는 종말적인 새 인류입니다. 옛 아담이 옛 인류의 시작이자 옛 인류의 일원이었던 것처럼 그리스도 안에서 창조된 한 새 사람은 새 인류의 시작이자 새 인류 그 자체입니다. 옛 인류의 특성이 분열과 불화와 다툼이라면, 새 인류의 특성은 하나 됨과 화해와 평화입니다(15절 하).[59] 그러므로 우리 그리스도인은 피스 메이커(peace maker)가 돼야지 트러블

메이커(trouble maker)가 돼서는 곤란합니다. 예수님이 유대인들과 이방인들의 막힌 담을 헐고 하나가 되게 하셨다는 사실을 망각하고 "애들은 가라, 여자들은 가라, 가난한 자들은 가라, 못 배운 자들은 가라"고 뱀장수 흉내를 내며 사람을 차별해서는 안 됩니다.

3장 사명

(바울의 사명)

전 장에서 성도의 구원에 초점을 맞추었던 바울은 본 장에서 방향을 바꾸어 자신의 사명에 집중합니다. 3장은 교차 대구(Chiasm) 구조로 되어있는데, 이 구조를 살펴보면 우리는 저자가 전하고자 하는 메시지를 쉽게 파악할 수 있습니다.

A 갇힌 자 된 바울(1절)

　　B 바울에게 알려주신 그리스도의 비밀(2-6절)

　　B' 그리스도의 비밀을 알리는 바울의 사명(7-12절)

A' 낙심하지 않기를 권면함(13절)

여기 보면 처음과 끝이 사도의 고난을 언급하면서 서로 대구를 이룹니다. 그리고 중간의 두 부분이 그리스도의 비밀을 공유하며 또 대구를 이룹니다. 바울은 지금 자신이 그리스도 예수의 갇힌 자로 고난을 당하고 있는데, 자신의 이런 고난 때문에 에베소 성도들이 낙심하지 않기를 권면하고 있습니다. 그 이유는 하나님께서 자신에게 그리스도의 비밀을 계시하여 주시고 이를 전하는 자신의 사역이 참으로 영광스럽기 때문입니다.[60]

본 장을 시작하면서 바울은 자신을 '갇힌 자'(헬. '데스미오스')라고 칭합니다. 이는 로마 감옥에 수감되어 있다는 말입니다. 그래서 우리는 '에베소서를 빌립보서, 골로새서, 빌레몬서와 함께 감옥에서 쓴 편지, 즉 '옥중서신'이라고 부르는 것입니다. 바울은 범죄를 저질러서 죄수가 된 것이 아니라 이방인을 위해 복음을 전하다가 갇힌 자가 되었습니다. 따라서 그는 자신을 '로마 황제의 갇힌 자'가 아니라 '그리스도 예수의 갇힌 자'로 소개하는 것입니다. 이는 로마 황제 아래 있는 죄수가 아니라 그리스도 예수의 주권 아래 있는 죄수라는 자기 인식을 보여줍니다. 이런 자기 인식 때문에 바울은 비록 감옥에 갇혀 있지만 그것을 조금도 부끄러워하지 않습니다.

이어서 바울은 자신이 그리스도 예수의 죄수가 된 근본적인 이유를 밝힙니다. "너희를 위하여 내게 주신 하나님의 그 은혜의 경륜을 너희가 들었을 터이라"(2절). 여기 '경륜'(헬. '오이코노미아')이란 하나님 자신이 시행하시는 행동이나 계획보다는 사도 바울의 사도로서의 직무, 즉 하나님께서 사도에게 주신 이방인들에게 그리스도의 비밀을 전하는 직무를 가리킵니다. 본문에서 바울은 자신의 사도직을 '은혜'와 관련시킵니다(2절: "내게 주신 하나님의 그 '은혜'의 경륜"; 7절: "내게 주신 하나님의 '은혜'의 선물을 따라서 내가 일꾼 되었노라"). 즉, 자신이 사도 된 것은 자신의 자격이나 조건에 있었던 것이 아니라 일방적인 하나님의 은혜 때문이었다고 말합니다. 그의 고백대로 바울은 사도의 직분을 받을 만한 자격이 전혀 없는 사람이었습니다. 그는 과거에 성도들을 심히 핍박하던 자였습니다(갈 1:13). 스데반을 죽이고 교회를 멸하려던 자였습니다(행 8:1). 그런 살인자요 하나님의 원수였던 바울을 하나님께서 충성되이 여기셔서 사도의 직분을 맡기셨습니다. 그래서 바울은 자신이 받은 사도의 직분이 은혜라고밖에 설명할 수 없는 것입니다.

후속 절에서 바울은 자신이 사도직을 받았던 다메섹 사건을 언급합니다. "곧 계시로 내게 비밀을 알게 하신 것은 내가 먼저 간단히 기록함과 같으니"(3절). 바울은 그리스도인들을 체포하러 다메섹으로 가다가 오히려 그리스도에게 체포가 되어 이방인의 사도로 부름을 받게 되었습니다. 이때 예수님께서는 아나니아에게 사도 바울의 사명을 알려주셨습니다. 그런데 그때 그는 사명뿐만 아니라 계시 또한 받았습니다. 바울은 본문에서 '계시'로 비밀을 깨달았다고 말합니다. 우리가 아인슈타인처럼 머리가 좋다고 하나님의 말씀을 깨닫는 것이 아닙니다. 하나님이 알려주셔야, 계시해 주셔야 비로소 깨달을 수 있는 것입니다. 성경을 연구하거나 설교 말씀을 들을 때 하나님의 도우심을 구해야 하는 이유가 바로 여기에 있는 것입니다.

그러면 바울이 계시로 깨달은 비밀, 즉 "그리스도의 비밀"(4절)이란 무엇을 말하는 것일까요? 신약성경에서 '비밀'(헬. '미쉬테리온')이라고 하면 항상 과거에는 숨겨져 있었지만 신약 시대에 와서 공개된 것을 가리키는 말로 그 내용은 "이방인들이 복음으로 말미암아 그리스도 예수 안에서 함께 상속자가 되고 함께 지체가 되고 함께 약속에 참여하는 자가 된 것"을 가리켰습니다(6절).

앞에서 바울이 자신이 사도직을 '받은 측면'을 부각했다면, 이제는 '전하는 쪽'에 초점을 맞춥니다. 먼저 그는 부르심을 받은 목적을 다음과 같이 소개합니다. "모든 성도 중에 지극히 작은 자보다 더 작은 나에게 이 은혜를 주신 것은 측량할 수 없는 그리스도의 풍성함을 이방인에게 전하게 하시고 영원부터 만물을 창조하신 하나님 속에 감추어졌던 비밀의 경륜이 어떠한 것을 드러내게 하려 하심이라"(8-9절). 바울이 사도 된 목적은 복음을 전하기 위함입니다. 본 절에서 바울은 자신을 '모든 성도 중에 지극히 작은 자보다 더 작은 나'라고 소개합니다. 사도는 이와 유사한 표현을 자신이 쓴 편지에서 2번 더 언급합니다. 먼저, 그는 고린도전서에서 "나는 사도들 중에서 가장 작은 자"라고 말합니다(고전 15:9). 이어서, 여기 에베소서에서는 "성도들 가운데서 지극히 작은 자보다 더 작은 사"라고 고백합니다(8절). 끝으로, 순교를 목전에 두고 쓴 디모데전서에서는 "죄인 중에 내가 괴수"라고 말합니다(딤전 1:15). 하나님 앞으로 더 가까이 가면 갈수록 우리의 죄악이 더 적나라하게 드러납니다. 그래서 바울은 이와 같은 고백을 하는 것입니다. 신앙생활한 지 오래됐음에도 불구하고 여전히 선 줄로 착각하는 사람은 주님 근처에도 못 가 본 사람입니다. 바울처럼 죄인 중에 괴수임을 깨닫는 사람만이 풍성하신 하나님의 은혜 앞에 감격할 수 있습니다. 그리고 측량할 수 없는 그리스도의 은혜의 풍성함을 이방인들에게 전할 수 있습니다.

　자신의 사명을 소개한 후 바울은 교회의 사명을 소개합니다. "이는 이제 교회로 말미암아 하늘에 있는 통치자들과 권세들에게 하나님의 각종 지혜를 알게 하려 하심이니"(10절). 여기 '하나님의 지혜'란 그리스도 안에서 만물을 통일하는 우주적 구원 계획과 관련된 것으로 이러한 하나님의 지혜가 잘 드러난 것이 그리스도 안에서 유대인과 이방인이 하나 된 사건입니다(엡 1:10; 2:15). 교회의 사명은 이 하나님의 각종 지혜를 '하늘에 있는 통치자들과 권세들', 즉 '악한 영들'까지 포함해서 온

천하에 알리는 것입니다. 하나님의 구원 계획은 하루아침에 갑자기 생겨난 우연의 산물이 아닙니다. 하나님께서 영원 전부터 계획하신 것입니다(11절). 이 계획이 바울을 통해서, 사도들을 통해서 드러나게 된 것입니다.

이어서 바울은 자신의 사도직의 결과를 두 가지로 언급합니다. 첫째, "담대함"입니다(12절 상). 여기 '담대함'은 당시 종에게는 없는 자유인들만의 특권으로 자유롭게 말할 수 있는 권리를 말합니다. 그러므로 성도들은 이제 하나님께 자유롭게 말할 수 있는 특권이 생겼다는 뜻입니다. 둘째, "하나님께 나아갈 수 있게 된 것"입니다(12절 하). 이 말은 예배와 기도를 통해서 하나님께 가까이 갈 수 있다는 뜻입니다. 특히, 바울은 우리가 예배와 기도를 통해서 하나님께 나아가는데, '확신'을 가지고 나아갈 수 있다고 말합니다. 본문의 '확신'은 하나님께서 우리 기도를 듣고 응답하실 것이라는 확신을 말합니다. 아울러, 예배를 통해 우리가 나아갈 때 하나님께서 환영할 것이라는 확신을 말합니다.

본 단락을 마무리하면서 바울은 서두에서 언급했던 자신의 고난 이야기로 다시 돌아옵니다. "그러므로 너희에게 구하노니 너희를 위한 나의 여러 환난에 대하여 낙심하지 말라. 이는 너희의 영광이니라"(13절). 사도는 열심히 주어진 사명을 감당했지만, 그로 인해 로마 감옥에 갇히게 되었습니다. 그런데 이 소식 때문에 에베소 성도들이 낙심할 필요가 없다고 말합니다. 그 이유는 바울의 사역을 통해서 에베소 성도들을 포함하여 이방인들이 하나님의 백성이 되었기 때문입니다. 그들이 하나님의 영광을 맛보고 있기 때문입니다. 이방 기독교인들이 유대 기독교인들과 함께 상속자가 되었고, 함께 하나의 공동체가 되었으며, 함께 약속에 참여한 자가 되었기 때문입니다. 나의 수고로 인해 한 사람이라도 영적 유익과 혜택을 누리고 주님께 갈 수만 있다면 이보다 더 보람된 일이 어디 있겠습니까?

4장 하나

(교회의 **하나 됨**)

바울서신은 통상 전반부는 직설법을 사용하여 신학적 진술을 하고 후반부는 명령법을 써서 실천적 권면을 하는데, 에베소서 또한 이 패턴을 따르고 있습니다. 사도는 전반부(엡 1-3장)에서 하나님께서 에베소 성도들에게 베풀어주신 구원의 은혜를 서술했습니다. 그리고 이제 후반부(엡 4-6장)에서 윤리적 권면을 합니다. "그러므로 주 안에서 갇힌 내가 너희를 권하노니 너희가 부르심을 받은 일에 합당하게 행하여"(1절). 여기 '그러므로'(헬. '운')는 에베소서 전반부 전체를 받는 접속사입니다. 따라서 하나님의 은혜를 받은 너희들은 그 부르심에 합당한 삶을 살라고 권면하는 것입니다. 그러면 어떻게 사는 것이 부르심에 합당하게 사는 것일까요? 후속 절에서 바울은 이를 구체적으로 진술합니다. "모든 겸손과 온유로 하고 오래 참음으로 사랑 가운데서 서로 용납하고 평안의 매는 줄로 성령이 하나 되게 하신 것을 힘써 지키라"(2-3절). 여기 보면 바울은 하나님의 부르심에 합당하게 사는 삶을 성령의 하나 됨을 지키는 것이라고 말합니다. 그리고 이를 위해 필요한 덕목으로 겸손, 온유, 오래 참음, 사랑을 열거하는데, '겸손'(헬. '타페이노프로쉬네')은 굴종, 연약, 수치스러운 비하를 뜻하는 것으로 고대 사회에서 대단히 멸시되었습니다. 하지만 신약성경은 사랑과 함께 겸손을 최고의 덕목으로 칩니다. 교만은 분열을 야기하고 공동체를 무너뜨리는 반면, 겸손은 자기를 낮추고 남을 낮게 여김으로 공동체의 평화와 하나 됨을 함양합니다. '온유'(헬. '프라우테스')는 겸손과 쌍을 이루는 말로 부드러운 태도와 행동을 말합니다. 온유하지 않고 거칠고 난폭하면 결국 교회의 하나 됨은 파괴됩니다. '오래 참음'(헬. '마카로쒸미아')은 다른 사람의 잘못에 쉽게 분노하지 않는 것을 말합니다. '사랑'(헬. '아가페')은 겸손과 온유와 오래 참음과 함께 성령의 하나 됨을 지키는 데 반드시 필요한 것입니다. 사랑이 있어야 자기주장을 포기하고 다른 사람의 실수나 잘못을 참아내며 용서할 수 있기 때문입니다.[61]

이어서 바울은 '하나'라는 용어를 무려 7번이나 써서 교회의 하나 됨이 얼마나 중요한 것인지를 재차 강조합니다. "몸이 하나요 성령도 한 분이시니 이와 같이 너희가 부르심의 한 소망 안에서 부르심을 받았느니라. 주도 한 분이시요 믿음도 하나요 세례도 하나요 하나님도 한 분이시니 곧 만유의 아버지시라. 만유 위에 계시고 만유를 통일하시고 만유 가운데 계시도다"(4-6절). 첫째, 몸이 하나입니다. 여기 '몸'은 우리 신체의 몸을 가리키는 것이 아니라 그리스도의 몸인 교회를 지칭합니다. 그리스도의 몸인 교회는 그리스도의 십자가를 통해 이미 이방인과 유대인이 한 몸을 이룬 공동체입니다. 둘째, 성령도 한 분이십니다. 한 분 성령님은 이방인과 유대인이 하나 되게 하신 분이십니다. 셋째, 소망도 하나입니다. 교회는 그리스도의 장성한 분량이 충만한 데까지 이르라는 한 소망으로 부름받았습니다. 넷째, 주님도 한 분이십니다. 이는 예수 그리스도 한 분만이 우리의 주가 되신다는 사실을 가리킵니다. 다섯째, 믿음도 하나입니다. 하나의 믿음은 삼위일체 하나님에 대한 믿음, 특히 예수 그리스도에 대한 믿음이 동일하다는 것을 뜻합니다. 아울러, 유대인의 믿음이 따로 있고 이방인의 믿음이 따로 있는 것이 아니라 예수 그리스도를 믿는 한 종류의 동일한 믿음으로 구원받는다는 것을 의미합니다. 여섯째, 세례도 하나입니다. 세례는 그리스도와 연합되는 것인데, 그리스도와 함께 죽고 함께 살아나는 이 세례도 하나뿐입니다. 일곱째, 하나님도 한 분이십니다. 이는 하나님이 세상의 창조자요 주관자라는 말이며 또한 참 신은 하나님 한 분뿐이라는 의미입니다.

이렇게 하나 됨을 강조한 후에 바울은 이 하나 됨을 성취하기 위해 하나님께서 교회에 영적 리더들을 선물로 주셨다고 말합니다. "그가 어떤 사람은 사도로, 어떤 사람은 선지자로, 어떤 사람은 복음 전하는 자로, 어떤 사람은 목사와 교사로 삼으셨으니"(11절). 여기 보면 다섯 부류의 사람들이 등장하는데, 첫째는, 사도입니다. 여기 사도는 바울을 포함한 12사도를 지칭합니다. 둘째는, 선지자입니다. 이들은 신약성경이 기록되기 전에 한시적으로 교회에서 예언적 역할을 하던 자들입니다. 셋째는, 복음 전하는 자입니다. 이는 빌립과 같이 여러 지역을 순회하며 복음을 증거하던 이들을 가리킵니다(행 8장). 넷째는, 목사입니다. 목사는 본래 양을 치는 목자를 가리키는 말입니다. 그래서 비유적으로 성도를 돌보고 양육하는 사람을 의미합니다. 다섯째, 교사입니다. 이는 말씀을 가르치는 데 은사가 있는 사람을 지칭합니다.

하나님께서 이 영적 지도자들을 교회에 허락하는 목적을 바울은 이렇게 진술합니다. "이는 성도를 온전하게 하여 봉사의 일을 하게 하며 그리스도의 몸을 세우려 하심이라"(12절). 여기 '봉사'(헬. '디아코니아')는 단순한 수고나 자원봉사를 말하는 것이 아니고 '사역'(ministry)을 의미합니다. 사도는 본 절을 통해 성도가 구경꾼이나 관객이 아니라 사역하는 자들이라고 말합니다. 다시 말해서, 일부 선택된 성직자들만 사역자가 아니라 전 교인이 사역자라는 말입니다. 이는 물론 성직자에게 남겨진 독특한 목회 사역이 없다는 의미는 아닙니다. 목사에 대한 신약의 개념은 모든 사역을 자기 손에 쥐고 놓지 않으려고 전전긍긍하면서 평신도의 모든 주도권을 억눌러 버리는 사람이 아니라 모든 하나님의 백성이 은사를 발견하고, 개발하고, 발휘하도록 돕고 격려하는 사람입니다. 그래서 모든 사역을 독점하는 대신 실제로 사역들을 증가시키고 다양화시키는 역할을 하는 것입니다.[62]

영적 지도자들과 성도들이 사역하는 궁극적인 목적은 그리스도의 몸을 세우기 위함인데, 바울은 후속 절에서 이 그리스도의 몸을 세우는 것이 무엇인지를 보다 자세히 설명합니다. "우리가 다 하나님의 아들을 믿는 것과 아는 일에 하나가 되어 온전한 사람을 이루어 그리스도의 장성한 분량이 충만한 데까지 이르리니"(13절). 교회 공동체가 세워져 가는 최종적 목적은 하나님의 아들을 믿는 것과 아는 일에 하나가 됨으로써 온전한 사람을 이루어 그리스도의 장성한 분량이 충만한 데까지 이르는 것입니다.

우리 모두가 하나님의 아들을 믿는 것과 아는 일에 하나가 되어야 온전한 교회가 될 수 있습니다. 소수만 하나님의 아들을 믿고 안다면 온전한 몸을 이루지 못할 것입니다. 그리고 성도 개개인이 믿기만 하고 지식에 이르지는 못하거나 혹은 알고는 있지만 믿지는 않는다면 교회는 온전해질 수 없습니다. 하나님의 아들에 대한 믿음과 지식이 하나가 될 때에 비로소 교회의 몸이 온전해질 수 있습니다. 우리의 온전함은 믿음과 지식의 합일(合一)은 물론이고 우리 모두의 연합과 협력을 요구하고 있습니다. 온 교회의 모든 지체가 하나님의 아들에 대한 믿음과 지식의 하나 됨에 이르러 온전한 사람을 이루었을 때에 우리는 그리스도의 장성한 분량까지 이를 수 있습니다.[63] 영적으로 최대한 성장할 수 있습니다.

바울은 본문에서 두 가시 측면으로 영적 성장을 설명합니다. 부정적 측면에서 볼 때 영적으로 성장한다는 것은 거짓 가르침을 분별하는 수준에 이르는 것입니다(14절). 반면에 긍정적 측면에서 볼 때 영적으로 성장한다는 것은 사랑 안에서 진리를 말하는 것입니다(15절). 여기 '진리'(엡. '알레떼이아')란 단순히 일반적인 진리가 아니라 복음의 진리를 의미합니다. 따라서 이는 복음의 진리를 말과 함께 사랑의 삶으로 표현하는 것입니다.

단락을 마무리하면서 바울은 몸이 자라나는 데 가장 중요한 것은 머리이신 그리스도와 연결되는 것이라고 말합니다(16절). 당시 머리는 영양을 공급하는 신체 기관이라고 생각되어 왔습니다. 따라서 몸인 교회는 머리인 예수님과 연결될 때 성장에 필요한 모든 자양분을 풍성히 공급받아 무럭무럭 자라날 수 있는 것입니다.

5장 가정
(가정 법규)

바울은 4장 후반부에서 5장 전반부까지 추가적으로 세 가지 권면, 즉 새 사람을 따라 살아라(엡 4:17-24), 하나님을 닮아가라(엡 4:25-5:2), 빛의 자녀답게 행동하라(엡 5:3-14)는 윤리적 권면을 더 합니다. 그리고 이어서

가정 법규를 진술합니다. '가정 법규'(Household codes)란 신약의 여러 편지에서 제시된 그리스도인 가정 구성원 상호 간에 지켜야 할 준칙들을 가리킵니다(엡 5:22-6:9; 골 3:18-4:1; 딤전 2:8-15; 6:1-10; 딛 2:1-10; 벧전 2:18-3:7).

본 장에서 사도는 부부 사이에 지켜야 할 적절한 행동에 초점을 맞추어 권면하는데, 이에 앞서 예수님을 믿어 거듭난 사람이 성령 충만을 받으면 새로운 사람들 상호 간에 피차 복종해야 한다고 말합니다(21절). 그러고 나서 상호 복종이라는 개념이 가정의 부부관계에서 구체적으로 실천되어야 함을 강조합니다.

본문에 들어가기 전에 우선 알아야 할 것은 이 권면이 세상의 모든 부부에게 준 권면이 아니라는 사실입니다. 이 말씀은 예수님을 믿는 그리스도인 부부에게 주신 권면입니다. 이에 반해, 베드로전서 3장의 권면은 주님을 믿지 않는 배우자가 있는 부부에게 주어진 권면입니다.

먼저 바울은 아내들에게 권면하는데, 이 권면을 한마디로 요약하면 남편들에게 '복종'하라는 것입니다. 아내들에게 하는 권면의 처음(22절)과 마지막(24절)이 남편에게 복종하라는 말로 끝나기 때문입니다. 사도는 부부에게 하는 권면뿐 아니라 부모와 자녀들에게 하는 권면에서도, 자녀가 부모에게 순종하라고 말하고(엡 6:1), 종들과 상전에게 하는 권면에서도 종이 상전에게 순종하라고 교훈합니다(엡 6:5). 이는 당시 이들(아내, 자녀, 종)이 이미 사회와 가정에서 복종의 상태에 있는 신분이었기 때문일 것입니다. 바울은 이들이 처한 상황을 거부하는 것보다 오히려 자발적 복종으로 나아갈 것을 먼저 권유한 것입니다.

바로 뒤따르는 절에서 아내가 남편에게 복종해야 할 이유가 제시됩니다. "남편이 아내의 머리 됨이 그리스도께서 교회의 머리 됨과 같음이니 그가 바로 몸의 구주시니라"(23절). 여기 '머리'(헬. '케팔레')라는 말은 질서 혹은 권위를 상징합니다. 그래서 남편이 아내의 머리가 된다는 말은 남편이 부부의 대표성을 띤다는 말, 즉 가정의 리더가 된다는 뜻입니다. 따라서 아내는 남편의 권위를 인정하고 그에게 복종하라고 권면하는 것입니다. 그런데 여기서 오해하지 말아야 할 것이 하나 있는데, 이는 남편이 가부장적 권위를 행사하라는 의미가 아니라는 점입니다. 이러한 사실은 바로 뒤에 "그리스도께서 교회의 머리 되시니라"라고 하신 말씀을 통해서 분명히 드러납니다. 주님의 머리 되심은 자기 몸인 교회를 위해 군림하는 모습이 아니라 희생하는 모습으로 나타났기 때문입니다. 그래서 바울은 그가 바로 몸의 주님(Lord)이시라고 하지 않고 '구주'(Savior)시니라라고 말한 것입니다. 따라서 이런 관점에서 보자면 남편은 가정의 우두머리(head)라기보다 우두머리 종(head servant)에 해당됩니다.[64]

아내는 남편에게 '범사에' 복종해야 합니다(24절 상). 그 복종의 수준이 '범사'(凡事), 즉 '모든 일'입니다. 이 세상에 백 퍼센트 완벽한 남편은 없습니다. 완벽하기는커녕 여러모로 부실한 남편에게 그것도 범사에 복종하는 것은 결코 쉬운 일이 아닙니다. 그럼에도 불구하고 남편의 권위를 인정하고 자신을 자발적으로 그 권위하에 두는 것은 그것이 예수님의 영적 권위를 인정하고 순종하는 것이기 때문입니다(24절 하). 교회에서 성경 공부를 하고 봉사도 하는데 정작 가정을 돌보지 않거나 그것이 가정에서 순종하는 모습으로 드러나지 않는다면 이는 성령 충만하지 않은 것입니다. 성령 충만은 나만 생각하는 이기적인 모습이 아니라 상대를 배려하는 이타적인 모습으로 표현됩니다. 기도원에 가서 불 받았다고 하면서 내려오다 남의 밭에 오이나 따 오는 것이 결코 성령 충만한 모습일 수는 없습니다. 그런 경건 생활이 좀 부족해도 일상의 삶에서 상대의 유익을 구하는 것이 성령 충만이요 영적 성숙입니다.

바울은 비교적 짧게 아내들에게 교훈한 후에 보다 많은 지면을 할애해서 남편들에게 권면합니다. 이 권면의 골자는 자기 아내를 '사랑'하라는 것입니다. 사도는 여기서도 앞 단락과 동일하게 수미쌍관법(inclusio)을 사용하고 있기 때문입니다. 다시 말해서, 권면의 처음(25절)과 마지막(28절)이 아내를 사랑하라는 말로 끝나기 때문입니다.

그러면 남편들은 아내를 어떻게 사랑해야 할까요? 바울은 구체적인 실례로 교회를 위해 자기 목숨을 버리신 그리스도의 고귀한 자기희생적 사랑을 제시합니다. 그리스도는 교회의 머리이지만 교회 위에 군림하여 섬김을 받으시기보다 교회를 사랑하고 교회를 위하여 자신을 내어주셨습니다. 따라서 남편들도 아내의 머리라고 해서 아내 위에 왕처럼 군림하거나 아내에게 희생을 강요할 것이 아니라 아내를 사랑하고 아내를 위해 자신의 한 몸을 기꺼이 내어주어야 합니다. 아내 사랑은 단순한 감정의 문제가 아니라 희생적인 행동입니다.

이어서 사도는 남편이 아내를 왜 사랑해야 하는지 그 이유를 언급합니다. "이와 같이 남편들도 자기 아내 사랑하기를 자기 자신과 같이 할지니 자기 아내를 사랑하는 자는 자기를 사랑하는 것이라"(28절). 여기 보면 바울은 남편이 자신의 아내 사랑하는 것을 자신을 사랑하는 것이라고 말합니다. 이는 남편과 아내가 한 몸이라는 사실을 전제로 하는 말입니다. 31절에서 사도가 인용한 창세기 본문이 보여주는 대로 남편과 아내는 결혼을 통해 한 몸이 됩니다. 그래서 남편의 몸은 곧 아내의 몸이며, 아내의 몸은 남편의 몸입니다. 이런 점에서 사도는 지금 자기 아내를 사랑하는 사람은 자기를 사랑하는 것이라고 말하는 것입니다.

후속 절에서 바울은 자기의 분신인 아내를 위해 남편이 해야 할 일두 가지를 언급합니다. 첫째, 아내를 양육해야 합니다(29절 상). 여기 '양육하다'(헬. '에크트레포')는 '몸을 돌보다'라는 의미입니다. 둘째, 아내를 부호해야 합니다. 여기 '보호하다'(헬. '달포')는 '삼성적으로 돌보다'라는 뜻입니다. 따라서 남편은 아내의 몸뿐 아니라 정서까지도 세심하게 돌보아야 합니다. 우리 주님께서 당신의 몸 된 교회에 하신 것처럼 남편들도 아내들을 신체적으로 정신적으로 돌보아야 합니다. 이와 같이 아내는 아내대로, 남편은 남편대로 자신의 주어진 책임과 의무를 다하는 태도가 아름다운 가정을 만듭니다. 이혼이 성행하는 시대에 '복종'이라는 날줄과 '사랑'이라는 씨줄로 잘 짠 부부만이 백년해로라는 직물을 만들어낼 수 있습니다.

6장 전투
(영적 전투)

본 장 전반부에서 바울은 가정 법규—여기서는 부모와 자녀 사이에(1-4절), 상전과 하인 사이에 지켜야 할 준칙(5-9절)—를 이어갑니다. 그리고 이어서 영적 전투에 대해서 이야기합니다.

사도는 "끝으로"라는 표현을 사용해

서 4장에서 시작한 윤리적 권면을 마감하려고 합니다. 이 최종 권면은 영적 전투에 관한 것입니다. "끝으로 너희가 주 안에서와 그 힘의 능력으로 강건하여지고"(10절). 여기 보면 바울은 에베소 성도들에게 강건하여지라고 촉구합니다. 그런데 '주 안에서', '하나님의 능력을 힘입을 때' 이 강건함은 이루어집니다. 우리의 강함은 결코 우리 자신에게서 나오지 않습니다. 주님 안에 있을 때 가능하고, 그 힘이 주어질 때만 강할 수 있습니다.

이어서 사도는 그들에게 "하나님의 전신 갑주를 입으라"고 주문합니다(11절). 성도들이 하나님의 능력으로 강건해지는 것은 다름 아닌 하나님의 전신 갑주를 입는 것이기 때문입니다. 후속 절에서 바울은 왜 성도들이 전신 갑주를 입어야 하는지 그 이유를 제시합니다. "우리의 씨름은 혈과 육을 상대하는 것이 아니요 통치자들과 권세들과 이 어둠의 세상 주관자들과 하늘에 있는 악의 영들을 상대함이라"(12절). 우리가 영적 싸움을 벌일 대상이 혈과 육이 아니라 악한 영들이기 때문입니다. 여기 '혈과 육'은 '사람'을 지칭하는 숙어적 표현입니다. 우리가 싸워야 할 대상은 육체를 가지고 있어서 언제든지 죽을 수 있는 연약한 인간이 아닙니다. 악한 영들입니다. 사도는 대적들의 특징을 두 가지로 설명합니다. 첫째, 그들은 능력이 있습니다. 본문의 '통치자들'과 '권세들'이라는 두 호칭은 그들이 행사하는 능력과 권위를 시사합니다. 둘째, 그들은 교활합니다. 바로 앞 절에서 바울은 '마귀의 간계'라는 말을 씁니다. 악한 영들의 우두머리인 사탄은 속임수의 달인입니다. 희대의 사기꾼 조희팔 뺨칩니다. 헐크처럼 괴력을 소유하고 있고 조조처럼 꾀돌이인 이런 마귀를 상대하는 일은 결코 만만한 일이 아닙니다. 그래서 바울은 "하나님의 전신 갑주를 취하라"고 반복해서 말하는 것입니다(13절). 전신 갑주는 완전무장을 의미합니다. 그런데 그것은 '하나님의' 전신 갑주입니다. 이는 하나님이 공급해주시는 것으로 완전무장하라는 말입니다. 사도가 말하는 전신 갑주는 이사야서를 배경으로 합니다. "공의를 갑옷으로 삼으시며 구원을 자기의 머리에 써서 투구로 삼으시며 보복을 속옷으로 삼으시며 열심을 입어 겉옷으로 삼으시고"(사 59:17). 여기 부면 하나님은 자기 백성을 지키기 위해 싸우시는 전사로 묘사되는데, 만군의 여호와가 입고 계신 옷이 바로 전신 갑주입니다. 그런데 에베소서에 오면 하나님께서 입으셨던 그 전신 갑주를 하나님께서 성도들을 위해 공급해주신다고 가르칩니다. 따라서 하나님의 전신 갑주란 하나님이 공급해주시는 전신 갑주라고 말할 수 있습니다.

이 하나님이 주시는 전신 갑주는 총 여섯 부분으로 이루어져 있습니다. 첫째 부분은 "진리의 허리띠"입니다(14절 상). 여기 허리띠는 허벅지를 보호하기 위해 로마 군인들이 입는 앞치마로 전투할 때 동작을 원활히 하려고 옷을 허리에 붙들어 매는 데도 사용되었습니다. 그런데 바울은 이 허리띠가 '진리'를 상징한다고 말합니다. 에베소서에서 진리는 거짓말과 대조되는 의미입니다(엡 4:25). 따라서 진리의 허리띠는 거짓 없는 진실한 마음을 의미합니다. 예수 그리스도를 믿고 새 사람이 된 그리스도인은 모든 거짓을 버리고 진실을 말하며, 진실하게 살아야 합니다. 이렇게 함으로써 악한 마귀가 공격할 빌미를 주지 말아야 합니다. 동시에 그리스도의 군사들이 허리를 동여매야 할 진리는 복음의 진리를 의미합니다(참고, 엡 1:13). 마귀는 온갖 간계를 써서 성도들을 미혹하려 합니다. 이러한 사탄과 대적하기 위해서는 복음이라는 진리를 잘 깨닫고 있어야 합니다.

둘째 부분은 "의의 호심경"입니다(14절). 본문의 '호심경'은 놋쇠로 만든 것으로 로마 군인들이 가슴과 심장과 폐를 보호하기 위해 반팔 티셔츠처럼 입는 도구입니다. 이 호심경은 '의'를 상징하는 것으로 여기 '의'는 하나님의 의롭다 하심을 받은 칭의와 주 안에서의 의로운 삶(엡 4:24; 5:9)을 함께 말하는 것입니다. 하나님께 의롭다 하심을 받은 성도는 일상의 삶 속에서 의의 열매를 맺어야 합니다. 하나님께서 성도들에게 부여하신 의와 성도의 윤리적 의가 날줄과 씨줄처럼 함께 엮여야 악한 마귀가 뚫을 수 없는 의의 호심경을 이루는 것입니다.

셋째 부분은 "평안의 복음의 신발"입니다(15절). 로마 군인들은 여러 겹의 가죽을 붙여 만든 두꺼운 밑창에 징을 박은 칼리가라는 반장화를 신었는데, 이것은 오랫동안 행군할 수 있고 견고한 자세를 지니도록 해 주었습니다. 그런데 바울은 이 신발을 평안의 복음이 준비한 것이라고 말합니다. 다시 말해서, 그리스도인 병사의 신발은 그의 평안의 복음을 알릴 준비입니다. 여기 '평안의 복음'이란 평안을 내용으로 하는 복음이라는 뜻입니다. 그리고 '평안'은 하나님과 인간 사이의 화평과 서로 반목하고 있었던 유대인과 이방인의 사이에 막힌 담이 헐리고 그 대신 찾아온 평화입니다. 이러한 복음이 가져다준 평안을 잘 이해하고 그것을 알리기 위해 늘 만반의 준비를 하는 것이 영적 전투에서 승리하는 비결입니다. 사탄이 가장 두려워하는 것은 복음입니다. 복음을 받아들인 사람은 마귀의 손아귀에서 벗어나서 참된 평화를 만끽하기 때문입니다. 그래서 우리는 항상 복음의 신발 끈을 단단히 조여 매고 언제든 그것을 전할 채비를 갖추고 있어야 합니다.

넷째 부분은 "믿음의 방패"입니다(16절). 여기 '방패'는 로마 군인들이 전신을 보호하는 데 사용한 길이 120cm, 폭 75cm의 반원형 모양의 큰 방패를 가리킵니다. 이 방패는 두꺼운 나무판 두 개를 붙여 만들었으며 겉면에는 천을 씌우고 그 위에 송아지 가죽을 덮었습니다. 이 방패는 전신 갑주 중 가장 중요한 보호 장비인데, 사도는 그것을 '믿음'에 비유합니다. 믿음은 우리가 구원 얻는 데 필요한 구원의 수단입니다(엡 2:8). 하지만 이 믿음은 단지 구원 얻을 때만 필요한 것이 아니고 매일매일의 영적 전쟁에서 사기를 방어하고 승리하기 위해서도 절대적으로 요구됩니다. 그래서 요한은 "무릇 하나님께로부터 난 자마다 세상을 이기느니라. 세상을 이기는 승리는 이것이니 우리의 믿음이니라"라고 말한 것입니다(요일 5:4). 악한 마귀는 죄의 유혹, 시험, 의심, 박해 등 온갖 종류의 불화살을 마구 쏘아 대며 성도들을 태워 없애려고 합니다. 이 무시무시한 불을 끌 수 있는 유일한 방법은 주님을 굳게 믿고 나아가는 것뿐입니다. 그래서 베드로 또한 같은 권면을 하는 것입니다. "근신하라. 깨어라. 너희 대적 마귀가 우는 사자같이 두루 다니며 삼킬 자를 찾나니 너희는 믿음을 굳건하게 하여 그를 대적하라"(벧전 5:8-9).

다섯째 부분은 "구원의 투구"입니다(17절 상). 로마 군인들은 머리를 보호하기 위해 청동으로 된 투구를 썼는데 도끼나 망치가 아니면 이 투구를 뚫을 수가 없었습니다. 그런데 성도들이 헬멧처럼 머리에 써야 할 투구가 구원이라고 바울은 말합니다. 구원은 이미 예수님을 통해서 성도들에게 주신 선물입니다(엡 2:8). 이 구원은 영원토록 변경되지 않고 소멸되지 않습니다. 구원자 하나님의 무효화 없이는 어떠한 환난이나 곤고나 박해나 기근이나 위험이나 칼이나 사망이나 권력자나 천사들도 우리의 구원을 취소할 수 없습니다(롬 8:35-39). 구원을 받은 사람들은 영원한 생명을 얻습니다. 하나님의 자녀가 되는 권세를 얻습니다. 천국의 시민이 누리는 특권을 얻습니다. 예수 그리스도와 함께 하나님의 영광과 기업을 상속으로 받습니다. 이러한 생각으로 우리의 머리를 가득 채울 때 우리는 그 어떠한 사탄의 간계에도 흔들리지 않을 것입니다.

여섯째 부분은 "성령의 검"입니다(17절 하). 여기 검은 로마 군인들이 적과 싸울 때 사용하던 길이 60cm, 폭 5cm 정도의 비교적 짧고 예리한 칼로, 로마 군인들은 왼손으로는 방패를 들고 오른손으로는 이 칼을 들고 적과 싸웠습니다. 그런데 바울은 이를 '성령의 검', 곧 '하나님의 말씀'이라고 말합니다. 여기 하나님의 말씀과 성령을 결부시키는 것은 하나님의 말씀이 성령의 감동으로 기록되었기 때문입니다. 아울러 성령의 조명이 있을 때만이 하나님의 말씀을 제대로 깨달을 수 있기 때문입니다. 본문의 검은 전신 갑주의 여섯 장비 중 유일한 공격용 무기입니다. 우리가 제아무리 잘 방어를 한다고 해도 그것으로는 부족합니다. 공격이 최선의 방어이기 때문입니다. 그러므로 우리는 수비하는 데만 급급할 것이 아니라 그리스도께서 말씀으로 사탄의 시험을 이기셨던 것처럼 말씀을 적극 활용해서 사탄과의 영적 싸움에서 승리해야 할 것입니다.

제6장
빌립보서

배경과 지도

배경

주후 63년경 로마 감옥에서 쓴 또 하나의 옥중서신인 빌립보서는 바울
이 2차 선교 여행 중에 개척한 빌립보 교회에 보낸 편지로 대표적인 상
황서신입니다. 사도는 자신의 상황과 빌립보 교회가 처한 상황에 대처
하기 위해 본 서신을 기록했는데, 저작 동기는 다음 네 가지로 압축될
수 있습니다. 첫째, 감옥에 갇힌 자신을 걱정하는 빌립보 성도들에게 자
신의 상황과 복음의 진보를 알리기 위해서였습니다(빌 1:12). 둘째, 빌립
보 성도들이 보내준 헌금에 대해 감사를 표하기 위해(빌 4:10-20), 그리고
그 헌금을 가져왔다가 병에 걸려 죽을 뻔한 에바브로디도를 칭찬하기
위해서였습니다(빌 2:28-30). 이 모든 일의 근저에는 바울의 마음속에 가
득한 '기쁨'이 있었습니다. 셋째, 빌립보 교회의 내부적 위협인 내분 소
식을 듣고 그들이 한마음이 되도록 권면하기 위해서였습니다(빌 2:1-18;

4:2-3). 넷째, 빌립보 교회의 외부적 위협인 유대인들의 악한 선전술에 대응하기 위해서였습니다(빌 3:1-4:1).

지도

빌립보서 역시 첫 장에 길 안내 지도가 제시되고 있습니다. 이러한 사실은 바울 사도가 첫 장에서 어떤 낱말을 빈번히 사용하고 있는지만 점검해 보아도 쉽게 알 수 있습니다.

빌립보서에서 가장 많이 되풀이되고 있는 단어는 '그리스도'입니다. 4장으로 된 이 짧은 편지에 이 용어는 무려 36번 등장합니다. 그리고 그것의 정확히 절반인 18번이 1장에 나오는데, 그중 감사 단락(빌 1:3-11)에만 4번 쓰였습니다. "너희 안에서 착한 일을 시작하신 이가 **그리스도** 예수의 날까지 이루실 줄을 우리는 확신하노라"(빌 1:6). "내가 예수 **그리스도**의 심장으로 너희 무리를 얼마나 사모하는지 하나님이 내 증인이시니라"(빌 1:8). "너희로 지극히 선한 것을 분별하며 또 진실하여 허물없이 **그리스도**의 날까지 이르고 예수 **그리스도**로 말미암아 의의 열매가 가득하여 하나님의 영광과 찬송이 되기를 원하노라"(빌 1:10-11). 이 주제를 받아서 이어지는 2장부터 마지막 4장까지 각 장마다 '그리스도'라는 단어가 언급됩니다(2장에 5번, 3장에 8번, 4장에 5번). 특히, 2장에서는 겸손의 본을 보인 그리스도 찬송시가 소개됩니다(빌 2:5-11).

이 편지에서 '그리스도' 다음으로 바울이 애용하는 용어는 '기쁨'입니다. '기쁨' 혹은 '기뻐하다'라는 용어는 편지 전체에서 총 16번 등장하는데, 그중 1장만 4번 언급됩니다. "간구할 때마다 너희 무리를 위하여 **기쁨**으로 항상 간구함은"(빌 1:4). "그러면 무엇이냐? 겉치레로 하나 참으로 하나 무슨 방도로 하든지 전파되는 것은 그리스도니 이로써 나는 **기뻐하고** 또한 **기뻐하리라**"(빌 1:18). "내가 살 것과 너희 믿음의 진보와 **기쁨**을 위하여 너희 무리와 함께 거할 이것을 확실히 아노니"(빌 1:25).

그리고 이어서 매 장마다 이 기쁨의 주제가 거론됩니다. 장 별로 한 절씩만 뽑아 보면 다음과 같습니다. "만일 니희 믿음의 제물과 섬김 위에 내가 나를 전제로 드릴지라도 나는 **기뻐하고** 너희 무리와 함께 **기뻐하리니** 이와 같이 너희도 **기뻐하고** 나와 함께 **기뻐하라**"(빌 2:17-18), "끝으로 나의 형제들아 주 안에서 **기뻐하라**. 너희에게 같은 말을 쓰는 것이 내게는 수고로움이 없고 너희에게는 안전하니라"(빌 3:1), "주 안에서 항상 **기뻐하라**. 내가 다시 말하노니 **기뻐하라**"(빌 4:4).

사실 빌립보서를 쓰는 바울이나 빌립보서를 받아 읽는 빌립보 교인들이나 상황적으로 보면 기뻐할 조건이 하나도 없는 상태입니다. 사도는 지금 옥에 갇혀서 무죄 석방될 것이냐 사형 선고를 받을 것이냐 생사의 갈림길에 서 있었습니다. 빌립보 교회 또한 환난과 궁핍과 내분이라는 삼중고에 시달리고 있었습니다. 이러한 극한 상황 속에서도 '그리스도'를 전폭적으로 의지하는 심령은 말로 다 할 수 없는 '기쁨'을 누릴 수 있음을 미리 빌립보 교인들에게 일러주기 위해 비울 사도는 편지 첫 장에서부터 '그리스도'와 '기쁨'이라는 용어를 반복해서 사용하고 있는 것입니다.[65]

장별 제목 붙이기

빌립보서는 총 4장으로 되어있는데, 먼저 첫 장은 전체 로드 맵으로 '기쁨'을 제시합니다. 그래서 1장은 기쁨 이렇게 두 글자로 기억하시면 되 겠습니다. 기쁨이 넘치자 바울이 찬가를 불렀습니다. 그래서 2장은 찬 가(그리스도에 대한 **찬가**)입니다. 그러자 '개들'도 '주님'을 찬양했습니다. 그래서 차례로 3장 개들(**개들**을 삼가라는 권면), 4장 주님(**주님** 안에서 ~하라는 권면)입니다.

<빌립보서 각 장 제목 두 글자 도표>

1장	2장	3장	4장
기쁨	찬가	개들	주님

1장 기쁨

(사도의 기쁨)

빌립보서는 당시의 일반 편지 형식을 그 대로 따릅니다. 그래서 편지 서두가 발신 인(1절 상), 수신인(1절 하), 문안 인사(2절) 순으로 배열되어 있습니다. 편지를 보내 는 발신인은 '바울'입니다. 그리고 공동 발신인은 '디모데'입니다. 바울은 자신과 디모데를 '그리스도의 종'이라고 표현합니다. 종(헬. '둘로스')은 '노예'로 로마 시 인구의 1/3이 노예였고, 빌립보 시의 경우에는 인구의 1/5 정도 가 노예였습니다. 발신인 부분에서 바울이 자신을 '그리스도 예수의 노 예'라고만 언급하는 것은 바울서신 중 이곳이 유일합니다. 빌립보서에 서 가장 중요한 구절인 그리스도에 대한 찬가에서 바울은 그리스도께서 '자기를 비워서 노예의 모습을 취하신 것'을 찬양합니다(빌 2:6-11). 따라서 자청해서 노예가 되신 주님을 본받아 나와 디모데도 노예처럼 섬기고 있으니 너희 빌립보 교인들도 서로 다투지 말고 이러한 섬김의 본을 받으라고 수신자들에게 은근히 압력을 가하고 있는 것입니다.

이어서 편지 받는 수신자가 소개됩니다. "그리스도 예수 안에서 빌립보에 사는 모든 성도와 또한 감독들과 집사들에게 편지하노니"(1절 하). 보통 바울서신의 수신자는 지역 교회 성도들인데, 여기서는 별도로 '감독들과 집사들'이 언급됩니다. 이 '감독들과 집사들'이라는 명칭은 초대 교회사에서 보면 2세기 때부터 한 사람의 강력한 리더십 체제로 이루어졌기에 이미 확고하게 구분된 교회의 직분으로 보는 것은 무리입니다. 따라서 이들은 전체적인 교회의 지도자들을 일컫는 표현으로 보는 것이 좋을 것 같습니다. 바울이 다른 서신들과 달리 이들을 특별히 언급한 이유는 이들이 바울에게 보내는 헌금을 준비한 사람들이었기 때문일 것입니다. 바울은 이들을 여기에 언급함으로써 감사의 표시를 하고 있는 것입니다.

편지 여는 말을 트레이드마크와 같은 인사말 '은혜와 평강'으로 마감한 후에, 곧바로 감사 단락(3-11절)이 이어집니다. 바울은 먼저 감사 동사(헬. '유카리스테오')를 사용하여 감사 단락의 문을 엽니다. 그는 빌립보 성도들을 생각할 때마다 하나님께 감사한다고 말하면서 두 가지 감사의 이유를 제시합니다. 첫 번째 감사 이유는 빌립보 성도들이 복음을 전하는 일에 첫날부터 동참해 왔기 때문입니다(5절). 그들은 예수님을 믿었던 첫날부터 바울의 선교 파트너로 동참했습니다. 그래서 바울은 하나님께 감사하는 것입니다. 두 번째 감사 이유는 빌립보 성도들 안에서 착한 일, 즉 구원을 시작하신 이가 그리스도 예수의 날, 곧 재림 때까지 그 구원을 완성하시리라는 것을 확신하기 때문입니다(6절).

감사 단락은 종종 수신자들에 대한 기도로 마무리가 되는데, 본 서신에서도 그러한 관습을 그대로 따릅니다. 여기서 바울의 기도 제목은 빌립보 성도들의 '사랑의 증가'입니다. 바울이 그들의 사랑이 더욱 증가하도록 기도하고 있는 이유는 그들 안에 내분이 있었기 때문입니다. 그래서 바울은 그들에게 근본적으로 사랑이 있는 것을 인정하고, 그 사랑이 점점 더 풍성하기를 바란다고 기도하는 것입니다(9-11절).

기도로 감사 단락을 마친 후, 바울은 바로 편지 본론으로 들어갑니다(12절). 여기서 바울은 매임이라는 단어를 세 번(13, 14, 17절) 사용하여 자신이 현재 가택 연금되어 있음을 암시합니다. 하지만 바울은 고통당하는 어려운 상황 자체에 대해서는 입도 뻥긋하지 않습니다. 그의 관심은 자신의 처량한 처지가 아니라 오로지 복음 전파입니다. 바울은 본문에서 '매임'(헬. '데스모스')과 '진보'(헬. '프로코페')라는 말을 서로 대비시키면서 자신의 매임이 복음을 가두지 못하고 도리어 진보시켰다고 말합니다(12-13절). 비록 바울은 갇혔지만, 복음은 갇히지 않았습니다. 오히려 바울이 꼼짝없이 갇힘으로 인해 복음은 더 활발하게 전파되었습니다.[66]

어떻게 이런 일이 가능했을까요? 당시 로마 시위대의 규모는 9천 명 정도였는데, 바울은 감금 생활 내내 시위 대장의 감독을 받았습니다. 그는 낮이든지 밤이든지 결코 혼자 있는 법이 없었습니다. 시위대 병사들이 주야로 감시해야 했기 때문에 번갈아 지키는 병사들에게 바울은 수다맨처럼 쉬지 않고 침 튀겨가면서 복음을 증거했을 것입니다. 이와 같은 일을 최소 2년간은 했으니 얼마나 많은 사람이 복음을 들었겠습니까?[67] 평상시 초대 교회가 로마 황제의 친위대에게 복음을 선포하는 기회를 얻기란 하늘의 별 따기였습니다. 그러나 자신이 가택 연금됨으 인해 바울은 친위대를 접촉할 기회를 얻었고 더 나아가서 복음 때문에 재판을 받게 됨으로 재판 과정 중에 로마의 관리들에게도 복음을 전할 기회를 얻었던 것입니다.

아울러 비록 바울은 구속되었지만, 그로 인해 좋은 동기이든 나쁜 동기이든 예수를 전파하는 사람들이 늘어났고 그 결과 예수 믿는 사람들이 생겨나게 되었습니다. 그래서 사도는 자신의 상황과 상관없이 어떤 식으로든 그리스도가 전파되니 "나는 기뻐하고 또 기뻐하노라"라고 고백하는 것입니다(14-18절).

"너 왜 그렇게 수심에 가득 차 있니?", "왜 기쁨을 잃었니?" 이렇게 물으면 "나 시험을 망쳤어", "나 바람맞았어"라며 항상 우리는 초점을 '나'에게 둡니다. 그러다 보니 수준 높은 차원의 기쁨을 누리지 못하는 것입니다. 우리는 기쁨의 근거를 내가 아닌 하나님께 두어야 합니다. 자신을 내려놓고 오로지 예수 그리스도에 초점을 맞추어야 합니다. 바울처럼 자신의 상황이 아닌 오직 예수 그리스도가 전파된다는 데 초점을 두면 우리도 그와 같이 기뻐할 수 있을 것입니다.

대학교 다닐 때 학내에 JOY 선교회라는 기독교 선교 단체가 있었는데, 여기서 JOY(기쁨)란 Jesus first, Others second, You third이 두문자어입니다. 나 중심에서 하나님 중심과 타인 중심으로 사고를 전환하면 우리가 어떤 상황에 있든 기쁨이 샘솟을 수 있다는 말입니다.

2장 찬가
(그리스도에 대한 찬가)

전 장을 마무리하면서 사도는 빌립보 성도들에게 그리스도의 복음에 합당하게 생활하라고 권고하면서 그러기 위해서는 모두가 한마음으로 똘똘 뭉쳐서 외부의 박해를 대항해야 한다고 말했습니다 (빌 1:27-30). 그리고 이제 본 장을 시작하면서 공동체 내부의 관계에 집중하여 다시 한번 한마음을 품으라고 주문합니다(1-2절).

바울은 교회가 하나 되기 위해서 빌립보 성도들이 하지 말아야 할 것 2가지를 언급합니다. 첫째, 다투지 말아야 합니다(3절 상). 이는 고린도 성도들처럼 이기심에 근거한 분파주의에 따라 행동하지 말라는 말입니다. 둘째, 어떤 일을 하든지 허영으로 하지 말아야 합니다(3절 중). 이는 자기 자신을 실제보다 높게 생각하는 과대망상이나 그렇게 보이려고 하는 헛된 생각에 따라 행동하지 말라는 것입니다. 대신에 사도는 겸손한 마음을 가지고 남들을 자신보다 낮게 여기라고 말합니다(3절 하). '겸손'(헬. '타페이노프로쉬네')이라는 단어 자체가 '낮다'(헬. '타페이노스')라는 단어에 '생각'(헬. '프로쉬네')이라는 단어를 합쳐서 만든 말로 자기 자신을 과대평가하지 않고 상대보다 낮게 생각하는 것을 의미합니다. 다른 말로 하면, 상대를 자신보다 낮게 여기는 것입니다. 바울 당시의 세상적인 관점에서 '겸손'은 결코 미덕이 아니었습니다. 그레코-로만 시대에 겸손은 노예들에게 해당되는 것이었습니다. 자기를 높일 수 있는 근거가

1도 없어서 자연적으로 갖게 된 특성이 바로 겸손이었습니다. 하지만 기독교에서는 겸손을 사랑과 더불어 최고의 미덕으로 간주합니다.

겸손은 어떤 관점에서 보느냐에 따라 두 가지 측면이 있는데 수직적 측면, 즉 하나님 앞에서 가지는 측면과 수평적 측면, 곧 사람과 사람 사이의 관계에서 가지는 측면입니다. 먼저 겸손이 하나님과의 관계 속에서 나타나게 되면 사람은 하나님의 말씀을 듣고 순종하고 의시하고 기도하게 됩니다. 그러면 이는 사람과의 관계 속에서 드러나게 되어 상대를 존중하고 섬기는 쪽으로 표현되게 됩니다. 이런 겸손의 대표적인 모델이 우리 주님이십니다. 그래서 바울은 후속 절에서 겸손의 화신(化身)이신 예수 그리스도에 대해 찬가를 부르는 것입니다. 예수님께서는 겸손의 극치를 보여주셨습니다. 그는 실로 창조주 하나님이셨으나 성육신하여 피조물인 인간이 되셨고, 인간 중에서도 비천한 종으로 내려가셨으며, 거기서도 더 내려가셔서 극형의 죄수나 달리는 십자가에 죽으심으로 극단적으로 자신을 낮추셨습니다(6-8절). 주님의 지상 생애 전부가 낮아지심의 끝없는 연속이었지만, 특별히 8절에 나오는 능동태 동사 '낮추시고'(헬. '에타페이노센')는 주님이 자발적으로 자원하신 낮은 자리라는 자발적 선택을 강조합니다.[68]

여러분은 어떻습니까? 우리 주님처럼 할 수만 있다면 가장 낮은 자리를 자발적으로 선택하고 계십니까? 오늘날 한국 기독교가 길을 잃은 것은 낮아지고 종이 되고 권리를 포기하고 비우지 않은 채 손을 뻗어서 주장할 수 있는 권리라고 여기는 것은 죄다 갖고 싶어하는 데 있습니다. 교인들은 말할 것도 없고 하나님의 종이라고 자처하는 목회자들까지도 큰 교회, 유명한 목사, 수많은 저술, 영향력 있는 사람이 되는 것에 안달하는 데 있습니다. 교회의 생명과 복음의 권능은 높아지고 남들에게 인정받고 싶어하는 데 있는 것이 아니라 종이 되고 낮아지는 데에 있음을 주지하고 이 주님의 자발적 낮추심으로 속히 회귀하는 게 실추된 조국 교회의 위상을 회복하는 데 급선무입니다.

언뜻 보면 이 세상에서는 힘의 논리가 이기는 것 같습니다. 결국 높은 자리에 올라가고, 돈이 많고, 재능이 많고, 사람들의 지지를 받고, 좋은 학벌과 능력이 있는 사람이 다 갖는 것 같아 보입니다. 그래서 내가 나를 보호하지 않고 낮추고 희생하고 다 내팽개치고 살면 나만 손해라고 생각하기 쉽습니다. 그런데 과연 그럴까요? "이러므로 하나님이 그를 지극히 높여 모든 이름 위에 뛰어난 이름을 주사 하늘에 있는 자들과 땅에 있는 자들과 땅 아래 있는 자들로 모든 무릎을 예수의 이름에 꿇게 하시고 모든 입으로 예수 그리스도를 주라 시인하여 하나님 아버지께 영광을 돌리게 하셨느니라"(9-11절). 여기 그리스도의 승귀(昇貴)의 찬가가 '이러므로 하나님이'로 시작한다는 점을 주목하세요. 이 거센 세상의 물결 가운데서도 주님의 마음을 붙들고 살고, 복음에 합당하게 사는 원인이 있다고 하면 그것이 끝이 아닙니다. '이러므로 하나님이'라는 결과가 반드시 뒤따릅니다. 세상은 불의해도 하나님은 불의하신 분이 아닙니다. 하나님은 우리가 뿌린 것에 대해 반드시 결과와 열매를 주시는 분입니다. 하나님은 죽기까지 자신을 낮추신 예수님을 지극히 높여 모든 이름 위에 뛰어난 이름, 즉 구약의 여호와에 해당하는 '주님'(헬. '퀴리오스')이라는 이름을 주셨고 하늘에 사는 천사들이나 땅 위에 사는 사람들이나, 심지어 땅 아래의 악령들까지도 '퀴리오스'이신 예수님에게 무릎을 꿇고 그를 예배하게 하셨습니다.

우리가 본문에서 한 가지 주목할 점이 있는데, 그것은 예수께서 자신을 들어 올리신 게 아니라는 것입니다. 그것은 하나님이 하신 일입니다. 주님께서 하신 행동은 비하(卑下)뿐이었습니다. 그러자 하나님께서 그를 승귀(昇貴)시켜 주셨습니다. 마찬가지로 우리는 우리가 취해야 할 행동만 하면 됩니다. 그다음 단계는 하나님이 친히 행하실 것입니다. 할렐루야!

3장 개들
(개들을 삼가라는 권면)

본 장에서 바울은 빌립보 성도들이 특히 조심해야 할 자들을 언급합니다. "개들을 삼가고 행악하는 자들을 삼가고 몸을 상해하는 일을 삼가라"(2절). 사도는 성도들이 경계를 늦추지 말아야 할 자들을 '개들'이라고 지칭합니다. 일반적으로 사람을 '개'에 비유하면 저속한 모욕으로 간주하지만, 이는 종교적 진술입니다. 유대인에게 개는 독특한 종교적인 의미를 지니고 있었습니다. 그것은 이방인, 곧 언약 공동체에 소속되지 않기 때문에 의식적으로 불결한 자로 간주되는 사람들을 가리켰습니다. 그런데 그리스도가 가져온 위대한 반전은 개, 즉 이방인으로 간주해야 할 자가 바로 유대주의자라는 것입니다. 유대주의자들은 더 이상 하나님의 거룩한 백성이 아니고 개들이며, 의인들이 아니라 행악자들이고, 그들의 할례도 하나님의 백성 됨의 표징이 아니라 단순히 신체의 일부를 떼어낸 것에 불과합니다. 그러므로 바울은 이들을 조심하라고 권면하는 것입니다.

하나님은 유대인들을 하나님의 백성으로 선택하시고, 그들과 언약을 체결하셨습니다. 그리고 하나님의 언약 백성의 표시로 할례를 받게 했습니다. 그런데 유대인들은 하나님께서 그들에게 주신 복과 은혜를 특권의식으로 바꿔놓았습니다. 우리는 선택받은 민족이라는 선민의식, 특권의식으로 하나님의 은혜와 복을 전부 변질시켜 놓았습니다. 하나님이 아브라함을 부르시고 유대 민족을 선택하실 때 기대하신 것은 그들을 통해 열방이 복을 받도록, 그들이 복의 근원이 되고 복의 통로가 되도록 부르신 것입니다. 그런데 그 부르심의 본질을 까맣게 잊어버리고 이방인들을 개처럼 여기고 무시했기 때문에 아이러니하게도 유대인들이 지금 개 취급당하고 있는 것입니다.

하나님께서 우리의 만 가지 죄악을 그리스도의 보혈로 덮어주시고, 직장을 통해 일용할 양식을 공급해주시며, 삶을 윤택하게 해주실 때, 우리가 받은 은혜와 복을 유대인들처럼 특권의식으로 변질시켜서 남들을 개처럼 여기고 무시해서는 절대로 안 될 것입니다. 빚진 자 의식을 갖고 하나님께서 베풀어주신 헤아릴 수 없는 은혜와 축복을 우리 이웃에게 흘려보내서 그들을 윤택하게 하고 그들의 삶이 복되게 해야 할 것입니다.[69] 복의 통로로서의 사명을 망각하고 다른 사람들을 개무시하면 하나님께 개무시당한다는 사실을 결코 잊지 말아야 할 것입니다.

이어서 사도는 유대주의자들이 할례당이 아니라 신자가 할례당이라고 말합니다(3절). 신자는 성령의 역사를 통해 마음에 할례받은 자들입니다(참고, 롬 2:28-29). 그 결과 신자는 성령의 인도함을 받아 하나님을 섬깁니다. 신자는 유대주의자들처럼 육신이나 세상의 것들을 자랑하지 않고 오로지 그리스도 예수를 자랑합니다. 개들은 이러한 신자의 정체성에 반하는 사람들입니다. 그러므로 그들과 가까이하면 할수록 신자는 자신의 정체성에 어긋나는 삶을 살게 됩니다. 그렇게 되면 바울이 빌립보서에게 그토록 강조하는 기쁨을 상실하게 됩니다.

후속 절에서 사도는 자신의 과거를 이야기하면서 자신도 한때는 유대주의자들처럼 육신을 자랑하던 자였음을 고백합니다. 본문에서 바울은 선천적으로 태어날 때부터 조상에게 유산으로 물려받은 것(5절)과 후천적으로 자신이 노력해서 성취해 낸 것(6절)을 자랑합니다. 먼저 바울이 유산으로 물려받은 것을 보면 크게 4가지입니다. 첫째, 그는 태어난 지 8일 만에 할례를 받은 사람입니다. 이는 자신은 할례를 받았고, 너희 이방인들은 할례를 안 받았으니까 종자가 다르다는 말입니다. 둘째, 바울은 선민 이스라엘 백성입니다. 셋째, 그는 초대 왕 사울을 탄생시킨 베냐민 지파 사람입니다. 넷째, 그는 히브리인 중의 히브리인입니다. 다시 말해서, 비록 이방 땅에서 태어났지만, 그 당시 유대인들이 사용하던 아람어를 말하고 쓸 줄 아는 진짜 유대인입니다.

이어서 노력하여 성취해 낸 것을 보면 크게 3가지로 압축되는데, 첫째, 율법적으로 보면 바리새파였습니다. 바리새인들은 당시 백성들로부터 가장 존경을 받던 사람들로, 1세기 당시 바리새인들은 4,000-6,000명 정도가 있었는데, 그중에서도 바울은 가장 유명한 율법 교사였던 가말리엘 문하에서 공부했기에 그들 중에 탑 클래스에 있었습니다. 둘째, 자신의 확신에 따라 목숨을 바쳐 열정적으로 교회를 핍박하던 자였습니다(참고, 행 26:9). 셋째, 율법의 의로는 흠잡을 데가 없는 사람이었습니다. 하지만 그가 예수 믿는 자들을 일망타진하기 위해 다메섹으로 가던 도중 예수를 만나고 나서 이러한 자랑들은 공든 탑이 무너지듯 한순간에 허물어지고 말았습니다. 바울은 예수를 만난 후 자신이 과거에 자랑거리로 여기던 것들, 유익이라고 생각했던 것들이 모두 해로운 것이 되었다고 고백합니다(7절). 모든 가치가 뒤집히는 가치전도(價値顚倒)가 이루어진 것입니다. 그것은 그리스도 때문에 일어났습니다.

예수를 만난 후 바울은 이분은 무슨 수를 써서라도 얻어야 할 가치가 있는 분이라는 것을 깨닫고 예전에 자신이 자랑스럽게 생각하던 모든 것들을 배설물로 여겼습니다(8절). 최영 장군이 황금 보기를 돌같이 여겼다면 사도 바울은 거기서 한 걸음 더 나아가 똥같이 간주했습니다. 결국 인생의 성패는 무엇을 자랑하느냐에 좌우됩니다. 개들은 육신을 자랑하는 자들입니다. 그래서 그들은 육신의 욕망을 따라 배의 신을 섬깁니다(19절). 이러한 그들의 육신 자랑은 심판의 수치를 가져올 것입니다. 결국 멸망당할 것입니다. 반면에 신자들은 예수를 자랑하는 자들입니다. 그들은 성령의 인도함을 따라서 하나님을 섬깁니다. 그들의 예수 자랑은 부활의 영광을 가져올 것입니다. 종국에 구원받을 것입니다.

4장 주님

(주님 안에서 ~하라는 권면)

MY LORD

앞 장에서 공동체 밖에서 빌립보 교회를 위협하는 '개들'에 대해 경고했던 바울은 이제 본 장에서 공동체 안에서 교회를 힘들게 하는 두 여성 리더들을 향해 권면합니다. 이 장을 시작하면서 바울은 3장에서 시작한 논의를 결말짓는 권면을 합니다. 그는 대적들의 핍박이 있지만 빌립보 교인들은 단결하여 굳게 서 있으로라고 권면합니다(1절). 그리고 이어서 빌립보 교회 안에서 발생한 내분에 대해서도 같은 마음을 품으라고 권면합니다(2절). 2장에서도 사도는 "같은 마음을 품으라", "같은 생각을 가지라"라고 권고한 바 있는데(빌 2:1-2), 그것은 교회 전체에게 주었던 권고였습니다. 하지만 지금은 두 여성 지도자 유오디아와 순두게에게 하는 것입니다. 사실 빌립보 교회는 루디아라는 부유한 여성의 집에서 출발했습니다. 그러므로 바울이 개척한 다른 어떤 지역 교회보다도 이 교회는 여성들의 파워와 입김이 거센 교회였습니다. 그래서 솔선수범을 보여야 할 지도자들이 한마음이 되지 못하고 오히려 분규의 중심에 있었습니다. 두 여성은 서로 다른 생각들을 가지고 있었으며 서로 자기 생각이 옳다고 주장했을 것입니다. 그래서 그들 간에 다툼이 일자 바울은 한마음을 가지라고 권면한 것입니다. 그런데 같은 마음을 품는 것은 저절로 되지 않습니다. 그것은 '주님 안에서'만 가능합니다. 그런 연고로 바울은 대부분의 권면 앞에 '주 안에서'라는 단서를 붙여서 권면하는 것입니다.[70] 자기 자신이 주님 안에 있는 자라는 사실을 인식할 때, 즉 예수 그리스도께서 자신의 삶의 주라는 것을 새롭게 깨닫고 그분의 뜻을 따르고자 할 때 우리는 각자의 생각이 옳다고 우겨대는 행위를 중단하고 주님의 뜻을 모색할 것입니다. 그래야 비로소 같은 생각을 품게 됩니다.

　　바울의 권면의 중심에 서 있는 두 여인 유오디아와 순두게는 안타깝게도 자신들의 이름과 정반대된 삶을 살고 있었습니다. '유오디아'라는 이름은 '향기'를 뜻하는 '유오오디아'와 발음이 비슷합니다. 그러나 그녀는 생명의 향기가 아니라 죽음의 악취를 풍겼습니다. 또한 '순두게'라는 이름은 '함께 멍에를 지다' 혹은 '협력하다'라는 의미인데, 협력은 고사하고 속된 말로 박 터지게 싸웠습니다. 이 둘은 자신들의 이름의 의미와 동떨어진 삶을 살았습니다. 이 외에도 이름에 걸맞지 않게 산 사람들이 신약성경에 여럿 등장합니다. 유다는 '찬송'이라는 좋은 의미인데, 가룟 유다는 스승을 은 30냥에 팔아버림으로 배신자라는 오명을 남겼습니다. 아나니아와 삽비라는 각각 '은혜롭다', '아름답다'라는 뜻의 이름을 부여받았지만 그들의 위선적인 삶으로 말미암아 하나님의 심판을 받고 추하게 인생을 마감했습니다. 반면에, 바울은 '작은 자'라는 초라한 이름을 지녔지만 한평생 주님을 위해 충성을 다함으로 이천 년 기독교 역사상 가장 큰 자라고 불리게 되었습니다. 그러므로 우리는 거창한 이름보다는 개똥이, 쇠똥이처럼 겸손이 철철 흘러넘치는 이름을 오히려 선호해야 할 것입니다.

이어서 사도는 '주님 안에서' 기뻐하라고 권면합니다(4절. 참고, 10절). 빌립보서에 등장하는 수많은 권면 중 가장 핵심적인 권면은 "기뻐하라"는 것입니다. 바울은 수시로 기뻐하라고 권면합니다. 그런데 이 기쁨은 환경에 기인한 것이 아닙니다. 바울은 곧 있을 재판 결과에 따라 사형을 당할 수도 있는 처지에 있었기 때문입니다. 그리스도인이 경험하는 기쁨은 근본적으로 주님과의 관계에서 나오는 것이며 이는 성령의 열매입니다(갈 5:22). 주님 안에서 누리는 기쁨은 하나님이 어려운 환경을 뛰어넘게 하시고 결국 구원으로 이끄시리라는 깊은 확신 속에서 경험하는 것입니다(시 40:16-17; 63:7; 126:5-6).[71]

바울은 또한 빌립보 교인들에게 '주님 안에서' 자족하기를 배우라고 권면합니다. "어떠한 형편에든지 나는 자족하기를 배웠노니 나는 비천에 처할 줄도 알고 풍부에 처할 줄도 알아 모든 일 곧 배부름과 배고픔과 풍부와 궁핍에도 처할 줄 아는 일체의 비결을 배웠노라. 내게 능력 주시는 자 안에서 내가 모든 것을 할 수 있느니라"(11-13절). 13절의 "내게 능력 주시는 자 안에서 내가 모든 것을 할 수 있느니라"라는 구절은 우리나라 성도들이 가장 좋아하는 성구 중 하나로, 이 구절만 따로 떼어서 보면 주님 안에서 우리가 모든 것을 다 할 수 있다고 말하는 것처럼 보입니다. 그래서 믿는 자는 지붕 위에서 뛰어내려도 다치지 않는다고 생각하고 슈퍼맨처럼 진짜 뛰어내리면 큰코다칩니다. 이 구절의 '모두 것'은 바로 앞 절의 '비천에 처하는 것'과 '풍부에 처하는 것'을 지칭합니다. 따라서 본 구절은 사도는 비천에 처해도, 풍부에 처해도 자신에게 능력 주시는 성령님에 힘입어 자족할 수 있게 되었다는 말입니다. 돈이 없어서 수모를 당할 때 마음속으로 불평하거나 억울해하거나 분노하거나 낙심하거나 신세 한탄하지 않고 잘 견뎌 내는 것이 자족의 첫 번째 모습입니다. 부자가 되고 사람들의 존경을 받는 자리에 올라가더라도 그것에 함몰되어서 남들을 무시하거나 하대하지 않고 재물을 주신 하나님의 마음을 헤아려서 하나님을 영화롭게 하고 이웃을 윤택하게 하는 데 재물을 사용하는 것이 자족의 두 번째 모습입니다.

그런데 이런 자족하는 모습은 은혜만 받는다고 저절로 습득되는 것이 아닙니다. 바울은 "나는 자족하기를 배웠노니"(11절), "일체의 비결을 배웠노라"(12절)라고 말함으로 배움의 중요성을 강조합니다. 우리는 배우지 않으면 절대 터득하고 알 수 없는 죄인들입니다. 머리로는 아는 것 같지만 절대로 가슴이 같이 가지 않습니다. 가난한 사람을 보면 불쌍하다고 말할 수는 있지만 작은 것들을 흘려보내서 그들의 아픔을 어떤 형태로든지 보듬어 주려고 하는 마음은 몸으로 부딪쳐서 직접 배우지 않으면 절대로 가질 수 없습니다. 그래서 하나님은 때로 우리를 이 땅에서 가장 낮은 자리, 실패한 자리, 연약한 자리에 처하게 하시는 것입니다. 그런 비천한 자리에 처하지 않으면 우리는 배우지 못하기 때문입니다.[72]

하지만 아무리 배워도 우리 힘으로는 한계가 있습니다. 그래서 바울은 "내게 능력 주신 자 안에서 내가 모든 것을 할 수 있느니라"(13절)라고 고백합니다. 만족하는 마음을 갖기 위해서 필요한 다른 하나는 '성령의 능력'입니다. 성령 충만할 때, 성령이 우리 안에 강하게 역사할 때 비로소 만족한 삶을 살 수 있는 것입니다. 배우는 것은 우리 자신에게 달려 있고, 능력 주시는 것은 성령님에게 달려 있습니다. 이 둘 중 하나라도 없으면 우리는 결코 만족스러운 삶을 살 수 없습니다.

제7장
골로새서

배경과 지도

배경

사도 바울이 골로새서를 기록하게 된 이유는 골로새 교회가 직면한 문제를 해결하기 위함이었습니다. 이 교회는 거짓 교사들의 위협을 받고 있었습니다. 이들은 유대교의 금욕적 신비주의의 영향을 받아서 신비 체험을 통해 최고의 경건과 영적 만족을 추구하는 유대 그리스도인들이었습니다. 이 가짜 선생들은 자신들의 종교적 체험을 과시하면서 골로새 교인들을 미혹하려고 했습니다. 이들은 먹을 것과 마실 것, 그리고 초하루와 절기와 안식일에 관한 규정들을 지키고 육체를 금식 등을 통해 고통스럽게 함으로써 영혼이 정결하게 되어야 하나님을 예배하는 천사들의 환상을 볼 수 있다고 주장하였습니다. 거짓 교사들은 규정들을 지키지 않는 골로새 교인들을 불경건하다고 비판하였습니다. 그리고 천사들의 환상을 보지 못한 골로새 교인들을 부정한 죄인들이라고 정죄했습니다. 이들은 그리스도를 믿는 초보 단계에 머물지 말고 신비한 영적 체험을 추구함으로써 경건의 높은 단계에 도달해야 한다고 가르쳤습니다(골 2:16-21). 골로새 교회의 일부 교인들은 이들의 가르침에 미혹되어서 이들이 요구하는 엄격한 금지 규정을 지켰습니다.[73]

사도는 골로새 교인들이 이 이단 사설을 주장하는 자들에게 미혹되어 신앙이 흔들리는 것을 묵과할 수가 없었습니다. 그래서 기독교 신앙이란 이 가짜 교사들의 주장과는 달리 체험 중심적인 것이 아니라 그리스도 중심적인 것임을 인지시키기 위해 로마에서 가택에 연금되어 있던 주후 60년경에 이 편지를 쓰게 되었습니다.

지도

골로새서 역시 빌립보서처럼 편지 서두에 길 안내 지도가 제시되어 있습니다. 골로새서 전체를 이끌어 나가는 로드 맵은 '으뜸'입니다. 이 주제는 첫 장에서 동의어와 함께 여러 번 반복됩니다. "그는 보이지 아니하는 하나님의 형상이시요 모든 피조물보다 **먼저 나신 이**시니"(골 1:15). "그는 몸인 교회의 **머리**시라. 그가 **근본**이시요 죽은 자들 가운데서 **먼저 나신 이**시니 이는 친히 만물의 **으뜸**이 되려 하심이요"(골 1:18).

그리고 이제 바울은 자신이 첫 장에 예고한 이 '으뜸' 되신 그리스도라는 주제를 중심으로 편지 본론을 채워 나갑니다. 그래서 1:15-2:7에서는 '인격적인 관계 면에서 으뜸 되신 그리스도'를, 2:8-3:4에서는 '교리 면에서 으뜸 되신 그리스도'를, 3:5-4:6에서는 '윤리 면에서 으뜸 되신 그리스도'를 다룹니다. 사도가 시쳇말로 으뜸 되신 그리스도에 이렇게 꽂힌 이유는 거짓 교사들이 자신들이 본 것들을 지나치게 중요하게 여긴 나머지 으뜸 되신 그리스도를 붙들지 않았기 때문입니다.

장별 제목 붙이기

골로새서는 총 4장으로 구성되어 있는데, 첫 장에서는 전체 로드 맵으로 '으뜸' 되신 그리스도가 제시됩니다. 그래서 1장은 으뜸 이렇게 두 글자로 기억하세요. 으뜸 되신 그리스도께서 한 교사에게 경고를 했습니다. 그래서 2장은 경고(거짓 교사에 대한 경고)입니다. 경고한 이유는 위생에 전혀 신경을 안 썼기 때문입니다. 따라서 3장은 위생(위의 것을 생각하는 삶)입니다. 결국 시정이 안 되자 인사 조치를 했습니다. 그래서 4장은 인사(문안 인사) 이렇게 두 글자로 기억하세요.

<골로새서 각 장 제목 두 글자 도표>

1장	2장	3장	4장
으뜸	경고	위생	인사

1장 으뜸

(으뜸 되신 그리스도)

바울의 다른 편지와 동일하게 골로새서 또한 편지 서론은 여는 말과 감사 단락 둘로 구성되어 있습니다. 편지를 쓰는 발신인은 '바울'입니다. 공동 발신자로는 '디모데'가 거론되는데, 이는 그가 로마서를 대필한 더디오(롬 16:22)처럼 골로새서를 바울이 불러주는 대로 받아 적었기 때문일 것입니다. 바울은 편지

대필자 디모데를 '형제'라고 부릅니다(1절). 비록 디모데는 바울을 통해 복음을 듣고 하나님의 자녀가 되었으나 바울은 디모데가 어리다고 무시하지 않고 도리어 형제라고 부르면서 동역자로 간주했습니다.

이 편지의 수신인은 "골로새에 있는 성도들"입니다(2절 상). 에게해 연안의 항구 도시로 에베소에서 동쪽으로 190km 떨어진 리커스 계곡의 남쪽 기슭에 자리 잡은 골로새는 동서 무역로가 지나가는 까닭에 한때는 브루기아 지방에서 가장 융성한 도시였습니다. 그러나 주전 3세기 무렵 북서쪽으로 24km 떨어진 곳에 히에라폴리스가, 서쪽으로 18km 떨어진 곳에 라오디게아가 차례로 건설되면서 골로새는 점차 쇠락하기 시작했습니다. 그러다가 바울 당시에는 사회적, 상업적 위상이 크게 떨어진 소읍이 되고 말았습니다. 이곳에 골로새 교회를 설립한 사람은 골로새 사람 에바브라입니다. 그는 바울이 에베소에서 3차 선교 사역을 하던 시기(주후 52-55년경)에 바울에게서 복음을 듣고 기독교인이 되어 고향인 골로새로 돌아가서 복음을 전했고, 골로새는 물론 이웃 라오디게아와 히에라폴리스에도 교회를 설립하였습니다(골 4:12-13). 골로새 교회의 구성원들은 주로 이방인들이었는데, 이 이방인 신자들에게 사도는 은혜와 평강이 임하기를 기원하는 인사말을 건넵니다(2절 하).

바울서신의 관례대로 여는 말에 이어 감사 단락이 이어집니다. 먼저 사도는 감사의 대상으로 하나님을 지목합니다. "우리가 너희를 위하여 기도할 때마다 하나님 곧 우리 주 예수 그리스도의 아버지께 감사하노라"(3절). 여기 보면 바울은 예수 그리스도를 '우리 주님'이라고 소개합니다. '주님'에 해당하는 헬라어 '퀴리오스'는 여호와 하나님을 가리키는 호칭으로 예수님이 주님이시라는 것은 그분이 성부 하나님과 동등한 하나님이시라는 것을 의미합니다.

뒤이어서 감사의 이유가 제시됩니다. "이는 그리스도 예수 안에 너희의 믿음과 모든 성도에 대한 사랑을 들었음이요"(4절). 바울이 하나님께 감사하는 이유는 두 가지, 즉 골로새 성도들이 그리스도 안에서 믿음과 모든 성도에 대하여 사랑을 가지고 있다는 소식을 들었기 때문입니다. 그런데 그들이 가진 믿음과 사랑의 근거는 '소망'입니다 "너희를 위하여 하늘에 쌓아 둔 소망으로 말미암음이니"(5절 상). 여기 '소망'(엘, '엘피스')은 내세에서 그리스도인을 기다리고 있는 모든 복을 뜻하는 것으로 골로새 성도들은 그들에게 전파된 복음 진리의 말씀을 통해서 이 소망을 알 수 있었습니다(5절 하).

그러면 골로새인들에게 복음의 말씀을 들려준 사람은 누구일까요? 그 일을 한 사람은 바울이 아니라 에바브라입니다(7절 상). 앞에서도 언급했듯이, 에바브라는 바울에게 복음을 듣고 고향으로 돌아가서 골로새 교회를 개척했습니다. 그리고 여기서 그치지 않고 주변 도시인 라오디게아, 히에라폴리스까지 복음을 증거하며 교회를 개척했습니다. 그는 항상 몸부림치며 기도하기에 힘썼습니다(골 4:12). 자신은 그렇게 할 필요가 없었는데 일부러 로마에 가서 가택 연금 상태에 있는 바울의 고난에 자발적으로 동참했습니다(몬 23). 그래서 바울은 에바브라를 "그리스도의 신실한 일꾼"이라고 소개하고 있는 것입니다(7절 하).

바울은 빌립보서처럼 여기 감사 단락을 기도로 마무리합니다(9-12절). 그리고 이어서 그는 그리스도에 대해 찬가를 부릅니다. 찬가의 핵심 내용은 그리스도가 만물의 으뜸이 되신다는 것입니다. 먼저 사도는 그리스도를 "보이지 않는 하나님의 형상"이라고 말합니다(15절 상). 이는 "본래 하나님을 본 사람이 없으되 아버지 품속에서 있는 독생하신 하나님이 나타내셨느니라"(요 1:18)라는 요한의 진술과 유사한 진술로 그리스도의 하나님에 대한 계시를 강조한 말입니다. 바울은 또한 그리스도를 "모든 피조물보다 먼저 나신 이"라고 지칭합니다(15절 하). 아리우스 (Arius)나 여호와의 증인은 이 말을 오해해서 그리스도를 모든 피조물 중에서 먼저 나신 이, 즉 예수님을 하나님이 만드신 첫 번째 피조물이라고 생각합니다. 하지만 그리스도는 '먼저 창조된'(헬. '프로토크티스토스') 피조물이 아니라 '먼저 태어난'(헬. '프로토토코스') 하나님의 아들이십니다. 우리가 삼위일체 하나님을 말할 때 아버지(성부) 하나님과 아들(성자) 예수 그리스도라고 하니까 이를 오해해서 누가 누구를 낳는 선후(先後) 개념으로 생각하기 쉬운데, 이는 그런 의미가 아니고 동일본질(同一本質)을 의미합니다. 예를 들어, 개는 개를 낳습니다. 인간은 인간을 낳습니다. 마찬가지로 하나님만이 하나님을 낳을 수 있는 것입니다. 따라서 그리스도는 피조물이 아니라 창조주이십니다. 바울은 바로 뒤따르는 절에서 "만물이 그에게서 창조되되"라고 말함으로 이 사실을 분명히 합니다(16절). 그리스도는 만물의 창조자일 뿐만 아니라 만물의 유지자이십니다(17절). 그래서 바울은 그리스도를 "만물의 으뜸"이라고 칭하는 것입니다(18절). 만물과 그리스도는 삼중 관계에 놓여 있습니다. 만물은 예수 그리스도에 '의해서' 창조되었습니다(16절 상). 만물은 예수 그리스도를 '통해서' 창조되었습니다(16절 중). 만물은 예수 그리스도를 '위해서' 창조되었습니다(16절 하). 즉, 그리스도는 만물의 시작과 과정과 목적이 되십니다. 따라서 만물의 영장인 바울과 우리 그리스도인들은 그분을 찬양하지 않을 수 없는 것입니다.

2장 경고

(거짓 교사에 대한 경고)

사도는 전 장에서 기독론에 초점을 맞추어서 그리스도가 누구인지를 골로새 성도들에게 집중적으로 부각했는데, 이제 본 장에서는 "그 안에서 행하라"고 주문합니다(6절). 그러면 예수 그리스도 안에서 사는 삶이란 어떤 삶일까요? 바울은 이를 3가지로 요약합니다. 첫째, 예수 그리스도 안에 뿌리를 내리고 예수 그리스도 위에 세워지는 것입니다(7절 상). 우리가 주님을 믿을 때 뿌리가 내리기 시작합니다. 하지만 그것은 뿌리내리기의 완성이 아니라 시작에 불과합니다. 그러므로 계속 예수님 안으로 뿌리를 내리고 또 내려 깊숙하게 박히는 쪽으로 나아가야 합니다. 그리고 또한 예수 그리스도라는 터 위에서 자라나야 합니다. 성장해야 합니다. 하나는 내려가는 것이라면 또 하나는 올라가는 것입니다. 둘째, 믿음에 굳게 서는 것입니다(7절 중). 셋째, 감사가 흘러넘치는 것입니다(7절 하). 감사 충만한 삶이야말로 그리스도 안에 사는 삶의 주된 특징입니다.

이어서 바울은 거짓 교사들에 대해 경고를 발합니다. 골로새서는 그리스도가 만물의 으뜸이라는 주제와 거짓 교사들에 대한 경고가 씨줄과 날줄처럼 엮여 있는 서신입니다. 1장의 그리스도 찬가에서 바울은 그리스도가 만물의 으뜸이라고 노래했다면 이제 2장에서는 이 으뜸 되신 그리스도보다 신비 체험을 강조하는 거짓 교사들을 비판합니다. 사도는 본 장에서 3차에 걸쳐서 골로새 성도들을 미혹하는 가짜 선생들에게 경고합니다. 거짓 교사들에 대한 첫 번째 경고는 그들에게 속지 말라는 것입니다. "내가 이것을 말함은 아무도 교묘한 말로 너희를 속이지 못하게 하려 함이니"(4절). 여기 '아무도'(헬. '메데이스')는 거짓 교사를 지칭합니다. 이들이 골로새 성도들을 속이는 데 사용하는 수단은 '교묘한 말'(헬. '피따놀로기아')입니다. 이단들은 사도 바울 시대뿐 아니라 오늘날에도 교묘한 말로 우리에게 접근합니다. 그리스도를 차치하고 다른 곳에 진리가 있다는 이들의 달콤한 말에 현혹되면 시쳇말로 인생 종 칠 수 있으니 정신을 바짝 차려야 합니다.

　거짓 교사들에 대한 두 번째 경고는 그들의 노획물이 되지 않도록 하라는 것입니다. "누가 철학과 헛된 속임수로 너희를 사로잡을까 주의하라"(8절). 여기 '누가'(헬. '티스')는 거짓 교사를 가리킵니다. 그리고 그들이 골로새 성도들을 노획하기 위해 사용하는 도구는 '철학'(헬. '필로소피아')입니다. 철학 하면 소크라테스가 떠오르고 고상한 가르침처럼 생각되지만 바울은 그들의 철학을 '헛된 속임수'로 간주합니다. 본문의 '헛된'(헬. '케노스')이란 문자적으로는 '텅 빈', '내용 없는'을 뜻하고, 은유적으로는 '지적, 도덕적, 영적 가치가 없는 상태'를 의미합니다. 거짓 교사들의 가르침은 에바브라가 골로새 성도들에게 전한 복음과는 완전히 다른 것입니다. 복음은 진리의 말씀이지만 그들의 가르침은 헛된 속임수에 불과합니다.[74] 바울은 이 헛된 속임수의 특징을 세 가지로 설명합니다. 첫째, 그것은 하나님에게서 난 것이 아니라 사람의 전통을 따르는 것입니다(8절 상). 둘째, 세상의 초등학문입니다(8절 중). 거짓 교사들의 철학은 고상하고 지혜롭게 보이지만 실상은 세상의 초보적인 원리에 불과합니다. 셋째, 그리스도를 따르지 않습니다(8절 하). 이는 거짓 교사들의 철학이 결정적으로 잘못된 것임을 알려줍니다. 그리스도는 만물의 으뜸이요, 지혜와 지식의 모든 보화를 가지신 분인데, 그분을 따르지 않고 거짓 교사의 가르침을 추종하는 것이야말로 얼마나 바보 같은 짓이겠습니까?

바울은 '왜냐하면'(헬. '호티')이라는[75] 이유 접속사를 사용하여 왜 헛된 속임수를 경계해야 하는지 그 이유를 두 가지로 제시합니다. 첫째, 예수 그리스도 안에 신성의 모든 충만이 몸이 형태고 거히고 있서 때분입니다(9절). 다시 말해서, 부활하신 주님 안에 하나님의 충만함이 다 들어있기 때문입니다. 둘째, 골로새 성도들 또한 그분 안에서 충만하게 되었기 때문입니다(10절).

다음 단락에서 사도는 골로새 성도들이 충만하게 된 사실을 구원론적 관점에서 설명합니다. 그들은 그리스도의 할례를 받았고(즉, 그리스도와 함께 죽었고), 그리스도와 함께 장사되었으며, 그리스도와 함께 일으킴을 받았습니다(11-12절). 그들은 그리스도와 함께 새 생명을 얻었고 모든 죄를 용서받았습니다(13-14절). 또한 그들은 하나님의 승리에 참여하였습니다(15절). 구원과 관련하여 그들은 충만하게 되었습니다. 그들이 받은 구원에 부족한 것이 전혀 없습니다. 그러므로 거짓 교사들의 철학을 받아들일 필요가 전혀 없습니다.

이어서 바울은 '그러므로'(헬. '운')라는 인과 접속사를 사용하여 앞 단락에서 말한 내용에 근거해 거짓 교사들에 대한 세 번째 경고를 발합니다. 이번에 사도는 그들의 판단과 정죄를 거부하라고 골로새 성도들에게 촉구합니다(16-17절). 골로새 성도들은 그리스도 안에서 이미 충만하게 되었습니다. 골로새 성도들이 받은 구원은 백 퍼센트 완전합니다. 가짜 선생들이 거기에 더 보탤 것은 1도 없습니다. 그러므로 그들이 거짓 교사들에게 비판과 정죄를 받아야 할 이유는 전혀 없습니다.

거짓 교사들은 율법주의 성향을 가진 자들이었습니다. 그들은 자신들은 음식을 가려 먹고, 포도주와 독주를 마시지 않고, 거룩한 날들(절기, 초하루, 안식일)을 지키는데, 골로새 성도들은 거리낌 없이 고기를 먹고, 포도주를 마시며, 거룩한 날들을 지키지 않자 부정하고 불경건한 자들이라고 비판했습니다. 하지만 거짓 교사들의 이러한 비판은 잘못된 것입니다. 그들이 비판의 근거로 삼은 율법의 규정들은 신약시대의 그림자에 불과하기 때문입니다. 이것들의 본체는 그리스도이십니다. 그러므로 이것들에 집착할 것이 아니라 그리스도를 붙잡아야 합니다.

또한 거짓 교사들은 신비주의 성향을 지닌 자들이었습니다. 그들은 천사들이 겸비한 자세로 하나님을 예배하는 것을 목도한 자들입니다. 이 가짜 선생들은 자신들이 본 천사들의 겸손과 예배를 기뻐하면서 자신들과 같은 체험이 없는 골로새 성도들을 부정한 죄인이라고 정죄했습니다. 하지만 그들은 신비 체험에 함몰되어 머리이신 그리스도를 붙들지 않았습니다. 신자들에게 진정 중요한 것은 예수 그리스도입니다. 그리스도 안에 완전한 충만이 있고 참된 구원이 있기 때문입니다. 예수 그리스도를 주님으로 받아들인 사람은 이미 영적으로 충만하여 부족함이 전혀 없습니다. 그러므로 환상을 보지 못했거나 신비한 체험을 못했다고 주눅 들거나 열등의식을 가질 필요가 전혀 없습니다. 우리는 자신의 주관적 체험에 도취되어 그리스도를 믿는 것을 경히 여기는 우를 범해서는 절대로 안 됩니다.

3장 위생

(위의 것을 생각하는 삶)

사도는 전 장에서 거짓 교사들에 대해 경고했습니다. 그리고 이제 본 장에서 그들의 가르침에 대한 대안을 제공합니다. 먼저 '그러므로'(헬. 운)라는 인과 접속사로 시작함으로 3장이 2장과 연관되어 있음을 분명히 합니다. "그러므로 너희가 그리스도와 함께 다시 살리심을 받았으면 위의 것을 찾으라. 거기는 그리스도께서 하나님 우편에 앉아 계시느니라"(1절). 여기 골로새 성도들이 그리스도와 함께 죽고 그리스도와 함께 살리심을 받았다는 것은 앞 단원에서 이미 언급한 것입니다(골 2:11-13, 20). 이 그리스도와의 연합, 특히 그들이 그리스도의 부활에 동참했으므로 이제 "위의 것을 찾으라"라고 바울은 주문합니다. 바로 다음 절에서 사도는 이를 좀 더 분명히 합니다. "위의 것을 생각하고 땅의 것을 생각하지 말라"(2절). 바울이 이렇게 '위의 것'을 강조하는 이유는 거짓 교사들이 '위의 것'에 집착했기 때문입니다. 그들은 위의 것, 즉 하나님을 예배하는 천사들의 환상 보기를 갈망했습니다. 그래서 사도는 그들의 관심을 완전히 헐뜯지 않고 그 방향을 천사에서 '그리스도'로 바꿔놓습니다.[76] 우리가 진정으로 생각해야 할[77] 즉 마음에 두어야 할 위의 것은 하나님의 보좌 우편에 앉아 계신 '그리스도'입니다. 하늘 영역에서 중심 인물은 수종드는 천사가 아니라 왕이신 예수 그리스도이기 때문입니다. 세상 사람들은 땅에 속한 것들, 즉 부와 명예와 권세 등에 목숨을 겁니다. 하지만 우리 신자들은 하늘에 속한 것들, 곧 하나님께서 하늘에 보관하신 소망(골 1:5, 23)과 성도의 기업(골 1:12)과 장차 그리스도와 함께 나타날 영광(4절)을 사모해야 합니다.

　이어서 바울은 이유 접속사(헬. '가르')를 사용하여 우리가 왜 위에 있는 것들을 추구하고 그것들에 마음을 집중해야 하는지 그 이유를 제시합니다. "왜냐하면 너희가 죽었고 너희 생명이 그리스도와 함께 하나님 안에 감추어졌기 때문이라"(3절 원문 직역). 여기 보면 골로새 성도들이 위의 것들을 추구해야 할 이유가 두 가지로 설명되어 있는데, 그중 하나는 그들이 그리스도와 함께 죽었기 때문입니다. 그들은 그리스도와 연합하여 그분과 함께 죄에 대하여 죽었습니다. 세상과 마귀와 육체의 정욕을 따르던 옛 자아를 그리스도와 함께 십자가에 못 박았습니다(갈 6:14). 그러므로 더는 땅에 있는 것들이 아니라 위의 것들에 마음을 집중해야 합니다. 지상이 아니라 천상의 것들에 소망을 두어야 합니다. 골로새 성도들이 위의 것들에 마음을 두어야 할 또 한 가지 이유는 그들의 생명이 그리스도와 함께 하나님 안에 감추어져 있기 때문입니다. 골로새 성도들은 그리스도와 함께 죽고 다시 살아남으로써 그리스도의 부활 생명을 받았습니다. 그런데 그 생명은 그리스도와 함께 하나님 안에 감추어져 있습니다. 이는 골로새 성도들이 위에 속한 존재라는 것을 의미합니다. 생명은 사람의 존재에서 본질적인 요소입니다. 따라서 골로새 성도들의 생명이 하나님 안에 감추어져 있다는 말은 그들의 존재가 하나님 안에 있다는 말과 같습니다. 그들은 하나님의 우편에 앉아 계신 그리스도와 함께 위에 속한 존재들입니다. 하나님께서는 골로새 성도들을 그리스도와 함께 살리시고 거기에 그치지 않고 그리스도와 함께 하늘에 앉히셨습니다. 그러므로 그들은 비록 지금 땅에 살고 있지만 하늘에 속한, 그리스도의 나라의 백성입니다. 그러므로 그들은 땅에 있는 것들

이 아니라 하늘에 있는 것들에 마음을 집중해야 합니다.[78]

　　그러면 위에 있는 것들을 추구하는 삶을 살기 위해 무엇이 필요할까요? 이에 대해 바울은 의복을 벗고 입는 이미지를 사용하여 설명합니다. 먼저, 우리는 악덕의 옷을 벗어 던져야 합니다. 그것은 5가지로 압축되는데, 분함, 노여움, 악의, 비방, 부끄러운 말입니다(8절). 이 모든 것은 땅에 있는 것들로 하늘에 속한 골로새 성도들이 벗어 던져야 할 악덕들입니다. 이어서 바울은 미덕의 옷을 입으라고 권면합니다. 본 장에서 우리가 입어야 할 것은 총 7가지인데, 긍휼, 자비, 겸손, 온유, 오래 참음, 용납과 용서, 사랑입니다(12-14절). 이 모든 것은 예수님의 성품에 해당합니다. 그러므로 악덕의 옷을 벗고 미덕의 옷을 입는 것은 옛 아담의 성품을 벗고 새 아담의 성품을 입는 것을 의미합니다. 우리는 아담과 관련된 부분은 벗어버리고 예수와 관련된 부분은 계속해서 입어가야 합니다. 그래서 우리를 보면 예수님이 보여야 합니다.

4장 인사

(문안 인사)

전 장에서 바울은 골로새 성도들에게 옛 사람의 악덕들을 벗어버리고 새 사람의 미덕들을 옷 입으라고 권면했습니다. 그리고 마지막 단락에서 가정 준칙을 언급하는데, 이는 가정에서도 또한 새 사람의 미덕들을 옷 입고 새 사람으로 살아가야

한다는 의미입니다. 이 준칙은 아내와 남편, 부모와 자녀, 주인과 종 상
호 간에 지켜야 할 규범으로 아내는 남편에게 복종해야 하고 남편은 아
내를 사랑해야 합니다(골 3:18-19). 자녀는 부모에게 순종해야 하고 부모
는 자녀를 노엽게 하지 말아야 합니다(골 3:20-21). 종은 주인에게 순종해
야 하고 주인은 종을 의롭고 동등하게 대해야 합니다(골 3:22-4:1).

이어서 바울은 짧게 기도와 전도에 대해 언급한 후(2-6절), 자신과 동
역하는 사역자들의 안부를 편지 수신자들에게 다소 장황하게 전합니
다. 첫 번째로 소개되는 동역자는 두기고와 오네시모입니다. 이 둘은 사
도가 골로새 교회를 위해서 보내는 인물로 두기고가 먼저 언급되는 이
유는 그가 선임자였기 때문일 것입니다. 두기고는 골로새서를 전달하
는 임무를 위해 로마에서 골로새까지 무려 1,900km나 되는 먼 길을 가
야 했고, 골로새로 가는 도중에 에베소서를 전달해야 했습니다(엡 6:21-
22). 그는 빌레몬서와 라오디게아서도 전달해야 했습니다(16절). 이렇게
두기고는 바울의 편지들을 여러 교회에 전달하고 바울의 사정을 알릴
임무를 부여받았습니다(7절 상). 이런 두기고를 가리켜 사도는 "사랑받는
형제요 신실한 일꾼이요 주 안에서 함께 종이 된 자"라고 소개합니다(7
절 하). 이는 사역자가 들을 수 있는 최고의 찬사입니다. 실추된 조국 교
회의 이미지가 회복되려면 이 두기고처럼 그리스도와 복음을 위해 충
성을 다하는 사역자들이 불같이 일어나야 합니다.

두기고는 또한 사도를 대신해서 골로새 성도들의 마음을 위로해야
했습니다(8절). 거짓 교사들로 인하여 어려움을 겪는 골로새 성도들의
마음을 어루만지고 거짓 교사들의 문제를 처리하기 위해 바울은 그를
지금 골로새 교회에 보내는 것입니다.

사도는 두기고와 함께 오네시모를 골로새로 보냅니다. 오네시모는

원래 골로새에 거주하는 빌레몬의 종이었습니다. 그런데 그는 빌레몬에게 피해를 입히고 로마로 도망쳤다가 거기서 바울을 만나 복음을 듣고 회심하였습니다. 그는 무익한 사람이었지만 바울을 통해 예수를 만남으로 그의 이름처럼 유익한 사람이 되었습니다. 그래서 바울은 그를 "신실하고 사랑받는 형제"라고 소개하는 것입니다(9절).

골로새 성도들에게 자신의 두 동역자를 천거한 후에, 사도는 '문안한다'(헬. '아스파조마이')라는 단어를 세 번(10, 12, 14절) 반복 사용하여 자신의 동역자들의 안부를 골로새 성도들에게 전합니다. 먼저 바울은 유대인 동역자들, 즉 아리스다고와 마가와 유스도의 인사를 전합니다. 바리새인 사울이 기독교인 바울로 변화되어 복음을 전할 때 동족인 유대인들의 미움을 사서 모진 박해를 받았는데, 유대인들 중에 특히, 이 세 사람이 바울과 함께 하나님 나라 확장을 위해 동역함으로 바울은 적지 않은 위로를 받았습니다(10-11절).

이어서 사도는 이방인 동역자들, 즉 에바브라, 누가, 데마의 인사를 전합니다. 바울은 특히, 에바브라를 소개할 때 다른 사람들보다 지면을 많이 할애하는데, 이는 그가 골로새, 라오디게아, 히에라폴리스에 교회를 개척했고, 그 누구보다도 그곳 성도들을 위해 애를 많이 쓴 인물이기 때문입니다(12-13절).

문안 인사 말미에 바울은 누가와 데마를 언급하는데, 누가는 "사랑받는 의사"로 소개하는 반면, 데마에 대해서는 특별한 소개가 없습니다(14절). 이는 데마가 감옥에 있던 바울을 저버리고 세상으로 갔기 때문입니다. 데마와 같이 배은망덕한 사람도 있었지만 사도 바울에게는 적지 않은 동역자들이 있었습니다. 이들은 모두 복음 안에서 서로 협력하는 영적 동지들이었습니다. 사실 내 주위에 어떤 사람이 있느냐는 내가 어떤 사람이냐에 달려 있습니다. 바울처럼 그리스도와 복음을 위해 철저히 헌신하여 산다면 내 주변에는 그런 알곡과 같은 사람들만 포진될 것입니다. 하지만 먹고 마시고 일락(逸樂)만을 추구한다면 내 주위에는 그런 쭉정이 같은 인간들만 득실거릴 것입니다.

제8장
데살로니가전서

배경과 지도

배경

바울은 자신의 2차 선교 여행 도중 드로아에서 본 환상 가운데 계시를 받고 빌립보에 가서 복음을 증거한 후 자신의 동역자였던 실루아노와 디모데와 함께 로마 군사 도로(Via Egnatia)를 통해서 마게도냐의 수도였던 데살로니가에 도착했습니다. 이때는 대략 주후 48-49년경이었는데, 이들은 데살로니가에 3-4주 정도 머물면서 세 번의 안식일 동안 회당에서 복음을 전파했습니다(행 17:1-3). 바울과 실루아노의 증거에 하나님을 경외하는 자들이라 불리는 유대교로 개종한 이방인들과 적지 않은 귀부인들이 호응했지만, 복음을 배척한 일부 유대인들이 폭력배들을 동원하여 소동을 일으키는 바람에 바울 일행은 베뢰아로 피신하지 않으면 안 되었습니다(행 17:5-10).

바울 일행이 데살로니가 교회를 떠난 지 얼마 안 되어 두 가지 문제가 교회에 발생하였습니다. 하나는 바울의 인격에 관한 문제였고, 다른 하나는 데살로니가 교회의 정체성에 관한 문제였습니다. 이 때문에 바울은 데살로니가 교회로 돌아가고자 간절히 원했습니다. 하지만 사탄의 방해로 뜻을 이룰 수가 없었습니다(살전 2:18). 하는 수 없이 바울은 아덴에 머물면서 동역자인 디모데를 대신 보내서 이 두 가지 문제를 살펴보게 하고(살전 3:1-5) 고린도로 내려갔는데, 거기서 바울은 애타게 데살로니가 교회 소식을 기다렸습니다.

디모데는 데살로니가에 다녀와서 바울에게 그간의 사정을 자세하게 보고하였습니다(살전 3:6-10). 보고의 내용은 두 가지로 요약됩니다. 첫째는, 교회가 믿음과 사랑을 가지고 있다는 내용이며, 둘째는, 교회가 사도 바울을 사모하고 있다는 내용이었습니다. 디모데의 보고에 힘을 얻은 바울은 데살로니가로 가는 길이 열리기를 기도하면서 주후 50년경 고린도에서 데살로니가전서를 썼습니다. 그리고 일부 문제가 해결되지 않아서 추후에 데살로니가후서를 기록했습니다.

사도 바울이 데살로니가서를 집필하게 된 이유는 다음과 같습니다: 1) 신생 교회였음에도 불구하고 믿음과 소망과 사랑 안에서 성장하고 있는 데살로니가 교회를 칭찬하고 격려하기 위해서(살전 1:3-10; 살후 1:3-12); 2) 바울이 부유한 도시를 찾아다니며 구원에 대한 지식이나 행복한 삶의 지혜와 같은 것을 나누어준다고 떠벌리면서 반대급부로 돈을 받았던 떠돌이 스토아 혹은 냉소주의 철학자로 매도한 유대인들의 비난에 대해 변증하기 위해서(살전 2:1-16); 3) 바울처럼 동족에게 핍박을 받고 있는 데살로니가 교인들을 위로하기 위해서(살전 2:17-3:10); 4) 성적 타락에 대한 도전이 심각한 도시에 살고 있는 데살로니가 교인들이 음행에 빠지지 않고 거룩한 삶을 살도록 권면하기 위해서(살전 4:1-12; 5:12-22); 5)

그리스도 재림에 관한 데살로니가 교인들의 오해를 바로잡기 위해서(살전 4:13-5:11; 살후 2:1-3:15).

지도

갈라디아서와 함께 바울의 초기 서신 중의 하나로 꼽히는 데살로니가서 노한 것 상에 길 안내 지도가 제시되어 있습니다. 데살로니가 교회로 보내는 두 편의 편지 속에서 사도 바울의 최우선 관심사는 '강림'(재림)입니다. 이 종말론적 주제는 먼저 데살로니가전서 감사 단락(살전 1:2-10)의 전반부인 1:3에 데살로니가 교인들이 박해의 와중에서도 그리스도에 대한 소망, 즉 '재림'에 대한 소망을 품고 인내하고 있다는 구절 속에서 간접적으로 언급됩니다. "너희의 믿음의 역사와 사랑의 수고와 우리 주 예수 그리스도에 대한 **소망**의 인내를 우리 하나님 아버지 앞에서 끊임없이 기억함이니."

바울은 이렇게 감사 단락 전반부에서 강림의 주제를 간접적으로 암시한 후에, 후반부에서 데살로니가 교인들이 하나님의 아들의 '강림'을 고대하고 있다는 노골적인 표현을 사용함으로써 이 주제를 직접적으로 거론합니다. "또 죽은 자들 가운데서 다시 살리신 그의 아들이 하늘로부터 **강림**하실 것을 너희가 어떻게 기다리는지를 말하니"(살전 1:10). 이와 같이 감사 단락 두 절 속에서 '강림의 주제'를 직간접적으로 예고한 후에, 사도는 이 주제를 중심으로 편지 본론부를 이끌어 갑니다. 두 서신 모두 매 장마다 '강림'이라는 단어가 단골 메뉴로 등장하고 있다는 사실이 이러한 주장을 뒷받침합니다. "우리의 소망이나 기쁨이나 자랑의 면류관이 무엇이냐? 그가 **강림**하실 때 우리 주 예수 앞에 너희가 아니냐?"(살전 2:19). "너희 마음을 굳건하게 하시고 우리 주 예수께서 그의 모든 성도와 함께 **강림**하실 때에 하나님 우리 아버지 앞에서 거룩함에 흠이 없게 하시기를 원하노라"(살전 3:13). "우리가 주의 말씀으로 너희에게 이것을 말하노니 주께서 **강림**하실 때까지 우리 살아 남아 있는 자도 자는 자보다 결코 앞서지 못하리라. 주께서 호령과 천사장의 소리와 하나님의 나팔 소리로 친히 하늘로부터 **강림**하시리니 그리스도 안에서 죽은 자들이 먼저 일어나고"(살전 4:15-16). "평강의 하나님이 친히 너희를 온전히 거룩하게 하시고 또 너희의 온 영과 혼과 몸이 우리 주 예수 그리스도께서 **강림**하실 때에 흠 없게 보전되기를 원하노라"(살전 5:23). "그 날에 그가 **강림**하사 그의 성도들에게서 영광을 받으시고 모든 믿는 자들에게서 놀랍게 여김을 얻으시리니 이는 우리의 증거가 너희에게 믿어졌음이라"(살후 1:10). "형제들아 우리가 너희에게 구하는 것은 우리 주 예수 그리스도의 **강림**하심과 우리가 그 앞에 모임에 관하여 … 그때에 불법한 자가 나타나리니 주 예수께서 그의 입의 기운으로 그를 죽이시고 **강림**하여 나타나심으로 폐하시리라"(살후 2:1, 8).

　　데살로니가 교인 가운데 일부는 오늘날 시한부 종말론자들처럼 그리스도의 강림이 임박했다고 생각하고 주님 맞을 준비를 한다는 미명 하에 하라는 일은 않고 빈둥빈둥 놀면서 무위도식하고 있었습니다. 이에 바울 사도는 데살로니가전서 첫 장에서부터 '강림'이라는 단어를 남발하면서 그들의 그릇된 종말론을 교정시키려고 애를 쓰고 있는 것입니다.

장별 제목 붙이기

데살로니가전서는 총 5장으로 구성되어 있는데, 첫 장에서는 전체 로드 맵으로 '강림'이 제시됩니다. 그래서 1장은 강림(그리스도의 **강림**) 두 글자로 기억하시면 됩니다. 강림해서 예수님은 바울을 변호해주십니다. 그래서 2장은 변호(바울의 지기 **변호**) 이렇게 두 글자로 기억하세요. 그러고 나서 아무 '염려'하지 말고 계속 '거룩'한 삶을 살라고 주문하십니다. 그래서 차례로 3장 염려(바울의 **염려**), 4장 거룩(**거룩**한 삶의 요청)입니다. 거룩한 삶을 살아야 하는 이유는 주님이 도둑같이 오시기 때문입니다. 그래서 5장은 도둑(밤에 **도둑**같이 오시는 예수님) 이렇게 두 글자로 기억하세요.

<데살로니가전서 각 장 제목 두 글자 도표>

1장	2장	3장	4장	5장
강림	변호	염려	거룩	도둑

1장 강림

(그리스도의 **강림**)

데살로니가전서 또한 당시의 편지 관습에 따라 편지 서두가 발신인, 수신인, 문안 인사 순서로 배열되어 있습니다. 편지의 발신인은 "바울과 실루아노와 디모데"입니다(1절 상). 바울은 다른 서신들에서 보통 자신을 "사도"라고 소개하고 있

지만(롬 1:1; 고전 1:1; 갈 1:1; 엡 1:1 등), 이 편지에서는 생략되어 있습니다. 여기서 바울이 '사도'라는 자신의 칭호를 언급하지 않는 이유는 바울과 데살로니가 교인들 사이의 관계가 대단히 공고하여 그들은 바울의 사도권을 전혀 의심하지 않고 당연한 것으로 받아들였기 때문일 것입니다. 바울이 자신과 함께 공동 발신인으로 실루아노와 디모데를 거론하고 있는데, 이는 이들이 편지의 공동 저자였기 때문이 아니라, 데살로니가 교회가 세워지고 발전하게 되는 데 이 둘이 바울을 도와서 중요한 역할을 감당했기 때문일 것입니다. 실루아노는 바울이 데살로니가 교회를 설립할 때 일익을 담당했습니다(행 17:1-10). 그리고 디모데는 교회가 어려움에 처해 있을 때 바울을 도와 교회가 든든히 서 가는 데 일조했습니다(살전 3:1-5).

편지 수신인은 "데살로니가에 있는 교회"입니다(1절 중). 데살로니가는 '텟살리의 승리'라는 뜻으로 주전 315년 마게도냐 왕국의 수도로 창건되었습니다. 이 도시는 에게해 북쪽의 가장 빼어난 천연 항구 중 하나로 '비아 에그나티아'(Via Egnatia)라는 로마의 중요한 군사 도로상에 위치해 있었습니다. 그리하여 주전 146년 로마가 데살로니가를 점령한 이래로 로마로부터 마게도냐 지방의 수도로 정해져서 경제적으로 번창하는 동시에 상당한 자치권을 누리고 있었습니다. 이러한 이유로 인해 데살로니가인들은 로마에 매우 우호적이었으며 이 도시에서 로마 황제 숭배가 성행하였습니다. 데살로니가는 제국 숭배 사상 이외에도 헬라의 주신(酒神) 디오니소스를 섬기는 성적으로 문란한 신비 종교를 비롯하여 여러 종교가 혼합되어 있는 다신교 사회였습니다. 바울 당시에 인구는 약 10만 명이었으며, 지금도 그리스의 수도 아테네에 이은 인구 약 200만 명의 그리스 제2의 도시입니다. 이 데살로니가는 다수의 유대인이 거주하면서 회당 등이 있었던 거점 도시였습니다. 이 중요한 도시에 세워진 교회에 바울은 하나님의 "은혜와 평강"을 구하는 인사를 건넵니다(1절 하).

여타 바울서신처럼 이 편지 또한 여는 말에 이어 긴 감사 단락이 나옵니다(2-10절). 사도는 두 가지 이유로 인해 하나님께 감사를 드립니다. 바울은 서신이 지닌 덩정 감사하는 이유를 "너희의 믿음의 역사와 사랑의 수고와 우리 주 예수 그리스도에 대한 소망의 인내를 우리가 우리 하나님 앞에서 끊임없이 기억하기 때문"이라고 말한 후(3절), 궁극적인 감사 이유를 "하나님께서 너희를 택하심을 알기 때문"이라고 밝힙니다(4절).

바울은 데살로니가 신자들의 '믿음, 사랑, 소망'을 칭찬합니다. 그는 다른 신약 저자들보다 이 기독교의 핵심 3대 덕목을 더 자주 묶어 사용합니다(롬 5:1-5; 고전 13:13; 갈 5:5-6; 골 1:4-5; 살전 1:3; 5:8). 그런데 여기서 특이한 점은 사도가 언급하는 믿음, 소망, 사랑의 순서입니다. 우리에게 익숙한 고린도전서 13:13에서 바울은 이 삼중 키워드를 믿음, 소망, 사랑의 순서로 제시합니다. 고린도전서 13장이 '사랑'의 위대함을 찬양하는 장이기 때문에 사도는 거기에서 사랑을 강조하면서 사랑을 맨 마지막에 언급하고 있습니다. 그러나 데살로니가전서 1:3에서는 믿음, 사랑, 소망의 순서로 소망을 맨 마지막에 두었습니다. 그 이유는 데살로니가전서가 특히, 소망, 즉 재림에 대한 소망을 강조하고 있기 때문입니다. 그래서 바울은 데살로니가전서 5:8에서도 "우리는 낮에 속하였으니 정신을 차리고 믿음과 사랑의 호심경을 붙이고 구원의 소망의 투구를 쓰자"고 호소합니다. 따라서 우리는 데살로니가전서가 특히, 예수 그리스도의 강림을 강조하는 편지임을 알 수 있습니다. 앞에서 언급했듯이, 데살로니가전서는 매 장마다 강림을 거론하는데(살전 1:10; 2:19; 3:13; 4:13-18; 5:2, 23), 이는 데살로니가 교인 가운데 일부가 종말론에 대한 오해 때문에 심각한 혼란과 무질서에 빠져있었기 때문입니다(참고, 살전 4:13-5:11; 살후 3:6-15).

　　1:3 상반절의 "믿음의 역사"라는 표현은 흥미롭습니다. 여기 '역사'라는 단어는 헬라어로 '에르곤'인데 이는 '행위'라는 뜻입니다. 그래서 '믿음의 역사'란 직역하면 '믿음의 행위'가 됩니다. 혹자는 이분법적으로 생각해서 바울은 '믿음'을 강조하고, 야고보는 '행위'를 강조하여 서로 상반되는 사상을 전개한다고 주장하나 이 구절이 증명해주듯이, 바울 또한 행위를 중시합니다. 믿음과 행위는 동전의 양면처럼 떼려야 뗄 수 없는 밀접한 관계가 있습니다. 우리는 믿음으로 구원받지만 참된 믿음은 행위로 나타나야 합니다. 입으로는 믿는다고 말하면서 외적인 열매인 행위가 없으면 그 믿음은 거짓입니다. 믿음은 반드시 행위가 수반되어야 합니다. 1:3 중반절의 "사랑의 수고"란 사랑은 수고, 섬김, 봉사, 헌신을 동반한다는 의미입니다. 하나님과 이웃을 위한 섬김과 봉사가 있어야지 말과 혀로만 사랑한다고 하는 것은 진정한 사랑이 아닙니다. 1:3 하반절의 "소망의 인내"란 청상과부가 남의 이목 때문에 억지로 참는 유교적 인고(忍苦)가 아니라 그리스도께서 다시 오신다는 재림에 대한 분명한 소망 때문에 참고 기다리는 것을 말합니다.

　　데살로니가 교인들이 '믿음의 역사와 사랑의 수고와 소망의 인내'를 통해 보여준 거룩한 삶의 배후에는 그들을 당신의 자녀로 택하신 하나님께서 계셨습니다. 따라서 데살로니가 교인들의 '역사, 수고, 인내'의 행위들은 궁극적으로는 인간적 성취물이 아닌 하나님께서 주신 선물인 '믿음, 소망, 사랑'에서 비롯된 것이었기에 사도는 교인들이 아닌

하나님께 최종 감사를 돌리는 것입니다.[79]

이어지는 절들 속에서 바울은 부연해서 추가적인 감사 이유를 3가지 더 제시합니다. 이미 두 가지 감사 이유를 제시했음에도 불구하고 그것에 만족하지 않고 하나라도 더 이유를 찾아내서 감사하려고 하는 사도 바울의 이러한 모습을 우리는 본받아야 합니다. 이렇게 감사가 생활화된 목회자만이 교인들에게 "범사에 감사하라"(살전 5:18)고 권면할 수 있는 것입니다.

먼저 사도는 데살로니가 교인들이 모범적인 삶을 살았기 때문에 감사했습니다(6-7절). 그들은 바울로부터 주의 말씀을 환난 중에도 기쁨으로 받았습니다. 그리고 바울이 주님을 본받았듯이, 데살로니가 교인들도 바울을 본받았습니다. 그 결과 다른 교회들의 모델이 되었습니다. 주님을 본받는 자가 되면 차례로 사람들이 그를 본받으려고 합니다.

이어서 바울은 데살로니가 교인들이 왕성히 선교 활동을 했기 때문에 감사했습니다(8절). 데살로니가 교인들의 적극적인 선교 활동으로 인해 주의 말씀이 "마게도냐와 아가야", 즉 그리스 반도 전역에 울려 퍼져 나갔습니다. 8절 상반절에 "주의 말씀이 너희에게로부터 마게도냐와 아가야에 들린다"고 했는데, 여기 '들리다'는 말은 헬라어로 '엑세케타이'입니다. 이는 메아리를 뜻하는 '에코'(echo)와 동족어로 데살로니가 교인들이 전한 주의 말씀이 계속해서 메아리치며 울려 퍼지고 있는 상황을 묘사합니다.[80] 우리가 전해 들은 말씀은 고인 물처럼 우리 심령 안에만 머물러 있어서는 안 됩니다. 우리가 깨닫고 경험하고 맛보고 누리는 생명의 말씀은 여기 데살로니가 교인들이 그랬듯이, 우리를 통해 이웃에게 흘러가야 합니다. 그래서 죽어가는 심령들이 곳곳에서 불 일듯이 소생하는 역사가 일어나야 합니다. 이것이 우리의 사명입니다.

셋째, 바울은 데살로니가 교인들이 회심했기 때문에 감사했습니다 (9-10절). 이들의 회심은 과거, 현재, 미래의 세 단계로 구성되었습니다. 데살로니가 교인들은 이전에 그들이 섬겼던 우상으로부터 돌이켰습니다(9절 상). 그리고 지금 참 신이신 하나님을 적극적으로 섬깁니다(9절 하). 그리고 장차 오실 그리스도를 인내하며 기다립니다(10절). 그리스도를 기다리는 것은 윤리적인 측면을 함축합니다. '파루시아'를 고대하는 신부(교회)는 거룩한 삶을 살면서 신랑(그리스도)을 맞이할 준비를 해야 합니다.

2장 변호

(바울의 자기 변호)

2차 선교 여행 도중 빌립보를 거쳐 데살로니가에 도착한 바울 일행은 이 도시에서 근 한 달 가까이 머물면서 회당에서 복음을 전했습니다. 바울과 실루아노의 증거에 하나님을 경외하는 이방인들과 적지 않은 귀부인들이 호응했지만, 복음을 배척한 일부 유대인들이 폭력배를 동원하여 소동을 벌이는 바람에 그들은 이웃 도시 베뢰아로 피신하지 않으면 안 되었습니다(행 17:1-9).

바울이 데살로니가를 황급히 떠나자 그의 적들은 사도의 인격에 흠집을 내고자 온갖 비난을 퍼부으며 중상모략했습니다. 그들은 바울을 떠돌이 스토아 냉소주의 철학자(Stoic-Cynic preacher)로 매도했습니다. 당시에 이런 자들은 데살로니가와 같은 부유한 도시를 유랑하며 구원에 대한 지식이나 행복한 삶의 지혜와 같은 것을 나누어준다고 떠벌리면서 그 대가로 돈을 받았습니다. 유대인들은 바울이 바로 이러한 자들 가운데 한 사람이라고 매도하면서 사도의 진정성을 부정했습니다.[81] 그리하여 바울은 데살로니가 방문 시 자신의 행위와 동기가 순수했음을 변호하지 않을 수 없었습니다. 그래서 그는 본 장 전반부(1-8절)에서 자신과 동료 선교사들의 '순수한 동기'를 변호합니다. 그리고 이어지는 후반부(9-12절)에서는 '흠 없는 행동'을 변호합니다.

변호를 시작하면서 바울은 자신이 데살로니가에 방문한 의도가 불순한 것이 아니었음을 분명히 합니다(1절). 그는 돈만 탐하는 떠돌이 사기꾼이 아니었기에 온갖 고난과 능욕에도 불구하고 하나님의 복음을 그들에게 담대히 증거했습니다(2절). 바울의 복음 전파는 '간사, 부정, 궤계, 아첨, 탐심, 영광을 구하는 것'과 무관했습니다(3-6절). 그가 복음 전파 사역의 원칙으로 자비량을 택한 이유 또한 지식을 전하고 돈을 받아 생계를 유지하던 떠돌이 철학자들과 자신을 차별화하고자 했던 것이었습니다. 마침 바울은 천막 짓는 기술이 있었기에 주야로 일하면서 사도 직을 감당했습니다(9절).

사도는 자신을 변호하기 위해 본 장에서 '가족'의 이미지를 사용합니다. 먼저 그는 '유아' 이미지를 도입합니다. "우리는 그리스도의 사도로서 마땅히 권위를 주장할 수 있으나 도리어 너희 가운데서 유순한 자가 되어"(7절 중). 본 절의 '유순한 자'(헬. '에피오이')는 '유아들'(헬. '네피오이')로 번역하는 것이 좀 더 낫습니다.[82] 여기 등장하는 '유아들'은 5-6절의 '아첨의 말', '탐심의 탈', '영광'과 극명한 대조를 이룹니다. 이러한 불순한 동기들을 가지고 부유한 도시들을 찾아다니며 물질과 명예를 탐했던 당시의 떠돌이 철학자들과는 달리, 바울과 동료 선교사들은 데살로니가에서 사역하는 동안 '유아들'이었습니다. 이 문맥 속에서 유아 이미지는 사도와 그의 동역자들의 순수성을 부각하는 역할을 합니다. 유아들은 결코 남을 속이는 말을 한다든지, 그 배후에 탐욕이라고 하는 저급한 동기가 있다든지, 명예를 추구하는 법이 없습니다.

바울이 자신을 변호하기 위해 사용하는 두 번째 가족 이미지는 '유모'입니다. "유모가 자기 자녀를 기름과 같이 하였으니 우리가 이같이 너희를 사모하여 하나님의 복음뿐 아니라 우리의 목숨까지도 너희에게 주기를 기뻐함은 너희가 우리의 사랑하는 자 됨이라"(7절 하-8절). '유아'라고 하는 첫 번째 가족 이미지가 이전 데살로니가 방문 동안의 바울의 행동과 동기의 순수성을 강조한다면, '유모'라고 하는 두 번째 가족 이미지는 데살로니가 교인들에 대한 바울의 사랑에 초점을 맞춥니다. 여기 유모는 돈을 받고 아이를 돌봐주는 베이비시터(babysitter)가 아니라 아이의 생모로, '유모의 비유'를 도입함으로써 바울은 자기 자녀들을 위해 젖을 먹이는 어머니의 사랑을 부각합니다. 바울은 돈만 밝히고 몸은 사리는 떠돌이 철학자와 달리 "데살로니가 교인들에게 복음뿐만 아니라 자신의 목숨까지도 주기를 마다하지 않았다"고 증언합니다.

자신을 변호하기 위해 바울이 사용하는 세 번째 가족 이미지는 '아버지'입니다. "너희도 아는 바와 같이 우리가 너희 각 사람에게 아버지가 자기 자녀에게 하듯 권면하고 위로하고 경계하노니 이는 너희를 부르사 자기 나라와 영광에 이르게 하시는 하나님께 합당히 행하게 하려 함이라"(11-12절). '젖 먹이는 어미의 비유'가 이전 방문 동안 바울이 보여주었던 데살로니가 교인들에 대한 애틋한 사랑을 강조한다면, '아비의 비유'는 사도가 그 기간 동안 수행했던 훈육하는 역할을 부각합니다. 고대 세계에서는 대개 아버지가 자신의 자녀들에 대한 교육과 훈련을 담당하였습니다.

　바울은 데살로니가에 머무는 동안 유아와 같이 순진했고, 젖 먹이는 어미와 같이 교인들에 대한 사랑이 흘러넘쳤으며, 훈육하는 아비와 같이 오로지 그들의 믿음을 세우고 양육하는 데만 관심이 있는 참 신교사요 목회자였습니다. 이런 삼박자를 제대로 갖춘 균형 잡힌 사역자들이 조국 교회에 불 일듯 일어나기를 간구합니다.

3장 염려

(바울의 염려)

전 장에서 사도는 자신에게 초점을 맞추었다면, 본 장에서는 관심을 데살로니가 교인들에게 돌립니다. 여기서 바울은 자신이 없는 가운데 그들이 환난을 당하고 있는 것에 대해 염려합니다. 이미 그는 2장 말미에서 자신이 데살로니가를 떠나

있는 것에 대해 염려했습니다. 그래서 그곳을 재방문하려고 했지만, 사탄의 방해로 좌절되자 대신 디모데를 데살로니가에서 보냈습니다(살전 2:18-3:2). 바울이 디모데를 보낸 목적은 이중적이었습니다. 먼저, 박해로 인해 흔들릴 위기에 처한 데살로니가 교인들의 믿음을 강화하고 그들을 위로하기 위함이었습니다(2-3절). 본 절에 '흔들리다'로 번역된 헬라어 '사이네스따이'는 데살로니가전서에서만 발견되는 희귀어로 문자적

으로는 '개가 꼬리를 흔든다'라는 뜻입니다. 그리고 비유적으로 쓰일 때는 '아첨하다, 아양 떨다'라는 말입니다. 바로 여기서 '속이다'라는 의미가 도출됩니다. 바울은 고난 가운데 있는 데살로니가 신자들이 적들의 감언이설에 속아 동요하지 않도록 디모데를 데살로니가로 보낸 것입니다.[83]

디모데의 또 다른 임무는 바울이 없는 동안 데살로니가 교인들이 어떻게 지내고 있는지에 대한 소식을 갖고 돌아오는 것이었습니다(5절). 바울은 데살로니가로 간 제자가 돌아오기만을 오매불망 기다렸는데, 드디어 그가 그곳 소식을 가지고 복귀했습니다. 사도의 부재로 인한 염려(살전 2:17-20)와 교회의 박해로 인한 염려(1-5절), 이 두 가지 문제는 바울의 대리인 디모데의 귀환 보고를 통해서 결국 말끔히 해결됩니다(6-10절).

특사로 데살로니가에 파송된 디모데가 돌아와서 바울에게 기쁜 소식을 전했습니다(6절). 사도는 동역자 디모데가 전한 기쁜 소식에 대해 '유앙겔리조'라는 헬라어를 사용했습니다. 이 동사는 바울서신의 다른 곳에서는 항상 복음 전파라고 하는 구체적인 행위를 언급하는 전문 술어입니다(롬 1:15; 10:15; 15:20; 고전 1:17; 9:16, 18; 15:1, 2; 고후 10:16; 11:7; 갈 1:8, 9, 11, 16, 23; 4:13; 엡 2:17; 3:8). 따라서, 이 용어를 통해 우리는 데살로니가 교회에 대한 디모데의 긍정적인 보도에 사도가 얼마나 고무되었는지 충분히 짐작할 수 있습니다. 그것은 실로 바울에게 '복음'이었습니다.

디모데가 데살로니가에서 가져온 기쁜 소식은 '믿음과 사랑'에 관한 것이었습니다. 디모데가 바울에게 전한 좋은 소식의 한 측면은 동족의 혹독한 박해에도[84] 불구하고 데살로니가 교인들의 '믿음'이 요동하지 않았다라고 하는 점이었습니다. 그리고 또 다른 측면은 사도가 그들에게 돌아오지 않음에도 불구하고 데살로니가 교인들이 지속적으로 그에게 애정을 보이고 있다는 것이었습니다. 교인들의 변함없는 믿음과 사랑의 소식으로 인해 바울은 큰 위로를 받았습니다(7절). 이제 위로받던 자(데살로니가 교회 교인들)가 위로자가 되었습니다. 교인들이 모든 궁핍과 환난에도 불구하고 주 안에서 굳게 서므로 바울은 "이제 우리는 살리라"고 고백합니다(8절). 그는 데살로니가에 관한 긍정적인 소식을 디모데로부터 전해 듣고 말로 다 형언할 수 없을 정도로 하나님께 감사드렸습니다(9절). 결국 하나님께서 개입하심으로 사도의 과거의 우려가 현재의 감사로 전환되었습니다.

사도 바울 하면 우리는 그를 선교사로만 기억하기 쉬운데, 바울은 또한 자신이 개척한 교회를 목양한 목회자였습니다. 바울은 자신이 복음을 전파하여 교회가 세워지면 교인들을 철저히 양육했습니다. 그는 말씀의 씨를 뿌리고 난 후 그것이 자라든 말든 내버려 두는 것이 아니라 자신이 없는 동안에는 다른 지도자들을 세워 사역을 감당하게 했습니다. 그리고 기회가 되는 대로 자신이 몸소 방문하여 양육의 사역을 수행했습니다. 다시 말해서, 그의 선교 사역은 믿지 않는 자들에게 복음을 전파하여 회심시키는 일과 이미 믿은 자를 제자로 양육하는 사역으로 이루어졌습니다. 개종과 양육의 이중적인 복음 사역은 모든 교회의 사역에서뿐만 아니라 선교지에서의 선교사들의 사역에도 핵심적인 두 기둥이 되어야 합니다. 제가 유학했던 남아공 인근에 굉장히 정력적인 선교사님이 한 분 계셨습니다. 이분은 선교사로 온 지 몇 년도 안 되어 흑인 교회를 5개나 개척했습니다. 다섯 번째 교회를 개척할 때 그는 지인들을 초청하여 아프리카 전역에 500개의 교회를 세우겠다는 거창한 프로젝트를 발표했습니다. 초청식에 참석한 사람들은 그의 확신에 찬 선교 계획을 듣고 큰 감명을 받았습니다. 하지만 이 선교사님은 한국에 좋은 사역지(?)가 나오자 언제 그런 말을 했느냐는 듯 홀라당 가버렸습니다. 이후 500개 교회는 고사하고 기존에 자신이 어렵게 개척해 놓은 5개 교회마저도 제대로 관리가 되지 않아 유야무야(有耶無耶) 되었습니다. 우리 목회자들은 교회라는 신생아를 낳았으면 끝까지 책임을 져야 합니다. 방치하면 사생아가 됩니다. 바울 사도는 이와는 대척점에 서 있는 목회자였습니다. 본 장에 등장하는 세 표현을 통해 우리는 교인들에 대한 목회자 바울의 마음을 읽을 수 있습니다.

첫째, 1절과 5절에 두 번 사용된 "참다 못하여"라는 표현입니다. 여기 '참다 못하다'라는 말은 냄비에 물을 넣고 끓이는데 물이 팔팔 끓어서 뚜껑이 열린 상태를 일컫는 말입니다. 우리는 화가 많이 났을 때 속된 말로 뚜껑이 열린다고 하는데, 바울은 분노 조절이 안 돼서 뚜껑이 열린 게 아니라 박해 가운데 홀로 남겨둔 신생 교회를 염려해서 뚜껑이 열린 것입니다. 그래서 그는 디모데를 데살로니가로 급파했습니다. 사실 바울은 이때 아덴에 혼자 머물고 있었습니다. 그가 아덴에 있었을 때 그 도시에 널리 퍼져 있는 우상 숭배 때문에 바울은 마음이 답답했고 화가 났습니다. 그래서 베뢰아에 있던 디모데에게 가능하면 빨리 그와 합류하라고 지시했습니다. 그리고 디모데가 합류하자 좀 숨통이 트였습니다. 그런데 이제 디모데를 데살로니가로 다시 보내면 바울은 우상 숭배가 만연한 도시에서 그리스도인들의 교제권으로부터 고립된 채 두 번째로 홀로 남게 됩니다. 하지만 그는 데살로니가 성도들에 대해 걱정하며 지내기보다는 차라리 다시 한번 외로운 기간을 겪는 것이 더 낫다고 생각해서 기꺼이 디모데를 그들에게 보냈습니다. 바울은 자신의 안위는 안중에도 없었습니다. 오로지 교인들만 걱정하는 목회자였습니다.

둘째, 8절에 "우리가 이제는 살리라"라는 표현입니다. 여기 '산다'는 말은 '생명'을 의미합니다. 그래서 '이제는 살리라'는 말은 뒤집으면 그전에는 죽었던 것 같았다는 얘기입니다. 데살로니가 교인들의 안위가 너무 염려가 되어서 그전에는 죽었던 것 같았었는데, 좋은 소식을 들으니 이제는 숨을 다시 쉴 수 있게 되었다는 말입니다. 부모의 생명은 자녀의 생명과 결탁되어 있습니다. 그래서 부모는 자식이 죽으면 같이 죽는 것 같고 자식이 살면 같이 사는 것 같습니다. 이렇게 부모의 생명과 자식의 생명이 끈끈하게 연결되어 있는 것처럼, 바울의 생명이 데살로니가 성도들의 생명과 단단하게 연결되어 있다는 말입니다. 이런 마음을 가진 목회자가 또 어디 있겠습니까?

셋째, 10절에 "주야로 심히 간구함은"이라는 표현입니다. 바울은 데살로니가 성도들이 환난 가운데서도 좋은 믿음으로 굳게 서 있다는 통보를 받고 그들을 위해 기도했는데, 어느 정도로 기도했느냐면 '주야로 심히' 기도했습니다. 여기 '심히'라는 말은 '모든 한도를 넘어서서 더 많이'라는 의미입니다. 바울은 자신을 위한 기도가 아니고 성도를 위한 중보 기도에서 이렇게 했습니다. 그러면 바울은 시간이 펑펑 남아돌아서 이렇게 기도했을까요? 그는 매우 바쁜 사람이었습니다. 먹고 살기 위해 매일 천막 만드는 일을 했습니다. 그리고 시간이 나면, 아니 시간을 내서 복음을 전했습니다. 그리고 밤낮으로 모든 한도를 넘어서서 더 많이 기도했습니다.

이런 절절한 마음으로 목회를 했으니 반년도 채 머무르지 못하고 불가피하게 데살로니가를 떠났지만 데살로니가 교인들은 바울을 항상 좋게 기억하고 있고(6절 상), 그를 간절히 보고 싶어했던 것입니다(6절 하).

4장 거룩

(거룩한 삶에 대한 요청)

디모데를 통해서 좋은 소식을 전해 들은 바울은 전 장 말미에서 데살로니가 교인들을 위해 기도했는데, 그 기도 내용 중의 하나는 그들이 주님 재림하실 때에 하나님 앞에서 거룩함에 흠이 없게 되기를 원하는 것이었습니다(살전 3:13). 이는 본 장에서 그의 주된 관심사가 '거룩한 삶'임을 암시합니다.

4장을 시작하면서 사도는 새로운 주제를 꺼냅니다. "그러므로 형제들아 우리가 끝으로 주 예수 안에서 너희에게 구하고 권면하노니 너희가 마땅히 어떻게 행하며 하나님을 기쁘시게 할 수 있는지를 우리에게 배웠으니 곧 너희가 행하는 바라 더욱 많이 힘쓰라"(1절). 바울이 제기하는 이슈는 '우리가 어떻게 행해야 하는가?'입니다. 여러분이 잘 알고 있듯이 기독교는 행함으로 구원을 얻는 종교가 아닙니다. 우리는 모두 죄인으로 태어나기에 자기의 선행을 근거로 구원에 이를 자가 아무도 없습니다. 그래서 기독교는 은혜로, 믿음으로 구원에 이르게 되는 이신칭의의 진리를 가르칩니다. 그러다 보니 많은 사람은 기독교를 행함이 없는 종교로 오해하는 경향이 있는데, 절대 그렇지 않습니다. 은혜로 구원받으면 반드시 행함이 뒤따르게 되어있습니다. 진정 구원을 받았다면 행함을 통해 분명한 변화가 나타납니다. 기독교인들의 행함, 기독교인들의 윤리와 관계된 핵심 동인은 하나님을 기쁘시게 하려는 데 있습니다. 사실 불신자도 윤리·도덕을 강조합니다. 세상 사람들도 법을 지키며 윤리·도덕적으로 깨끗하게 살아야 한다고 가르칩니다. 어릴 때부터 거짓말하지 말라, 도둑질하지 말라, 살인하지 말라, 이런 것들을 교회에서뿐만 아니라 학교에서도 가르칩니다. 그렇지만 믿는 사람과 믿지 않는 사람 간에는 바른 행실을 하는 동기가 다릅니다. 불신자의 동기는 그렇게 함으로써 자신이 칭찬과 존경을 받는 것이라면 신자의 동기는 하나님을 기쁘게 하려는 것입니다. 자신이 영광 받으려는 것이 아니고 하나님께 영광을 돌려드리기 위함입니다. 바른 행위가 우리의 겉모습이라면 동기는 우리의 속 모습입니다. 세상 사람들은 겉모습만 보지만 우리 하나님은 우리의 중심까지 꿰뚫어 보십니다. 따라서 그리스도인은 바리새인처럼 겉과 속이 다른 위선적인 삶을 지양해야 합니다. 바르게 살면서 그 동기까지도 순수한 상태로 살아야 합니다.

바울은 앞에서 어떻게 행하여 하나님을 기쁘시게 할 것인가를 가르치고 바로 뒤에서 그 가르침을 주 예수로 말미암아 명령으로 주었다고 말합니다. "우리가 주 예수로 말미암아 너희에게 무슨 명령으로 준 것을 너희가 아느니라"(2절). 이 윤리는 바울이 복음을 전하고 사람들을 도우면서 가장 좋았던 것을 결론적으로 이끌어 낸 교훈이 아닙니다. 이 교훈은 주 예수로 말미암아 명령으로 주어진 것입니다. 권위의 출처는 바울 자신이 아니라 예수님이십니다. 특히, 본 절에서 '명령'이라고 할 때 이는 군대 상관의 명령 또는 치안 판사의 명령을 말합니다. 따라서 바울은 이 단어를 사용함으로써 자신이 데살로니가 성도들에게 한 명령은 아주 준엄하고 절대적인 것임을 분명히 합니다.

이어서 사도는 데살로니가 성도들에게 행함으로 어떻게 하나님을 기쁘게 할지에 대해 보다 구체적으로 언급합니다. "하나님의 뜻은 이것이니 너희의 거룩함이라. 곧 음란을 버리고"(3절). 본 장에서 바울은 '거록'이라는[85] 말을 세 번(3, 4, 7절)이나 사용하면서 하나님의 뜻이 이 편지를 받는 데살로니가 성도들의 '성화'임을 분명히 합니다. 데살로니가라는 도시는 당시 디오니소스 우상 종교(Dionysus cult)의 영향 아래 있었습니다. 이 신비 종교의 상징은 남자의 성기였습니다. 성적인 방종이 그들의 종교 행위였습니다. 이런 종교적 배경이 있는 사회에서 데살로니가 교인들은 신앙생활을 한 지 겨우 3-4개월밖에 안 되었습니다. 그러므로 이 사람들은 계속해서 옛 생활에 젖어 살 가능성이 아주 높았습니다. 그래서 바울은 이들에게 제일 먼저 음란을 버리라고 권면합니다.

사도가 "음란을 버리라"고 할 때 '버리라'는 말은 여지를 남겨 놓지 말고 잘라서 완전히 없애버리라는 뜻입니다. 모든 음란을 잘라서 완전히 제거해 버리라는 말입니다. 본 절의 '음란'이라는 말은 헬라어로 '포르네이아'인데, '포르노'라는 말이 여기서 나왔습니다. '포르네이아'는 모든 불법적인 성행위를 종합하는 말입니다.[86] 성경은 성적인 행위가 가능한 관계를 결혼으로 국한하고 있습니다. 따라서 결혼을 벗어나 성행위를 하는 자는 스스로 포르노 배우가 되어서 포르노 영화 한 편을 찍는 것과 매한가지이므로 이러한 추접스러운 행위는 마땅히 근절되어야 합니다.

이런 음행을 멀리하는 것 중의 하나는 바로 자신의 아내를 거룩함과 존귀함으로 대하는 것입니다(4-5절). 이는 아내를 단지 자신의 성욕을 채우기 위한 대상이 아니라 자신과 같은 인격체로 대하는 것을 말합니다. 거룩한 삶이란 또한 분수를 넘어서 형제를 해하지 않는 것입니다(6절 상). 자기 아내를 존귀와 거룩함으로 대하지 않고 자신의 육체적 욕정을 만족시키기 위한 대상으로만 여기게 되면 결국 다른 형제를 해롭게 하고 속이는 행위를 낳게 될 수 있습니다. 왜냐하면 자신의 아내에 대한 충동적인 성행위는 종국에 가서 다른 형제의 아내까지도 탐하게 만들고 따라서 형제를 해롭게 하고 속이는 일까지 가능하게 할 수 있기 때문입니다.

　이렇게 거룩한 삶을 거듭 요청한 후에, 사도는 왜 데살로니가 성도들이 성화의 길을 걸어가야 하는지 그 이유를 삼위일체 하나님과 연결시켜 3가지로 제시합니다. 첫째, 이는 예수님의 미래의 심판과 관련되어 있기 때문입니다(6절 하). 주님은 최후 심판 때 음란을 버리지 못한 자에게 합당한 형벌을 가할 것입니다. 둘째, 하나님의 과거의 부르심과 연관되어 있기 때문입니다(7절). 하나님께서 그의 자녀를 부르심은 부정함이 아닌 거룩함으로의 부르심입니다. 따라서 하나님이 거룩하니 그의 자녀 또한 거룩해야 합니다(레 11:45). 셋째, 이는 성령이라는 현재의 선물과 관련되어 있기 때문입니다(8절). 하나님께서는 그의 자녀들이 거룩하게 살 수 있도록 그들에게 성령을 선물로 주셨습니다. 그러나 신자가 성령의 지배를 받으며 살지 않고 육체의 정욕을 따라 살면 결국 자신에게 성령을 허락하신 하나님을 저버리는 자가 되는 것입니다.

　하나님을 가까이하면 하나님도 우리를 가까이하시지만, 하나님을 저버리면 하나님도 우리를 저버리십니다. 멀리하십니다. 도덕적으로 거룩하지 않으면 영적으로 절대로 하나님과 가까워질 수 없습니다.

5장 도둑

(밤에 도둑같이 오시는 예수님)

전 장에서 사도는 데살로니가 교인들에게 거룩한 삶을 살 것을 요청했

습니다. 그리고 본 장에서는 그 이유를 제시합니다. 편지 수신인들이 성화에 힘써야 하는 이유는 "주의 날이 밤에 도둑같이" 임하기 때문입니다(2절). 구약에서 '주의 날'은 이중적인 면을 가지고 있습니다. 하나님을 반대하는 자들에게 그날은 심판의 날로, 하나님을 의지하는 자들에게는 구원의 날로 묘사됩니다(사 2:1-4:6; 욜 1:15; 2:1, 11, 31-32; 암 5:18-20; 습 1:14 등). 신약에서 이 술어는 예수 그리스도의 재림을 지칭합니다. 바울은 여기에서 주의 날의 구원보다는 심판의 측면을 강조합니다. 그는 주님께서 밤에 도둑같이 다시 오실 것이라고 말했습니다. 여기서 '도둑' 이미지는 유대 묵시문학에서 발견되지 않는 독특한 것으로 예수님의 가르침(마 24:43; 눅 12:39)에서 바울이 차용해 온 것입니다.

예수 그리스도께서 다시 오시는 것과 도둑이 오는 것 사이에는 유사점과 차이점이 있습니다. 먼저 3가지 면에서 이 둘은 비슷한 점이 있는데, 첫째는 예수님께서는 도둑이 오듯 어느 날 갑자기 다시 오실 것이기에 그날을 예측할 수 없다는 점이고, 둘째는 그러기 때문에 늘 깨어 만반의 준비를 하고 있어야 한다는 점이며, 마지막으로는 도둑에 대해서 대비하고 있지 않으면 그 주인이 집안의 재산을 다 잃어 막대한 손해를 입듯이 깨어 경성치 않은 자는 최종 심판자로 오시는 예수 그리스도의 심판을 받게 되어 엄청난 손해가 있을 것이라는 점입니다. 반면에 2가지 면에서 중요한 차이가 발견되는데, 첫째는 예비하지 않는 자에게는 주의 오심이 심판으로 연결되어서 큰 손실을 입을 것이나, 이에 대비하고 있는 신자들에게는 주의 오심이 손실을 의미하는 것이 아니고 구원의 완성을 의미한다는 점입니다. 둘째는 도둑은 어느 순간에 올지 모르는 불확실성도 있지만 올 수도 있고 안 올 수도 있다는 점에서도 불확실성이 있기 때문에 설령 도둑에 대한 대비를 좀 느슨하게 할지라도 괜찮을 수 있으나, 예수 그리스도의 오심은 너무도 확실하기에 그것에 대비하지 않는 것은 참으로 어리석은 바보짓이라는 점입니다.

사도는 예수 전승에 '밤'이리고 하는 용어를 첨가하여 수신사들에게 야음(夜陰)을 틈타 몰래 침입하는 도둑을 떠올리게 함으로써 좀 더 극적인 효과를 창출해냅니다. 이 '밤에 도둑'이라고 하는 이미지를 통해 바울은 주님께서 예기치 않은 때에 오실 것과 그분을 맞을 준비가 되어 있지 않은 자들에 대한 심판의 때로서의 주의 날의 위압적인 성격을 한층 부각합니다.[87]

그러면 과연 누구에게 주의 날이 밤에 도둑과 같이 예기치 않는 때에 갑자기 임할까요? 그것은 "평안하다, 안전하다"라고 말하면서 방심하는 자들에게 그러할 것입니다(3절 상). 본 절의 '평안과 안전'(Pax et Securitas)이란 표현을 이해하기 위해서는 당시 정황을 알아야 합니다. 데살로니가 시민들은 친(親)로마적 성향의 소유자들이었습니다. 이들은 '팍스 로마나'(Pax Romana, 로마의 평화)라고 하는 로마 제국의 이데올로기를 가지고 있었습니다. 로마는 자신들의 법과 질서에 속국들이 복종하면 반대급부로 그들에게 전쟁과 위험으로부터 평화와 안전을 선물로 제공해 줄 것을 약속했습니다. 이는 로마만의 약속이 아닙니다. 현재 미국이나 중국도 그러한 약속을 하고, 하나님 바깥에 있는 세상의 통치자들도 모두 끝없이 평화와 안전을 약속합니다. 그러나 이러한 약속은 다 환상에 불과한 것이어서 임신한 여자에게 해산의 고통이 이름과 같이 어느 날 갑자기 임할 주의 날에 수반되는 멸망으로부터 인생들을 구원하지 못할 것입니다(3절 하). 그래서 바울은 다음과 같이 권면합니다. "그러므로 우리는 다른 이들과 같이 자지 말고 오직 깨어 정신을 차릴지라. 자는 자들은 밤에 자고 취하는 자들은 밤에 취하되 우리는 낮에 속하였으니 정신을 차리고"(6-8절 상). 주의 날에 참된 평화와 안전을 맛보기 위해서는 깨어 근신해야 합니다. 여기 '깨어 정신을 차린다'라고 할 때 원문에서는 현재형 동사를 사용하고 있는데, 헬라어 현재형은 계속, 반복의 의미를 지니고 있습니다. 따라서 이는 계속해서 잠을 자지 않고 정신을 똑바로 차리고 깨어 있는 것을 말합니다. 그런데 사람이 어떻게 늘 정신을 차리고 깨어 있을 수 있을까요? 저같이 잠이 많은 사람은 하루만 안 자면 피곤해서 못 견딥니다. 그래서 예배당에 가서도 졸고 집에 가서도 자고 뒤돌아서기만 하면 잠이 쏟아지는데, 계속해서 자지 말고 깨어 정신을 차리라니요? 이는 물리적인 잠을 자지 말라고 하는 말이 아닙니다. 사도는 여기서 잠이 주는 무감각과 무의식을 강조하고 있는 것입니다. 다시 말해서, 종말과 주의 재림이라는 주제는 언제나 저와 여러분이 살아 있는 감각으로, 무의식이 아닌 의식의 상태로 사고와 생각을 가득 채우고 있는 주제여야 한다는 말입니다. 예수님의 재림과 이 땅에 마지막 순간이 있다는 사실을 항상 우리의 의식 안에 두어야 한다는 말입니다. 절대로 한순간도 주의 오심과 예수님의 재림을 배제하거나 우리의 관심으로부터 떠나게 하지 말아야 한다는 말입니다.[88]

바울은 곧바로 깨어 근신하는 삶에 대해 보충 설명을 합니다: "믿음과 사랑의 호심경을 붙이고 구원의 소망의 투구를 쓰자"(8절 하). 이 구절은 바울이 이사야 59:17에서 빌려온 말인데, 여기에서 '호심경'과 '투구'란 둘 다 적의 공격으로부터 자신의 몸을 보호하기 위한 방어용 장비들입니다. 따라서 이 무기들은 크리스천 군사의 준비되어 있는 상태를 묘사하기에 적절한 것들입니다. 바울은 본 절에서 데살로니가 교인들이 1장에서 언급했던 기독교의 3대 핵심 덕목인 믿음, 사랑, 소망으로 철저히 무장되어 있어야 할 것을 재차 강조하고 있습니다. 하나님에 대한 믿음과 형제들에 대한 사랑과 주의 재림에 대한 소망은 데살로니가 성도들로 하여금 주의 날을 완벽하게 준비시킬 것입니다.

제9장
데살로니가후서

장별 제목 붙이기

데살로니가후서는 총 3장으로 구성되어 있는데, 첫 장에서는 전체 로드맵으로 주의 '강림'이 제시됩니다. 그래서 1장은 강림(그리스도의 **강림**) 이렇게 두 글자로 기억하세요. 예수님께서 강림하셔서 '불법'을 행한 자와 '나태'한 자를 심판하십니다. 그래서 차례로 2장 불법(**불법**의 사람 출현 예고), 3장 나태(**나태**한 자들에 대한 책망) 이렇게 두 글자씩 기억하세요.

<데살로니가후서 각 장 제목 두 글자 도표>

1장	2장	3장
강림	불법	나태

1장 강림

(그리스도의 강림)

데살로니가후서의 편지 여는 말은 두 가지 추가 내용을 제외하고는 데살로니가전서와 동일합니다. 편지 발신인과 수신인은 첫 서신과 똑같이 바울과 실루아노와 디모데 그리고 데살로니가 교회입니다(1절). 다만 수신인인 데살로니가 교회를 묘사할 때 데살로니가전서가 '하나님 아버지'라고 했다면, 여기 데살로니가후서는 '하나님 우리 아버지'라고 '우리'라는 말을 첨가했을 뿐입니다.

바울이 데살로니가 교회에 전하는 인사말도 똑같이 "은혜와 평강"입니다(2절). 여기서 추가된 두 번째 부분이 발견되는데, 그것은 이 두 번째 편지에서 은혜와 평강의 근원을 '하나님 아버지와 주 예수 그리스도'라고 밝히고 있다는 것입니다. 이 은혜와 평강의 축복은 신적 기원을 가지고 있습니다. 그것은 하늘에서 내려오는 것입니다. 이 땅에 그 무엇도 이 놀라운 축복을 우리네 인생들에게 줄 수 없습니다.

편지 여는 말에 이어 데살로니가전서와 동일하게 감사 단락이 이어집니다. 이 부분은 크게 세 파트로 이루어져 있는데, 첫째 파트에서는 사도가 데살로니가 성도들에 대해 하나님께 감사하는 이유가 세 가지로 제시됩니다. 첫 번째 감사 이유는 이들이 박해에도 불구하고 다른 회중에게 자랑할 정도로 믿음이 성장했기 때문입니다(3절 상). 바울은 신앙의 연륜이 짧은 데살로니가 교인들이 박해와 환난이 오면 신앙에서 이탈하지는 않을까 노심초사하며 기도했습니다. 그런데 이들은 박해가 더욱 심해졌음에도 불구하고 조금도 믿음이 흔들리지 않고 오히려 믿음이 더욱 자람으로써 사도의 이러한 노파심을 한순간에 날려버렸습니다. 하나님께서 주신 참 믿음을 소유한 사람은 환난이 온다고 해서 그 믿음이 쉬이 사그라들지 않습니다. 오히려 환난을 통해 자신의 믿음이 순수해지고 더욱 강해집니다. 본 절에서 믿음이 '너욱 자라고'라는 말은 믿음이 '크게 자란다'라는 뜻입니다. '놀라울 정도로 성장한다'는 말입니다. 보통 처음에는 신앙생활을 착실하게 하다가 직장이 생기고 가정이 생기면 바쁘다는 핑계로, 아이들 키운다는 핑계로 슬슬 게을러지다가 종국에는 믿음을 다 까먹고 개털 되기 일쑤인데, 데살로니가 교인들은 벼가 익어가듯이, 신앙도 익어갔습니다. 그래서 사도는 감격하지 않을 수가 없었습니다.

두 번째 감사 이유는 이들이 박해에도 조금도 동요하지 않고 서로 넘치도록 사랑을 실천했기 때문입니다(3절 하). 본 절에 보면 사도는 "너희가 다 각기 서로 사랑함이 풍성하다"고 증언하는데, 여기 '너희가 다 각기'라는 말은 교인 가운데 일부가 서로 친했다는 말이나 어느 특정 그룹끼리만 사랑했다는 말이 아닙니다. 교회 공동체 안에서 성도들 전체가 하나 되어 서로 사랑했다는 말입니다. 데살로니가 성도들은 박해 가운데서도 똘똘 뭉쳐 서로를 격려하며 사랑이 점점 더 풍성해져 갔습니다. 적지 않은 교회가 특정 목장끼리, 특정 직분자들끼리 혹은 친한 사람들끼리만 사랑하는 경향이 있는데, 어떻게 데살로니가 교인들은 이러한 벽을 허물고 전 성도가 서로 사랑할 수 있었을까요? 이렇게 성도들이 서로 사랑하려면 어떻게 해야 할까요? 그 비법을 사도 베드로는 다음과 같이 제시합니다. "무엇보다도 열심히 사랑할지니"(벧전 4:8 상).

사랑을 하되 어떻게 하라고요? '열심히 하라.' 예수 믿는 사람들이 모였다고 해서 저절로 사랑하게 되는 게 아니라는 말입니다. 열심을 품어야 합니다. 노력해야 합니다. 한 남자와 한 여자가 서로 사랑하여 결혼을 합니다. 그런데 결혼했다고 해서 저절로 사랑이 이루어집니까? 남편은 남편대로 노력해야 합니다. 아내는 아내대로 노력해야 합니다. 상대방을 배려해줘야 합니다. 그럴 때만이 사랑이 깊어져 갈 수 있습니다. 하나님의 교회도 마찬가지입니다. 한 교회에 다닌다고 저절로 사랑이 이루어지는 것이 아닙니다. 노력해야 합니다. 열심을 품고 서로 돌봐주고 사랑해야 합니다. 그럴 때 데살로니가 교회처럼 될 수 있는 겁니다.

세 번째 감사 이유는 데살로니가 교인들이 박해에도 불구하고 인내하며 믿음을 지켰기 때문입니다(4절). 이들이 섬기던 우상을 버리고 주님을 영접하자, 동족들로부터 많은 핍박을 받았습니다. 대개 예수님을 믿다가 고난이 닥치면 예수님을 버리는 경우가 많습니다. 하지만 데살로니가 교인들은 박해 중에도 주님을 배반하지 않고 믿음으로 인내했습니다. 인내는 믿음이 있을 때만 가능합니다. 주님이 재림하면 모든 것을 갚아주신다는 믿음, 그리고 현재의 고난은 장차 누릴 영광과 족히 비교할 수 없다는 믿음이 있을 때 지금 당하는 고난을 넉넉히 참고 이겨낼 수 있습니다. 그러므로 여러분, 믿다 고난이 닥쳐와도 결코 낙심하거나 중도에 포기하지 마십시오. 때가 되면 결실을 거둘 것입니다(갈 6:9).

이어지는 둘째 파트는 감사 단락의 주 파트로 인간의 행동(데살로니가 신자들의 놀라운 영적 성장)에서 신적인 행동(그리스도의 재림 때에 성취될 하나님의 공의로운 심판)으로 초점을 전환합니다. 여기서는 '의'(헬. '디카이오쉬네')를 뜻하는 헬라어 핵심 어근 '디크'를 네 번(5절 '디카이아스', 6절 '디카이온', 8절 '엑디케신', 9절 '디켄')이나 사용하여 주의 재림의 성격을 공의로운 심판

에 집중시킵니다.[89]

우리는 데살로니가 교인들처럼 하나님을 잘 믿고 선하게 사는 사람이 고통을 받고 하나님을 무시하고 악하게 사는 인간들이 형통할 때, 하나님께서 계시다면 어째서 이런 일이 벌어질까? 과연 하나님께서는 정의로운 분이신가? 하는 신정론(神正論)을 제기하게 됩니다. 사도는 본 장에서 이런 불공정한 일이 이 세상에서 일어나고 있는 때에 우리 하나님은 팔짱만 끼고 지켜보고 계시지 않는다고 말합니다. 그는 하나님의 공의로운 심판이 어떻게 이루어지는지 구체적으로 제시합니다. 첫째, 하나님은 핍박자에게는 환난으로, 핍박받은 자에게는 안식으로 갚으실 것입니다(6-7절 상). 이것이 하나님의 공의입니다. 신자는 이 세상에서 주님을 믿음으로 무고하게 고난을 당하지만, 결국 이 세상의 고통에서 해방되어 하나님의 나라에서 영원한 안식과 평강을 누리게 될 것입니다. 선을 행한 자들에게는 상을 주시고 악을 행한 자에게는 벌을 주시는 것이 하나님의 공의입니다. 인과응보와 사필귀정이 의로우신 하나님의 속성입니다.

둘째, 하나님의 이 공의는 주님의 재림 때, 믿지 않는 자에게는 영벌로 믿는 자에게는 영생으로 갚으시는 방법으로 실현될 것입니다(7절 하-8절). 주님을 믿지 않고 성도들을 혹독하게 핍박한 자들이 받을 형벌은 단순한 형벌이 아닙니다. 감옥에서 10년, 20년, 50년 갇혀 있다가 풀려나는 그런 형벌이 아닙니다. 본 절에서는 '영원한 멸망의 형벌'이라고 했습니다. 이는 꺼지지 않는 유황 불 못에서 영원히 고통을 당하는 형벌을 가리킵니다. 지옥은 '주의 얼굴과 그의 힘의 영광을 떠난 장소'입니다. 여기서 "주의 얼굴을 떠났다"(9절 상)는 말은 하나님과 함께 있는 복을 누리지 못하고 하나님으로부터 분리되어 버림당한 극단의 불행을 가리키는 말입니다. "주의 힘의 영광을 떠났다"(9절 하)는 말은 주님의 구원의 능력을 누리지 못하고 영원히 불타는 지옥에서 영원토록 형벌을 받을 것이라는 말입니다.[90] 따라서 신자들이 당하는 박해는 일시적인 박해인 반면에 불신자들이 받을 형벌은 영원한 형벌임을 기억한다면, 게다가 믿는 자들에게는 영원한 멸망의 형벌 대신에 영원한 생명의 영광이 주어질 것이라는 사실을 기억한다면 우리가 인내로써 믿음을 지키지 못할 이유는 전혀 없습니다.

하나님의 공의가 실현되는 주님의 재림 때에 모든 믿는 자들은 두 가지 면에서 놀라움을 금치 못할 것입니다. 예수님을 보지 못하고 믿었던 수많은 성도는 예수님을 처음 보면서 주님의 강림하시는 광경이 너무 장엄하고 영광스럽기 때문에 놀라지 않을 수 없을 것입니다(10절 상). 이때는 믿는 자들의 구원이 완성되는 날이므로 자신의 영광스러운 모습을 보며 또 한 번 놀랄 것입니다(10절 하).

마지막 파트에서는 바울과 그의 동역자들이 데살로니가 교인들을 위해 기도하는데, 그 간구의 내용은 '하나님의 능력과 은혜'였습니다(11-12절). 데살로니가 교인들이 동족의 박해를 이겨나가기 위해서는 '하나님의 능력'이 절대적으로 필요했기 때문입니다. 아울러 '하나님의 은혜'를 구한 이유는 교인들 가운데 일부는 주의 재림에 너무 몰두한 나머지 생업을 접고 게으름을 피우며 무위도식함으로써 다른 사람들에게 민폐를 끼쳤기 때문이었습니다. 이들에게 하나님의 은혜가 임해서 깨우침을 받아 다시 생업에 매진하기를 사도는 간구했던 것입니다.

2장 불법

(**불법**의 사람 출현 예고)

전 장에서 데살로니가 성도들의 평안을 박해자들이 해쳤다면 본 장에서는 거짓 교사들이 그들의 평안을 깹니다. 바울이 데살로니가전서를 쓴 직후 교회 내에 거짓 선생들이 나타나서 사도적 권위를 주장하며 주의 날이 이미 이르렀다고 거짓 소문을 퍼뜨렸습니다. 그들은 세 가지 방식으로 가짜 뉴스를 퍼뜨렸습니다(2절 상). 첫째는, '영으로'입니다. 소위 예언 은사를 받았다고 하는 어떤 이들은 하나님으로부터 주님이 재림했다는 계시를 받았다고 주장했습니다. 둘째는 '말로'입니다. 어떤 이들은 "바울이 재림에 대해 말할 때 옆에서 들었다"고 소문을 냈습니다. 셋째는 '편지로'입니다. 어떤 이들은 주님께서 재림하셨다는 바울의 편지를 받았다고 주장했습니다. 이러한 거짓 소문들 때문에 그렇지 않아도 자신들의 종말론적 운명에 대해 불안해하고 있던 신생 교회는 겁을 덜컥 집어먹고 자신들이 심판의 날과 관련된 하나님의 진노를 받지나 않을까 두려워했습니다. 그래서 사도는 이러한 거짓 주장의 잘못을 지적함으로써 불길같이 번지는 교인들의 공포심 진화에 나섰습니다. 바울은 먼저 거짓 선생들이 종말에 대해 영으로, 말로, 편지로 들었다고 해서 마음이 흔들리거나 두려움에 빠져서는 안 된다고 수신자들을 안심시킨 후(2절 하), 주님께서 재림하시기 전에 반드시 먼저 있어야 될 두 사건에 대해 말합니다. 우선 "배교하는 일"이 일어날 것입니다(3절 상). 불신이 믿지 않는 것이라면, 배교는 믿는 듯하다가 신앙을 저버리는 것입니다. 적극적이고 자발적으로 하나님을 대적하고 거스르는 것입니다. 이런 배교하는 일이 마지막 종말에는 전 세계적으로 일어날 것입니다. 조직적이고 거세게 일어날 것입니다. 그럼 이런 대대적인 배교가 일어나게 되는 까닭은 무엇일까요? 불법의 사람이 출현하기 때문입니다(3절 하). 이 자가 "불법의 사람" 혹은 "불법한 자"(8절)라고 불리는 까닭은 그가 법을 깡그리 무시하기 때문입니다. 아예 법 개념이 1도 없는 사람이기 때문입니다. 우리가 세상을 살아가면서 지키는 일반 시민법, 우리가 생명처럼 소중히 여기는 절대 진리이신 하나님의 말씀의 법을 부정하고 거스르는 불의한 자가 바로 이 불법의 사람입니다.

　바울은 이 불법의 사람을 "대적하는 자"라고 칭합니다(4절 상). 대적자라는 명칭은 보통 사탄을 가리키는 단어입니다. 하지만 여기 대적하는 자는 사탄 그 자체가 아니라 사탄의 종 혹은 사탄의 초인(Satan's Superman)으로 요한식으로 말하면 적그리스도(요일 2:18, 22; 4:3; 요이 1:7)에 해당합니다. 이 불법의 사람은 오늘날 이단의 교주들처럼 자신을 하나님으로 높이며 하나님을 대적하고 자기를 숭배하게 할 것입니다.

　그러면 이 불법의 사람은 언제 등장할까요? 불법의 사람은 아무 때나 나타나는 것이 아니라 정해진 하나님의 때에 나타나게 됩니다. 본문에서 사도는 이 불법의 사람이 제때에 나타나도록 뭔가가 막고 있다고 말하는데(6절), 이 불법의 사람을 통제하는 것이 무엇이냐에 대해 학계에 이견이 있지만, 이는 아마도 당시 로마와 정부의 권세를 가리키는 말로 보입니다. 하지만 이는 로마 제국에만 국한되는 것이 아니라 법과 질서, 공공의 평안과 정의의 수호자 역할을 하는 모든 국가를 의미합니다.[91]

하나님의 정한 때가 되어서 하나님이 그 막는 자를 제하시면 불법
한 자가 일어나서 엄청난 핍박과 불의가 행해질 것입니다. 그때 사랑이
다 식어서 사람들의 마음은 얼음장같이 차가워지고 하나님에 대한 신
뢰와 믿음은 촛농처럼 녹아내릴 것입니다. 하나님께서 고난의 날을 감
하여 주시지 않으면 택한 자조차도 넘어져서 일이니지 못힐 만큼 큰 고
난이 있을 깃입니니(미 24:22). 하지만 너무 설망하거나 두려워하지 않을
충분한 이유가 있습니다. 하나님께서 막던 것의 통제를 거두시면 불법
의 사람이 나타나서 대대적인 불법과 악행이 자행될 테지만, 불법의 사
람이 나타나면 바로 이어 그분이 오실 것이기 때문입니다. 불법의 사람
의 닉네임은 "멸망의 아들"입니다(3절 하). 이는 파멸된 운명을 가진 자
란 뜻입니다. 이 하나님의 종말론적 원수가 제아무리 강력하고 기만에
능할지라도 파멸은 예정되어 있습니다. 제깟 놈이 까불고 설쳐봐야 우
리 주님이 다시 오시면 그날이 제삿날이 될 것입니다. "그때에 불법한
자가 나타나리니 주 예수께서 그 입의 기운으로 그를 죽이시고 강림하
여 나타나심으로 폐하시리라"(8절).

3장 나태

(나태한 자들에 대한 책망)

데살로니가 교인들 대부분은 사도 바울과 관계가 좋았지만, 교회 내에
문제아들이 있었습니다. 이들은 박해자들과 거짓 교사들과 함께 데살
로니가 교회를 혼란에 빠뜨린 삼두마차였습니다. '게으른 자들'(헬. '아탁
토이')이라 불리는 이 무리에 대해 바울은 이미 데살로니가전서에서 언

급한 바가 있습니다(살전 5:14). 하지만 이들의 존재는 여기 데살로니가후서 3장에서 좀 더 명백하게 드러납니다.

데살로니가 회심자들 가운데 일부는 나태하게 행동했는데, 그들이 게으름을 피운 이유에 대해 어떤 이들은 그들이 기질적으로 게을러서 교회의 다른 자비로운 사람들에게 기식하고 있었다고 주장하고, 또 다른 이들은 손으로 하는 노동을 멸시하는 헬라의 이원론적 사고 때문이었다고 설명합니다. 하지만 그들이 빈둥대는 근본 이유는 예수 그리스도의 재림이 임박했다고 보고 일하는 것은 노력의 낭비라고 생각해서 그랬을 것입니다.[92] 이 사람들은 주의 재림이 임박했다고 생각하고 일하지 않음으로써 형제들에게 민폐를 끼쳤습니다. 따라서 바울은 그들을 훈계할 필요가 있었습니다.

사도는 먼저 신실한 대다수의 교인들에게 게으른 자들에게서 떠나라고 말합니다(6절). 그리고 자신과 동료 선교사들이 데살로니가에 머무는 동안 게으르게 행하지도 아니하였으며 누구에게든지 양식을 값없이 가져다가 먹지 않고 주야로 수고로이 일했음을 그들에게 상기시킵니다(7-8절 상). 바울이 자비량 선교를 선택한 이유는 연약한 데살로니가 교회에 폐를 끼치기를 꺼려했기 때문이었습니다(8절 하). 하나님의 일꾼으로 사도는 자기 먹을 것을 받는 것이 마땅했지만 그 권리를 포기하고 평일에는 천막 만드는 일에 종사하고 안식일에는 복음을 증거했는데, 이런 자신을 본받아 데살로니가 교인들도 열심히 일할 것을 권면했습니다(9절). 그리고 이 모범을 따르지 않는 자에게 "일하기 싫거든 먹지도 말라"고 따끔하게 충고합니다(10절).

'나는 육신이 연약해서, 몸에 병이 들어서 일을 못하고 있는데, 일하기 싫거든 먹지도 말라니 이거 너무한 것 아닙니까?' 하고 사도에게 도끼눈 뜨지 마세요. 이는 사지육신이 멀쩡한데도 일을 하지 않고 다른 사람에게 빈대 붙어서 먹고살려고 하는 얌샵이를 겨냥해서 하는 말이기 때문입니다. 우리 신자들은 놀고먹으려는 거지 근성을 버려야 합니다. 노동은 신성한 하나님의 명령입니다. 하나님께서는 게으른 자를 싫어하십니다. 게으르면 빈궁(貧窮)이 강도같이 오고 곤핍이 군사같이 이릅니다(잠 6:11). 나태하면 빈궁이 강도처럼 예고 없이 들이닥칩니다. 곤핍이 군사처럼 떼로 몰려옵니다. 탈탈 털리기 싫으면 손을 부지런히 놀려야 합니다. 손을 게으르게 놀리는 자는 가난하게 되고 손을 부지런히 놀리는 자는 부하게 되기 때문입니다(잠 10:4).

바울은 데살로니가 교회의 게으른 자들을 "일하지 아니하고 일만 만드는 자들"이라고 지칭합니다(11절). 이들은 자신들의 일에 전념하지 않았기 때문에 다른 사람들의 일에 미주알고주알 간섭하게 되었습니다. 이런 주책바가지들에게 사도는 쓸데없이 남의 일에 참견하지 말고 조용히 자기 일을 해서 자기 양식을 먹으라고 권면합니다(12절). 그리고 이 권면을 거부하는 자는 "지목하여 사귀지 말라"고 명령합니다(14절). 시쳇말로 '왕따'시키라는 것입니다. 하지만 동시에 "원수와 같이 생각하지 말고 형제같이 권면하라"고 말합니다(15절).

사실 바울이 데살로니가전서 외에도 이렇게 또 한 편의 편지를 쓸 수밖에 없었던 이유는 이 게으른 자들이 바울의 권면을 계속해서 불순종했기 때문입니다. 이 반항적인 게으른 자들은 사도를 참으로 힘들게 했지만, 그는 이들을 교회의 회원 자격으로부터 배제하거나 믿음을 가지고 있지 않은 악한 자들의 범주에 두지 않았습니다. 오히려 그들을

'형제'로 생각하고 위해서 기도했습니다(참고, 살전 1:2; 살후 3:2). 그러므로 여러분도 바울의 이 모범을 따라서 교회 내에서 문제를 일으키는 골칫거리 교인들을 철천지원수와 같이 생각하지 말고 형제자매로 여겨 애정 어린 권면을 하고 그 영혼의 변화를 위해 간절히 기도하시길 바랍니다.

제10장
디모데전서

배경과 지도

배경

사도행전 마지막 장에 언급되듯이, 바울은 2년 동안 로마에서 가택 연금에 들어갑니다. 그리고 그 후에 잠시 풀려나서 선교 여행을 떠난 것으로 보입니다. 이 기간 동안 그는 디모데와 함께 에베소를 방문하여 디모데를 그곳에 남겨두었고, 디도와 함께 그레데를 방문하여 디도를 그곳에 머물게 하였던 것 같습니다. 이는 당시 디모데와 디도가 사역했던 에베소와 그레데에 거짓 교사들이 있어서 거짓 교훈을 가르치며 사람들을 오도했는데 이를 바로잡고자 함이었습니다. 따라서 목회서신이 기록된 가장 중요한 목적은 거짓 교훈을 퇴치하기 위함이었습니다. 이에 한 가지를 더 첨언하면, 목회의 선배로서 바울은 목회 후배들인 디모데와 디도가 맡겨진 양 떼들을 잘 목양할 수 있도록 자신의 목회 경험을 살려 목회 노하우(know-how)를 전수하기 위해 목회서신을 쓴 것입니다.

이 세 편의 편지 수신자들 모두에게 사도는 구체적인 목회 지침을 하달하고 있습니다.

지도

주후 60년대 초·중반에 기록된 것으로 추정되는 목회서신(디모데전서, 디모데후서, 디도서) 또한 편지 서두에 길 안내 지도를 제시하고 있습니다. 이 세 편의 편지를 이끌어 나가는 로드 맵은 '교훈'(바른 교훈 vs 다른 교훈)입니다. 이러한 사실은 목회서신 전체 서론부에 해당하는 디모데전서 감사 단락(딤전 1:3-20)에 잘 내포되어 있습니다. "내가 마게도냐로 갈 때에 너를 권하여 에베소에 머물라 한 것은 어떤 사람들을 명하여 다른 교훈을 가르치지 말며 신화와 끝없는 족보에 몰두하지 말게 하려 함이라. 이런 것은 믿음 안에 있는 하나님의 경륜을 이룸보다 도리어 변론을 내는 것이라. **이 교훈**의 목적은 청결한 마음과 선한 양심과 거짓이 없는 믿음에서 나오는 사랑이거늘 사람들이 이에서 벗어나 헛된 말에 빠져 …"(딤전 1:3-6). "음행하는 자와 남색하는 자와 인신매매를 하는 자와 거짓말하는 자와 거짓 맹세하는 자와 기타 **바른 교훈**을 거스르는 자를 위함이니 **이 교훈**은 내게 맡기신 바 복되신 하나님의 영광의 복음을 따름이니라"(딤전 1:10-11). "아들 디모데야 내가 네게 **이 교훈**으로써 명하노니 전에 너를 지도한 예언을 따라 그것으로 선한 싸움을 싸우며 …"(딤전 1:18).

여기 보면 바울은 '교훈'이라는 말을 연거푸 사용해서 두 교훈, 즉 '바른 교훈'(혹은 '이 교훈')과 '다른 교훈'(혹은 '헛된 말')을 서로 대조시키고 있습니다. 이 두 용어의 대조는 목회서신 전반에 팽배합니다.

"너는 그리스도 예수 안에 있는 믿음과 사랑으로써 내게 들은 바 **바른 말**을 본받아 지키고 우리 안에 거하시는 성령으로 말미암아 네게 부

탁한 **아름다운 것**을 지키라"(딤후 1:13-14). "망령되고 헛된 말을 버리
라"(딤후 2:16 상). "어리석고 무식한 변론을 버리라"(딤후 2:23 상). "때가 이
르리니 사람이 **바른 교훈**을 받지 아니하며 귀가 가려워서 자기의 사욕
을 따를 스승을 많이 두고 또 그 귀를 진리에서 돌이켜 허탄한 이야기
를 따르리라"(딤후 4:3-4). "미쁜 말씀의 가르침을 그대로 지켜야 하리니
이는 능히 **바른 교훈**으로 권면하고 거슬러 말하는 자들을 책망하게 하
려 함이라. 불순종하고 헛된 말을 하며 속이는 자가 많은 중 할례파 가
운데 특히 그러하니"(딛 1:9-10). "오직 너는 **바른 교훈**에 합한 것을 말하
여"(딛 2:1). "그러나 어리석은 변론과 족보 이야기와 분쟁과 율법에 대한
다툼은 피하라. 이것은 무익한 것이요 헛된 것이니라"(딛 3:9).

따라서 바울은 목회서신 서론부에서부터 이와 같이 '바른 교훈'과
'다른 교훈'을 의도적으로 대비시킴으로써 자신이 편지들을 쓴 주목적
은 디모데와 디도가 '다른 교훈'(거짓 교사들의 헛된 말)으로부터 교인들을
지키며, 그들이 '바른 교훈' 안에 머물러 신앙생활을 잘 할 수 있도록 권
면하기 위함임을 분명히 드러냅니다.

장별 제목 붙이기

디모데전서는 총 6장으로 되어있는데, 첫 장은 전체 로드 맵으로 '교훈'
입니다. 그래서 1장은 교훈(두 교훈) 이렇게 두 글자로 기억하시면 되겠습
니다. 바른 교훈을 '예배' 때 '목사'가 주었습니다. 그래서 차례로 2장 예
배(공적 예배), 3장 목사(목사의 자격)입니다. 그러자 교인들이 '거짓' 교사와
의 '관계'를 청산했습니다. 그래서 순서대로 4장 거짓(거짓 교사의 가르침),

5장 관계(**관계**에 대한 지침)입니다. 그리고 그들은 하나님께 자신들이 가진 물질을 바쳤습니다. 따라서 6장은 물질(**물질**의 소유)입니다.

＜디모데전서 각 장 제목 두 글자 도표＞

1장	2장	3장	4장	5장	6장
교훈	예배	목사	거짓	관계	물질

1장 교훈

(두 교훈)

바울은 당시의 편지 형식을 따라서 본 서신의 서두를 발신자(1절), 수신자(2절 상), 문안 인사(2절 하) 순으로 언급합니다. 먼저 발신자는 '바울'입니다. 바울은 자신을 '그리스도 예수의 사도'라고 소개합니다. 이렇게 바울이 자신의 사도적 권위를 내세우는 이유는 에베소 교회에 바울의 복음을 외면하고 다른 지도자들과 그들의 가르침을 따르고 있는 자들이 있었기 때문입니다. 바울은 자신이 하나님과 예수님의 '명령에 따라' 사도가 되었다고 고백합니다.[93] 본 절의 '명령'(헬. '에피타게')은 신적 혹은 왕적 명령을 의미합니다. 그러므로 에베소 성도들은 돌이켜 바울의 가르침에 귀를 기울여야 할 것입니다.

편지 수신자는 '디모데'입니다. 본 서신에서 수신자로 언급된 디모데는 바울서신 13편 중에 무려 6번 공동 발신자(co-sender)로 소개됩니다

(고후 1:1; 빌 1:1; 골 1:1; 살전 1:1; 살후 1:1; 몬 1). 따라서 사도 요한이 예수 그리스도에게 가장 많은 사랑을 받았던 'The Beloved Disciple'(사랑하는 제자)이었다면, 디모데는 사도 바울에게 가장 총애를 받았던 'The Beloved Disciple'이었던 것입니다. '디모데'(Timothy)는 헬라어로 '티모떼오스'인데, 이는 '하나님을 경외하는 자'라는 뜻입니다. 디모데는 갈라디아 성(省)의 루스드라 출신으로 어머니는 유대인이있고, 아버지는 헬라인이었습니다(행 16:1). 그래서 바울처럼 유대와 헬라의 이중 문화에 잘 적응할 수 있는 이점을 지닌 사람이었습니다. 디모데의 유대인 어머니 유니게와 유니게의 친정 어머니 로이스(즉, 디모데의 외할머니)는 디모데를 믿음으로 양육하여서 디모데는 어려서부터 구약성경을 잘 알고 있었습니다(딤후 1:5).

사도 바울은 1차 선교 여행 때 바나바와 함께 디모데의 고향 루스드라를 방문했는데(행 14:6-7), 그때 디모데는 바울을 통해 복음을 듣고 회심한 듯합니다. 이렇게 생각할 수 있는 근거는 디모데전서 1:2에서 사도가 그를 "믿음 안에서 참 아들"이라고 칭하고 있기 때문입니다. 회심 이후 디모데는 하루가 다르게 영적으로 성장해 나갔습니다. 바울은 2차 선교 여행 때 실라와 함께 첫 선교지들 중의 하나였던 루스드라를 재방문하게 되는데, 그때 다시 만난 디모데는 자신이 활동하고 있는 루스드라 지역에서뿐만 아니라 30km나 떨어진 이웃 이고니온 지역에 있는 형제들에게도 칭찬을 받는 그리스도의 신실한 제자가 되어 있었습니다(행 16:2). 그래서 바울은 이 믿음직한 디모데를 자신의 선교팀에 합류시켰습니다. 이때부터 디모데는 사도 바울의 동역자로 바울의 복음 전파 사역에 결정적인 조력자가 되는데, 바울은 그의 선교 활동으로 세워진 개척 교회들에 문제가 생기면 그때마다 디모데를 보내어 자신을 대신해 그 문제를 해결하도록 했습니다. 그 대표적인 사례가 고린도 교회 파송(고전 4:17), 데살로니가 교회 파송(살전 3:2-3), 빌립보 교회 파송(빌 2:19-22)입니다.

사실 사도를 대신해서 각 지교회를 방문하는 일은 결코 녹록한 사역이 아니었습니다. 이는 빌립보 교회 파송의 경우만 점검해 보아도 쉽게 이해할 수 있습니다. 바울은 로마 감옥에서 빌립보서를 써서 디모데 편으로 빌립보 교인들에게 소식을 전하고 또 그들의 소식을 가져오게 하는데, 로마에서 빌립보까지는 무려 1,800km로 걸어서 꼬박 40일이 걸립니다. 그리고 또 돌아오는 데도 40일이 걸립니다. 다시 말해서, 약 3개월 동안을 온갖 위험을 무릅쓰고 쉼 없이 걷고 또 걸어야만 하는 일이었습니다. 게다가, 디모데는 이런 힘든 일을 감당할 만큼 그리 강건한 사람이 아니었습니다. 디모데전서 5:23에 보면, 바울은 디모데에게 "이제부터는 물만 마시지 말고 네 위장과 자주 나는 병을 위하여는 포도주를 조금씩 쓰라"고 권면하고 있습니다. 이로 보아 디모데는 위장병으로 고생하였고 또한 몸이 허약하여 늘 병을 달고 다니는 약골이었던 것을 알 수 있습니다. 하지만 그는 바울이 어떠한 일을 맡겨도 군말 없이 순종했습니다. 그래서 사도는 기회가 있을 때마다 디모데를 "내 사랑하는 신실한 아들"(고전 4:17) 혹은 "믿음 안에서 참 아들"(딤전 1:2)이라고 불렀던 것입니다. 바울은 이 신실한 디모데를 자신의 순교일이 가까워 왔을 때 가장 먼저 찾았습니다(딤후 4:9). 히브리서 13:23에 보면, 디모데 또한 스승 바울처럼 감옥에 투옥되었다가 놓이게 됩니다. 이후 그는 도미티아누스(Domitian, 주후 81-96년) 혹은 트라야누스(Trajan, 주후 98-117년) 황제 치하 때 순교했다고 전해집니다.

바울은 믿음직한 디모데에게 '은혜와 긍휼과 평강'이 있기를 기원합니다. 보통 바울은 문안 인사 때 은혜와 평강만을 간구하는데, 목회서 신에서만은 '긍휼'을 추가합니다(딤전 1:2; 딤후 1:2; 딛 3:5). 이는 거짓 교사들이 우는 사자와 같이 삼킬 자를 찾는 험한 목회 현장에서 고군분투할 디모데와 디도에 대한 짠한 마음을 표현한 것입니다.

바울은 인사말을 마치자마자 바로 디모데에게 거짓 교사들의 거짓 교훈을 경계해야 한다는 사실을 주지시킵니다. 사도는 마게도냐로 갈 때에 디모데를 에베소에 남겨두었는데, 이는 거짓 교사들이 에베소 성도들에게 다른 교훈을 가르치며 신화와 족보에 몰두하게 하는 것을 막기 위함이었습니다(3-4절 상). 바울은 이미 몇 년 전에 '흉악한 이리'가 에베소 교회에 들어와 그리스도의 양 떼를 아끼지 아니할 것이라고 예언한 적이 있는데(행 20:29), 그 예언이 지금 사실로 드러난 것입니다. 그러면 본 절의 '신화와 족보'란 무엇을 말하는 것일까요? 이는 율법의 오용과 관련된 것으로 거짓 교사들은 율법을 사용해서 많은 신화와 족보 이야기를 만들었습니다. 일례로 고대 유대 문서 중 하나인 『희년의 책』(The Book of Jubilees)을 보면 창세기에 언급되지 않은 아담과 하와가 낳은 모든 자녀들의 이름이 다 기록되어 있고, 에녹의 가족은 누구이고, 노아의 선조와 후손은 누구이고 등등이 나옵니다. 그래서 이 신화, 즉 허구인 족보에 집착하여 지금 에베소 교회 내에서 서로 변론하며 싸우는 것입니다. 한쪽에서 "애굽으로 내려간 70인은 누구 누구야"라고 하면, 다른 한쪽에서는 "그 사람은 아니고 이 사람이야"라고 서로 잘난 체하며 언쟁을 합니다. 이런 비본질적인 것으로 인해 교회 안에 불필요한 변론, 사변적인 논쟁이 거듭되는 것은 결코 하나님의 뜻이 아닙니다(4절 하).

거짓 교훈 혹은 거짓 교리가 분열을 조장한다면 바른 교훈 혹은 교리는 사랑을 고취시킵니다(5절). 하나님이 원하시는 것은 싸우는 것이

아니라 서로 사랑하는 것입니다. 바른 교훈과 바른 교리의 지향점은 박
식함이 아니라 사랑입니다. 우리가 성경을 많이 배우면 배울수록 사랑
이 더 커져야 합니다. 풍성해져야 합니다. 성경을 아무리 많이 알고 교
리를 아무리 많이 배워도 사랑이 없다면 하나님 앞에서 그 배움과 그
지식은 큰 의미를 갖지 못합니다. 아니 배운 것만 못할 수 있습니다.

　이제 바울은 율법을 잘못 사용하는 문제에서 올바르게 사용하는 문
제로 옮겨갑니다. 먼저 사도는 율법을 오용한 거짓 교사들을 겨냥하여
율법은 악용하면 문제지만 잘 쓰면 좋은 것이라고 말합니다(8절). 그리
고 이어서 율법이 주어진 목적 혹은 기능을 언급합니다. "알 것은 이것
이니 율법은 옳은 사람을 위하여 세운 것이 아니요 오직 불법한 자와
복종하지 아니하는 자와 경건하지 아니한 자와 죄인과 거룩하지 아니
한 자와 망령된 자와 아버지를 죽이는 자와 어머니를 죽이는 자와 살인
하는 자며 음행하는 자와 남색하는 자와 인신 매매를 하는 자와 거짓말
하는 자와 거짓 맹세하는 자와 기타 바른 교훈을 거스르는 자를 위함이
니"(9-10절). 사도가 여기서 말하는 것은 율법의 여러 기능 중 하나에 불
과합니다. 종교 개혁자 칼빈에 따르면 율법은 세 가지 기능을 하는데,
첫 번째 기능은 형벌적인 것으로 죄인을 정죄함으로 그리스도께 인도
하는 것이고, 두 번째 기능은 여기 본문이 말하는 제어적인 것으로 악한
자들을 억제하는 것이며, 마지막 세 번째 기능은 교육적인 것으로 신자
들을 가르치고 권면하는 것입니다.

　본 단락을 마무리하면서 바울은 거짓 교훈과 대조되는 바른 교훈을
상기시킵니다. "이 교훈은 내게 맡기신 바 복되신 하나님의 영광의 복
음을 따름이니라"(11절). 우리는 바른 교훈, 즉 사도적 복음, 사도적 가르
침이라는 본질에 집중해야 합니다. 비본질적인 것에 몰두해서는 안 됩

니다. 성경이 말하는 데까지만 말하고 그 이상에 대해 상상의 나래를 펴는 것은 금해야 합니다. 시시껄렁한 것에 꽂혀서 과도하게 나가면 이단으로 빠질 수도 있기 때문입니다.

2장 예배
(공적 예배)

전 장에서 바울은 디모데에게 거짓 교사들을 경계할 것을 주문했다면, 본 장에서부터는 목회서신이라는 이름에 걸맞게 목회와 관련된 사항들에 대해 훈수를 둡니다. 2장은 이렇게 시작합니다. "그러므로 내가 첫째로 권하노니 모든 사람을 위하여 간구와 기도와 도고와 감사를 하되"(1절). 여기 '그러므로'(헬. '운')는 2장이 1장과 연관되어 있다는 사실을 암시합니다. 전 장 말미에서 바울은 디모데에게 거짓 교사들과 선한 싸움을 싸울 것을 주문했습니다(딤전 1:18). 그러고 나서 이제 사도는 디모데가 대적들과 싸울 때 쓸 무기로 총칼이 아닌 '기도'를 제시하고 있는 것입니다. 본 절의 '첫째로'(헬. '프로톤 판톤')는 바울이 후속 절에서 '둘째로'라는 말을 언급하지 않기 때문에 시간의 우선순위가 아니라 중요성의 우선순위를 가리킵니다. 따라서 교회에서 가장 중요하게 생각해야 할 것은 예배요 기도라는 말입니다. 사도는 '모든 사람'을[94] 위하여 기도하라고 권면하는데, 이는 에베소의 이단들이 자신들의 신화적 가르침을 고수하는 선택된 무리의 사람들만을 위해 기도하고 세속 통치자와 모든 이방인을 배제하였기 때문입니다. 그래서 바울은 그들과 자신을 차별화시키기 위해 "임금들과 높은 지위에 있는 모든 사람을 위하여 하라"고 디모데에게 권면하는 것입니다(2절 상). 공예배에서 대표 기도하는 사람은 위정자들을 위해 기도해야 합니다. 이는 그들이 정치를 잘하고 나라를 잘 다스려서 우리가 평안한 삶을 살 수 있도록 하기 위함입니다(2절 하). 바울이 이 편지를 썼을 당시 그리스도인 통치자는 세계 어디에도 없었습니다. 바울이 디모데에게 왕들을 위해 기도하라고 말했을 때 로마를 다스렸던 황제는 미치광이 네로였습니다. 끊임없이 자신들을 괴롭히는 악귀 같은 위정자들을 위해 기도한다고 하는 것은 그리스도인들에게 정말 내키지 않는 일이었을 것입니다. 그러나 바울은 원수처럼 끊임없이 자신들을 괴롭히는 위정자들을 위해 기도하라고 권면합니다. 그러므로 우리는 어렵더라도 이를 실천하려고 애쓰는 성숙한 신자가 되어야 할 것입니다. 아울러, 우리는 모든 사람들이 구원을 받도록 공중 예배에서 기도해야 합니다(4절). 공예배 시간에 드리는 기도 속에는 이렇게 지경을 넓혀서 전 세계 사람들이 복음을 접하고 구원받게 해달라는 선교적 기도가 반드시 포함되어야 합니다.

앞에서 기도의 범위를 논했다면 이제 사도는 방향을 바꿔서 기도의 태도에 대해서 언급합니다. 먼저 바울은 남성이 어떤 태도와 자세로 기도해야 하는지를 말합니다. "그러므로 각처에서 남자들이 분노와 다툼이 없이 거룩한 손을 들어 기도하기를 원하노라"(8절). 거짓 교사들이 쓸데없는 것을 가지고 자꾸 논쟁을 유발하니까 남성들은 스트레스가 쌓여 기도할 때도 마음을 억누르지 못하고 '분노와 다툼' 가운데 기도했던 것 같습니다. 그래서 바울은 그들에게 평정심을 유지하면서 기도하라고 권면하는 것입니다. 만일 어떤 신자가 다른 사람을 향하여 분개하는 마음과 비통한 마음을 품고 있다면 기도를 통해 하나님께 나아가는 것은 아무짝에도 쓸모가 없습니다. 주님이 산상수훈에서 말씀하셨듯이, 기도에 앞서 화목이 이루어져야 합니다(참고, 마 5:23-24).

남자들 못지않게 여자들 또한 공예배를 혼란스럽게 했습니다. 여성들은 두 가지 점에서 잘못을 하고 있었습니다. 첫째는 공식인 예배의 상황에 합당하지 않은 복장이었습니다. 일부 몰지각한 여자들은 당시 에베소 지역에서 볼 수 있었던 신전 창기들처럼 화려한 머리치장과 사치스러운 복장을 한 채 예배에 참석함으로써 남자들이 예배에 집중하는 것을 방해했습니다(9절 상). 그래서 바울은 단정하게 옷을 입고 소박함과 정절로써 자신들을 단장하라고 권면하는 것입니다(9절 하). 둘째는 질서에 순종하지 않는 것이었습니다. 원래 유대 문화에서 여인들은 율법을 읽을 수 없었으며 성전의 바깥뜰에만 머물도록 허용되었습니다. 그러나 복음이 전해지면서 남자와 여자 사이에 평등한 지위가 부여되어 있음이 강조되었고 이로 인해 일부 여성들이 주어진 자유를 남용하였습니다. 그러다 보니 속된 말로 여자들이 교회를 너무 휘젓고 다니는 일이 발생했고 결국 남자들을 주관하려 하는 데까지 이르게 되었습니다. 게다가, 일부는 거짓 교사들의 잘못된 가르침으로 인해 목회자의 권위에 복종하지 않고 대들기까지 한 것 같습니다. 그래서 사도는 교회의 질서가 흐트러지게 되자 여자들이 가르치는 것과 남자를 주관하는 것을 허락하지 않고 일체 조용히 하라고 강도 높은 비판을 한 것입니다(12절).

여성의 안수와 사역에 관해 가장 논란이 많이 되는 이 본문을 근거로 그리스도의 몸 전체에서 반이나 차지하는 여자들을 교회나 신학교에서 가르치는 일이나 설교하는 일에서 제외시키는 것은 결코 현명한 처사가 아닙니다. 바울이 여기서 공중 예배 중에 여성의 침묵을 강조하는 것은 그들이 어떤 주제에 대해 완전한 지식을 갖기 전에 일단 침묵으로 배워야 했음을 말하는 것입니다. 사도는 당시 남성에 비해 상대적으로 여성이 교육을 제대로 못 받아서 종종 어리석은 질문을 하였기에 그런 무식한 질문으로 전체 회중에게 방해가 되어서는 안 된다는 취지로 먼저 경솔히 말하지 말고 조용히 배우라고 했던 것입니다. 이는 여성은 영원히 조용히 해야 한다는 것을 의미하지는 않습니다(고전 14:28; 참고, 고전 14:30).[95]

3장 목사

(목사와 집사의 자격)

전 장에 이어 본 장에서도 바울은 디모데에게 목회 사역을 위한 조언을 합니다. 특히, 3장에서는 교회의 두 직분인 목사와 집사가 갖추어야 할 자격에 대해서 권면합니다.

먼저 바울은 본 주제로 들어가기에 앞서 이렇게 말합니다. "미쁘다 이 말이여, 곧 사람이 감독의 직분을 얻으려 함은 선한 일을 사모하는 것이라 함이로다"(1절). 여기 '얻다'(헬. '오레고')라는 말은 '어떤 것을 얻으려고 손을 내밀다' 혹은 '열망하다'라는 뜻입니다. 그러므로 본 절은 감독이 되려고 애쓰는 것은 좋은 일이라는 말입니다. 본문의 '감독'(헬. '에피스코포스')은 장로(헬. '프레스뷔테로스')와 같은 직책을 가리키는 칭호로 오늘날 식으로 말하면 목사를 지칭합니다. 목사 후보생은 먼저 목사가 되고자 하는 열망, 즉 자원하는 열망이 있어야 합니다. 하지만 이것이 다는 아닙니다. 이에 선행하는 요소가 있는데, 그것은 하나님의 부르심, 즉 소명(calling)이 있어야 합니다. 여기에 더해지는 것이 방금 말씀드린 자원하는 열망, 즉 하기 싫은 일을 억지로 하는 것이 아니라 기꺼운 마음으로 목사가 되고자 하는 소원이 보태져야 합니다. 여기에 한 가지 더 덧붙여져야 하는 것이 교회의 양심적인 평가입니다. 목사 후보생이 적절한 사람인지 여부를 교회가 정당히 판단해야 합니다. 이것이 목회 후보자가 구비해야 할 3가지 핵심적인 요소입니다.

이어서 사도는 감독의 자격 요건을 15가지로 상술하는데, 이를 세 개의 카테고리로 요약할 수 있습니다. 첫째, 인격적인 측면입니다. 감독, 즉 목사는 책망할 것이 없어야 합니다(2절 상). 이는 잘못이 전혀 없는 것을 의미하지 않습니다. 세상에 털어서 먼지 안 나는 사람이 어디 있겠습니까? 따라서 이는 평판에서 흠잡을 데가 없어야 한다는 의미입니다. 목사는 또한 절제하며 신중하며 단정해야 합니다(2절 중). 여기 '절제'와 '신중'은 내적인 마음의 태도를 가리키고, '단정'은 그것이 외적으로 표현된 것을 의미합니다. 아울러, 목사는 나그네를 잘 대접해야 합니다(2절 하). 사도 바울 당시에는 순회 전도자들이 있었는데, 이런 사람들을 잘 대접하는 것이 목사의 자질 중 하나였습니다. 목사는 또한 술을 즐기지 아니하며, 구타하지 아니하며, 다투지 아니하는 사람이어야 합니다(3절 상). 물론 여기서 바울은 절대 금주를 요구하는 것은 아니지만 한번 마시면 필름 끊어질 때까지 가는 한국적 상황에서 목사가 술을 가까이한다는 것은 백해무익합니다. 한국에 처음 온 선교사들이 신자들에게 절대 금주를 하라고 권한 이유 또한 술로 인한 폐해가 너무 컸기 때문입니다. 본 절에서 목사가 하지 말아야 할 '구타'는 능동적으로 싸우는 것이라면 '다툼'은 수동적으로 싸우는 것을 의미합니다. 목사는 선한 싸움 외에 어떠한 종류의 싸움도 삼가야 합니다. 에베소의 거짓 교사들처럼 다툼을 일삼아서는 안 됩니다. 대신 관용을 베풀어야 합니다. 목사는 특히, 돈을 사랑하지 말아야 합니다(3절 하). 이는 목회자에게는 돈이 전혀 필요 없다는 뜻이 아닙니다. 가룟 유다처럼 돈, 돈, 돈 하며 돈에만 관심을 두어서는 안 된다는 말입니다. 매주 교인들의 수를 세면서 "돈이 얼마겠구나!" 이렇게 생각하면 안 된다는 말입니다. 교인 수가 늘어나면 "헌금이 얼마 늘어나겠구나!" 이렇게 생각하면 안 된다는 말입니다. 목회자는 돈과 사람을 결부시켜 생각하면 절대 안 됩니다.

아울러, 갓 입교한 자는 목사가 되어선 안 됩니다(6절 상). 목사는 하루아침에 되는 것이 아닙니다. 그만큼 신앙의 경륜이 필요합니다. 하나님과 동행한 세월이 있어야 합니다. 감독의 다른 명칭이 장로인데, 장로란 연장자, 즉 영적으로 성숙한 사람을 의미하기에 초신자가 목사가 되어서는 안 되는 것입니다. 만일 그렇게 되면 교만해져서 마귀가 교만하여 심판받는 것처럼 그 사람도 똑같은 심판을 받을 수 있기 때문입니다 (6절 하).

둘째, 직무적인 측면입니다. 직무적인 면에서 목사는 가르치기를 잘하는 사람이어야 합니다. 이는 목사는 교사여야 한다는 것을 보여줍니다. 실로 목회 사역의 독특한 점은 하나님의 말씀이 그 안에서 갖는 중요성에 있습니다. 그러므로 목사는 가르치는 은사가 있는 사람이어야 합니다. 이는 하나님이 주신 은사에 더해 목회자 자신이 전문적으로 가르칠 충분한 자격을 갖추어야 한다는 말입니다. 따라서 물에 밥 말아 먹

듯이 속성으로 1-2년 무언가 신학교에서 뚝딱 공부해서 목사가 되려고
하는 것은 도둑놈 심보입니다.

셋째, 관계적인 측면입니다. 먼저 부부관계 면에서 목사는 한 아내
의 남편이 되어야 합니다(2절). 이 말은 목사는 결혼 생활에 신실해야 한
다는 의미입니다. 다시 말해서, 자신이 결혼 서약한 대로 아내에게 신실
한 남편이 되어야 한다는 말입니다. 가정생활 면에서 목회자는 자기 집
을 잘 다스리는 사람이어야 합니다(4절). 목사는 두 집, 즉 육신의 집인
'가정'과 하나님의 집인 '교회'의 가장입니다. 그러므로 육신의 집을 잘
다스리지 않는 사람이 영적 집을 잘 다스릴 것이라고 기대하는 것은 무
리입니다. 그 일례가 엘리 제사장입니다. 그는 가정을 제대로 건사하지
못했습니다. 두 아들 홉니와 비느하스에게 하나님을 경외하는 법을 가
르치지 않았습니다. 그러자 그들은 제사를 멸시하고 겁도 없이 성막에
서 수종 드는 여인들과 동침하는 죄를 범함으로 가문의 명예를 실추시
키고 하나님의 영광을 가렸습니다(삼상 2:12-24). 끝으로, 사회적인 관계에
서 목사는 외인에게 선한 증거를 얻은 자라야 합니다(7절 상). 이는 목회
자가 믿지 아니하는 불신자에게도 인정받은 사람이어야 한다는 말입니
다. 목회자가 비방받거나 마귀의 덫에 걸려 쓰러지면 교회가 심각한 타
격을 받게 됩니다(7절 하).

이어서 바울은 집사의 자격을 논하는데(8-13절), 가르치는 일에 능해
야 한다는 사실이 빠진 것을 제외하고는 대부분 목사의 자격과 중복됩
니다.

본 장을 마무리하면서 우리가 주지해야 할 점은 위의 15가지는 비록
목사의 자격 요건이지만 이를 목사에게만 국한시킬 필요는 없다는 것
입니다. 목사는 성도들의 본보기이기에 성도들도 나와는 무관한 이야

기로 치부할 것이 아니라 나 자신의 이야기로 받아들여 보다 성숙한 품
성을 갖추어 나가려고 애써야 할 것입니다.

4장 거짓

(거짓 교사의 가르침)

두 장에 걸쳐 목회 지침을 하달한 후에 바울은 다시 거짓 교사들의 거짓 가르침을 언급합니다. "그러나 성령이 밝히 말씀하시기를 후일에 어떤 사람들이 믿음에서 떠나 미혹하는 영과 귀신의 가르침을 따르리라 하셨으니"(1절). 여기 '후일'은 '말세'를 의미합니다(참고, 딤후 3:1). 말세는 세상 끝 날이 아니라 예수님의 초림에서 재림까지의 기간을 말합니다(참고, 행 2:17; 고전 10:11; 히 1:2). 그리고 '떠나다'라는 말은 '배교하다'라는 뜻입니다. 또 '미혹하는 영과 귀신의 가르침'이란 거짓 교사들이 전하는 거짓 교훈을 의미합니다. 종말의 현상 중의 하나는 이단의 발흥입니다(참고, 벧후 3:3). 이단에 빠지면 정통 교회를 등지는 것은 자연스러운 수순인데, 바울이 이 배교에 대해 미리 알 수 있었던 것은 그가 똑똑해서가 아니라 성령님이 그에게 밝히 말씀하셨기 때문입니다.

이단은 "자기 양심이 화인을 맞아서 외식함으로 거짓말하는 자들"입니다(2절). 본 절에 '화인 맞다'(헬. '카우스테리아조')라는 동사는 시뻘겋게 단 인두로 낙인을 찍다, 혹은 의학적 용어로 '마취시키다'라는 의미입니

다. 그러므로 양심이 화인 맞은 것은 양심이 죽거나 무감각해진 상태를 뜻합니다. 다시 말해서, 양심 안에서 전혀 동요나 갈등이 없는 것을 말합니다. 그렇게 되면 신천지처럼 거짓말을 하나님의 모략으로 미화시키고 거짓말을 통해 사람들을 후리는 것에 전혀 양심의 가책을 느끼지 못하게 됩니다.

바울 당시에도 에베소에 이렇게 양심에 화인 맞은 거짓 교사들이 있었는데, 이들은 교인들에게 "혼인을 금하고 어떤 음식물은 먹지 말라"는 거짓 가르침을 주었습니다(3절 상). 이들은 왜 이런 잘못된 가르침을 신도들에게 주입시켰을까요? 여기에는 두 가지 배경이 있는데, 하나는 유대적 배경입니다. 쿰란의 엣센파는 쾌락을 악으로 여기고 극기를 덕으로 여기면서 결혼을 소홀히 했던 유대 종파입니다. 또 하나는 헬라적 배경입니다. 헬라의 영지주의자들은 플라톤의 이원론 사상에 영향을 받아 영은 선하고 육신은 악한 것으로 치부했습니다. 그래서 육신의 욕구들인 성욕과 식욕, 즉 결혼과 고기 먹는 것을 금했습니다. 에베소의 이단들은 이 두 배경을 동시에 가지고 있었던 영지주의적 유대주의자들로 추정됩니다.

여기 에베소의 거짓 교사들처럼 어떤 사람들은 신부와 스님은 결혼도 하지 않고 고기를 먹지 않는 등 금욕적인 삶을 영위하는데 목사는 세상 사람들처럼 결혼도 하고 음식도 가리지 않고 먹는다고 말하면서 속물 취급하는 경향이 있습니다. 하지만 이는 잘못된 생각입니다. 아래에서도 언급하겠지만 부부관계를 하지 않고 채식만 하는 것이 경건의 표지가 될 수 없기 때문입니다. 아울러, 도에 지나쳐서 정욕과 탐욕으로 나가는 것이 문제이지 성욕과 식욕 자체는 자연스러운 것이기 때문입니다.

바울은 이들의 거짓 가르침에 대해 결혼이나 음식은 하나님이 지으신 것이니 감사함으로 받으면 된다고 말합니다(3절 하-4절). 결혼과 음식 그리고 하나님의 창조로 말미암는 다른 선물들은 하나님의 말씀과 기도로 거룩하여집니다(5절). 하나님께서 자신이 창조한 만물을 보시고 "그것이 좋았다"(창 1:31)라고 말씀하셨기에 그것은 좋은 것, 거룩한 것입니다. 그러므로 우리는 이를 인정하고 감사 기도를 드리고 누리면 됩니다.

본 장의 요점은 독신이나 채식주의가 모든 사람을 향한 하나님의 뜻이 아니라 하나님이 진정 원하시는 것은 '경건'이라는 점입니다. "망령되고 허탄한 신화를 버리고 경건에 이르도록 네 자신을 연단하라"(7절). 여기 '경건'(헬. '유세베이아')이란[96] 하나님을 경외하고 사랑하는 마음과 태도를 일컫는 말로 우리 그리스도인은 이 경건에 도달하는 것을 삶의 목표로 삼아야 합니다. 그러면 우리는 어떻게 하면 경건에 이를 수 있을까요? 본 절에서 바울은 크게 두 가지 방법을 제시합니다. 첫째는, 망령되고 허탄한 신화를 버려야 합니다. 여기 '망령되고 허탄한 신화'는 에베소 이단들의 거짓 가르침을 일컫는 말입니다. 이런 이단 사상은 과감하게 배격해야 합니다. 하지만 이를 좀 더 광의적으로 적용하면 경건에 이르는 데 방해가 되는 자신의 습관, 기호, 성품 등을 버려야 한다는 말입니다. 둘째는, 경건에 이르도록 훈련해야 합니다. 경건에 이르는 것은 소위 기도하고 불 받는다고 해서 하루아침에 해결되지 않습니다. 이것은 일평생 이루어 가야 하는 숙제입니다. 따라서 운동선수가 어떤 목표에 도달하기 위해 부단히 노력하는 것처럼 매일매일 연마해 나가야 하는 것입니다. 우리 그리스도인들이 특히 연습해야 할 것은 3가지입니다. 하나는, 진리를 굳게 의지하고 믿도록 훈련하는 것입니다. 또 하나는, 의롭고 선한 삶을 살기 위해 노력하는 것입니다. 다른 하나는, 기도하며 늘 하나님과 교통하는 삶을 살려고 애쓰는 것입니다. 이 '믿음'과 '윤리'와 '교제'의 삼박자가 잘 훈련되고 연마되어야만 우리는 경건이라고 하는 산에 도달할 수 있습니다. 이러한 경건의 고봉(高峯)에 오른 대표적인 인물이 로마 백부장 고넬료입니다. 사도행전에 보면, 고넬료는 온 집안과 더불어 하나님을 경외하며 백성을 많이 구제하고 하나님께 항상 기도하던 경건한 사람이었습니다(행 10:2). 고넬료의 삶 속에는 경건의 3요소, 곧 하나님을 경외하는 '믿음'과 가난한 사람들을 구제하는 '윤리'와 하나님과 기도하는 '교제'가 고스란히 녹아 있습니다. 그래서 하나님은 이방인들 가운데 공식적으로 복음이 전파된 첫 번째 사람으로 고넬료를 택하셨던 것입니다. 이렇게 고넬료처럼 경건하게 살면 범사에 유익이 있고, 금생뿐만 아니라 내생까지도 복을 받게 되어있습니다(8절). 반면에, 경건하게 살지 않는 사람에게는 하나님의 정죄와 심판만이 있을 뿐입니다(유 15).

5장 관계
(관계에 대한 지침)

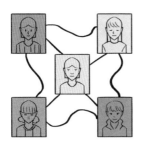
바울은 거짓 교사에서 다시 목회 지침으로 방향을 틉니다. 본 장에서는 특히, 교회 내의 여러 계층과의 관계에 대한 지침을 제시합니다. 먼저 사도는 교회 안에 있는 네 종류의 사람을 디모데가 어떻게

대해야 하는지 권면합니다. "늙은이를 꾸짖지 말고 권하되 아버지에게
하듯 하며 젊은이에게는 형제에게 하듯 하고 늙은 여자에게는 어머니
에게 하듯 하며 젊은 여자에게는 온전히 깨끗함으로 자매에게 하듯 하
라"(1-2절). 여기 보면 네 부류의 사람들, 즉 늙은 남자, 젊은 남자, 늙은
여자, 젊은 여자가 등장합니다. 바울은 그들을 대할 때 각각 아버지, 형
제, 어머니, 자매에게 하듯 하라고 권면합니다. 이는 교회 안에 있는 남
녀노소를 '가족'처럼 대하라는 말입니다.

이어서 과부들을 대하는 태도에 대해서 좀 더 자세히 언급합니다.
고대에는 전쟁이 자주 발생했기 때문에 홀로된 여인들이 굉장히 많았
습니다. 교회에도 홀로된 여자들이 많았고 물질은 한정되어 있었기에
디모데는 구제의 기준을 신중하게 정해야 했습니다.

과부들에 대한 일차적인 책임은 가족에게 있습니다. 어떤 과부에게
자녀나 손자가 있으면 교회가 아니라 그들이 자기 부모를 돌보아야 합
니다. 노인 문제에 있어서 중요한 것은 교회가 모든 노인을 다 책임지지
말고 먼저 자녀가 책임을 지고 효를 실행해야 한다는 사실입니다. 본문
은 일가 친족이 연로하신 부모를 돌보아야 할 이유 네 가지를 제시합니
다. 첫째, 집안의 연세 드신 분들을 적절하게 돌봄으로써 우리는 부모님
의 은혜를 갚을 수 있기 때문입니다(4절 상). 둘째, 이는 하나님을 기쁘시
게 하는 행위이기 때문입니다(4절 하). 인간에 관한 십계명의 첫 번째 계
명은 "네 부모를 공경하라"입니다. 셋째, 이는 자신의 믿음을 부정하지
않고 표현하는 것이기 때문입니다(8절). 넷째, 이렇게 함으로써 교회의
짐을 덜어줄 수 있기 때문입니다(16절).

교회가 도와줘야 할 과부를 바울은 '참 과부'로 한정합니다. "참 과
부인 과부를 존대하라"(3절). 여기 '존대하라'(헬. '티마오')라는 말은 단순

히 마음의 공경만이 아니라 재정적인 책임을 포함하는 말입니다. 그러면 교회가 물질적인 도움을 주어야 할 '참 과부'란 어떤 존재일까요? "참 과부로서 외로운 자는 하나님께 소망을 두어 주야로 항상 간구와 기도를 하거니와"(5절). 과부라고 다 똑같은 과부가 아닙니다. 하나님이 보시는 진짜 과부, 즉 참 과부가 있고, 엉터리 과부가 있습니다. 참 과부는 누가복음에 나오는 안나 선지자처럼 비록 짚은 나이에 혼자되어 외롭고 쓸쓸하게 살아가지만, 소망을 하나님께 두고 주야로 기도하며 경건에 이르기에 힘쓰는 과부입니다. 하지만 엉터리 과부는 하라는 기도는 하지 않고 이 집 저 집 놀러 다니며 오늘도 어떻게 하면 하루를 즐기며 시산을 때울까만 고민하는 사람입니다. 이런 과부에 대해 바울은 쓴소리를 합니다. "향락을 좋아하는 자는 살았으나 죽었느니라"(6절). 사람이 늙었으면 김형석 교수님처럼 인생을 잘 마무리하고 다음 세대에 무엇인가 가치 있는 것을 남겨줄 생각을 해야 하는데, 허구한 날 모여서 화투나 치며 허송세월을 보내면 산송장이나 다름없다고 바울은 말하고 있는 것입니다.

앞에서는 과부가 참 과부와 엉터리 과부로 나뉘었다면 이제 또 다른 방식, 즉 교회 명부에 올릴 과부와 명부에 올려서는 안 될 과부로 구분됩니다. 교회의 과부 명부에 오를 수 있는 사람은 3가지 요건을 충족해야 합니다. 첫째, 나이가 60세 이상이 되어야 합니다(9절 상). 오늘날 육십은 노인 축에도 들지 않지만, 당시에 육십은 고령자에 접어드는 연령으로 60세가 넘으면 실제로 아무런 일도 할 수 없었습니다. 둘째, 한 남편의 아내였던 자, 즉 결혼 생활에 신실했던 자여야 합니다(9절 하). 셋째, 과거 선한 행실로 점철된 삶을 살았던 자여야 합니다. 다시 말해서, 자녀를 잘 양육하고 나그네를 대접하며 성도들의 발을 씻기고 환난당한 자를 외면하지 않고 구제한 자여야 합니다(10절). 이런 전력이 있는 과부가 다른 일은 일체 하지 않고 오직 교회와 성도들을 위해서 기도하는 일에 남은 평생을 바치겠다고 서약하면 과부 명부에 올려 참 과부가 되는 것입니다. 반면에, 젊은 과부는 명부에 올리지 말라고 바울은 말합니다(11절). 사도가 젊은 과부에 무슨 억하심정이 있어서 이런 말을 하는 것은 아닙니다. 참 과부의 나이를 60세 이상으로 올리고 젊은 과부를 제외시킨 이유는 어떤 과부는 자신의 남은 생을 교회와 교인들을 위한 기도에 바치겠다고 서약을 해놓고 혼처만 생기면 그 서약을 헌신짝처럼 버리고 언제 그랬냐는 식으로 홀랑 재혼했기 때문일 것입니다. 게다가, 어떤 경우에는 재혼은 하지 않는다 하더라도 자신을 참 과부로 올리면 교회에서 재정적인 지원을 해주니까 게으름을 피우고 동네방네 돌아다니면서 온갖 되지 않은 소리를 하여 교회를 혼란에 빠뜨렸던 것 같습니다. 이런 좋지 못한 선례가 있었기에 바울은 젊은 과부들을 명부에서 배제시켰던 것입니다. 대신 바울은 그들에게 재혼을 권합니다. 젊은 과부들은 끓어오르는 정욕으로 인해 잘못된 삶을 살 수 있기에 사도는 그들이 그럴 바에는 시집을 가서 새출발하라고 권면합니다(14절).

이제 바울은 과부들에서 장로들로 화제를 전환합니다. 먼저 사도는 디모데에게 참 과부를 존중하듯이, 잘 다스리는 장로를 존경하라고 권고합니다. "잘 다스리는 장로들은 배나 존경할 자로 알되 말씀과 가르침에 수고하는 이들에게는 더욱 그리할 것이니라"(17절). 장로는 두 종류의 장로가 있는데, 다스리기만 하는 '장로'가 있고 다스리는 것과 가르치는 이중의 일을 하는 장로, 즉 '목사'가 있습니다. 이 치리와 설교를 병행하는 목사를 바울은 "배나 존경하라"고 말합니다. 그리고 그 '존경'(헬. '디메')이라는 말은 참 과부에게와 마찬가지로 재정적 지원과 연결되어 있습니다. "성경에 일렀으되 곡식을 밟아 떠는 소의 입에 망을 씌우지 말라 하였고 또 일꾼이 그 삯을 받는 것은 마땅하다 하였느니라"(18절). 이 본문은 '왜냐하면'(헬. '가르')이라는 이유 접속사로 시작하는데,[97] 이는 목사를 물질을 지원함으로 존중해주어야 할 이유를 설명하는 것입니다. 지금 바울은 일하는 소에게 먹을 것을 주듯이, 수고하는 목회자에게 사례할 것을 이야기하고 있는 것입니다. 특히, 앞 절의 '배나'라고 하는 말에 우리는 주목할 필요가 있습니다. 교회 사정을 모르는 사람들은 대부분의 목사가 엄청난 사례비를 받고 있는 것으로 착각하고, 심지어 어떤 사람들은 들어오는 모든 헌금이 목사의 것으로 오해하는데, 극소수의 교회를 제외하고는 최저임금도 못 받고 명색만 담임 목사, 부목사인 경우가 비일비재합니다. 그러므로 바울의 이 권면에 귀 기울여 교인들은 가급적이면 목회자들을 '배나' 존경하지는 못하더라도 최소한 목회 활동을 하는 데 지장이 없도록 사례하려고 애써야 합니다. 목사의 생활이 안정되지 않고 어떻게 하나님 말씀에 집중할 수 있겠습니까?

앞 절에서 사례에 대한 이야기를 했다면 이제 송사에 대한 이야기로 넘어갑니다. 장로가 교회에서 차지하는 중요도를 감안해서 그를 송사하는 일은 극도로 신중해야 합니다. 바울은 디모데에게 장로에 대한 고발은 "두세 증인이 없으면 받지 말라"고 충고합니다(19절). 증인이 두세 명이어야 하는 것은 유대의 전통인데, 신약 시대에도 그대로 적용되었습니다(참고, 신 17:6; 19:15; 마 18:16; 26:60). 두세 증인의 고발로 죄가 드러나면 비록 장로라 할지라도 모든 성도 앞에서 그의 죄를 엄히 꾸짖어서 나머지 사람들로 하나님을 두려워하게 해야 할 것입니다(20절). 죄의 문제가 해결되어야만 교회가 재도약하고 부흥할 수 있기 때문입니다(참고, 행 5:11)

6장 물질
(물질의 소유)

바울은 교회 내에 여러 그룹을 어떻게 대해야 하는지 디모데에게 구체적인 목회 지침을 준 후에 다시 거짓 교사 문제로 돌아옵니다. 거짓 교사들의 해로운 영향력은 이 서신 전반에 깔려 있습니다. 1장에서 그들은 율법을 오용해서 다툼을 일으켰습니다. 4장에서는 하나님의 선한 선물인 결혼과 음식을 부정했습니다. 그리고 이제 6장에서는 경건을 이익의 방도로 삼고 있습니다. 그래서 사도는 본 장에서 물질적 소유에 대한 그리스도인의 제자도에 대해 많은 지면을 할애하고 있는 것입니다.

편지를 마무리하면서 바울은 다시 한번 거짓 교사들은 어떤 사람들인지 그들의 특징을 3가지로 정리합니다. 첫째, 그들은 다른 교훈을 가르치는 사람들입니다(3절). 우리가 바른 가르침인지 그릇된 가르침인지 분별하는 시금석 중의 하나는 그것이 사도적 가르침, 즉 성경의 가르침과 일치하는지 여부입니다. 이 리트머스 시험지에 부적절하게 반응하면 그것은 이단 사설입니다. 둘째, 거짓 교사들은 교회를 분열시키는 사람들입니다(4절). 그들은 비본질적인 것들을 가지고 변론함으로써 교인 상호 간에 하나 되지 못하게 하고 다툼이 일어나게 합니다. 셋째, 그들은 하나님보다 돈을 더 사랑하는 사람들입니다. 그래서 경건을 자신들의 이익의 방편으로 이용합니다(5절).

사실 경건을 이용해서 자리를 차지하고 경건을 빙자해서 자기 잇속을 채우는 자들이 적지 않습니다. 예수님께서 유월절에 예루살렘 성전에 올라가셨을 때 성전에서 가축을 파는 사람들과 환전상들이 성전을 모두 차지하고 있었습니다. 이렇게 거룩한 하나님의 집이 한순간에 도떼기시장이 된 것은 제사보다 잿밥에 관심이 많았던 유대 종교 지도자들이 성전을 관리하는 소임을 내팽개친 결과였습니다. 그래서 주님이 그 불의에 항거하여 환전상을 뒤엎고 가축들을 내쫓는 등 성전에서 난동(?)을 부리자 자신들의 기득권에 위협을 느낀 종교 지도자들은 성전 모독죄라는 거창한 죄명을 주님에게 뒤집어씌우고 십자가에 달려 최후를 맞이하게 한 것입니다.

경건을 이렇게 이익의 수단으로 삼으면 타인에게도 해를 끼치고 자신도 결국 하나님의 심판을 받게 되지만 경건이 이익이 될 때도 있습니다. "그러나 자족하는 마음이 있으면 경건은 큰 이익이 되느니라"(6절). 경건이 자신에게 유익이 되기 위해서는 만족하는 마음이 있어야 합니다. 여기 '만족한다'고 하는 것은 먹을 것과 입을 것으로 만족하는 것, 즉 가장 기본적인 것으로 만족하는 것을 말합니다. "우리가 세상에 아무것도 갖고 온 것이 없으매 또한 아무것도 가지고 가지 못하리니 우리가 먹을 것과 입을 것이 있은즉 족한 줄로 알 것이니라"(7 8절). 산상수훈에서 주님은 제자들에게 "무엇을 먹을까 마실까 입을까 의식주 때문에 염려하지 말라. 하늘에 계신 너희 아버지께서 너희 있어야 할 것을 다 아신다. 너희는 먼저 그의 나라와 그의 의를 구하라. 그리하면 이 모든 것을 더하시리라"라고 말씀하셨습니다(마 6:31-33). 따라서 바울이 말하는 만족하는 삶이란 우리의 일상의 삶 속에서 실제로 이 예수님이 가르치신 것을 그대로 믿고 살아가는 것을 의미합니다.

필요한 것은 하나님께서 채워주실 것이라는 확신하에 '먹고 마실 것만 있으면 나는 만족한다'라고 하는 것은 보통 경건한 상태가 아닙니다. 이 차원 높은 경지에 이르는 것은 결코 한순간에 되지 않습니다. 그래서 앞 장에서 사도는 경건에 이르기를 연습하라고 디모데에게 권면했던 것입니다. 사실 이러한 삶을 산 대표적인 인물이 그런 권면을 했던 바울 사도 자신입니다. 그는 비천에 처하든지, 풍부에 처하든지 그 어떤 상황에서도 자족하는 삶을 살았습니다(빌 4:11-12).

이어지는 절에서 사도는 자신처럼 자족하지 못하고 돈에 꽂혀 사는 사람들에게 다음과 같은 경고장을 날립니다. "부하려 하는 자들은 시험과 올무와 여러 가지 어리석고 해로운 욕심에 떨어지나니 곧 사람으로 파멸과 멸망에 빠지게 하는 것이라. 돈을 사랑함이 일만 악의 뿌리가 되나니 이것을 탐내는 자들은 미혹을 받아 믿음에서 떠나 많은 근심으로써 자기를 찔렀도다"(9-10절). 여기 '부하려는 자'는 단순히 돈을 벌려는 사람을 말하는 것이 아니라 그 마음이 하나님께로부터 떠나서 돈을 더 사랑하는 사람을 가리킵니다. 하나님보다 돈을 더 사랑하는 사람은 시험과 탐욕의 올무에 빠져서 결국 멸망하게 됩니다. 사실 돈 때문에 망한 사람이 한둘이 아닙니다. 성경에 나오는 몇 사람만 열거하면 아간, 가룟 유다, 아나니아와 삽비라 부부가 있습니다. 이 치욕적인 이름의 대열에 합류하여 돈과 함께 망하는 어리석은 인생이 되어서는 안 될 것입니다. 우리가 진정 하나님의 사람이라면 돈을 많이 버는 것을 피하고 의와 경건과 믿음과 사랑과 인애와 온유를 좇아야 할 것입니다(11절).

『왕의 재정』이라는 책이 선풍을 일으키고 후속편까지 나왔던 것을 보면 불신자뿐만 아니라 신자들 또한 부자가 되는 일에 적지 않은 관심이 있음을 알 수 있습니다. 여러분, 부자가 되고 싶습니까? 기왕에 부자가 되고자 한다면 하나님이 원하시는 부자가 돼야 하지 않겠습니까? 그러면 하나님이 원하시는 부자는 어떤 부자일까요? 본문은 두 가지를 언급하는데, 첫째, 하나님으로 만족하는 부자입니다(17절). 다시 말해서, 돈이 많더라도 자신의 돈에 소망을 두지 않고 하나님께만 소망을 두는 부자입니다. 소망을 돈에 두면 교만해지고, 늘 마음이 돈에 가 있게 됩니다. 둘째, 자신의 돈으로 선한 일을 도모하는 부자입니다(18절). 자신의 부를 선행에 사용하는 사람입니다. 이런 부자가 하나님이 성녕 원하시는 부자입니다. 우리가 이렇게 하나님이 기뻐하시는 참된 부자가 되면 생명과 상급이 뒤따를 것입니다(19절).

제11장
디모데후서

장별 제목 붙이기

디모데후서는 총 4장으로 구성되어 있는데, 네 장 모두 일평생 복음을 위해 살아온 바울 사도의 복음과 관련된 권면으로 되어있습니다. 시작하는 1장은 복음을 지키라는 권면입니다. 따라서 1장은 수호 이렇게 두 글자로 기억하세요. 복음을 지키려면 쉽지 않죠. 고난이 따릅니다. 그래서 2장은 고난입니다. 바울은 디모데에게 복음을 위해 고난을 받으라는 권면을 합니다. 하지만 고난이 무섭다고 떠나서는 안 되죠. 끝까지 머물러야죠. 그래서 3장은 거주입니다. 사도는 복음 안에 거하라고 권면합니다. 그리고 눌러앉아만 있을 게 아니라 나가서 전해야죠. 그래서 4장은 전파입니다. 바울은 무시로 복음을 전파하라고 권면합니다.

<디모데후서 각 장 제목 두 글자 도표>

1장	2장	3장	4장
수호	고난	거주	전파

1장 수호

(복음을 수호하라는 권면)

디모데후서는 바울이 천장에 빛과 공기가 들어오는 구멍이 나 있는 음침한 지하 감옥에 투옥되어 죽음을 목전에 둔 상태에서 기록한 유언과도 같은 편지입니다. 사도행전 마지막 장은 바울이 자기 셋집에 가택 연금되어 비교적 자유롭고 편안한 생활을 누리는 것으로 묘사합니다. 2년가량의 가택 연금 상태에서 풀려난 바울은 서바나로 향하는 4차 선교 여행을 떠나는데, 그때 그레데를 방문하여 거기에 디도를 남겨두고(딛 1:5), 그다음에 에베소를 방문하여 디모데를 그곳에 남겨둡니다(딤전 1:3-4). 그리고 자신은 마게도냐로 가서 그곳에서 디모데와 디도에게 각각 편지를 보냅니다. 그러고 나서 서바나까지 전도 여행을 떠난 후 로마로 돌아오는 여행 도중 어딘가에서 다시 체포되어 투옥된 듯합니다. 이를 학자들은 '2차 투옥'이라 부르는데, 이번에는 큰 역경을 견뎌야 했고 빠져나갈 길이 없었습니다. 미치광이 황제 네로의 박해가 한창 진행 중이었기 때문입니다. 죽음의 그림자가 코앞에 드리워진 상태에서 바울은 펜을 들어 두 번째 편지를 디모데에게 보내는데, 이것이 바로 '디모데후서'입니다.

디모데후서 또한 디모데전서처럼 당시의 편지 형식을 따라 발신자, 수신자, 인사말로 서신을 시작합니다. 편지를 보내는 발신자는 '바울'입니다. 바울은 자신을 '사도'라고 소개하는데, 이는 바울서신에서 흔한 일입니다(롬 1:1; 고전 1:1; 고후 1:1; 갈 1:1 등). 하지만 사도라는 사실을 너무도 잘 알고 있는 디모데에게까지 굳이 "나 사도야" 하며 자신의 권위를 내세우는 듯한 인상을 주는 것은 좀 이상해 보입니다. 하지만 여기서 방점은 사도라는 말 자체에 있는 것이 아니라 그 직분 앞에 붙어있는 수식어에 있습니다. 바울은 먼저 자신이 사도가 된 것은 '하나님의 뜻'으로 말미암았다고 말합니다. 이는 사도직의 기원을 나타내는 말로 바울이 사도로 임명받은 것은 교회로부터 온 깃도, 베드로와 같은 예루살렘의 유력자로부터 온 것도 아닙니다. 더더구나 그는 자천으로 사도가 된 것이 아닙니다. 그것은 하나님의 영원하신 뜻과 계획과 섭리 가운데 이루어진 것입니다. 그러므로 이 수식어구를 통해 바울은 자신이 사도라고 해서 우쭐대지 않고 겸손히 하나님의 뜻만 받들겠다고 고백하는 것입니다. 이어서 바울은 자신을 '그리스도 예수'의 사도라고 말합니다. 이는 그리스도 예수를 통해 하신 하나님의 놀라운 구속의 역사를 드러내는 사명을 맡은 사람이 자신이라고 말하는 것입니다. 그런데 이제 자신은 가고 리더십 교체가 이루어져서 이 사도의 사명을 누군가가 이어받아야 할 시점에 다다랐습니다. 그래서 바울은 자신의 후계자이자 편지 수신자를 소개합니다. "믿음 안에서 참 아들 된 디모데에게 편지하노니"(2절 상). 여기 보면 바울은 디모데를 '사랑하는 아들'이라고 부릅니다. 디모데가 바울의 친아들이 아니기에 고린도전서에서는 '주 안에서 내 사랑하는 아들'이라고 보충 설명합니다(고전 4:17). 바울이 디모데를 '아들'이라고 부르는 이유는 디모데가 회심하는 데 바울이 인간적 도구가 되어 주었기 때문일 것입니다.

사실 디모데는 약점이 많은 사람이었습니다. 신약성경은 그의 약점 3가지를 언급하는데, 첫째, 디모데는 아직 여러모로 경험이 일천한 애송이였습니다. 바울이 그를 마가 대신 선교 조력자로 선택했을 때가 스무 살 정도였다면 지금 이 편지를 받아 읽을 때는 삼십 대 중반 정도였을 것입니다. 이는 교회 지도자 지위를 맡기엔 턱없이 어린 나이였습니다. 그래서 바울은 "누구든지 네 연소함을 업신여기지 못하게 하라"(딤전 4:12), "청년의 정욕을 피하라"(딤후 2:22)와 같은 권면을 한 것입니다. 둘째, 디모데는 병약한 사람이었습니다. 위장병이 심해서 바울이 강장제를 권해야만 했던 사람입니다(딤전 5:23). 셋째, 디모데는 소심한 사람이었습니다. 천성적으로 수줍음을 많이 타는 사람이었습니다. 어려운 과업 앞에 쉽게 주눅이 드는 사람이었습니다. 그래서 바울은 모세가 여호수아에게 했듯이, 수시로 "두려워하지 말라"고 권면했습니다(참고, 고전 16:10; 딤후 1:7-8).

그러면 이런 삼중 약점이 있는 디모데가 그리스도의 사역자요 선교사요 사도 바울의 계승자가 될 수 있었던 비결은 무엇이었을까요? 바울은 후속 절에서 겁쟁이 기드온이 여호와의 용사가 되었듯이(삿 6:11-12), 연약한 디모데가 그리스도의 강한 군사로 거듭나는 데 기여한 주된 요소 4가지를 언급합니다.

첫째, 부모의 양육입니다. 바울은 디모데에게 하나님 아버지와 예수 그리스도로부터 오는 은혜와 긍휼과 평강의 축복이 임하기를 기원한 후, 이어지는 감사 단락에서 그의 어머니와 외조모를 언급합니다(5절). 우리 각자를 형성하는 데 혈통과 가정보다 중요한 것도 없습니다. 비록 디모데의 아버지는 이방인이었지만 어머니는 하나님을 믿는 유대인이었습니다. 어머니 유니게, 그리고 디모데의 외할머니 로이스, 이 두 경건한 유대인 여자들은 회심 이전에도 디모데에게 구약성경을 부지런히 가르쳤습니다. 그래서 디모데는 어려서부터 성경을 알았습니다(딤후 3:15). 그 결과 칼빈이 말했듯이, 유아기부터 디모데는 자기 어머니의 젖과 함께 경건을 쭉쭉 빨아먹으면서 자라났습니다. 우리 부모들은 자녀에게 돈을 물려주지는 못해도 신앙만큼은 꼭 유산으로 물려주어야 할 것입니다.

둘째, 스승의 조력입니다. 부모 다음으로 디모데에게 영향을 미친 사람은 스승 바울입니다. 그는 디모데의 영적 아버지로 디모데를 그리스도에게로 인도했습니다. 그러고 니시도 그를 잊어버리지 않고 끊임없이 그에게 관심을 보였습니다. 바울은 디모데를 선교 여행에 데리고 다니면서 선교사로, 목회자로 훈련시켰습니다. 바울은 여러모로 약점이 많은 디모데를 위해 쉬지 않고 기도했고(3절), 편지를 통해 조언과 격려를 아끼지 않았습니다. 스승 바울과 마지막으로 헤어졌을 때 디모데는 흐르는 눈물을 주체할 수 없었습니다. 그리고 이제 그의 눈물을 기억하면서 바울은 생의 마지막 순간에 그를 다시 한번 보기를 간절히 원합니다(4절). 사제 간의 이런 끈끈한 우정이야말로 오늘날 우리가 회복해야 할 소중한 자산입니다.

셋째, 하나님의 은사입니다. 바울은 디모데가 목사 안수받을 때 하나님께서 그에게 주신 은사를 언급하는데, 디모데가 하나님께 받은 은혜의 선물(헬. '카리스마')은 그의 직분과 그것을 수행하는 데 필요한 능력을 뜻합니다. 사람은 부모와 선생뿐만 아니라 하나님 자신이 어떤 특별한 사역으로 그를 부르시고 적절한 영적 자원을 주신 것에 의해 형성되기도 합니다.

넷째, 개인적 훈련입니다. 하나님은 디모데에게 특별한 은사를 주셨습니다. 그러므로 디모데는 하나님께 받은 달란트를 땅에 묻어둔 악하고 게으른 종처럼 손을 놓고 있으면 안 됩니다. 자신 안에 있는 신적 은사를 적극적으로 개발하고 사용해야 합니다. "은사를 가볍게 여기지 말라"(딤전 4:14), "그것을 불 일듯 하게 하라"(6절)고 말한 바울의 조언을 따라 하나님의 은사들에 자기 훈련을 덧붙여야 합니다.

바울은 현재의 디모데를 만드는 데 일조한 다양한 요소들로부터 이제 하나님의 복음과 그 복음에 대한 우리의 의무로 화제를 돌립니다. 먼저 바울은 복음을 구원과 연결시켜 구원의 복된 소식이라고 정의를 내립니다(10절). 그리고 이어서 그 복음과 관련해서 우리 그리스도인이 해야 할 의무를 총 3가지로 진술합니다.

복음과 관련한 신자의 첫 번째 의무는 복음을 전파하는 것입니다. 복음 전파 주제는 4장에서 좀 더 상세히 다루어지는데, 여기서 바울은 간단히 "내가 이 복음을 위하여 선포자와 사도와 교사로 세우심을 입었노라"라고 말합니다(11절). 오늘날 더 이상 그리스도의 사도는 없습니다. 사도는 베드로를 위시한 12사도와 사도 바울로 종결되었습니다. 하지만 사도들과 선지자들의 터 위에 교회가 세워졌기 때문에(엡 2:20), 이제 신자 공동체가 그 뒤를 이어 복음의 증인으로서 선교와 전도의 의무를 감당해야 합니다.

신자의 두 번째 의무는 복음을 위해 고난을 받는 것입니다. 이 주제는 2장에서 본격적으로 거론되는데, 본 장에서는 짧게 두 번 언급됩니다. 먼저 바울은 감사 단락에서 디모데에게 복음을 부끄러워하지 말고 복음을 위해 자기 몫의 고난을 받으라고 명합니다(8절). 그리고 이어서 편지 본론에서 "이로 말미암아 내가 또 이 고난을 받되 부끄러워하지 아니함은"(12절)이라고 말함으로써 복음과 고난을 연결시킵니다. 바울의 삶은 그야말로 복음과 함께 고난을 받는 삶이었습니다. 사실 바울은 복음이 아니었다면 고생할 필요 없이 얼마든지 호의호식하며 평안히 살 수 있었습니다. 그런데 예수를 만나 사도가 된 후 복음 때문에 돌아다니면서 심하게 욕먹고 죽기 일보 직전까지 두들겨 맞고 굶기를 밥 먹듯이 하는, 그야말로 고생을 사서 하는 삶을 살았습니다. 이렇게 사도 바울처럼 신실하게 복음을 증거하면 핍박을 면할 수 없습니다. 하지만 하나님께서 그것을 견딜 힘을 주실 것이기에 바울 사도처럼 우리는 위축되지 말고 담대히 복음을 전해야 할 것입니다.

세 번째이며 1장에서 가장 강조하는 복음과 관련된 의무는 복음 수호의 의무입니다. 바울은 본 장에서 "지키라"는 말을 두 번 거듭 사용하여 "내게 들은 바 바른 말"과 "네게 부탁한 아름다운 것"을 지키라고 디모데에게 권면합니다(13-14절). 얼핏 보면 디모데가 지켜야 할 것은 두 가지로 보이지만, 이 둘, 즉 '바른 말'과 '위탁물'은 같은 것으로 '복음'을 의미합니다. 그런데 새 영어성경(NEB)은 이 위탁물을 '보물'이라고 번역했습니다. 그러므로 그리스도는 복음이라는 값진 보물을 바울에게 맡겼고, 바울은 이제 그 귀한 보물을 디모데에게 위탁하는 것입니다. 디모데가 사역하는 에베소에는 사방에 이교도들이 있었는데, 그들은 호시탐탐 교회에 맡겨진 이 귀중한 보물을 강탈하려고 했습니다. 그러므로 디모데는 경계를 늦추면 안 되었습니다.

본문의 복음 수호와 관련해서 우리가 한 가지 주지할 사실은 바울이 그것을 디모데 개인의 능력으로 할 수 있다고 말하고 있지 않다는 것입니다. 복음 사수는 그리스도 안에 있는 믿음과 사랑으로 해야 된다고 사도는 말합니다(13절). 요한계시록에 보면 디모데가 사역했던 에베소 교회는 칭찬과 책망을 동시에 받았습니다. 에베소 교인들은 자신이 떠난 후에 "사나운 이리가 교회에 들어와서 양 떼를 아끼지 아니할 것이니 삼가 조심하라"(행 20:29)고 했던 바울 사도의 권면을 귀담아들었습니다. 그래서 철저한 검증을 통해 니골라 당의 허구성을 드러내어 주님께 칭찬을 들었습니다. 그러나 그들은 너무 니골라 당과 같은 이단으로부터 정통 신앙을 사수하는 일에 몰두하다 보니까, 즉 진리를 강조하고 올바른 교리를 수호하려다 보니까 안타깝게도 그 진리가 담아내는 핵심 가치인 '사랑'을 잃어버렸습니다(계 2:4). 그들은 바리새인처럼 진리의 전통만 고수하고 진리의 근본정신을 상실했습니다. 그래서 "회개하지 않으면 오셔서 촛대를 옮겨버리겠다"라는 혹독한 질책을 주님으로부터 받았습니다(계 2:5). 우리는 내 논리나 내 신학이나 내 교단의 전통이 아닌 그리스도 예수 안에 있는 믿음과 사랑으로 복음의 진리를 지켜내야 비로소 참다운 지킴이 되는 것입니다. 이를 달리 표현하면 "우리 안에 거하시는 성령으로" 복음을 사수해야 하는 것입니다(14절). 100명의 경찰이 작정하고 덤벼드는 도둑 한 명 감당하기 힘들듯이, 교회와 복음을 무너뜨리려고 합숙까지 하는 신천지와 같은 이단을 우리 인간의 힘으로 어떻게 이겨낼 수 있겠습니까? 그것은 성령님이 힘주실 때, 성령 충만할 때만이 가능한 일입니다.

2장 고난
(복음을 위해 고난받으라는 권면)

바울은 본 장을 시작하자마자 디모데에게 "너는 강하라"라고 명령합니다(1절 하). 이는 디모데의 소심한 성격을 염두에 두고 한 말입니다. 그런데 바울의 이 명령은 상식에 반한 명령처럼 들립니다. 타고난 기질이 약한 디모데에게 사도가 아무리 강하라고 한다고 해서 그게 강해지겠습니까? 그래서 바울은 그냥 '강하라'고 하지 않고 "그리스도 예수 안에 있는 은혜 가운데서" '강하라'고 말합니다. 아이언 맨(Iron Man)처럼 강한 자가 되기 위해서는 주님의 은혜가 필요하다는 뜻입니다.

사사기에 보면 디모데처럼 소심한 사람이 나옵니다. 그는 미디안 사람들을 두려워해서 남자답지 못하게 포도주 짜는 좁은 통 속에 쥐처럼 숨어서 곡식을 타작하고 있는 겁쟁이 기드온입니다(삿 6:11). 그런데 이 못난이에게 어느 날 여호와의 사자가 나타나 대뜸 "큰 용사여"라고 부릅니다(삿 6:12 상). 이것은 역설적인 표현입니다. 여기에 담긴 뜻은 '네가 지금은 비겁하게 숨어서 타작이나 하고 있는 보잘것없는 존재지만 곧 내가 너를 큰 용사로 만들어 주겠다'는 하나님의 약속인 것입니다. 그러고 나서 천사는 곧바로 기드온이 큰 용사로 거듭날 수 있는 비결을 제시합니다. "여호와께서 너와 함께 계시도다"(삿 6:12 하). 임마누엘의 축복을 선언합니다. 하나님께서 함께하시면 겁쟁이도 큰 용사로 변할 수 있다는 말입니다. 이제 하나님께서는 기드온을 용사로 만들기 위한 작업에 착수하십니다. 그래서 기드온은 이스라엘의 사사가 되어 미디안과 전쟁을 합니다. 상대의 수는 13만 5천입니다. 하지만 이스라엘 군대를 톡톡 털어 모은 숫자는 불과 3만 2천 명입니다. 한데 대격전의 때가 다가오자 하나님께서는 "수를 줄이라"고 명령하십니다. 온 수 가운데 삼분의 이가 돌아가고 일만 명만 남았습니다. 그런데도 "더 줄이라"고 명령하십니다. 그 결과 최후까지 남은 수는 고작 300명이었습니다. 미디안 군대 13만 5천 대(對) 이스라엘 군대 300명의 싸움. 무려 450배가 많은 적과 백병전에 가까운 전투. 이것은 기드온에게 '미션 임파서블'이었습니다. 하지만 '임파서블'(impossible)이란 말에 '아포스트로피'(apostrophe) 하나만 첨가되면 '아임 파서블'(I'm possible)로 변한다는 사실을 아십니까? 불가능(impossible)해 보이는 임무(mission)가 "나는 할 수 있습니다"(I'm possible)라는 자신감으로 바뀌는 것은 겨우 아포스트로피 하나 차이입니다. 아포스트로피가 들어가면 '임파서블'이 '파서블'이 됩니다. '불가능'이 '가능'이 됩니다. 그런데 우리 인생에서 이 아포스트로피 역할을 하는 것이 바로 '하나님'이십니다. 하나님께서 내 삶에 개입하시면 불가능이 가능이 됩니다. 하나님께서 나와 함께하시면 '임파서블'한 문제들이 '파서블'로 풀리기 시작합니다. 결국 하나님께서는 기드온의 300 용사와 함께하심으로 그들이 '미션 임파서블'의 전투에서 대승을 거두는 기적을 맛보게 하셨습니다.

디모데가 대승을 거둔 기드온처럼 강한 용사가 되어야 하는 이유는 자신이 바울로부터 전해 받은 복음을 사수하고 그것을 다른 사람들에게 전달해 주어야 하기 때문입니다(2절). 이 복음을 계승하고 확장하는 일은 결코 녹록한 일이 아닙니다. 그것은 말로 다 할 수 없는 고난이 뒤따르는 일입니다. 그래서 디모데의 사역이 자신의 사역처럼 수고와 고난을 포함하는 불굴의 사역이 되리라는 점을 강조하기 위해 바울은 세 가지 비유를 소개합니다.

이 세 비유에 나오는 인물들은 한결같이 고난을 겪고, 거기에 걸맞은 상을 받습니다. 먼저 '병사'입니다. 군대에 다녀온 사람들은 병사의 삶이 얼마나 고단한지 잘 알고 있습니다. 저는 젓가락 사단이라고 불리는 강원도 홍천의 11사단에서 일빵빵(100) 알보병으로 30개월을 복무했는데, 2년 반 동안 얼마나 걸었던지 그 후유증으로 지금도 날씨가 조금만 궂어도 관절 마디마디가 쑤십니다. 바울은 본문에서 병사의 고난을

"자기 생활에 얽매이지 않는 것"이라고 말합니다(4절 상). 여기 '생활'(헬. '프라그마테이아이')이란 사적이고 일상적인 일을 가리키는 것으로 병사는 개인적인 일들에 관심을 두지 않는다는 말입니다. 영장이 나와 나라의 부름을 받으면 징집 대상자는 자기 하던 일을 멈추고 군대라는 극단적으로 폐쇄된 곳에 들어가 자유를 제한당하고 욕망을 억누른 채 단체 생활에 돌입힙니다. 이런 수고의 대가는 병사로 "모집한 자를 기쁘게 하는 것"인데(4절 하), 신자 또한 사사로운 일을 버리고 오직 자신을 그리스도의 병사로 부르신 주님을 기쁘시게 하는 삶을 살면 천국에서 큰 상을 받게 될 것입니다.

이어서 '운동선수'입니다. 앞선 병사의 비유는 감옥에 갇힌 바울이 자신을 감시하는 로마 병사의 이미지에서 차용해온 것이라면, 여기 운동선수의 비유는 올림픽과 같은 헬라 운동 경기에 참가한 선수의 이미지에서 따온 것입니다. 병사 못지않게 스포츠 선수들 또한 훈련에 매진하느라 무진장 고생합니다. 그리고 그렇게 게거품을 물면서 참고 견딘 보상으로 승리자의 관을 받게 됩니다(5절 하). 그런데 여기서 한 가지 간과해서는 안 되는 것이 "법대로" 경기하는 것입니다(5절 상). '빠른' 것이 아니라 '바른' 것이 중요합니다. 룰을 지키지 않고 반칙을 하게 되면 우사인 볼트와 같은 초인적인 신기록을 내도 결국 실격 처리 당합니다.

끝으로 '농부'입니다. 운동선수가 정정당당히 경주해야 한다면 농부는 열심히 수고해야 합니다. 게으름뱅이는 절대로 좋은 농부가 될 수 없습니다. 기계화가 잘된 오늘날과는 달리 바울 당시는 모든 것을 몸으로 때워야 했기 때문에 성공적으로 농사를 지으려면 기술보다 흘린 땀이 더 중요했습니다. 그래서 허리 한번 제대로 펴지 못하고 일한 농부는 노년에 등이 완전 기역 자로 구부러졌습니다. 이렇게 뼈 빠지게 일한 농부는 그 보상으로 풍성한 곡식을 얻습니다(6절). 울면서 씨를 뿌린 결과 기쁨으로 단을 거두게 됩니다.

3장 거주

(복음 안에 거주하라는 권면)

바울은 감옥에 갇혀 곧 죽을 운명에 처해 있었음에도 불구하고 자신의 일신(一身)이 아니라 복음의 장래를 염려합니다. 디모데는 너무 약한 반면, 반대는 너무도 강했기 때문입니다. 사도는 자신의 제자 디모데에게 "너는 이것을 알라"고 말합니다(1절 상). 디모데가 알아야 하는 것은 "말세에 고통하는 때가 이를 것"이라는 사실입니다(1절 하). 본문의 '말세'는 미래의 한 시점을 가리키는 것이 아닙니다. 주님이 오신 초림부터 다시 오실 재림 때까지의 전 기간이 말세입니다. 그러므로 말세는 먼 미래가 아니라 이미 시작된 것입니다. 그런데 사도는 이미 도래한 말세를 가리켜 '고통하는 때'라고 정의합니다. 여기 '고통'은 정신적, 육체적 고통을 모두 말합니다. 그러므로 '고통하는 때'란 총체적인 고통이 밀려오는 끔찍한 시간을 의미합니다. 그러면 왜 말세가 끔찍한 기간일까요? 그것은 상황 때문이 아니라 사람 때문입니다. 이어지는 절은 얼핏 보면 믿지 않는 세상에서 벌어지는 일을 묘사하는 것처럼 보입니다. 그래서 "세상이 말세야", "이제 주님 오실 날이 멀지 않았구나!" 이렇게 생각하기 쉬우나 이는 교회 밖이 아니라 교회 안에서 벌어지고 있는 모습을 그리고 있는 것입니다. 교회가 험악한 시간을 견뎌야 하는 것은 교회 안에 경건의 모양은 있으나 경건의 능력을 부인하는 거짓 교사들 때문입니다. 바울이 수년 전 예언한 대로 양의 탈을 쓴 이리들이 에베소 교회에 몰래 들어와서 복음의 진리가 무엇인지 구분하기 어려울 정도로 왜곡하고 변질시켰기 때문입니다. 신선한 교회를 끔찍한 곳으로 만든 장본인들은 도대체 어떤 자들일까요? 바울은 거짓 선생들의 특징을 19가지로 언급되는데, 이는 다음과 같습니다.

"사람들이 자기를 사랑하며 돈을 사랑하며 자랑하며 교만하며 비방하며 부모를 거역하며 감사하지 아니하며 거룩하지 아니하며 무정하며 원통함을 풀지 아니하며 모함하며 절제하지 못하며 사나우며 선한 것을 좋아하지 아니하며 배신하며 조급하며 자만하며 쾌락을 사랑하기를 하나님 사랑하는 것보다 더하며 경건의 모양은 있으나 경건의 능력은 부인하니 이 같은 자들에게서 네가 돌아서라"(2-5절).

먼저 그들은 방향이 잘못된 자들입니다. 교회를 다닌다면 하나님을 사랑해야 맞는데, 번지수를 잘못 찾아가서 '자기를 사랑하고', '돈을 사랑하고', '쾌락을 사랑하는' 방향으로 나아가는 자들입니다. 이런 자들은 하나님이 안중에도 없으니 결국 '교만'해질 수밖에 없는데, 바울은 본문에서 교만과 유사한 말들 5개를 사용하여 이 교만을 좀 더 부연 설명합니다. 첫째, '자랑'입니다. 이는 허세를 부리는 것입니다. 둘째, '비방'입니다. 이는 당사자가 없는 데서 험담하는 것입니다. 셋째, '배신'입니다. 이는 신의가 1도 없는 것으로 가룟 유다를 생각하면 됩니다. 본문의 '배신하며'(헬. '프로도테스')라는 말은 배신자 유다에 대해 사용된 말이기 때문입니다(눅 6:16). 넷째, '조급'입니다. 이는 서두르는 것이 아니고 생각 없이 말하고 행동하는 것을 의미합니다. 다섯째, '자만'입니다. 이는 우쭐대는 것을 말합니다. 이런 교만은 삶 속에서 다음 9가지 모습으로 표출됩니다:[98] 1) '부모를 거역하며.' 이는 부모에게 불순종하는 것을 말합니다; 2) '감사하지 아니하며.' 교만한 자는 감사는커녕 늘 불평만 늘어놓습니다; 3) '거룩하지 아니하며.' 이는 육체의 만족을 추구하는 것인데, 변화되지 않으려고 하고 생긴 대로 사는 것을 의미합니다; 4) '무정하며.' 교만한 거짓 교사들은 사람들에 대해 무관심하고 동정심이 1도 없습니다; 5) '원통함을 풀지 아니하며.' 이는 비타협적인 태도, 즉 협상 테이블에 앉으려고도 하지 않는 것을 말합니다. 교만한 사람은 자기만 옳다고 생각해서 상대방의 말은 듣지도 않고 혼자만 지껄여서 결국 다툼을 일으킵니다; 6) '모함하며.' 이는 혀의 통제력을 상실하여 뒤에서 헐뜯는 것을 의미합니다. 그런데 여기서 한 가지를 첨언하면 본문의 '모함하며'에 해당하는 헬라어는 '디아볼로스'로, 이는 문자적으로는 악한 마귀를 뜻합니다. 따라서 악플을 달거나 뒷담화하기를 좋아하는 사람은 사탄 끼가 농후한 것입니다; 7) '절제하지 못하며.' 이는 욕망을 억제하지 못하고 거기에 푹 빠져 사는 것을 말합니다; 8) '사나우며.' 이는 온유하지 못한 것을 말합니다. 교만한 거짓 선생들은 온유의 결핍으로 인해 아무 때나 분노합니다; 9) '선한 것을 좋아하지 아니하며.' 교만한 자는 남이 착한 일을 하면 괜히 미워합니다. 이 모든 것을 한마디로 종합하면 '경건의 모양은 있으나 경건의 능력은 부인하는 자'입니다. 겉으로는 경건한 척하지만 실제 삶에는 경건이 전혀 없는 외식하는 자입니다. 화석화(化)되고 종교화(化)된 신앙인의 모습입니다. 바울은 "디모데야! 너는 이런 사람들에게서 돌아서라"라고 권면합니다.

이어지는 절에서는 이 파렴치한 거짓 교사들이 성도를 유린하는 구체적인 예가 제시됩니다. 이들은 가정 교회에 쥐새끼처럼 몰래 들어가서 어리석은 여자를 유인합니다(6절 상). 본문이 어리석은 여자라고 했다고 우리는 바울을 여성 혐오자로 오해해서는 안 됩니다. 바울은 여인들 자체가 어리석다고 말한 것이 아니며, 여기 '어리석은 여자'(헬. '기나이카리아')는 작은 여자, 즉 미성숙한 자를 의미하기 때문입니다. 거짓 교사들이 어리석은 여자를 유인한다고 했는데, '유인하다'(헬. '아이크말로티조')라고 하는 말은 군대 용어로 군사 작전하듯 상대방 병사를 포로로 잡아오는 것을 의미합니다.[99] 어리석은 여자가 이렇게 거짓 교사들의 먹잇감이 되는 이유는 죄를 중히 지고 여러 가지 욕심에 끌린 바 되었기 때문입니다(6절 하). 그들은 계속 죄를 짓고 있는데, 거짓 교사들은 그들의 죄의식과 약점을 파고듭니다. 그리고 미성숙한 자들은 쾌락과 돈을 사랑하여 여러 가지 욕심에 끌려다니는 자들입니다. 그래서 결국 그들의 탐욕이 올무가 되어 거짓 교사들의 포로가 되는 것입니다. 본문에 보면 이 어리석은 여자가 "항상 배우나"라고 했는데(7절 상), 이는 새로운 지식에 대한 호기심을 뜻합니다. 이런 신지식에 대해 병적으로 집착하는 분별없는 사람들은 결국 종교 세일즈맨들의 손쉬운 먹잇감이 되는 것입니다. 이들은 아무리 열심히 배워도 그것은 거짓 가르침이기에 절대로 진리의 지식에 이를 수 없습니다(7절 하). 사실 신천지 신자들이 얼마나 열심히 성경을 팝니까? 그러나 가르치는 선생이 잘못되어 있는데, 눈이 벌겋게 충혈될 정도로 공부한들 바른 진리에 이를 수 있겠습니까?

다음 단락에서 바울은 거짓 교사들과 디모데를 대조시킵니다. 거짓 교사들은 겉으로는 경건한 척 꾸미지만 실제로는 경건하게 살아가지 않는 자들입니다. 그들은 경건을 이익의 재료로 삼아 그것으로 자신들의 배만 불리며 편안하게 살아갑니다. 하지만 바울과 디모데와 같이 경건하게 살고자 하는 사람에게는 고난이 뒤따릅니다(12절). 여기 보면 "경건하게 살고자 하는 자는 박해를 받으리라"라는 말 앞에 '그리스도 예수 안에서'라는 문구가 첨가되어 있습니다. 이는 경건하게 살고자 하는 사람은 그리스도 예수를 따르는 사람이라는 말입니다. 따라서 십자가의 혜택만 받고 십자가의 삶을 도외시하는 자는 절대로 경건한 자가 될 수 없고 예수의 제자가 될 수 없다는 말입니다.

바울은 거짓 교사들을 '악한 자들'이라고 정의하며 그들이 속고 속이면서 "더욱 악하여진다"라고 말합니다(13절). 그런데 여기 '더욱'(헬. '프로콥토')이라는 말은 정확히 말하면 '앞으로 나아가다', '전진하다'라는 의미입니다. 이는 반어법인데, 그들이 이루는 진보는 앞으로 가는 것이 아니라 뒤로 가는 것, 즉 더욱 악하여지는 것이기 때문입니다.[100]

거짓 교사들은 더 발전해 나가는 것같이 보이지만 디모데는 거기에 동조해서는 안 되었습니다. 그래서 바울은 "그러나 너는 배우고 확신한 일에 거하라"고 권면합니다(14절 상). 그들은 계속 나아가는 반면, 디모데는 자신이 배우고 믿은 것, 즉 복음의 진리 안에 거해야 한다는 말입니다.

이어서 사도는 디모데가 복음의 진리를 붙들고 고수해야 하는 이유 두 가지를 덧붙입니다. 첫째는 디모데가 그 복음의 진리를 누구에게서 배웠는지 알기 때문입니다(14절 하). 둘째는 그 진리를 다른 것도 아니고 성경을 통해 어렸을 때부터 배웠기 때문입니다(15절 상). 그래서 디모데가 배우고 확신한 것에 계속해서 거하는 것이 옳다고 바울은 말하는 것입니다. 디모데는 어렸을 때는 외조모와 모친으로부터 배웠습니다. 그리고 성인이 되어서는 사도 바울에게서 배웠습니다. 이들은 거짓 교사들과는 달리 신뢰할 만한 사람들이었습니다. 부모로부터 디모데는 성경 자체를 배웠습니다. 그리고 스승으로부터는 그 성경이 그리스도를 통해 어떻게 성취되었는지를 배웠습니다.

　　그러면 디모데가 충실히 배운 성경이란 도대체 어떤 책일까요? 성경은 '구원에 이르는 지혜'를 알려주는 책입니다(15절). 다시 말해서, 하나님께서 정하신 구원의 길을 가르쳐주는 책입니다. 성경 속에 구원에 이르는 지혜가 있다고 말할 수 있는 근거는 성경이 하나님의 감동으로 된 책이기 때문입니다(16절 상). 여기 '하나님의 감동'이란 신학적인 술어로 '영감'(inspiration)이라고[101] 합니다. 비록 성경은 사람들이 쓴 책이지만, 우리는 그것이 '영감'을 받은 것이기 때문에 오류가 1두 없는 '하나님의 말씀'이요 거기에만 구원에 이르는 지혜가 있다고 감히 말할 수 있는 것입니다. 하나님의 감동으로 된 이 성경은 교훈, 즉 무엇이 옳은 것인지를 가르쳐줍니다. 그리고 또한 책망, 즉 무엇이 옳지 않은 것인지도 가르쳐줍니다. 따라서 우리는 성경이 옳다고 말하는 것들을 기억해 두고 그대로 실행하는 훈련을 해야 합니다. 아울러 성경이 그것은 잘못된 것이라고 책망하면 양심에 찔림을 받고 즉시 돌이켜야 합니다. 그래야 교정도 되고 의롭게 살 수 있기 때문입니다(16절 하).

　　바울은 성경의 영감의 궁극적 목적을 언급하면서 본 장을 마무리합니다. "이는 하나님의 사람으로 온전하게 하며 모든 선한 일을 행할 능력을 갖추게 하려 함이라"(17절). 여기 '하나님의 사람'은 모든 그리스도인을 지칭하는 말입니다. 따라서 모든 선한 일을 행할 능력을 구비한 성숙한 그리스도인이 되기 위해서 목회자뿐만 아니라 모든 그리스도인은 성경을 부지런히 연구해야 할 것입니다.

4장 전파

(복음을 전파하라는 권면)

바울 사도는 순교가 몇 주, 아니 며칠 남지 않은 상황에서 본 장을 쓰고 있습니다. 그래서 자신이 가장 총애하는 신앙의 아들 디모데에게 "너는 말씀을 전파하라. 때를 얻든지 못 얻든지 항상 힘쓰라"고 권면합니다(2절 상). 예수님의 최후 명령이 복음 증거였듯이, 주님의 사도인 바울 역시 최후 명령으로 말씀 전파를 말합니다. 그런데 이 전도하라는 바울의 권면 속에 말로 다 할 수 없는 비장함이 배어 있음을 우리는 다음 구절을 통해 쉽게 짐작할 수 있습니다. "하나님 앞과 살아 있는 자와 죽은 자를 심판하실 그리스도 예수 앞에서 그가 나타나실 것과 그의 나라를 두고 엄히 명하노니"(1절). 여기 보면 바울은 주님이 세상 끝 날에 다시 오셔서 산 자와 죽은 자를 심판하실 것을 언급하며 엄숙하고 진지한 분위기를 조성합니다. 그러므로 전도는 해도 되고 안 해도 되는 '옵션'이 아니라 우리 신자들이 필히 받들어 수행해야 하는 '미션'입니다. 좋은 때든지 좋지 않은 때든지 항상 힘써야 하는 그리스도인의 사명이요, 그리스도의 어명이요 대(大)위임령입니다(마 28:16-20). 전도는 모든 성도들이 기억해야 할 중요하고 절박하고 엄숙한 명령입니다.

그러면 우리는 이 위중한 명령을 어떻게 수행해야 할까요? "범사에 오래 참음과 가르침으로 경책하며 경계하며 권하라"(2절 하). 바울은 복음을 증거할 때 사람에 대해서 오래 참고, 가르치고, 죄를 드러내고, 날

카롭게 꾸짖고, 권면하라고 말합니다. 그리고 그 이유를 다음과 같이 제
시합니다. "왜냐하면 때가 이르리니 사람이 바른 교훈을 받지 아니하며
귀가 가려워서 자기의 사욕을 따를 스승을 많이 두고 또 그 귀를 진리
에서 돌이켜 허탄한 이야기를 따를 것이기 때문이다"(3-4절). 복음 증거
를 할 때 인내가 요구되는 이유는 사람들이 건전한 교훈을 받지 않고
사욕에 따라서 항상 새로운 것만 추구하며 가려운 귀를 긁어줄 교사들
을 찾아다니기 때문입니다. 주님이 재림하실 때가 가까우면 가까울수
록 강단에서 진리의 말씀을 적용하기가 더 힘들어집니다. 이혼한 사람
이 비일비재한 현실에서 섣불리 이혼하지 말고, 참고 살라고 설교하기
가 겁이 납니다. 지금 추진 중인 차별 금지법이 통과되어 위반 시 수천
만 원의 벌금 혹은 수년의 징역형이 부과된다면 누가 강단에서 쉽게 동
성애는 범죄라고 설교할 수 있겠습니까? 이런 때가 올 것이기에 바울은
디모데에게 "너는 모든 일에 신중하여 고난을 받으며 이 전도의 직무를
다하라"라고 권면하는 것입니다(5절).

바울이 디모데에게 이렇게 권면하는 이유가 다음 절에 제시됩니다.
"왜냐하면 전제와 같이 내가 벌써 부어지고 나의 떠날 시각이 가까웠기
때문이다"(6절). 본문의 '전제'란 희생 제사의 마지막 순서로 제물을 불
사르기 전에 그 위에 포도주를 붓는 의식인데(참고, 민 28:4-7), 이 말을 통
해 바울은 지금 디모데에게 자신의 순교를 예고하고 있습니다. 이제 바
울이 이 세상을 떠날 때가 가까이 왔습니다. 그러기 때문에 여호수아가
그랬듯이, 디모데 또한 바통을 이어받아서 전도인의 사명을 다해야 한
다는 말입니다. 악한 세대에 복음을 증거하면 응당 고난이 따르겠지만
그 고난을 기꺼이 감내하고 스승처럼 전도인으로서 사명을 다하라는
말입니다.

그러고 나서 바울은 다메섹 도상에서 부활의 주님을 만나 이방인의 사도로 복음을 전파하며 살았던 지난 35년간의 삶을 단 한 줄로 요약합니다. "나는 선한 싸움을 싸우고 나의 달려갈 길을 마치고 믿음을 지켰으니"(7절). 바울은 자신이 "선한 싸움을 싸웠노라"라고 고백합니다. 여기 '선한 싸움'이란 세상적 싸움이 아닙니다. 자신의 이익이나 명예나 자신의 안위를 위해 싸우는 것 아닙니다. 세상적인 싸움이 이기심과 탐욕으로부터 시작되는 것이라면 선한 싸움은 신앙을 지키기 위한 영적 전투인 것입니다. 선한 싸움은 먼저는 나 자신과의 싸움입니다. 이것은 나의 옛사람을 죽이는 싸움입니다. 나의 아직도 변화되지 않은 옛 성품, 즉 정과 욕심을 십자가에 철저히 못 박는 싸움입니다. 자신의 뜻을 부인하고 자기를 쳐서 주님께 복종시키는 싸움입니다. 또한 이 싸움은 궁극적으로는 악한 마귀와의 영적 전투입니다. 사도는 또 "나의 달려갈 길을 마쳤다"라고 말합니다. 선한 싸움은 지속적으로 해야 합니다. 끝까지 해야 합니다. 대학 1학년 때는 헌신하고 4학년 때는 맘대로 해선 안 됩니다. 회사에 처음 입사해서는 성실하게 일하다가 몇 년 됐다고 요령을 피우고 잔머리를 굴려서는 안 됩니다. 달려갈 길을 다 마칠 때까지, 마지막 순간까지 헌신된 존재가 되어야 합니다. 끝으로 바울은 "믿음을 지켰다"라고 말합니다. 여기에서 바울은 운동선수 비유를 사용합니다. 특히, '달려갈 길을 마치고 믿음을 지켰으니'라고 하는 표현을 상기해 볼 때, 바울은 이 믿음의 선한 싸움을 싸우는 신자를 릴레이 경주자로 생각하면서 하는 말인 것 같습니다. 릴레이 경주자는 바통을 주고받으면서 달립니다. 그런데 이 릴레이 경주에서는 한 가지 중요한 규칙이 있는데, 아무리 빨리 달려도 만일 바통을 들고 뛰지 않으면 아무 의미가 없다는 것입니다. 설령 1등으로 들어온다고 해도 그는 상을 얻을 수 없다는 것입니다. 그래서 경주자들은 바통을 꼭 쥐고 뜁니다. 끝까지 쥐고 뜁니다. 그런데 이 인생이라는 릴레이 경주에서 바통의 역할을 하는 것이 바로 '믿음'입니다. 성도의 인생은 빨리 뛰느냐, 늦게 뛰느냐가 중요하지 않습니다. 중요한 것은 믿음이라고 하는 바통을 쥐고 달렸느냐 하는 것입니다. 아무리 세상적으로 성공해도 믿음의 바통을 버리고, 믿음 다 저버리고 달리면 아무 소용없습니다. 그러므로 우리는 다른 것은 몰라도 믿음의 바통은 꼭 쥐고 뛰어야 합니다. 끝까지 들고 뛰어야 합니다. 생명을 걸고라도 믿음을 지키면서 달려야 합니다. 인생의 성패가 믿음을 지켰느냐 그렇지 않았느냐에 달려 있기 때문입니다.

비록 바울 사도는 오스티안 가도(Ostian Way)에서 참수되어 순교했지만, 일생을 복음을 전파하며 의로운 삶을 살았기에 의로운 재판장이신 우리 주님이 그를 위해 예비해 놓으신 의의 면류관을 받아 누리게 될 것입니다(8절).

제12장
디도서

장별 제목 붙이기

디도서는 총 3장으로 구성된 목회서신인데, 사도 바울이 목회 선배로서 후배 목회자인 디도에게 '교회'와 '가정' 그리고 더 나아가서 '세상'과 관련된 조언을 하는 내용입니다. 그래서 차례로 1장 교회(**교회**와 관련된 권면), 2장 가정(**가정**과 관련된 권면), 3장 세상(**세상**과 관련된 권면) 이렇게 각각 두 글자로 기억하시면 됩니다.

<디도서 각 장 제목 두 글자 도표>

1장	2장	3장
교회	가정	세상

1장 교회

(교회와 관련된 권면)

디도서 또한 1세기 그레코-로만 편지의 전형적인 형태를 따라 발신자(1절), 수신자(4절 상), 인사말(4절 하)의 순서로 편지 서두를 시작합니다. 편지를 보내는 발신자는 '바울'입니다. 바울은 자신을 '하나님의 종'이라고 소개합니다. 이는 바울서신 중 디도서에만 나오는 표현입니다. 바울뿐만 아니라 신약 서신서 기자들은 대개 자신을 가리켜 '그리스도의 종'이라고 부르지 '하나님의 종'이라는 표현을 쓰지 않습니다. 이 호칭은 구약성경에 주로 등장합니다. 아브라함, 모세, 여호수아, 다윗, 다니엘과 같은 위대한 하나님의 사람들, 하나님의 대리인들이 '하나님의 종'이라고 불렸습니다. 그래서 '하나님의 종'은 상당히 권위가 있는 칭호입니다. 종은 비록 비천한 신분이지만 그가 누구의 종이냐에 따라 권위가 달라집니다. 로마 황제 가이사의 종이면 종이더라도 상당한 힘이 있습니다. 그러므로 하나님의 종의 권위는 오죽하겠습니까?

바울은 자신에게 주어진 권위를 다시 한번 강조하기 위해서 자신을 '예수 그리스도의 사도'라고 부연 설명합니다. '사도'(헬. '아포스톨로스')란 보냄을 받은 자, 즉 대사라는 말입니다. 따라서 '예수 그리스도의 사도'란 예수 그리스도로부터 권한을 위임받은 전권대사라는 의미로 권위적인 칭호입니다. 바울이 편지를 시작하자마자 이렇게 이중으로 자신의 권위를 내세우는 이유는 무엇일까요? 그것은 안 봐도 비디오입니다. 바울의 권위가 도전받고 있었기 때문입니다. 그릇된 가르침을 전파하는 거짓 교사들이 등장해서 바울과 그의 동역자 디도의 가르침을 왜곡하며 그들은 가르칠 권한이 없다고 비난했습니다. 따라서 바울은 자신의 사도직을 내세우며 스스로를 변호했던 것입니다. 이는 자신의 명예 때문이 아니라 자신과 디도가 전한 참 교훈, 즉 복음이 도전받고 있었기 때문입니다.

　이제 발신자에 이어 수신자가 언급됩니다. 편지를 받아 읽는 수신자는 '디도'입니다. 에베소에서 사역했던 디모데에 비해 그레데에서 사역했던 디도에 대한 정보는 상대적으로 적은데, 그는 헬라인으로 바울에 의해 회심한 사람입니다. 이후 디도는 바울을 따라 선교 여행에 동행했는데, 특히 고린도 교회 문제를 해결하는 데 크게 일조했습니다. 그리고 바울이 로마의 가택 연금에서 풀려난 후에 선교 여행을 재개할 때 디도는 바울과 함께 그레데를 방문했다가 그곳에 남겨져서 목회하게 되었고 이후 바울이 재차 투옥되었을 때 달마디아로 갔습니다(딤후 4:10). 교회사가 유세비우스에 따르면, 디도는 이후 그레데에 돌아와서 최초의 감독이 되었고 그곳에서 장수하다 죽었다고 합니다.

　바울은 디도를 '나의 참 아들'이라고 부름으로써 그에게 권위를 실어줍니다. 그레데 교회 안에 자신이 바울의 권위를 따라 가르치고 있다고 주장하는 이들이 있었을 것입니다. 바울은 그들을 염두에 두고 디도가 사도의 권위를 위임받은 사도의 진짜 계승자라는 의미로 그를 '참 아들'이라고 지칭한 것입니다. 그러면 디도가 바울의 친아들이 아니었음에도 참 아들이 될 수 있었던 근거는 무엇이었을까요? 그것은 '같은 믿음을 따라 나의 참 아들 된 디도'라는 표현이 잘 말해주듯이, 디도가 바울과 '같은 믿음'을 가지고 있었기 때문입니다. 참 아들과 거짓 아들을 가르는 기준은 '같은 믿음'입니다. 공동체를 위협하는 거짓 가르침에 대항하려면 믿음이 같아야 하기 때문입니다. 그래야 바울과 다른 믿음을 가지고 있는 그레데 교회의 거짓 교사들에 맞설 수 있기 때문입니다.

바울은 자신의 참 아들인 디도에게 하나님 아버지와 예수 그리스도로부터 오는 '은혜와 평강'을 기원합니다. 이렇게 편지 서두가 마무리되고 이어서 본론으로 들어갑니다.

바울은 로마에서 가택 연금을 당한 후에 풀려나서 그가 원하는 대로 서바나로 선교 여행을 떠나기 전 어느 시점에 그레데로 갔습니다. 그레데는 바나바의 고향으로 지중해 중앙에 있는 섬인데, 그는 디도와 함께 그레데를 방문해서 어떤 연유였는지는 모르겠으나 그곳에 오래 머물지 못했습니다. 따라서 그레데에서 일을 다 처리하지 못하였습니다. 그래서 디도를 그곳에 남겨두어 남은 일을 정리하게 했는데, 디도가 해야 할 일은 크게 두 가지였습니다. 그중 첫 번째이자 가장 시급한 일은 교회를 다스릴 장로를 세우는 것이었습니다(5절). 그러면 디도는 어떤 사람을 장로로 세워야 할까요? 본문에서 바울은 장로의 자격을 구체적으로 언급하는데, 여기 나오는 장로의 자격은 이미 살펴본 디모데전서 3장에 나오는 것과 크게 다르지 않습니다. 다만 수신자들의 상황에 따라 약간의 차이가 있을 뿐입니다.

교회를 이끌어갈 장로는 배의 선장과 같아서 엄격한 자질이 요구됩니다. 무엇보다도 장로는 "책망할 것이 없어야" 합니다(6절 상). 이는 원만해야 한다는 뜻입니다. 평판에 결정적인 흠결이 없어야 한다는 말입니다. 또한 장로는 "한 아내의 남편이어야" 합니다(6절 중). 결혼 생활에 충실한 자여야 합니다. 그리고 장로는 "자녀가 믿는 자로 방탕하다는 비방을 받거나 불순종하는 일이 없어야" 합니다(6절 하). 이는 가정을 잘

건사하는 사람이어야 한다는 말입니다. 안(가정)에서 새는 바가지가 밖(교회)에서도 샐 수밖에 없기 때문에 집안 단속부터 잘해야 합니다. 하나님의 청지기로 책망할 것이 없어야 할 장로는 "고집, 혈기, 술, 폭력, 탐욕과는 담을 쌓은 사람이어야" 합니다(7절). 대신 "나그네 대접과 같은 선행을 좋아하며 신중하며 의로우며 거룩하며 절제하는" 훌륭한 인품을 갖추어야 합니다(8절). 무엇보다도 성도는 남을 가르치기 전에 자신이 먼저 솔선해서 말씀을 지켜야 합니다. 그래야만 다른 사람에게 말씀을 지키라고 권면할 수도 있고 말씀을 지키지 않는 자들을 책망할 수도 있기 때문입니다(9절).

디도의 다른 소임은 그런데 교회의 거짓 교사들을 물리치는 것이었습니다. 바울은 먼저 그레데 교회에 침투한 이단들의 특징 3가지를 거론합니다. 첫째, 그들은 참된 장로들과 달리 말씀에 순종하기를 거부하는 자들입니다(10절 상). 둘째, 거짓 교사들은 미쁜 말씀의 가르침을 지키는 장로들과 달리 헛된 말을 일삼는 자들입니다(10절 중). 셋째, 그들은 바른 교훈에 근거하여 진실되게 사는 장로들과는 딴판으로 거짓 교훈을 바탕으로 거짓의 아비인 마귀처럼 거짓말을 밥 먹듯이 하는 자들입니다(10절 하). 사도는 이 파렴치한 자들의 "입을 막으라"고 디도에게 단호한 어조로 권면합니다(11절 상). 이단자들과 논쟁하는 것만큼 어리석은 짓은 없습니다. 더러운 이득을 취하려고 경건을 들먹거리는 자들과는 아예 말도 섞지 않는 것이 정신 건강에 좋습니다. 이 거짓 교사들에게 조금의 빈틈이라도 줘서 그들이 개처럼 짖게 놔둬서는 절대 안 됩니다. 그들의 거짓 가르침은 코로나바이러스는 비교도 안 될 정도로 전염성이 강해서 가정들을 온통 무너뜨릴 수 있기 때문입니다(11절 하).

아울러 이단의 거짓 가르침에 미혹되어 속된 말로 맛이 간 교인이 있다면 그를 불러 엄히 꾸짖어야 합니다. 그래야만 다시 믿음이 온전히 회복될 수 있고 배교하지 않기 때문입니다(13-14절).

2장 가정

(가정과 관련된 권면)

바울은 1장에서 디도와 관련된 권면, 즉 교회에서 바른 교훈을 가르칠 장로를 세우고, 거짓 교훈을 전파하는 거짓 교사들을 차단하라는 권면을 했습니다. 그리고 이제 2장에서는 화제를 바꿔서 가정과 관련된 권면을 합니다.

2장은 이렇게 시작합니다. "오직 너는 바른 교훈에 합한 것을 말하여"(1절). 여기 '오직 너는'이라는 말을 헬라어 원문에 충실하게 번역하면 '그러나 너는'(헬. '쉬 데')입니다. 이 말은 목회서신에서 총 5번 나오는데(1절; 딤전 6:11; 딤후 3:10, 14; 4:5), 하나님의 백성은 세속 문화와 구별되게 살라는 권면을 나타냅니다. 따라서 디도는 거짓 교사들과 달라야 했습니다. 거짓 교사들은 하나님을 안다고 공언하지만, 행동으로는 그분을 부인하는 실천적 무신론자들이었습니다(딛 1:16). 그들은 믿노라고 말하면서 그 믿음대로 살지 못했습니다. 그러나 디도에게는 믿음과 행동 사이에 그 어떤 이분법도 없어야 했습니다. 그래서 바울은 "너는 바른 교훈에 합한 것을 말하라"고 요구하는 것입니다. 바울이 디도에게 요구한 것은 두 가지인데, 그중 하나는 '바른 교훈'입니다. 여기 '바르다'(헬. '휘기아이노')라는 말은 베데스다 연못가의 38년 된 병인처럼 불구의 몸이 고침을 받아 온전해졌을 때 사용된 말입니다(요 5:9). 따라서 바른 교훈은 거짓 교사들의 병든 교훈과 대조되는 건강하고 온전한 가르침을 의미합니다. 사도가 요구한 또 하나는 '합한 것'입니다. 이는 바른 교훈에서 흘러나오는 합당한 삶, 즉 윤리적 실천들을 가리킵니다. 우리 그리스도인은 양극단을 피해야 합니다. 믿음만 있고 삶의 실천에 소홀하면 바리새인이라는 소리를 들을 수밖에 없습니다. 반면에, 바른 교훈은 없고 윤리만 강조하면 율법주의자로 전락하게 됩니다.

　그러면 디도가 말해야 할 바른 교훈에 합당한 것, 즉 바른 교훈에 합낭한 삶이란 무엇일까요? 이어지는 '가정 법전'을 통해 바울은 앞선 디모데전서 5장에서처럼 가정 구성원들의 구체적이고 특정한 의무를 제시합니다. 사도는 먼저 가정의 연장자부터 시작합니다. 늙은 남자에게는 네 가지 덕목, 즉 절제와 경건과 신중과 온전을 요구합니다(2절). 여기 '절제'(헬. '네팔리오스')는 1차적으로 술을 자제하라는 의미입니다. 당시 그레데에는 술 취한 상태에서 드리는 디오니소스 예배가 성행했기 때문에 그리스도인들은 세상의 이런 풍조에 휩쓸리지 않아야 한다고 말하고 있는 것입니다. 나이 많은 남자는 이제 살 만큼 살았으니 될 대로 돼라지 하면서 술독에 빠져 정신 줄을 놓아서는 곤란합니다.

　본문의 절제는 한 걸음 더 나아가 삶의 모든 영역에서 욕구를 억제하며 온전한 정신으로 사는 것을 의미합니다. 사실 '노욕'만큼 무서운 것이 없습니다. 믿지 않는 자들이야 이 땅이 전부라고 생각하니 그럴 수도 있겠다 싶지만 믿는 사람, 특히 하나님의 종이라고 하는 목회자가 노욕 때문에 수십 년간 쌓은 신망이 하루아침에 무너지는 일이 얼마나 많습니까? 하나님의 은혜로 목회를 잘 마무리하고 원로 목사까지 되었으면 감사할 일인데, 그것도 모자라서 편법까지 동원해서 교회를 기업 물려주듯이 제 아들에게 세습해서 구설수에 오른다면 이 얼마나 안타까운 일이겠습니까? 저 또한 목사의 한 사람으로서, 우리 목사들은 돈과 권력에 경도되어 먹사라는 소리를 듣지 않도록 노욕과는 완전히 담쌓고 살아야 할 것입니다. 세례 요한처럼 예수님과 그분의 몸 된 교회가 흥하기만을 바라며 사심 없이 사역하다가 소임을 다 한 후에는 바람처럼 사라져야 할 것입니다.

나이 많은 남자에게 요구되는 또 하나의 덕목은 '경건'입니다. 여기 '경건'(헬. '셈노스')은 디모데전서 4장의 "경건을 연습하라"고 할 때 그 경건(헬. '유세베이아')과 다른 용어입니다. 본문의 경건은 삶에 대해 진지한 태도를 취하는 것을 의미합니다. 이는 인생에 대해 진지한 태도를 가지기 때문에 거기서 얻어지는 존경까지 포함하는 말입니다. 노인은 나이가 들어서도 인생이 뭐 다 그런 거지 하면서 가볍게 치부하지 않고, 산다는 것이 얼마나 진지한 것인지 자기의 모습으로 보여줘야 젊은이들로부터 존경을 자아낼 수 있습니다. 세 번째 덕목인 '신중'(헬. '소프론')은 이 단락의 핵심 용어입니다. 이는 늙은 남자들뿐만 아니라 늙은 여자들(4절), 젊은 여자들(5절), 젊은 남자들(6절)에게도 요구된 덕목이기 때문입니다. 이는 아울러 앞 장의 장로들에게도 요구되었던 핵심 덕목입니다(딛 1:8). 본문의 '신중'이란 절제와 거의 유사한 말로 맑은 정신을 갖는 것 혹은 욕망에서부터 스스로를 통제하는 것을 의미합니다. 마지막 덕목은 믿음, 사랑, 인내의 삼중주에서 온전한 것입니다. 여기 '인내'(헬. '휘포모네')는 단순히 견디는 것이 아니라 소망에서 비롯된 것입니다. 그래서 데살로니가 성도들이 믿음의 역사와 사랑의 수고와 소망의 인내 때문에 칭찬받았던 것처럼(살전 1:3), 사도는 나이든 남자 또한 이런 아름다운 열매를 생이 다할 때까지 온전히 유지하도록 요구하는 것입니다.

늙은 남자에 이어 늙은 여자에게 주는 권면이 이어집니다. 나이 많은 여자 또한 바른 교훈에 합당한 삶을 살기 위해서는 4가지 덕목을 갖추어야 합니다. 첫째, 행실의 거룩함입니다(3절 상). 본문의 '거룩함'에 해당하는 헬라어는 '히에로프레페스'인데, 이는 '성전'이라는 뜻의 '히에론'과 '적합한'이라는 이미의 '프레페인'의 합성어입니다. 그러므로 늙은 여자들은 평소에 신전의 여사제에 적합한 마음가짐으로 살아야 한다는 말입니다.[102] 다시 말해서, 성전의 제사장과 같이 경건한 마음을 늘 지니고 생활해야 한다는 의미입니다.

둘째, 모함하지 않는 것입니다(3절 중). 여기 '모함'(헬. '디아볼로스')이라는 말은 디모데전서 3:3을 제외하고 목회서신에서 항상 '사탄'을 가리키는 말입니다(딤전 3:6, 7; 딤후 2:26). 따라서 다른 사람에 대한 근거 없는 비난이나 헛소문을 퍼뜨리는 자는 사탄의 하수인 노릇을 하는 것이기에 이를 철저히 경계해야 합니다. 노파심이라는 말이 있듯이, 여자가 나이가 많아지면 기운도 없고 할 일도 없으니까 수다를 떨 때 공연히 없는 이야기도 만들고 조그마한 이야기도 크게 부풀리는 경향이 생기기도 합니다. 물론 이것은 늙은 여자에게 국한된 일이 아닙니다. 남녀노소 할 것 없이 우리는 다른 사람 뒷담화하기를 무척 좋아합니다. 하지만 무심코 던진 돌에 개구리가 맞아 죽습니다. 말도 안 되는 악플에 연예인들이 자살합니다. 그러므로 하나님의 자녀가 어울리지 않게 마귀의 자녀를 흉내 내며 인격 살인하는 우를 범해서는 절대로 안 될 것입니다.

셋째, 술의 종이 되지 말아야 합니다(3절 하). 이는 알코올에 중독되지 말라는 뜻인데, 바로 앞의 수다와 이 술은 상호 연결이 되어있습니다. 일단 술이 들어가면 새색시같이 수줍음을 많이 타던 사람도 수다쟁

이가 됩니다. 자기 통제가 안 되어서 하지 말아야 할 말까지 하는 실수를 밥 먹듯이 저지르며, 고주망태가 된 상황에서 씻을 수 없는 죄를 범하기도 합니다. 그러므로 가급적이면 술을 멀리하는 것이 좋습니다.

넷째, 나이 든 여인들은 술 먹고 뒤에서 남을 험담하거나 흉보는 대신에 그들의 입으로 젊은 여자들에게 선한 것을 가르치고 교훈해야 합니다(4절 상).

이렇게 늙은 여자에게 권면한 후, 이제 젊은 여자로 화제가 옮겨갑니다. 젊은 여자가 바른 교훈에 합당한 삶을 살기 위해서는 일곱 가지 자질을 갖추어야 합니다. 먼저 자신의 남편과 자녀를 사랑해야 합니다(4절 하). 사랑은 결혼 생활을 유지하는 데 가장 중요한 요소입니다. 그런데 여기서 사랑은 에로틱하거나 로맨틱한 사랑이라기보다는 희생과 섬김의 사랑을 의미합니다. 이런 사랑은 인생 선배인 늙은 여자에게 젊은 여자가 배우고 훈련해야 합니다.

젊은 여자는 또한 신중하고 순전해야 합니다(5절 상). 본문의 '신중'은 앞의 늙은 남자와 여자에게도 해당된 덕목으로 스스로를 절제하는 마음입니다. 특별히 이 용어가 여자에게 적용될 때 '성적인 부정을 버린다'라는 의미가 있습니다. '순전'(헬. '하그노스')도 제의적인 정결이나 성적인 순결을 의미합니다.[103] 간통이 더 이상 위법이 아닌 세상에 살면서 젊은 여성이 순결을 유지하는 것은 결코 녹록한 일이 아닙니다. 하지만 신부의 가치는 미모가 아니라 순결에 있습니다. 그러므로 고리타분한 말처럼 들리겠지만, 젊은 여성들은, 그리고 한 걸음 더 나아가서 예수 그리스도의 신부인 모든 그리스도인은 논개와 같이 순결을 목숨처럼 소중히 여겨야 할 것입니다.

바울이 젊은 여성에게 요구하는 또 다른 덕목은 가정을 돌보는 것입니다(5절 중). 본문에서 사도는 '집안일을 하며 선하며'라고 했는데, 이는 젊은 여자들이 집안일에 충실한 것이 선한 일이라는 뜻입니다. 물론 이 말이 여자는 밖에 나가서 일하지 말라는 의미는 아닙니다. 요지는 여성이 결혼의 소명을 받아들여 남편과 자녀를 갖게 되었다면 그들을 소홀히 해서는 안 된다는 뜻입니다.

끝으로 바울은 젊은 여자들에게 남편에게 복종하라고 권면합니다(5절 하). 이는 바울서신에 흔한 지침인데(골 3:18; 엡 5:21-23; 딤전 2:11; 참고, 벧전 3:1), 바울은 의도적으로 '자기'(헬. '이디오이스')라는 말을 삽입하여 본문의 복종은 한 성이 다른 성에게 복종하는 것이 아니라 자기 남편에게 아내가 복종하는 것임을 강조합니다.[104] 아내가 남편에게 복종하는 것은 가정의 가장으로서 그의 권위를 존중하는 태도입니다. 젊은 여자들이 이 지침들을 충실히 따를 때에 하나님의 말씀이 비방을 받지 않게 될 것입니다.

젊은 여자에 이어 젊은 남자가 바른 교훈에 합당하게 사는 법이 제시되는데, 또다시 "신중"이라는 덕목이 언급됩니다(6절). 젊은 여자 못지않게 젊은 남자에게 중요한 것이 이 '신중'의 미덕입니다. 오늘날에는 술, 마약, 여자, 도박, 이단의 가르침 등 젊은이들이 정신을 혼미하게 만드는 것이 지천에 깔려 있습니다. 그러므로 젊은이들은 낭패를 당하지 않으려면 정신을 바짝 차리고 자기를 철저히 절제하며 통제해야 할 것입니다.

가정 법전의 끝은 종들에게 주는 권면입니다. 종들이 바른 교훈에 합당한 삶을 살기 위해서는 자기 상전들에게 "범사에 순종해야" 합니다(9절 상). 이는 상전의 권위를 존중하라는 말입니다. 게다가, 종들은 상전들에게 "거슬러 말하지 말아야" 합니다(9절 하). 이는 불평하거나 말대

꾸하지 말라는 의미입니다. 아울러 종은 상전의 재물을 "훔치지 말아야" 합니다(10절 상). 작든 크든 상전의 물건에 손대지 말아야 합니다. 대신에 "모든 참된 신실성을 보여주어야" 합니다(10절 중). 종들이 보디발의 종이었던 요셉처럼 상전들에게 충성을 다해야 하는 이유는 그렇게 함으로써 "범사에 우리 구주 하나님의 교훈을 빛나게" 할 수 있기 때문입니다(10절 하).

성경 기자들의 관심은 제도나 상황의 개선이 아니라 '하나님의 교훈'에 있었습니다. 어떤 상황에 처해 있든 간에 그들에게 중요한 것은 하나님의 교훈이 빛나게 하는 것이었습니다. 본문에 '빛나다'라는 말은 헬라어로 '코스메오'인데, 여기서 '화장품'을 의미하는 영어 단어 '코스메틱스'(cosmetics)가 파생되었습니다. 그러므로 '하나님의 교훈을 빛나게 한다'는 말은 여성들이 화장을 하면 자신의 모습이 아름답게 드러나듯이, 우리 그리스도인들도 복음에 합당한 삶, 곧 선한 삶을 살면 하나님의 교훈이 아름답게 드러난다는 뜻입니다.

3장 세상
(세상과 관련된 권면)

1장과 2장에서 바울은 각각 교회와 가정과 관련된 권면을 했습니다. 그리고 이제 3장에서는 세상과 관련된 권면을 합니다. 먼저 사도는 신자들이 세상에서 선한 일을 행해야 한다고 말하면서 그 선행은 세상의 통치자들에게는 복종하고 순종하는 형태로 나타나야 할 것을 주문합니다(1절). 그런데 사람들은 불순종하고 복종하지 않는 특징을 가지고 있었습니다(참고, 딛 1:10, 16). 역사적으로도 그레데에는 '폭동, 살인, 격전' 등이 끊이지 않았으며, 주전 67년 로마가 그레데를 정복한 후 식민지에서 벗어나기 위한 저항이 바울 시대까지 지속되있습니다. 바울은 그레데 성도들은 믿지 않는 세상 사람들처럼 통치자들에게 불순종해서는 안 된다고 권면합니다. 모든 권세는 하나님으로부터 온 것이기 때문에 우리 그리스도인들은 권세 잡은 자들에게 복종해야 합니다. 하지만 이는 무조건적인 복종을 의미하는 것은 아닙니다. 국가의 명령과 하나님의 뜻이 배치되면 더 상위에 있는 권력에 순종하기 위해 불의한 권력의 요구를 단호히 거부해야 합니다.

　　이어서 바울은 대상을 세상 모든 사람으로 확대하여 그들에게 신자들이 선을 행하는 방법을 제시합니다. 본문에서 사도는 소극적인 방법과 적극적인 방법 두 가지를 언급하는데, 소극적인 방법은 "비방하지 않고 다투지 않는 것"입니다(2절 상). 여기 '비방하다'(헬. '블라스페메오')라는 말의 원뜻은 '신성 모독하다'입니다. 따라서 비방하지 말라는 말은 상대를 하나님처럼 존대하라는 의미입니다. 그리고 '다투지 말라'는 말은 평화를 추구하라는 말입니다. 성도는 피스메이커(peacemaker)가 돼야지 트러블메이커(troublemaker)가 돼서는 곤란합니다.

　　선을 행하는 적극적인 방법은 "관용하고 온유함을 보이는 것"입니다(2절 하). 여기 '관용'과 '온유'는 우리 예수님의 성품입니다(참고, 고후 10:1). 따라서 그리스도인들은 그리스도의 이러한 선한 성품을 '범사에' '모든 사람'에게 보여주어야 합니다.

　　앞에서 바울은 일반 세속 사회에서 신자들이 선한 일을 행해야 한다고 권면했습니다. 그리고 이제 '왜냐하면'(헬. '가르')이라고[105] 하는 이유 접속사를 통해 신자들이 세상에서 선한 일을 왜 행해야 하는지 그 근거를 제시합니다. "(왜냐하면) 우리도 전에는 어리석은 자요 순종하지 아니한 자요 속은 자요 여러 가지 정욕과 행락에 종노릇한 자요 악독과 투기를 일삼은 자요 가증스러운 자요 피차 미워한 자였으나 우리 구주 하나님의 자비와 사람 사랑하심이 나타날 때에 우리를 구원하시되 우리의 행한 바 의로운 행위로 말미암지 아니하고 오직 그의 긍휼하심을 따라 중생의 씻음과 성령의 새롭게 하심으로 하셨나니 우리 구주 예수 그리스도로 말미암아 우리에게 그 성령을 풍성히 부어 주사 우리로 그의 은혜를 힘입어 의롭다 하심을 얻어 영생의 소망을 따라 상속자가 되게 하려 하심이라"(3-7절).

여기 보면 예수 믿기 전 우리의 상태가 다양하게 표현되어 있습니다. 본문의 '어리석은 자'란 그 마음에 이르기를 하나님이 없다고 하는 헛똑똑이, 즉 영적인 문제에 대해 전혀 지각이 없는 사람을 일컫는 말입니다(참고, 시 14:1). 영적 지각이 없는 바보이다 보니까 당연히 하나님이 아닌 엉뚱한 것(사탄, 세상 풍조 등)에 순종하는 자가 되는 것입니다. 또 '속은 자'란 사탄에 속아 길을 잃고 방황하는 자를 의미합니다. 따라서 정욕과 쾌락의 노예가 되고, 악독과 투기를 일삼게 되며, 피차 미워하게 되는 것입니다. 전에 우리는 이런 죄인 중의 괴수였습니다. 그러나 지금은 하나님의 자비, 사람 사랑하심, 긍휼하심, 은혜를 힘입어 의롭다 하심을 얻고 영생의 상속자가 되었습니다. 그러므로 은혜받은 자라면 그 은혜를 저버려서는 안 됩니다.

하나님은 항상 은혜를 먼저 베푸십니다. 그리고 그 베푸신 은혜에 합당한 삶을 요구하십니다. 하나님은 애굽에서 400년 동안 노예 생활하던 이스라엘 민족을 구원해내는 은혜를 베푸셨습니다. 그리고 율법을 주시면서 그 은혜에 합당한 삶을 요구하셨습니다. 새 이스라엘이자 참 이스라엘인 우리 신자에게도 하나님은 동일한 요구를 하십니다. 그러므로 만일 우리가 선한 삶을 살지 않는다면 은혜를 저버리는 배은망덕한 사람이 돼 버리는 것입니다. 은혜와 삶은 항상 동행하는 것입니다.

이어지는 절에서 바울은 이렇게 말합니다. "이 말이 미쁘도다. 원하건대 너는 이 여러 것에 대하여 굳세게 말하라. 이는 하나님을 믿는 자들로 하여금 조심하여 선한 일을 힘쓰게 하려 함이라. 이것은 아름다우며 사람들에게 유익하니라"(8절). 여기 '이 말'이란 바로 앞에서 한 말, 즉 죄인이었던 우리가 하나님의 은혜로 구원받았다는 것을 의미하는데, 이를 한마디로 말하면 '복음'입니다. 그리고 본문의 '굳세게 말하라'라는 말은 현재 명령형입니다. 헬라어의 현재형은 계속, 반복의 의미를 나타냅니다. 따라서 바울은 지금 디도에게 '복음을 계속해서, 반복적으로 말하라'고 권면하는 것입니다. 그렇게 하는 목적은 성도들이 선한 일에 힘쓰도록 하기 위함입니다.

우리는 믿음으로 구원받는다고 해서 선행을 등한시하는 경향이 있습니다. 하지만 디도서는 믿음 못지않게 선한 삶을 강조합니다. 1장에 보면 장로의 자질 중의 하나가 "선행"을 좋아하는 것입니다(딛 1:8). 2장에서는 늙은 여자의 의무 중 하나가 젊은 여자에게 "선"을 가르치는 것이고(딛 2:3), 디도가 수행해야 할 중요한 소임은 젊은 남자들에게 "선한 일"에 본을 보이는 것입니다(딛 2:7). 3장에 보면 성도들은 평소에 "선한 일" 행하기를 준비하고(1절), "선한 일"을 힘쓰며(8절), "선한 일"에 힘쓰는 것을 배워야 할 책무가 있습니다(14절).

제13장
빌레몬서

배경과 지도

배경

이 편지는 에베소서, 빌립보서, 골로새서와 함께 옥중서신에 해당합니다. 주후 60년경 사도 바울이 로마 감옥에 갇혔을 때 기록한 편지인데, 그 연유는 이러합니다.

골로새 교회 교인인 빌레몬은 유복한 사람으로 상당한 식솔들을 거느리고 있었습니다. 그런데 빌레몬의 종으로 있다가 그의 돈과 물건을 훔쳐 도망친 오네시모라는 사람이 있었습니다. 그는 주인을 피해 골로새에서 무려 1,900km나 떨어진 제국의 수도 로마로 숨어 들어갔습니다. 그러다 하나님의 섭리로 로마 감옥에 갇혀 있던 사도 바울을 만나서 복음을 듣고 회심하게 되었습니다. 오네시모는 '유익한 자'라는 이름의 뜻을 지니고 있는데, 하나님께서는 아무짝에도 쓸데없던 무익한 자 (useless)를 유익한 자(useful)가 되게 하셨습니다. 그는 그리스도인이 되었을 뿐 아니라 사도 바울을 시중드는 귀한 일꾼으로 변화되었습니다. 그래서 한때 죄인이었으나 그리스도를 만나 새사람이 된 오네시모를 용서하고 형제로 받아줄 것을 요청하기 위해서 자신을 통해 예수님을 영접한 빌레몬에게 편지를 쓰게 된 것입니다.

지도

빌레몬서 또한 여타의 바울의 편지들처럼 서두에 길 안내 지도가 제시되고 있습니다. 이 편지는 달랑 한 장으로 되어 있기에 편지 서두에 사도는 로드 맵을 장착했습니다. "그리스도 예수를 위하여 갇힌 자 된 바울과 및 형제 디모데는 우리의 **사랑**을 받는 자요 동역자인 빌레몬과"(몬 1:1).

빌레몬서의 핵심 화두는 '사랑'입니다. '빌레몬'(Philemon)이라는 이름은 '형제를 사랑하다'라는 헬라어 동사 '필레오'에서 파생된 말로 '사랑받는 자'라는 뜻입니다. 편지를 시작하자마자 바울은 이름에 걸맞게 빌레몬을 자신이 사랑하는 동역자라고 칭합니다. 그리고 이어서 바울은 '사랑'이라는 단어를 거듭하여 사용합니다.

먼저 감사 인사에서 사랑의 이슈를 강조합니다. "주 예수와 및 모든 성도에 대한 네 **사랑**과 믿음이 있음을 들음이니 … 내가 너의 **사랑**으로 많은 기쁨과 위로를 받았노라"(몬 1:5, 7).

편지 본론에서도 사도는 빌레몬의 풍부한 '사랑'에 호소하여 그의 종 오네시모에게 관용을 베풀어 줄 것을 간청합니다. "도리어 **사랑**으로써 간구하노라. 나이가 많은 나 바울은 지금 또 예수 그리스도를 위하여 갇힌 자 되어"(몬 1:9). 그리고 본론 말미에서 좀 더 구체적으로 빌레몬에게 더 이상 오네시모를 종으로 대하지 말고 '사랑하는 형제'로 대해 달라고 부탁합니다. "이후로는 종과 같이 대하지 아니하고 종 이상으로 곧 **사랑**하는 형제로 둘 자라"(몬 1:16).

장별 제목 붙이기

빌레몬서는 요한이서, 요한삼서, 유다서와 함께 1장으로 된 짧은 편지인데, 앞에서 언급했듯이, 전체 주제가 사랑입니다. 그래서 1장 사랑 이렇게 두 글자로 기억하세요.

1장 사랑
(**사랑**으로 품으라는 권면)

빌레몬서는 헬라어 단어 335개로 이루어진, 바울의 편지 13편 중에서 가장 짧은 편지이지만, 그의 편지들 가운데 가히 백미(白眉)라 해도 과언이 아닐 것입니다. 이는 편지 발신자인 바울이 한 문장도 허투루 쓰지 않고 세심한 주의와 치밀한 의도를 가지고 써내려 가고 있기 때문입니다. 곧 편지 분석을 통해 드러나겠지만, 빌레몬에게 죄짓고 달아났던 종 오네시모를 용서해 달라고 부탁하기 위해 바울은 처음부터 끝까지 정교하게 계산된 표현들을 사용하여 그를 설득시켜 나갑니다.

이는 편지 서두에서부터 두드러집니다. "그리스도 예수를 위하여 간힌 자 된 바울과 및 형제 디모데는 우리의 사랑을 받는 자요 동역자 인 빌레몬과 자매 압비아와 우리와 함께 병사 된 아킵보와 네 집에 있는 교회에 편지하노니 하나님 우리 아버지와 주 예수 그리스도로부터 은혜와 평강이 너희에게 있을지어다"(1-3절). 이 편지 여는 말 부분에서 바울은 자신의 편지 관습에 두 가지 큰 변형을 가해서 의도한 메시지를 전달하고 있습니다. 먼저 발신인의 호칭 부분입니다. 바울은 통상적으로 자신에 대해 두 가지 호칭, 즉 '사도' 혹은 '종'을 사용합니다. 하지만 골로새 교인 빌레몬에게 보내는 편지에서만은 유독 '간힌 자'(prisoner)라는 칭호를 사용합니다. 바울이 빌레몬서에서 그의 예상되는 칭호인 사도 대신에 특이한 칭호인 간힌 자를 쓴 이유는 단지 그가 지금 옥에 갇혀 있기 때문만은 아닙니다. 바울은 다른 옥중서신, 즉 에베소서, 빌립보서, 골로새서를 쓸 때에도 자신을 간힌 자로 표현하지 않습니다. 간힌 자라는 칭호는 여기 빌레몬서에서만 발견됩니다. 사실 간힌 자는 빌레몬서의 키워드 중 하나입니다. 25절밖에 안 되는 이 짧은 서신 속에 간힌 자라는 표현은 무려 5번이나 나옵니다. 9절에서 바울은 자신이 예수 그리스도를 위하여 지금 "간힌 자"(prisoner)가 되었다고 고백합니다. 10 절에서는 오네시모가 바울과 함께 "간힌 중에"(in prison) 회심합니다. 13 절에서 바울은 오네시모를 되돌려 보내 "감옥에서"(in prison) 자신을 도울 수 있게 해 달라고 빌레몬에게 정중히 부탁합니다. 그리고 23절에서 그는 에바브라를 "나와 함께 간힌 자"(my fellow prisoner)라고 소개합니다. 따라서 바울은 자신의 칭호를 '사도'에서 의도적으로 '간힌 자'로 변경함으로써 편지 수신자 빌레몬에게 자신의 처지에 대한 동정심을 유발시키는 동시에, 그가 오네시모의 죄를 용서하고 그를 다시 자신에게로 돌려보내 주어서 자신의 '옥중 사역'(Prison Ministry)을 도울 수 있게 해 달라고 청원하고 있는 것입니다.[106]

　여기 여는 말 부분에서 한 가지 더 독특한 점을 발견할 수 있는데, 그것은 지극히 개인적인 편지인 빌레몬서의 편지 수신자로 빌레몬 외에도 수많은 공동 수신자들이 포함되어 있다는 사실입니다. 바울은 2절에서 여러 공동 수신자들을 거명합니다. 여기 '자매 압비아'는 빌레몬과 나란히 소개되는 것으로 보아 '빌레몬의 아내'로 추정됩니다. '아킵보'는 '빌레몬의 아들'로 여겨집니다. '네 집에 있는 교회'는 빌레몬의 집이 '가정 교회'(House Church)였음을 암시합니다. 따라서 본문의 공동 수신자들은 빌레몬의 처자와 그의 집에 모여 함께 예배드리는 성도들을 지칭하는 것 같습니다. 그러므로 바울은 의도적으로 빌레몬과 가장 가까운 사람들을 공동 수신자로 내세움으로써 빌레몬에게 죄짓고 달아났던 오네시모를 용서해 달라는 자신의 부탁은 단지 둘 사이의 사적 문제가 아니라 가족과 교우들이 상황을 인식하고 그 문제 해결을 지켜보고 있는 공적 문제임을 분명히 합니다. 사실 공중 앞에서 하는 부탁은 개인 간의 부탁보다 부탁하는 자와 그 부탁을 들어주는 자 쌍방의 체면이 걸려있는 문제이기에 거절하기가 더 힘듭니다. 이 점을 잘 아는 영리한(?) 바울은 계산된 공동 수신자들을 대거 등장시킴으로 오네시모를 용서해 주라고 빌레몬을 은근히 압박하고 있는 것입니다.[107]

　편지 본론에서 또한 바울은 자신의 목적을 이루기 위해 치밀하게 계산된 표현을 사용하는데, 이는 특히 본론을 마무리하는 권면 속에 잘 나타나 있습니다. "오 형제여 나로 주 안에서 너로 말미암아 유익을 얻게 하고 내 마음이 그리스도 안에서 시원하게 하라"(20절 원문 직역). 본절은 비교적 짧은 두 개의 명령으로 이루어져 있습니다. 20절 상반절의 첫 번째 명령("나로 주 안에서 너로 말미암아 **유익**을 얻게 하라")은 오네시모('**유익**')의 이름과 관련된 헬라어 동사 '오내맨'('**유익을 얻다**')을 사용합니다. 이에 사도 바울의 의도를 충분히 살려 이 절을 다시 번역하면, "나로 주 안에서 너로 말미암아 **오네시모**를 얻게 하라"가 됩니다. 따라서 이 명령은 본서의 주된 이슈(오네시모를 용서하여 주고, 바울의 옥중 사역을 돕도록 그를 다시 옥으로 귀환시키는 일)를 재차 빌레몬에게 상기시키는 역할을 합니다. 또한 이 권면은 보다 구체적으로 오네시모의 이름을 가지고 동일한 언어유희(word play)를 하는 11절("그가 전에는 네게 **무익**하였으나 이제는 나와 네게 **유익**하므로")과 호응합니다. 20절 하반절의 두 번째 명령("내 마음이 그리스도 안에서 시원하게 하라") 또한 이전에 사용된 두 키워드, 즉 '마음'과 '시원하게 함'을 생각나게 합니다. 감사 인사(4-7절)에서 바울은 빌레몬을 "성도들의 마음을 시원하게 했던 자"로 묘사합니다(7절). 이어서 편지 본론(8-22절)에서 빌레몬의 종 오네시모를 "나의 심장"(my heart)이라고 부릅니다(12절 하). 그러므로 "나의 마음을 시원하게 하라"는 권면으로 편지를 맺을 때 바울은 분명히 이 두 키워드의 이전 사용을 반영하려고 의도한 것입니다. 이런 맥락에서 "나의 마음을 시원하게 하라"는 말의 정확한 의미는 "예전에도 성도들의 **마음**(heart)을 시원하게 했던 빌레몬이여! 이제 나의 **심장**(heart)인 오네시모를 용서해 줌으로써 부디 나의 **마음**(heart)을 시원하게 해 다오"일 것입니다.

편지 맺는말에서도 바울은 자신의 의도를 이루려고 종전의 편지 관습에 파격을 가합니다. 바울서신 내에서 로마서 못지않게 유별난 작별 인사를 포함하고 있는 서신이 빌레몬서입니다. 바울은 편지 여는 말의 문안 인사 부분에서와 마찬가지로 맺는말의 문안 인사 부분(23-24절)에서 다수의 사람들(에바브라, 마가, 아리스다고, 데마, 누가)을 함께 등장시킵니다. 이 작별 인사에 거명된 사람들은 빌레몬에게 무척 중요한 인물들입니다. 특히, 이들의 순서와 동반되는 호칭은 이 편지가 가지고 있는 설득하는 힘을 배가시키는 역할을 합니다. 빌레몬서와 동시에 기록되어서 전달되었을 골로새서의 맺는말(골 4:12) —거기서는 에바브라가 네 번째로 언급됩니다—과 대조적으로 여기서는 골로새 교회의 목사이자 빌레몬의 영적 시노사인 에바브라의 이름이 첫 번째로 거론됩니다. 아울러, 바울은 에바브라를 '갇힌 자'(prisoner)라고 칭함으로써 사도가 편지 전체에서 강조하고 있는 '자신의 투옥 상태'(in prison)에 대해 다시 한 번 빌레몬에게 주지시킵니다. 또한, 함께 문안하는 나머지 네 명에 대해 바울이 '자신의 동역자들'이라는 칭호를 사용하는 것은 그가 편지 여는 말에서 빌레몬을 '나의 동역자'라고 부른 것을 상기시킴으로써 빌레몬과 그의 나머지 동료 선교사들 사이에 존재하는 유대감과 공통 미션을 강조합니다.

사도가 빌레몬 개인에게 보내는 사적 편지에서 이 명사(名士)들의 이름을 거론하는 의도는 이전과 동일합니다. 그는 빌레몬에게 보내는 개인 편지의 시작과 끝에서 청중들의 폭을 최대한 확대시킴으로써 편지가 다루어지는 상황이 더 이상 사적인 것이 아님을 분명히 하고 있는 것입니다. 이는 사적으로 취급된 부탁보다는 공적으로 다루어진 부탁이 보다 거절하기 쉽지 않다는 사도의 확신 때문입니다. 지금 바울과 함께 문안 인사를 드리는 다섯 명 모두는 빌레몬에 대한 사도의 부탁을 숙지하면서 빌레몬의 반응을 함께 기다리고 있습니다. 따라서 편지의 수신자 빌레몬은 사도의 부탁의 공적 성격을 충분히 인식하고 마음의 부담감을 떨쳐버릴 수 없을 것입니다. 오네시모를 받아들이고 용서하는 문제는 더 이상 바울과 빌레몬에게만 국한된 일이 아닙니다. 이제 알

만한 사람은 다 알게 되었습니다. 그러므로 빌레몬과 그와 함께 있는 사람들은 자신의 편지 부탁에 동의하라는 사도의 무언의 압박에 시달리고(?) 있는 것입니다.[108] 제아무리 뻔뻔한 사람이라도 이 부탁을 안 들어주고 배기겠습니까? 사랑의 사람 빌레몬은 편지를 끝까지 읽기도 전에 바울에 설득되어 그의 요구에 순종했을 것입니다. 이 편지가 정경에 포함되었다는 사실이 빌레몬이 사도의 요청을 받아들였음을 암시합니다.

바울 사도가 당시 물건 취급을 받던 노예를 위해, 그것도 죄짓고 도망친 노예 하나의 용서를 위해 이렇게까지 간절히 빌레몬에게 간구했던 이유는 그가 전에는 무익한 자였으나 이제 유익한 자가 되었기 때문입니다(11절). 오네시모가 바울을 만나기 전에는 불신자였으나 바울을 만난 후 기독교인이 되었기 때문입니다. 예수 믿지 않는 사람은 지위 고하를 막론하고 하나님이 보시기에 무익한 자입니다. 하지만 예수 믿는 자는 그가 비록 천대받는 노예일지라도 유익한 자입니다. 천하보다 귀한 존재입니다. 빌레몬과 오네시모의 관계는 더 이상 노예를 물건 취급하는 주인과 인격 없는 노예의 관계가 아니라 예수 그리스도를 공통의 주님으로 모시는 형제 사이입니다. 그래서 바울은 오네시모를 자신의 '심장'이라고까지 칭했던 것입니다. 지체들에 대한 사랑과 용납하는 마음이 여러분의 심령 안에서도 이처럼 활활 타오르기를 주님의 이름으로 축원합니다.

제2부
일반서신

제14장
히브리서

배경과 지도

배경

히브리서의 수신자들은 유대인 그리스도인들로 이들은 동료 유대인들의 극심한 핍박에 직면해서 기독교 신앙의 순결성을 양보하고 유대교와의 타협 내지 유대교로의 회귀 유혹을 받고 있었습니다. 이러한 위기 상황에 처해 있는 수신자들에게 발신자는 기독교의 비교 우위를 주지시키며 여러 가지 경고(히 2:1-4; 3:7-4:12; 6:1-8; 10:26-31; 12:15-17, 25-29)와 격려(히 6:9-12; 10:35-36; 12:3; 13:13)의 말로 이 위기에서 벗어날 것을 권면하기 위해 히브리서를 기록하게 되었습니다.

지도

저자와 기록 연대가 불분명한 히브리서는 바울서신에 비해 편지 형식에 덜 충실합니다. 하지만 이 편지 또한 첫 장에 길 안내 지도를 제시하고 있습니다. 히브리서 전체를 이끌어 나가는 로드 맵은 '우월'입니다. 편지 발신자는 서두에서부터 이 주제를 분명히 합니다. "옛적에 선지자들을 통하여 여러 부분과 여러 모양으로 우리 조상들에게 말씀하신 하나님이 이 모든 날 마지막에는 아들을 통하여 우리에게 말씀하셨으니 이 아들을 만유의 상속자로 세우시고 또 그로 말미암아 모든 세계를 지으셨느니라. 이는 하나님의 영광의 광채시요 그 본체의 형상이시라. 그의 능력의 말씀으로 만물을 붙드시며 죄를 정결하게 하는 일을 하시고 높은 곳에 계신 지극히 크신 이의 우편에 앉으셨느니라"(히 1:1-3).

　　여기 보면 신원을 알 수 없는 히브리서 기자는 그리스도가 '만유의 상속자', '우주의 창조자', '하나님의 영광의 광채', '본체의 형상', '만물의 보존자', '죄의 정결자', '우편 재위자'이신 것을 지적하면서 구약 선지자들보다 우월하다는 사실을 7중으로 강조합니다.[109] 그리고 이어서 그는 첫 장에 예시한 이 '그리스도의 우월성'이라는 주제를 중심으로 편지 본론을 전개시켜 나가고 있습니다. 이를 좀 더 자세히 살펴보면, 1:4-2:18에서는 '천사보다 우월하신 그리스도'를, 3:1-4:13에서는 '모세보다 우월하신 그리스도'를, 4:14-10:18에서는 '아론보다 우월하신 대제사장 그리스도'를, 그리고 10:19-12:29에서는 '새롭고 산 길 되시는 예수 그리스도'를 언급합니다. 따라서 히브리서는 당시 그리스도인들이 여러 가지 이유로 다시 되돌아가려고 했던 유대교에 대해서 '기독교의 우월성'을 역설하는 편지라고 할 수 있습니다.

장별 제목 붙이기

히브리서는 총 13장으로 구성되어 있는데, 첫 장에서부터 그리스도의 우월성을 강조합니다. 저자는 두 장에 걸쳐 예수님은 천사보다 뛰어나신 분임을 역설합니다. 그래서 1장과 2장은 천사(**천사**보다 뛰어나신 예수님) 이렇게 두 글자로 기억하세요. 이 천사들이 '모세'가 '안식'에 들어갔다고 말합니다. 그래서 차례로 3장 모세(**모세**보다 뛰어나신 예수님), 4장 안식(**안식**에 대한 권면)입니다. 모세가 사라지자 형 '아론'이 그를 대신했는데 '초보'티가 팍팍 났습니다. 마치 갓 시집온 '새댁'같이. 그래서 순서대로 5장 아론(**아론**보다 뛰어나신 예수님), 6장 초보(**초보**를 벗어나라는 권면), 7장 세덱(멜기**세덱** 계열을 따른 대제사장)입니다. 여기 1-7장은 히브리서의 전반부로 '대제사장' 주제를 다룹니다. 새댁이 '언약'을 맺고 '제사'를 2번 드렸습니다. 그래서 차례로 8장 언약(두 **언약**), 9장 제사(단번에 드려진 희생 **제사**), 10장 제사(희생 **제사** 요약)입니다. 이렇게 거듭 제사를 지내자 그녀의 마음속에 '믿음'이 생겨서 '인내'하며 하나님께 나아가 '예배'를 드렸습니다. 그래서 순서대로 11장 믿음(**믿음**의 영웅들), 12장 인내(징계에 수반되는 **인내**), 13장 예배(참된 **예배**)입니다. 여기 8-13장은 히브리서의 후반부로 '희생 제사' 주제를 다룹니다.

<히브리서 각 장 제목 두 글자 도표>

1장	2장	3장	4장	5장	6장	7장
천사(신성)	천사(인성)	모세	안식	아론	초보	세덱
8장	9장	10장	11장	12장	13장	
언약	제사(단번)	제사(요약)	믿음	인내	예배	

1장 천사

(신성 면에서 천사보다 뛰어나신 그리스도)

히브리서 기자는 그레코-로만 편지의 전형적인 도입부인 발신인, 수신인, 문안인사를 제공하지 않고 바로 신학적인 선언으로 들어갑니다. 그는 1장부터 그리스도의 뛰어나심에 대해 말하고 있는데, 먼저 구약의 선지자들보다 더 뛰어나심을 말하고 있습니다. 계시의 주체는 하나님이십니다. 그리고 그 계시를 전달하는 도구인 수많은 선지자가 나타났다 사라졌는데, 최종적 계시를 전달하는 선지자가 바로 예수 그리스도이십니다(1-3절).

편지 서두에서 저자가 그리스도와 선지자를 간략하게 비교했다면, 이제 그는 그리스도와 천사를 장황하게 비교합니다. 본 장에서 히브리서 기자는 그리스도가 6가지 면에서 천사보다 우월하다고 역설합니다. 혹자는 왜 뜬금없이 천사와 예수님을 비교하는가 의아해할 것입니다. 천사는 성경 여러 곳에서 상당히 중요한 임무를 수행합니다. 하나님의 메시지를 전달하기도 하고 범죄한 인간을 심판하기도 합니다. 하나님의 백성을 보호하기도 하고 이스라엘의 대적과 싸우기도 합니다. 율법을 가리켜서 천사가 전한 율법이라고도 합니다. 그러므로 천사를 숭배하는 풍조가 생길 개연성이 있었습니다.[110] 그래서 저자는 구약을 예로 들어서 조목조목 그리스도가 천사보다 비교 우위에 있다고 설명합니다. 첫째, 이름 면에서 그리스도는 천사보다 우월하십니다. 하나님께서는 아들이라는 이름을 그리스도에게만 주셨습니다. 천사에게는 단지 전달자(messenger)라는 이름이 주어졌을 뿐입니다(4-5절). 둘째, 위엄 면에서 그리스도는 천사보다 우월하십니다. 천사는 경배하는 자이지만 그리스도는 천사들의 경배를 받으시는 분입니다(6절). 셋째, 본성 면에서 그리스도는 천사보다 우월하십니다. 천사들이 그리스도를 경배하는 것은 그리스도가 천사들과는 전적으로 다르고 또 훨씬 뛰어난 본성을 지니셨기 때문입니다(7-8절). 넷째, 모범 면에서 그리스도는 천사보다 우월하십니다. 천사들은 인간이 겪는 유혹이라는 냉혹한 위험에 노출된 적이 없습니다. 쓸쓸한 광야의 고독한 순간에 다정한 친구처럼 접근해 오는 악한 자의 음흉한 음성에 대해 전혀 아는 바가 없습니다. 하지만 인간의 몸을 입고 오신 그리스도는 이 모든 것을 너무도 잘 아십니다. 그는 첫 사람 아담처럼 마귀의 꼬임에 넘어가 하나님께 불순종하고 죄의 나락에 떨어지지 않으셨습니다. 흠 없는 삶을 통해 의의 자질을 몸소 보여주셨으며 십자가에 달려 죽기까지 순종하는 본을 보여주셨습니다(9절). 다섯째, 사역 면에서 그리스도는 천사보다 우월하십니다. 천사들은 피조물에 지나지 않습니다. 그들은 하나님의 목적을 위해 만들어졌습니다. 하지만 그리스도는 피조물이 아니십니다. 그분은 창조의 사역에서 하나님이 정하신 대행자이십니다. 그분을 통해 하나님은 세상을 지으셨습니다(10-12절). 여섯째, 성취 면에서 그리스도는 천사보다 우월하십니다. 그리스도는 사역을 마무리하고 하나님 우편에 앉으셨지만, 제아무리 하나님의 심부름을 부지런히 행할지라도 하나님의 우편에 앉으라고 초청받은 천사는 없기 때문입니다(13절).[111]

이 첫 장에서 특히 눈에 띄는 것은 빈번한 구약 인용입니다. 그리스도가 천상적 존재로서 높은 지위에 있는 천사보다 탁월하신 분이라는 사실을 입증하기 위해 저자는 무려 7번이나 구약을 인용합니다. 그런데 구약 인용구 7개 중에서 5개가 그리스도에게 돌려집니다(5절 상, 시 2:7 인용; 5절 하, 삼하 7:14 인용; 8-9절, 시 45:6-7 인용; 10-12절, 시 102:25-27 인용; 13절, 시 110:1 인용). 그리고 하나는 그리스도와 천사의 관계를 설명하며(6절, 시 97:7 인용), 또 하나는 천사에게 돌려집니다(7절, 시 104:4 인용). 저자는 구약 인용구를 이렇게 그리스도에게 집중시킴으로 그가 천사보다 뛰어난 존재라는 점을 부각합니다.

　이를 좀 더 자세히 들여다보면, 첫 세 개의 인용구(5-6절)는 하나님이 낳은 아들인 그리스도와 그를 경배하는 천사들을, 또 다른 세 개의 인용구(7-12절)는 그리스도의 신적 지위와 그 신적 지위하에 있는 천사들을, 그리고 마지막 인용구(13-14절)는 하나님 우편에 앉아 통치하시는 그리스도와 그를 섬기는 천사들을 대조시킵니다.[112] 그리하여 그리스도가 천사보다 훨씬 높은 지위를 지닌 분임을 수신자들에게 입증시킵니다. 특히, 세 번째 인용구(6절)와 여섯 번째 인용구(10-12절)는 구약의 원문맥에서 그리스도가 아닌 하나님께 돌려진 찬양인데, 이 인용구가 여기 히브리서에서는 그리스도에게 적용되고 있습니다. 그래서 저자는 그리스도는 하나님과 동등하신 신성을 지닌 분, 즉 고(高)기독론을 담대하게 펼칩니다. 천사는 제아무리 높은 위치에 있는 존재라고 할지라도 그리스도에 비하면 조족지혈(鳥足之血)에 불과합니다. 비교 자체가 무엄한 것입니다.

2장 천사

(인성 면에서 **천사보다 뛰어나신** 그리스도)

전 장과 본 장은 공히 천사보다 뛰어나신 그리스도의 이슈를 다룬다는 점에서 서로 연결되어 있습니다. 하지만 1장은 그리스도의 신적 본성과 권위를 기술함으로써 천상적 존재인 천사보다 뛰어나심을 부각한 데 반해, 2장은 그리스도의 완전한 인간으로서의 본성과 체험을 기술함으로써 천사보다 뛰어나심을 부각합니다.

먼저 히브리서 기자는 우리가 천사보다 월등히 뛰어나신 하나님의 아들을 믿고 있으니 우리가 받은 구원을 등한히 여기지 말라고 권면합니다(1-4절). 그리고 이어서 또다시 구약을 인용하여 천사보다 우월하신 그리스도가 비하와 승귀를 통해 인간을 위한 구원의 창시자가 되셨음을 설명해 줍니다. 저자는 시편 8:4-6을 인용하고 그것에 대한 해석을 제시합니다. 이 시는 본래 우주의 주권자이신 하나님을 찬양하는 가운데 그분께서 사람에게 만물을 다스리는 권한을 주셨으며 따라서 사람은 하나님보다 조금 못하다는 사실을 선언합니다. "사람이 무엇이기에 주께서 그를 생각하시며 인자가 무엇이기에 주께서 그를 돌보시나이까? 그를 잠시 동안 천사보다 못하게 하시며 영광과 존귀로 관을 씌우시며 만물을 그 발아래에 복종하게 하셨느니라"(6-8절 상). 여기 '사람'과 '인자(人子)'는 원래 시편 8편에서는 '인간'을 지칭합니다. 하지만 히브리서 저자는 이를 기독론적으로 접근합니다. 그는 이 '사람과 인자'를 예수님에게 적용시킵니다(9절 상). 그래서 예수님의 성육신과 고난과 죽음을 '그를 잠시 동안 천사보다 못하게 하시며'라는 구절과, 그리고 예수님의 부활과 승천을 '영광과 존귀로 관을 씌우시며'라는 구절과 연결시킵니다. 예수님께서는 이처럼 낮아지심을 통해 높아지셨습니다. 그런데 이러한 영광은 자신만을 위한 것이 아니라 "모든 사람을 위한" 것입니다(9절 하). 그리스도의 고난은 많은 그리스도인을 영광으로 이끄는 데 꼭 필요한 것이었습니다(10절).

　　이어지는 단락에서는 앞 단락에서 말한 그리스도의 고난이라는 주제를 좀 더 발전시켜 나갑니다. 특히, 여기서 저자는 예수님을 자신의 신적 지위에도 불구하고 인간과 동일하게 되셔서 우리 인간을 공감해 주고 도와주는 자비롭고 신실하신 대제사장이라고 부릅니다(17절). 제사장은 늘 손에 피를 묻히는 사람입니다. 손은 물론이고 옷이며 얼굴에도 피가 묻어있습니다. 이런 노상 피 냄새 맡는 일을 좋아할 사람은 사이코패스 외에 없습니다. 자기 죄 때문에 이런 일을 해도 얼굴이 찌푸려질 것입니다. 하물며 다른 사람의 죄 때문에 그런 일을 한다면 오죽하겠습니까? 이런 3D 업종보다 더 한 일을 마다하지 않기 위해서 필요한 것은 그 사람에 대해 불쌍히 여기는 마음입니다. 행여 하나님의 자비를 덧입지 못하는 사람이 있지나 않을까 늘 노심초사해야 합니다. 그래서 예수님이 자비한 대제사장이 되셨습니다. 사람들은 악한 마귀의 종이 되어서 사탄이 아주 좋아하는 일, 곧 죄짓는 일에 신실하지만, 우리 예수님은 하나님의 종이 되어 하나님이 원하시는 일, 즉 백성의 죄를 속량하는 일에 신실하십니다.

　　본 장을 마무리하면서 저자는 그리스도가 천사보다 우월한 이유를 밝힙니다. "그가 시험을 받아 고난을 당하셨은즉 시험받는 자들을 능히 도우실 수 있느니라"(18절). 그리스도께서는 하늘 보좌를 버리고 성육신 해서 인간이 되셨습니다. 그리고 우리와 똑같은 삶을 사셨습니다. 그렇기에 근본 하나님의 능력으로 우리 처지를 아는 것이 아니라 몸소 체휼해서 아는 것입니다. 그러므로 그리스도는 고난당하는 우리 인간을 능히 도울 수 있습니다. 반면에 천사들은 천상적인 존재인에도 불구하고 인간을 도와줄 수 없습니다. 그들은 인간의 고난과 시험을 직접 경험해본 적이 없기 때문입니다. 이처럼 낮아짐의 기독론도 결국 예수님이 천사들보다 뛰어나심을 입증해 줍니다. 그러므로 고난당하는 자를 향하여 그 고난을 누구보다도 잘 이해하시는 우리 예수님께서 도움의 손길을 내밀고 있기 때문에, 성도들은 고난을 두려워할 것이 아니라 그분의 손길을 붙들고 당당히 헤쳐나가야 할 것입니다.[113]

3장 모세

(모세보다 뛰어나신 그리스도)

전 장을 마무리하며 히브리서 저자는 예수님을 자비롭고 신실하신 대제사장이라고 지칭했습니다(히 2:17). 그리고 본 장을 시작하면서 이 대제사장의 주제를 다시 거론합니다. "그러므로 함께 하늘의 부르심을 받은 거룩한 형제들아 우리가 믿는 도리의 사도이시며 대제사장이신 예수를 깊이 생각하라"(1절). 신약성경에서 예수님을 '사도'라고 칭한 곳은 본 절이 유일한데, 이는 성

육신과 함께 이 땅에서 수행해야 할 주님의 임무를 반영한 것입니다. 히브리서에서 예수님께서 하나님으로부터 보냄을 받은 임무는 대제사장으로서 인간과 하나님 사이를 중보하는 일입니다. 주님은 이 사역을 출애굽의 영웅 모세처럼 신실하게 감당하셨습니다(2절).

본 단락에서 편지 저자는 신구약의 두 대제사장, 즉 예수님과 모세 사이를 비교합니다. 우리가 잘 알다시피 이스라엘의 대제사장은 아론입니다. 직함과 직임에 관하여 이스라엘의 대제사장은 이 아론이었으나, 출애굽 당시 하나님과 그분의 백성 사이에서 실질적인 중재자, 즉 대제사장의 역할을 감당했던 사람은 레위 지파 출신이었던(출 2:1-10) 모세였습니다. 아론이 관련되었던 금송아지 우상 숭배 사건 후 범죄한 이스라엘 백성의 죄에 대한 용서를 하나님께 간구한 사람은 아론이 아니라 모세였습니다.

예수님과 모세 둘 다 대제사장으로서 맡은 책무에 충성을 다했다는 공통점이 있지만, 이들 간에는 근본적인 차이점이 있습니다. 먼저, 모세는 집에 속한 자이고, 주님은 집을 지은 분이십니다(3절). 여기 '집'은 '만물'을 지칭하는데, 이는 모세는 피조물이지만, 예수님은 창조주라는 말입니다(4절). 이러한 둘 사이의 관계는 그들의 사역의 비교를 위한 발판을 제공하는데, 모세가 하나님의 온 집의 사환으로서 충성했다면, 그리스도는 그분의 집 맡은 아들로서 충성을 다했습니다(5-6절).

저자는 이렇게 모세보다 우월하신 그리스도를 설명합니다. 그러나 그는 예수님을 높임으로써 모세를 낮추려는 의도로 둘을 비교한 것이 아닙니다. 예수님과는 비교할 수 없는 존재이지만 모세 또한 충성스러웠습니다. 하지만 모세를 따르던 이스라엘 사람들의 대부분은 충성스럽지 못했습니다. 그래서 출애굽 1세대는 안타깝게도 여호수아와 갈렙을 제외하고 모두 약속의 땅인 가나안에 들어가지 못했습니다.

　본 장을 마무리하면서 저자는 독자들이 가나안 땅에 들어가서 안식하기 위한 조건 세 가지를 제시합니다. 첫째, 오늘 지금 이 자리에서 회개하고 변화되어야 합니다. 본문에서 저자가 "오늘"이라는 단어를 두 번 반복하고 있다는 사실을 우리는 주목할 필요가 있습니다(13, 15절). 신앙은 과거도 아니고 미래도 아니고 오늘의 문제입니다. 우리가 과거에 신비 체험이나 은사 체험을 얼마나 많이 했는지보다 오늘 무엇을 체험하면서 사는지가 중요합니다. 왕년에 신앙생활 잘한 것을 자랑할 필요 없습니다. 메뚜기도 한철이 있기 때문입니다. 오늘 주님께서 여러분 마음에 계십니까? 오늘 주님이 여러분에게 말씀하고 계십니까? 지금 여러분은 하나님과 인격적인 교제를 하고 있습니까? 오늘 바로 이 자리에서 회개하고 변화받고 새사람이 되는 것이 가나안에 들어가는 첫 번째 조건입니다.

　둘째, 가나안에 들어가기 위해서는 서로 권면해야 합니다. 13절의 "매일 피차 권면하라"는 말은 매일 서로 용기를 주면서 격려하고 서로 도와주라는 말입니다. 마음이 완악해지지 않도록, 믿음 없는 악심을 품지 않도록 우리는 피차 권면해야 합니다. 믿음이 연약한 형제를 붙들어 주고, 실의에 빠진 자매를 위로해야 합니다. 겸손하고 온유한 심령으로 권면해야 합니다. 그럴 때 젖과 꿀이 흐르는 가나안에 사이좋게 들어갈 수 있게 됩니다.

　셋째, 가나안에 들어가려면 "우리가 시작할 때에 확신한 것을 끝까지 견고히 붙잡아야" 합니다(14절). 누구든지 시작은 잘합니다. 그러나 끝까지 가는 것은 쉽지 않습니다. 좁은 문으로 들어간다고 끝이 아닙니다. 좁은 길이 있습니다. 그 험한 길을 끝까지 걸어가는 것은 결코 녹록하지 않습니다. 폭풍이 불고, 어둠이 오고, 시험이 오고, 유혹이 올 것입니다. 하지만 도중에 포기하면 안 됩니다. 포기하지 않고 끝까지 갈 때, 그때 비로소 그리스도와 함께 참예한 자가 되어 가나안에 들어가게 됩니다. 구원이 완성됩니다.[114]

4장 안식

(안식에 대한 권면)

전 장에서 저자는 예수님이 모세보다 탁월하신 분이라는 얘기와 모세를 거역한 출애굽 1세대가 가나안에 들어가지 못한 얘기를 했습니다. 모세를 거역한 이스라엘은 안타깝게도 안식을 얻지 못하였는데, 본 장에서는 다시 이 안식 얘기를 꺼냅니다. 저자는 본 서신 각 단락의 처음과 끝에 같은 단어나 문장을 써서 주제를 부각하는 수미쌍관 기법(inclusio)을 자주 사용하는데(히 1:5-14; 2:5-16; 3:12-19), 여기 4장에서도 이 기법을 쓰고 있습니다. "그러므로 우리는 두려워할지니 그의 안식에 들어갈 약속이 남아 있을지라도 너희 중에는 혹 이르지 못할 자가 있을까 함이라"(1절). "그러므로 우리가 저 안식에 들어가기를 힘쓸지니 이는 누구든지 저 순종하지 아니하는 본에 빠지지 않게 하려 함이라"(11절). 이 비슷한 두 구절을 단락의 처음과 끝에 삽입함으로써 편지 발신자는 수신자들에게 안식에 들어가기를 힘쓰라고 촉구합니다.

　　본 단락에서는 세 개의 안식 개념이 등장하는데, 첫째, 창조 때의 안식입니다(4절. 참고, 창 2:2). 이는 하나님의 안식으로 하나님께서 6일간 천지를 창조하시고 7일째 되는 날 쉬신 것을 말합니다. 이것은 무활동을 의미하는 것이 아니라 창조가 완결되었기 때문에 쉬는 것입니다. 다시 말해서, 하나님의 안식은 전(全) 창조 사역의 완성을 함의합니다. 일곱째 날 하나님의 안식은 이후에 도입될 모든 안식 개념들의 근원이자 원형으로 이 안식 안에 모든 피조물의 안식이 예견되어 있습니다. 둘째, 가나안 땅에서의 이스라엘 백성의 안식입니다. 이는 하나님의 안식이 궁극적으로 내다보는 종말론적 안식의 모형이며(8절), 그 실체는 그리스도의 사역으로 말미암아 성취된 종말론적 안식입니다(3, 10절). 셋째, 오늘날 우리 그리스도인의 안식입니다. 그리스도인들은 그리스도의 사역으로 말미암아 이미 안식에 들어가 있는 자들입니다. 그러나 아직 궁극적 안식에는 이르지 못하였습니다(1, 9절). 그래서 완성될 안식을 향해 순례의 길을 가고 있는 자들이 우리 그리스도인들입니다.[115]

　　출애굽 1세대는 불신앙과 불순종으로 인해 안식에 들어가는 데 실패했습니다. 그러므로 이 편지 수신자들 또한 이들과 같은 반응을 보인다면 같은 결론에 도달할 것입니다. 새 출애굽 세대인 우리 그리스도인들은 약속의 땅 가나안을 눈앞에서 바라만 보고 메뚜기처럼 널브러져서 최후를 맞이했던 출애굽 세대의 전철을 밟아서는 안 될 것입니다. 여호수아와 갈렙처럼 불신앙이 아닌 신앙으로, 불순종이 아닌 순종으로 나아감으로써 꿈에도 그리던 약속의 땅 가나안(천국)에 단 한 명 낙오 없이 모두 들어가서 하나님 품에서 안식해야 할 것입니다.

5장 아론

(아론보다 뛰어나신 그리스도)

전 장 말미에서 편지 저자는 예수님을 인간의 연약함을 동정하여 동일한 시험을 받은 자비로우신 대제사장으로 묘사했습니다(히 4:14-16). 그리고 본 장에서도 이 대제사장 주제를 끌고 옵니다.

대제사장은 유대력으로 7월 10일 속죄일에 이스라엘의 모든 죄를 하나님께 사함 받는 제사를 지냅니다. 대제사장이 속죄일 제사를 마치고 길을 나서면 뭇 백성이 그를 따랐습니다. 대제사장은 그만큼 선망의 대상이었습니다. 머리에 '여호와께 성결'이라는 글씨가 선명한 관을 쓰고, 몸에 이스라엘 열두 지파를 상징하는 열두 보석이 있는 에봇을 입은 대제사장은 신령한 분위기를 물씬 풍겼습니다. 그런 대제사장의 존재가 유대교의 위상을 한껏 끌어올려 주었을 것입니다. 그래서 유대인들은 개종한 기독교인들에게 이런 대제사장이 있는 우리 유대교가 얼마나 탁월한 종교이고 그렇지 않은 너희 기독교가 얼마나 어설픈 종교인지 깨닫고 이제 그만 유대교로 돌아오라고 미혹했을 것입니다.[116] 이런 연유에서 히브리서 저자는 대제사장으로서의 그리스도를 언급하는 것입니다.

본 장 또한 앞 장과 마찬가지로 문단의 처음(1절)과 마지막(10절)에 "대제사장"이라는 동일한 어휘를 반복함으로써 핵심 화두를 암시합니다. 본 단락은 둘로 되어있는데, 전반부(1-4절)에서는 아론 계열 제사장직의 자격 요건을 다루고, 후반부(5-10절)에서는 예수님께서 어떻게 이러한 자격 요건을 구비했는지를 설명합니다.

아론 계통의 대제사장이 되기 위해서는 두 가지 자격을 충족해야 했습니다. 첫째로, 대제사장은 그 자신이 대신할 백성들보다 도덕적으로 정결하다고 할지라도 자신도 죄에서 자유로울 수 없는 연약한 인간임을 인식하고 그들의 연약함을 충분히 공감할 수 있어야 했습니다(1-3절). 둘째로, 대제사장이 직무를 감당하기 위해서는 신적 임명이 필요했습니다(4절). 대제사장의 직무는 사람이 아닌 하나님의 소명에 의거했습니다. 이를 신약적 관점에서 말하면 목회자 사역의 원천은 목회자의 자질이나 능력에 앞서 그에 대한 하나님의 신적 소명에 있다는 것을 시사합니다.[117]

그리스도 또한 이 두 가지 대제사장의 자격 요건을 갖추셨습니다. 하지만 예수님의 공감 능력과 구약 시대 대제사장들의 공감 능력 사이에는 현저한 차이가 있었습니다. 첫째, 주님은 사람이 받는 시험을 모든 면에서 매우 같은 모습으로 받으시기는 했지만 죄는 없는 분으로 입증된 데 반해, 구약 시대 대제사장들은 사람의 연약함을 공유하되 죄로부터 자유롭지 못하여 자신들을 위해 속죄제를 드려야 했습니다(참고, 3절). 둘째, 아론 계통의 대제사장들의 공감은 상대방의 실수에 대해 자신의 분노의 감정을 누그러뜨리고 이해하는 정도의 소극적 공감이었다면, 예수님의 공감은 도움을 얻지 못하는 연약한 자들에게 도움을 주는 적극적인 공감으로 이는 단순히 동정하는 공감 수준을 훨씬 뛰어넘는 것이었습니다.

게다가, 살렘의 왕이며 하나님의 제사장인 멜기세덱(창 14:18)의 뒤를 잇는 대제사장으로 임명되었다는 점에서 예수님은 아론과는 비교될 수 없는 독특성과 탁월성을 지니고 있었습니다. 아론 계열의 제사장들은 단지 제사장의 직분만 수행하지만, 왕직과 제사장직을 겸비한 멜기세덱의 계열을 잇는 우리 예수님은 왕직과 제사장직을 동시에 수행하십니다. 게다가, 선지자직까지도 감당하십니다. 이렇게 멀티플레이어로 종횡무진 활약하는 예수님은 인간 제사장들과는 결코 견줄 수 없는 분이십니다.

6장 초보

(초보를 벗어나라는 권면)

앞 장에서 저자는 독자들에게 멜기세덱 이슈를 살짝 꺼냈습니다(히 5:10). 그런데 독자들이 이 주제를 받아들이기에는 아직 영적으로 초보 단계에 머물러 있었습니다. 그들은 신앙 연륜이 꽤 된 자들로 지금쯤 다른 이들을 가르치는 선생이 되어있어야 마땅하나 선생은 고사하고 영적으로 유치원생 수준에 있었습니다. 단단한 음식이 아닌 젖을 필요로 하는 갓난아이의 상태였습니다 (히 5:11-14). 7장에서 다룰 멜기세덱 반차를 따른 대제사장과 같은 난해한 주제를 이해하기에는 턱없이 부족한 자들이었습니다. 이런 미숙아들에게 저자는 처방전을 제시합니다. 먼저 그리스도에 대한 초보적인 가르침을 떠나라고 명령합니다(1절). 이들이 버려야 할 그리스도의 도의 초보는 여섯 가지로 둘씩 짝을 이룹니다. 첫 번째 묶음은 '죽은 행실의 회개'와 '하나님에 대한 신앙'입니다. 본문의 '죽은 행실'이란 하나님과의 관계를 단절시키는 악한 행실을 말하는데, 신자라면 당연히 이러한 악행으로부터 돌이켜야 합니다. 하지만 죽은 행실을 버리는 것은 단지 소극적인 행동에 불과합니다. 한 걸음 더 나아가 하나님을 믿는 적극적인 행위가 수반되어야 합니다. 이처럼 회개와 믿음은 동전의 양면입니다. 두 번째 묶음은 '씻음들'과 '안수'입니다. 여기 씻는 것들은 세례를 지칭합니다. 그리고 안수하는 것은 성령을 받는다는 개념을 가리키는 것으로 보입니다. 따라서 이 두 경우는 그리스도인의 삶이 시작될 때에 공히 일어나는 것들입니다. 마지막 한 묶음은 '죽은 자의 부활'과 '영원한 심판'입니다. 죽은 자의 부활은 최후의 날에 일어날 육체의 부활을 가리킵니다. 그리고 영원한 심판은 최후의 날에 이루어질 최후의 심판을 가리킵니다. 지금쯤이면 독자들에게 이런 가르침을 상세히 설명하고 변호할 필요가 없어야 했습니다. 이것들은 그들이 가진 믿음의 견고한 토대의 일부가 되어있어야 했기 때문입니다.[118]

저자는 수신자들에게 이런 초보 단계에만 머물지 말고 완전한 데로 나아갈 것을 주문합니다(2절). 그리고 이어서 하나님께서 허락하시면 그들이 영적으로 장성한 자가 될 것이라고 말합니다(3절). 장성함 혹은 완전함은 한순간에 후다닥 이루어지는 것이 아닙니다. 이는 지속적인 영적 훈련의 과정을 통해 도달할 수 있습니다. 이를 위해서는 두 가지가 필요한데, 하나는 장성하고자 하는 인간의 열망과 부단한 노력입니다. 또 하나는 하나님의 주권입니다. 하나님께서 은혜를 부어주셔야지 신앙의 초보 상태를 벗어나 영적으로 성숙한 자가 될 수 있는 것입니다.

이어지는 단락에서 저자는 신앙의 초보 상태에서 벗어나 장성한 자로 나아가라는 자신의 처방전대로 실행하지 않으면 그들이 신앙 공동체에서 완전히 떨어져 나가 배교할 수도 있음을 엄히 경고합니다(4-8절).

한번 해병은 영원한 해병이듯, 한번 구원은 영원한 구원이라고 우리는 구원의 안전성을 부르짖곤 합니다. 맞습니다. 구원의 안전성은 신실하신 예수님께서 제자들에게 확증하신 명확한 진리입니다(참고, 요 10:27-29; 롬 8:29-30 등). 하지만 이 진리를 빙자해서 나는 예수님을 믿으니 천국행 티켓은 떼 놓은 당상이라고 생각하며 영적 나태함에 빠진 자들은 저자의 이 배교의 위험성에 대한 경고를 새겨들어야 할 것입니다.

다음 단락에서는 분위기가 경고에서 격려로 바뀝니다. 저자는 9절에서 "사랑하는 자들아"라고 독자들을 다정하게 부르며 분위기를 전환합니다. 여기 "사랑하는 자들"이라는 말은 히브리서에 딱 한 번 나옵니다. 무섭고 엄격한 경고 뒤에 가장 사랑스러운 말이 나왔습니다. 무슨 뜻입니까? 내가 너를 사랑하지 않으면 너에게 그처럼 엄격한 말을 하지 않는다는 말입니다. 황금의 입이라는 닉네임을 지닌 요한 크리소스토무스(John Chrysostom)은 "너희가 실수하여 벌을 받고 슬퍼하는 것보다 차라리 나의 무서운 경고의 말을 듣는 것이 낫다"고 했습니다. 매 맞는 것이 낫습니까? 무서운 경고를 듣는 것이 낫습니까? 무서운 경고를 듣고 회개하는 것이 골백번 낫습니다.[119]

저자는 하나님이 의로우신 분이라고 말합니다(10절 상). 왜 잘 가다가 뜬금없이 공포 분위기를 조성하는 걸까요? 이는 수신자들을 겁주려고 하는 말이 아니라 격려하려고 하는 말입니다. 만일 하나님의 공의가 인간의 배교를 간과하지 않는다면 같은 공의가 인간의 헌신된 봉사를 간과하지 않을 것이라는 말입니다. 이들은 한편에서는 신앙의 초보를 벗어나지 못하고 배교하여 떨어져 나갔지만, 다른 한편에서는 풍성한 사랑으로 동료 신자들을 섬겼습니다(10절 하). 하나님은 꼰대처럼 잘못한 부분만 들입다 지적하시는 분이 아닙니다. 오히려 잘한 부분이 하나라도 눈에 띄면 그것을 부각해서 칭찬으로 고래를 춤추게 하시는 분입니다. 하나님은 우리가 선한 말과 행위로 형제자매 섬기는 것을 누구보다도 잘 알고 계십니다. 그래서 우리에게 이런 사랑의 권면을 하시는 것입니다. 성장하라고, 어린아이의 신앙에서 탈피하라고, 무서운 배도의 길에 들어서지 말라고 권면하고 계신 것입니다.

7장 세덱

(멜기세덱 계열을 따른 대제사장)

살렘 왕

5장에서 도입되었다가 권면 단락에 묻혀 퇴색되었던 멜기세덱의 반차를 좇은 대제사장 주제가 이제 본 장에서 본격적으로 다루어집니다. 여기서 저자는 멜기세덱은 레위 계열의 제사장들보다 뛰어나다(1-10절), 그런데 예수님은 멜기세덱 계열을 따라 대제사장으로 임명되었다(11-19절), 따라서 예수님은 레위 계열의 제사장들보다 뛰어나다(20-28절), 이렇게 삼단논법을 통해 논지를 전개해 나갑니다.

이제 한 단락씩 살펴보겠습니다. 각 단락은 수미쌍관 기법을 도입하고 있는데, 첫 단락의 경우 시작(1절)과 끝(10절)에 "멜기세덱이 아브라함을 만났다"는 동일한 구절을 사용하고 있습니다. 이를 통해 저자는 멜기세덱이 레위적 제사장들보다 우월하다는 점을 지적합니다. 아브라함이 떡과 포도주를 가지고 나온 멜기세덱에게 경의를 표한 것은 멜기세덱이 레위 지파의 조상인 아브라함보다 우월함을 보여주며, 따라서 그는 레위적 제사장들보다 우월합니다(4-10절). 멜기세덱이 레위적 제사장들보다 또 하나 뛰어난 점은 그가 유한한 레위적 제사장들에 비해 영원한 제사장이라는 점입니다(3절). 저자는 멜기세덱의 출생과 죽음에 대해 침묵하고 있는데, 이는 그가 출생하지도 않고 사망하지도 않은 실존하지 않은 인물이라는 뜻이 아니라 멜기세덱을 영원한 제사장이신 하나님의 아들의 모형으로 특징짓기 위한 표현입니다. 하지만 실제로 영원 전부터 영원까지 존재하시는 영원한 제사장은 멜기세덱이 아니라 예수님이십니다. 모형(멜기세덱)이 원형(예수님)을 규정하는 것이 아니라 원형이 모형을 규정하기 때문입니다.

둘째 단락 또한 수미쌍관 기법을 사용합니다. 이번에는 완전(헬. '텔레이오시스') 개념으로[120] 단락의 앞(11절)과 뒤(19절)를 감쌉니다. 앞 단락에서 저자는 레위적 제사장직에 대한 멜기세덱의 우월성을 입증했습니다. 그리고 이 단락에서는 레위적 제사장직의 한계를 입증합니다. 그리고 그보다 우월한 제사장의 필요성을 지적합니다. 하나님이 제사장직을 세운 목적은 완전함을 제공하기 위함이었습니다. 그런데 레위적 제사장직은 그 완전함을 제공하지 못했습니다. 이는 레위적 제사장직 자체가 결격사유가 있기 때문은 아니었습니다. 그들이 드리는 제사는 실체의 성취를 내다보는 그림자였기 때문이었습니다. 그런데 이제 실체인 멜기세덱 계열을 따른 대제사장 예수 그리스도가 오셔서 그 완전함을 이루시게 되었습니다. 그 결과 우리 성도들은 하나님께 나아갈 완전함에 이르게 되었습니다.

마지막 단락도 수미쌍관 기법이 도입되는데, 첫 절(20절)과 끝 절(28절)을 공히 '맹세'라는 단어로 감쌈으로 '맹세'를 강조합니다. 여기서도 앞 단락들처럼 둘 사이에 대조가 두드러지는데, 레위적 제사장직의 법적 근거가 모세 율법이라면 예수님의 제사장직은 하나님의 맹세라는 것입니다(20-21절). 시편 110:4에 "여호와는 맹세하고 변하지 아니하시리라. 이르시기를 너는 멜기세덱의 서열을 따라 영원한 제사장이라 하셨도다"라고 했는데, 이 시편에서 맹세하신 하나님의 약속 위에 예수님의 대제사장직이 세워진 것입니다. 이 약속은 아론 계열이 아닌 멜기세덱 계열에서 영원한 대제사장이 나올 것을 내다보고 있습니다.

예수님의 대제사장직의 영속성은 이미 앞에서 강조되었습니다(참고, 3절). 이제 여기서는 이 영속성이 아론적 대제사장직과 예수님의 제사장직 사이의 차이를 강조하는 데 사용됩니다. 둘 사이는 '많음'과 '하나'의 대조를 이루는데, 이는 생명의 '유한성'과 '영원성'의 대조를 이끌어냅니다. 레위적 제사장의 수가 많은 것은 생명의 유한성 때문입니다. 하지만 예수님은 영원히 살아계셔서 다른 이에 의해 계승될 필요가 없기에 한 분으로 족합니다(23-25절).

본 장을 마무리하면서 저자는 완전하신 예수님과 약점이 있는 제사장들 사이의 차이를 더욱 부각합니다. 첫째, 다른 제사장들은 먼저 자기를 위해 제사를 드려야 했습니다. 하지만 주님은 죄가 없으시기에 자신을 위해 제사를 드릴 필요가 없으셨습니다(27절 상). 둘째, 다른 제사장들은 날마다 제사를 드려야 했습니다. 반면에 예수님께서는 십자가상에서 단번에 속죄의 제사를 드리셨습니다. 따라서 더 이상 제사를 반복하실 필요가 없습니다(27절 하). 셋째, 레위적 제사장들은 율법에 기초해서 세워졌으나 우리 예수님은 맹세의 말씀에 기초하여 제사장으로 세워지셨습니다(28절 상). 넷째, 레위적 제사장들은 일반 사람들인 반면에 예수님은 사람이 아닌 영원히 완전한 하나님의 아들이십니다(28절 하).

8장 언약

(두 언약)

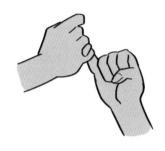

7장까지 편지 전반부에서 저자는 대제사
장 주제를 다루었습니다. 그리고 이제 그
는 후반부에서 제사장 본연의 업무인 희
생 제사 주제를 거론합니다. 전 장을 마
무리하면서 저자는 희생 제사 주제를 독
자들에게 짤막하게 소개했습니다(히 7:27-
28). 그리고 이제 8장부터 10장까지 세 장이나 이 주제에 할애합니다. 여
기 8장에서는 앞으로 본격적으로 전개될 희생 제사 논의의 환경을 제공
합니다.

앞에서 그리스도의 대제사장직의 우월성을 논증했던 저자는 본 장
에서 성소와 언약의 주제를 그의 대제사장직과 연관 지어 전개합니다.
첫 단락(1-6절)에서 그는 희생 제사가 드려지는 장소, 즉 하늘과 지상의
장막 사이를 서로 대조시킵니다. 승귀하신 예수 그리스도의 희생 제사
는 하늘 장막, 즉 하늘의 성소와 지성소에서 드려집니다(1-2절). 이에 반
해 레위적 제사장들의 희생 제사는 땅의 성소와 지성소에서 드려졌습
니다. 모세가 세운 장막은 그리스도가 사역을 행하시는 하늘 성소에 비
해 열등합니다. 레위적 제사장들이 섬기는 성소는 하늘에 있는 성소의
모형과 그림자였기 때문입니다(5절).

둘째 단락(7-13절)은 희생 제사의 기반인 '언약'을 다룹니다. 본 단락
에서 저자는 구약의 희생 제사를 기초로 했던 옛 언약이 예수님의 희생
제사를 그 기초로 하고 있는 새 언약으로 대체될 수밖에 없었던 이유

세 가지를 제시합니다. 첫째, 하나님께서 시내 산에서 이스라엘과 맺으신 옛 언약은 불완전했습니다. "저 첫 언약이 무흠하였더라면 둘째 것을 요구할 일이 없었으려니와"(7절). 하나님께서 옛 언약의 허물을 발견하신 것은 일차적으로는 이스라엘 백성들이 이 언약을 지키는 데 실패했기 때문입니다. 하지만 보다 근본적인 이유는 죄의 문제 등을 해결하는 데 새 언약과 옛 언약이 실석으로 차이가 있었기 때문입니다. 둘째, 더 좋은 언약이 필요했던 이유는 옛 언약이 무력했기 때문입니다(9절). 옛 언약은 사람들이 나아갈 길만을 지시하는 표지판 역할을 했지 실제로 그것을 지킬 수 있는 능력을 그들에게 제공할 수는 없었습니다. 셋째, 옛 언약은 낡았기 때문입니다(13절). 이는 옛 언약이 나름 중요하고 신성한 몇몇 목적을 이루었지만 이제 새 언약의 등장으로 말미암아 그 수명이 다 되었음을 시사합니다.

이 불완전하고 무력하고 낡은 옛 언약을 대체하는 예레미야의 새 언약(렘 31:33)은 3가지 특징을 지니고 있습니다. 첫째, 옛 언약은 외적인데 반해 새 언약은 내적입니다(10절). 옛 언약이 돌판에 새겨졌다면 새 언약은 우리의 마음 판에 각인되었습니다. 곧 새 언약은 인간의 가장 깊은 내면에 관여합니다. 그래서 인간이 양심을 정화시킵니다. 둘째, 새 언약은 일부 특정인들(예를 들면, 목회자나 신학교 교수)뿐만 아니라 "작은 자로부터 큰 자까지" 모든 성도가 하나님을 알도록 해줍니다(11절). 셋째, 새 언약은 인간의 불의와 죄 문제를 해결해 줍니다(12절).

성경에 나오는 언약(헬. '디아떼케')이라고 하는 말은 피로 맺은 약정을 의미합니다. 다시 말해서, 언약 안에는 사람이 죽든 짐승이 죽든 반드시 죽음이라는 게 존재합니다. '언약을 맺다'라는 말은 문자적으로 '언약을 자르다'라는 의미로 고대 근동에서는 두 당사자가 언약을 맺을 때 동물을 잡아서 반을 갈라놓았습니다. 이러한 대표적인 성경의 예가 창세기 15장에 나오는 하나님과 아브라함의 언약 맺는 장면인데, 언약을 맺은 두 당사자는 짐승을 잡아서 둘로 갈라놓고 그 사이로 걸어가면서 언약 내용을 낭독했습니다. 그리고 만약에 둘 사이에 맺은 언약을 어기는 사람은 이 짐승이 쪼개져 죽은 것처럼 죽게 될 것이라고 피로 약정을 맺었습니다. 하지만 하나님과 언약을 맺고 처음에는 철석같이 지킬 것 같았던 이스라엘 백성들은 죄를 짓고 언약을 일방적으로 위반했습니다. 그러나 하나님은 언약을 파기한 자들을 반으로 가르지 않으셨습니다. 플랜 A(옛 언약)가 작동하지 않자 훨씬 업그레이드된 플랜 B(새 언약)를 가동하셨습니다. 하나님이 친히 사람이 되어서 사람이 지키지 못한 언약을 본인이 대신 죽음으로 지키셨습니다. 이 배은망덕한 인간들에게 더 나은 언약을 주시고, 이 갱신된 언약 안에서 그들의 지은 죄는 기억도 하지 않겠다고 말씀하셨습니다. 그러므로 이제 그리스도의 피의 공로로 하나님과 새 언약을 맺은 교회 공동체(새 이스라엘) 안에서는 이 크고 놀라운 은혜를 저버리는 일이 결코 발생해서는 안 될 것입니다. 옛 이스라엘의 전철을 밟지 말고 엄숙한 마음으로 새 언약을 신실하게 지켜야 할 것입니다.

9장 제사

(단번에 드려진 희생 제사)

전 장부터 시작된 희생 제사 주제는 본 장에서 본격적으로 다루어집니다. 여기서 저자는 구약의 옛 언약 희생 제사와 신약의 새 언약 희생 제

사 사이를 극명히 대조시킵니다. 먼저 저자는 장막으로 대표되는 구약의 제사 제도의 한계를 지적합니다. 구약의 희생 제사는 성취의 시대를 여는 예수님의 희생 제사의 비유일 뿐입니다(9절). 그것을 따라 드려신 예물과 제물은 예배하는 자의 양심을 정결하게 할 수 없습니다. 우리가 하나님 앞에 나아가 예배하기 위해서는 양심이 정결해져야 하는데, 이 구약의 제사는 아무리 많은 제물을 지속적으로 드릴지라도 예배하는 자의 양심을 정결하게 할 수 없습니다. 구약 제사 제도의 이러한 한계는 예배하는 자의 양심을 깨끗하게 하고 완전하게 하여 하나님을 예배할 수 있도록 해주는 예수님의 희생 제사와 극명한 대조를 이룹니다(14절).

구약의 희생 제사와 예수님의 희생 제사를 좀 더 세밀히 비교하면 다음과 같습니다.

비교 요소	구약의 희생 제사	예수 그리스도의 희생 제사
수행 장소	옛 장막(1-5절)	새 장막(11절)
수행자	아론 계열의 대제사장들(7절)	멜기세덱 계열의 제사장(11절)
횟수	1년에 한 번(7절)	단번(12절)
예물	동물의 피(7절)	예수 그리스도의 피(12, 14절)
효력	양심을 정결하게 못함(9절)	양심을 정결하게 함(14절)

구약 시대에는 대속죄일마다 희생 제물을 드렸지만, 영원한 구속을 이루지 못했습니다. 그런데 그리스도께서 고귀한 피를 단번에 흘리셔서 자기 백성의 죗값을 완전히 지불함으로 그 영원한 구속을 획득하셨습니다(12절). 따라서 예수님께서는 더는 피를 흘리실 필요가 없습니다.

그리스도의 희생 제사가 이처럼 뛰어나기에 그 효력 또한 탁월합니다. 먼저 그것은 우리 성도들의 양심을 죽은 행실로부터 정결하게 해줍니다(14절 상). 이러한 양심의 정결은 우리를 하나님 앞에 나아가 예배할 수 있게 해줍니다(14절 하). 그리스도인이 정결한 양심을 가져야 하는 이유는 살아 계신 하나님을 예배하기 위함입니다.

본 장에서 우리는 '단번에'(헬. '에파팍스')라는 말을 주목할 필요가 있습니다(12절). 구약 시대에는 아무나 하나님께 나아갈 수 없었습니다. 하나님의 보좌에 나아갈 수 있는 자와 나아가는 횟수가 제한되어 있었습니다. 대제사장만 1년에 한 번 하나님의 법궤가 안치되어 있는 지성소에 들어가서 하나님과 독대할 수 있었습니다. 대제사장이 아닌 사람은 모두 밖에서 대기하고 있어야 했습니다. 객기를 부리고 들어갔다가는 즉사했습니다. 그런데 우리 예수님께서 십자가상에서 몸 제사를 드림으로 '단번에'(once for all), 다시 말해서 한 번에 모든 것을 끝내셨습니다. 성소와 지성소를 가르던 휘장이 둘로 찢어짐으로써 이제 하나님의 보좌로 들어가는 길이 모든 사람에게 활짝 열렸습니다. 누구든지 예수 그리스도의 이름으로, 예수 그리스도를 의지해서 하나님의 보좌 앞에 나아갈 수 있게 되었습니다. 이제 더 이상 대제사장을 통해 하나님께 나아가는 것이 아니고 우리를 대신해서 죽고 부활·승천하셔서 하나님의 보좌 우편에 앉아 계신 예수 그리스도 그분을 통해서 하나님 보좌 앞에 담대히 나아갈 수 있게 되었습니다. 우리가 원하기만 하면 언제든지 하나님의 얼굴을 뵐 수 있게 되었습니다. 그러므로 여러분, 활짝 열린 하늘 문을 통해 하나님을 자주 뵙길 바랍니다. 예배를 통해서, 기도를 통해서, 찬양을 통해서 밤에도 나아가시고, 새벽에도 나아가시고, 매일매일 나아가셔서 그분의 얼굴을 뵙기 바랍니다. 모세가 하나님의 얼굴을 뵈었을 때 그의 얼굴에서 광채가 났다고 했습니다(출 34:29). 그의 얼굴을 본 사람들의 눈이 멀 정도였다고 했습니다. 이 놀라운 축복과 특권을 장롱에 고이 간직하지 말고 마음껏 활용하여서 풍성한 삶을 사시기를 주님의 이름으로 축원합니다.

10장 제사
(희생 제사 요약)

본 장은 8장에서 시작된 희생 제사 주제의 요약적 결론 부분입니다. 먼저 저자는 옛 제사는 그리스도의 희생 제사의 그림자로서 실체가 오면 사라질 한계를 노정하고 있다고 지적합니다(1-2절). 레위 제사는 해마다 드리는 반복적인 제사로 하나님께 나오는 자의 양심을 온전하게 할 수 없다는 한계를 가집니다. 이 희생 제사로는 인간을 완전하게 할 수 없습니다. 옛 제사는 또한 죄를 씻어주는 것이 아니라 죄를 생각나게만 하는 한계를 노정합니다(3-4절). 레위적 대제사장들이 대속죄일마다 제물을 드리는 것은 죄를 제거하기 위함이었습니다. 그런데 이 대속죄일 제사의 제물들은 죄를 제거하지 못하고 매년 죄를 기억나게 할 뿐이었습니다. 황소나 염소 등의 짐승의 피로는 인간의 죄를 없애는 것이 불가능하기 때문입니다.

히브리서 저자는 앞서 지적한 완전한 제물의 필요성을 구약을 인용(시 40:4-8)하여 주해하면서 다시 한번 독자들에게 확인시켜 줍니다. 저자는 그리스도의 성육신을 언급함으로써 예수님의 몸 제사가 짐승 제물의 제사를 대체할 것을 내다봅니다(5절). 그리스도의 몸 제사, 즉 십자가의 죽으심은 하나님의 뜻에 대한 자발적이고 의지적인 순종으로 이 제사는 피동적이고 의지가 결여된 짐승 제사와는 현저하게 대조를 이룹니다(6-7절). 결국 하나님의 뜻에 철저히 순종한 완전한 그리스도의 몸 제사와 더불어서 불완전한 구약의 제사들은 폐지가 되었습니다(8-9절). 즉 예수 그리스도께서 자신의 몸을 단번에 드리심으로 말미암아 구약 제사의 불완전성이 말끔히 해소되었습니다. 먼저 예수님의 몸 제사를 통해 사람들의 죄가 제거되고 거룩하게 되었습니다(10절). 위에서도 언급했듯이, 동물의 제사로는 인간의 죄를 깨끗하게 할 수 없습니다. 이성과 의지가 있는 인간만이 인간의 죄를 없애는 진정한 대속물이 될 수 있습니다. 하지만 자기 자신이 죄인인 인간이 다른 인간의 죄의 문제를 해결해 줄 순 없습니다. 오로지 죄로부터 완전히 자유로운, 죄가 전무하신 예수님, 좀 더 자세히 말하면 예수님의 몸으로 드려진 희생 제사만이 인간의 죄의 문제를 해결할 수 있습니다.

그리스도의 몸의 제사를 통해 하나님께서는 또한 거룩하게 하신 자들을 영원히 온전하게 하셨습니다(14절). 결론적으로 예수님의 희생 제사가 가져온 효력을 정리하면, 그것은 우리의 죄를 제거함으로써 우리의 양심을 정결하게 하고(히 9:14), 우리를 거룩하게 하고(10절), 한 걸음 더 나아가 우리를 완전하게 합니다(14절). 그래서 우리 그리스도인들이 당당히 하나님을 예배하는 자리로 나아갈 수 있게 해줍니다.

히브리서 기자는 성도들에게 두 가지 권면을 하며 본 장을 마무리합니다. 먼저, 성도는 예수 그리스도의 피를 힘입어 성소에 들어갈 담력을 얻게 되었으니 믿는 도리의 소망을 가지고 하나님께 나아가야 하며,

서로 돌아보아 이웃을 사랑하고 격려함으로 하나님께 나아가야 된다고 권면합니다(19-24절). 그리고 무엇보다도 모이기를 피하는 어떤 이들의 습관과 같이 하지 말고 그날이 가까이 올수록 더 열심히 모여서 하나님의 말씀을 들으라고 말합니다(25절). 현재 우리는 장기간의 코로나바이러스의 영향으로 인해 비대면 예배에 너무도 익숙합니다. 그래서 안타깝게도 가면 갈수록 모여서 말씀을 듣고 기도하는 일에 소홀해지고 있습니다. 오순절 성령 강림의 놀라운 역사는 120문도가 마가의 다락방에 모여 예배하고 기도했을 때 일어났습니다(행 2:1-3). 초대 그리스도인들이 날마다 마음을 같이하여 성전에 모이기를 힘쓸 때 주님께서 구원받는 사람을 날마다 더하게 하셨습니다(행 2:46-47). 그러므로 다시 한번 부흥을 맛보기 위해서는 부지런히 모여야 합니다. 주의 전을 사모하는 열심이 회복되어야 합니다.

이어서, 저자는 어떤 경우에라도 성도들은 인내로써 끝까지 믿음의 선한 싸움을 싸워 승리하라고 권면합니다. 이 편지의 수신자들은 극심한 박해와 환난으로 인해 배교하고 다시 유대교로 돌아가려고 했습니다. 그래서 믿음을 저버리지 말고 끝까지 끈질기게 견디라고 그들에게 주문하고 있는 것입니다(32-36절). 독자들이 믿음의 소망을 가져야 하는 이유는 잠시 잠깐 후면 지체하지 않고 주님께서 오실 것이기 때문입니다(37절). 조금만 더 인내하면 주님이 오시는데 이를 참지 못하고 믿음의 길에서 떠나 중도 하차하는 것은 참으로 어리석은 일입니다. 의인은 믿음으로만 삽니다. "오직 나의 의인은 믿음으로 말미암아 살리라"(38절).

11장 믿음

(믿음의 영웅들)

전 장을 마무리하면서 저자는 독자들에게 인내와 믿음을 주문했습니다. 그리고 이 두 주제를 본 장과 다음 장에서 집중적으로 다룹니다. 이 11장은 우리 그리스도인에게 믿음 장으로 잘 알려져 있습니다. 여기서는 믿음의 의미와 믿음의 모범생들, 즉 구약의 믿음의 영웅들이 소개됩니다.

편지 수신자들은 동족 유대인들의 핍박과 회유로 인해 그리스도에 대한 믿음을 저버리고 유대교로 회귀하려고 했습니다. 이에 저자는 그들에게 믿음이 얼마나 중요한지 각인시키기 위해 자신의 편지의 한 장을 이 주제에 할애합니다. 먼저 그는 믿음이 무엇인지 간단히 정의를 내리고 이 믿음을 그들의 삶으로 증명해낸 믿음의 모범생들을 제시합니다.

저자는 믿음의 두 가지 측면을 언급합니다. 먼저 믿음은 바라는 것들의 실상입니다(1절 상). 이는 우리가 소망하는 하나님의 구원이 마침내 우리에게 실체로 주어지게 되리라는 것에 대해 확신하는 것입니다. 또한 믿음은 보이지 않는 것들의 증거입니다(1절 하). 이는 믿음이란 다양한 보이지 않는 것들의 확증이라는 말입니다. 저자는 자신의 믿음에 대한 정의가 좀 어렵다고 생각했는지 이해를 돕기 위해 예를 듭니다. 믿음이 무엇인지 가장 잘 설명하는 방법은 믿음으로 살았던 실제 인물을 보여주는 것입니다. 사람은 한 번 왔다 가지만 믿음은 죽어서도 말을 합니다.

이어지는 믿음의 영웅들을 제시하는 단락은 초두에 "믿음으로"(헬. '피스테이')라는 표현을 무려 18번이나 반복하여 사용함으로써 이들의 삶을 견인했던 것이 '믿음'임을 부각합니다. 본 장에 등장하는 인물들은 이스라엘 역사로 볼 때 크게 세 파트로 나뉩니다. 첫째 파트는 태고사로 창조에서부터 노아까지입니다(4~7절). 여기서 서사는 믿음의 모판 역할을 했던 세 인물인 아벨, 에녹, 노아에 주목합니다.

이 셋과 관련해서 공히 "믿음으로"라는 도입 표현이 적용됩니다(4, 5, 7절). 아벨이 한 일이라고는 제사, 즉 예배드리고 죽은 것뿐이었지만, '믿음으로' 더 나은 예배를 드렸기에 하나님께 의로운 자로 인정받았습니다. 에녹은 아담을 필두로 자신의 계보에 속한 모든 사람이 죽음으로 생을 마감했지만, '믿음으로' 한평생 하나님과 동행함으로 엘리야처럼 죽음을 맛보지 않고 승천했습니다. 노아는 현실적으로 홍수의 조짐이 전혀 보이지 않았음에도 불구하고 '믿음으로' 하나님의 경고를 경외하여 방주를 지음으로 온 세상이 홍수로 인해 멸망받는 가운데 구원받았습니다.

둘째 파트는 족장사로 아브라함에서부터 요셉까지입니다(4~22절). 여기서는 믿음의 조상이라고 불리는 아브라함에 관심이 집중됩니다. 저자는 아브라함과 관련해서 "믿음으로"라는 도입 표현을 세 차례나 반복해서 사용합니다(8-9, 17절).

아브라함의 믿음의 특징은 4가지로 요약될 수 있습니다. 첫째, 반응하는 믿음입니다(8절 상). 그는 하나님의 부르심에 즉각 반응했습니다. 참된 믿음은 지적 인지력이나 심리적인 확신에만 머무르지 않고 반드시 그에 따르는 행동을 수반합니다. 그런데 여기서 주목할 점은 아브라함이 아무것에나 반응한 것이 아니라 하나님의 말씀에만 민감하게 반응했다는 점입니다(참고, 창 12:1, 4 "여호와께서 아브람에게 이르시되 너는 … 가라. … 이에 아브람이 여호와의 말씀을 따라갔고 …"). 아브라함의 믿음은 하나님의 말씀이 우리에게 길을 보여주고 등불처럼 우리 앞을 비추지 않는 한 우리는 한 발자국도 움직여서는 안 된다는 것을 알려주는 믿음이었습니다. 둘째, 희생적인 믿음입니다(참고, 창 12:1-4). 아브라함은 하나님의 갑작스러운 부르심에 응답하여 안전하고 부유하고 평화스러운 환경으로부터 기꺼이 떠났습니다. 자신이 75년 동안 살던 정든 고향을 떠난다는 것은 쉽지 않은 일입니다. 함께 우정을 나눈 친구들과 작별한다는 것은 힘든 일입니다. 더군다나 나를 낳고 길러주신 부모님을 저버린다는 것은 정말 힘든 일입니다. 하지만 이런 모든 희생을 감수하고 그는 믿음의 여정을 떠났습니다. 셋째, 개척자적인 믿음입니다(8절 하). 그는 갈 바를 알지 못하고 나아갔습니다. 그의 선대의 그 누구도 가보지 않은 미지의 세계를 향해 과감히 나아갔습니다. 넷째, 도저히 믿을 수 없는 것을 믿는 믿음입니다(19절). 그는 하나님 말씀에 순종하여 100세에 낳은 독자 이삭을 하나님께 기꺼이 드렸습니다. 이는 그가 하나님은 죽은 자도 능히 살릴 수 있다는 부활 신앙을 가지고 있었기 때문입니다.

믿음의 모범생들을 소개하는 마지막 파트는 출애굽의 역사로 모세에서부터 라합까지입니다(23-32절). 여기서는 출애굽의 영웅 모세에게 초점이 맞춰집니다. 저자는 일곱 번의 "믿음으로"라는 표현 중에 과반이 넘는 네 번을 모세와 연관하여 사용합니다(23, 27-29절). 모세의 신앙은 한마디로 말하면 하나님이 주시는 상급을 바라보는 신앙입니다(26절). 여기 보면 모세는 지금 제정신이 아닙니다. 모세는 40년간 애굽 왕 바로의 공주의 아들, 즉 애굽의 왕자였습니다. 애굽은 그 당시 전 세계에서 가장 문명이 발달한 나라였습니다. 나일 강 주변의 비옥한 경작지에서 나오는 수많은 곡물로 인해 애굽은 자국뿐만 아니라 지중해 주변의 모든 나라에게 식량을 제공할 만한 보화의 나라였습니다. 모세는 이런 나라의 왕자였습니다. 애굽 왕 바로가 죽게 되면 태양신의 아들이라 일컬어지는 절대 권력자 바로가 될 수도 있는 권세 있는 자리에 있었습니다. 그런데 그런 엄청난 위치를 스스로 포기하고 노예들인 이스라엘 민족과 운명을 같이하여 한평생 고난받는 길을 걷겠다고 하니 이게 제정신입니까? 모세는 완전히 미쳤습니다. 시쳇말로 완전 맛이 갔습니다.

그러면 과연 모세는 그토록 모자란 사람일까요? 사도행전 7:22에서 스데반은 "모세가 애굽 사람의 모든 지혜를 배워 그의 말과 하는 일들이 능하더라"고 증언합니다. 모세는 말과 일에 능했다고 했습니다. 이론과 실제를 두루 갖춘 사람이었습니다. 이런 사람이 이러한 결정을 내렸다면 거기에는 분명 이유가 있었을 것입니다. 여기 히브리서 11:26의 마지막 구절에 그 이유가 제시됩니다. "상 주심을 바라봄이라." 뭔가를 보았기 때문입니다. 그것도 분명히 보았기 때문입니다. 두 눈으로 똑똑히 보았기 때문입니다. 애굽의 왕자로 남부러울 것 없이 지내던 어느 날 모세는 영안이 열려 하나님 나라의 영광을 보았습니다(좀 더 정확히 말하면, 하나님께서 보여주셨습니다). 왕만 되면 천하를 얻을 줄 알고 단꿈에 부풀어 있던 모세는 그 순간 정신이 확 깼습니다. 그리고 영리한 모세는 비교하기 시작했습니다. '이 세상 부귀영화, 왕으로서 누릴 권세가 대단한 것 같지만 죽으면 끝나는 것 아닌가? 권불십년(權不十年)이라고 하지 않았던가? 하지만 하나님 나라의 상급은 영원하지 않은가? 그것과 비교하면 현재의 영광은 배설물에 불과하지 않은가?' 이 진리를 깨달았기에, 이것을 보았기에 모세는 기꺼이 보이지 않는 하나님을 위하여 받는 수모를 보이는 애굽의 모든 보화보다 더 큰 재물로 여겼던 것입니다.

이 믿음 장을 마무리하면서 한 가지 주목할 점은 히브리서 저자가 믿음의 모본(模本)들을 언급할 때 하나님을 믿었다는 면만 부각할 뿐 각 사람이 그 믿음과 함께 내보였던 불신과 죄와 인간적인 약점들을 하나도 들추어내지 않는다는 것입니다. 사실 가장 많이 언급된 아브라함과 모세도 얼마나 단점이 많은 사람들입니까? 바로가 무서워서 아내를 누이라고 속이고, 여종 하갈을 취해서 이스마엘을 낳음으로 가정의 불화를 자초한 인물이 아브라함 아닙니까? 젊은 날 혈기를 이기지 못하고 사람을 살인하고 도망친 자가 모세 아닙니까? 하지만 하나님은 이러한 죄와 허물과 인간적인 실수들을 그리스도의 희생 제사에 근거하여 전적으로 없는 것으로 취급하고 그들을 믿음의 영웅 반열에 올려놓고 칭찬하십니다.

이러한 사실은 믿음의 후발 주자인 우리들에게 큰 위로와 격려가 됩니다. 하나님께서 주신 엄청난 힘을 일평생 여자 꽁무니만 따라다니면서 다 소진한 못난이 삼손도 이 위대한 믿음의 사람들 명단에 끼워주신 하나님의 그 크신 은혜를 생각하며 우리 모두 한두 번 넘어졌다고 너무 기죽지 말고 믿는 일에 더욱 정진합시다. 할렐루야!

12장 인내

(징계에 수반되는 인내)

이미 언급했듯이, 10장을 마무리하면서 저자는 독자들에게 인내(히 10:36)와 믿음(히 10:38-39)을 주문했습니다. 그래서 그는 전 장에서 믿음

의 주제를 집중적으로 다뤘습니다. 그리고 본 장에서는 또 다른 주제인 인내에 대해 논합니다. 여기서 저자는 두 운동 경기 비유를 통해 믿음 생활에서 인내가 얼마나 중요한지를 수신자들에게 주지시킵니다. 먼저 육상 경기의 비유입니다(1-3절). 저자는 우리에게 "구름 같이 둘러싼 허다한 증인들이 있다"고 소개합니다(1절 상). 이들은 전 장에서 칭송받은 구약 시대의 믿음의 영웅들로 자신들의 경주를 다 마친 후에 관람석을 가득 메우고 우리가 경주를 잘 마치도록 열렬히 응원하고 있는 것입니다. 이들처럼 경주를 성공적으로 마무리하기 위해서는 두 가지가 선결되어야 합니다. 첫째, 모든 짐과 얽매이는 죄를 벗어버려야 합니다(1절 중). 육상 경기에서는 달리는 데 방해가 되는 장애들을 제거하는 것이 무엇보다 중요합니다. 저자는 이러한 장애들을 모든 짐, 곧 얽매이는 죄라고 묘사합니다. 믿음의 달리기 경주를 잘 수행하기 위해서 우리 그리스도인들은 이러한 장애를 벗어버려야만 합니다. 육상 선수가 거추장스러운 옷을 입은 채 달리는 모습은 상상할 수조차 없습니다. 제아무리 잘 달린다 하는 황영조 같은 선수도 밍크코트를 입고 뛰면 중간에 낙오합니다. 비키니 수준의 팬티 한 장 달랑 입고 달려야만 완주할 수 있습니다. 둘째로, 인내로써 우리 앞에 놓여 있는 경주를 해야 합니다(1절 하). 우리가 하는 믿음의 달리기 경주는 순간적인 속도가 중요한 단거리 경주라기보다는 인내가 필요한 마라톤이라고 할 수 있습니다. 그러므로 한번 인내하고 끝나는 것이 아니라 끝까지 인내함으로 그 경주를 마쳐야 합니다. 11장에 열거했던 믿음의 모범생들은 모두 최후의 순간까지 인내했던 인내의 화신들이었습니다.

하지만 우리는 이 신앙의 모본들을 바라보기 이전에 먼저 믿음의 주요 온전케 하시는 이인 예수님을 바라보고 인내해야 합니다(2절 상). 본 절의 '믿음의 주요 온전케 하시는 이'란 믿음의 창시자요 완성자라는 뜻입니다. 주님의 믿음은 신구약의 모든 믿음 가운데 근원되는 믿음이요 최고의 믿음입니다. 그의 믿음은 이데아적 믿음이요, 다른 모든 인간의 믿음은 그것의 그림자에 불과합니다.[12] 예수님의 믿음은 십자가의 수치와 죽음을 끝까지 참아내신 인내를 통해서 완성되었습니다. 그런데 주님의 인내의 궁극적 목표는 죽음 그 자체가 아니었습니다. 그것은 자신 앞에 놓여 있는 기쁨이었습니다. 그리고 이 기쁨은 하나님의 보좌 우편에 앉아 왕 노릇하는 것입니다(2절 하). 그리스도의 인내는 이처럼 영원한 승리를 이루었습니다. 그러므로 우리도 인내로써 우리의 믿음을 완성하여 예수님과 함께 하나님 나라에서 왕 노릇하는 기쁨을 만끽해야 할 것입니다.

이어지는 단락에서 저자는 권투나 레슬링과 같은 격투기 경기 비유를 듭니다(4-12절). 수신자들이 싸우는 대적은 '죄'입니다. 여기서 의인화된 '죄'는 수신자들 자신 안에 있는 얽매는 죄라기보다는 그들을 공격하는 죄인 적대자들을 지칭하는 것으로 보입니다. 수신자들이 이들로부터 다양한 고난을 경험했지만, 아직 피 흘리기까지 싸우지는 않았습니다(4절). 여기 '피 흘리기까지'는 생명을 내걸 정도의 투쟁을 의미합니다. 격투기 경기에서 승리하려면 목숨을 내놓고 죽기 살기로 싸워야 합니다. 하지만 수신자들은 그렇게 하지 않고 몸을 사리고 있었습니다. 그래서 저자는 그들이 현재 당하는 고난을 징계로 알고 그것을 기꺼이 감수할 것을 주문합니다.

본 단락에서는 징계가 주는 유익 세 가지가 제시됩니다. 징계의 첫 번째 유익은 우리로 하나님의 참 아들임을 입증합니다(7절). 징계를 받지 않으면 당장은 좋을지 모릅니다. 하지만 그것은 우리가 하나님의 아들이 아닌 사생자라는 말입니다(8절). 그리하여 아들처럼 기업을 상속받지 못할 것입니다. 그러므로 지금 내가 하나님께 징계를 받고 있다면 그것은 근심거리가 아니라 오히려 환영의 대상이 되어야 합니다. 징계의 두 번째 유익은 우리로 하나님의 거룩하심에 참여하게 합니다(10절). 세상사가 순조롭게 진행될 때는 우리 안에 거룩함에 대한 갈망이 별로 생기지 않습니다. 그러나 환난을 통해 연단을 받게 되면 우리는 더욱 주님을 가까이하고 거룩한 생활을 영위할 수 있게 됩니다. 징계의 세 번째 유익은 우리로 의의 평강한 열매를 맺게 합니다(11절). 여기 '평강한'(헬. '에이레니콘')이란 운동 경기가 끝난 후 선수가 누리는 휴식과 긴장 이완을 의미하는 말입니다. 운동선수가 경기 후 휴식의 열매를 취하듯, 징계로 말미암아 연단된 성도에게는 의의 상급이 주어집니다. 당장의 징계는 쓰디쓰지만, 그 열매는 참으로 달콤합니다. 하나님의 징계를 달게 받고 인내하며 믿음의 경주를 완주한 자는 시온 산, 즉 하늘 예루살렘에 들어가서 하나님께 예배드리는 엄청난 특권이 주어지기 때문입니다(22-29절).

13장 예배

(참된 예배)

전 장은 믿음으로 인내한 성도에게 시온 산에 들어가서 하나님께 예배

드리는 특권이 주어진다는 약속으로 끝
납니다. 그리고 이제 본 장에서는 바통을
이어받아 예배 주제를 확장 설명합니다.
이 단원은 특히, 예배의 두 측면, 즉 삶으
로 드리는 예배와 공동체적 예배를 다룹
니다. 먼저 성도의 삶으로 드리는 예배입
니다. 본 단락은 둘씩 한 쌍을 이루는 네 쌍의 권면들로 이루어져 있습
니다. 그리고 각 쌍의 권면들 뒤에는 동기 구절들이 덧붙여져 있습니
다.[122]

저자는 하나님을 예배하는 삶의 첫 번째 덕목으로 '형제 사랑'(헬. '필
라델피아')을 듭니다(1절). 여기 '형제'란 그리스도 안에서 피를 나눈 믿음
의 형제자매를 지칭합니다. 성도들이 예수님을 통해 한 가족이 되었다
면 아버지의 사랑이 그들의 공동체의 삶에서 마땅히 표현되어야 합니
다. 저자는 이 형제 사랑과 연결해서 나그네 대접을 거론합니다(2절 상).
하나님의 백성의 돌봄 대상에는 공동체 내부의 형제자매들뿐 아니라
공동체 외부의 나그네도 함께 포함되어야 합니다. 그 당시 여관은 부도
덕하고 비위생적이며 비싸기로 악명이 높았습니다. 그리스도인 여행객
들이 동료 신자들의 집을 방문했을 때 손님 대접을 통해 따뜻한 마음을
표현하지 않는다면 그것은 사랑이라고 할 수 없을 것입니다. 저자의 권
고대로 방문객에게 선을 행하다 보면 아브라함처럼 자신도 모르게 천
사들을 대접하는 놀라운 경험을 할 수도 있을 것입니다(2절 하. 참고, 창
18:1-15).

하나님을 예배하는 삶의 두 번째 덕목은 감옥에 갇힌 자들을 기억
하는 것입니다(3절 상). 여기 '감옥에 갇힌 자들'은 그들의 믿음으로 인해

그렇게 되었을 것입니다. 수신자들은 옥중 성도들을 대할 때 내가 감옥에 갇혀 있다고 생각하며 그들과 동질감을 가지고 그들에게 개인적인 방문, 따뜻한 격려, 지속적인 중보기도, 필요한 물품의 공급 등을 해주어야 했습니다. 저자는 이와 관련하여 학대받는 자들도 기억하라고 권면합니다(3절 중). 이 '학대받는 자'라는 언급은 어떤 신자들이 육체적인 공격을 받았다는 말처럼 들립니다. 육체를 가진 인간으로서 이들과 같은 연약함과 한계를 지니고 있음을 기억하면서 우리는 곤경에 처한 자들을 긍휼히 여기고 사랑으로 도와야 할 것입니다(3절 하).

하나님을 예배하는 삶의 세 번째 덕목은 결혼을 귀히 여기는 것입니다(4절 상). 이와 관련해서 저자는 잠자리를 더럽히지 않게 하라고 권면합니다(4절 중). 오늘날처럼 수신자들 당시에도 혼인 관계를 떠난 부적절한 성행위가 사회적으로 널리 행해지고 있었습니다. 그리스도인들에게는 이러한 세속적인 경향이 절대로 용인되어서는 안 될 것입니다. 하나님께서 음행하는 자들과 간음하는 자들을 심판하실 것이기 때문입니다(4절 하).

하나님을 예배하는 삶의 마지막 덕목은 돈을 사랑하지 않는 것입니다(5절 상). 수신자들은 예전에 박해를 당했을 때 재산을 빼앗기는 경험을 해본 사람들입니다. 그들은 자신들의 경험을 바탕으로 그때 재물을 빼앗김으로 너무 힘들게 생활했으니 이제는 우리가 돈을 좀 비축해 두어야 한다고 생각했을지도 모릅니다. 하지만 돈을 사랑하는 경향은 하나님을 예배하는 자에게 마땅히 기대되는 형제 사랑(곧 나그네 대접, 갇힌 자 돌봄 등)을 위축시키기 마련입니다. 그러기에 우리 예수님도 하나님과 재물을 겸하여 섬길 수 없다고 말씀하셨습니다(마 6:24). 이와 관련해서 저자는 "지금 가지고 있는 것으로 만족하라"고 권면합니다(5절 하). 수신자들이 만족하는 근거는 스스로 가진 것이 많은 데 있는 것이 아니라 하나님의 돌보심에 있습니다(6절).

이어지는 단락은 참된 공동체 예배를 다룹니다. 유대교 사회는 수신자들에게 옛 언약에 기초한 제사를 지속적으로 드리도록 압박을 가해 오고 있었습니다(9절). 하지만 그들은 더 이상 옛 제사 방식에 마음을 두어서는 안 되고 새로운 제물로 하나님께 예배해야 합니다. 그러기 위해 수신자들은 유대교 사회와의 화해가 아니라 충돌에 직면해야 했습니다. 이에 저자는 수신자들에게 "우리도 그의 치욕을 짊어지고 영문 밖으로 그에게 나아가자"고 권면합니다(13절). 예수님은 영문 밖에서 죽으셨으므로 여기 '영문 밖'은 골고다 언덕으로서 기독교를 상징하며, 반면에 영문 안은 예루살렘으로서 유대교를 상징합니다. 영문 안은 십자가가 없는 곳으로 세상이 알아주는 곳이라면 영문 밖은 십자가가 있는 곳으로 멸시와 천대와 능욕이 있는 곳입니다. 수신자들은 보다 쉽고 세상이 알아주는 안전한 영문 안의 생활을[123] 찾아 되돌아가고 싶은 유혹을 느끼고 있었을 것입니다. 이런 자들을 향해 저자는 능욕을 지고 영문 밖으로 그에게 나아가자고 권면합니다. 멸시와 천대와 고난의 십자가를 지고 그리스도에게로 나아가자고 권고합니다. 거기에만 참된 구원이 있기 때문입니다. 그림자인 유대교는 하나님이 잠정적인 제도로 세우신 것으로 이제 그 기능이 다 되었기 때문입니다. 율법도, 언약도, 제사제도도, 제사장직도 모두 변역될 것입니다. 그것은 모두 그림자요 실체가 아니기 때문입니다.[124]

끝으로 저자는 새 언약하에서 드려지는 예배를 두 가지로 규정합니다. 첫째는 찬양의 제물로 드리는 예배입니다(15절). 그리스도의 희생 제사는 성도가 하나님께 담대히 나아가 찬양의 제물을 드릴 수 있게 해주었습니다. 이는 그리스도인의 삶이 찬양으로 특징지어져야 함을 시사합니다. 둘째는 선을 행함과 나눔으로 드리는 예배입니다(16절). 그리스도인이 드려야 할 참된 예배는 단지 입술의 찬양에 그쳐서는 안 됩니다. 그 예배는 선을 행하고 나눔으로 실행되었을 때 하나님께서 기뻐하시는 것이 될 수 있습니다. 이제 동물을 제물로 드리는 예배의 시대는 끝이 났습니다. 그리스도의 완전한 몸 제사와 더불어 이제 그리스도인에게는 찬양과 선행의 예물로 드리는 예배만 남아 있을 뿐입니다.

제15장
야고보서

배경과 지도

배경

스데반의 순교 이후 초대 예루살렘 교회에 큰 핍박이 가해졌습니다(행 8:1). 그래서 신자들이 사방팔방으로 흩어지게 되는데 이제 그들과 더 이상 함께할 수 없는 상황에서 그들이 여러 문제에 직면해 있다는 소식을 듣게 된 예루살렘 교회 리더 야고보는 담임 목사의 심정으로 서신을 쓰게 됩니다. 이들은 기독교에 대한 핍박으로 어려움을 당하고 있었습니다. 하지만 서신은 핍박으로 인한 외부적 요소들보다는 그들 간에 생겨나는 내부 문제들에 더 많은 분량을 할애합니다. 문제의 핵심은 신자들 가운데 바울의 복음을 곡해해서 타인을 돌보지 않고 자기 자신만을 위해 살면서도 자신들이 지금 올바른 신앙생활을 하고 있다고 착각하는 이기적인 사람들이 있었다는 것입니다. 즉, 믿음과 행함의 관계를 바로 이해하지 못하고 행함으로 자신의 믿음이 입증되지 않으면서도 자신은 올바른 신앙생활을 하고 있다고 생각하는 성숙하지 못한 그리스도인들이 상당했다는 것입니다. 그래서 야고보는 핍박당하고 있는 유대 그리스도인들을 위로하고 동시에 이런 어려운 상황 속에 놓여 있음에도 불구하고 남을 돌보지 않는 미성숙한 사람들에게 참된 믿음에는 반드시 행함이 수반되어야 한다는 것을 주지시키기 위해 붓을 들어 야고보서를 기록하게 된 것입니다.[125]

지도

야고보서도 히브리서와 마찬가지로 첫 장에 길 안내 지도를 제시하고 있습니다. 야고보서 전체를 이끌어 나가는 로드 맵은 '온전'입니다.[126] 저자는 이 용어를 1장에서 무려 다섯 번이나 사용합니다. 먼저 그는 1장 서두에서 이 단어를 세 번이나 반복합니다. "내 형제들아, 너희가 여러 가지 시험을 만나거든 **온전**히 기쁘게 여기라. 이는 너희 믿음의 시련이 인내를 만들어 내는 줄 너희가 앎이라. 인내를 **온전**히 이루라. 이는 너희로 **온전**하고 구비하여 조금도 부족함이 없게 하려 함이라"(약 1:2-4).

이어서 야고보는 1장 말미에서 이 단어를 두 번 더 거론합니다. "온갖 좋은 은사와 **온전**한 선물이 다 위로부터 빛들의 아버지께로부터 내려오나니 그는 변함도 없으시고 회전하는 그림자도 없으시니라"(약 1:17). "자유롭게 하는 **온전**한 율법을 들여다보고 있는 자는 듣고 잊어버리는 자가 아니요 실천하는 자니 이 사람은 그 행하는 일에 복을 받으리라"(약 1:25).

야고보가 첫 장부터 이렇게 '온전'을 강조하는 이유는 편지 수신자들이 형제를 차별하고 혀를 통제하지 못하는 등 영적으로 너무도 미숙한 상태에 있었기 때문입니다.

장별 제목 붙이기

야고보서는 총 5장으로 구성되어 있는데, 앞서 언급했듯이 전체 주제가
온전함입니다. 그래서 이 주제와 연관해서 각 장은 온전한 자가 되기 위
한 조건을 제시하고 있습니다. 1장은 온전한 자가 되려면 '시험' 중에 기
뻐해야 한다고 말합니다. 그러므로 1장은 시험 이렇게 두 글자로 기억
하세요. 2장은 시험을 이기고 온전한 자가 되려면 믿음이 있어야 한다
고 말합니다. 그래서 2장은 믿음입니다. 온전한 자의 조건으로 참 믿음
을 제시합니다. 참 믿음을 가진 온전한 자는 '설화'(舌禍)에 휘말려 '다툼'
을 일으키지 않습니다. 따라서 차례로 3장은 설화(**설화**에 대한 경고), 4장
은 다툼(**다툼**의 문제)입니다. 그리고 온전한 자는 부자처럼 압제하지 않습
니다. 그래서 5장은 압제(부자의 **압제**) 이렇게 두 글자로 정리하세요.

<야고보서 각 장 제목 두 글자 도표>

1장	2장	3장	4장	5장
시험	믿음	설화	다툼	압제

1장 시험

(**시험**에 대한 권면)

히브리서와는 달리 야고보서는 당시의 편지 관습을 따릅니다. 그래서
편지를 발신자, 수신자, 문안 인사 순으로 시작합니다. "하나님과 주 예
수 그리스도의 종 야고보는 흩어져 있는 열두 지파에게 문안하노라"(1
절). 편지를 보내는 발신자는 '야고보'입니다. 신약성경에는 세 명의 야

고보가 등장하는데,[127] 여기 야고보는 예수님의 동생 야고보입니다. 그는 자신의 형을 '주 예수 그리스도'라고 지칭합니다. 그리고 예수님의 형제임에도 불구하고 그분과 자신의 육신적인 관계를 언급하지 않습니다. 참으로 놀랍지 않습니까? 한솥밥을 먹으며 코흘리개 시절부터 보아온 형을 야고보가 하나님에 해당하는 호칭인 '주'라고 부르고, 구원자에 해당하는 '그리스도'라고 지칭한다면 예수님은 참으로 하나님이시고 구원자이심을 인정해야 하지 않을까요?

이 편지를 받아 읽는 수신자는 바울서신과 달리 특정 교회나 교인이 아닌 '흩어져 있는 열두 지파'입니다. 이는 협의적으로는 팔레스타인 밖에 흩어져 살고 있는 유대 그리스도인들을 지칭하는 말입니다. 하지만 광의적으로는 이 세상에 흩어져 소금과 빛 된 삶을 살고 있는 모든 그리스도인을 일컫는 말입니다.

본 장에서 야고보는 이들이 시험에 직면했을 때 어떤 태도를 취해야 하는지를 말해줍니다. "내 형제들아, 너희가 여러 가지 시험을 만나거든 온전히 기쁘게 여기라"(2절). 여기 '시험'(헬. '페이라스모스')은 고난으로서의 시험을 말합니다. 살다 보면 신자들에게 여러 가지 고난이 찾아오기 마련인데 그것을 모든 기쁨으로 여기라고 야고보는 권면합니다. 그 이유가 바로 다음 절에서 제시됩니다. "이는 너희 믿음의 시련이 인내를 만들어 내는 줄 너희가 앎이라"(3절). 시험당할 때 그것을 기쁘게 받아들여야 할 이유는 그것이 '믿음의 시련'이기 때문입니다. 여기 '시련'(헬. '도키미온')이란 불에 넣어 금이나 은을 정제하는 과정을 말합니다.

그래서 시험이라는 연단을 통해 결국 자신이 순도 백 퍼센트의 정금과 같은 믿음을 소유했는지 여부가 드러납니다. 그러므로 시험이 오면 '이제 내 믿음이 드러나겠구나!'라고 생각하고 그것을 기쁘게 여기라는 말입니다.

믿음의 시련 과정에서 반드시 필요한 것이 '인내'입니다. 믿음의 시련을 잘 견뎌내면 주님을 닮은 온전한 사람이 됩니다. "인내를 온전히 이루라. 이는 너희로 온전하고 구비하여 조금도 부족함이 없게 하려 함이라"(4절). 여기 '온전한'(헬. '텔레이오스')이란 '다 자란', 혹은 '성숙한'을 의미합니다. 따라서 신자는 아픈 만큼 성숙합니다. 그러기 때문에 시험이 오면 기쁘게 여기라는 것입니다.

이어서 야고보는 시험 중에 기도하라고 권고합니다. "너희 중에 누구든지 지혜가 부족하거든 모든 사람에게 후히 주시고 꾸짖지 아니하시는 하나님께 구하라. 그리하면 주시리라"(5절). 시험을 만날 때 꼭 필요한 것은 하나님께 '지혜'를 구하는 것입니다. 지혜를 구하는 기도가 필요한 이유는 자신이 무엇 때문에 이러한 시험에 빠지게 되었는지, 그 근본적인 원인이 어디에 있는지, 이 시험을 통한 하나님의 뜻이 무엇인지를 깨닫기 위함입니다. 그런데 지혜를 위해 기도할 때는 믿음으로 기도해야 합니다. "오직 믿음으로 구하고 조금도 의심하지 말라"(6절 상). 하나님의 자원을 끌어올 때 반드시 필요한 것이 믿음입니다. 하나님의 은혜들은 모두 믿음을 통해 옵니다. 구원도, 치유도, 기도 응답도 믿음을 통해 옵니다. 하나님께서는 우리가 자신에게 뭔가를 달라고 할 때 그딴 것은 왜 달라고 그러느냐고 꾸중하지 않습니다. 믿음으로 구할 때 반드시 주십니다. 자신에게 오는 자들을 하나님께서는 결단코 빈손으로 돌려보내시지 않습니다. 양손 가득히, 넉넉하게 채워주십니다.

그런데 실제로 신자들은 시험을 당할 때 하나님께 바로 엎드리지 않습니다. 그 이유는 마음의 분열 가운데 의심하기 때문입니다(6절 하-8절). 하나님을 전적으로 신뢰하지 못하기 때문에 주시려고 해도 받지 못하는 것입니다. 이는 마치 깨어져 두 쪽 난 그릇과 같아서 거기에 하나님의 은혜라는 물을 부어도 담을 수가 없는 것입니다.

시험 중에 기도할 것을 권한 야고보는 이제 화제를 전환하여 시험 중에 자랑하라고 권면합니다. 야고보는 여기서 사회 경제적인 형편과 관련하여 두 부류의 사람을 제시하는데, 먼저 낮은 사람을 언급합니다. "낮은 형제는 자기의 높음을 자랑하고"(9절). 야고보서의 수신자들은 대개 팔레스타인의 변두리나 소아시아 북쪽과 같은 로마 제국의 변방에 흩어져 살았을 것입니다. 소수의 지주나 일부 중산층 사업가들을 제외하면 그들은 타지에서도 주변인으로 그것도 대체로 가난하게 살아갔을 것입니다. 낮은 형제들은 남의 밑에 있는 사람들로서 다른 사람 밑에 있으니까 환경 자체가 시험이었을 것입니다. 돈이 없는 것도 시험이었고, 주변 사회로부터의 소외감도 심했을 것입니다. 하지만 이러한 낮은 형제에게도 자랑할 것이 있습니다. 그래서 야고보는 "자기 높음을 자랑하라"고 말합니다. 그는 하나님의 은혜로 예수 그리스도를 믿음으로 하나님의 자녀가 되었습니다. 낮은 사람에서 일약 귀한 몸으로 신분이 변했습니다. 그러므로 이제 돈 없다고 기죽을 필요가 전혀 없습니다. 당당하게 "나는 하나님의 자녀다", "하나님 나라의 후사다"라고 얼마든지 자랑할 수 있습니다. 이러한 하나님 자녀로서의 자부심이 있어야만 낮은 형제도 시험을 넉넉히 통과할 수 있습니다.

이어서 부한 형제에게 주는 권면이 뒤따릅니다. "부한 자는 자기의 낮아짐을 자랑할지니 이는 그가 풀의 꽃과 같이 지나감이라"(10절). 부자신자는 하나님보다 자신의 물질을 더 의지하고자 하는 시험이 있습니다. 자신의 높은 지위에 대해 자랑하고자 하는 유혹이 있습니다. 하지만 야고보는 그런 것들을 자랑하지 말고 "자기의 낮아짐을 자랑하라"고 권면합니다. 여기 낮아짐의 내용은 부자가 가장 큰 자랑이라고 믿고 싶어 하는 그 물질적 부유함이 이 세상과 함께 덧없이 사라지는 부실없고 허망한 것임을 철철히 깨닫는 데에서 나오는 겸손함입니다. 돈이나 권력 모두 풀의 꽃과 같이 쇠잔할 수 있기 때문입니다(11절). 죽어라고 벌어봐야 남 좋은 일 시키기 십상이고 결국 땡전 한 푼 못 가지고 갑니다. 지존의 자리에 있어봤자 권불십년(權不十年)입니다. 때가 되면 다 허신해야 합니다. 그러므로 높은 형제는 덧없는 재물이나 지위를 자랑할 것이 아니라 영원하신 하나님만을 자랑해야 합니다.

2장 믿음
(참된 믿음)

통상 야고보서 2장은 행함을 강조하는 장으로 알려져 있습니다. 그래서 믿음을 강조하는 로마서와 달리 이신칭의를 가르치지 않는다는 이유로 마틴 루터(Martin Luther)는 야고보서를 지푸라기 서신이라고 불렀습니다. 하지만 본 장은 단지 '행함'을 강조하는 장이라기보다는 참된 '믿음'을 강조하는 장입니다. 왜냐하면 본 장에서 행함 그 자체보다 참된 믿음은 어떤 것인지, 참된 믿음은 구체적인 생활에서 어떤 모습으로 나타나야 하는지를 말하고 있기 때문입니다. 우리는 이 사실을 첫 절을 통해 분명히 알 수 있습니다. "내 형제들아, 영광의 주 곧 우리 주 예수 그리스도에 대한 믿음을 너희가 가졌으니 사람을 차별하여 대하지 말라"(1절). 영광의 주 예수 그리스도를 믿는 참 '믿음'의 소유자라면 사람을 외모로 차별하는 수준 낮은 행동을 해서는 안 됩니다. 당시 로마 사회 속에는 자유인과 노예, 부자와 빈자, 남자와 여자, 어른과 어린이 간의 차별 등 온갖 차별이 독버섯처럼 퍼져 있었는데, 안타깝게도 이런 현상이 신성한 교회에까지 침투해 들어왔습니다.

　야고보는 그러한 구체적인 예 하나를 소개합니다. "만일 너희 회당에 금 가락지를 끼고 아름다운 옷을 입은 사람이 들어오고 또 남루한 옷을 입은 가난한 사람이 들어올 때에 너희가 아름다운 옷을 입은 자를 눈여겨보고 말하되 여기 좋은 자리에 앉으소서 하고 또 가난한 자에게 말하되 너는 거기 서 있든지 내 발등상 아래에 앉으라"(2-3절). 여기 보면 신앙 공동체 안에 부자와 가난한 자가 들어오는데, 부자는 환영하여 좋은 자리에 앉게 하고 빈자는 멸시하여 아무 데나 앉게 하거나 그냥 구석에 서 있으라고 했습니다. 이렇게 형제를 외모에 따라 차별 대우하고 판단한다면 그것은 결코 영광의 주를 섬기는 신자의 모습과 어울리지 않는 행위일 것입니다. 우리가 믿는 하나님은 사람을 외모로 취하지 않으신다는 것을 성경은 여러 곳에서 증언하고 있기 때문입니다. 누가는 그의 두 번째 책에서 하나님은 구원에 있어서 사람을 민족적으로, 인종적으로 차별하지 않으신다고 말합니다. 다시 말해서, 유대인이니까 구원하고 이방인이니까 구원하지 않는 것이 아니라 하나님을 경외하는 모든 사람은 차별 없이 구원하신다고 말합니다(행 10:34-35). 바울은 한 걸음 더 나아가서 구원뿐만 아니라 심판에 있어서도 하나님은 차별하지 않고 모든 사람을 그 행위를 따라 심판하신다고 말합니다(롬 2:9-11). 하나님은 말이나 행동만 보시는 것이 아니고 그 사람의 중심을 보십니다(삼상 16:6-7). 그러므로 그가 가진 재물, 지위, 학식, 미모 이런 것들에 현혹되지 말고 하나님이 중심을 보듯이 우리도 마음의 중심을 보려고 기도하고 노력해야 할 것입니다.

부자는 우대하고 빈자는 멸시하는 것과 같이 사람을 외모로 차별하고 편애하는 것은 율법의 가장 중요한 내용을 어기는 것입니다. "너희가 만일 성경에 기록된 대로 네 이웃 사랑하기를 네 몸과 같이 하라 하신 최고의 법을 지키면 잘하는 것이거니와 만일 너희가 사람을 차별하여 대하면 죄를 짓는 것이니 율법이 너희를 범법자로 정죄하리라"(8-9절). 여기 '최고의 법'이란 사랑의 계명을 일컫는 말로 구약의 율법은 요약하면 예수님이 말씀하신 대로 하나님을 전심으로 사랑하는 것과 이웃을 네 몸처럼 사랑하는 것입니다(마 22:37-40). 따라서 이웃을 차별하는 것은 율법의 가장 중요한 내용 중의 하나인 이웃 사랑의 계명을 어기는 것이고 이는 하나님의 뜻을 거역하는 것입니다. 그러므로 우리는 이웃을 차별 대신 사랑해야 하는데, 이웃 사랑의 구체적인 표현으로 야고보는 가난한 자에 대한 관심과 돌봄을 제시합니다. "너희는 자유의 율법대로 심판받을 자처럼 말도 하고 행하기도 하라. 긍휼을 행하지 아니하는 자에게는 긍휼 없는 심판이 있으리라. 긍휼은 심판을 이기고 자랑하느니라"(12-13절). 여기 보면 '긍휼'이라는 단어가 강조되는데, 이는 가난한 자, 힘없는 자를 불쌍히 여기는 것을 의미합니다. 하나님께서는 우리를 긍휼히 여기시고 우리의 모든 죄를 용서해 주셨습니다. 따라서 우리도 다른 사람을 긍휼히 여기는 것이 마땅합니다.

442   두 글자로 풀어내는 서신서와 요한계시록

전반부에서 야고보는 참된 믿음을 차별이 없는 믿음으로 규정했다면, 이제 후반부에서는 행함이 있는 믿음으로 정의합니다. 먼저 야고보는 행함이 없는 믿음의 무익함에 대해 말합니다. "내 형제들아, 만일 사람이 믿음이 있노라 하고 행함이 없으면 무슨 유익이 있으리요 그 믿음이 능히 자기를 구원하겠느냐?"(14절). 본문은 얼핏 보면 믿음과 행함을 대비시키는 것으로 생각하기 쉬우나 실상은 말뿐인 것과 행함을 대비시키는 것입니다. 말뿐인 것은 믿음이 아니라 빈말이며 그 자체로 죽은 것이기에 아무 유익이 없습니다(17절).

만일 어떤 사람이 "너는 믿음이 있고 나는 행함이 있으니 행함이 없는 네 믿음을 내게 보이라"고 주장한다면(18절 상), 이런 주장은 공허한 주장입니다. 행함이 없는 믿음 따위는 있지도 않는 것이기에 그것을 상대에게 보일 수 없고, 믿음은 행함을 통해서만 자신을 드러내기 때문입니다(18절 하). 믿음 따로 행함 따로 '따로국밥'은 존재하지 않기 때문입니다.

참된 믿음은 반드시 행함을 동반합니다. 한 분 하나님을 둘로 나눌 수 없듯이 믿음과 행함도 나눌 수 없습니다(19절 상). 하나님이 한 분이신 것처럼 믿음과 행함도 하나입니다. 결코 분리될 수 없습니다.

다신론을 신봉하는 헬라-로마인들과 달리 유대인들과 기독교인들은 하나님은 한 분이라는 유일신론(唯一神論)을 믿습니다. 하지만 하나님이 한 분이라는 것은 귀신도 압니다. 알 뿐 아니라 심판의 두려움에 소스라치게 떱니다(19절 하). 따라서 우리가 베드로처럼 기독교 신앙의 핵심을 고백한다고 해도 그것에 걸맞은 행함이 수반되지 않는다면 이는 귀신의 신앙고백에 지나지 않을 것입니다. 그게 다라면 그런 고백은 아무런 열매도 맺지 못하는 믿음일 뿐이기 때문입니다.[128]

3장 설화

(설화에 대한 경고)

본 장에서 저자는 새 주제를 소개합니다. "내 형제들아, 너희는 선생 된 우리가 더 큰 심판을 받을 줄 알고 선생이 많이 되지 말라"(1절). 2장의 주제가 참 믿음에 관한 것이었다면 3장은 혀, 즉 말과 관련된 것입니다. 그래서 야고보는 말을 많이 하는 직분인 선생에 대해 조언하는 내용으로 본 장을 시작하는 것입니다. 보통 교사, 교수는 존경도 받고 안정적이기에 사람들이 선호하는 직업군에 속하는데, 야고보는 "선생이 되지 말라"고 충고합니다.

선생은 유대교에서나 기독교에서 없어서는 안 될 직분입니다. 유대교에서 선생인 랍비가 얼마나 중요한 자인지는 탈무드가 잘 증언해줍니다. 탈무드는 엄마와 선생이 물에 빠졌을 때 자기를 낳아준 엄마보다 랍비를 먼저 구해야 한다고 주문합니다. 이는 그만큼 유대 사회에서 선생이 중요한 위치를 차지하고 있다는 반증입니다. 이 정도는 아니더라도 기독교 또한 선생을 중시합니다. 사도 바울은 에베소에 보낸 편지에서 그리스도의 몸 된 교회를 세우는 5중 사역자를 다음과 같이 소개합니다. "그가 어떤 사람은 사도로, 어떤 사람은 선지자로, 어떤 사람은 복음 전하는 자로, 어떤 사람은 목사와 교사로 삼으셨으니"(엡 4:11). 여기 보면 다섯 부류의 은사자가 나오는데, 그들은 사도, 선지자, 복음 전하는 자, 목사, 교사입니다. 하지만 이 모든 사람은 다 말씀을 가르치는 자들이기에 선생이라 할 수 있습니다.

세상의 선생과 교회 안의 선생은 차이가 있습니다. 전자는 일반적으로 자신이 가지고 있는 지식을 전달하는 사람입니다. 반면에 후자는 지식만을 전달하는 사람이 아니라 자신이 행하는 것을 가르치는 사람입니다. 예수님의 말씀을 자신이 순종하며 직접 경험한 것을 전달하는 사람이 교회의 교사요 목사입니다. 그러므로 선생이 바리새인처럼 단지 말만 하고 행함과 동떨어진 삶을 산다면 그것을 보는 성도들 역시 하나님의 말씀을 우습게 여기는 삶을 살게 될 것입니다. 이는 맹인이 맹인을 인도하는 셈이 되는 것이고, 교사의 위선적인 삶으로 인해 실족하는 성도가 생기게 될 수 있습니다. 우리 주님이 "누구든지 나를 믿는 이 작은 자 중 하나를 실족하게 하면 차라리 연자 맷돌이 그 목에 달려서 깊은 바다에 빠뜨려지는 것이 나으리라"고 경고하셨듯이(마 18:6), 혀를 가장 많이 사용하면서 그 중요성이 남다른 선생은 막중한 책임이 있습니다. 따라서 야고보는 이러한 무거운 책임과 하나님께서 물으실 심판의 무게를 고려해서 많이 선생 되지 말라고 수신자들에게 권면하고 있는 것입니다.

혀와 관련된 이슈를 언급하기 위해서 말씀의 사역자인 선생을 먼저 예로 든 후, 야고보는 이제 본 장의 전체 주제를 제시합니다. "우리가 다 실수가 많으니 만일 말에 실수가 없는 자라면 곧 온전한 사람이라 능히 온몸도 굴레 씌우리라"(2절). 야고보서는 '온전한 사람'이라는 로드 맵으로 전체를 이끌어 나가는 편지입니다. 그래서 1장에서 온전한 자란 시험과 고난 중에서도 기쁨을 잃지 않는 자였습니다. 이어서 2장에서는 행함이 있는 믿음을 가진 자였습니다. 그리고 여기 3장, 특히 2절에서는 말에 실수가 거의 없는 경지에 이른 사람이 온전한 사람입니다. 왜냐하면 가장 제어하기 힘든 부분을 스스로 제어하는 것은 온전함의 모범이기 때문입니다.

　혀의 제어라는 주제를 먼저 제시한 후, 이제 저자는 혀의 위력에 대해 언급합니다. 혀는 비록 작은 지체지만 그 힘은 어마어마하다는 것을 보여주기 위해 그는 세 가지 비유를 사용합니다. 첫째, 말을 제어하는 재갈의 비유입니다(3절). 말의 입에 물린 재갈은 비록 크기는 작지만 말 전체를 이리 저리로 이끌이 길 수 있는 결정적인 요소입니다. 마찬가지로 우리의 혀로 내뱉은 말 또한 한번 발설하면 그 말이 재갈과 고삐가 되어 그 사람의 목줄을 쥐고 개처럼 질질 이리저리 끌고 다닐 수 있습니다. 정치인이나 연예인이 말 한마디 잘못했다가 그것이 올무가 되어 한순간에 나락으로 떨어지는 것을 우리는 신문 지상에서 심심치 않게 대할 수 있지 않습니까?

　둘째, 큰 배를 제어하는 작은 키의 비유입니다(4절). 본 절에서 키와 함께 강조되는 것은 '사공의 뜻대로'입니다. 바다에 광풍이 일 때 큰 배를 제어하는 키도 중요하지만, 또한 중요한 것은 그 키를 조종하는 사공입니다. 사공이 키를 쥐고 어떤 방향으로 나아가느냐에 따라 배를 탄 승객들의 운명이 좌우됩니다. 이와 마찬가지로 말 또한 결국 말한 사람의 뜻을 반영하는데, 사람이 자기 혀를 함부로 놀려서 가닥을 잘못 잡으면 낭패를 보게 됩니다. 이에 대한 좋은 예가 가나안을 정탐하고 돌아온 열두 정탐꾼이 전한 말입니다. 열 정탐꾼은 가나안 족속의 신장의 장대함을 보고 "거기서 네피림 후손인 아낙 자손의 거인들을 보았나니 우리는 스스로 보기에도 메뚜기 같으니 그들이 보기에도 그와 같았을 것이니라"라고 불신앙의 말을 내뱉었습니다(민 13:33). 그러나 여호수아와 갈렙은 주눅 들지 않고 "여호와께서 우리를 기뻐하시면 우리를 그 땅으로 인도하여 들이시고 그 땅을 우리에게 주시리라. 이는 과연 젖과 꿀이 흐르는 땅이니라. 다만 여호와를 거역하지는 말라. 또 그 땅 백성을 두려 워하지 말라. 그들은 우리의 먹이라. 그들의 보호자는 그들에게서 떠났 고 여호와는 우리와 함께 하시느니라. 그들을 두려워하지 말라"라고 믿 음의 말을 했습니다(민 14:8-9). 그리고 그 결과는 그 백성 전체의 향방을 좌우했습니다. 상황은 같아도 하는 말 때문에 그 결과는 천양지차가 되 었습니다. 자신을 메뚜기라고 고백한 자들은 결국 메뚜기 신세가 되어 모두 광야에 다 널브러지게 되었습니다. 반면에 그들은 우리의 밥이라 고 고백한 자들은 마침내 그 거민들을 집어삼키고 가나안 땅을 정복하 게 되었습니다.

셋째, 많은 나무를 태우는 작은 불의 비유입니다(5절). 작은 불씨 하 나가 숲 전체를 태우듯, 사소하게 뱉은 말 한마디가 삶 전체를 사르는 경우입니다. 우리는 남의 말 하기를 좋아하는 경향이 있습니다. 하지만 우리의 뒷공론은 들불처럼 퍼져 나가서 한 인생, 더 나아가서는 그가 속 한 가정을 집어삼킬 수 있다는 점을 명심하고 입이 아무리 심심해도 뒷 담화만은 삼가야 할 것입니다.

혀는 우리 인생을 불사르고 인생 자체를 지옥으로 끌고 들어갈 수 있을 정도로 작지만 큰 힘이 있습니다(6절). 하지만 이 혀를 길들이는 것 은 쉽지 않습니다. "여러 종류의 짐승과 새와 벌레와 바다의 생물은 다 사람이 길들일 수 있고 길들여 왔거니와 혀는 능히 길들일 사람이 없나 니 쉬지 아니하는 악이요 죽이는 독이 가득한 것이라"(7-8절). 통제하기 도 힘들지만, 혀는 일관성도 없습니다. 샘이 한 구멍으로 단물과 쓴물을 동시에 낼 수 없는 법인데, 나무 하나가 무화과와 포도 두 가지 열매를 함께 낼 수 없는 법인데, 혀는 하나로 찬송도 하고 저주도 합니다(9-12 절). 이 말 했다가 저 말 했다가 합니다. 금방 "Yes"라고 했다가도 돌아서면 "No"라고 합니다. 이와 같이 혀는 일관성이 전혀 없습니다.

　그러면 과연 이런 상호 모순되는 말을 하는 어마어마한 괴력을 가진 혀를 통제하는 것은 불가능한 걸까요? 야고보서는 절망으로 시작했지만, 소망으로 끝납니다. 뒤따르는 절에서 야고보는 해결책을 제시합니다. 바로 앞에서 야고보는 샘의 예와 나무의 예를 들었는데, 이는 근원과 관련시키기 위하입니다. 우리의 혀가 통제가 안 되는 것은 혀 사제의 문제가 아니라 근원의 문제입니다. 즉, 마음이 문제입니다. 우리가 하는 말은 우리의 마음속에 든 것을 드러내는 것이기 때문입니다. 그러므로 혀의 제어는 결국 마음의 제어인데, 야고보는 이 마음을 제어하기 위해서는 지혜가 필요하다고 말합니다. 그리고 그는 두 종류의 지혜를 서로 대비시킵니다. 먼저 땅에서 난 지혜입니다. 이는 하늘을 전혀 고려하지 않고 땅에만 관심이 있는 세상 사람들이 추구하는 지혜로 세상적, 정욕적, 마귀적 지혜입니다(15절). 세상 사람들은 마귀의 종이 되어 육신의 정욕을 만족시키는 것에만 몰두하여 서로 시기하고 다툽니다. 그 결과 혼란과 온갖 악한 열매만 맺게 됩니다(16절).

　이런 지혜로는 절대로 혀를 제어하고 온전한 사람, 성숙한 사람이 될 수 없습니다. 그것은 위로부터 난 지혜를 가져야 가능한데, 야고보는 본문에서 하나님으로부터 온 지혜의 특징 혹은 열매 8가지를 소개합니다. 첫째, '성결'입니다. 세속에 물들지 않은 순결함을 뜻합니다. 둘째, '화평'입니다. 화평은 하나님과 이웃과의 바른 관계를 의미합니다. 셋째, '관용'입니다. 관용은 문자적인 율법을 고집하지 않으면서 용서하고 용납하는 것입니다. 넷째, '양순'입니다. 양순은 잘 설득된다는 뜻으로 고분고분하고 온순한 것을 의미합니다. 다섯째, '긍휼'입니다. 긍휼은 고통당하는 사람에 대한 자비로운 마음과 실제적 도움을 주는 자비로운 행위를 말합니다. 여섯째, '착한 열매'입니다. 이는 긍휼을 베풂으로 나타나는 선한 열매를 말합니다. 일곱째, '편견이 없는 것'입니다. 이는 좌로나 우로나 치우침이 없는 것을 말합니다. 여덟째, '거짓이 없는 것'입니다. 이는 위선하지 않는 것을 의미합니다.

　　혀는 우리 인력으로 제어할 수 없습니다. 그것은 하나님만이 하실 수 있습니다. 우리 심령이 거듭나야만 가능합니다. 그리고 거듭난 사람이 성령을 통해 그 마음속에 위로부터 난 지혜의 열매를 주렁주렁 맺을 때 비로소 혀를 제어할 수 있고 설화에 휘말리지 않고 온전한 사람이 될 수 있는 것입니다.

4장 다툼

(다툼의 문제)

야고보는 천상적인 지혜를 논하면서 마지막 절(약 3:18)에서 평화를 언급하며 전장을 끝냈습니다. 그리고 이제 본 장은 그와 대조적으로 '전쟁'을 언급하면서 시작합니다. "너희 중에 싸움이 어디로부터 다툼이 어디로부터 나느냐"(1절 상). 위로부터 온 지혜를 가진 사람일지라도 여전히 교회 내에서는 다툼과 분쟁이라는 문제가 있습니다. 이 문제는 구원받은 후에도 여전히 남아 있는 육욕으로 인해서 발생하는 문제입니다. "너희 지체 중에서 싸우는 정욕으로부터 나는 것이 아니냐"(1절 하). 교회 안팎에서 싸우고 분쟁하는 일들은 아무리 좋은 대의명분이나 화려한 신학적, 신앙적 수식어구를 갖다 붙인다고 해도 실제로는 예수 믿고도 버리지 못한 세상적인 탐욕 때문에 일어납니다.

정욕은 심지어 하나님께 기도하는 자리에까지 파고듭니다. 기도하는 사람은 누구나 하나님께서 자신의 기도에 응답해 주시기를 간절히 바랍니다. 그런데 왜 하나님은 조지 뮬러에게는 5만 번 이상의 기도 응답을 해주시고 나에게는 5만 번은커녕 5번도 제대로 응답해 주시지 않는 걸까요? 하나님이 사람을 편애하시는 걸까요? 원인은 하나님께 있는 것이 아니라 나에게 있습니다. "구하여도 받지 못함은 정욕으로 쓰려고 잘못 구하기 때문이라"(3절). 앞에서 야고보가 "온갖 좋은 은사와 온전한 선물이 다 위로부터 빛들의 아버지께로부터 내려오나니"라고 말했듯이(약 1:17), 하나님 아버지는 당신의 자녀인 신자들에게 좋은 것만 주기 원하십니다. 그래서 자신의 육욕을 만족시키기 위한 목적으로 구하면 절대로 주시지 않습니다. 그 기도에 응답하지 않으십니다. 그러므로 기도 응답이 없으면 하나님을 원망할 것이 아니라 내가 하는 기도의 동기를 점검해보아야 할 것입니다.

이어지는 절에서 야고보는 세상과 정욕에 기초하는 삶을 사는 자를 간부(姦婦)에 비유합니다. "간음한 여인들아, 세상과 벗 된 것이 하나님과 원수 됨을 알지 못하느냐? 그런즉 누구든지 세상과 벗이 되고자 하는 자는 스스로 하나님과 원수 되는 것이니라"(4절). 여기 '간음'은 육체적인 간음이 아니라 영적 간음을 의미합니다. 간음하는 여인들은 남편에게 불성실한 여자들인데, 이를 영적으로 적용하자면 신랑 되신 그리스도에게 불성실한 신부인 그리스도인은 간부가 되는 것입니다. 자신의 정욕과 쾌락만을 좇아 사는 사람은 비록 신자일지라도 간부가 되는 것이고, 이는 하나님과 원수가 되는 것입니다.

우리 하나님은 독생자까지 주면서 세상에서 구해낸 신자가 정욕을 좇아서 하나님을 등지고 세상과 벗하여 사는 꼴을 눈 뜨고 지켜만 보지 않으십니다. 질투하십니다. "너희는 하나님이 우리 속에 거하게 하신 성령이 시기하기까지 사모한다 하신 말씀을 헛된 줄로 생각하느냐"(5절). 여기 '시기한다'는 말은 질투한다는 뜻입니다. 질투는 상대방에 대한 절대적 소유가 전제된 것입니다. 따라서 우리가 하나님께 충성하지 않으면 하나님은 질투하십니다. 하나님은 우리에게 전체를 받으시기를 원하시고 다른 그 어떤 것에도 사랑을 빼앗기기를 원치 않으십니다. 그래서 하나님은 우상 숭배를 제일 싫어하시는 것입니다. 앞 절의 간음한 여자들은 하나님보다 세상을 더 사랑하는 우상 숭배자들입니다. 그래서 성령께서 이들을 시기하시는 것입니다.

바로 앞 절에서 저자는 하나님을 질투하시는 분으로 소개한 후, 이제 은혜를 베푸시는 분으로 언급합니다. "그러나 더욱 큰 은혜를 주시나니"(6절 상). 여기 '더 큰 은혜'란 세상이 주는 것(쾌락, 물질, 명예, 권력 등등)보다 더 큰 은혜를 말합니다. 그러면 하나님은 어떤 사람에게 더 큰 은혜를 베푸실까요? "그러므로 일렀으되 하나님이 교만한 자를 물리치시고 겸손한 자에게 은혜를 주신다 하였느니라"(6절 하). 하나님은 겸손한 사람에게 큰 은혜를 베푸십니다. 일반적으로 겸손은 자신을 낮추는 것, 그리고 교만은 자신을 높이는 것으로 생각하는데, 사실 이 둘은 누구를 의지하느냐의 문제입니다. 겸손은 오직 하나님만 의지하는 것입니다. 그래서 겸손한 자는 세상보다, 물질보다, 권력보다 하나님을 더 의지합니다. 그래서 겸손은 믿음과 같이 갑니다. 믿음이 있는 사람만이 겸손할 수 있습니다. 반면에 교만은 자기 자신을 의지하는 것입니다. 자신의 돈이나 권력이나 백을 의지하고 기고만장하는 것입니다.

　이어지는 후속 절에서 야고보는 어떻게 하는 것이 겸손한 것인지 설명하기 위해 7개의 명령형 동사를 사용합니다. 첫째, "하나님께 복종하라"(7절 상). 여기 '복종'은 군대 용어입니다. 따라서 군대의 상관에게 부하가 복종하듯이, 상관이신 하나님께 부하인 신자가 절대복종하라는 말입니다. 둘째, "마귀를 대적하라"(7절 중). 여기 '대적'이란 내항해서 일어서는 것을 의미합니다. 마귀를 대항해서 일어서는 가장 좋은 방법은 "나사렛 예수의 이름으로 명령하노니 사탄아 물러가라"라고 외치는 것이 아니라 하나님의 권위 아래 자신을 던져 납작 엎드리는 것입니다. 자신을 하나님 앞에서 낮추고 그분에게 순복하는 것입니다. 그렇게 하면 마귀는 우리를 피해 저 멀리 도망칩니다(7절 하). 셋째, "하나님을 가까이 하라"(8절 상). 이는 하나님과 친밀한 교제 관계를 유지하라는 말입니다. 넷째, "죄인들아, 손을 깨끗이 하라"(8절 중). 이는 죄에서 떠나라는 말입니다. 보통 전과자들이 더는 죄를 짓지 않는 것을 두고 손 씻었다라고 말하기 때문입니다. 다섯째, "두 마음을 품은 자들아, 마음을 성결하게 하라"(8절 하). 이는 하나님께 마음을 확정해서 드리라는 말입니다. 양다리 걸치지 말고 일편단심의 마음을 품으라는 뜻입니다. 여섯째, "슬퍼하고 애통하고 울라"(9절). 여기 슬픔은 마음속으로부터 괴로워하는 것이고 애통과 울음은 그것을 밖으로 나타내는 것을 말합니다. 따라서 이는 정욕을 좇아 세상과 벗하며 죄로 얼룩진 삶을 살았던 것에 대해 통회자복(痛悔自服)하라는 말입니다. 일곱째, "주 앞에서 낮추라"(10절). 지혜의 보고라고 하는 잠언에서 하나님이 싫어하는 두 종류의 사람이 나오는데, 그중 넘버 투는 미련한 자입니다. 하지만 얘는 그래도 개선의 여지가 있습니다. 개선의 여지가 1도 없는 인간이 있는데, 교만한 자입니다. 이놈이 바로 하나님이 가장 싫어하는 자의 넘버 원입니다. 사실 인간이 타락하게 된 것도 교만에서 기인한 것입니다. 첫 사람 아담이 피조물인 자신의 신분을 망각하고 선악과를 따 먹고 창조주 하나님이 되려고 했던 것이 타락의 근본 원인이었습니다. 그러므로 우리는 성육신하여 겸손의 본을 몸소 실천하며 사셨던 둘째 아담 예수 그리스도처럼 하나님 앞에 자신을 낮추는 인생이 되어야 하겠습니다. 그것이 우리가 높아지고 다툼을 종식시키는 유일한 비결이기 때문입니다.

5장 압제

(부자의 압제)

전 장에서 야고보는 "하나님이 교만한 자를 물리치시고 겸손한 자에게 은혜를 주신다"(약 4:6), "주 앞에서 낮추라. 그리하면 주께서 너희를 높이시리라"(약 4:10)라고 말하면서 겸손을 강조했습니다. 그리고 이어서 후반부에서부터 5장 전반부까지 하나님 앞에서 겸손을 보여주지 못하는 행동 세 가지를 지적합니다. 첫째, 다른 형제들을 비방하고 판단하는 것입니다(약 4:11-12). 둘째, 자신의 장래에 대해 주제넘은 계획을 세우는 것입니다(약 4:13-17). 셋째, 가난한 자들을 억압하고 제멋대로 하기 위해 재물의 힘을 사용하는 것입니다(1-6절). 이 중 마지막 행동은 가장 심각한 범죄입니다. 비방은 종종 사적인 것이고, 악의에서 나온 행동이기보다는 무심코 말이 입 밖에 나온 것일 가능성이 더 많을 것입니다. 교만한 계획 수립도 마찬가지로 악의적인 것이기보다는 생각 없는 것일 가능성이 더 많습니다. 게다가, 그것은 공개적인 것이긴 하지만 종종 다른 사람들보다 그 계획을 수립한 사람에게 더 해를 끼칩니다. 그러나 억압은 공적인 것이며 다른 사람들에게 해를 끼칩니다.[129] 그래서 야고보는 가난한 자들을 착취하고 압제하는 부자들에 대한 거친 소환으로 본 장을 시작합니다. "들으라 부한 자들아, 너희에게 임할 고생으로 말미암아 울고 통곡하라"(1절). 여기 보면 야고보는 부자들에게 회개하라고 하지 않고 울고 통곡하라고 말합니다. 이는 그들이 구원받지 않고 심판받을 것이기 때문입니다.

사실 부나 부자 자체가 악한 것은 아닌데, 왜 야고보는 본문의 부자들에게 이렇게 매정하게 말하고 있는 걸까요? 그 이유는 네 가지인데, 첫째, 재물을 썩어 문드러질 정도로 쌓아 두었기 때문입니다(2-3절). 둘째, 품꾼들에게 임금 사기를 치고 그들을 압제했기 때문입니다(4절). 셋째, 사치하고 방종했기 때문입니다(5절). 넷째, 죄 없는 의인을 정죄하고 죽였기 때문입니다(6절).

이렇게 악한 부자들이 핍박하고 못살게 굴고 힘들게 할 때 우리는 어떻게 해야 할까요? 야고보는 이렇게 말합니다. "그리므로 형제들아, 주께서 강림하시기까지 길이 참으라. 보라 농부가 땅에서 나는 귀한 열매를 바라고 길이 참아 이른 비와 늦은 비를 기다리나니"(7절). 야고보는 농부를 예로 들며 성도들이 부자의 압제에 항거하지 말고 인내하라고 주문합니다. 우리 그리스도인들이 오래 참는 것은 맹목적인 것이 아닙니다. 산속 암자에 앉아 벽만 뚫어져라 보며 참고 견디는 스님처럼 그렇게 맹목적으로 하는 것이 아닙니다. 그것은 바로 소망의 인내입니다(살전 1:3). 우리 신자가 참고 인내하는 것은 무조건 인고(忍苦)하는 것이 아니라 소망이 있기에 참고 기다리는 것입니다. 주님의 재림을 바라보며 길이 참는 것입니다. 그리고 그 강림이 가깝기 때문에 그 어떤 상황에서도 원망하지 않고 참고 견딜 수 있는 것입니다(8-9절).

전반부에서 저자는 부자들에게 압제당할 때 원망하지 말고 인내하라고 권면했습니다. 그리고 이제 후반부에서 다른 고난의 상황, 즉 병마와 씨름하는 상황을 상정하면서 기도하라고 조언합니다. "너희 중에 고난당하는 자가 있느냐? 그는 기도할 것이요, 즐거워하는 자가 있느냐? 그는 찬송할지니라"(13절). 믿는 사람들이 고난당할 때 할 수 있는 가장 중요한 것은 기도입니다. 고난당할 때 당연히 기도해야 하지만 즐거울 때도 신자는 곡조가 붙은 기도인 찬송을 해야 합니다. 신자의 삶은 이렇게 슬플 때나 기쁠 때나 하나님께 기도로 나아가는 것입니다.

본문에서 야고보는 특히 개인이 병들었을 때 교회 공동체가 그를 위해 기도로 나아가야 한다고 말합니다. 그러면서 구체적으로 기도 지침을 4가지로 하달합니다. 첫째, "교회의 장로들을 청하라"고 말합니다(14절 상). 여기 장로는 '목사'를 가리킵니다. 기도는 혼자 하는 것보다 함께 합심하여 하는 것이 더 효과적입니다. 둘째, "주의 이름으로 병든 자에게 기름을 바르며 기도하라"고 말합니다(14절 하). 당시 올리브 기름은 병 치료에 사용되기도 하였고, 기름은 또한 성령을 상징하기도 하였기에 이는 예수님께서 성령의 권능으로 병자를 치유해주실 것에 대한 확신을 표현하는 말입니다. 셋째, "믿음의 기도를 하라"고 말합니다(15절). 이는 가장 자비롭고 긍휼이 많으신 우리 주님이 고쳐주실 것을 굳게 믿고 기도하라는 말입니다. 넷째, "죄를 서로 고백하면서 병 낫기를 위해 기도하라"고 말합니다(16절 상). 이는 병자의 죄뿐 아니라 그를 위해 기도하는 사람의 죄도 회개해야 한다는 의미입니다. 다시 말해서, 환우를 위해 기도하는 사람이 자신의 죄로 인해 중간에 가로막는 역할을 할 수 있으니까 서로 죄를 고하면서 병 낫기를 위해 기도하라는 말입니다.

야고보는 병든 자를 위한 효과적인 기도로 '의인의 간구'를 듭니다. "의인의 간구는 역사하는 힘이 큼이니라"(16절 하). 그리고 그 실례로 기도로 무려 삼 년 육 개월 동안 하늘 문을 얼고 닫은 엘리야를 제시합니다(17절 하-18절). 사실 엘리야는 "우리와 성정이 똑같은 사람"입니다(17절 상). 그는 목숨 잃는 것이 두려워서 도망쳤던 사람입니다(왕상 19:3). 우리처럼 배고프면 먹어야 했던 사람입니다(왕상 19:5). 고난 가운데 쉽게 낙담하고 좌절했던 사람입니다(왕상 19:14). 그러므로 본문의 '의'란 짐도 없고 흠도 없는 완벽한 상태를 말하지 않습니다. 그런 사람은 이 땅에 존재하지 않습니다. 여기서 말하는 '의'란 하나님께서 우리에게 신실하시듯이, 하나님께 신실함을 다함으로 말미암아 온전한 관계에 이르게 된 것을 말합니다. 하나님과의 관계가 바르면 기도할 때 확신이 생기게 됩니다. 하지만 관계가 온전치 못하면 기도해도 응답해 주시지 않을 것이라는 생각이 마음속에 저절로 듭니다. 그래서 하나님과의 관계를 회복하는 의인의 간구만이 역사하는 힘이 강한 것입니다.

이렇게 의인의 간구라고 할 때 구약은 엘리야를 모델로 제시하지만, 이에 대한 신약의 모델은 이 편지를 쓰는 야고보라고 해도 과언이 아닐 것입니다. 의인 야고보(James the Just)라고 불린 예수님의 동생 야고보는 베드로를 제치고 예루살렘 초대 교회의 수장이 되었습니다. 예수님 공생애 동안 그를 믿지도 따르지도 않았던 야고보가 단번에 예루살렘 교회 리더가 될 수 있었던 것은 예수님의 동생이라는 후광 때문이 아니라 행동하는 신앙인이었기 때문입니다. 야고보가 가장 싫어했던 종류의 사람은 믿음과 행위가 따로 노는 이중인격자였습니다. 그래서 그는 자신의 편지에서 "영혼 없는 몸이 죽은 것같이 행함이 없는 믿음은 죽은 것"이라고 선언합니다(약 2:26). 야고보가 이렇게 말할 수 있었던 것은 자신의 신앙고백이 고스란히 반영된 삶을 살았기 때문일 것입니다. 말뿐이고 행동은 없는 사람이 제아무리 황금의 입을 가지고 달변을 늘어놓는다고 한들 누가 그 궤변에 귀를 기울이겠습니까?

야고보가 예루살렘 교회를 이끌 수 있었던 또 다른 비결은 기도입니다. 초대 교회 전승에 의하면 그는 예루살렘 성전에서 밤낮을 가리지 않고 무릎을 꿇고 자기 백성들에 대한 용서를 하나님께 간구하였으며 이로 인해서 그의 무릎이 마치 낙타의 무릎처럼 딱딱해졌다고 합니다. 야고보처럼 신실하게 살면서 그 무릎에 옹이가 생길 정도로 기도한다면 그런 사람의 기도를 하나님은 귀담아들으실 것입니다. 그의 간구를 허투루 듣고 흘리지 않으실 것입니다.

제16장
베드로전서

배경과 지도

배경

베드로는 이 편지를 '바벨론'에서 쓴다고 말합니다(벧전 5:13). '바벨론'은 당시 기독교인들에게 로마를 가리키는 은어였습니다. 로마는 구약의 바벨론처럼 하나님의 백성을 핍박하는 신약의 바벨론이었습니다. 베드로는 로마에서 순교를 목전에 두고 자신처럼 고난을 겪고 있는 성도들을 위로하기 위해서 이 편지를 기록했습니다.

이 편지의 수신자가 받는 고난은 박해는 아니었습니다. 박해란 공적인 기관이 기독교를 핍박하는 것을 말하는데, 베드로전서에는 로마 정부로부터 핍박을 받았다는 내용이 나오지 않습니다. 오히려 사도는 로마 정부를 긍정적으로 묘사합니다. 그래서 로마 정부에 순종해야 하고 존경심을 표해야 한다고 가르칩니다(참고, 벧전 2:13).

이 편지를 받아 읽는 대상들이 겪는 고난은 언어적 폭력과 관련된 것이었습니다(참고, 벧전 2:12, 15; 3:16). 기독교인이 비기독교인으로부터 박해가 아닌 비방과 모욕을 당하는 언어적 폭력에 노출되어 있는 상태였습니다. 이는 기독교를 개독교요 목사와 집사를 먹사, 잡사라고 모욕하는 오늘날의 상황과 유사했습니다. 이런 적대적인 상황에서 고난은 신자에게 어떤 의미가 있는지 설명하기 위해 사도는 펜을 들었던 것입니다.

지도

사도 베드로가 순교 직전인 주후 62년경에 로마에서 기록한 베드로전서 또한 사도 바울의 편지들과 마찬가지로 첫 장에 길 안내 지도를 제시합니다. 이 편지의 로드 맵은 '고난'입니다. "자기 속에 계신 그리스도의 영이 그 받으실 **고난**과 후에 받으실 영광을 미리 증언하여 누구를 또는 어떠한 때를 지시하시는지 상고하니라"(벧전 1:11). 본 서신에서는 본 절을 필두로 '고난'이라는 단어가 총 14회 등장합니다. 게다가, '고난받다'라는 헬라어 동사 '파스코'가 12회나 나옵니다. 이 단어는 본 서신을 제외하면 신약 서신서 전체를 통틀어도 11회밖에 등장하지 않는 단어입니다.

 아울러, '영광'이라는 말 또한 12회나 사용되었습니다. 따라서 베드로는 편지 서두에서부터 이 두 단어를 빈번히 씀으로써 자신처럼 그리스도를 믿는 신앙 때문에 고난받는 성도들에게 고난 그 너머에는 현재의 고난과 족히 비교할 수 없는 영광이 있다는 사실을 상기시켜 주고 있는 것입니다.

장별 제목 붙이기

베드로전서는 총 5장으로 구성되어 있는데, 첫 장에서는 전체 로드 맵으로 '고난'이 제시됩니다. 그래서 1장은 고난 이렇게 두 글자로 기억하세요. 우리는 고난을 '교회'와 '가정'에서도 당하곤 합니다. 그래서 차례로 2장 교회(**교회**의 정체), 3장 가정(**가정** 법규)입니다. 이때 고난을 대하는 바른 '태도'를 알고자 '장로'를 찾아가는 이도 있습니다. 따라서 4장 태도(고난을 대하는 **태도**), 5장 장로(**장로**에게 주는 권면) 이렇게 각각 두 글자로 기억하세요.

<베드로전서 각 장 제목 두 글자 도표>

1장	2장	3장	4장	5장
고난	교회	가정	태도	장로

1장 고난

(성도의 고난)

베드로 또한 바울과 마찬가지로 당시 편지 관습대로 발신인, 수신인, 문안 인사 순으로 편지를 써 내려갑니다. 편지를 보내는 자는 "베드로"입니다(1절 상). 베드로는 자신을 '사도'라고 간단히 언급하고 넘어갑니다. 특별한 사족이 없습니다. 이는 바울서신과 대조적입니다. 갈라디아서가 잘 보여주듯이, 바울은 자신을 사도라고 말하고 긴 설명을 첨가합니다. 바울이 진짜 사도인지 아닌지 논쟁이 있었기 때문에 그는 자신이 사도임을 변증하려고 애를 씁니다. 이에 반해 그 어느 누구도 베드로가 사도인 것을 부정하지 않았기에 베드로는 긴말하지 않은 것입니다.

편지를 받는 자는 오늘날 튀르키예 북부 지역인 본도, 갈라디아, 갑바도기아, 아시아와 비두니아에 흩어져 있는 이방인 성도들입니다(1절 하). 베드로는 성도의 정체성을 두 가지로 정의합니다. 첫째로, 성도는 '흩어진 나그네'입니다. 이는 성도의 소속을 지칭합니다. 성도는 이 세상에 소속된 사람이 아닙니다. 이 세상은 성도가 잠시 체류하는 임시 거처에 불과합니다. 성도는 이 세상에 속해 있지 않기에 이 세상의 가치를 따라 살지 않습니다. 그래서 사회에서 소외당하고 고난받는 것입니다. 둘째로, 성도는 '택함받은 자'입니다. 그런데 이 선택은 놀랍게도 삼위 하나님의 연합 대작전으로 이루어졌습니다. 우리 신자 하나를 구원하기 위해서 성부께서 미리 계획하시고, 성자께서 피 흘리시고, 성령께서 거룩하게 하시는 합동 작전을 펼치셨습니다(2절 상).

이 성도들에게 베드로는 바울처럼 은혜와 평강이 함께 하길 기원합니다(2절 하). 특히 베드로전서는 평강으로 시작해서 평강으로 끝나는 편지입니다(2절; 벧전 5:14). 고난받고 있는 성도들에게 필요한 것은 하나님께서 위로부터 주시는 '평강'이기 때문입니다.

바울서신의 감사 단락에 해당하는 부분에서 베드로는 찬가를 삽입합니다(3-9절). 베드로가 하나님을 찬양하는 이유는 우리를 거듭나게 하셨기 때문입니다(3절). 그리고 중생의 놀라운 역사를 통해 성도의 심령 속에 산 소망이 생기고 이 소망은 영원하고 거룩한 하나님의 나라를 기업으로 물려받게 합니다(4절). 성도는 위대한 구원을 받았고 최종 구원을 얻도록 보호함을 받지만, 성도의 현실은 고난의 모습입니다(5-6절). 하지만 사도는 이 고난도 잠시 잠깐이라고 말합니다. 사실 다가오는 영원한 영광에 비하면 우리가 겪는 고통의 시간은 찰나에 불과합니다.

베드로는 고난과 함께 시험의 필연성을 이야기합니다. 시험은 성도가 믿음이 불완전해서 오는 것이 아니라 진짜 믿음을 가지고 있기에 오는 것입니다(7절). 고난과 시험이 오는 것은 우리가 진짜 그리스도인이라는 증거입니다. 따라서 고난받을 때 오히려 기뻐해야 할 것입니다(6, 8절). 성도가 고난을 받는 이유는 세상을 살면서 하나님의 말씀을 따라 살기 때문입니다. 신자가 불신자처럼 이 세상의 가치관을 따라 적당히 타협하고 살면 고난을 받는 일은 없습니다. 그러면 욕을 먹지도 않고 비난을 당하지도 않습니다. 하지만 그러한 나이롱 신자는 결코 주님의 제자가 될 수 없습니다. 베드로와 바울처럼 좁은 길을 걸어감으로 예수 그리스도의 고난에 참여할 때 참된 제자의 길에 들어서는 것입니다.

2장 교회

(교회의 성제)

본 장에서 베드로는 교회란 무엇인가를 논합니다. 먼저 우리는 예배당과 교회를 구분할 필요가 있습니다. 성경은 교회를 건물 개념이 아닌 인간 개념이라고 누누이 설명합니다(참고, 엡 2:19-20). 예배당 건물이 교회가 아니고 부르심을 받은 성도가 교회라고 밝히고 있습니다. 하지만 일상에서 우리는 예배당 건물을 교회로 부르는 관행을 고칠 생각이 별로 없는 듯합니다.

이 장을 시작하면서 사도는 교회 성장을 권면하는데, 만일 교회가 예배당 건물이라면 교회 성장이란 작은 예배당에서 성장해 큰 예배당을 지어야 할 만큼 커지는 것을 의미할 것입니다. 하지만 신약성경은 이런 식의 교회 성장을 지지하지 않습니다. 신약에서 예배당 건물을 교회로 부른 사례가 한 번도 없기 때문입니다. 성도가 교회이기에 교회 성장은 곧 성도들의 영적 성장입니다.

교회가 성장한다는 것은 양적 성장이라기보다는 질적 성장을 의미합니다. 그래서 사도는 성장을 말하면서 "신령한 젖을 사모하라"고 권면합니다(2절). 베드로는 전 장에서 성도는 삼위 하나님의 공동 사역으로 거듭나게 되었다고 말했습니다(벧전 1:3). 새롭게 출생해서 새 생명을 얻은 성도는 그 생명을 유지하고 성장하기 위해서는 순전하고 신령한 젖을 먹어야 합니다. 여기 '신령한 젖'이란 '하나님의 말씀'을 의미합니다. 1장에서 사도는 성도가 살아 있고 항상 있는 하나님의 말씀으로 거듭난다고 진술했습니다(벧전 1:23). 이 하나님의 말씀은 출생할 때도 필요하지만 성장할 때도 필요합니다. 따라서 진정 교회가 성장한다는 것은 말씀으로 거듭난 성도의 심령 속에 있는 영적 생명이 또한 말씀으로 더욱 강건하고, 깊고, 넓고, 풍성해져서 세상의 그 어떠한 고난도 능히 이기는 하나님의 사람으로 빚어져 가는 것을 의미합니다.[130] 이는 형제를 사랑하고, 하나님 아버지를 따라 그분의 거룩함에 이르는 것과 같은 윤리적이고 성품적인 측면 또한 포함합니다(참고, 벧전 1:15, 22).

앞에서 말씀을 통한 교회 성장을 언급했다면, 이어지는 단락에서 베드로는 교회, 즉 성도의 정체를 3가지로 밝힙니다. 첫째로, 성도는 "산

돌”입니다(5절 상). 먼저 사도는 예수님을 보배로운 산 돌로 묘사합니다 (4절). 그리고 이어서 산 돌이신 예수님을 믿는 성도들 또한 산 돌이라고 말합니다. 이 산 돌은 이어지는 ‘신령한 집’을 지칭합니다(5절 중). 신령한 집이란 영적인 집으로 뒤에 나오는 거룩한 제사장을 위한 집을 일컫는 말입니다. 거룩한 제사장을 위한 집은 성전을 의미합니다. 바울과 마찬 가지로 베드로도 교회 공동체를 성전이라고 부릅니다. 건물이 성전이 아니라 교회 공동체, 즉 성도가 성전입니다. 구원받은 백성이 성전입니 다. 구약에서 성전은 하나님과 하나님의 백성이 만나는 장소였는데, 신 약에서 개념이 바뀌어 예수님께서 하나님과 사람 사이를 이어주시는 성전이 되셨습니다(참고, 요 2:21). 그리고 바울서신과 일반서신에 가면 예 수님뿐 아니라 그를 믿는 교회 공동체가 성전입니다.

둘째로, 성도는 “거룩한 제사장”입니다(5절 하, 9절 상). 혹자는 이를 사 제나 목사와 같은 특정한 계층만이 아니라 모든 신자가 다 제사장이라 는 만인제사장설의 근거 구절로 삼는데, 본문의 강조점은 인류 앞에서 교회가 갖는 공동체적 정체성과 사명입니다. 마치 과거에 하나님의 언 약 백성인 이스라엘이 열방을 위한 제사장 나라였던 것처럼(출 19:6), 새 언약 백성으로서의 교회가 한 공동체 전체로서 인류 앞에 제사장의 역 할을 한다는 뜻입니다.[131] 거룩한 제사장이 해야 할 일은 “신령한 제사” 를 드리는 것입니다(5절 중). 여기 ‘신령’이란 ‘거룩’과 동의어로 ‘거룩’은 거룩한 행실을 의미합니다. 성도는 동물 제사가 아니라 거룩한 행실, 즉 세상 사람들과 구별된 삶을 영위해야 합니다.

셋째로, 성도는 “하나님의 소유된 백성”입니다(9절 하). 이는 하나님 의 철저한 보호를 암시합니다. 베드로가 이 편지를 쓸 당시 로마 시민권 자는 채찍이나 십자가와 같은 형벌을 피할 수 있었고 억울한 판결을 받을 경우 로마 황제에게 직접 공정하게 재판해 달라고 상소할 수 있는 등 상당한 특권을 누렸습니다. 오늘날 미국과 같은 강대국의 시민권을 가진 자는 그 사람이 제아무리 잘못을 했다 하더라도 함부로 대하지 못합니다. 고문을 하거나 죽이지 못합니다. 그럴 경우 소속 국가가 직접 보복에 나설 수 있기 때문입니다. 지상 나라도 이럴진대 하나님 나라에 속한 천국 시민권자는 얼마나 큰 보호와 특권을 누리겠습니까?

3장 가정
(가정 법규)

하나님께서 세상을 창조하시고 세상에 세우신 두 개의 기관이 있습니다. 그 가운데 하나는 '교회'이고 다른 하나는 '가정'입니다. 2장에서 저자는 이 둘 중 교회에 대해 논했다면, 3장에서는 가정에 대해 가르칩니다. 부부에게 주는 권면은 바울도 했습니다. 그러나 에베소서에서 한 바울의 권면(엡 5:22-28)과 여기 베드로전서의 베드로의 권면은 다소 차이가 있습니다. 전자는 부부가 둘 다 예수님을 믿는 가정에게 주는 교훈인 반면, 후자는 부부 중 한쪽은 믿고 한쪽은 믿지 않는 가정에 주는 가르침입니다.

　베드로의 가정 준칙을 세밀히 살펴본 여성 독자라면 '아니, 아내에게는 이렇게 요구 조건이 많은데, 남편에게는 꼴랑 한 구절이라니 이거 좀 심하지 않은가?'라고 불만을 터뜨릴 것입니다. 사도가 당시 그레코-

로만 사회에서 경제적으로나 육체적으로나 모든 면에서 비교가 안 될 정도로 약자에 속하는 아내에게 이렇게 장황한 권면을 하는 데에는 그만한 이유가 있었습니다. 우리는 본 장 첫 구절을 주목할 필요가 있습니다: "이와 같이, 아내들은"(1절 상). 헬라어 원문에는 '이와 같이'(헬. '호모이오스')가 맨 먼저 나옵니다. '이와 같이'란 앞 문맥(벧전 2:25)을 받는 것으로 '이제 그들이 그리스도께 돌아와 그분을 자신들의 목사와 삼독으로 삼은 것같이'입니다. 그러므로 달리 말하면, '목자이신 그리스도가 인도하는 길로 가야 하므로'가 됩니다. 그리스도는 악을 대항함에 있어서 악을 악으로 갚지 않고 십자가의 고난의 방식으로 하늘의 하나님의 통치를 드러내셨습니다. 따라서 그리스도가 교회의 목자이시니 교회도 이제 그분이 걸어갔던 길을 따라가야 합니다. 이 사명을 보다 잘 감당할 수 있는 자들은 세상에서 강력한 힘을 가진 자들(상전, 남성)이 아니라 악에 대해 속수무책으로 당하기 쉬운 자리에 놓인 자들(종, 여성)입니다.[132]

　베드로는 여섯 절에 걸쳐 아내에게 권면하고 있는데, 그 핵심 골자는 남편에게 순종하라는 것입니다(1, 6절). 아내가 남편에게 순복하라는 요청은 신약 전반에 걸쳐 등장합니다(골 3:18; 엡 5:22-23; 딛 2:5). 하지만 여성이 남성보다 열등하기에 마땅히 순종해야 한다는 식의 논주를 신약 성경은 취하고 있지 않습니다. 그것은 질서이고 역할일 뿐입니다. 또한 사도가 아내에게 남편의 권위를 인정하라고 권면할 때 그 "남편"을 가리켜서 "말씀을 순종하지 않는 자"라고 지칭합니다(1절 중). 이는 '불신 남편'을 말하는데, 단순히 예수님을 안 믿는 사람 정도가 아니라 적극적으로 그리스도인을 반대하고 비방하는 사람을 의미합니다(참고, 벧전 2:12, 15; 3:9, 16). 베드로가 이 편지를 쓸 당시 아내가 남편에게 순종한다는 말은 남편의 관습과 종교까지도 다 받아들여야 한다는 뜻이었습니다. 그런데 사도가 아내들에게 순종을 권면하는 목적은 남편이 가지고 있는 종교를 수용하는 것이 아니고 그 반대로 선행을 통해서 남편들이 아내가 가지고 있는 기독교 신앙을 갖게 만드는 것이었습니다. "그 아내의 행실로 말미암아 구원을 받게 하려 함이니"(1절 하).

이어지는 절에서 아내가 남편에 순종하는 동기가 제시됩니다. "너희의 두려워하며 정결한 행실을 봄이라"(2절). 본 절의 '너희의 두려워하며'라는 말을 주의해서 보아야 합니다. 얼핏 보면 아내가 두려워하는 대상은 불신 남편처럼 보입니다. 다시 말해서, 아내는 믿지 않는 남편의 폭행이나 공격적인 모습을 두려워한다라고 해석하기 쉽습니다. 하지만 이 편지에서의 '두려워하며'(헬. '포보스')는 그 대상을 하나님으로 하고 있습니다(참고, 벧전 2:17-18). 그러므로 남편에 대한 순종은 남편이 거칠거나 친절하거나 하는 것이 그 동기가 아닙니다. 하나님에 대한 두려워하는 마음이 근본 동인입니다. 따라서 사도는 하나님을 향한 경외심을 가지고 아내가 남편에게 순종할 것을 가르치는 것입니다. 하나님을 존중하는 마음을 가진 아내는 남편에게 정결한 행실을 보여주는데, 정결한 행실의 구체적인 예로 저자는 의복과 치장을 듭니다. 바울(딤전 2:9-10)과 마찬가지로 베드로 또한 화려한 의복과 장식의 절제를 주문합니다(3절). 자신의 종교를 강요하는 불신 남편을 위해 치장과 단장을 통해 아름다워지고 싶어하는 여성의 본능을 억누르라고 하는 사도의 권면은 꼰대가 하는 말로 치부되기 쉽습니다. 하지만 겉을 치장하는 것보다 속을 단장하는 데 힘쓰는 것이 하나님 앞에 더 값진 것입니다(4절). 다시 말해서, 하나님을 기쁘시게 하는 일입니다.

아내에게 주는 권면을 마무리하면서 베드로는 사라를 그들이 따라야 할 모델로 제시합니다. 사라가 이상적인 모델이 될 수 있었던 것은

'당치도 않은' 아브라함을 "주"라고 하며 그 남편의 권위를 제대로 인정해 주었기 때문입니다(6절). 제 한 몸 살기 위해서 자신의 아내를 바로에게 넘겨주며 헌신짝같이 버렸던 이 비겁한 아브라함을 꿋꿋이 순복하며 주인으로 섬겨 끝내 그를 믿음의 조상으로 만든 사라는 남편 못지않은 믿음의 영웅이요 오고 오는 크리스천 아내들이 본받아야 할 무범으로 손색이 없는 인물입니다.

아내에게 주는 권면에 이어 베드로는 남편에게 주는 권면을 시작합니다. 이 권면은 믿는 남편이 믿지 않는 아내와 살고 있는 상황을 염두에 둔 것입니다. 당시 문화는 남편의 권위로 아내를 굴복시켜서 남편의 종교와 관습을 아내에게 강요할 수 있었습니다. 하지만 사도는 강압적인 방법으로 아내에게 복음을 강요하지 말고 인격적 감화를 통해서 자발적으로 복음을 받아들이도록 가르칩니다.

먼저 베드로는 아내를 '더 연약한 그릇'이라고 칭합니다(7절 상). '그릇'은 '몸'을 가리키는 비유적 표현으로 여성뿐 아니라 남성도 그릇입니다. 인간을 깨지기 쉬운 그릇에 비유한 것은 인간이 언젠가는 죽음을 맞이할 연약한 육체이기 때문일 것입니다. 그런데 여성이 더 약한 그릇인 이유는 일반적으로 남성보다 여성이 힘이 더 약하기 때문입니다. 당시 그레코-로만 사회에서도 이 표현을 썼는데, 베드로는 여기서 여성의 약함을 여성 비하나 혐오를 위해 사용하지 않고 여성을 더 존중하고 배려해야 한다는 취지로 사용하고 있습니다.

이어서 사도는 아내를 "생명의 은혜를 함께 이어받을 자로 알아 귀히 여기라"고 권면합니다(7절 중). 본 절의 '생명의 은혜'라는 말은 최종적인 구원을 의미합니다. '귀히 여기라'는 말은 왕에게 썼던 표현입니다(참고, 벧전 2:17). 그러므로 남편은 아내를 하녀 대하듯 하지 말고 왕을 대하듯이 존중하라는 말입니다. 그러면 남편도 왕처럼 대우받을 것입니다. 이렇게 아내를 존중해주어야 하는 이유는 기도가 막히지 아니하게 하려 함입니다(7절 하). 헬라어 원문에 보면 이는 신적 수동태로 되어있습니다. 그러므로 아내를 존중하지 않으면 하나님께서 기도를 막으신다, 즉 응답해 주지 않으실 수도 있다고 경고하는 것입니다.

가장 가까운 사람들끼리 문제가 생기면 우선 기도가 막힙니다. 이는 비단 부부만이 아닙니다. 부모와 자식 간에도 그렇고 동료 간에도 그렇습니다. 그러므로 하나님께 기도 응답을 받기를 진심으로 원한다면 우리는 이 권면에 귀 기울여야 할 것입니다.

4장 태도

(고난을 대하는 태도)

베드로는 1장에서 전체 로드 맵으로 '고난'의 이슈를 제시했습니다. 그리고 본장에서 다시 고난의 문제를 언급합니다. 여기서는 고난을 맞이하는 성도의 태도를 다룹니다. 먼저 사도는 전반부에서 고난을 제공하는 적대적인 세상에 대해 성도가 어떤 자세를 취해야 하는지를 설명합니다. 첫 절에서 베드로는 고난이 올 때 그리스도의 태도를 본받으라고 권면합니다. 예수님께서는 고난을 당하면서 고난 자체에만 매몰되지 않으셨습니다. 고난 너머를 바라보셨습니다. 십자가의 고난은 결국 인류의 죄의 문제를 해결하고 구원을 이루는 길임을 알고 계셨습니다. 따라서 성도들도 예수님처럼 고난 저 너머에 또 다른 차원이 있음을 바라보는 혜안을 길러야 할 것입니다.

　이어지는 절에서는 이 편지 수신자들이 고난을 받는 이유를 설명합니다. 이들이 고난을 당하는 까닭은 회심하여 그리스도께 순종하고 죄를 짓지 않기로 결신했기 때문입니다(2절). 이방 그리스도인들이 예수 그리스도를 믿고 극한 방탕에 함께 동조하지 않자 이를 이상히 여긴 주위의 불신자들이 그들을 비방하기 시작했습니다(4절). 본 절의 '극한 방탕'이란 방탕의 홍수 혹은 물결이라는 뜻입니다. 수신자들이 더 이상 방탕의 탁류 속에 함께 휩쓸리지 않자 '이놈들 별종이네' 하고 핍박하는 것입니다. 이렇게 무고히 고난을 받을 때 성도들은 억울해할 것이 하나도 없습니다. 핍박자들은 하나님의 최후 심판대 앞에 서서 자기가 행한 일을 하나님께 직고(直告)할 것이기 때문입니다(5절). 그들은 반드시 심판을 받고 자기들이 지은 죄를 하나님 앞에서 낱낱이 설명하게 될 것입니다. 사실 예수님을 믿으면서 고난이 없다면 그것은 우리가 적당히 세상과 타협하면서 살기 때문일 것입니다. 우리 신자의 삶이 불신자와 명확히 구별된다면 필연적으로 고난은 오게 되어 있습니다.

　이제 저자는 화제를 바꿔서 고난의 때에 신자 상호 간에는 어떤 태도를 견지해야 하는지를 논합니다. 먼저 그는 "만물의 마지막이 가까이 왔으니 그러므로 너희는 정신을 차리고 근신하여 기도하라"고 권면합니다(7절). 주님의 재림이 임박했을 때 신자는 두 가지 태도를 취해야 합니다. 첫째로, 정신을 똑바로 차려야 합니다. 이는 생각을 분명하게 가지라는 말입니다. 둘째로, 근신해야 합니다. 이는 술을 마시지 않은 맑은 상태를 유지하라는 말입니다. 이어지는 세 구절 속에서 베드로는 '서로'라는 말을 거듭 사용하여 서로 힘을 합칠 것을 강조합니다. 먼저 고난 속에서 살아남기 위해서는 "서로" 뜨겁게 사랑해야 합니다(8절). 여기 '뜨겁게'란 감정이 아닌 변함없는 자세를 의미합니다. 외압에 굴하지 않고 성도들은 변함없이 서로 사랑하며 살아가라는 말입니다. 다음 구절에는 서로 사랑하는 구체적 실천 방안이 제시되는데, 그것은 "서로" 손님 대접을 하는 것입니다(9절 상). 초대 교회에서는 말씀을 가르치는 선생들이 여기저기 순회를 했습니다. 그러다 보니 순회 교사들을 위해 성도들이 자기 집을 개방하고 그들을 대접하는 일이 있었는데, 이게 바로 손님 대접입니다. 그런데 이 순회 교사들이 집에 머물게 되면 숙식을 제공해야 했기에 그들을 대접하는 일이 결코 녹록한 것은 아니었습니다. 게다가, 예상외로 그들이 오래 집에 머물게 되면 자연히 원망하는 일이 생길 수가 있었습니다. 그래서 사도는 원망하는 일이 없이 하라고 권면하는 것입니다(9절 하). 사실 혼자 이 일을 하면 얼마나 벅차겠습니까? 그래서 사도는 '서로' 손 대접함으로 짐을 나누라고 권면하는 것입니다. 마지막으로 "서로" 봉사하라고 권면합니다(10절). 여기 '봉사'는 교회 내에서 섬기는 일을 말합니다. 그런데 교회 안에서 섬김과 봉사를 할 때는 하나님이 공급하시는 힘으로 해야 합니다(11절). 하나님의 일은 자기의 재력과 능력으로 하는 것이 아니라 하나님이 주시는 힘과 하나님의 은혜로 해야 하는 것입니다.

5장 장로

(장로에게 주는 권면)

하나님께서는 고난에 처한 교회를 돌보고 보호하기 위해 장로들을 주셨습니다. 본 단락에 나오는 장로는 오늘날의 장로보다는 목사에 가깝습니다. 목회자가 교회 공동체에 미치는 영향력은 그 누구보다도 크기에 베드로는 회중들 가운데 먼저 장로들을 향해 권면을 합니다. “너희 중 장로들에게 함께 장로 된 자요 그리스도의 고난의 증인이요 장차 나타날 영광에 참여할 자로서 권면하노라”(1절). 베드로는 장로들에게 주는 권면에 앞서 3가지로 자기 자신을 소개합니다. 먼저, ‘함께 장로 된 자’라고 말합니다. 이 편지를 시작하면서 그는 자신을 사도라고 소개했습니다. 그런데 여기서는 사도라는 권위적인 칭호를 사용하지 않고 함께 장로 된 자라고 겸손하게 말합니다. 사도와 장로는 교회의 영적 지도자라는 측면에서는 동일하지만, 장로는 사도들에 의해 세워진 자들로 사도가 세상의 보는 교회의 장로라면 장로는 어느 한 특정 지역의 교회 지도자를 일컫는 말입니다.

이어서 베드로는 자신을 ‘고난의 증인’이라고 부릅니다. 이는 그가 예수님이 십자가상에서 고난을 당하실 때 그 자리에 있지 않았기 때문에 주님의 고난을 직접 눈으로 본 목격자라는 의미가 아니라 주님의 고난을 증거한 사람이라는 뜻입니다. 마지막으로 베드로는 자신을 ‘나타날 영광에 참여할 자’라고 칭합니다. 여기 ‘나타날 영광’은 베드로를 위해 예비된 특별한 상급을 가리키는 말입니다(참고, 4절). 지금 당장은 고난이 있지만 그 고난을 충분히 보상하고도 남을 상급이 장로 베드로를 기다리고 있다는 말입니다.

이어지는 절에서 사도는 장로들에게 본격적으로 권면합니다. 장로들의 사명은 하나님의 양 무리를 치는 것입니다(2절 상). 다시 말해서, 장로들은 선배 베드로 장로처럼 목양의 사명을 예수님으로부터 위임받은 자들입니다. 이 귀한 사명을 맡은 장로들이 고난 가운데 있는 양 떼들을 치는 방법이 본 단락에서 3가지로 제시되는데, 모두 "~하지 말고, ~하라"는 패턴을 띕니다. 첫째로, "억지로 하지 말고 하나님의 뜻을 따라 자원함으로 하며"(2절 중). 이는 마지못해 의무감으로 하지 말고 기쁜 마음으로 목양하라는 의미입니다. 세족식 때 누가 시키지도 않았는데 자진해서 제자들의 더러운 발을 씻겨주셨던 예수님처럼 말입니다. 둘째로, "더러운 이득을 위하여 하지 말고 기꺼이 하며"(2절 하). 이는 세상 사람들처럼 돈을 목적으로 목양하지 말라는 말입니다. 전문 사역자의 경우 생활을 위해 성도들에게 물질적으로 지원받는 것은 당연한 것입니다(고전 9:9; 딤전 5:18). 하지만 목양에는 별반 관심이 없고 마음이 늘 콩밭에만 가 있다면 이는 교회 지도자로서 자격 미달입니다. 셋째로, "주장하는 자세를 하지 말고 양 무리의 본이 되라"(3절). 본 절의 '주장하는 자세'란 스스로 주인 노릇하는 것을 말합니다. 이는 주인이신 예수님의 양 무리를 자기 것인 양 도적질하고, 세상의 방식대로 양 무리를 대하는 것을 가리킵니다. 거짓 목자는 '양을 먹이는 자'가 아니라 '자기를 먹이는 자'요, 제 배를 불리기 위해 '양을 먹는 자'입니다(겔 34:2-3). 우리 목자들은 제 한 몸 호의호식하기 위해 맡겨진 양을 다 잡아먹는 파렴치한이 아니라 양 무리의 본이 돼야 합니다. 여기 '본'이란 '겸손과 섬김의 본'을 의미합니다. 우리 예수님은 주인이면서도 종처럼 낮아지시고 자신의 목숨까지도 양 떼들에게 기꺼이 내주는 본을 보이셨습니다. 교회의 리더 된 자들은 주님처럼 말이 아닌 본이 되는 삶을 살아야 합니다. 현대판 바리새인이라고 비난받지 않기 위해서 목회자들은 자신이 한 말을 삶으로 증명해야 합니다.

이렇게 사도가 제시한 대로 목양을 하는 장로는 목자장이 나타나실 때에 시들지 아니하는 영광의 관을 얻을 것입니다(4절). 2장에서 예수님은 자신을 목자라고 불렀지만(벧전 2:25), 여기서는 다른 목자, 즉 장로들과 구분하기 위해서 목자장—목자들 가운데에 가장 높으신 분—이라고 소개합니다. 목자들은 목자장에게 양을 치라고 위임을 받은 자들입니다. 그러므로 맡은 자는 충성을 다해야 할 것입니다(고전 4:1-2). 그리고 충성스럽게 목양하는 자에게 시들지 않는 영광의 관이 주어질 것입니다. 본 절의 '시들지 않는 영광의 관'이란 당시 그레코-로만 사회에서 운동 경기 때 승리자에게 주던 월계관에서 비롯된 용어입니다. 이는 고된 훈련과 인내의 경주라는 과정을 염두에 둔 표현입니다. 장로들이 양 무리를 치는 것은 결코 녹록한 사역이 아닙니다. 세상에서 제일 힘든 일이 사람 대하는 것이기 때문입니다. 하지만 교회 리더들은 금방 시들어 버리는 월계관이 아닌 영원히 썩지 않는 면류관을 바라며 복양의 경주를 참고 또 참으며 끝까지 완주해야 할 것입니다.

다음 절에서 베드로는 권면의 대상을 전환합니다. "젊은 자들아, 이와 같이 장로들에게 순종하고 다 서로 겸손으로 허리를 동이라. 하나님은 교만한 자를 대적하시되 겸손한 자들에게는 은혜를 주시느니라"(5절). 본 절은 젊은 자들에게 주는 교훈입니다. 그런데 여기 '젊은 자들'은 청년에 국한한 말이 아닙니다. 헬라어 원문에 보면 '더 젊은 사람들'(헬. '네오테로이')이라고 되어있기 때문입니다. 이는 앞 절의 장로들에 비해서 더 젊은 자들을 일컫는 말입니다. 그 당시 교회에서 장로는 실제로 나이가 지긋한 사람이 선택되었습니다. 그러므로 본 절의 젊은 자들이란 장로를 제외한 모든 성도를 지칭하는 표현입니다. 모든 성도들은 장로들에게 순종해야 합니다. 영적 리더들의 권위를 인정하고 존경해야 합니다. 적대적인 세상으로부터 고난을 받을 때 세상의 주목과 모욕을 더 많이 받는 사람은 교회의 영적인 리더들입니다. 이 지도자들은 고난받는 성도들을 보호하고 잘 이끌 책임이 있습니다. 이와 동시에 모든 성도는 영적 리더들의 권위를 인정하고 그들의 가르침을 따를 책임이 있습니다. 본 절에서 '다 서로'라는 말을 주목할 필요가 있습니다. 이는 장로들과 성도들 모두 다를 가리킵니다. 두 그룹은 다 서로에게 겸손으로 대할 것을 베드로는 권면합니다.[133] 역경의 시기에 교회는 서로에게 책임을 다해야 합니다. 상호 간의 책임 있는 모습을 통해 교회가 어려운 시기를 극복할 수 있는 것입니다.

배경과 지도

배경

베드로후서는 사도의 죽음이 임박했던 시기, 즉 주후 64-67년 정도에 로마에서 기록된 편지로 베드로전서가 고난이라고 하는 외부의 적의 공격에 대응하기 위한 목적이었다면, 베드로후서는 유혹이라고 하는 내부의 적에 반응하는 데 초점이 맞춰져 있었습니다. 이 두 번째 편지는 세속적인 탐욕에 물든 거짓 교사들의 잘못된 가르침으로부터 교회 공동체를 보호하기 위해 쓰였습니다.

지도

베드로가 쓴 두 번째 편지 또한 첫 장에 길 안내 지도를 장착하고 있습니다. 이 서신 전체를 이끌어 나가는 로드 맵은 '지식'입니다. 사도는 편지 서론에서 '앎'이란 단어를 무려 5번이나 반복함으로써 이 편지의 핵

심 화두가 '지식'(knowledge)이라는 것을 수신자들에게 미리 언질을 줍니
다. "하나님과 우리 주 예수를 **앎**으로 은혜와 평강이 너희에게 더욱 많
을지어다. 그의 신기한 능력으로 생명과 경건에 속한 모든 것을 우리에
게 주셨으니 이는 자기의 영광과 덕으로써 우리를 부르신 이를 **앎**으로
말미암음이라"(벧후 1:2-3). "그러므로 너희가 더욱 힘써 너희 믿음에 덕
을, 덕에 **지식**을, **지식**에 절제를, 절제에 인내를, 인내에 경건을, 경건에
형제 우애를, 형제 우애에 사랑을 더하라. 이런 것이 너희에게 있어 흡
족한즉 너희로 우리 주 예수 그리스도를 **알기**에 게으르지 않고 열매 없
는 자가 되지 않게 하려니와"(벧후 1:5-8).

이렇게 베드로는 서론에서 주제에 대한 힌트를 준 후, 이제 본론에
서 이와 동일한 단어를 사용하여 이 주제를 집중 조명합니다. 먼저 1장
후반부에서는 편지 수신자들이 우선적으로 '알아야 할 것'을 다음과 같
이 제시합니다. "먼저 **알 것**은 성경의 모든 예언은 사사로이 풀 것이 아
니니 예언은 언제든지 사람의 뜻으로 낸 것이 아니요 오직 성령의 감동
하심을 받은 사람들이 하나님께 받아 말한 것임이라"(벧후 1:20-21). 이어
서 2장에서는 거짓 선지자들이 일어날 것을 경고하고 구약의 세 가지
사례를 들어 이 거짓 선지자들은 필히 하나님의 심판을 받게 될 것이므
로 이들의 속성과 삶을 분별할 줄 아는 영적 통찰력을 기를 것을 독자
들에게 권면합니다. 그리고 끝으로 3장에서는 다시 한번 '앎'이라는 단
어를 사용하여 주님을 아는 지식에서 성장할 것을 권고하면서 편지를
마무리합니다. "오직 우리 주 곧 구주 예수 그리스도의 은혜와 그를 **아
는 지식**에서 자라 가라"(벧후 3:18 상).

장별 제목 붙이기

베드로후서는 총 3장으로 구성되어 있는데, 첫 장에서는 로드 맵으로 '지식'이 제시됩니다. 그래서 1장은 지식(하나님을 아는 **지식**) 이렇게 두 글자로 기억하세요. 그리고 이 하나님을 아는 지식이 없는 자는 결국 '이단'에게 '조롱'을 당할 것입니다. 그래서 차례로 2장 이단(**이단**에 대한 경고), 3장 조롱(주의 강림을 **조롱**하는 자들) 이렇게 또 두 글자로 정리하세요.

<베드로후서 각 장 제목 두 글자 도표>

1장	2장	3장
지식	이단	조롱

1장 지식

(하나님을 아는 지식)

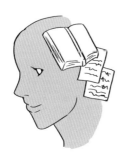

베드로후서 또한 베드로전서와 마찬가지로 당시 편지 관습대로 발신인, 수신인, 문안 인사 순으로 편지를 써 내려갑니다. 편지를 보내는 발신인은 "베드로"입니다(1절 상). 그런데 베드로전서와 달리 사도는 자신을 '시몬 베드로'라고 소개합니다. 이 시몬 베드로라는 자기 소개는 빌립보 가이사랴에서의 신앙고백과 그 신앙고백 위에 주님이 당신의 교회를 세우시겠다는 약속(마 16:16-18)과 관련된 표현으로, 저자는 시몬 베드로라고 자신을 소개함으로써 예수 그리스도에 대한 올바른 정체성 그리고 교회를 그리스도라는 반석 위에 견고하게 세울 사명이 자신에게 있음을 시작부터 천명하고 들어가는 것입니다. 이는 2장에서 본격적으로 등장하는 예수 그리스도의 주권을 부인하며 교회를 허물고 파괴하는 거짓 교사들의 부패한 가르침과 삶을 겨냥한 의도적이고 전략적인 자기소개로 볼 수 있습니다.[134]

이 편지의 수신인은 "우리 하나님과 구주 예수 그리스도의 의를 힘입어 동일하게 보배로운 믿음을 우리와 함께 받은 자들"입니다(1절 하). 이들에게 발신인은 베드로전서와 마찬가지로 은혜와 평강이 임하기를 기원합니다(2절 하). 그런데 여기서 주목할 것은 베드로는 바울과 달리 하나님의 선물인 이 은혜와 평강을 받는 비결을 독자들에게 구체적으로 제시하고 있습니다. "하나님과 우리 주 예수를 앎으로"(2절 상). 앞서도 언급했듯이, 베드로후서의 핵심 화두는 앎, 곧 지식입니다. 특별히 사도는 예수 그리스도를 아는 것에 초점을 둡니다(2-3절, 8절; 벧후 2:20; 3:18). 편지 수신자들은 지금 고난이라는 암울한 상황에 처해 있는 자들입니다. 게다가, 그들은 이단의 유혹에까지 노출되어 있습니다. 베드로는 이 이중고에 처해 있는 독자들에게 '그리스도를 알라'고 권면합니다. 그런데 여기서 '안다'는 것은 헬라식 개념이 아닌 히브리적 개념입니다. 히브리어로 '안다'라는 말은 '야다'입니다. 그런데 이 동사는 어떤 단편적인 지식만이 아니라 전인격적인 교제를 의미합니다. 하나님이 우리를 알고 우리 성도가 하나님을 안다는 것은 그의 이름, 용모, 나이, 성별 등의 단편적이고 피상적인 정보를 아는 것이 아니라 그의 인격 전체를 아는 것입니다. 고난의 급박한 때에 이단에 넘어가지 않기 위해서는 예수님을 인격적으로 알아야 한다는 것입니다. 주님을 이런 식으로 제대

로 알 때에 이단을 쉽게 구별할 수 있게 됩니다.[135]

　이단은 이 편지에서 베드로의 최대 관심사입니다. 사도는 거짓 교사들의 미혹이라는 위험에 직면한 교회에게 사족을 빼고 바로 1장부터 해결책을 제시합니다. 그는 자신의 죽음이 임박했다는 것을 직감하고 시간이 많지 않기에 먼저 치유가 시급한 환자에게 하듯이 처방전부터 제시합니다 ㄱ 병이 어떻게 생기게 되었는지, 원인이 무엇이었는지를 밝히는 진단은 나중에 합니다. 이런 이유로 인해 2장에 가서야 본격적으로 거짓 교사들이 언급되는 것입니다.

　그러면 베드로가 제시하는 이단을 상대하는 교회의 해법은 무엇일까요? ㅗ섯은 "신성한 성품"의 성장입니다(4절). 좀 더 구체적으로 말하면, 하나님을 전인격적으로 앎으로써 그분의 신성한 성품에 참여하게 되는 것입니다. 그렇게 될 때 비로소 주의 교회는 거짓 선생들의 가르침과 부패한 삶으로부터 자신을 굳게 지킬 수 있는 것입니다. 그래서 사도는 교회가 우선적으로 세워 가야 하는 신성한 성품의 목록을 8가지로 제시합니다. "그러므로 너희가 더욱 힘써 너희 믿음에 덕을, 덕에 지식을, 지식에 절제를, 절제에 인내를, 인내에 경건을, 경건에 형제 우애를, 형제 우애에 사랑을 더하라"(5-7절). 여기 열거된 여덟 가지 덕목은 서로 깊은 연관성을 가지고 있는데, 믿음에서 시작해서 사랑으로 완성되는 연속적인 성장 단계를 묘사하는 것입니다.

　하나님께서는 우리 그리스도인들에게 믿음을 주셨습니다. 그런데 이 믿음이 생겼다고 모든 것이 끝나는 것은 아닙니다. 믿음(헬. '피스티스')은 시작이요, 기초입니다. 이 믿음의 토대 위에 우리 그리스도인들은 나머지 덕목들을 탑 쌓듯이 차곡차곡 쌓아 나가야 합니다. 먼저 믿음 위에 덕을 공급해야 합니다. 본문의 '덕'(헬. '아레테')이란 자신의 존재 목적을 성취하는 것, 다시 말해서, 하나님의 부르심에 걸맞게 자신을 드러내는 것을 말합니다. 믿음을 가진 사람들은 그것을 마음속에만 간직하지 말고 밖으로 드러내야 합니다. 오늘날 믿는 사람들이 세상 사람들에게 욕을 먹는 이유는 믿음에 덕을 공급하지 않기 때문입니다. 불신자들이 집사를 '잡사', 목사를 '먹사'라고 부르며 조롱하는 이유는 믿음에 덕을 공급하지 않기 때문입니다. 믿음 안에서 자신이 어떤 사람이 되었는지를 드러내지 못하기 때문입니다. 자신의 존재 목적을, 자신의 선함을, 하나님의 영광을 드러내지 않는 삶을 살기에 우리 그리스도인들이 믿지 않는 사람들에게 욕을 먹는 것입니다.

이어서 이 덕에 '지식'(헬. '그노시스')을 공급해야 합니다. 덕에 지식이 채워져야 하는 이유는 바로 알아야지만 우리의 선함과 하나님의 영광을 제대로 드러낼 수 있기 때문입니다. 그런데 이 지식은 '절제'(헬. '엥크라테이안')라는 신성한 성품을 필요로 합니다. 고린도 교회의 강한 자들이 잘 보여주듯이, 절제되지 않은 지식은 연약한 형제를 실족시킬 수도 있기 때문입니다.

우리는 즐기고 싶은 욕망을 적절히 통제할 필요가 있습니다. 제가 아는 한 집사는 드라마를 너무 좋아해서 살림도 뒷전이고, 예배도 밥 먹듯이 빠집니다. 어떤 목회자는 프로 야구를 하도 좋아해서 예배가 파하자마자 교인들과 인사도 하지 않고 사라졌다고 합니다. 그래서 어디로 갔나 봤더니 사택에서 TV로 야구 중계를 보고 있더랍니다. 절제의 미덕이 부재하면 목사라도 한순간에 이렇게 주책바가지로 전락하게 됩니다.

그런데 절제에는 또한 '인내'(헬. '휘포모네')가 동반되어야 합니다. 절제가 즐거움을 참는 것이라면 인내는 괴로움을 견디는 것입니다. 이런 인내의 미덕을 보여준 산 증인을 한 명 꼽으라면 그 사람은 야곱의 아들 요셉일 것입니다. 요셉은 억울한 누명을 쓰고 옥에 갇히게 되었는데, 거기서 만난 술 맡은 관원장의 꿈을 해석해 주며 그가 복직하게 되면 자신의 사정을 바로에게 아뢰어 옥에서 풀려나게 해달라고 신신당부했습니다. 하지만 요셉에게 은혜를 입은 이 관원장은 풀려나자 배은망덕하게도 요셉을 새까맣게 잊었습니다. 술 맡은 관원장의 석방에 한 가닥 희망을 가졌던 요셉이 이 사실을 알고 자포자기하여 빠삐용처럼 옥에서 탈출을 시도했다면 그는 탈옥수가 되었을 것입니다. 하지만 요셉은 하나님을 믿고 인내했습니다. 2년이라는 짧지 않은 세월을 참고 견뎠습니다. 그러자 하나님께서 바로를 직접 움직여서 그를 옥에서 풀어주셨습니다. 그리고 마침내 요셉은 천하를 호령하는 애굽의 총리가 되어 이스라엘 나라를 만드는 초석으로 귀하게 쓰임받았습니다.

이 귀중한 신적 성품인 인내는 '경건'(헬. '유세베이아')이 있어야 가능합니다. 경건은 하나님을 향한 올바른 태도로 이는 하나님을 사랑하는 것인데, 우리가 진정으로 하나님을 사랑하면 어떤 시련도 참아낼 수 있습니다. 우리가 견디기 힘든 상황에서도 인내하는 것은 하나님을 사랑하기 때문입니다. 하나님께 바른 태도를 가지는 것이 좋기 때문입니다. 그런데 이 경건이 온전하게 되기 위해서는 '형제 우애'(헬. '필라델피아')가 보충되어야 합니다. 경건이 하나님에 대한 바른 태도라면 형제 우애는 사람에 대한 바른 태도이기 때문입니다.

형제 우애는 최고의 신적 성품인 '사랑'(헬. '아가페')으로 나아가야 합니다. '필라델피아'는 가족, 친척, 친구 등 자신과 유사한 모습을 지닌 사람들에게 베푸는 온정입니다. 이에 반해, '아가페'란 주인-종, 남자-여자, 유대인-헬라인 등 서로 다른 모습이 있음에도 불구하고 그 영혼을 그리스도처럼 전심(全心)으로 품는 한 차원 더 높은 사랑입니다.

이렇게 믿음에서 출발하여 사랑으로 완성되는 신성한 성품을 지속적으로 공급받아 살아가게 되면 영적인 열매를 풍성히 맺고(8절), 어떠한 이단의 미혹에도 걸려 넘어지지 않을 것입니다(10절). 반면에 이 8중 덕을 제대로 공급하지 않으면 목전에 있는 이익만 보는 근시안적인 인간이 될 것입니다. 그리고 자신의 죄를 하나님께서 용서해 주셨다는 사실을 까맣게 잊어버리고 불신자와 진배없는 삶을 살게 될 것입니다(9절).

신성한 성품에 대한 권면을 마무리하면서 베드로는 우리 그리스도인들이 더욱 힘써 이 덕목들을 굳게 하는 삶을 살면 "예수 그리스도의 영원한 나라에 넉넉히 들어간다"고 말합니다(11절). 다시 말해서, 천국으로 들어가는 문이 활짝 열릴 것이라는 말입니다. 고대 올림픽 경기의 승리자는 고향으로 돌아올 때 일반 성문이 아닌 특별히 단장된 문으로 우레와 같은 박수를 받으며 진입했다고 합니다. 따라서 기왕이면 우리도 사도의 권면을 귀담아듣고 부단히 이 신성한 성품들을 공급함으로 천국에 이렇게 대환영을 받으며 들어가야 하지 않겠습니까?

2장 이단

(이단에 대한 경고)

전 장에서 베드로는 독자들에게 신적 성품의 공급을 주문했는데, 그 이유는 본 장에서 본격적으로 부각하는 이단에 대해 대처하기 위함입니다. 사도는 문두에 '그러나'라는 역접 접속사를 사용하여 분위기를 반전

시키면서 편지 수신자들 가운데 거짓 선생들이 발흥할 것을 예고합니다. 그리고 그들의 특징을 몇 가지로 압축해서 소개합니다.

이단의 첫 번째 특징은 편당입니다(1절 상). '이단'(헬. '하이레시스')이라는 말은 거짓 교리에 기초를 둔 편당을 의미하는데, 본문에서 사도가 이들을 '멸망하게 할 이단'이라고 한 것은 이단에 빠지면 미혹된 자나 미혹한 자 둘 다 멸망에 이르기 때문입니다. 이단의 두 번째 특징은 그리스도의 주 되심을 부인하는 것입니다(1절 하). 이들은 형식적인 신앙고백은 있지만 마음으로는 자신들을 값 주고 사신 그리스도의 주 되심을 인정하지 않습니다. 그런데 여기 '주'라는 말은 흔히 쓰이는 헬라어 '퀴리오스'가 아니라 '데스포테스'입니다. '데스포테스'는 보통 '주재'라는 말로 번역되는데(참고, 유 4), 이는 노예에게 주인이 있듯이, 그를 소유하고 주관하는 주인을 가리킵니다.[136] 이 거짓 선생들은 입술로는 예수님을 '주'라고 공언하지만 실제적으로 그들의 생각과 삶의 주인 된 것을 적극적으로 부인하는 표리부동한 인간들입니다.

이단의 세 번째 특징은 방탕입니다(2절). 여기 '방탕'(헬. '아셀게이아')은 성적으로 방탕한 호색 행위뿐만 아니라 도덕적으로 방종한 행위들을 아우르는 말입니다. 이들의 눈은 항상 음심(淫心)으로 가득 차 있습니다(14절 상). 이 호색한들은 여인을 볼 때 오로지 간음할 것만 생각합니다. 교회 내에서 하는 이들의 문란한 행동은 진리의 도가 비방을 받게 합니다. 그래서 복음 전도의 문이 막히게 됩니다. 이단의 네 번째 특징은 탐심입니다(3절). 거짓 교사들의 근본 동기는 탐욕입니다. 이들의 관심은 성도들의 호주머니를 터는 데만 있습니다. 원하는 것을 획득하는 이들의 기술은 오랜 연습을 통해 단련되어 도사의 경지에 있기 때문에 이들의 마수에 걸려들면 개털 되는 것은 한순간입니다(14절 하). 본 장에서는 이러한 거짓 선생들을 따라다니는 단어가 있는데, 그것은 "멸망"입니다(1, 3, 6, 12, 19절). 따라서 이러한 특성을 지닌 자들은 반드시 멸망할 것입니다.

사도는 이 이단들의 심판의 확실성을 강조하기 위해서 심판의 실례를 3가지나 듭니다. 첫 번째 예는 타락한 천사들에 관한 것입니다(4절). 사탄과 그를 추종한 천사들은 자신의 높은 지위를 믿고 까불다가 하나님께 심판을 받아서 하늘에서 땅으로 쫓겨났습니다. 이들이 심판받은 이유는 교만입니다. 사탄과 졸개들은 피조물 주제에 분수도 모르고 창조주 하나님과 동등해지겠다, 아니 하나님보다 더 높아지겠다고 반역을 꾀하다가 결국 심판을 받은 것입니다. 유다서에 등장하는 천사들 또한 자신의 위치를 이탈함으로 심판을 받았습니다(유 6). 그러므로 피조물은 어떠한 경우에도 하나님처럼 되겠다고 경거망동해서는 절대로 안됩니다.

심판의 두 번째와 세 번째 예는 노아 시대와 소돔과 고모라 성 사람들에 관한 것입니다(5-6절). 이 사람들이 심판받은 결정적인 이유는 하나님 말씀에 냉담했기 때문입니다. 이 패역한 자들은 경건한 노아와 롯을 통해 전달된 하나님의 경고를 농담으로 여겼습니다. '뭐, 땅이 물 바다가 된다고? 하늘에서 불이 내려온다고?', '어찌 그런 일이 있을 수 있어, 말도 안 돼!' 하며 의인들의 말에 콧방귀를 뀌었습니다. 그 결과 물귀신과 바비큐가 되고 말았습니다.

3장 조롱

(주의 강림을 조롱하는 자들)

베드로는 편지 수신자를 "사랑하는 자들아"라고 부르며 화제를 전환합니다(1-2절). 새로 도입된 화제는 주의 강림입니다. 노아 시대의 불신자들과 롯의 사위들처럼 하나님의 말씀에 무감각한 거짓 교사들은 주의 강림에 대한 성경의 약속의 말씀을 믿지 않고 조롱하며 일부러 잊고자 하는 태도를 보입니다. 이들이 주의 재림과 그로 인한 세상의 종말과 심판을 부인하는 진짜 이유는 정욕에 따라 허랑방탕하게 살고 있기 때문입니다(3절). 뭔가 켕기는 것이 있기에 아무런 심판 없이 지나가려고 주의 강림을 강하게 부인하는 것입니다. 사실 종말과 심판이 있다는 것은 정욕을 따라 제멋대로 방종하며 살려는 인생에게 얼마나 거북한 것이겠습니까?

이들은 어제도 태양은 떴고, 오늘도 떠 있고, 그러므로 내일 또한 뜰 것이라는 자연 현상의 항상성에 근거하여 주님의 재림을 부인합니다(4절). 이 거짓 교사들이 볼 때 세상은 늘 그대로이기에 주님이 와서 세상을 심판하신다는 약속은 완전 허구라는 것입니다. 이들의 주장에 반론이 제기됩니다. 세상은 하나님의 말씀으로 창조되었는데, 그들의 말처럼 그대로 있지 않고 이 세상을 창조한 하나님의 말씀에 의해 물로 심판을 당했습니다. 하지만 이들은 그 사실을 고의로 잊으려고 한다고 베드로는 반박합니다(5-6절). 그리고 그 동일한 말씀으로 종말에 천지가 불살라지게 될 것이라고 말합니다.

이에 다시 거짓 교사들이 반기를 듭니다. "그렇다면 왜 속히 오겠다고 약속했으면서도 지금까지 오지 않느냐?" 이에 대해 베드로는 더딘 것 같은 것은 하나님의 오래 참으심 때문이라고 답변합니다(8-9절). 사실 하나님의 오래 참으심은 회개의 기회를 주기 위함이기에 철딱서니 없게 더디다고 짜증낼 것이 아니라 "우리 하나님은 참으로 사랑이 많으신 분이시구나!" 이렇게 생각하고 감사해야 성숙한 신자인 것입니다.

주님께서는 우리가 안달복달하지 않아도 때가 되면 반드시 다시 오십니다. 사도는 그날이 언제가 될지는 함구하지만 어떤 날이 될지는 다음과 같이 아주 상세하게 말해줍니다: 1) 경건치 않은 자들이 심판받고 멸망하는 날(7절); 2) 하늘과 땅이 불살라지는 날(7, 10, 12절); 3) 도적같이 오는 날(10절 상); 4) 땅과 그중에 있는 모든 일들이 드러나는 날(10절 하); 5) 임하기를 바라보고 간절히 사모할 날(12절); 6) 새 하늘과 새 땅이 임하는 날(13절); 7) 우리가 주 앞에 나타나는 날(14절).

그렇다면 이 주의 날과 관련하여 우리 그리스도인들은 어떤 삶을 살아야 마땅할까요? 본문은 크게 두 가지를 제시하는데, 첫째로, 우리는 거룩한 행실과 경건함을 추구해야 합니다(11절). 여기 '거룩'은 세상과 구별된 삶을 사는 것을 의미합니다. 그리고 '경건'은 앞에서도 언급했듯이, 하나님에 대한 올바른 태도를 말합니다. 둘째, 주 앞에서 점도 없고 흠도 없이 평강 가운데서 나타나기를 힘써야 합니다(14절). 거짓 선생들은 점도 있고 흠도 있는 자들입니다(벧후 2:13). 그러므로 이는 그들로부터 거리를 두고 가능한 한 그들과 다르게 되라는 말입니다. 이 이단들은 심판과 멸망을 받을 것입니다. 따라서 그들에게는 평강이 있을 수 없습니다. 하나님 앞에 한 점 부끄러움 없이 사는 사람만이 이 평강의 축복을 만끽할 것입니다.

제18장
요한일서

배경과 지도

배경

요한복음이 요한의 교회 공동체를 외부에서 위협했던 유대인들을 대처하기 위해 기록되었다면, 요한서신은 자신들을 내부에서 공격했던 헬라 분리주의 이단들을 반격하기 위해 쓰였습니다. 플라톤의 이원론 사상의 영향 아래 있던 헬라인들 가운데 기독교인이 되었으나 여전히 그 사상적 범주에서 벗어나지 못한 이들이 요한 교회에 있었습니다. 이들은 영은 선하고 육은 악하다는 헬라 철학에 사로잡혀 말씀이 "육신이 되었다"(요 1:14)는 예수 그리스도의 성육신을 부정하며 기독론에 심각한 손상을 끼쳤습니다. 예수 그리스도의 신성을 지나치게 강조한 나머지 주님이 세상에 살 때 가졌던 육체는 진짜 육체가 아니고 육체처럼 보였다고 주장하는 이 가현설(Docetism)주의자들은 요한 교회 내부에서 발흥해서 결국 밖으로 분리해 나갔습니다(요일 2:19).

요한 교회의 두 번째 대결은 이들 분리주의자들로 인해 불가피해졌습니다. 사도는 복음의 내용을 변질시키는 이 반정통적 이단의 무리를 가만히 보고만 있을 수가 없었습니다. 그래서 펜을 들어 편지들을 쓰게된 것입니다. 요한서신 3편은 크게 두 가지 목적을 두고 작성되었습니다. 첫째는, 분리주의 이단들로부터 진리를 수호하기 위함이었습니다. 비록 가현설을 주장하는 이 초기 영지주의자들은 교회를 떠났지만, 교회 안에는 아직도 이단들의 영향이 여러모로 남아 있었을 것입니다. 그래서 요한은 그들의 잘못된 것을 다시 분명히 지적하고 경계하는 것이 필요하다고 느꼈을 것입니다. 왜냐하면 이들이 교회에서 물러가기는 하였지만 언제 다시 교회에 들어와서 성도들을 미혹할지 모르는 상황에 있었기 때문입니다. 둘째는, 형제 사랑을 회복하기 위함이었습니다. 진리를 강조하고 올바른 교리를 수호하다 보면 안타깝게도 그 진리가 담아내는 핵심 가치인 '사랑'을 잃어버릴 수 있기 때문입니다. 실제로 진리 수호의 격한 투쟁으로 말미암아 교회 안에는 의심과 분쟁의 분위기가 조성되고 있었으며 걸핏하면 상대방의 잘못을 꼬집는 차가운 분위기가 형성되고 있었습니다. 이로 인하여 소아시아 일곱 교회의 모(母)교회인 에베소 교회는 주님으로부터 "처음 사랑을 버렸다"(계 2:4)라고 책망받았습니다. 그래서 사도는 요한서신 전체에서 끊임없이 형제자매를 사랑할 것을 강조합니다.

지도

주후 90년대 초반경에 기록된 요한의 세 편지 또한 1장(1장으로 된 요한이서와 요한삼서는 편지 서두)에 로드 맵을 제시합니다. 요한일·이·삼서를 통틀어 사도의 주된 관심사는 두 가지로 압축될 수 있는데, 그중 하나는

'진리'입니다. 진리를 의미하는 헬라어 '알레떼이아'는 요한서신의 핵심 키워드입니다. 이 단어는 일반서신에서 총 26번 사용되었는데, 그중 요한서신에만 20번 등장합니다(요한일서 10번, 요한이서 4번, 요한삼서 6번). 특히, 세 편지의 서론부 모두에 이 용어가 언급됩니다. 먼저 요한일서에서는 1장에 두 번 나옵니다. "만일 우리가 하나님과 사귐이 있다 하고 어둠에 행하면 거짓말을 히고 **진리**를 행하지 아니함이거니와"(요일 1:6). "만일 우리가 죄가 없다고 말하면 스스로 속이고 또 **진리**가 우리 속에 있지 아니할 것이요"(요일 1:8). 그리고 달랑 한 장으로 되어있는 지극히 짧은 편지인 요한이서와 요한삼서에는 편지 초두에 일곱 번이ㅏ 나옵니다. "장로인 나는 택하심을 받은 부녀와 그의 자녀들에게 편지하노니 내가 **진리** 안에서 사랑하는 자요 나뿐 아니라 **진리**를 아는 모든 자도 그리하는 것은 우리 안에 거하여 영원히 우리와 함께 할 **진리**로 말미암음이로다. 은혜와 긍휼과 평강이 하나님 아버지와 아버지의 아들 예수 그리스도께로부터 **진리**와 사랑 가운데서 우리와 함께 있으리라"(요이 1:1-3). "장로인 나는 사랑하는 가이오, 곧 내가 **진리** 안에서 사랑하는 자에게 편지하노라. ··· 형제들이 와서 네게 있는 **진리**를 증언하되 네가 **진리** 안에서 행한다 하니 내가 심히 기뻐하누라"(요삼 1:1, 3).

이어서 요한은 각 편지 본론에서 서론에 예시된 이 진리 주제를 집중 조명합니다. 예를 들면, 요한일서에서는 수신자들을 미혹시키는 적그리스도를 경계하라는 취지에서 진리를 거듭 강조합니다. "내가 너희에게 쓰는 것은 너희가 **진리**를 알지 못하기 때문이 아니라 알기 때문이요 또 모든 거짓은 **진리**에서 나지 않기 때문이라"(요일 2:21). 요한이서와 요한삼서에서는 편지 본론을 시작하자마자 진리를 행하는 자를 보고 듣는 즐거움을 표현합니다. "너의 자녀들 중에 우리가 아버지께 받은 계명대로 **진리**를 행하는 자를 내가 보니 심히 기쁘도다"(요이 1:4). "내가 내 자녀들이 **진리** 안에서 행한다 함을 듣는 것보다 더 기쁜 일이 없도다"(요삼 1:4).

　요한서신의 또 다른 주제는 '사랑'입니다. '사랑'에 해당하는 헬라어 '아가페'는 일반서신에서 21번 사용되었는데, 그 가운데 요한서신에만 18번 발견됩니다(요한일서 15번, 요한이서 2번, 요한삼서 1번).[137] 사랑의 이슈가 가장 극명하게 드러나는 서신은 요한일서입니다. 이 편지에서 사도는 하나님의 사랑(요일 3:1; 4:7-21), 하나님과 예수님에 대한 사랑(요일 2:5, 15; 3:17; 4:10, 12, 20-21; 5:1-3),[138] 서로에 대한 사랑(요일 3:11, 23; 4:7, 11-12), 형제에 대한 사랑(요일 2:10; 3:10, 14)에 대해서 진술합니다. 요한일서에서는 첫 장을 진리에 초점을 맞춰 2장부터 사랑의 주제가 집중적으로 거론되지만, 요한이·삼서에서는 이 주제가 서두에서부터 등장합니다. "장로인 나는 택하심을 받은 부녀와 그의 자녀들에게 편지하노니 내가 진리 안에서 **사랑**하는 자요 … 은혜와 긍휼과 평강이 하나님 아버지와 아버지의 아들 예수 그리스도께로부터 진리와 **사랑** 가운데 함께 있으리라"(요이 1:1, 3). "장로인 나는 **사랑**하는 가이오, 곧 내가 진리 안에서 **사랑**하는 자에게 편지하노라. **사랑**하는 자여 네 영혼이 잘됨 같이 네가 범사에 잘되고 강건하기를 내가 간구하노라"(요삼 1:1-2).

　이어서 사도는 편지 본론에서 이 주제를 연거푸 거론합니다. 요한이서의 경우, 5절에서 그는 "부녀여, 내가 이제는 네게 구하노니 서로 **사랑**하자"라고 권함으로써 교인 상호 간에 사랑할 것을 강조합니다. 또 6절에서 "**사랑**은 이것이니 우리가 그 계명을 따라 행하는 것이요 계명은 이것이니 너희가 처음부터 들은 바와 같이 그 가운데서 행하라 하심이라"라고 말함으로써 사랑이란 바로 계명을 행하는 것이라고 정의를 내립니다. 요한삼서에서는 본론 5절과 11절에 편지 수신자 가이오를 "**사랑**하는 자여"라고 친근히 부르며 그가 나그네 대접한 일을 칭찬하는 동시에 선한 것을 본받으라고 권면합니다. 따라서 요한 사도는 1장 혹은 서론부에서부터 이 두 주제어를 암시함으로써 자신의 세 편지 수신자들에게 '진리' 안에서 서로 '사랑'할 것을 역설하고 있는 것입니다.

장별 제목 붙이기

요한일서는 총 다섯 장으로 구성되어 있는데, 첫 장의 화두는 '사귐'(헬. '코이노니아')입니다. 10절로 된 1장에 이 용어가 4번이나 등장합니다(3[×2], 6, 7절). 그래서 1장은 사귐 이렇게 두 글자로 기억하세요. 하나님과 교제가 있으려면 '진리'와 '윤리'를 '사랑'해야 합니다. 그래서 2장은 진리, 3장은 윤리, 4장은 사랑 이렇게 또 두 글자로 기억하세요. 그리고 이런 자는 구원의 확신을 가져도 됩니다. 그래서 5장은 확신 이렇게 두 글자로 기억하세요.

<요한일서 각 장 제목 두 글자 도표>

1장	2장	3장	4장	5장
사귐	진리	윤리	사랑	확신

1장 사귐

(삼위 하나님과의 **사귐**)

요한일서는 요한의 다른 편지들과 달리 서신 형식을 띠지 않고 있습니다. 다시 말해서, 누가 편지를 보내는지, 그리고 이 편지를 누구에게 보내는지 발신자와 수신자에 대한 언급이 전무합니다. 이에 비해 요한이서와 요한삼서는 발신자와 수신자를 밝힘으로 편지 형식을 갖추고 있습니다. 전통적으로 요한일서는 사도 요한에 의해 쓰였다고 봅니다. 내적 증거(요한일서 자체 증거)로 보나 외적 증거(초대 교부들의 증언)로 보나 저자가 사도 요한이라는 데 큰 이견이 없습니다. 하지만 이렇게 발신자인 자신에 대한 소개도 인사도 없이 요한이 편지를 써야 했던 다급하고 절박한 사정이 있었습니다. 그것은 그가 섬겼던 이 편지의 수신 교회가 두 쪽으로 쪼개졌기 때문입니다. 함께 신앙생활했던 자들이 거짓 가르침을 좇아 분리되어 나갔기 때문입니다(요일 2:19). 한때 형제자매라고 불렀던 이들이 교회를 떠난 이유는 예수가 그리스도이심을 부인하는 자들에게 미혹되었기 때문입니다. 거짓 교사들은 예수 그리스도께서 육체로 오셨다는 사실을 부인하는 자들이었습니다(요일 4:3; 요이 1:7).

그래서 요한은 자기에 대한 소개를 건너뛰고 바로 본론으로 들어가서 예수 그리스도의 성육신을 언급합니다. "태초부터 있는 생명의 말씀에 관하여는 우리가 들은 바요 눈으로 본 바요 자세히 보고 우리의 손으로 만진 바라. 이 생명이 나타내신 바 된지라. 이 영원한 생명을 우리가 보았고 증언하여 너희에게 전하노니 이는 아버지와 함께 계시다가 우리에게 나타내신 바 된 이시니라"(1-2절). 여기 보면 사도는 예수님을 '태초부터 아버지와 함께 계신 생명의 말씀'이라고 말합니다. 이는 자신이 쓴 복음서에서 요한이 예수님을 "태초에 하나님과 함께 있던 말씀"(요 1:1)이라고 한 표현과 동일한 표현입니다. 본문은 '나타나다'(헬. '파네로오')라는 동사를 두 번 사용함으로써 이 신새하신 말씀 하나님의 성육신을 부각합니다. '나타나다'라는 용어는 보이지 않던 영적 존재가 실제로 손으로 만져지고, 귀로 들리고, 눈으로 보이는 식으로 감각적으로 인지되어 경험되는 것을 의미하기 때문입니다.

발신자인 요한은 자신의 편지 수신자들을 "나의 자녀들"(요일 2:1), "사랑하는 자들"(요일 2:7)이라고 지칭합니다. 이들은 아마도 소아시아 지역의 요한 공동체에 속한 신자들일 것입니다. 이 수신자들에게 요한이 편지를 쓰는 이유를 이렇게 밝히고 있습니다. "우리가 보고 들은 바를 너희에게도 전함은 너희로 우리와 사귐이 있게 하려 함이니 우리의 사귐은 아버지와 그의 아들 예수 그리스도와 더불어 누림이라"(3절).

앞에서도 언급했듯이, 사도는 이 절을 포함해서 첫 장에서만 총 네 번 '사귐'이라는 용어를 반복 사용함으로써 교제의 중요성을 강조합니다. 성부 하나님-성자 예수님과 신자의 사귐은 복음을 듣고 믿음으로써 가능합니다. 사귐의 근원은 성부 하나님과 성자 예수님입니다. 요한복음에서도 잘 보여주듯이, 성자는 성부 안에서 성부는 성자 안에서 친밀한 교제를 나눕니다(요 1:18). 먼저 복음을 접한 제자들이 이 성부 하나님-성자 예수님과의 교제에 동참합니다. 이어서 그들을 통해 복음을 듣고 믿게 된 우리 신자들이 이 사귐의 대열에 합류합니다. 그리고 우리의 복음 증거를 통해 믿게 될 또 다른 예비 신자들이 계속해서 합세함으로 하나님과 신자의 교제는 시대를 초월해서 파급되고 확대되어 나가는 것입니다.

결국 예수를 믿는다는 것은 우리가 삼위 하나님과 인격으로서 교제하는 것인데, 이 '코이노니아'의 목적과 결과는 충만한 기쁨입니다. "우리가 이것을 씀은 우리의 기쁨이 충만하게 하려 함이라"(4절).

복음을 통해 삼위일체 하나님과 인격적인 교제 관계에 들어가게 되면 기쁨을 누리게 됩니다. 하지만 충만한 기쁨을 만끽하기 위해서는 먼저 방해물들을 제거해야 합니다. 본 장에서 요한은 '만일 우리가 … 말한다면'(헬. '에안 에이포멘')이라는 문구를 세 번 사용하여 하나님과의 사귐을 훼방하는 3가지 장애물을 소개합니다. 첫 번째 장애물은 '외식'입니다. "만일 우리가 하나님과 사귐이 있다 하고 어둠에 행하면 거짓말을 하고 진리를 행하지 아니함이거니와"(6절). 외식은 모든 진실한 만남과 사귐의 장애물입니다. 말하는 것과 행동하는 것이 따로 노는 위선자와 어느 누가 친밀한 교제를 할 수 있겠습니까?

두 번째 장애물은 '기만'입니다. "만일 우리가 죄가 없다고 말하면 스스로 속이고 또 진리가 우리 속에 있지 아니할 것이요"(8절). 기만은 위선이 더 악해진 상태로 요한의 적대자들인 영지주의적 가현설론자들은 영혼은 이미 신비한 지식으로 구원을 얻었고 육체는 어차피 버려지는 것이니 그러한 육체로 무슨 엄한 짓을 하든 그것은 더 이상 죄가 되지 않는다고 생각했습니다. 그래서 오늘날 구원파 이단처럼 뻔뻔하게 비윤리적인 행동을 하고도 죄가 1도 없다고 오리발을 내밀었습니다. 이는 자기 자신을 속이는 기만입니다. 군불을 때면 굴뚝에서 연기가 나는 것은 삼척동자도 다 아는 사실인데, 원인은 있는데 결과는 전혀 없을 수 있다고 주장한다면 이는 속이는 것이기 때문입니다.

세 번째 장애물은 '왜곡'입니다. "만일 우리가 범죄하지 아니하였다 하면 하나님을 거짓말하는 이로 만드는 것이니 또한 그의 말씀이 우리 속에 있지 아니하니라"(10절). '왜곡'은 기만보다 한 단계 더 악화된 상태로 자신의 말로 하나님의 말씀을 거짓으로 규정하고 그것을 파괴하고 거짓으로 대치하려는 반역 행위입니다. 이렇게 말씀 자체를 부정하는 사와 삼위 하나님과의 교제는 불가능합니다.[139]

이어지는 2-4장은 하나님과 교제하는 것에 관한 최소 세 가지 조건을 제시합니다. 그것은 각각 '진리'와 '윤리'와 '사랑'인데, 이제 각 장을 통해 이 문제들을 좀 더 심도 있게 살펴보겠습니다.[140]

2장 진리[141]

(진리를 왜곡시키는 적그리스도 경계)

전 장에서 요한은 하나님과의 사귐을 강조했습니다. 그리고 이제 본 장에서는 신자들이 하나님과 친밀한 교제를 하기 위한 구체적인 지침 몇 가지를 제시합니다. 먼저 그는 하나님과 사귐이 있으려면 계명을 지키라고 권면합니다(3-11절). '알다'(헬. '기노스코')라는 동사(3[×2], 4, 5절)와 계명을 지키는 것(3, 4, 5절)을 각각 4번과 3번 사용함으로써 하나님과의 교제와 계명 지킴이 서로 긴밀히 연결되어 있음을 부각합니다.

이어서 사도는 하나님과 참된 사귐을 유지하기 위해서는 세상과[142]

세상의 것들(육체의 정욕, 안목의 정욕, 이생의 자랑)을 사랑하지 말라고 조언합니다(15-17절). 신자가 세상이나 세상의 것들을 사랑하지 말아야 하는 이유는 두 가지인데, 그중 한 가지는 세상을 사랑하는 것과 하나님을 사랑하는 것이 서로 양립될 수 없기 때문입니다. 사랑이란 우리 마음 전체, 즉 전심(全心)을 요구하는 것이기에 불신의 세상을 사랑하는 자는 온전히 하나님을 사랑할 수 없습니다. 또 한 가지 이유는 세상은 유한하기 때문입니다. 결국 세상은 지나가고 세상 욕망도 지나갑니다. 하지만 하나님의 뜻을 행하는 자들은 영원합니다. 그들은 영원하신 하나님과 지속적인 사귐을 갖게 됩니다.[143]

하나님과 사귐을 유지하기 위해서는 또한 적그리스도에게 미혹되지 말아야 한다고 요한은 권면합니다(18-23절). 먼저 신자가 하나님과 교제하는 것을 방해하는 적그리스도가 소개됩니다. "아이들아, 지금은 마지막 때라. 적그리스도가 오리라는 말을 너희가 들은 것과 같이 지금도 많은 적그리스도가 일어났으니 그러므로 우리가 마지막 때인 줄 아노라"(18절). 이 사도의 말대로 적그리스도가 교회 내에서 발흥하여 이 자에 동조하는 일부 교인들을 끌고 분리해 나갔습니다(19절). 이 분리주의자들의 정체를 요한은 이렇게 말합니다. "거짓말하는 자가 누구냐? 예수께서 그리스도이심을 부인하는 자가 아니냐? 아버지와 아들을 부인하는 그가 적그리스도니"(22절).

요한 공동체의 첫 번째 대적이었던 유대인들이 여호와 하나님만이 신이라는 유일신 사상에 사로잡혀서 예수님의 신성을 부정했다면, 두 번째 대적인 헬라인들은 영은 선하고 육은 악하다는 플라톤의 이원론 사상에 함몰되어서 예수님의 인성을 부인했습니다. 이들은 둘 다 1세기 이단으로 예수님이 그리스도이심을 부인하는 자들이었습니다. 아들을 부인하는 것은 아들만 부인하는 것이 아니라 아버지와 아들을 동시에 부인하는 것입니다. 아버지와 아들은 하나로 연합되어 있어서 떼려야 뗄 수 없는 관계에 있기 때문입니다(23절). 이 영지주의적 경향을 띤 분리주의자들은 예수님이 육체로 오심을 부인함으로써 기독론의 진리를 심각하게 왜곡시켰습니다. 이들은 끊임없이 교인들을 미혹했기 때문에 이들을 경계시키고자 요한은 이 편지를 쓰는 것입니다(26절).

　　이제 사도는 본 장을 마무리하면서 '거하다'(헬. '메노')라는 표현을 무려 6회(24[×3], 27[×2]절)나 사용하면서 하나님과의 '코이노니아' 안에 거할 것을 권면합니다. 그러면 이단에 미혹되어 길을 잃고 '코이노니아' 밖으로 떨어져 나가지 않기 위해서는 무엇이 필요할까요? 요한은 두 가지를 제시하는데, 그중 하나는 "처음부터 들은 것", 즉 하나님의 말씀입니다(24절). 우리는 누군가로부터 처음 듣게 된 복음의 말씀을 통해 하나님과의 사귐을 시작합니다. 하지만 이것으로 끝나서는 안 되고 말씀을 우리 심령 가운데 계속 공급해야만 하나님과의 끈끈한 교제 관계가 지속될 수 있습니다.

　　사도가 제시하는 다른 하나는 "기름 부음", 즉 성령입니다(27절). 성령은 주님을 영접하면 우리 안에 오셔서 계속 거하십니다. 그래서 하나님과의 사귐을 가능하게 합니다. 따라서 내주하는 성령이 강하게 역사할 수 있도록 신자는 늘 원악근선(遠惡近善) 해야 합니다.

3장 윤리

(윤리적 성결 권고)

요한 공동체를 떠난 헬라의 분리주의 이
원론자들은 진리뿐만 아니라 윤리 문제
에서도 심각한 오류에 빠져있었습니다.
그들은 인간의 육체는 단지 영혼의 껍데
기에 불과하므로 육체적인 그 어떤 행동
도 그 내부의 영혼에 해를 입힐 수 없다
고 생각했기에 당연히 윤리 문제에 무관심할 수밖에 없었습니다. 그래
서 요한은 이 윤리를 도외시하는 거짓 교사들에 반박하기 위해 본 장에
서 하나님의 자녀와 마귀의 자녀를 대조하면서 하나님과의 사귐이 있
는 성도의 특징 중의 하나로 의로운 삶을 강조합니다.

사실 윤리 이슈는 이미 전 장의 마지막 두 구절(요일 2:28-29)에 예고
되어 있습니다. 여기에서 요한은 예수의 다시 오심이라는 주제를 언급
하는데, 이는 재림에 대한 교리를 가르치기 위함이 아닙니다. 주의 '파
루시아'는 우리 삶의 결산일이요, 우리 행함에 대한 심판일이기에 그날
에 주 앞에 부끄럼 없이 서려면 이 땅에서 의롭게 살아야 한다고 독려
하기 위함입니다.

이렇게 미리 언질을 준 후, 요한은 이제 본 장 서두에서 유사한 말을
합니다. "사랑하는 자들아, 우리가 지금은 하나님의 자녀라 장래에 어
떻게 될지는 아직 나타나지 아니하였으나 그가 나타나시면 우리가 그
와 같을 줄을 아는 것은 그의 참모습 그대로 볼 것이기 때문이니 주를
향하여 이 소망을 가진 자마다 그의 깨끗하심과 같이 자기를 깨끗하게

하느니라"(2-3절). 사도는 우리를 주의 재림의 소망을 가진 '하나님의 자
녀'로 규정하면서 하나님의 자녀의 신분에 걸맞게 아버지 하나님과 같
이 성결한 삶을 살라고 권면합니다. 하나님의 자녀 됨의 증거이자 표식
이 바로 거룩한 삶이기 때문입니다.

　거룩하고 의로운 삶을 살기 위해서는 먼저 죄의 문제가 해소되어야
합니다. 그래서 이어지는 본문에서는 이 죄 문제가 심층 거론됩니다. 우
선 죄의 정의와 그것의 기원이 언급됩니다. 저자는 죄를 "불법"으로 정
의합니다(4절). 그리고 죄의 기원이 "마귀"에게 있다고 말합니다(8절 상).
죄는 단순한 실수가 아니라 고의로 하나님의 법을 어기는 것입니다. 하
나님께 반역하고 불순종하는 것입니다. 아무리 온건해 보여도 모든 죄
는 마귀에게 속한 것입니다. 그러므로 우리 그리스도인들은 절대로 죄
를 과소평가해서는 안 됩니다. 무엇보다도 죄를 바라보는 관점이 바뀌
어야 합니다. 거짓 교사들처럼 죄를 눈곱만큼 작게 보아서는 안 됩니다.
요셉처럼 눈덩이만큼 크게 보아야 합니다. 창세기에 보면 보디발의 아
내의 유혹을 받는 요셉이 등장합니다. 혈기 왕성한 청년에게, 날마다 대
놓고 들이대는데, 게다가, 아무도 보는 사람이 없는데 그는 어떻게 그녀
의 성적 유혹을 이겨낼 수 있었을까요? 그 비결이 요셉의 외마디 절규
를 통해 공개됩니다. "이 집에는 나보다 큰 이가 없으며 주인이 아무것
도 내게 금하지 아니하였어도 금한 것은 당신뿐이니 당신은 그의 아내
임이라. 그런즉 내가 어찌 이 큰 악을 행하여 하나님께 죄를 지으리이
까"(창 39:9). 요셉은 보디발의 아내와의 정사를 스쳐 지나가는 원나잇
스탠드(one night stand)로 치부하지 않았습니다. 어마어마하게 '큰' 악으
로 보았습니다. 그래서 그녀의 집요한 유혹에도 하나님의 자녀로서의
성결함을 유지할 수 있었습니다.

이어서 요한은 죄와 관련된 예수님의 사역을 소개합니다. 주님이 육신의 몸을 입고 오셔서 사역하신 목적은 이 무시무시한 죄를 없애고(5절 상), 죄를 짓게 하는 악한 마귀의 일을 멸하시기 위함이었습니다(8절 하). 예수님께서 우리의 죄를 없이 하실 수 있었던 것은 그분 자신이 티끌만한 죄도 없으셨음을 의미합니다(5절 하). 이는 죄를 제거하는 것은 죄가 전혀 없는 분만이 할 수 있기 때문입니다. 주님은 죄가 없으신 분으로서 십자가에서 피 흘려 죽음으로 우리의 죄를 없이하셨는데, 그분이 없앤 죄를 우리가 다시 진다고 하는 것은 얼마나 송구한 일이겠습니까? 그러므로 주님의 영을 모시고 사는 우리 하나님의 자녀들은 죄가 있어서는 안 됩니다. 죄가 우리의 심령에 발을 붙이지 못하도록 해야 합니다.

저자는 의로운 삶의 호소로 본문을 마무리합니다. 우리가 참된 하나님의 자녀라면 입술의 고백이 아니라 삶으로, 행동으로 자신의 신분을 드러내야 한다고 말합니다. 하나님의 자녀인지 마귀의 자녀인지를 판별하는 시금석은 말이 아닌 윤리, 즉 도덕적 영역에서의 의로운 행동입니다. 의를 행하는 자는 하나님의 자녀이고, 의를 행치 않는 자는 마귀의 자녀입니다(10절). 의로운 삶, 이것이 신자 됨의 진정한 표지입니다. 그래서 예수님께서는 "그들의 열매로 그들을 알리라"(마 7:20)라고 말씀하신 것입니다.[144]

4장 사랑
(형제 사랑 권고)

요한 공동체에서 분리해 나간 영지주의 이단들은 구원을 얻기 위해서

는 영지(헬. '그노시스'), 즉 신비한 지식을 깨달아야 한다고 주장했습니다. 그리고 자신들만이 이 영지를 깨달았다면서 다른 사람들보다 위에 있다는 종교적 우월의식에 빠져있었습니다(1-3절). 그들은 '영적인' 자들에서 계몽된 귀속 계층인 동시에 종교적 엘리트였습니다. 그래서 깨닫지 못한 다른 형제들을 경멸했습니다.[145] 이에 요한은 소수만 이해하는 그런 영지란 있을 수 없다고 그들의 주장을 단호히 반박하면서 그들에게 결여된 형제 사랑 문제를 거론합니다.

사랑이라는 단어가 신구약 66권을 통틀어서 가장 많이 나오는 장은 사랑 장이라고 불리는 고린도전서 13장이라고 생각하기 쉬우나 실상은 요한일서 4장입니다. 본 장에서 사랑의 사도 요한은 무려 31번 이 용어를 사용합니다. 성경에는 하나님이 우리를 사랑하는 사랑과 우리가 하나님을 사랑하는 사랑 그리고 우리가 우리의 형제를 사랑하는 사랑 이렇게 세 종류의 사랑이 있는데, 본문에서의 강조점은 '형제 사랑'에 있습니다. 이는 저자가 "사랑하는 자들아, 우리가 서로 사랑하지"(7절 상)라는 권면으로 시작해서 "하나님을 사랑하는 자는 또한 그 형제를 사랑할지니라"(21절 하)라는 권면으로 본문을 마무리하고 있기 때문입니다.

요한은 무턱대고 형제를 사랑하라고 하지 않고 형제를 사랑해야 할 타당한 이유를 다섯 가지로 제시합니다. 첫째, 사랑은 하나님의 본질이기 때문입니다. "사랑은 하나님께 속한 것이니 사랑하는 자마다 하나님으로부터 나서 하나님을 알고 사랑하지 아니하는 자는 하나님을 알지 못하나니 이는 하나님은 사랑이심이라"(7절 하-8절). 사랑은 하나님의 가장 대표적인 속성입니다. 다른 많은 속성이 있지만 하나님의 속성 가운데 대표적인 속성이 사랑입니다. 따라서 우리가 형제를 사랑해야 하는 것은 우리가 하나님께 속한 자들로서 하나님의 속성과 본질에 동참해야 하고 그렇게 함으로써 하나님을 실존적으로 알게 되기 때문입니다.

둘째, 하나님의 본질인 사랑이 독생자를 화목 제물로 주심으로 나타났기 때문입니다. "하나님의 사랑이 우리에게 이렇게 나타난 바 되었으니 하나님이 자기의 독생자를 세상에 보내심은 그로 말미암아 우리를 살리려 하심이라. 사랑은 여기 있으니 우리가 하나님을 사랑한 것이 아니요 하나님이 우리를 사랑하사 우리 죄를 속하기 위하여 화목 제물로 그 아들을 보내셨음이라"(9-10절). 하나님은 아무 자격이 없는 죄인이요 원수인 우리를 위해 외아들을 주시되 양자로 주신 것이 아니라 화목 제물로 주셨습니다. 양자로 주시는 것은 외아들을 산 선물로 주시는 것이지만 화목 제물로 주시는 것은 그를 죽게 하셔서 주시는 선물입니다. 세상에 그 누가 무자격자를 살리기 위해 자신의 외아들을 죽게 하는 사랑을 할 수 있겠습니까? 우리가 이런 사랑을 받고 나서도 사랑하지 않는다면 그건 배은망덕한 것입니다. 그러므로 마땅히 형제를 사랑해야 할 것입니다.

셋째, 우리의 사랑을 통해 보이지 않는 하나님이 우리 안에 거하신다는 사실이 드러나기 때문입니다. "어느 때나 하나님을 본 사람이 없으되 만일 우리가 서로 사랑하면 하나님이 우리 안에 거하시고 그의 사랑이 우리 안에 온전히 이루어지느니라"(12절). 은혜로운 하나님의 사랑이 독생자를 화목 제물로 주는 것으로 나타났지만, 하나님은 영이시기에 보이지 않는다는 문제가 있습니다. 하지만 주님이 제자들과 만찬을 하면서 "너희가 서로 사랑하면 이로써 모든 사람이 너희가 내 제자인 줄 알리라"(요 13:35)고 말씀하셨듯이, 우리가 서로 사랑하면 세상 사람들은 우리를 통해서 예수님을 알게 될 뿐 아니라 우리 공동체 자체가 보이지 않는 하나님을 체험하게 되는 것입니다. 따라서 하나님을 실존적으로 체험하기 위해서 우리는 형제를 사랑해야 하는 것입니다.[146]

넷째, 우리가 형제를 사랑하면 심판 날에도 담대할 수 있기 때문입니다. "이로써 사랑이 우리에게 온전히 이루어신 것은 우리로 심판 날에 담대함을 가지게 하려 함이니 주께서 그러하심과 같이 우리도 이 세상에서 그러하니라. 사랑 안에 두려움이 없고 온전한 사랑이 두려움을 내쫓나니 두려움에는 형벌이 있음이라. 두려워하는 자는 사랑 안에서 온전히 이루지 못하였느니라"(17-18절). 사랑의 반대는 두려움입니다. 우리 마음속에 두려움이 생기는 이유는 사랑하지 않기 때문입니다. 요한계시록 말미에 보면 둘째 사망에 참여하는 자들의 목록이 나오는데, 이 목록에 첫 번째로 등장하는 사람이 "두려워하는 자들"입니다(계 21:8). 이들은 하나님을 사랑하지 않고 형제를 미워했기에 형벌을 받고 꺼지지 않는 불 못에 떨어질까 봐 두려워 떨고 있는 것입니다. 하지만 하나님을 사랑하고 형제를 사랑하는 사람 심령 속에는 한 점 두려움도 없고 심판 날에도 담대할 수 있게 됩니다.

다섯째, 진정 보이지 않는 하나님을 사랑하는 자는 응당 보이는 형제를 사랑하기 때문입니다. "누구든지 하나님을 사랑하노라 하고 그 형제를 미워하면 이는 거짓말하는 자니 보는 바 그 형제를 사랑하지 아니하는 자는 보지 못하는 바 하나님을 사랑할 수 없느니라"(20절). 하나님 사랑과 형제 사랑은 동전의 양면이기에 하나님을 사랑한다고 말은 잔뜩 하면서 허구한 날 형제를 미워한다면 그 말은 허언(虛言)입니다. 진짜 하나님을 사랑하는지 안 하는지는 말이 아니라 행동을 통해서 드러납

니다. 그래서 요한은 "말과 혀로만 사랑하지 말고 행함과 진실함으로
하자"고 권면하는 것입니다(요일 3:18).

우리는 기도할 때 예수님처럼 하나님을 아버지라고 부릅니다. 아들
은 아버지를 흉내 내는 사람입니다. 그런데 이 흉내 냄 가운데 아들 된
우리가 가장 관심을 가져야 할 것은 하나님 아버지의 사랑을 흉내 내는
것이어야 합니다. 사랑의 하나님을 본받아 일상의 삶 가운데 형제애를
실천함으로써 우리가 진정한 하나님의 자녀임을 만천하에 증명해 보여
야 합니다.

5장 확신
(구원의 확신)

요한일서는 하나님과 사귐이 있는 참 성
도의 조건으로 다음 세 가지를 제시합니
다. 첫째, 진리, 곧 예수님이 육신의 몸을
입고 오신 그리스도라는 사실을 믿는 것
입니다. 둘째, 윤리, 즉 계명을 순종하며
의로운 삶을 사는 것입니다. 셋째, 사랑,
즉 하나님께서 우리를 사랑하듯이 형제를 사랑하는 것입니다. 본서의
결론 부분인 5장에서 저자는 독자들에게 이 셋을 한데 묶어 언급합니
다. "예수께서 그리스도이심을 믿는 자마다 하나님께로부터 난 자니 또
한 낳으신 이를 사랑하는 자마다 그에게서 난 자를 사랑하느니라. 우리
가 하나님을 사랑하고 그의 계명들을 지킬 때에 이로써 우리가 하나님

의 자녀를 사랑하는 줄을 아느니라"(1-2절). 여기 보면 믿음(진리)–사랑–순종(계명 준수)의 삼각관계가 거론됩니다. 믿음은 사랑을 이끌고 사랑은 순종을 이끄는 연쇄반응을 일으킵니다. 다시 말해서, 예수가 그리스도이심을 믿는 자는 하나님과 그에게서 난 자(형제자매)를 사랑하고, 하나님을 사랑하는 자는 그분의 계명을 지키며 의로운 삶을 삽니다.

이렇게 삼박자를 제대로 갖추고 있다면 영생이 있음을 확신하라고 사도는 수신자들에게 권면합니다. "내가 하나님의 아들의 이름을 믿는 너희에게 이것을 쓰는 것은 너희로 하여금 너희에게 영생이 있음을 알게 하려 함이라"(13절). 여기서 '알다'(헬. '오이다')라는 말은 '확신하다'라는 의미입니다. 그동안 분리주의 이단들의 미혹으로 인해 '혹시 내가 잘못 믿고 있지는 않는가?' 불안해하고 있는 교인들에게 요한은 흔들리지 말고 구원(혹은 영생)의 확신을 가지라고 그들을 안심시키고 있는 것입니다.

이러한 구원에 대한 확신은 기도 응답에 대한 확신으로 이어집니다. "그를 향하여 우리가 가진 바 담대함이 이것이니 그의 뜻대로 무엇을 구하면 들으심이라. 우리가 무엇이든지 구하는 바를 들으시는 줄을 안즉 우리가 그에게 구한 그것을 얻은 줄을 또한 아느니라"(14-15절).

그런데 기도 응답에 대한 확신을 말하면서 사도는 언뜻 잘 납득이 되지 않는, 즉 현실과 동떨어진 듯한 말을 합니다. "하나님께로부터 난 자는 다 범죄하지 아니하는 줄을 우리가 아노라. 하나님께로부터 나신 자가 그를 지키시매 악한 자가 그를 만지지도 못하느니라"(18절). 우리가 하나님을 믿는 신자가 되면 그때부터는 예수님처럼 죄를 1도 짓지 않고 살게 됩니까? 이는 현실적으로 맞지 않죠. 그런데 3:9에서도 요한은 비슷한 말을 합니다. "하나님께로부터 난 자마다 죄를 짓지 아니하나니 이는 하나님의 씨가 그의 속에 거함이요 그도 범죄하지 못하는 것은 하나님께로부터 났음이라."

이는 우리가 주님을 영접하는 순간 완전히 성화 된다는 말이 아닙니다. 요한이 이렇게 말하는 것은 당시 요한 공동체의 분리주의 이단들을 염두에 두고 하는 말입니다. 가현설주의자들은 자신들이 가지고 있는 신학적 원칙, 이성적 합리성에 따라서 예수님이 육체로 오신 것을 인정하지 않음으로 그분의 그리스도 되심을 부인했습니다. 그래서 교회를 분리해 나가는 배교 행위도 서슴지 않았습니다. 이것은 사망에 이르는 죄에 해당합니다. 그래서 요한은 이런 사람을 위해서는 기도하라고 하지 않겠다고 말했던 것입니다(16절). 이런 배교 행위를 한 사람을 위해 기도해봐야 하나님은 듣지 않으시기 때문입니다. 이런 맥락에서 사도가 '하나님께로 난 자마다 죄를 범하지 않는다'라고 말할 때 '그 죄'는 '예수님의 그리스도 되심을 부인하는 죄'를 가리킵니다. 이것은 요한이 편지 말미에서 말하는 멀리해야 할 '우상 숭배'에 해당됩니다(21절). 그러므로 진정 하나님께로부터 난 하나님의 자녀라면 이런 죄는 짓지 않을 것입니다.

제19장
요한이서

장별 제목 붙이기

요한이서는 한 장으로 된 짧은 편지로 동일하게 한 장으로 된 요한 삼서와 같이 진리와 사랑을 강조하는데, 요한이서는 '진리'에 좀 더 초점을 맞추고 있습니다. 그래서 1장 진리 이렇게 두 글자로 기억하세요.

1장 진리
(진리로 세워지는 교회)

요한일서와는 달리 요한이서는 편지 형식을 띠고 있습니다. 편지의 발신자는 자신을 "장로"라고 지칭합니다(1절 상). '장로'는 헬라어로 '프레스뷔테로스'로 이는 문자적으로는 '연장자'(年長者)를 의미합니다. 요한서신은 사도 요한이 인생 말년에 쓴 편지이기에 이 명칭은 그를 묘사하

기에 적절한 표현입니다. 장로 요한의 편지를 받는 수신자는 "택하심을 받은 부녀와 그의 자녀들"입니다(1절 하). '택하심을 받은 부녀'는 지역 교회를 의인화한 표현으로 '그의 자녀'는 그 구성원들을 가리키는 것으로 보입니다.[147] 편지를 맺으면서 사도는 "택하심을 받은 네 자매의 자녀들"이라는 유사한 표현을 사용하는데(13절), 이들은 요한이 속한 교회의 구성원들을 지칭하는 것으로 보입니다. 따라서 이 편지는 수신자인 그리스도의 공동체와 장로가 속한 그리스도인 공동체를 언급하면서 시작하고 마무리하는 형식을 취하고 있습니다.[148]

장로 요한이 이 지역 교회에 본서를 보내는 목적은 크게 두 가지로 압축될 수 있습니다. 첫째, 교회 구성원들이 진리와 사랑과 순종 가운데 계속 거하도록 하기 위함입니다(1-6절). 둘째, 그들이 적그리스도의 미혹에 빠지지 않도록 경계하기 위함입니다(7-11절).

서신 전반부에서 요한은 진리와 사랑과 순종의 삼각관계를 논의합니다. 먼저 그는 진리와 사랑을 한 묶음으로 제시합니다(1-3절). 요한서신 전반에 걸쳐 사도가 이 둘을 한 세트로 언급하는 이유는 둘은 동전의 양면과 같이 뗄 수 없는 관계에 있기 때문입니다.[149] 우리가 진리를 알게 되면 반드시 하나님을 사랑하고 형제자매를 사랑하게 되어있습니다. 반대로 하나님을 사랑하고 이웃을 사랑하는 사람은 진리가 무엇인지 정확히 알고 있는 것입니다.

이어서 요한은 사랑과 순종을 한 묶음으로 제시합니다(4-6절). 진리와 사랑이 하나이듯이, 사랑과 순종 또한 따로국밥이 아닙니다. 사랑은 필히 순종을 통해 표현되어야 합니다. 그래서 요한은 이렇게 말하는 것입니다. "너희가 나를 사랑하면 나의 계명을 지키리라"(요 14:15). "하나님을 사랑하는 것은 이것이니 우리가 그의 계명들을 지키는 것이라"(요일 5:3).

서신 전반부에서 사랑, 순종, 진리 셋을 언급했다면, 이제 후반부에서 요한은 진리 하나에 초점을 맞춥니다. 사실 시도는 이 짧은 편지의 서두에서 '진리'라는 말을 다섯 번(1[×2], 2, 3, 4절)이나 반복 사용함으로써 진리의 중요성을 강조한 바 있습니다. 그리고 이제 후반부에서 다시 한 번 진리 문제에 집중하는데, 그 이유는 거짓 교사들이 순회 선교사를 가장하여 교회들을 돌아다니면서 교인들의 환대를 악용했기 때문입니다. 이들은 요한일서와 마찬가지로 초기 영지주의자들로 그리스도의 인성을 부인하는 가르침을 설파하고 다녔습니다(7절). 그러므로 요한은 이러한 거짓 가르침이 교회 공동체에 침투하는 것을 사전에 차단하고자 이 위험한 교사들을 집에 들이지도 말고 인사도 하지 말라고 교인들에게 엄히 경고합니다(10절).[150] 얼핏 보기에 이는 너무 매몰차고 친절하지 못한 행동으로 보일 수도 있겠지만 우리 신자들은 아무하고나 친밀한 교제를 누려서는 안 되는 것입니다. 성도의 교제는 진리 안에서 이루어질 때 그 교제가 건강하고 복된 교제가 되는 것입니다. 사도 요한 시대뿐 아니라 오늘날에도 먹이를 찾아 혈안이 된 적그리스도 이단들과는 단호하게 교제를 끊어버려야 합니다. 그렇지 않고 모든 사람과 무조건적이고 무분별한 교제를 하게 되면 신앙은 파괴되고 속된 말로 인생 종칠 수 있습니다.

제20장
요한삼서

장별 제목 붙이기

요한이서와 요한삼서 둘 다 진리와 사랑을 강조하는데 요한이서가 '진리'에 좀 더 포커스를 맞추고 있다면 요한삼서는 '사랑'에 더 포인트를 두고 있습니다. 그래서 1장 사랑 이렇게 두 글자로 기억하세요.

1장 사랑
(사랑으로 세워지는 교회)

요한이서가 미혹하는 순회 전도자들에 대한 경계를 권고하는 서신이라면 요한삼서는 참된 순회 전도자에 대한 환대를 권면하는 편지로 발신자는 동일하게 "장로"입니다(1절 상). 이 장로 요한의 편지를 받는 수신자는 "가이오"입니다(1절 하). 가이오는 당시 헬라권에서 흔한 이름이었

기에 그가 누구인지 정확히 알 수는 없습니다. 아마도 가이오는 사도 요한의 감독 하에 있는 소아시아 교회들 가운데 하나에 속한 신자였을 것입니다.

요한은 이 개인에게 보내는 짧은 편지의 서두에서 '사랑'이라는 말을 다섯 번(1[×2], 2, 5, 6절)이나 반복 사용함으로써 사랑의 중요성을 강조합니다. 그가 이렇게 사랑 타령을 하는 이유는 신자들의 사랑이 순회 설교자들을 환대하는 것으로 나타나기를 바라는 간절한 바람 때문이었습니다. 연로한 요한이 더 이상 자신의 교회들을 돌아다니며 돌볼 수 없게 되자 순회 설교자들이 그의 일을 대행하고 있었던 것 같습니다. 이들은 교인들의 집에서 며칠씩 신세를 지면서 사역을 할 수밖에 없었는데, 이 순회 사역자들을 접대하는 일은 결코 녹록한 일이 아니었습니다. 복음에 적대적인 세계에서 그들을 맞이하는 것은 위험이 따르는 일이었습니다. 게다가, 낯선 사람과 함께 생활해야 했기에 불편했을 것입니다. 또한 숙식을 제공해야 했기에 물질적으로도 부담이 되는 일이었습니다. 하지만 가이오는 자신의 집에 온 요한의 대리인들을 환대했습니다. 그래서 사도로부터 삼중 축복으로 일컬어지는 축복을 받았습니다. "사랑하는 자여 네 영혼이 잘됨 같이 네가 범사에 잘되고 강건하기를 내가 간구하노라"(2절).

이어지는 단락에서 요한은 순회 전도자들을 "나그네 된 자들"이라고 칭합니다(5절). 이들은 복음 때문에 나그네 된 자들이었습니다. 아무런 대가도 없이 순회하며 전도했던 사람들이었습니다. "이는 그들이 주의 이름을 위하여 나가서 이방인에게 아무것도 받지 아니함이라"(7절).

이 사역자들은 고정된 사례비가 없었습니다. 그래서 요한은 성도들에게 이렇게 권면합니다. "그러므로 우리가 이 같은 자들을 영접하는 것이 마땅하니 이는 우리로 진리를 위하여 함께 일하는 자가 되게 하려 함이라"(8절). 나그네 된 순회 선교사들은 현장에서 직접 몸으로 뛰면서 복음을 증거하는 방식으로 진리를 위해서 일을 하고, 또 영접하는 성도들은 배후에서 그들의 필요를 채워줌으로써 진리의 동역자가 되어 함께 주를 위해 일하라는 것입니다. 가이오는 사도의 이 권면에 순종하여 복음 전파를 위해 자신의 지역에 이르렀던 순회 전도자들을 진심으로 환대하고 그들을 물심양면으로 섬김으로써 복음 전파가 순조롭게 이루어지도록 석극 협력했습니다.

하지만 요한 공동체 안에는 이렇게 순회 사역자들을 환대한 자만 있었던 것은 아니었습니다. 박대한 사람도 있었습니다. 디오드레베는 요한의 일행을 맞아들이지 않았습니다. 그는 한 걸음 더 나아가서 선한 지도자들을 비방하고 접대하려는 형제들을 금하고 접대하는 자들을 교회에서 내쫓기까지 했습니다(9-10절). 그가 이렇게 못된 짓을 한 이유는 교인들 중에 으뜸 되기를 좋아했기 때문입니다. 다시 말해서, 지역 교회에서 왕 노릇하고자 했기 때문입니다. 안타까운 일이지만, 오늘날에도 한 사람 혹은 한 가문의 수중에 좌지우지되는 교회들이 버젓이 존재합니다. 그런 교회들에서는 예수님이 교회의 주인이 아니라 따로 주인이 있습니다. 모든 프로그램은 그 사람의 재가를 받아야 하고, 예산 집행도 그가 허락하지 않으면 안 되기에 그런 곳에서는 새롭거나 혁신적인 생각들이 들어설 자리도 없고, 영적 성장도 일어날 수 없습니다. 이런 교회는 성령이 이미 오래전에 떠나버린 교회입니다. 디오드레베가 다스리던 교회가 바로 이와 같은 교회였습니다. 요한은 조만간 이 자가 속한 교회를 방문할 텐데, 그때까지 악행을 멈추지 않으면 그는 권징을 당하게 될 것입니다(14절).

사도는 편지를 마무리하면서 데메드리오라는 사람을 가이오에게 천거하면서 그 또한 가이오가 환대해 줄 것을 당부합니다(11-12절). 요한이 추천한 데메드리오는 뭇사람과 장로에게 진리에 속한 참된 사람이라는 증거를 받았는데, 그는 아마도 요한의 이 편지를 교회에 전달하는 역할을 했던 것으로 보입니다.

1세기에 순회 사역자에게 숙소와 식사를 제공하는 것이 당시 그리스도인들이 담당해야 할 중요한 책무였듯이, 21세기에 여전히 순회 사역자의 삶을 살고 있는 선교사의 필요를 채워주는 것이 오늘날 우리 신자들이 감당해야 할 마땅한 의무입니다. 모든 성도는 직접 선교사로 가든지, 아니면 보내고 후원하는 선교사가 되든지 둘 중 하나를 택해야 하기 때문입니다.

배경과 지도

배경

유다서는 거짓 교사를 다루는 베드로후서 2장과 14개 구절이 겹칩니다. 아마도 유다가 베드로후서를 참고하여 교회에 몰래 잠입한 이단들을 성도들이 어떻게 대해야 하는지를 알려주고 이 거짓 교사들을 향해 경고와 강한 정죄의 메시지를 전하기 위해서 유다서를 기록한 것으로 보입니다.

이 편지 속에는 저자의 저작 목적이 다음 3가지로 분명히 적시되어 있습니다: 1) 일반으로 얻은 구원에 대하여 말해주기 위해서(3절 상); 2) 거짓 교사들을 조심하고 성도들에게 단번에 주신 믿음의 도를 위하여 힘써 싸우라고 권하기 위해서(3절 하); 3) 교묘히 침투하여 은혜를 방탕으로 변질시키는 자들에 대해 경고하기 위해서(4절).

지도

예수님의 동생인 유다가 주후 60년대 중반경에 쓴 짧은 편지인 유다서 또한 편지 서론부(유 1:1-4)에 길 안내 지도가 제시되어 있습니다. 유다서 전체를 이끌어가는 로드 맵은 '이단'입니다. 유다는 서론부인 3절에서 자신이 편지를 쓴 이유를 이렇게 밝힙니다. "사랑하는 자들아, 우리가 일반으로 받은 구원에 관하여 내가 너희에게 편지하려는 생각이 간절하던 차에 성도에게 단번에 주신 믿음의 도를 위하여 힘써 싸우라는 편지로 너희를 권하여야 할 필요를 느꼈노니." 여기 보면 유다는 수신자들에게 "믿음의 도를 위하여 힘써 싸우라"고 권면합니다. 그러면 유다서를 읽는 독자들이 싸울 대상은 누구일까요? 그들은 바로 다음 절에 구체적으로 언급됩니다. "이는 **가만히 들어온 사람** 몇이 있음이라. 그들은 옛적부터 이 판결을 받기로 미리 기록된 자니 경건하지 아니하여 우리 하나님의 은혜를 도리어 방탕한 것으로 바꾸고 홀로 하나이신 주재 곧 우리 주 예수 그리스도를 부인하는 자니라"(유 1:4). 성도들이 싸울 상대는 '가만히 들어온 거짓 교사들'입니다. 유다는 자신의 편지 본론의 대부분을 이 서론부에 제시된 거짓 교사들을 지적하는 데 할애합니다.[151]

편지 본론은 세 단계로 진행되는데, 각 단계에서는 거짓 교사들에게 임할 정죄를 묘사하거나 선언하기 위해서 구약성경과 유대 작가들에서 취한 예증들과 인용문들을 사용하며 이 전통적인 자료들을 거짓 교사들에게 적용합니다. 먼저 유다는 첫 단계(유 1:8-10)에서 모세오경에서 취한 하나님의 심판의 예들(광야 세대, 죄지은 천사들, 소돔과 고모라 사람들)을 인용하고 거짓 교사들을 그들과 동일한 범주에 집어넣습니다. 이어서 둘째 단계(유 1:11-13)에서는 거짓 교사들에게 임할 화를 선언한 후에, 그들을 구약의 악명 높은 세 명의 죄인들(가인, 발람, 고라)과 연결시킵니다. 마지막 셋째 단계(유 1:14-15)에서는 구약성경이 아닌 구약 위경 에녹서를 인용하여 이 거짓 교사들에 대한 심판이 이미 선지자 에녹에 의해 예고되었음을 알립니다.[152]

　이렇게 편지 본론부를 거반 거짓 교사에 집중시킨 후, 유다는 이들루부터 믿음을 굳게 지키라는 3절의 신면을 반복하면서 이 본론부를 마무리합니다. "사랑하는 자들아, 너희는 너희의 지극히 거룩한 믿음 위에 자신을 세우며 성령으로 기도하며 하나님의 사랑 안에서 자신을 지키며 영생에 이르도록 우리 주 예수 그리스도의 긍휼을 기다리라"(유 1:20-21).

장별 제목 붙이기

유다서는 1장으로 된 짧은 편지로 핵심 화두가 '이단'입니다. 그래서 1장 이단 이렇게 두 글자로 정리하세요. 예수님을 배신한 가룟 유다가 이단이었다고 연상하면 쉽게 기억될 것입니다.

1장 이단
(이단에 대한 경계)

유다서의 저자는 자신을 야고보의 형제인 유다라고 소개하고 있습니다 (1절 상). 신약에 야고보의 형제라고 불리는 유다는 예수님의 아우인 유

다 단 한 명뿐입니다. 복음서에 보면 예수님의 형제들은 살아생전 예수님을 메시아나 하나님의 아들로 믿지 않았습니다(요 7:5). 고작 자신의 육신적 형제 정도로만 생각했습니다. 심지어는 주변 사람들의 말을 곧이곧대로 믿고 예수님을 미

친 사람 취급하기도 했습니다(막 3:21, 31-35). 이러던 그들이 죽은 지 사흘 만에 다시 살아나시고, 이어서 40일 후에 하늘로 올리워 가신 예수님을 주님으로 믿고 따르게 되었습니다. 예수님의 아우들 중 특히, 야고보와 유다는 두 편의 신약 서신서, 즉 일반서신을 쓰게 되었는데 거기서 이렇게 고백합니다. "하나님과 주 예수 그리스도의 종 야고보는 흩어져 있는 열두 지파에게 문안하노라"(약 1:1). "예수 그리스도의 종이요 야고보의 형제인 유다는 … 예수 그리스도를 위하여 지키심을 받은 자들에게 편지하노라"(유 1:1). 마리아라는 한 어머니의 배 속에서 나온 형제들이 자신의 육신의 형 예수에게 하나님과 메시아에 해당하는 '주'와 '그리스도'라는 표현을 쓰니 이 얼마나 놀라운 고백입니까?

당시 편지 관습대로 저자의 신원을 밝힌 후에 유다는 자신의 편지를 읽는 독자를 소개합니다. "부르심을 받은 자 곧 하나님 아버지 안에서 사랑을 얻고 예수 그리스도를 위하여 지키심을 받은 자들에게 편지하노라"(1절 하). 여기 보면 유다는 기독교적인 시간의 틀 안에서 독자들에 대해 세 가지를 말합니다. 첫째, 그들은 하나님에 의해 그분의 백성이 되도록 부르심을 받은 자들로 이는 과거에 행하신 하나님의 은혜입니다. 둘째, 그들은 하나님에 의해 사랑을 받는 자들로 이는 현재 그들을 향하신 하나님의 은혜입니다. 셋째, 그들은 예수 그리스도를 위하여

하나님께 보호받을 자들로 이는 장차 베푸실 하나님의 은혜입니다.

유다가 사용하는 문체의 특색 중의 하나가 이렇게 셋을 한 세트로 묶어 언급하는 것인데, 편지 서두를 마무리하는 인사말에서 또한 수신 자들에게 세 가지, 즉 긍휼과 평강과 사랑을 제시합니다(2절). 여기 문안 인사에서 눈에 띄는 인사말은 '긍휼'입니다. 이는 가상 먼저 거론되었으 니 이 짧은 편지에서 네 번이나 등장하기 때문입니다(2, 21, 22, 23절). 저자 는 이렇게 긍휼을 강조하면서 지금 독자들이 이단에 현혹되어 교회 공 동체로부터 빠져나갈 위험에 처해 있을 때 하나님께서 그들에게 큰 긍 휼을 보여주시고 심판 날에두 큰 긍휼을 베풀어 달라고 기도하는 것입 니다.[153]

편지 본론에서 유다는 베드로처럼 "사랑하는 자들아"라는 호격어를 거듭 사용하여 화제를 전환시키면서 새로운 단락을 도입합니다. "사랑 하는 자들아, 우리가 일반으로 받은 구원에 관하여 내가 너희에게 편지 하려는 생각이 간절하던 차에 성도에게 단번에 주신 믿음의 도를 위하 여 힘써 싸우라는 편지로 너희를 권하여야 할 필요를 느꼈노니"(3절). 본 절을 통해 우리는 편지 전체의 주제를 짐작할 수 있는데, 그것은 '믿음 을 위해 싸우라', 즉 '신앙 사수'입니다.

이 사랑하는 자들인 독자들이 싸워야 할 대상은 신천지처럼 자신의 정체를 숨기고 교회에 "가만히 들어온 자들"입니다(4절). 유다는 이 교 회를 파괴하기 위해 바퀴벌레처럼 몰래 기어들어온 자들의 행태를 세 가지로 적시하는데, 첫째, 경건하지 못한 말과 행동입니다(4절 상). 둘째, 하나님의 은혜를 방탕한 것으로 변질시키는 것입니다(4절 중). 이들은 하 나님의 은혜를 받았으니 이제 내 마음대로 해도 된다고 착각하며 정욕 에 이끌려 이성 없는 짐승처럼 살았던 도덕폐기론자들입니다. 셋째, 예

수 그리스도의 주 되심을 부인하는 것입니다(4절 하). 이 거짓 선생들은
베드로후서와 마찬가지로 자기를 사신 주를 부인하는 자들입니다. 이
렇게 겁을 상실한 채 악한 행동을 계속하면 반드시 벌을 받게 되는데,
저자는 심판의 선례(先例) 세 가지를 제시합니다. 첫째, 애굽에서 구원받
은 이스라엘 백성들이 광야에서 심판받은 것입니다(5절). 둘째, 자신의
지위를 망각한 천사들이 하나님의 심판을 받은 것입니다(6절). 셋째, 소
돔과 고모라의 심판입니다(7절). 이들은 각각 불신앙과 교만과 부도덕
때문에 하나님의 심판을 자초했는데, 우리는 이 선례들을 타산지석으
로 삼아야 할 것입니다.

저자는 이들과 맥을 같이 했던 띨띨이 삼총사를 언급하는데, 그 첫
번째 인물이 가인입니다(11절 상). 가인은 아우 아벨처럼 바른 예배를 드
리지 않고 그를 시기하여 살인을 한 극악무도한 자였습니다. 두 번째 인
물은 발람입니다(11절 중). 거짓 선지자 발람은 돈에 매수되어서 이스라
엘을 저주하러 갔던 탐심의 노예였습니다. 세 번째 인물은 고라입니다
(11절 하). 고라는 하나님의 종 모세의 권위에 도전하다가 결국 땅이 갈라
져 멸망했습니다. 이들은 바른 신앙을 가진 사람들을 파선하게 하는 암
초와 같은 자들이며 자칭 목자라고 하지만 양을 기르는 것이 아니라 자
기 몸만 기르는 사람들입니다. 양을 먹이는 사람이 아니라 양을 잡아먹
는 파렴치한입니다. 바람에 불려가는 물 없는 구름처럼 비를 준다고 약
속하지만, 아무것도 주지 못하는 뻥쟁이들입니다. 씨를 뿌렸다면 가을
에는 열매를 맺어야 하는데 열매를 1도 맺지 못하는 죽은 나무와 같은
자들입니다(12절).

에녹은 이 사람들을 "원망하는 자요, 불만을 토하는 자요, 그 정욕대
로 행하는 자요, 그 입으로 자랑하는 말을 하며 이익을 위하여 아첨하는

자"라고 부연해서 설명하는데(16절), 이런 하나님의 교회를 말아먹기로 작정한 자들은 결국 하나님의 준엄한 심판에 직면하게 될 것입니다.

유다는 두 번째로 "사랑하는 자들아"라는 호격어를 사용하여 화제를 전환합니다. "사랑하는 자들아, 너희는 우리 주 예수 그리스도의 사도들이 미리 한 말을 기억하라"(17절). 이 가만히 들어온 자와 함께 하나님께 심판을 받지 않으려면 독자들은 반드시 사도들이 한 말을 되새겨야 합니다. 사도들은 이 자들을 세 가지로 정의합니다: 1) 당을 짓는 자; 2) 육에 속한 자; 3) 성령이 없는 자(18-19절). 신약성경의 저자들은 한결같이 이런 자들은 결단코 하나님의 나라에 들어가지 못한다고 말합니다(참고, 고전 6:9-10; 계 21:8; 22:15).

저자는 마지막으로 한 번 더 "사랑하는 자들"이라는 호격어를 사용하여 화제를 전환하고 최종 권면을 합니다. "사랑하는 자들아, 너희는 너희의 지극히 거룩한 믿음 위에 자신을 세우며 성령으로 기도하며 하나님의 사랑 안에서 자신을 지키며 영생에 이르도록 우리 주 예수 그리스도의 긍휼을 기다리라"(20-21절). 이 단락에서 유다는 먼저 수신자들이 자기 자신을 위해 해야 할 일을 4가지로 권면합니다: 1) 거룩한 믿음 위에 자신을 건축하라; 2) 성령으로 기도하라; 3) 하나님의 사랑 안에서 자신을 지켜라; 4) 영생에 이르도록 우리 주 예수 그리스도의 긍휼을 기다리라.

이어서 다른 사람을 위해 해야 할 것을 3가지로 제시합니다: 1) 어떤 의심하는 자들을 긍휼히 여기라(22절); 2) 어떤 자를 불에서 끌어내어 구원하라(23절 상); 3) 어떤 자를 그 육체로 더럽힌 옷까지도 미워하되 두려움으로 긍휼히 여기라(23절 하). 우리는 죄는 미워하되 사람 자체는 사랑하고 긍휼히 여겨야지 믿지 않는 자들처럼 죄를 지었다고 해서 도매금으로 그 사람까지 미워해서는 안 됩니다.

　몰래 숨어 들어와서 틈만 나면 우는 사자처럼 삼키려고 하는 이 이단들로부터 우리를 보호하시고, 걸려 넘어지지 않게 하시고, 흠이 없이 기쁨으로 서게 하실 분은 우리 하나님밖에 없습니다(24절). 그래서 유다는 이 위대하신 하나님을 찬송하면서 자신의 편지를 마무리합니다. "우리 구주 홀로 하나이신 하나님께 우리 주 예수 그리스도로 말미암아 영광과 위엄과 권력과 권세가 영원 전부터 이제와 영원토록 있을지어다. 아멘"(25절).

제3부
요한계시록

제22장
요한계시록

배경과 지도

배경

사도 요한의 첫 작품인 요한복음이 요한 공동체의 첫 번째 외부 위협인 유대, 즉 유대교에 대처하기 위해 저술되었다면 그의 마지막 작품인 요한계시록은 두 번째 외부 위협인 로마, 즉 로마의 황제 숭배 강요를 다루기 위해 기록되었습니다.

제2의 네로라고 불리는 도미티아누스(Domitian)는 형 티투스(Titus)의 명성에 가려 주목받지 못하며 자랐습니다. 그러던 중 형이 아들 없이 단명하자 황제가 되어 열등감을 만회하기 위해 '주와 하나님'(dominus et deus)을 자처했습니다. 그래서 황제의 상 앞에 향을 피우고 포도주를 붓게 하는 의식을 드리게 해서 거역하는 자는 무신론자, 즉 황세 신을 인정하지 않는 자로 처형했습니다. 이 미치광이 황제는 자신의 상속자로 인정했던 질녀 도미틸라(Domitilla)의 두 아들조차도 황제 숭배에 참여하지 않았다고 잔인하게 처형했습니다.

이러한 황제 숭배로 인한 위협은 요한 교회가 당면했던 세 번째 위기였습니다. 이제 교회는 세상의 주와 하나님에 대해 분명한 정리를 해야 했습니다. 황제 숭배를 거부한 마지막 남은 사도이자 교회 지도자인 요한을 그들에게서 빼앗아 밧모 섬으로 유배시킨 로마는 그 누구도 무너뜨릴 수 없는 철옹성과 같은 강력한 나라였습니다. 주와 하나님으로 불리는 도미티아누스의 권세는 하늘을 찌를 기세였습니다. 이런 상황에도 불구하고 교회가 기다리고 있는 예수 그리스도는 여전히 오시지 않고 있었습니다.

절망감에 사로잡힌 공동체를 위해 안타까운 마음을 부여잡고 유배지에서 기도하는 요한에게 주님이 찾아오셨습니다(계 1:10). 그리고 그에게 환상을 보여주신 내용을 기록한 것이 바로 요한계시록입니다. 사도는 최소 세 가지 목적을 염두에 두고 이 계시록을 썼습니다. 첫째, 편지의 시작과 끝에 "알파와 오메가"(계 1:8; 22:13)라는 문구를 반복함으로 세상을 주관하는 참된 하나님과 주는 도미티아누스가 아니라 여호와 하나님과 그분의 아들 예수 그리스도라는 사실을 주지시키기 위함입니다. 둘째, 일곱 심판 환상을 세 번이나 보여줌으로써 로마 황제를 주와 하나님으로 숭배하는 자는 반드시 심판을 받을 것임을 엄히 경고하기 위함입니다. 셋째, 새 예루살렘 환상을 통해 예수 그리스도는 약속하신 대로 재림하셔서 신자들의 구원을 완성하실 것이니 끝까지 인내하며 거룩한 삶을 살 것을 독려하기 위함입니다.

지도

요한계시록 또한 요한의 다른 책들과 마찬가지로 맨 첫 장에 길 안내 지도가 제시되어 있습니다. 계시록을 이끌어가는 로드 맵은 1:10에 등장하는 '성령 안에서'(헬. '엔 프뉴마티')입니다. 이 문구는 본 서신에서 1장을 필두로 21장까지 총 4회 반복됩니다. "주의 날에 내가 **성령에 감동되어**('엔 프뉴마티') 내 뒤에서 나는 나팔 소리 같은 큰 음성을 들으니"(계 1:10). "내가 곧 **성령에 감동되었더니**('엔 프뉴마티') 보라 하늘에 보좌를 베풀었고 그 보좌 위에 앉으신 이가 있는데"(계 4:2). "곧 **성령으로**('엔 프뉴마티') 나를 데리고 광야로 가니라 내가 보니 여자가 붉은 빛 짐승을 탔는데 그 짐승의 몸에 하나님을 모독하는 이름들이 가득하고 일곱 머리와 열 뿔이 있으며"(계 17:3). "**성령으로**('엔 프뉴마티') 나를 데리고 크고 높은 산으로 올라가 하나님께로부터 하늘에서 내려오는 거룩한 성 예루살렘을 보이니"(21:10). 이는 사도 요한이 '성령 안에서', 즉 '성령에 감동되어' 네 개의 환상을 본 것을 의미합니다. 그리하여 이 문구는 계시록을 서론과 본론, 그리고 결론으로 나누는 역할을 합니다.

　먼저 서론은 제1환상으로 승귀하신 주님과 일곱 교회에 대한 환상(1-3장)입니다. 그리고 본론은 제2환상으로 일곱 인·나팔·대접 재앙에 대한 환상(4-16장)입니다. 마지막으로 결론은 이중 환상으로 되어 있는데, 첫째 환상인 제3환상은 큰 성 바벨론의 멸망에 대한 환상(17-20장)이고 둘째 환상인 제4환상은 거룩한 성 새 예루살렘에 대한 환상(21-22장)입니다. 간단히 정리하면, 계시록은 1:10의 '성령 안에서'라는 키워드를 중심으로 서론(1-3장), 본론(4-16장), 결론(17-22장)의 3부·4중 환상으로 이루어져 있습니다.

장별 제목 붙이기

요한계시록은 총 22장으로 되어 있는데, "예수 그리스도의 계시라"라는 말로 시작합니다. 그래서 1장은 계시 이렇게 두 글자로 기억하시면 되겠습니다. 이 계시를 먼저 에베소, 서머나, 버가모, 두아디라 네 교회에 합니다. 그래서 2장은 교회(네 **교회**에 보내는 편지)입니다. 그리고 또 나머지 사데, 빌라델비아, 라오디게아 세 교회에 계시합니다. 그래서 3장도 교회(세 **교회**에 보내는 편지)입니다. 여기 1-3장이 첫 번째 환상, 즉 교회에 대한 환상입니다. 그래서 '교회' 이렇게 두 글자로 기억하세요. 교회를 성전이라고도 하죠. 따라서 4장은 성전 이렇게 기억하세요. 하늘 성전, 특히 성전 보좌에 대한 환상입니다. 보좌를 보니 하나님께서 인으로 봉한 책을 들고 계셨습니다. 그래서 5장은 인봉 이렇게 기억하세요. 다음 장은 이 인을 하나씩 떼면서 심판하는 내용입니다. 그래서 6장은 인심(**인**심판) 이렇게 암기하세요. 이어지는 장에서는 이 심판에서 제외된 자, 즉 지상의 십사만 사천이 나옵니다. 그래서 7장은 십사(지상의 **십사**만 사천) 이렇게 기억하시면 됩니다. 이들이 나팔을 두 번 붑니다. 그래서 8장도 나팔(1-4 **나팔** 심판). 9장도 나팔(5-6 **나팔** 심판)입니다. 이 나팔 소리를 듣고 기분이 좋아져서 '작두'로 두 '증인'이 '큰 용'과 '짐승'을 잡습니다. 그래서 차례로 10장 작두(**작**은 **두**루마리 환상), 11장 증인(두 **증인** 환상), 12장 큰 용(**큰 용** 환상), 13장 짐승(두 **짐승** 환상)입니다. 그리고 잡은 것들을 '십사'만 사천에게 '대접'합니다. 그래서 순서대로 14장 십사(천상의 **십사**만 사천), 15장 대접(**대접** 심판 준비)입니다. 그리고 대접은 한 차례 더 이어집니다. 그래서 16장도 대접(**대접** 심판 실행) 이렇게 두 글자로 기억하세요. 여기 4-16장이 두 번째 환상, 즉 일곱 심판에 대한 환상입니다. 그래서 심판

두 글자로 기억하세요. 이렇게 결국 악이 멸망당합니다. 따라서 17장은 멸망으로 기억하세요. 음녀 바벨론의 멸망입니다. 이에 음녀에 빌붙어 살던 자들이 슬픈 노래를 부릅니다. 그래서 18장은 애가로 기억하시면 됩니다. 한편, 반대쪽에선 잘 죽었다고 파티를 합니다. 그래서 19장은 잔치로 기억하세요. 여기서는 어린양의 혼인 잔치가 벌어집니다. 그러면 이 잔치는 언제까지 지속될까요? 천 년간요. 그게서 20장은 천 년으로 기억하세요. 곧 천년왕국에 관한 얘기가 나옵니다. 여기 17-20장이 세 번째 환상, 즉 음녀 바벨론의 멸망에 대한 환상입니다. 그래서 음녀 이렇게 두 글자로 기억하세요. 이 천 년 동안 '신부'가 신랑 오실 것을 눈이 빠지게 '고대'합니다. 그래서 차례로 21장 신부(어린양의 **신부** 출현), 22장 고대(재림 **고대**) 이렇게 두 글자로 암기하세요. 마지막 21-22장은 네 번째 환상으로 거룩한 성 새 예루살렘의 구원에 대한 환상입니다. 그래서 성녀(聖女) 이렇게 또 두 글자로 기억하세요.

<요한계시록 각 장 제목 두 글자 도표>

1장	2장	3장	4장	5장	6장
계시	교회(네 교회)	교회(세 교회)	성전	인봉	인심
7장	8장	9장	10장	11장	12장
십사(지상)	나팔(1-4)	나팔(5-6)	작두	증인	큰 용
13장	14장	15장	16장	17장	18장
짐승	십사(천상)	대접(준비)	대접(실행)	멸망	애가
19장	20장	21장	22장		
잔치	천 년	신부	고대		

요한계시록 해석법

본격적으로 계시록의 내용을 살펴보기에 앞서 계시록에 대한 해석 방법을 간략하게 정리하고자 합니다. 계시록에 대한 해석법은 크게 4가지가 있어 왔는데, 첫째로, 과거주의적 해석법입니다. 이는 21-22장을 제외하고 본서에 기록된 사건들은 본서가 기록될 당시에 다 이루어졌다고 보는 견해입니다. 그래서 2-3장의 우상 숭배는 당시의 로마 황제 숭배를, 13장의 짐승은 네로 혹은 도미티아누스를 그리고 17장의 바벨론은 로마 제국을 가리킨다는 등으로 보는 것입니다.

둘째로, 미래주의적 해석법입니다. 이는 계시록의 내용이 그리스도의 재림 직전과 직후의 사건들을 묘사하고 있다고 이해하는 해석법입니다. 미래주의자들은 인, 나팔, 대접 심판이 역사의 끝에 일어날 미래의 사건이라고 주장합니다. 이 견해에 따르면 계시록 13장의 짐승은 마지막 때에 사람들을 미혹하기 위해 나타날 적그리스도입니다.

셋째로, 역사주의적 해석법입니다. 이는 계시록에 등장하는 사건들을 교회 역사에 대한 예언적인 개관 정도로 이해하는 해석법입니다. 그래서 역사주의자들의 견해로 볼 때 계시록 2-3장의 소아시아 일곱 교회들은 각각 초대 교회부터 중세 교회까지 혹은 현대 교회에 이르기까지 교회 역사의 어떤 단계들을 대표합니다. 이 견해에 따르면 계시록의 짐승은 역사 속의 구체적인 인물(교황, 나폴레옹, 히틀러, 무솔리니 등)을 나타냅니다.

넷째, 상징주의적 해석법입니다. 이는 계시록이 주로 상징적이라고 이해하는 것입니다. 즉, 상징을 통해 계시록이 원 독자와 오늘날의 독자 모두에게 적절한 시간을 초월한 진리를 제시하고 있다고 믿는 것입니다.

위의 방법들은 장단점이 있기에 우리는 어느 한 방법에 집착하지 말고 적절히 절충하고 종합하는 방식으로 계시록을 해석하는 것이 바람직합니다.

1장 계시

(예수 그리스도의 계시)

사도 요한은 계시록을 다음과 같이 시작합니다. "예수 그리스도의 계시라"(1절 상). 이 짧은 어구는 계시록 전체의 표제 역할을 합니다. 이 표제를 통해서 우리가 알 수 있는 것은 이 책이 요한계시록이라고 불리지만 사실은 '예수계시록'이라는 것입니다. 왜냐하면 진짜 계시자는 예수 그리스도이시고 요한은 단지 그 계시를 기록하기 위한 도구에 불과하기 때문입니다.

여기 '예수 그리스도의 계시'라는 구절은 '예수 그리스도의'라는 소유격을 어떻게 이해하느냐에 따라 해석이 둘로 갈립니다. 이 소유격을 주격적 소유격으로 보면, '예수 그리스도께서 주신 계시'가 됩니다. 이럴 경우 그리스도께서는 계시의 근원이 되십니다. 하지만 이 소유격을 목적격적 소유격으로 보면, '예수 그리스도를 보여주는 계시'가 됩니다. 그럴 경우 예수께서는 계시의 내용이요 중심이 되십니다. 문맥적으로는 전자가 좀 더 자연스럽지만, 이 둘을 엄격하게 구분하는 것은 바람직

하지 않습니다. 왜냐하면 예수께서 주신 계시는 다름 아닌 예수 자신에 관한 계시이기 때문입니다.

요한계시록은 예수께서 직접 자신이 누구인지를 독자들에게 계시하고 증거하는 책입니다. 그래서 1장은 '죽음에서 부활하신 예수'가, 2-3장은 '교회의 주인이 되신 예수'가, 그리고 4-22장은 '역사를 심판하고 완성해 가는 예수'가 중심 내용입니다.

'계시'라는 말은 헬라어로 '아포칼립시스'인데, 이는 '커튼을 열어젖히다' 혹은 '베일을 벗기다'라는 뜻입니다. 연극이 시작되어 커튼을 열어젖히면 커튼 너머에 있던 무대 세팅이며 출연 배우들의 면면이 관객들에게 그대로 노출됩니다. 마찬가지로 얼굴을 가린 신부의 베일을 들어 올리면 그 신부의 용모가 그대로 드러납니다. 이처럼 꼭꼭 숨겨져 있었던 것이 적나라하게 드러나는 것을 '계시'라고 합니다. 따라서 요한계시록은 하나님께서 감춘 주님의 재림, 완성된 교회의 모습 그리고 천국 등에 대해서 우리 신자들이 꼭 알아야 할 사항들을 보여주시는 책입니다.

이 예수의 계시는 하나님 → 예수님 → 천사 → 요한 → 종들 순으로 전달됩니다(1절 하). 이 계시는 예수님의 계시이지만 사실 하나님 자신이 예수님에게 주신 것입니다. 이는 예수님이 하나님과 신적 계시를 공유하고 있음을 시사하면서 동시에 구속 계획을 세우시는 계시의 원천은 성부 하나님이심을 나타냅니다. 성부 하나님께 부여받은 계시를 성자 예수님은 천사와 요한을 거쳐 자신의 종들, 즉 신자들에게 보여주셨습니다.[154]

이어지는 절에서 요한은 이 책을 '예언의 말씀'이라고 규정하면서 그 말씀을 대하는 자들에게 임하는 복을 이렇게 선언합니다. "이 예언의 말씀을 읽는 자와 듣는 자들과 그 가운데에 기록한 것을 지키는 자들은 복이 있나니 때가 가까움이라"(3절). 여기에서 '읽는 자'란 개인적으로 앉아서 계시록을 읽는 자를 말하는 것이 아닙니다. 왜냐하면 요한 당시 모든 신자들이 계시록 사본을 갖고 있을 형편이 안 되었기 때문입니다. 이 본문은 예배를 배경으로 합니다. 여기서 읽는 자는 '단수'이고 듣는 자와 지키는 자는 '복수'입니다. 이는 당시의 예배 형태가 한 사람에 의해 성경이 읽혀지고 나머지 사람들은 듣고 행하도록 구성되어 있었기 때문입니다. 계시록의 예언은 '때가 가깝기에', 다시 말해서 '곧 이루어질 것이기에' 읽고 듣는 데에서만 만족하지 않고 지키는 것으로 열매를 맺어야 합니다. 그럴 때 하나님의 크신 복이 순종하는 그 사람 위에 임할 것입니다. 계시록은 어렵다는 고정관념 때문에 아예 접근조차 꺼리는 경향이 있는데 계시록은 그렇게 피할 책이 아니라 가까이하여 복을 받을 책입니다.

영계(靈溪) 길선주 목사님은 삼일 운동으로 투옥된 2년간 요한계시록을 무려 일만 번 읽어 '영계(靈界)의 거성'이라는 닉네임을 얻게 되었고 주기철 목사님과 더불어 한국 교회를 대표하는 목회자가 되었습니다. 그러므로 저와 여러분도 길 목사님처럼 계시록을 부지런히 탐독함으로써 영계의 거성까지는 아니더라도 '영계의 샛별'은 되어야 할 것입니다.

예수님의 계시이자 예언의 말씀인 본서를 받아서 신자들에게 전달한 요한은 당시 암울한 상황에 처해 있었습니다. "하나님의 말씀과 예수를 증언하였음으로 말미암아 밧모라 하는 섬에 있었더니"(9절). 요한은 자신의 스승이자 주님이신 예수 그리스도를 증거하는 일로 인해 밧모 섬에 유배되어 있었습니다. 요한이 이 밧모 섬에 오기 직전에 로마를 다스렸던 황제는 도미티아누스였는데, 그는 아버지 베스파시아누스 (Vespasian)과 형 티투스의 빛에 가려 열등의식에 사로잡힌 자로서 자신을 '주와 하나님'으로 섬길 것을 신민들에게 강요했습니다. 예수님만을 주요 하나님으로 섬기던 요한은 이러한 황제 숭배 요구를 철저히 거부하며 신실하게 복음을 전하다가 결국 로마 당국자들에게 체포되어 밧모 섬에 온 것입니다. 그는 사역하다 지쳐 잠시 밧모 섬에 쉬러 온 것이 아닙니다. 교회의 담임 목사로서 휴가받아 휴양 온 것이 아닙니다. 박해로 인해 귀양 온 것입니다. 황제 숭배를 거부하다가 유배된 것입니다. 요한은 잘못한 것이 하나도 없는데 지금 무고하게 고난을 당하고 있습니다. 주님의 사역을 위하여 헌신하다가 모진 고난을 당하고 있습니다. 바로 그때 성령께서 그를 감동시켜 주일날 그리스도의 음성을 듣고 환상을 보게 하셨습니다. "주의 날에 내가 성령에 감동되어 내 뒤에서 나는 나팔 소리 같은 큰 음성을 들으니"(10절).

우리는 요한이 밧모로 귀양을 갔으니까 실패자요 불행한 사람이라고 생각하기 쉬우나 실상 그는 승리자요, 행복한 인생이었습니다. 요한은 그 고난의 현장 밧모에서 영광의 주님을 만나게 되었습니다. 승귀하신 그리스도의 환상을 보게 되었습니다(11-20절). 그로 인해 마지막 계시를 쓰게 되는 영예를 얻게 되었습니다. 그러므로 우리 신자들은 당면한 고난만 바라보고 낙망할 것이 아니라 그 고난 속에서 찾아오시는 주님을 바라보며 소망을 가져야 할 것입니다.

2장 교회

(네 교회에 보내는 편지)

계시록 1장 마지막 절인 20절에서 요한은 일곱 촛대, 즉 소아시아 일곱 교회에 관한 환상을 봅니다. 그리고 그는 주님의 분부를 받고 계시록 2-3장에서 에베소, 서머나, 버가모, 두아디라, 사데, 빌라델비아, 라오디게아 일곱 교회에 편지를 부냅니다.

이들 각 편지는 수신 교회들의 정황에 따라 그 내용이 다양성을 띠지만 형식 면에 있어서는 공히 서론, 본론, 결론의 3단 구성으로 되어있습니다. 그리고 이를 좀 더 세분화하면 '7C'로 대변되는 일곱 가지 공통적인 패턴을 띠고 있습니다.

먼저, 서론부는 '위임명령'(Commission)과 '그리스도의 명칭'(Christ-Title)으로 이루어져 있습니다. 승귀하신 예수님은 자신의 종 요한에게 "교회의 사자에게 편지하라"라고 위임명령을 내립니다. 그리고 나서 "오른손에 있는 일곱 별을 붙잡고 일곱 금 촛대 사이를 거니시는 이"(1절)와 같이 자신의 이름을 계시합니다.

이어지는 본론부는 '칭찬'(Commendation), '책망'(Censure), '교정과 오심'(Correction & Coming)으로 구성되어 있습니다. 그리스도께서는 각 교회들의 장점을 언급함으로써 그들을 칭찬하십니다. 그리고 나서 "그러나 네게 책망할 일이 있노라"라고 말씀하시면서 그들의 문제점을 지적하십니다. 책망 후에 주님은 "회개하라", "기억하라", "깨어 있으라" 등의 해결책을 제시함으로써 문제 있는 교회들을 교정하십니다. 그리고 "만일 회개하지 않으면 내가 네게 가서 … 하리라"고 자신의 방문(오심)을 언급함으로써 조건적 경고를 선포하십니다.

끝으로, 결론부는 '경청 촉구'(Call to Listen)와 '승리자 공식'(Conqueror Formula)으로 되어있습니다. 주님은 "귀 있는 자는 성령이 교회들에게 하시는 말씀을 들으라"라고 말씀함으로써 자신의 권면에 귀 기울일 것을 요구합니다. 그러고 나서 "이기는 그에게는 내가 …을 주리라"라는 승리자에 대한 최종 약속을 제시하면서 편지를 마무리합니다.

예수님의 편지를 받은 최초의 교회는 '에베소 교회'였습니다. 주님께서 에베소 교회에 가장 먼저 편지를 보내신 이유는 이 교회가 나머지 여섯 교회보다 밧모 섬에서 지리적으로 가까웠기 때문일 것입니다. 날씨가 청명한 날은 밧모 섬에서 에베소 교회를 볼 수 있었다고 합니다. 하지만 보다 근본적인 이유가 있었는데, 이는 에베소 교회가 소아시아 지방을 대표하는 어머니 교회였기 때문입니다.

주님은 요한에게 소아시아 지방의 모(母)교회인 이 에베소 교회에 편지하라고 명령한 후, 이 교회가 진리를 수호한 것을 칭찬하셨습니다(1-3절). 바울은 에베소 교인들에게 자신이 떠난 후에 "사나운 이리가 교회에 들어와서 양 떼를 아끼지 아니할 것이니 삼가 조심하라"(행 20:29)고 권면했는데, 그들은 40년 전의 사도의 권면을 한 귀로 듣고 흘려 버리지 않았습니다. 그래서 철저한 검증 과정을 거쳐 니골라 당이라는 이단의 허구성을 밝혀냈습니다(6절). 그래서 예수님께 칭찬을 받았습니다. 하지만 그들은 너무 이단으로부터 정통 신앙을 사수하는 일에 몰두하다 보니까, 다시 말해 진리를 강조하고 올바른 교리를 수호하려다 보니까 안타깝게도 그 진리가 담아내는 핵심인 사랑을 잃어버렸던 것입니

다. 그들은 자신들의 지도자인 사도 요한처럼 진리의 사수자('보아너게')
이면서, 동시에 위대한 마음의 소유자('그 사랑받는 제자')가 되지 못해서
주님으로부터 책망을 받았습니다(4절).[155]

첫사랑을 잃어버린 에베소 교회에 회개를 권고한 후, 주님은 "만일
회개하지 아니하면 내가 네게 가서 네 촛대를 그 자리에서 옮기리라"고
경고하셨습니다(5절). 여기 '촛대'란 '교회'를 상징하므로(참고, 계 1:20),
'네 촛대'란 '에베소 교회'를 가리킵니다. 그러므로 '네 촛대를 옮긴다'
라는 말은 교회 문을 닫게 한다는 말입니다. 이런 무시무시한 경고에 에
베소 교회는 민감히 반응하여 회개하고 다시 일어나서 수 세기 동안 소
아시아 지역을 주도하는 교회가 되었다고 전해집니다.

주님의 편지를 두 번째로 받은 교회는 '서머나 교회'였습니다. 서머
나는 에베소에서 가장 가까운 도시로 에베소에서 정북향으로 55km 정
도 가면 서머나가 나왔습니다. 서머나 시내(市內)에 위치한 서머나 교회
는 에베소 교회와 달리 주님의 칭찬과 권고만 있고 책망이 없는 모범적
인 교회였습니다. 서머나는 무역이 발달하여 경제적으로 매우 풍요로
운 도시였지만, 서머나 지역에 살고 있는 교인들만은 환난과 궁핍에 처
해 있었습니다. 서머나는 로마 황제 숭배의 발효지였습니다. 이 두시이
모든 부분은 황제 숭배와 관련되어 돌아갔습니다. 서머나 지역에는 특
히 상인 조합인 길드(Guild) 조직이 발달되어 있었는데, 이 길드에 들어
가야 경제 활동을 할 수 있었습니다. 그런데 여기에 가입하기 위해서는
로마 황제를 숭배해야만 했습니다. 다시 말해서, 황제를 숭배하는 자에
게만 회원 자격이 부여되었습니다. 그리고 일단 회원이 되면 자유롭게
경제 활동을 할 수 있었고 세금 감면 등과 같은 사업상의 각종 혜택을
받았습니다. 그러나 서머나 성도들은 신앙 양심상 황제에 고개를 숙일

수가 없었습니다. 그래서 길드의 멤버십이 없었기에 상행위를 해서 돈을 벌 수가 없었습니다. 만일 길드의 회원이었던 자가 주님을 믿게 되면 그는 회원 자격이 박탈되어 정치적, 사회적, 경제적으로 엄청난 불이익을 감수해야만 했습니다. 따라서 황제 숭배 거부는 생존과 직결된 문제였습니다. 거기에는 극한의 궁핍이 뒤따라왔습니다. 성도들은 찢어지게 가난한 현실을 참고 견뎌야 했으며 남들보다 수십 배는 더 수고해야 겨우 생계를 유지할 수 있었습니다.

　서머나 교회 성도들은 부유한 도시에서 궁핍한 생활에 시달렸던 사람들이었지만 주님은 그들을 "부요한 자들"이라고 하셨습니다(9절). 이들은 물질적으로는 가난했지만 영적으로, 신앙적으로는 부요한 자들이었습니다. 금보다 귀한 믿음이 있었고, 그리스도와의 풍성한 생명의 교제가 있었으며, 하늘나라의 약속된 상급이 있었기에 실상은 윤택한 자들이었습니다. 오늘날 물질 만능 사회는 돈이 많은 사람을 잘사는 사람, 그리고 돈이 없는 사람을 못사는 사람으로 규정합니다. 하지만 이러한 구분은 잘못된 것입니다. 우리 삶의 성패는 돈의 유무가 아니라 예수 그리스도에 대한 충성심과 그분의 인정에 달려 있기 때문입니다.

　주님은 지금 박해를 받고 있는 서머나 교인들에게 장차 밀어닥칠 더 큰 고난에 대해 예고하셨습니다(10절 상). 그리고 이어서 "네가 죽도록 충성하라. 그리하면 내가 생명의 관을 네게 주리라"고 그들에게 권고하셨습니다(10절 하). 예수님의 이 권면은 서머나라는 도시가 지금 제국 로마를 대하는 태도를 염두에 두고 하신 말씀입니다. 서머나는 주전 195년에 최초로 로마의 여신을 위해 신전을 건축할 정도로 로마와 그 나라의 황제에 절대 충성했던 도시입니다. 그래서 로마의 유명한 정치가인 키케로(Cicero)는 서머나를 '우리의 동맹 중에 가장 충성스러운 동맹'이라고 극찬했습니다. 결국 서머나는 그 충성심을 인정받아 주후 26년에 소아시아의 여타 다른 도시들과의 경합 속에서 티베리우스(Tiberius) 황제를 위한 신전을 건축하는 특권을 따냈고 이로 인해 로마 황제로부터 자치도시이며 자유도시로 승격되는 특혜를 누리게 되었습니다. 예수님은 이러한 서머나의 역사적 배경을 고려하여 자신에게 죽도록 충성하게 되면 그에 상응하는 상급, 즉 '생명의 관(冠)'을 선물로 주시겠다고 말씀하고 있는 것입니다.

이 '생명의 관'은 당시 스포츠 경기 우승자가 받았던 화관과 대비되는 말입니다. 서머나는 에베소와 같이 운동 경기로 유명한 도시였는데 경기에서 우승한 사람은 꽃으로 된 화관(花冠)을 받았습니다. 그래서 경기에서 이기면 승리의 여신 니케(Nike)가 상급으로 화관을 줄 것이라는 사실을 널리 홍보하기 위해서 그녀의 한 손에는 화관이, 그리고 다른 한 손에는 야자수 가지가 들려있는 주화가 만들어졌습니다. 스포츠 경주에서 우승한 사람이 대회 주최자로부터 곧 시들 '화관'을 얻는다면 신앙 경주에서 승리한 사람은 주님으로부터 영원히 시들지 않는 '생명의 관', 즉 영생(永生)의 축복을 받을 것입니다.

주님의 편지를 세 번째로 받은 교회는 '버가모 교회'였습니다. 서머나가 에베소의 정북이듯 버가모는 서머나에서 정북으로 90km쯤에 있었습니다. 예수님은 버가모에 편지하라고 요한에게 위임명령을 한 후, 버가모 교인들을 칭찬하셨습니다(12-13절). 버가모 교회가 위치한 버가모 시는 제우스 제단을 비롯한 온갖 이방 신전들이 우후죽순으로 들어선 곳이었습니다. 이렇게 우상들이 바글바글한 곳에서 버가모 교인들은 믿음을 저버리지 않고 충성을 다했습니다. 게다가, 버가모 교회에는 '모든 불의에 항거한다'라는 이름의 뜻을 가진 충성된 증인 '안디

바'(Antipas)가 있었습니다. 초대 교회 전승에 의하면 안디바는 버가모의 감독으로 그 이름에 걸맞게 살다가 화형당했다고 합니다. 이렇게 버가모 교회는 장점이 있었기에 주님께 칭찬을 들었습니다. 하지만 버가모 교회는 에베소 교회처럼 결점도 있었습니다. 버가모 교회는 순교자를 낼 정도로 밖에서 오는 핍박은 꿋꿋이 견뎌냈지만, 안으로부터 오는 유혹에는 걸려 넘어졌습니다. 교인들 가운데 니골라 당의 교훈을 지키는 자들이 있었습니다(14-15절). 신약의 니골라 당은 구약의 거짓 선지자 발람이 행했던 교훈을 그대로 답습했던 자들이었습니다. 민수기 25장과 31장을 보면 발람은 모압 왕 발락이 제시한 돈에 눈이 어두워져 하나님의 백성인 이스라엘을 쓰러뜨릴 비책, 즉 미인계를 쓰라고 그에게 가르쳐 주었습니다. 이에 발락은 모압의 아름다운 여인들로 하여금 이스라엘 청년들을 초청하도록 했습니다. 그리고 우상에게 바쳤던 음식으로 상을 차려놓고 잔치를 벌였습니다. 그 결과 이스라엘은 우상의 제물을 먹고 모압 여인들과 행음하는 죄를 범하게 되었습니다. 이와 마찬가지로 니골라 당은 새 이스라엘인 버가모 교인들을 우상 숭배와 음행으로 인도했습니다.

순교까지도 불사할 정도로 태산 같은 시련을 이겨낸 버가모 교회가 쾌락의 유혹이라고 하는 작은 돌뿌리 앞에 걸려 넘어지자 주님은 가만히 보고만 계실 수가 없었습니다. 그래서 "회개하라"고 불호령을 내리셨습니다. 그리고 만일 말을 듣지 않으면 친히 와서 "내 입의 검으로 그들과 싸우겠다"고 경고하셨습니다(16절).

여기 입에서 검이 나오는 예수님의 모습은 이사야서에서 온 것이지만(사 49:2), 동시에 로마의 검이 혀 모양이었던 점을 반영한 표현입니다. 그 당시의 로마 군인들은 특수한 검을 가지고 다녔습니다. 보통 검은 한쪽에만 날이 있지만 로마 군인들이 지니고 있었던 '시카르'라는 검은 날이 좌우 양쪽에 있었습니다. 그래서 이들과 맞붙어 싸우는 사람들은 오른쪽으로 피해도, 왼쪽으로 피해도 소용이 없었습니다. 그들의 칼은 좌우로 날이 서 있었기 때문이었습니다. 따라서 로마군의 칼은 공포의 대상이었다고 합니다.[156] 그런데 예수님이 바로 그렇게 생긴 검을 가지고 나타나셨습니다. 물론 여기서 검은 로마 병사들이 사용하던 그런 물리적인 검이 아닙니다. 그것은 '말씀의 검'입니다. 우리가 잘 아는 히브리서 4:12-13을 보면 "하나님의 말씀은 살아 있고 활력이 있어 좌우에 날 선 어떤 검보다도 예리하여 혼과 영과 및 관절과 골수를 찔러 쪼개기까지 하며 또 마음의 생각과 뜻을 판단하나니 지으신 것이 하나도 그 앞에 나타나지 않음이 없고 우리의 결산을 받으실 이의 눈앞에 만물이 벌거벗은 것같이 드러나느니라"고 했습니다.

로마 군인들의 검은 기껏 사람의 몸만 찔러 쪼갤 뿐입니다. 그러나 주님의 말씀의 검은 우리의 마음 깊은 곳의 생각 하나하나까지 찔러 쪼갤 수 있습니다. 그러므로 니골라 당의 교훈을 추종하며 은밀히 쾌락을 즐기던 버가모 교인들은 끝장나기 전에 그 악행을 끊어버려야 할 것입니다.

예수님의 편지를 네 번째로 받은 교회는 '두아디라 교회'였습니다. 두아디라는 버가모와 사데의 중간쯤에 위치한 도시로 버가모에서 동남쪽으로 65km 정도 떨어져 있었습니다. 인구가 1만 명 남짓한 두아디라는 앞서 언급한 세 도시에 비해 규모도 작고 중요성도 떨어졌지만, 주님이 가장 긴 편지를 써서 보낸 곳이었습니다. 이 조그마한 도시에 위치한 두아디라 교회를 주님은 다음과 같이 칭찬했습니다. "내가 네 사업과 사랑과 믿음과 섬김과 인내를 아노니 네 나중 행위가 처음 것보다 많도다"(19절). 여기 19절 상반절에 '네 사업'이라고 했는데, '사업'은 원문에는 복수로 '일들'(헬. '에르가')을 말합니다. 그러면 두아디라 교인들이 행한 '일들'은 무엇을 말할까요? 그것은 바로 뒤에 나오는 네 종류의 미덕, 즉 '사랑', '믿음', '섬김', 그리고 '인내'를 총괄해서 표현한 것입니다. 두아디라 교회는 앞선 세 교회에 비해 외형적으로는 참으로 미미했지만, 에베소 교회가 잃어버린 '사랑'과 '섬김'의 본을 보였고, 서머나 교회처럼 환난 속에서도 꿋꿋이 '인내'했으며, 버가모 교회에서 위태로웠던 '믿음'을 굳게 지켰습니다. 게다가, 이 교회는 에베소 교회처럼 처음 출발은 좋았으나 사랑을 잃어버리고 쇠퇴한 것이 아니라, '나중 행위가 처음보다 많은' 부흥하고 성장하는 교회였습니다. 하지만 두아디라 교회에도 문제가 있었습니다. 버가모 교회의 약점이 교회 내에 니골라 당을 허용한 것이었다면 두아디라 교회의 결점은 이세벨을 용인한 것이었습니다(20절). 열왕기상에 등장하는 이세벨은 시돈 왕 엣바알의 딸로서 북이스라엘에서 가장 악한 왕인 아합의 아내가 되었습니다. 이 여인은 시집오면서 자신이 섬겼던 바알과 아세라 신을 함께 들여옴으로써 발람처럼 이스라엘 백성을 우상 숭배와 음행에 빠지게 했습니다(왕상 16:31-34). 이와 비슷하게 두아디라 교회 안에도 스스로를 선지자라고 칭하면서 당시 두아디라 시에 성행했던 이교적 우상 숭배와 음행을 부추기는 구약의 이세벨과 같은 여인이 있었는데, 안타깝게도 교인 중에 이 이세벨 추종자들이 존재했습니다. 그래서 주님은 이세벨과 그 추종 세력들을 각각 그들의 행위대로 보응하겠다고 말씀하셨습니다(23절). 이들과 달리 이세벨의 이단 사설에 빠지지 않은 자들에게는 자신이 올 때까지 신앙의 절개를 굳게 지키라고 당부하셨습니다(25절). 그리고 열악한 상황 속에서도 믿음의 순수성을 유지한 자에게는 "철장으로 만국을 다스리는 권세"를 주겠다고 약속하셨습니다(26절). 여기 '만국을 다스리는 권세를 주시겠다'는 주님의 약속은 두아디라 역사를 반영한 말씀입니다. 두아디라는 늘 수탈을 당하는 지역이었습니다. 만국을 다스리기는 커녕 바로 옆에 있는 도시조차 제대로 다스려 본 적이 없는 도시였습니다. 언제나 침략만 당하는 약소국가였습니다. 그러나 이런 연약한 민족일지라도 주님만 의지하고 끝까지 믿음을 지켜나갈 때는 철장(鐵杖), 곧 철로 된 지팡이로 만국을 다스리는 강력한 권세를 주시겠다고 하는 것입니다. 우리 대한민국 또한 두아디라처럼 약소국이며 침략을 많이 당한 나라입니다. 하지만 우리 신앙인들이 주님을 온전히 믿고 그분의 말씀에 철저히 순종할 때 전 세계를 다스릴 수 있는 권세를 부여받을 수 있는 것입니다. 한반도가 만국을 온전히 다스리는 지역이 되는 유일한 비결은 그리스도를 온전히 섬기는 것입니다. 예수님을 잘 믿는 것만이 애국하는 길입니다.

3장 교회

(세 교회에 보내는 편지)

3장에도 소아시아 일곱 교회에 관한 환상이 이어집니다. 본 장에서는 나머지 세 교회, 즉 사데, 빌라델비아, 라오디게아 교회에 보내는 편지가 소개됩니다.

주님의 편지를 네 번째로 받은 교회는 '사데 교회'였습니다. 사데는 두아디라에서 동남쪽으로 50km 정도 떨어진 곳에 위치해 있었는데, 이 도시 소재의 사데 교회에 보낸 편지 속에는 주님의 칭찬은 없고 책망만이 존재합니다. "내가 네 행위를 아노니 네가 살았다 하는 이름은 가졌으나 죽은 자로다"(1절). 사데 교회가 주님으로부터 이렇게 영적으로 죽은 교회라는 부정적인 평을 받게 된 데는 크게 두 가지 이유가 있었습니다. 첫째로, 사데 교회가 현실에 안주했기 때문이었습니다. 사데는 사금이 생산되는 부요한 도시요 천연 요새로 둘러싸인 지역이었기에 늘 "우리는 잘살고 있다, 우리는 안전하다"라는 자부심에 취해있었습니다. 사데 교회 또한 그 교회가 자리 잡은 도시와 마찬가지로 박해나 이교의 고통을 당하고 있지 않았으므로 현실에 안주하고 자기만족에 빠져있었습니다. 교인들은 "이만하면 됐지" 하고 안일하게 신앙생활을 했습니다. 그로 인해 사데 교회는 일 년이 지나고 십 년이 지나도 구원받는 영혼 하나 없고 삶의 변화를 체험하는 이도 없으며 하나님을 향해서 감격하는 인생도 없이 그냥 모였다가 흩어져 버리는 생명력 없는 산송장과 같은 교회가 되었습니다. 둘째로, 사데 교회는 세속에 물들었기 때문이었습니다. 주님은 2절 하반절에 사데 교인들이 하나님 앞에 온전히 행하지 않았다고 책망하셨는데, 이는 4절에 보면 옷을 더럽힌 것을 의미합니다. 여기서 옷을 더럽혔다고 하는 말은 사데 교인들이 주변의 음란한 세속 문화에 빠져 타락한 것을 뜻합니다. 교회가 쾌락을 탐닉하고 세속화될 때 그 교회는 이미 영적으로 사망한 것입니다. "향락을 좋아하는 자는 살았으나 죽었느니라"(딤전 5:6).

　주님은 중병이 든 사데 교인들에게 "일깨라"는 말을 반복함으로써 깨어 있을 것을 주문하셨는데(2-3절), 이는 사데의 지난 역사를 염두에 두고 하신 말씀입니다. 사데는 지리적으로 천연 요새의 조건을 갖춘 곳에 자리 잡고 있었습니다. 적군이 쳐들어오기 어려운 그야말로 난공불락의 지역이었습니다. 그러나 역사를 돌이켜 보면 자신들의 방심으로 인해 두 번(페르시아의 고레스[Cyrus]와 셀레우코스의 안티오코스[Antiochos])이나 외세의 침입을 받아서 사데 지역은 완전히 폐허가 된 적이 있었습니다. 그래서 예수님은 이 사데 교회를 향해서 그들의 마음속 깊이 사무친 역사를 상기시키면서 "일어나 깨어 있어야 한다"고 말씀하시는 것입니다. 그런데 주님의 이러한 경고를 무시하고 "만일 일깨지 아니하면 내가 도둑같이 이르리니 어느 때에 네게 이를는지 네가 알지 못하리라"고 심판을 약속하셨습니다(3절). 만일 사데 교인들이 잠들거나 술 취하지 않고 깨어 있어서 자신들에게 어떤 일이 벌어지고 있는지를 제대로 파악하지 못한다면 사데를 함락하기 위해 성벽을 기어올랐던 적병들이 그랬던 것처럼 예수님께서도 어느 날 갑자기 도둑같이 임하셔서 그들을 징벌하실 것입니다.[157]

　　사데 교회의 모든 신자가 자기만족과 세상과의 타협으로 인해 주님께 책망을 받은 것은 아니었습니다. 이 교회 내에는 비록 소수지만 그 옷을 더럽히지 아니한 충성된 사람들이 있었습니다(4절). 그래서 그리스도께서는 이 신앙의 순수성을 유지하기 위해서 발버둥쳤던 그루터기 신자들에게 두 가지 상급을 약속하셨습니다. 첫째, 흰옷을 입을 것이라고 말씀하셨습니다(5절 상). 끝까지 믿음을 지킨 자는 주님께서 자신의 보혈로 깨끗이 세탁해주신 순결한 흰옷을 입고 천국을 활보하고 다니는 영광을 누리게 될 것입니다. 순결하고 거룩한 삶을 살았다는 사실을 하나님으로부터 인정받게 될 것입니다. 둘째, 그 이름을 생명책에서 지우지 않고 하나님과 천사들 앞에서 시인하겠다고 말씀하셨습니다(5절 하). 이는 구원에 대한 확고한 보증을 약속하신 것입니다. 신앙의 정절을 지킨 자의 구원은 떼 놓은 당상입니다.

주님의 편지를 여섯 번째로 받은 교회는 '빌라델비아 교회'였습니다. 빌라델비아는 사데에서 동남쪽으로 45km 정도 떨어진 곳에 위치해 있었는데, 이 도시 내에 있던 빌라델비아 교회에 보낸 편지 속에는 사데 교회와 대조적으로 주님의 책망은 없고 칭찬만이 존재합니다. "내가 네 행위를 아노니 볼지어다, 내가 네 앞에 아무도 닫을 수 없는 열린 문을 두노라. 왜냐하면 네가 작은 능력을 가지고서도 내 말을 지키며 내 이름을 배반치 아니하였기 때문이니라"(8절 원문 직역). 주님은 이 교회를 가리켜 '작은 능력'을 가졌다고 했습니다. 이는 빌라델비아가 소아시아 일곱 도시 가운데 가장 작고 볼품이 없었기 때문이었습니다. 빌라델비아는 역사도 가장 짧았고 지진으로 늘 흔들리는 지역이었기에 사람도 많지 않았습니다. 따라서 당연히 교회도 수적으로나 물질적으로 변변치 못했을 것으로 추정됩니다. 그러나 이러한 열악한 상황에서도 빌라델비아 교인들은 주님의 말씀을 지키고 주님의 이름을 배반하지 않았기에 주님은 이들 앞에 아무도 닫을 수 없는 '열린 문'을 두겠다고 말씀하셨습니다.

여기 열린 문은 당시의 상황에 비추어 두 가지로 해석할 수 있습니다. 첫째로, 이 열린 문은 빌라델비아 시가 당시 아시아의 관문이라고 불렸던 점을 빗대어 한 말일 수 있습니다. 그럴 경우 주님께서 아무도 닫을 수 없는 열린 문을 주시겠다고 말씀하신 것은 예전에 빌라델비아가 동방의 관문으로 헬라 사상과 문화를 보급시키는 데 교두보 역할을 했듯이, 이제 빌라델비아 교회가 열린 문으로서 기독교 사상과 문화, 즉 복음을 전파하는 데 전진기지 역할을 할 것이라고 선언한 것입니다. 둘째로, 이 열린 문은 뒤따르는 9절의 자칭 유대인들의 회당의 문과 대비되는 말일 수도 있습니다. 서머나와 마찬가지로 빌라델비아에도 사탄의 앞잡이 노릇을 하던 자칭 유대인들이 있어서 신자들을 심히 괴롭히고 회당에서 쫓아냈습니다. 그래서 회당의 문은 그리스도인들에게 굳게 닫혀 있었습니다. 하지만 영생의 문은 그들에게 활짝 열려 있었습니다. 천국과 음부의 열쇠를 쥐고 계신 그리스도께서 그 문을 열어 놓았기 때문이었습니다. 그러므로 그리스도를 믿는 신앙으로 인해 회당에서 추방당했던 빌라델비아 성도들에게 이 하나님 나라의 열린 문을 통해 그분의 백성이 될 수 있다는 주님의 말씀은 틀림없이 큰 위로와 격려가 되었을 것입니다.

　　주님은 사칭 유대인들의 박해에도 불구하고 꿋꿋이 인내하며 말씀을 지킨 빌라델비아 성도들에게 곧 다시 올 터이니 신앙을 굳게 부여잡으라고 권면하셨습니다(11절). 이러한 주님의 권면의 말씀을 신실하게 따르는 자에게 주님은 두 가지 상급을 약속하셨습니다. 첫째로, "내 하나님 성전에 기둥이 되게 하리니 그가 결코 다시 나가지 아니할 것이라"고 말씀하셨습니다(12절 상). 이는 빌라델비아 도시의 잦은 지진과 관련해서 한 말씀입니다. 빌라델비아는 지진 다발 지역으로 이 지역에 사는 사람들은 일단 지진이 발생하면 건물이 무너져서 압사할 수 있었기 때문에 지체없이 밖으로 뛰쳐나가야 했습니다. 그렇지만 주님께서 주실 하나님의 성전은 일반 건물과 달라서 절대로 무너질 염려가 없습니다. 그러기에 결코 다시 나갈 필요가 없는 것입니다. 하나님의 성전은 영원한 성전입니다. '성전의 기둥이 되게 한다'라고 하는 말씀 또한 이러한 영구성을 강조한 말입니다. 왜냐하면 건물 중에서 지진 후에도 서 있는 유일한 부분은 기둥이기 때문입니다. 따라서 이 하나님 성전의 기둥이 되게 해주시겠다는 말씀은 지진으로 인해 늘 불안에 떨며 무너질 것을 염려했던 빌라델비아 교인들이 꼭 필요로 했던 안전하고 영구적인 집(하늘나라)을 선물로 주시겠다는 주님의 약속인 것입니다.

둘째로, 주님은 이 기둥에 하나님의 이름과 새 예루살렘의 이름과 자신의 새 이름을 주시겠다고 약속하셨는데(12절 하), 이 또한 이름과 관련된 빌라델비아 시의 역사를 염두에 둔 표현입니다. 빌라델비아는 네오가이사랴(Neo-Caesarea)로, 플라비아(Flavia)로, 작은 아테네(Little Athens)로 이름이 여러 번 바뀐 경험이 있는 도시였습니다. 당시 최고의 권좌에 있던 로마 황제를 기리는 이름도 개명되었습니다. 하지만 이제 작은 능력을 가졌음에도 신실하게 주님의 말씀에 순종했던 빌라델비아 성도들에게 다시는 변경되지 않는 가장 영광스러운 하나님의 삼중 이름이 주어질 것입니다. 충성을 다한 그들은 주님께서 주시는 최고의 영예를 누리게 될 것입니다.

소아시아 일곱 교회 중 마지막으로 주님의 편지를 받은 교회는 '라오디게아 교회'였습니다. 빌라델비아에서 동남쪽으로 65km 정도 가면 루쿠스 강 유역에 세 도시가 옹기종기 모여 있는데, 강 북쪽에는 히에라폴리스가 있고 남쪽에는 15km 간격을 두고 골로새와 라오디게아가 있습니다.

이 라오디게아 소재 교회에 보낸 편지 속에는 칭찬은 없고 책망만이 존재합니다. 비슷한 처지에 있었던 사데 교회 편지 속에는 그래도 약간의 칭찬이 언급되어 있었으나 이 편지에는 단 한 줄의 칭찬도 발견되지 않습니다. 라오디게아 교회가 주님으로부터 이와 같이 부정적인 평가를 받았던 이유는 그 행위가 차지도 덥지도 않았기 때문이었습니다. 뜨뜻미지근했기 때문이었습니다. "내가 네 행위를 아노니 네가 차지도 아니하고 뜨겁지도 아니하도다. 네가 차든지 뜨겁든지 하기를 원하노

라. 네가 이같이 미지근하여 뜨겁지도 아니하고 차지도 아니하니 내 입에서 너를 토하여 버리리라"(15-16절).

본문 15절에 주님이 말하는 '뜨거운 것'과 '찬 것'이 무엇인지를 제대로 이해하기 위해서는 당시 라오디게아가 위치한 지리적 특성을 알아야 합니다. 이 지역은 물 사정이 여의치 않아 인근의 히에라폴리스와 골로새로부터 수도관을 이용해서 물을 공급받아 사용했습니다. 라오디게아에서 북쪽으로 10km 떨어진 히에라폴리스는 섭씨 90도나 되는 뜨거운 온천수로 유명했기 때문에 거기서는 더운물을 끌어다 썼습니다. 그런데 히에라폴리스의 뜨거운 물이 관을 타고 흘러오는 도중에 식어서 라오디게아에 도착했을 때는 덥지도 차지도 않은 미적지근해진 상태로 변해 버렸습니다. 그리고 이 물에는 석회질이 섞여 있어서 마시게 되면 구토증을 유발시켰습니다. 그래서 이러한 배경을 염두에 두고 주님께서 "내가 너를 토하여 버리겠다"(16절)고 말씀하신 것입니다. 한편, 라오디게아에서 15km 떨어진 골로새는 강가에 위치하여 시원한 생수로 유명했기 때문에 라오디게아 사람들은 거기서 찬물을 대어 먹었습니다. 하지만 차갑고 시원했던 골로새의 물 또한 수로를 통해 라오디게아까지 오는 동안 미지근해져서 결국 물을 마시는 사람에게 가슴을 후련하게 할 정도의 시원함을 제공하지 못했습니다.

라오디게아 교인들의 신앙 상태 또한 자신들이 마시는 물처럼 미지근했습니다. 그들이 가진 부와 건강으로 인해서 미지근해졌습니다. 돈많고 아픈 데도 별로 없으니 열정을 가지고 신앙생활하지 않았습니다. 그로 인해 주님의 마음을 시원하게 해드리지 못했습니다. 그래서 물 마시는 사람에게 전혀 유익이 없고 도움이 되지 못하는 석회 가루 가득한 미지근한 물과 같은 그들을 주님은 '웩' 하고 토해버리겠다고 경고하셨던 것입니다.

이렇게 구역질 나는 존재였음에도 불구하고 라오디게아 교인들은 "나는 부자라. 부요하여 부족한 것이 없도다"라고 말하며 자만에 빠져 있었습니다(17절 상). 이에 대해 주님은 "네 곤고한 것과 가련한 것과 가난한 것과 눈먼 것과 벌거벗은 것을 알지 못하는도다"라고 평하며 그들의 실상을 적나라하게 폭로했습니다(17절 하). 라오디게아 교인들은 육적으로는 갖출 것 다 갖춘 부요한 자였을지 모르지만, 영적으로는 땡전 한 푼 없는 거지 중에서도 상거지였습니다.

라오디게아 교인들의 문제점을 정확히 진단하신 그리스도는 이제 그 문제점에 걸맞은 해결책을 내놓으셨습니다. "내가 너를 권하노니 내게서 불로 연단한 금을 사서 부요하게 하고 흰옷을 사서 입어 벌거벗은 수치를 보이지 않게 하고 안약을 사서 눈에 발라 보게 하라"(18절). 여기 주님의 처방전을 보면 라오디게아 지역의 삼대 특산품(금, 옷, 안약)이 고스란히 등장합니다. 첫째로, 주님은 불로 연단한 '금'을 사라고 권면하셨습니다. 불로 연단한다는 것은 고난을 상징합니다. 금은 값지고 귀한 것을 의미합니다. 따라서 지금처럼 돈 좀 있다고 무사안일하게 신앙생활하지 말고 기꺼이 고난을 감내하라고 말씀하시는 것입니다. 그럴 때만이 비로소 불순물이 쭉 빠지고 정금같이 순도 백 퍼센트의 고귀한 존재가 될 수 있기 때문입니다. 둘째로, '흰옷'을 사라고 했습니다. 이 흰옷은 라오디게아 시민들이 자랑하는 검은 양모와 대비되는 말로 거룩하고 정결한 삶을 상징합니다. 이들은 현대식으로 말하면, 흑색 밍크코트로 육신을 둘둘 감고 다녔지만, 그것은 아담과 하와의 나뭇잎 옷과 같아서 자신들의 벌거벗은 수치(우상 숭배 죄)를 가릴 수 없었습니다. 그래서 여호와 하나님께서 손수 지어주신 가죽옷과 같은 예수 그리스도의 흰

옷이 필요했습니다. 마지막으로, '안약'을 사서 눈에 바르라고 했습니다. 라오디게아 교인들은 그들의 특산품인 브루기안 안약을 사서 발랐기 때문에 육안(肉眼)은 좌우 모두 2.0 수준이었을 것입니다. 하지만 정작 중요한 영안(靈眼)은 '0'(제로)에 가까웠습니다. 이들은 자신들의 곤고한 것과 가련한 것과 가난한 것과 눈먼 것과 벌거벗은 것을 보지 못하는 눈뜬 소경이었습니다. 그러므로 주님께서 주시는 참된 안약을 바르고 영의 눈을 떠야만 했습니다.

미온적인 신앙생활을 하는 라오디게아 성도들에게 회개를 촉구하신 후(19절), 주님은 그들에게 문을 열라고 권고하셨습니다. "볼지어다 내가 문밖에 서서 두드리노니 누구든지 내 음성을 듣고 문을 열면 내가 그에게로 들어가 그와 더불어 먹고 그는 나와 더불어 먹으리라"(20절). 우리 그리스도인들에게 익숙한 이 구절은 믿지 않는 불신자들에게 구원을 소개하고 전도하기 위한 내용이 아니라 믿는 신자들에게 회개와 열심을 강조하기 위한 것입니다. 여기 '문'은 건물의 문이 아니라 '마음의 문'을 말합니다. 따라서 '문을 연다'고 하는 말은 '마음을 여는 것'을 의미합니다. 이전에 라오디게아 성도들은 자신들의 미지근함으로 인해 그리스도를 마음에서 몰아냈습니다. 그래서 주님은 마음 문밖에 서서 계속해서 노크하고 계시는 것입니다. 그러므로 이들이 굳게 잠긴 그 문의 빗장을 열기만 하면 주님은 그들에게 다시 들어오셔서 그들과 더불어 먹고 마심으로 풍성한 교제를 나누실 것입니다. 식어진 가슴에 불을 붙이는 유일한 비결은 자신들이 몰아낸 그리스도를 다시 초청하는 것뿐입니다.

예수 그리스도를 자신의 마음 중심에 모시고 전심으로 그분께 충성을 다하는 라오디게아 성도들에게 예수님의 보좌에 좌정하는 영예가 주어질 것입니다(21절). 본문의 '보좌'란 보좌에 앉아서 '통치하는 권세'를 상징합니다. 성부 하나님은 승리하신 성자 예수님에게 자신의 보좌에 함께 앉아 만국을 다스리게 해주셨습니다. 교회 공동체는 예수님을 그 머리로 하고 있기 때문에 예수님께 적용되었던 것이 교회, 즉 우리 신자들에게도 그대로 적용됩니다. 따라서 예수님께서 이기신 것처럼 우리도 이기면 예수님의 보좌에 앉아 예수님과 함께 천하만국의 모든 것을 다스릴 것입니다. 할렐루야!

4장 성전

(성전 보좌 환상)

사도 요한이 보니 하늘에 '열린 문'이 있었습니다. 이 문은 하나님께서 열어 놓으신 것이었습니다. 이윽고 그 문을 통해 "이리로 올라오라"는 나팔 소리 같은 음성이 들려왔습니다(1절). 이 음성은 예수 그리스도의 다정다감한 음성이었습니다. 주님이 요한을 위로 올라오라고 하신 이유는 '이후에 마땅히 일어날 일들'을 그에게 보여주시기 위함이었습니다. 이는 예수 그리스도를 통해 이미 이루어졌고 또 앞으로 이루어질 구속적 사건들을 일컫는 말입니다.

결국 요한은 예수님의 목소리에 응답하여 열린 문을 통해 하늘 성전으로 올라갔습니다. 그리고 "성령에 감동되어"(헬. '엔 프뉴마티') 장엄한

"하늘 성전 보좌"를 보게 되었습니다(2절). 이 4장의 보좌 환상은 승리자에게 보좌를 약속하는 이전 3:21에 대한 주석("이기는 그에게는 내가 내 **보좌**에 함께 앉게 하여 주기를 내가 이기고 아버지 **보좌**에 함께 앉은 것과 같이 하리라")입니다. 그리고 동시에 5장의 두루마리 환상과 함께 뒤따르는 6-16장의 서론 역할을 합니다.

요한이 본 하늘 성전 보좌에는 '하나님 이미지'께서 앉아 계셨습니다. 보좌는 원래 왕이 앉아서 다스리며 재판하는 의자를 가리키므로 성부 하나님께서 거기에 앉아 계신다고 하는 사실은 하나님이 우주와 그 안에 있는 모든 만물을 통치하시고 심판하시는 분이라는 것을 나타냅니다.

요한 당시 세상에서 가장 강력한 보좌는 로마 황제 도미티아누스의 보좌였습니다. 이 보좌에서 나오는 말 한마디 한마디가 사람을 살리기도 하고 죽이기도 했습니다. 그래서 신민들은 가이사의 보좌를 가장 두려워했습니다. 그렇지만 지금 주님은 사도 요한을 통해서 하늘 왕궁 보좌와 그 보좌에 앉아 계신 하나님을 보여줌으로써 진정한 보좌는 하나님의 보좌이며 진정한 왕은 하나님 한 분밖에 없으니 그분만을 경외할 것을 독자들에게 권고하고 있는 것입니다.

사도 요한은 보좌에 좌정하고 계신 하나님의 모습을 다음과 같이 소개합니다. "앉으신 이의 모양이 벽옥과 홍보석 같고 또 무지개가 있어 보좌에 둘렸는데 그 모양이 녹보석 같더라"(3절). 여기 보면 하나님의 3대 성품이 구약 대제사장의 흉패에 사용된 세 가지 보석으로 표현되어 있습니다.

첫째로, 하나님은 '벽옥'과 같다고 했습니다. 벽옥은 다이아몬드와 같이 맑고 투명한 보석으로 하나님의 거룩하고 성결하신 성품을 상징합니다. 하나님은 죄의 그림자조차 없으신 순결한 분이십니다. 털고 또 털어도 먼지 한 점 안 나오는 무흠한 분이십니다. 둘째로, 하나님은 '홍보석'과 같다고 했습니다. 홍보석은 루비와 같이 붉은 빛을 띠는 보석으로 이는 하나님의 공의로우신 성품을 상징합니다. 우리 하나님은 의로우신 분이시기에 창세기 6장이 잘 보여주듯이, 인류의 관영한 죄악에 대해서 결코 좌시하지 않고 심판을 베푸십니다. 셋째로, 하나님은 '녹보석'과 같다고 했습니다. 녹보석은 에메랄드로 푸른 빛깔을 띠는 보석인데, 이는 하나님의 은혜롭고 자비로우신 성품을 상징합니다. 하나님의 공의로우신 심판이 시행되는 와중에도 하나님의 은혜와 자비가 나타나는데 이러한 은혜와 자비는 보좌를 에워싸고 있는 '무지개'를 통해 더욱 강화되고 있습니다. 창세기 9장에 보면 하나님은 홍수를 보내 죄로 가득 찬 세상을 심판하신 후에 세상 끝날까지 다시는 물로 땅을 멸하지 않겠다고 노아와 그의 자녀들에게 약속하셨습니다. 그리고 언약의 징표로 무지개를 주셨습니다. 따라서 무지개는 하나님의 자비를 상징합니다.

하나님의 자녀인 우리 신자들은 하나님 아버지의 이 세 가지 성품을 고스란히 닮아서 거룩하고 의롭고 자비로운 인생을 살아야겠습니다. 그럴 때만이 비로소 보석처럼 값지고 빛나는 존재가 될 수 있기 때문입니다.

5장 인봉

(인봉된 두루마리)

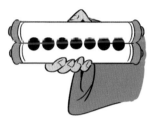

계시록 5장은 4장에서 시작된 하늘 성전 장면이 계속 이어집니다. 그런데 4장이 '창조주 하나님'께 초점을 맞추었다면, 5장은 '구속주 예수님'이 스포트라이트를 받습니다.

사도 요한이 보좌에 앉아 계시 하나님의 오른손을 자세히 보니 '두루마리'가 있었습니다. 그런데 그것은 일곱 인으로 봉해져 있었습니다(1절). '하나님의 오른손'은 '하나님의 주권'을 상징합니다. 다시 말해서, 두루마리 책 속의 내용은 타의에 의한 것이 아니라 하나님의 주도하에 결정된 것들이라는 말입니다. 두루마리가 일곱 인으로 봉해져 있다는 것은 일곱이 완전수이므로 그 누구도 열어 볼 수 없도록 하나님이 완전히 봉해 놓아서 그 속의 내용이 철저히 비밀로 감추어져 있다는 말입니다. 하지만 이 계시록 5:1의 배경이 되는 에스겔 2장을 보면 두루마리 책의 안과 밖에 기록된 내용은 심판에 관한 것들로 이어지는 계시록 6장에서 두루마리의 일곱 인이 하나씩 떼어질 때마다 터져 나올 '애가와 애곡과 재앙의 말'입니다.

요한이 또 보니 힘 있는 천사가 큰 음성으로 "누가 그 두루마리를 펴며 그 인을 떼기에 합당하냐"고 외쳤습니다(2절). 이 천사의 도전적인 질문 앞에 그 누구도 응하지 못했습니다. 인봉된 책을 펼쳐 보일 자가 아무도 없었습니다. 그 두루마리를 펴기에 합당한 자가 보이지 않자 요한은 크게 울었습니다(4절).

어린아이는 걸핏하면 울지만, 어른은 웬만해선 울지 않습니다. 더군다나 노인의 눈에서 흐르는 눈물을 보기란 그리 쉽지 않습니다. 그런데도 85세의 백발이 성성한 노(老)사도 요한은 주책맞게(?) 큰 소리를 내며 엉엉 울었습니다. 왜 그랬을까요? '누군가 저 두루마리의 인들을 떼어서 내용이 개봉되고 그대로 집행되어야 하나님의 백성을 핍박하고 있는 제국 로마가 심판을 받고 성도들의 한이 풀릴 텐데', '저 책만 펼쳐지면 하나님의 구속 계획이 성취될 텐데 도대체 왜 저 책을 펼 자가 없나?' 하고 울면서 기도한 것입니다. 두루마리를 펼 자를 속히 보내주셔서 하늘의 뜻이 땅 위에서 이루어질 수 있게 해달라고 대성통곡하며 하나님께 매달린 것입니다.

요한의 눈에서 하염없이 흐르는 눈물을 보고 보좌 주변에 있던 이십사 장로 중의 하나가 "울지 말라. 유대 지파의 사자 다윗의 뿌리가 이겼으니 그 두루마리와 그 일곱 인을 떼시리라"고 말했습니다(5절). 이 말은 "이제 네 기도가 응답되었다"는 의미입니다. 그러므로 사도 요한의 눈물은 복된 눈물이었습니다. 하나님의 심금을 울린 가치 있는 눈물이었습니다.

여러분은 하나님 앞에서 눈물을 보인 적이 있습니까? 그분 앞에서 자존심, 체면 이런 것들을 모두 내려놓고 어린아이처럼 울부짖으며 매달려 본 적이 있습니까? 눈물은 모든 문제를 해결하는 만능열쇠입니다. 보김(우는 자들)이 벧엘(하나님의 전)로 가는 지름길입니다. 우는 십자가의 길이 하늘 가는 밝은 길입니다. 그러므로 회개의 눈물, 헌신의 눈물, 감격의 눈물을 펑펑 쏟으십시오. 울며 보채는 아기에게 어미가 젖을 주듯이, 우리 하나님은 당신의 자녀인 성도의 눈물의 간구를 절대로 외면하지 않으실 것입니다. 여러분이 흘린 눈물 한 방울 한 방울을 주님께서 친히 닦아 주실 것입니다.

우는 요한을 위로한 장로는 봉인된 두루마리의 인들을 뗄 자격이 있는 예수 그리스도를 '유다 지파의 사자'라고 칭했습니다. 이는 유다 지파에서 나온 사자라는 의미로 창세기 49:9-10을 배경으로 합니다. 야곱은 죽기 전에 자신의 열두 아들 각각에 대해 예언했는데 그중의 네 번째 아들 유다는 사자 새끼라고 했습니다. '사자'는 짐승의 왕으로서 '왕권'을 상징합니다. 이는 일차적으로 유다가 자신의 세 형 르우벤, 시므온, 레위를 제치고 장자권을 상속하게 될 것을 뜻합니다. 하지만 궁극적으로 유다의 후손으로 실로, 즉 만왕의 왕이신 메시아가 올 것을 예언한 것입니다(창 49:10). 그래서 요한은 사자와 같은 강력한 왕으로서의 메시아를 기대하고 보았는데, 보좌에 앉으신 하나님께로부터 일곱 인으로 봉한 두루마리를 받으신 것은 사자가 아니라 '어린양'이었습니다(6절).

사자와 어린양은 천양지차입니다. '사자'는 동물의 왕으로 '승리'를 상징합니다. 하지만 그냥 양도 아니고 '어린양'은 연약하기 그지없는 짐승으로서 '패배'를 의미합니다. 본문은 죽임을 당한 어린양, 즉 십자가에 달려 돌아가신 예수님의 모습만 언급하고 예수님의 부활에 대해서는 전혀 언급하지 않음으로써 어린양의 철저히 패배한 모습만을 의도적으로 부각합니다. 요한이 방금 전에 유다 지파의 사자로서 당당히 승리하신 메시아의 모습을 제시하더니 이제 죽임을 당한 연약한 어린양을 등장시킨 이유는 이러한 대조적인 두 가지 모습의 나열을 통해 계시록은 진정한 승리가 어떻게 주어지는지를 우리 그리스도인들에게 보여 주려고 하는 것입니다. 다시 말해서, 유다 지파의 사자요 다윗의 뿌리로서 왕적 메시아이신 예수 그리스도의 승리는 죽임을 당한 어린양처럼

십자가에서 피 흘려 죽으심을 통해 쟁취된 것임을 보여주려고 하는 것입니다.[158]

어린양(Lamb)처럼 순복해야 정복하는 사자(Lion King)가 될 수 있는 것입니다. 죽어야 사는 것입니다. 낮추어야 높아지는 것입니다. 이것이 계시록이 우리 신자에게 제시하는 승리의 비결입니다. 당시 세계에서는 로마와 도미티아누스가 사자요, 교회와 그리스도가 어린양으로 보였을 것입니다. 그러나 곧 대반전이 일어날 것입니다. 죽임을 당한 어린양이 사실상 우주에서 가장 강력한 사자이기 때문입니다.

6장 인심

(인 심판)

4-5장의 하늘 성전과 인봉된 두루마리 환상이 두 번째 환상의 서론이었다면 이제부터 살펴볼 6-16장의 내용들이 그것의 본론에 해당됩니다. 본론은 세 개의 일곱 심판 시리즈, 즉 일곱 인 심판(6:1-8:5), 일곱 나팔 심판(8:6-11:19), 일곱 대접 심판(15:1-16:21)이 근간을 이룹니다. 이 본론의 뼈대를 구성하는 세 개의 일곱 심판 시리즈 가운데 첫 두 일곱 심판은 여섯 번째와 일곱 번째 심판 사이에 각각 '막간'(interval)이 있습니다. 그런데 마지막 일곱 심판에는 이러한 간격이 없이 처음부터 끝까지 연속적으로 심판이 진행됩니다. 그래서 이를 도표로 정리하면 다음과 같습니다.

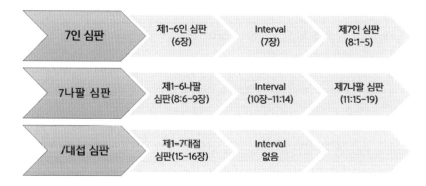

이 세 개의 일곱 심판 시리즈를 이해하는 데 한 가지 유의할 점이 있습니다. 그것은 인 심판 끝에 나팔 심판이, 그리고 나팔 심판 끝에 대접 심판이 위치한다고 해서 이 세 심판이 시간순으로 일어난다고 생각할 필요가 없다는 것입니다. 셋 다 동일하게 하나님의 현현을 나타내는 '음성과 우레와 지진'의 언급으로 끝나기 때문입니다. 악의 세력을 완전히 제거하기 위해서 예수님의 종말적 심판, 즉 초림부터 재림까지의 심판을 세 번 반복적으로 묘사하고 있는 것입니다. 하지만 그 심판은 단순한 반복이 아니라 점진적으로 강화되는 방식으로 진행됩니다.

5장에서 유다의 사자이신 어린양 예수 그리스도는 하나님의 오른손에 들린 인봉된 두루마리를 인계받습니다(계 5:6-7). 그리고 이제 6장에서 주님께서 봉인을 하나씩 떼시므로 세상을 심판하십니다. 첫 네 개의 인을 제거하시자 심판의 도구인 네 종류의 말이 나와 검과 흉년과 역병과 맹수를 통해 땅의 사분의 일을 심판합니다(1-8절). 이어서 다섯 번째와 여섯 번째의 봉인을 해제하셔서 하나님의 말씀을 증거하다 억울하게 죽임을 당한 순교자들의 신원 기도에 응답하십니다(9-14절).

이 인 심판의 대상자는 '땅에 거하는 자들'입니다(15절 상). 이들은 하늘에 속한 교회 공동체가 아니라 바로 사탄에 속한 자들로 땅만 바라보고, 땅에만 소망을 두고, 이 땅의 삶이 전부인 양 살아가는 불신자들을 의미합니다. 이 땅에 속한 사람들은 무시무시한 인 심판이 단행되자 어떻게든 피해 보려고 굴과 바위틈에 숨었습니다(15절 하). 그동안 로마 황제 도미티아누스와 그의 추종자들은 마귀의 앞잡이 노릇을 하며 사도 요한을 비롯한 충성된 주의 종들을 잡아 가두고 죽이는 데 혈안이 되어 있었습니다. 그래서 신자들은 이들의 박해를 피해 동굴로, 암혈(巖穴)로 도망했습니다. 그런데 이제 만왕의 왕이신 예수 그리스도께서 칼을 빼시자 상황이 완전히 역전되었습니다. 추격자가 오히려 도망자가 되어 굴과 산들의 바위틈으로 피신하고 두려워 벌벌 떱니다. 그리고 이렇게 외칩니다. "진노의 큰 날이 이르렀으니 누가 능히 서리요"(17절).

7장 십사

(지상의 **십사**만 사천)

6장의 여섯째 인 심판은 "누가 능히 서리요"라는 질문으로 끝납니다. 그리고 바로 일곱째 인 심판으로 넘어가지 않고 7장에 막간이 존재합니다. 이는 방금 제기한 물음에 답하기 위함입니다. 6장이 하나님과 어린양의 진노의 큰 날에 설 준비가 전혀 되어있지 않은 불신자들을 언급했다면, 7장은 그 진노를 당하지 않고 구원받을 준비가 되어있는 하나님의 백성들을 소개합니다. "또 보매 다른 천사가 살아 계신 하나님의 인을 가지고 해 돋는 데로부터 올라와서 땅과 바다를 해롭게 할 권세를 받은 네 천사를 향하여 큰 소리로 외쳐 이르되 우리가 우리 하나님의 종들의 이마에 인 치기까지 땅이나 바다나 나무들을 해하지 말라 하더라"(2-3절).

하나님 백성의 식별 방법은 그들의 이마에는 인, 즉 '도장'이 찍혀 있다는 것입니다. 이마에 도장을 꽝 하고 찍는 이유는 '소유권'을 주장하기 위함이었습니다. 고대 사회에서 주인은 자신의 노예들의 이마에 낙인을 찍음으로써 자신이 그들의 소유주임을 나타냈습니다. 따라서 천사가 하나님이 백성들의 이마에 도장을 찍는 것은 그들이 하나님의 소유된 백성임을 확증하는 작업입니다. 또한, '보호'하기 위해서 도장을 찍었습니다. 에스겔 9:4-6에 보면 하나님께서 바벨론으로 하여금 예루살렘을 심판하게 하실 때 '이마에 표를 그린 사람'만 심판에서 보호해 주셨습니다.

이 하나님의 소유된 백성으로 하나님의 철저한 보호를 받는 자들의 수는 '십사만 사천'입니다. "내가 인 침을 받은 자의 수를 들으니 이스라엘 자손의 각 지파 중에서 인 침을 받은 자들이 십사만 사천이니"(4절). '144,000'은 '12 × 12 × 1,000'을 결합한 것인데, 맨 처음 '12'는 '구약의 12지파'로 대변되는 구약 시대의 신자들을, 그다음의 '12'는 '신약의 12사도'로 대변되는 신약 시대의 신자들을 뜻합니다. 따라서 이 두 개의 '12'는 하나님의 교회 공동체 전체를 상징합니다. 그리고 마지막의 1,000은 '많다'라는 뜻입니다. 그러므로 구원받는 사람은 이단들이 주장하듯이 달랑 144,000이 아니라 헤아릴 수 없을 정도로 그 수가 많을 것입니다.

그런데 이 십사만 사천은 단순한 교회 공동체가 아닙니다. 이는 '전투하는' 교회 공동체를 의미합니다. 본문의 십사만 사천에 대한 계수의 기록(5-8절)은 이십 세 이상의 이스라엘 성인 남자들, 즉 군인들의 수를 계수하는 민수기 1장을 배경으로 하고 있기 때문입니다. 민수기 1:2-3을 보면, 모세는 광야에서 이스라엘 백성의 수를 계수하는데, 그 계수의 목적은 가나안 땅을 정복하기 위해 '전쟁'에 나갈 만한 자가 얼마나 되는지 알아보기 위한 것이었습니다. 마찬가지로 지금 새 이스라엘인 교회 공동체의 수를 계수하는 이유는 하나님의 통치를 지상에 구현하기 위해 영적 전투에 신실하게 임할 자들의 수를 헤아리기 위함입니다. 따라서 이 땅의 교회는 지금 전투 중에 있는 것입니다. 계시록 2-3장에서 교회를 '이기는 자'라고 말한 이유가 바로 여기에 있는 것입니다.

지상 교회인 우리 신자들은 지금 '교전 중'이라는 사실을 절대로 잊지 말아야 합니다. 우리의 적은 우리 내부에도 있고 외부에도 있습니다. 우리 안에 있는 적은 바로 '우리 자신'입니다. 우리의 죄악 된 본성입니다. 그러므로 예수님을 믿으면서도 여전히 살아 꿈틀대는 이 악한 본성을 철저히 십자가에 못 박아야 합니다. 날마다 자신을 쳐서 주님께 복종시켜야 합니다. 우리 밖에 있는 적은 '세상'입니다. 이는 믿지 않는 세상 사람들처럼 생각하고 행동하는 것을 말합니다. 우리 그리스도인들은 세속에 물들지 않기 위해 몸부림쳐야 합니다.

뒤따르는 절에는 앞의 십사만 사천과 대비되는 '무수한 무리'가 등장합니다. "이 일 후에 내가 보니 각 나라와 족속과 백성과 방언에서 아무도 능히 셀 수 없는 큰 무리가 나와 흰옷을 입고 손에 종려 가지를 들고 보좌 앞과 어린양 앞에 서서"(9절). 여기 '아무도 능히 셀 수 없는 큰 무리'는 '천상 교회 공동체'를 의미합니다. 십사만 사천이 땅에 있는 성도들이라면 이 무수한 무리는 하늘에 있는 성도들입니다. 그리고 '보좌 앞과 어린양 앞에 섰다'는 표현을 통해 우리는 이들이 지금 땅이 아니라 '하늘 위'에 서 있음을 알 수 있습니다. 새 하늘과 새 땅에서 하나로 합쳐지기 전까지 교회는 이렇게 '지상 교회'와 '천상 교회' 둘로 나뉘어 있습니다.

이 천상 교회 공동체가 아무도 능히 셀 수 없을 정도로 큰 무리를 이루고 있다는 사실은 하나님이 창세기에서 아브라함과 맺은 언약이 성취되었음을 보여줍니다. 창세기 13:16에서 하나님은 아브라함의 자손이 '땅의 티끌'과 같을 것이라고 말씀하셨습니다. 또한 15:5에서는 '하늘의 뭇별'과 같이 많아질 것이라고 약속하셨습니다. 간사한 인간들처럼 식언하지 않는 여호와 하나님은 자신이 한 약속을 신실하게 수행하셨음을 요한계시록이 잘 증명해줍니다. 계시록 1장에서는 예수의 계시라고 해서 '그리스도 한 분'이 언급됩니다. 2-3장에서는 그의 몸 된 '일곱 교회'가 나옵니다. 4-5장에는 '이십사 장로'가 등장합니다. 그리고 여기 7장 전반부에 '십사만 사천', 이어서 후반부에 도저히 '셀 수 없는 큰 무리'로까지 확장됩니다. 갈대아 우르를 떠날 때 아브라함에게는 대를 이을 자식이 전무(全無)했습니다. 한 명의 후사도 없었습니다. 그런데 그가 믿음 하나 붙들고 갈 바를 알지 못한 채 나아갔을 때 하나님께서는 당신이 약속하신 대로 아브라함의 자손이 하늘의 별과 같이, 땅의 티끌과 같이 셀 수 없는 큰 무리가 되게 해주셨습니다.

우리 하나님은 '무'(無)에서 '유'(有)를 창조하는 분이십니다. '제로'에서 '무한대'를 만들어내는 분이십니다. 그러므로 우리도 믿음의 선조 아브라함처럼 하나님께 '올인'합시다. 그분께 모든 것을 걸고 그분만 의지하고 나아갑시다. 그러면 틀림없이 시작은 미약할지라도 나중은 심히 창대하게 되는 복을 받을 것입니다. 할렐루야!

8장 나팔

(1-4 나팔 심판)

6장에서 여섯 번째 인까지 뗀 후, 7장에서 십사만 사천을 언급하면서 잠시 중단되었던 인 심판은 8장에서 재개됩니다. 마침내 예수님은 일곱 번째 인을 떼십니다(1절). 마지막 인을 떼자 잠시 하늘이 고요해졌습니다. 이는 하나님께서 성도들의 기도를 듣기 위해 하늘을 조용하게 하셨기 때문입니다. 이 사실은 뒤따르는 절에서 잘 드러납니다. "또 다른 천사가 와서 제단 곁에 서서 금 향로를 가지고 많은 향을 받았으니 이는 모든 성도의 기도와 합하여 보좌 앞 금 제단에 드리고자 함이라. 향연이 성도의 기도와 함께 천사의 손으로부터 하나님 앞으로 올라가는지라"(3-4절). 여기 보면 한 천사가 금 향로를 든 채 제단 곁에 서 있습니다. 이 천사는 지금 성도들이 드리는 기도를 금 향로에 담아 하나님께 전달하기 위해서 대기하고 있는 것입니다. 천사가 금 향로 안에 많은 향을 받은 이유는 성도들의 기도가 하나님께서 흠향하실 만한 향기로운 제물이 되도록 하기 위함입니다. 본문 4절에 "향연이 성도의 기도와 함께 천사의 손으로부터 하나님 앞으로 올라간다"는 말은 성도들의 기도가 하나님께 상달되고 있다는 뜻입니다. 그래서 하나님은 그 기도에 응답하셔서 천사가 향로를 가지고 제단의 불을 담아다가 땅에 쏟자 우레와 음성과 번개와 지진이 났습니다(5절). 하나님께서는 당신 백성의 기도에 응답하여 최후 심판을 단행하셨습니다.

하나님은 전지전능하셔서 모든 것을 아시고 모든 것을 얼마든지 혼자 다 하실 수 있습니다. 하지만 신자들로 하여금 하나님의 뜻대로 구하게 하시고 그 간구한 기도에 응답하는 방식으로 일을 진행해 나가십니다. 하나님은 조지 뮬러와 같은 어느 특정인의 기도만 편애하시지 않고 저와 여러분의 기도 또한 응답하십니다. 문제는 제단에 무릎 꿇고 기도하지 않는 데 있습니다. 천사가 금 향로에 담아 하나님 이미지께 올려드릴 것이 없기 때문입니다. 그러므로 우리가 기도하지 않으면 우리의 공중은 사탄이 잡고 있는 것입니다. 우리 가정이 기도하지 않으면 우리 가정의 공중 권세는 악한 마귀가 컨트롤하고 있는 것입니다. 사악한 마귀에게 휘둘리지 않기 위해서 우리 모두 깨어 기도합시다.

요한은 인 심판 말미에 나팔 심판을 예고합니다. 2절을 보면 일곱째 인 심판 중간에 나팔 심판이 언급됩니다. "내가 보매 하나님 앞에 일곱 천사가 서 있어 일곱 나팔을 받았더라." 그리고 인 심판이 마무리된 후에 나팔 심판이 진행되는데, 이 나팔 재앙은 애굽의 열 가지 재앙을 그 배경으로 합니다. 출애굽기에 등장하는 열 가지 재앙은 하나님의 언약 백성인 이스라엘을 그 대상으로 하는 것이 아니라 애굽 왕 바로와 그의 백성을 위한 것이었습니다. 그러므로 계시록의 나팔 심판—인 심판과 대접 심판도—또한 그 대상이 새 이스라엘(교회 공동체)이 아니라 로마 황제 도미티아누스와 그의 백성을 비롯한 세상 사람들입니다. 게다가, 열 가지 재앙이 애굽인들에게는 심판이었지만 이스라엘 사람들에게는 구원이 되었듯이, 나팔 심판의 목적은 세상에 대한 심판을 통해 궁극적으로 박해받고 있는 하나님의 백성인 교회 공동체를 구원하는 것입니다. 따라서 그리스도 안에 있다면 나팔 소리에 경기할 것이 아니라 오히려 환호해야 할 것입니다.

본 장에 등장하는 네 개의 나팔 심판은 '자연계'에 대한 심판이라는 공통점을 지니고 있습니다. 먼저 첫 나팔 심판은 '땅'을 그 대상으로 하고 있습니다. "첫째 천사가 나팔을 부니 피 섞인 우박과 불이 나와서 땅에 쏟아지매 땅의 삼분의 일이 타 버리고 수목의 삼분의 일도 타 버리고 각종 푸른 풀도 타 버렸더라"(7절). 여기 심판의 도구로 사용된 '피 섞인 우박과 불'은 유사하게 '우박과 불'을 내려 집 밖에 있던 사람과 짐승을 치며 밭의 모든 채소와 들의 모든 나무를 꺾었던 애굽의 일곱 번째 재앙을 연상시킵니다(출 9:22-25). 하지만 둘 사이의 한 가지 큰 차이점이 발견되는데, 출애굽기의 경우 재앙의 결과로 사람까지 죽게 되었지만, 계시록은 땅·수목·각종 풀만 상했다는 것입니다. 그 이유는 이 나팔 심판의 초점이 자연계에 맞추어져 있기 때문입니다. 두 번째 나팔 심판은 '바다'가 그 타깃입니다. "둘째 천사가 나팔을 부니 불붙는 큰 산과 같은 것이 바다에 던져지매 바다의 삼분의 일이 피가 되고 바다 가운데 생명 가진 피조물들의 삼분의 일이 죽고 배들의 삼분의 일이 깨지더라"(8-9절). 본문에 '바다의 삼분의 일이 피가 되고 바다 가운데 생명 가진 피조물들의 삼분의 일이 죽었다'라는 말은 출애굽기 7장, 곧 모세와 아론이 나일 강 물을 지팡이로 내리쳤을 때 그 물이 피로 변해서 하수의 고기가 죽고 물에서 악취가 났던 첫 번째 재앙을 생각나게 합니다(출 7:20-21).

세 번째 나팔 심판은 '강과 물 샘'을 향합니다. "셋째 천사가 나팔을 부니 횃불같이 타는 큰 별이 하늘에서 떨어져 강들의 삼분의 일과 여러 물 샘에 떨어지니 이 별 이름은 쓴 쑥이라. 물의 삼분의 일이 쓴 쑥이 되매 그 물이 쓴 물이 되므로 많은 사람이 죽더라"(10-11절). 첫 두 나팔 심판과 마찬가지로 세 번째 나팔 심판도 자연계를 향합니다. 이번에는 그 대상이 '강과 물 샘'입니다. 하늘에서 '쓴 쑥'이라는 이름을 가진 횃불같이 타는 큰 별이 강들과 샘에 떨어져 물을 쓰게 만듦으로써 많은 사람을 죽게 했다는 사실은 바로 앞의 두 번째 나팔 심판과 마찬가지로 나일 강이 피로 변함으로써 악취가 나서 마시지 못하게 된 첫째 애굽 재앙을 상기시킵니다. 네 번째 심판에서는 심판이 '하늘'에 미치고 있습니다. "넷째 천사가 나팔을 부니 해 삼분의 일과 달 삼분의 일과 별들의 삼분의 일이 타격을 받아 그 삼분의 일이 어두워지니 낮 삼분의 일은 비추임이 없고 밤도 그러하더라"(12절). 넷째 천사가 나팔을 불자 하늘에 있는 천체들인 해, 달, 그리고 별들의 삼분의 일이 빛을 잃었습니다. 이는 3일 동안 애굽 온 땅에 임했던 '흑암 재앙'을 연상시킵니다(출 10:22).

하나님의 심판이 자연계에 미치는 이 네 개의 나팔 심판은 공히 각 영역의 '삼분의 일'만이 심판을 받았다는 공통점을 지니고 있습니다. 이는 사분의 일이 심판 받았던 첫 네 인 심판에 비해 심판의 강도가 좀 더 강화되기는 했지만, 여전히 심판이 부분적이고 제한적이라는 것을 나타냅니다. 전면적이고 최종적인 심판은 아직 이르지 않았습니다. 인간의 삶의 터전인 자연계의 삼분의 일만 심판하고 두 배인 삼분의 이를 남겨 놓았는데, 이는 죄에 대한 하나님의 진노를 보여줌과 동시에 회개할 수 있는 기회를 부여해 준 것입니다. 따라서 하나님께서 참고 기다리실 때 "천부여 의지 없어서 손들고 옵니다" 하고 얼른 돌아와야지 애굽 왕 바로처럼 맷집 좋다고 끝까지 버티면 골병듭니다.

9장 나팔

(5-6 나팔 심판)

첫 네 나팔 심판이 자연계에 대한 심판이요 이를 통해 간접적으로 인간에게 경고한 것이었다면 다섯째와 여섯째 나팔 심판은 악령들을 통해 직접적으로 인간을 심판하는 모습을 보여줍니다. 다섯 번째 나팔 심판은 악령의 메뚜기 떼에 의한 인간 심판입니다. "그가 무저갱을 여니 그 구멍에서 큰 화덕의 연기 같은 연기가 올라오매 해와 공기가 그 구멍의 연기로 말미암아 어두워지며 또 황충이 연기 가운데로부터 땅 위에 나오매 그들이 땅에 있는 전갈의 권세와 같은 권세를 받았더라"(2-3절). 여기 '황충'은 메뚜기의 일종으로 떼로 몰려다니면서 농작물에 엄청난 피해를 주기 때문에 구약에서 종종 신적 심판의 도구로 사용됩니다. 모세를 통해 하나님께서 애굽에 내린 여덟째 재앙인 메뚜기 재앙이 바로 그런 경우입니다. 그런데 본문의 벌레들은 이상하게도 주식인 땅의 풀이나 푸른 것이나 각종 수목을 해하지 못하고, 엉뚱하게도 먹지도 못하는, 이마에 하나님의 인 침을 받지 아니한 사람들, 즉 사탄에 속한 불신자들만을 해하는 권세를 부여받았습니다(4절). 따라서 이 황충은 출애굽기에 등장하는 메뚜기 떼와 같이 문자 그대로 곤충 메뚜기가 아니라 사탄의 수하에 있는 악령들을 나타내는 상징어임을 알 수 있습니다.

하나님은 이 악령의 메뚜기 떼에게 두 가지 요구를 하셨습니다. 첫째로, 불신자들을 죽이지 말라고 명하셨습니다(5절 상). 이는 그들에게 하나님의 자비를 베풀어 회개할 기회를 주기 위한 목적이 아니라 고통을 더하기 위함입니다. 둘째로, 그들을 다섯 달 동안만 괴롭게 하라고 말씀하셨습니다(5절 하). 이는 메뚜기 떼가 자신들이 살 수 있는 5개월 동안 활동하며 온갖 초목을 갉아먹듯이, 악령들도 이 세상에 거하는 동안 불신자들을 철저히 괴롭힌다는 것을 시사합니다. 6절 상반절에 보면 이 악령들이 주는 고통은 맹독(猛毒)을 자랑하는 전갈이 사람을 쏠 때의 고통과 같아서 불신자들은 죽기를 간구합니다. 그 고통이 얼마나 크면 차라리 죽는 것이 낫다고 생각했겠습니까? 그런데 6절 하반절에는 "죽고 싶으나 죽음이 그들을 피하리로다"라고 했습니다. 너무 괴로워서 스스로 목숨을 끊으려고 해도 그것조차 허용이 안 된다는 말입니다.

　이 곡소리가 절로 나오게 하는 끔찍한 고통(게다가, 영원히 지속되는 고통)이 하나님의 인을 맞지 않은 불신자들에게만 적용된다고 하니 얼마나 다행입니까? 하나님의 도장이 이마 정중앙에 찍혀 있는 저와 여러분에게는 '해당 사항 무(無)'라고 하니 얼마나 기쁘고 감사한 일입니까? 사탄을 추종하는 불신자들을 다른 존재가 아닌 사탄 스스로가 자신의 졸개들을 풀어 이렇게 괴롭힌다고 하는 사실이 정말 아이러니하지 않습니까? 이것이 사탄의 실상입니다. 사탄은 절대로 자신의 종들을 선대하지 않습니다. 독재자나 악덕 업주처럼 자기를 따르는 자들을 가차 없이 이용하고 무참히 짓밟습니다. 그러므로 이런 악한 마귀에게 유린당하지 않으려면 '예수'를 믿어야 합니다. 그리고 '예수'를 믿게 해야 합니다. 바울 사도처럼 생명을 걸고 복음을 증거해야 할 이유가 바로 여기에 있는 것입니다.

　여섯 번째 나팔 심판은 악령의 마병대에 의한 인간 심판입니다. "네 천사가 놓였으니 그들은 그 년 월 일 시에 이르러 사람 삼분의 일을 죽이기로 준비된 자들이더라. 마병대의 수는 이만 만(이억)이니 내가 그들의 수를 들었노라"(15-16절). 앞에서 황충이 실제 메뚜기 떼가 아니라 악령의 군대였듯이, 여기 마병대도 실제 인간 군대가 아니라 악령의 무리에 대한 상징적인 표현입니다. 왜냐하면 이 마병대의 모습은 황충의 모습과 흡사하기 때문입니다(17, 19절). 하지만 둘 사이에는 한 가지 차이점이 있었습니다. 황충들은 사람을 죽이지는 못하고 고통만 줬지만, 이만만의 마병대는 사람의 삼분의 일을 죽였습니다.

이 무시무시한 나팔 심판에서 살아남은 자들은 자신들의 악행에서 돌이키지 않았습니다(20절 상). 이들은 회개하기는커녕 오히려 더 우상숭배에 매달렸습니다(20절 하). 자신들의 일가친척의 삼분의 일이 눈앞에서 죽어가는 모습을 똑똑히 지켜보았는데도 꿈적하지 않았습니다. 이것이 바로 타락한 인간의 본성입니다. 첫 사람 아담의 죄악 된 성품을 고스란히 물려받은 인간은 자신의 수중에 있던 장자가 죽는 비극을 맛보아도 애굽 왕 바로처럼 마음을 완악하게 합니다. 바다가 쩍 하고 갈라지는 전무후무한 홍해의 기적을 체험할지라도 이스라엘 백성들처럼 불신앙과 불순종으로 나아갑니다. 이 화인 맞은 양심을 치유하는 유일한 비결은 어린양 예수 그리스도의 보혈밖에 없습니다. 그 피로 씻음 받아서 마음이 근본적으로 새로워지지 않고는 인간에게 소망은 없습니다.

10장 작두

(작은 두루마리 환상)

나팔 심판도 인 심판처럼 여섯째와 일곱째 심판 사이에 간격이 있습니

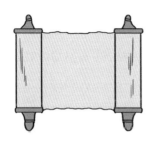

다. 이 막간 장면은 작은 두루마리(10장), 그리고 두 증인(11장) 환상으로 이루어져 있는데, 먼저 '작은 두루마리 환상'을 살펴보겠습니다.

요한은 주님의 사역을 대행하는 힘센 천사의 손에 "펴 놓인 작은 누부마리"를 보았습니다(1-2절). 그런데 이 두루마리는 5장의 보좌에 앉으신 이의 오른손에 인봉된 바로 그 두루마리였습니다.[159] 그러면 왜 5장의 두루마리는 닫혀 있고, 여기 10장의 작은 두루마리는 열려 있는 걸까요? 그것은 하나님으로부터 인봉된 누부마리를 어린양 예수 그리스도께서 받아서 6-8장에서 일곱 인 심판을 통해 하나씩 모든 인들을 떼셨기 때문입니다.

하늘에서 요한에게 힘센 천사에게 가서 펴 놓은 책을 인계받으라는 음성이 들려왔습니다(8절). 그래서 요한은 그 지시에 따라 천사에게 나아갔습니다. 그리고 책을 달라고 부탁했습니다(9절 상). 그러자 천사는 갖다 먹으라고 하면서 "네 배에는 쓰나 네 입에는 꿀같이 달 것이다"라고 언질을 주었습니다(9절 하). 사도가 천사의 손에서 책을 취해 먼저 정말 입에는 꿀같이 달았지만 소화한 후 배에서는 무지 썼습니다(10절). 이렇게 두루마리를 인수인계받는 과정에서 우리는 요한이 철저하게 하나님 말씀에 순종하는 모습을 볼 수 있습니다. 사실 요한은 바다와 땅을 밟고 사자처럼 포효하는 무시무시한 거인 천사에게 다가가기 싫었을 것입니다. 게다가, 책이 입에는 달지만, 배에는 쓰다고 했을 때 먹고 싶지 않았을 것입니다. 그럼에도 불구하고 요한은 예수님의 육신의 아버지 요셉처럼 군말 없이 하나님이 시키는 대로 했습니다. 이것이 바로 믿음의 영웅들의 공통된 특징입니다. 여기 요한이 힘센 천사로부터 펼쳐진 작은 두루마리 책을 받아먹고 만국에 예언하라는 명령을 받는 장면은 에스겔 3장에서 에스겔이 여호와로부터 두루마리 책을 받아먹고 선지자로 부름받는 장면을 배경으로 합니다(참고, 겔 3:1-3). 따라서 요한은 지금 에스겔처럼 두루마리에 담긴 내용을 선포하도록 선지자로 부름을 받고 있는 것입니다. 그러면 왜 이해하기 쉽게 두루마리 책을 '읽으라'라고 하지 않고 '먹으라'라고 한 걸까요? 이는 하나님의 말씀을 눈으로 대충 읽듯이 머리로만 이해하지 말고 음식을 꼭꼭 씹어 먹듯이 잘 소화하여 마음속에 내면화하고 삶에 구체적으로 적용하라는 말입니다. 한 걸음 더 나아가서 하나님의 말씀을 이웃에게 전하라는 것입니다.

이렇게 말씀을 섭취할 때 '단맛'과 '쓴맛'을 동시에 경험하게 됩니다. 하나님의 말씀을 읽고 묵상하면 영혼이 소성됩니다. 심령이 새로워집니다('단맛'). 반면에 그 말씀대로 실천하면 세상으로부터 고난과 핍박을 받습니다. 따돌림당합니다('쓴맛'). 요한복음 6장의 오병이어 사건이 잘 보여주듯이, 떡이라는 '단맛'에는 열광하면서도 조금만 어려운 요구를 해도 가차 없이 떠나가 버리는 나이롱 신자들은 결코 주님의 제자가 될 수 없습니다. 하나님의 말씀과 예수님을 전한 증거 때문에 지금 밧모섬에 귀양 와 있는 사도 요한처럼 '쓴맛'도 기꺼이 감내해야지 진정한 제자가 될 수 있는 것입니다. 그러므로 나이롱 신자 단계를 탈피하려면 주님과 고락을 같이해야 합니다. 동고동락해야 합니다. 달면 삼키고 쓰면 뱉으려고 해서는 신앙이 유치원 수준을 절대로 벗어날 수 없습니다.

11장 증인

(두 증인 환상)

요한은 마지막 막간 장면인 '두 증인 이 야기'를 이렇게 시작합니다. "내가 나의 두 증인에게 권세를 주리니 그늘이 굵은 베옷을 입고 천이백육십 일을 예언하리 라"(3절). 여기 보면 하나님께서 자신의 두 증인에게 예언하는 권세를 주시겠다 고 말씀하십니다. 10장에서도 하나님께서는 펼쳐진 작은 두루마리를 먹는 요한에게 예언 사역에 대한 명령을 부여하셨습니다(계 10:11). 그러 므로 지금 이 두 증인은 사도 요한의 예언 사역을 계승하고 있는 것입 니다. 그런데 이들은 '굵은 베옷'을 입고 있었습니다. 이 '굵은 베옷'은 요나 선지자가 니느웨 성에 심판의 메시지를 선포했을 때 왕을 포함한 모든 백성이 자신들의 잘못을 뉘우치는 의미에서 '굵은 베옷'을 입었던 것을 상기시키므로 '회개'를 상징합니다. 따라서 두 증인의 예언 사역은 회개의 요청과 관련되어 있음이 드러납니다. 본문에 이들의 사역 기간 이 '천이백육십 일'이라고 했습니다. 이는 다니엘이 말하는 최후 종말이 임하기 전의 종말적인 시간인 '한 때 두 때 반 때', 즉 '3년 반'을 날수로 환산한 것입니다(참고, 단 12:7). 그런데 신약성경은 일관되게 이 다니엘이 말한 종말의 기간을 예수님이 재림하기 직전 3년 반에 국한시키지 않고 초림에서 재림 사이의 전 기간에 적용합니다. 그러므로 이 기간은 교회 가 세상에 복음을 증거하는 기간입니다.

그러면 이 기간 동안 복음을 전하는 이 '두 증인'은 누구를 지칭하는 걸까요? 이를 문자적으로 해석하는 사람들은 6절에 이들이 권능을 행할 때 하늘 문이 닫혀 비가 오지 않았으며 물이 피로 변했다는 구절을 거론하며 '엘리야와 모세', 혹은 12절에 하늘로 승천했다는 표현을 언급하며 '에녹과 엘리야'라고 주장합니다. 하지만 복음을 증거하는 그 긴 기간에 증인이 달랑 둘만 있다는 것은 상식적으로 말이 안 됩니다. 그러므로 이들은 문자적으로 어떤 개인을 가리키는 것이 아니라 상징입니다. 뒤따르는 4절은 이 두 증인이 누구인지 그 신원을 확인할 수 있는 결정적인 힌트를 제공합니다. "그들은 이 땅의 주 앞에 서 있는 두 감람나무와 두 촛대니." 요한은 이 두 증인을 '두 감람나무'와 '두 촛대'라고 했습니다. 계시록에서 '촛대'는 '교회'를 상징합니다(계 1:20). 그런데 '촛대'가 '둘'이라고 하는 것은 두 교회라는 말이 아니라 '교회'는 예수 그리스도의 증인으로서 복음을 증거하는 사역을 감당하기 위해 부름받은 존재라는 점을 부각하는 것입니다. 왜냐하면 구약 시대부터 율법에서 증언으로서의 효력을 가지려면 둘 이상의 증인이 필요했기 때문입니다(참고, 민 35:30; 신 17:6; 19:15).

'두 감람나무'는 스가랴 4장에서 빌려온 이미지로 선지자 스가랴는 일곱 등잔을 가진 등잔대와 함께 등잔대 좌우편에 있는 두 감람나무 환상을 보았습니다(슥 4:3). 그래서 천사에게 이 두 감람나무의 의미를 물으니 "이는 기름 부음 받은 자 둘이니 온 세상의 주 앞에 서 있는 자니라"고 대답했습니다(슥 4:14). 여기서 기름 부음 받은 자 둘은 '스룹바벨'과 '여호수아'를 가리킵니다. 다윗 왕의 후손인 스룹바벨과 대제사장인 여호수아 이 둘은 바벨론 침략으로 말미암아 파괴된 성전을 포로 귀환 이후에 재건한 주역이었습니다. 그런데 이 두 사람이 불가능해 보이던 성전 재건 사역을 완수할 수 있었던 것은 스가랴 4:6("이는 힘으로 되지 아니하며 능력으로 되지 아니하고 오직 **나의 영**으로 되느니라")이 잘 말해주듯이, 자신들의 힘이 아니라 성령의 능력으로 말미암은 것이었습니다. 따라서 계시록에서 두 증인을 두 감람나무라고 하는 것은 왕족 스룹바벨과 대제사장 여호수아처럼 왕 같은 제사장인 교회 공동체가 복음 증거 사역(세계 복음화 사역)을 완수하기 위해서는 반드시 '성령'으로 충만해야 한다는 것을 의미합니다.

이어지는 5-12절에서 사도 요한은 증거 사역을 감당해야 할 두 증인인 교회 공동체가 따라야 할 세 명의 롤 모델을 제시합니다. 먼저 구약의 모델로 엘리야와 모세를 언급합니다(5-6절). 그러고 나서 신약의 모델로 예수 그리스도를 거론합니다(7-12절). 사도는 주님의 제자인 두 증인이 스승의 뒤를 따를 것이라고 말합니다. "그들의 시체가 큰 성 길에 있으리니 … 그들의 주께서 십자가에 못 박히신 곳이라. 백성들과 족속과 방언과 나라 중에서 사람들이 그 시체를 사흘 반 동안을 보며 무덤에 장사하지 못하게 하리로다"(8-9절). 그런데 우리는 이 문맥에서 두 가지 의문점을 발견합니다. 두 증인의 예루살렘에서의 죽음이 예수님의 발자취를 따라가는 것이라면 이들은 어째서 '사흘'이 아니라 '사흘 반' 동안 죽음 가운데 있어야 한다고 했을까요? 또한 주님은 죽으신 후에 바로 아리마대 요셉의 무덤에 장사 지냈는데 왜 이 두 증인은 죽은 지 사흘 반 동안이나 장사를 치르지 않은 채 방치되어 있는 걸까요?

먼저 시체를 장사 지내지 않는 것은 구약성경에서 극한 수치의 표현이었으므로(창 40:19; 삼상 17:43-47; 왕하 9:10 등), 두 증인인 교회는 예수님의 발자취를 따라가되 주님보다 더한 수치를 당할 것임을 시사합니다. 이어서 이 수치의 기간을 '사흘'이 아닌 '사흘 반'으로 변경한 이유는 두 증인이 마음껏 복음을 증거하는 영광의 기간인 1,260일, 즉 '삼 년 반'과 대비시키기 위한 것입니다.[160] 이는 그리스도인들에게 '수치는 짧고 영광은 길다'라는 진리를 일깨워 줍니다. 성도가 주님이 가신 그 십자가의 길을 신실하게 따라가면 말로 다 할 수 없는 수치를 당할 수 있습니다. 그런데 그 수치는 기껏해야 '삼 일 반'입니다. 이 땅에서 삼 일 반의 수치만 겪으면 천국에서 삼 년 반 아니 영원히 영광을 누릴 것입니다. 이 진리를 깨닫는 자만이 아골 골짝 빈들에도 감히 복음 들고 갈 수 있는 것입니다.

12장 큰 용

(큰 용 환상)

요한은 12장 서두에서 표적을 목도합니다. "하늘에 또 다른 이적이 보이니 보라 한 큰 붉은 용이 있어 머리가 일곱이요 뿔이 열이라. 그 여러 머리에 일곱 왕관이 있는데"(3절). 이 이적은 악의 화신인 '용'에 관한 이적이었습니다. 구약에서 용은 일차적으로 "애굽"이나 "애굽의 왕 바로"를 가리키는 데 사용되었습니다(겔 29:3; 32:2 등). 그리하여 '용'은 하나님의 언약 백성 이스라엘을 대적하는 악의 세력을 지칭하는 말이었습니다. 여기 계시록 12장에 등장하는 '용' 또한 이와 같은 해석의 전통을 이어받아 새 이스라엘, 즉 교회를 괴롭히는 악의 세력을 의미합니다. 이러한 사실은 뒤따르는 9절이 지지합니다. 9절에는 이 '용'의 정체를 옛 뱀 곧 마귀라고도 하는 '사탄'

이라고 폭로합니다. 이 용이 '크고 붉다'라는 사실은 사탄이 큰 힘을 가지고 있으며, 그 힘을 과시하여 교회, 즉 성도들의 피를 흘리게 하는 데 혈안이 되어 있다는 것을 시사합니다. 또한 용의 머리가 일곱이라고 하는 것은 그리스 신화에 나오는 다수의 머리를 가진 괴물 히드라(Hydra)처럼 그 머리를 아무리 잘라도 죽지 않는 엄청난 생존력 혹은 탁월한 지혜를 가지고 있는 것을 암시하는 듯합니다. 그리고 그 일곱 머리에 일곱 왕관을 쓰고 있다는 말은 '7'이 '완전수'이므로 사탄이 절대 왕권을 가지신 하나님을 흉내 내고 있는 모습이라고 볼 수 있습니다. 게다가, 이 용은 '열 뿔'을 가지고 있다고 했는데, '뿔'은 '힘'을 상징하므로 이 '열 뿔'은 용이 '막강한 힘과 능력'을 가진 자라는 의미입니다. 사실 우리는 마귀를 너무 가볍게 생각하는 경향이 있습니다. 눈에 보이지 않는다고 무시해 버리기 일쑤입니다. 하지만 이 악당은 실재하며 엄청난 괴력을 지니고 있습니다. 힘만 센 것이 아니라 머리도 있습니다. 그것도 일곱 개나 있습니다. 약기가 조조 이상입니다. 죽이고 또 죽여도 계속해서 살아나는 바퀴벌레와 같은 존재입니다. 그러므로 사탄을 장기판의 졸때기 정도로 치부했다가는 큰코다칩니다.

이 큰 붉은 용은 여자, 즉 교회를 박해했습니다(13절). 그래서 여자는 용의 박해를 피하고자 광야로 도망을 갔습니다. "그 여자가 큰 독수리의 두 날개를 받아 광야 자기 곳으로 날아가 거기서 그 뱀의 낯을 피하여 한 때와 두 때와 반 때를 양육받으매"(14절). 이 말씀은 출애굽 당시 이스라엘 백성이 애굽 왕 바로의 박해를 피해 광야에서 지낸 사건을 배경으로 한 것입니다. 여기 '광야'는 이스라엘 백성이 애굽(세상)에서 나와서 최종 목적지인 가나안(천국)까지 가는 데 꼭 거쳐야 할 중간 코스이므로 성도 개개인에게는 주님을 영접하는 순간부터 죽는 그 순간까지가 광야 기간입니다. 그리고 교회 전체로는 예수님의 초림부터 재림까지, 즉 한 때와 두 때와 반 때(삼 년 반)가 바로 광야 기간입니다.

이 기간은 교회가 사탄으로부터 시험과 박해를 받으며 영적 전투를 치르는 기간입니다. 이러한 사실을 요한은 뱀이 여자를 물로 공격하여 수장시키려는 것으로 묘사하고 있습니다. "여자의 뒤에서 뱀이 그 입으로 물을 강같이 토하여 여자를 물에 떠내려가게 하려 하되"(15절). 연약한 여자와 같은 교회는 가만 놔두면 이 뿔이 열이나 있는 강력한 사탄의 수공(水攻)에 속수무책으로 당할 것입니다. 하지만 성도가 광야 같은 인생길을 걸어갈 때 결코 홀로 여행하는 것이 아닙니다. 거기에는 하나님의 임재와 보호가 있습니다. "땅이 여자를 도와 그 입을 벌려 용의 입에서 토한 강물을 삼키니"(16절). 하나님께서는 당신의 백성을 보호하려고 다시 한번 땅을 사용하셨습니다. 출애굽기 14장에서 홍해를 갈라 땅이 나오게 하심으로써 바로에게서 이스라엘을 구원하셨듯이, 계시록 12장에서 홍수를 땅이 삼키게 하심으로써 사탄(용)에게서 새 이스라엘(여자)을 보호하셨습니다. 이로 인해 이 여자를 향한 용의 공격은 결국 수포로 돌아갔습니다.

예수님의 몸 된 교회인 여자와의 전투에서 패하자 용은 약이 바짝 올랐습니다. 그리하여 이제 최후의 발악을 합니다. "용이 여자에게 분노하여 돌아가서 그 여자의 남은 자손 곧 하나님의 계명을 지키며 예수의 증거를 가진 자들과 더불어 싸우려고 바다 모래 위에 서 있더라"(17절). 여기 '그 여자의 남은 자손'이란 신약 시대의 교회 중에서도 그리스도의 재림과 가까운 시대의 교회를 가리킵니다. 그러므로 사탄은 바다로부터 연합군을 불러 모아서 이들과 마지막 일전을 벌이기 위해 지금 바다 모래 위에 서 있는 것입니다. 악한 마귀는 한두 번 졌다고 해서 쉽게 포기하지 않습니다. 예수님의 광야 시험 사건이 잘 보여주듯이, 잠시 물러났다가 또다시 공격합니다(참고, 눅 4:13). 불독처럼 집요하게 물고 늘어집니다. 따라서 우리 그리스도인들은 최후 승리하는 그날까지 결코 방심해서는 안 될 것입니다.

<h2 style="text-align:center">13장 짐승</h2>

(두 짐승 환상)

13장은 12장과 연결되어 있습니다. 왜냐하면 12장 마지막 절은 용이 바다 모래 위에 서 있는 모습으로 끝나는데 바로 그 바다에서 원군이 나오기 때문입니다. "내가 보니 바다에서 한 짐승이 나오는데 뿔이 열이요 머리가 일곱이라. 그 뿔에는 열 왕관이 있고 그 머리들에는 신성 모독하는 이름들이 있더라"(1절). 앞 장에서 용은 교회와의 싸움에서 패하자 이제 혼자서는 안 되겠다고 생각하고 연합 세력들을 불러 모읍니다. 그래서 먼저 바다에서 그를 돕기 위해 한 짐승이 올라왔습니다. 그런데 이 짐승은 용처럼 '열 개의 뿔'을 가졌다고 했는데 이는 다니엘 7:17과 23절이 해석해 주듯이, 로마를 가리킵니다. 따라서 이 바다에서 올라온 짐승은 지금 소아시아 일곱 교회 성도들을 핍박하고 있는 '로마', 더 엄밀히 말하면 '로마 황제'를 의미합니다.[161] 하지만 이는 어디까지나 일차적인 의미이며 실질적으로는 그리스도의 초림과 재림 기간 사이에 제국 로마의 통치자들처럼 하나님의 백성을 박해하는 '모든 세상 정치 세력들'이 이 짐승에 해당됩니다. 이 짐승의 머리들에 '신성 모독하는 이름들이 있다'라고 한 것은 계시록이 기록될 당시 로마 황제였던 도미티아누스가 자신을 가리켜 '주와 하나님'으로 부른 사실을 반영한 말일 것입니다. 그리고 2절 하반절에 용이 이 바다 짐승에게 "자기의 능력과 보좌와 큰 권세를 주었다"라는 것은 교회 공동체를 핍박하는 세상 권력자들의 배후에는 사탄이 역사하고 있다는 말입니다.

이어지는 3-4절에서 바다 짐승은 이 용에게 부여받은 권세로 그리스도를 흉내 냅니다. "그의 머리 하나가 상하여 죽게 된 것 같더니 그 죽게 되었던 상처가 나으매 온 땅이 놀랍게 여겨 짐승을 따르고 용이 짐승에게 권세를 주므로 용에게 경배하며 짐승에게 경배하여 이르되 누가 이 짐승과 같으냐? 누가 능히 이와 더불어 싸우리요 하더라." 12장에서 악의 삼위일체의 수장인 용이 성부 하나님을 모방했던 것처럼, 이 첫 번째 짐승 또한 성자 예수님을 카피합니다. 예수님이 죽음에서 부활하신 것처럼 짐승도 상하여 죽었다가 다시 살아납니다. 주님이 경배를 받듯이 짐승도 경배를 받습니다.

사람들은 이렇게 그리스도 시늉을 하는 적그리스도(짐승)를 바라보면서 "누가 이 짐승과 같으냐"고 탄성을 쏟아냅니다. 이것은 12:7의 "누가 하나님과 같으냐?"라는 이름의 뜻을 가진 그리스도의 대리자 천사장 미가엘을 패러디한 표현입니다. 오직 그리스도만 경배해야 할 인간들이 이 짐승의 권세에 압도되어 그를 우상시하고 있는 것입니다. 이처럼 무늬만 똑같은 짝퉁들에게 속아서 악한 마귀와 그의 하수인을 신처럼 떠받들다가는 결국 인생 종 치게 됩니다. 따라서 여러분은 유사품에 절대 주의하시기 바랍니다.

하나로 부족했는지 용은 또 다른 원군을 요청합니다. "내가 보매 또 다른 짐승이 땅에서 올라오니 어린양같이 두 뿔이 있고 용처럼 말을 하더라"(11절). 첫째 짐승이 바다에서 나왔다면 둘째 짐승은 땅에서 올라왔습니다. 그런데 이 짐승은 어린양같이 두 뿔이 있었습니다. 이는 바다 짐승처럼 이 땅 짐승 또한 큰 능력을 가지고 있다는 사실을 말해줍니다. 그런데 두 번째 짐승은 '양'처럼 보였지만 '뱀'처럼 말을 했습니다. 이는 이전 짐승처럼 사탄의 조종을 받고 있음을 시사합니다. 이 둘째 짐승의 정체는 악의 삼위일체 중 하나인 '거짓 선지자'임이 틀림없습니다.[162] 이러한 사실은 계시록 19:20을 통해서 확증됩니다. "짐승이 잡히고 그 앞에서 표적을 행하던 **거짓 선지자**도 함께 잡혔으니 이는 짐승의 표를 받고 그의 우상에게 경배하던 자들을 표적으로 미혹하던 자라." 이 거짓 선지자는 또한 성령을 흉내 내고 있었습니다. "그가 권세를 받아 그 짐승의 우상에게 생기를 주어 그 짐승의 우상으로 말하게 하고 또 짐승의 우상에게 경배하지 아니하는 자는 몇이든지 다 죽이게 하더라"(15절). 에스겔 골짜기의 마른 뼈들에 성령이 생기를 불어넣어 살아나게 했듯이 이 짐승도 첫째 짐승의 우상에게 생기를 주어 말하게 했습니다. 이렇게 거짓 선지자가 성령을 패러디한 이유는 사람들이 첫째 짐승을 하나님으로 알고 경배하도록 하기 위한 것이었습니다.

악한 마귀의 일평생 소원은 하나님같이 되는 것입니다. 그래서 성부와 성자와 성령 하나님이 함께 일하시는 모습을 보고 자기도 자기와 함께 일할 두 부하를 거느리고는 마치 삼위일체적 사역을 하는 것처럼 지금 흉내를 내고 있는 것입니다. 하지만 뱀의 유혹을 받아 선악과를 따먹고 하나님같이 되려고 했던 인류의 조상 아담의 예가 잘 보여주듯이, 피조물이 창조주가 되려고 하는 그 순간 타락하는 것입니다. 피조물로서 본분을 망각하는 그 순간 하나님이 아니라 죄인 중의 괴수가 되는 것입니다.

14장 십사

(천상의 **십사만 사천**)

이전 12-13장에서는 하나님의 백성들을 박해하는 용과 두 짐승이 등장했다면, 이제 14장에서는 그들의 박해를 당당히 물리치고 천상에서 승전가를 부르는 십사만 사천이 소개됩니다.

본 장을 요한은 이렇게 시작합니다. "또 내가 보니 보라 어린양이 시온 산에 섰고 그와 함께 십사만 사천이 서 있는데 그들의 이마에는 어린양의 이름과 그 아버지의 이름을 쓴 것이 있더라"(1절). 여기 보면 요한은 어린양과 십사만 사천이 '시온 산'에 서 있는 모습을 보았다고 말합니다. 시온 산은 예루살렘 성 안에 있는 아주 조그마한 산입니다. 그런데 본문의 시온 산은 그 이스라엘 땅에 있는 시온 산이 아니라 '하늘의 시온 산'을 가리킵니다. 이렇게 보는 이유는 바로 다음 절에서 '하늘에서 나는 소리'를 언급하기 때문입니다. 그러면 이 하늘에 서 있는 '십사만 사천'은 누구일까요? 우리는 이미 7장에서 십사만 사천을 본 적이 있습니다. 그런데 그 십사만 사천은 땅에 있었고 여기 십사만 사천은 하늘에 존재합니다. 이게 어떻게 된 걸까요? 이는 서로 다른 두 종류의 십사만 사천이 아니라 지상에서 전투하는 교회로 존재하던 십사만 사천이 짐승과의 전투를 무사히 마치고 하늘로 올라온 모습을 보여주는 것입니다. 하나님께서는 지금 짐승의 박해로 인해 고통을 받고 있는 소아시아 일곱 교회 성도들을 격려하고 위로하기 위해서 요한을 통해 미리 그들의 미래를 보여주고 계신 것입니다. 이것은 1세기 성도들의 모습일 뿐만 아니라 21세기를 살고 있는 저와 여러분의 상래의 모습입니다.

그런데 이 승리한 교회인 십사만 사천의 '이마에 어린양의 이름과 그 아버지의 이름을 쓴 것'이 있었다고 했습니다. 이것은 7장에서 그 이마에 하나님의 인을 받은 것과 동일한 표시이며, 13장에서 말하는 짐승의 표와 대조되는 것입니다. '인'과 '표'는 '소유, 충성, 보호'를 상징합니다. 그래서 하나님의 인이 찍힌 사람은 하나님의 소유로 하나님께만 충성하며 하나님의 보호와 인도하심을 받습니다. 반면에 짐승의 표를 받은 사람은 짐승의 소유로 짐승에 충성하며 짐승의 관리와 통제를 받습니다. 요한이 살던 세상에서는 짐승의 표를 받고 짐승에게 머리를 숙이는 자들이 '주류'였고 하나님의 인 침을 받고 하나님을 경배하는 자들은 '비주류'였습니다. 짐승의 표가 있으면 제국 로마의 비호를 받으면서 상행위를 마음껏 할 수 있어서 잘 먹고 잘살았지만, 하나님의 인이 찍히면 박해를 받고 물건을 사고파는 것도 제대로 할 수 없어서 늘 배를 곯아야 했습니다. 따라서 세상 사람들에게는 짐승의 표는 '구원'을, 그리고 하나님의 인은 '심판'을 상징하는 것처럼 보였습니다. 그러나 종말에는 상황이 완전히 역전될 것입니다. 짐승의 표를 받고 호의호식하던 사람들은 '영원한 심판'에 처해질 것입니다. 반면에 하나님의 인을 받고 고난을 기꺼이 감내했던 자들은 '영원한 구원'을 받을 것입니다. 여러분은 대세를 따라가겠습니까? 소신을 지키겠습니까? 갓길을 선택하시겠

습니까? 정도(正道)를 걸어가시겠습니까? 우리 모두 주님의 이 권면에
귀 기울입시다. "좁은 문으로 들어가라. 멸망으로 인도하는 문은 크고
그 길이 넓어 그리로 들어가는 자가 많고 생명으로 인도하는 문은 좁고
길이 협착하여 찾는 이가 적음이라"(마 7:13-14).

이 이마에 하나님의 인이 찍힌 십사만 사천이 어린양과 함께 시온
산에 서 있다는 것은 이들의 승리가 그리스도와의 연합으로 말미암은
것임을 시사합니다. 그래서 하늘에 있는 십사만 사천은 승전가를 부릅
니다. "내가 하늘에서 나는 소리를 들으니 많은 물소리와도 같고 큰 우
렛소리와도 같은데 내가 들은 소리는 거문고 타는 자들이 그 거문고를
타는 것 같더라. 그들이 보좌 앞과 네 생물과 장로들 앞에서 새 노래를
부르니 땅에서 속량함을 받은 십사만 사천밖에는 능히 이 노래를 배울
자가 없더라"(2-3절). 2절에 보면, 요한은 '하늘에서 나는 소리'를 들었다
고 하는데, 이는 3절의 십사만 사천의 승리의 찬양 소리로 그들은 '새
노래'를 불렀습니다. 여기 '새 노래'란 질적으로 새로운 노래를 말합니
다. 이는 세상 사람들이 부르는 노래와는 차원이 다른 노래입니다. 이
노래는 구속받은 교회만 알고 부를 수 있는 배타적인 특성이 있습니다.
그래서 어린양의 피로 속량함을 받은 사람은 음(音)이라면 치를 떠는 음
치조차도 자신 있게 부를 수 있는 노래입니다. 그러나 거듭나지 않은 사
람은 파바로티(Luciano Pavarotti)와 같이 천상의 목소리를 지니고 있다 할
지라도 절대로 부를 수 없는 노래입니다. 이 새 노래는 다름 아닌 어린
양이신 예수 그리스도의 십자가 보혈로 죄 씻음 받고 사죄의 은총을 체
험한 저와 여러분이 부르는 노래입니다. 우리가 바로 천상의 십사만 사
천이 될 것이기 때문입니다.

이어지는 4-5절에는 이 하늘에 있는 십사만 사천의 네 가지 특징이

소개됩니다. "이 사람들은 여자와 더불어 더럽히지 아니하고 순결한 자라. 어린양이 어디로 인도하든지 따라가는 자며 사람 가운데에서 속량함을 받아 처음 익은 열매로 하나님과 어린양에게 속한 자들이니 그 입에 거짓말이 없고 흠이 없는 자들이더라."

첫째로, 4절 상반절에서 "여자와 더불어 더럽히지 아니하고 순결한 자"라고 했습니다. 여기서 '순결'은 육체적인 순결보다는 '도덕적이고 영적인 순결'을 의미합니다. 따라서 위의 표현은 세상 사람들처럼 우상 숭배하며 영적 간음을 저지르지 않고 그리스도의 신부로서 신앙의 절개를 굳게 지키는 것을 일컫는 말입니다. 둘째로, 4절 중반절에서 "어린양이 어디로 인도하든지 따라가는 자"라고 했습니다. 갈 바를 알지 못했지만 여호와를 절대 신뢰하고 갔던 믿음의 조상 아브라함처럼 예수님께서 어느 길로 인도하실지 분명히 알지 못하여도 그분의 말씀을 철저히 신뢰하고 가는 자가 바로 십사만 사천입니다. 셋째로, 4절 하반절에서 "사람들 가운데 속량함을 받아 처음 익은 열매로 하나님과 어린양에게 속한 자"라고 했습니다. 첫 열매는 출애굽기 13장이 잘 보여주듯이, '하나님의 것'이므로 십사만 사천은 모든 것을 하나님의 처분에 맡기는 삶을 살아가는 자입니다. 마지막으로, 5절에서 "그 입에 거짓말이 없고 흠이 없는 자"라고 했습니다. 하나님의 백성인 십사만 사천은 참소자요 기만자인 마귀의 자녀들과는 달리 진실을 그 특징으로 하는 자들입니다.

15장 대접

(대접 심판 준비)

일곱 나팔 심판 이후 세 장에 걸친 긴 막 간 장면을 도입한 사도 요한은 이제 세 번째 이자 마지막 일곱 심판 시리즈인 일곱 대접 심판을 소개합니다. 이 일곱 대접 심판은 15장과 16장 두 장에 등장하는데 15장은 심판의 준비이고, 16장은 심판의 실행입니다. 준비 부분은 이렇게 시작합니다. "또 하늘에 크고 이상한 다른 이적을 보매 일곱 천사가 일곱 재앙을 가졌으니 곧 마지막 재앙이라. 하나님의 진노가 이것으로 마치리로다"(1절). 요한은 하늘에서 '이적'을 보았습니다. 그런데 이 이적은 어떤 기적을 나타내려는 목적이 아니라 이것을 통해 무언가를 계시하려는 '표적'(sign)이었습니다. 사도는 이 표적 앞에 '크고 이상한 다른'이라는 수식어를 덧붙였습니다. 여기서 '크고 이상한'이란 '크고 놀라운'이라는 말이고 '다른'이란 앞의 인과 나팔 심판과 '다른 심판'이라는 뜻입니다. 따라서 이 다른 이적은 인이나 나팔 심판 시리즈와 비교해서 훨씬 크고 놀라운 표적입니다. 그 이유는 이 일곱 대접 심판은 마지막 재앙이며 이것으로 하나님의 진노가 마무리될 것이기 때문입니다. 하나님의 심판이 완성될 것이기 때문입니다. 이 일곱 대접 심판 후에는 더 이상 심판 시리즈가 없을 것이기 때문입니다.

요한은 이 심판과 관련하여 하늘의 증거 장막의 성전이 열리는 것을 보았습니다(5-8절). "또 이 일 후에 내가 보니 하늘에 증거 장막의 성전이 열리며 일곱 재앙을 가진 일곱 천사가 성전으로부터 나와 맑고 빛난 세마포 옷을 입고 가슴에 금 띠를 띠고 네 생물 중의 하나가 영원토록 살아 계신 하나님의 진노를 가득히 담은 금 대접 일곱을 그 일곱 천사들에게 주니 하나님의 영광과 능력으로 말미암아 성전에 연기가 가득 차매 일곱 천사의 일곱 재앙이 마치기까지는 성전에 능히 들어갈 자가 없더라." 5절의 '증거 장막의 성전'은 '증거 장막, 곧 성전'이라고 번역해야 옳습니다. 왜냐하면 둘은 동격 관계이기 때문입니다. '장막'은 광야 시대의 '성막'으로 '하늘 성전'을 모형으로 해서 만든 것입니다.

　사도가 또 보니 그 증거 장막인 성전으로부터 일곱 재앙을 가진 일곱 천사가 나왔습니다(6절 상). '하늘 성전'이 하나님의 뜻이 정해지는 통치의 발원지이므로 이곳에서 나온 이 일곱 천사들은 하나님의 뜻을 결행하는 사자라는 것을 알 수 있습니다. 그런데 이 천사들은 "맑고 빛난 세마포 옷"을 입고 있었습니다(6절 중). 이는 제사장들이 입는 옷으로(레 16:4, 23), 일곱 천사의 순수성과 영광을 강조하는 것입니다. 게다가, "가슴에 금 띠"를 띠고 있었습니다(6절 하). 이는 왕들이 하는 복장으로 계시록 1:13에서 승귀하신 그리스도께서 이런 "가슴에 금 띠"를 띤 모습으로 나타났었습니다. 그러므로 이 천사들은 심판주이신 그리스도로부터 심판을 위해 보냄을 받은 사자라고 할 수 있습니다. 이 사자들은 네 생물 중의 하나로부터 금 대접 일곱을 받았습니다(7절). '네 생물'은 하나님의 보좌 주변에 있는 고위급 천사들입니다. 이들은 6장의 인 심판에서 네 말과 말 탄 자들을 심판의 전령으로 보내는 역할을 했는데, 여기서도 일곱 천사들을 심판의 사자로 파송하는 역할을 하고 있는 모습을 볼 수 있습니다. 그런데 일곱 천사들이 네 생물 중 하나로부터 받은 대접은 '영원히 살아 계신 하나님의 진노'를 가득 담은 대접이었습니다. '진노'(震怒)란 우레 '진'(震) 자와 노할 '노'(怒) 자가 결합하여 우레와 같은 소리를 발하며 대로한다는 말인데 여기에다 '영원히 살아 계신 하나님의'라는 수식어까지 붙으니 그 의미가 극대화되는 것을 볼 수 있습니다. 이 진노는 잠시 있다가 연기처럼 사라지는 것이 아니라 영원무궁토록 살아 계시는 하나님께서 행하시는 진노이므로 계시록을 대하는 수신자들로 하여금 그 진노가 얼마나 철저하고 심할 것인지를 미루어 짐작하게 합니다. 이 무시무시한 진노의 대접을 일곱 천사가 받자마자 성전에 연기가 가득 찼습니다(8절). 이는 하나님의 영광과 능력의 현현이었습니다. 연기처럼 보이는 하나님의 영광이 성전을 가득 메웠고 하나님께서는 심판의 마지막 단계를 시작하셨습니다.

15장 마지막 절의 "일곱 천사의 일곱 재앙이 마치기까지는 성전에 능히 들어갈 자가 없더라"라는 말은 이제 그 누구도 심판이 멈추도록 하기 위해 중보 기도하려고 성전에 들어갈 수 없다는 것을 의미합니다. 하나님께서 우리 인생들에게 주시는 마지막 기간이 다 지나간 것입니다. 그 후에는 오직 하나님의 진노만이 이 지구상에 쏟아질 뿐입니다. 다행히 지금 우리가 살고 있는 시간은 사도 바울이 고린도 교인들에게 증거했듯이, '은혜의 때'입니다. "보라 지금은 은혜받을 만한 때요, 보라 지금은 구원의 날이로다"(고후 6:2). 하지만 사람들이 언제나 회개할 수 있고 언제나 하나님을 찾을 수 있는 것은 아닙니다. 회개가 통하지 않는 때가 반드시 옵니다. 그때는 하나님의 준엄한 심판만이 있을 따름입니다. 그러므로 방주의 문이 닫히기 전에, 진노의 대접이 쏟아지기 전에 어서 속히 예수님 앞으로 돌아와야 합니다. 천국행 막차가 끊기기 전에.

16장 대접

(대접 심판 실행)

이제 본격적으로 마지막 심판인 대접 심판이 실행됩니다 "또 내가 들으니 성전에서 큰 음성이 나서 일곱 천사에게 말하되 너희는 가서 하나님의 진노의 일곱 대접을 땅에 쏟으라 하더라"(1절). 여기 '큰 음성'은 '하나님의 음성'으로 하나님께서는 땅에 심판을 실시하라고 일곱 천사에게 명령하셨습니다. 그런데 이 본문에서 한 가지 주의할 점이 있는데, 이 심판의 대상으로 주어지는 '땅'은 문자 그대로의 땅이 아니라는 사실입니다. 왜냐하면 2-8절에서 대접을 쏟은 곳은 '땅'만이 아니고 바다와 강, 물 근원과 하늘을 포함하고 있기 때문입니다. 그러므로 본 절에서 땅이라고 한 것은 '사탄의 통치 영역인 땅'을 의미합니다.

다음 2절부터는 일곱 천사들이 하나님의 큰 음성에 순종하여 자연계의 네 영역, 즉 땅, 바다, 강과 물 근원, 그리고 하늘에 대접을 쏟는 장면이 연출되는데, 이 대접 심판은 나팔 심판처럼 출애굽기 7-12장에 나와 있는 애굽의 10가지 재앙을 배경으로 합니다. 애굽의 재앙들은 진노의 대접들과 똑같이 하나님만이 참 신이라는 것을 세상에 입증하려는 목적을 갖고 있습니다.

"첫째 천사가 가서 그 대접을 땅에 쏟으매 짐승의 표를 받은 사람들과 그 우상에게 경배하는 자들에게 악하고 독한 종기가 나더라"(2절). 첫 대접 심판은 '땅'을 그 심판의 대상으로 삼고 있는데, 여기 사람들에게 악하고 독한 종기가 생겼다고 하는 것은 출애굽 당시 애굽인들에게 임했던 여섯 번째 재앙인 악성 종기 재앙을 연상시킵니다(참고, 출 9:8-12). 그런데 이 본문에서 눈에 띄는 것은 첫째 대접 심판이 '짐승의 표를 받은 사람들', 즉 '불신자들'에게만 임했다는 사실입니다. 이는 출애굽의 열 가지 재앙이 애굽 사람에게만 임하고 이스라엘에게는 임하지 않은 것과 병행을 이룹니다. 따라서 이 대접 심판도 앞의 나팔 심판과 마찬가지로 하나님의 인 침을 받은 신자들에게는 전혀 해당 사항이 없는 것임을 알 수 있습니다.

"둘째 천사가 그 대접을 바다에 쏟으매 바다가 곧 죽은 자의 피같이 되니 바다 가운데 모든 생물이 죽더라"(3절). 두 번째 대접 심판의 대상은 '바다'인데, 여기 바다가 피같이 되었다고 하는 표현은 모세가 지팡이로 나일 강을 치자 강물이 피로 변했던 애굽의 첫 번째 재앙을 배경으로 한 것입니다(참고, 출 7:14-19). 하지만 이는 또한 요한 당시의 시대상을 반영한 것입니다. 왜냐하면 계시록이 기록되던 1세기에 로마 제국은 해상 무역에 의존하고 있었으므로 이렇게 바다가 피가 되어 그 속에 있는 모든 생물이 죽는 심판은 로마의 경제 체계의 파멸을 의미하는 것이기 때문입니다.

"셋째 천사가 그 대접을 강과 물 근원에 쏟으매 피가 되더라"(4절). 셋째 대접 심판은 그 심판의 대상을 '강과 물 근원(연못, 시내, 저수지 등)'으로 하고 있는데, 여기 물이 피로 된 것은 애굽의 첫 번째 재앙을 반영한 표현입니다. 나팔 심판 동안에는 강과 샘의 삼분의 일이 쓰게 되어 마실 수 없었습니다. 그런데 이 대접 심판에서는 육지의 모든 물이 피로 변하여 사람들에게 마실 물이 조금도 남지 않았습니다.

"넷째 천사가 그 대접을 해에 쏟으매 해가 권세를 받아 불로 사람들을 태우니 사람들이 크게 태움에 태워진지라"(8절). 네 번째 대접 심판은 그 심판의 대상을 '해'로 삼고 있는데, 이 해가 불신자들을 크게 태우는 모습 또한 출애굽 이미지를 반영합니다. 왜냐하면 이는 계시록 7:16에서 신자들에게 약속된 "해나 아무 뜨거운 기운에 상하지 않는다"라는 것과 대조를 이루기 때문입니다.

앞의 네 대접 심판이 자연계를 향한 간접적인 것이었다면, 이어지는 세 대접 심판은 악의 세력의 핵심인 짐승의 보좌를 직접 겨냥한 것입니다. "또 다섯째 천사가 그 대접을 짐승의 왕좌에 쏟으니 그 나라가 곧 어두워지며 사람들이 아파서 자기 혀를 깨물고 아픈 것과 종기로 말미암아 하늘의 하나님을 비방하고 그들의 행위를 회개하지 아니하더라"(10-11절). 다섯째 천사는 자신의 대접을 '짐승의 왕좌'에 쏟았습니다. 여기 짐승은 13장에 '바다에서 나온 짐승', 즉 '로마의 통치자'를 지칭합니다. 그러므로 로마 황제의 보좌에 진노의 대접이 부어졌다고 함으로써 소아시아 일곱 교회의 성도들을 황제 숭배를 강요하며 핍박했던 짐승 같은 도미티아누스와 그의 추종자들이 결국 심판을 받고 있는 모습을 묘사하고 있는 것입니다. 그런데 계시록 13:2에서는 '사탄'이 이 짐승에게 왕좌를 주었다고 했습니다. 그러므로 짐승의 통치는 곧 사탄의 통치를 대행하는 것이며 짐승의 왕좌에 심판이 내려졌다는 것은 곧 사탄의 보좌에 심판이 내려졌다는 것을 의미합니다.

"또 여섯째 천사가 그 대접을 큰 강 유브라데에 쏟으매 강물이 말라서 동방에서 오는 왕들의 길이 예비되었더라"(12절). 여섯째 천사는 자신의 대접을 '큰 강 유브라데'에 쏟았습니다. 여기 유브라데는 길이가 2,781km나 되는 서아시아 최고의 강으로 당시 로마 제국의 동쪽 최전방 국경선에 해당했습니다. 그러므로 이 강물이 마른 것은 로마의 방위선이 무너진 것을 상징합니다.

"일곱째 천사가 그 대접을 공중에 쏟으매 큰 음성이 성전에서 보좌로부터 나서 이르되 되었다 하시니"(17절). 일곱째 천사가 마지막 대접을 '공중'에 쏟았습니다. 여기서 '공중'이라는 용어를 사용한 것은 이중적 의도가 있습니다. 첫째는, 이 심판은 출애굽기 9장의 일곱 번째 재앙을 배경으로 하는데, 거기 나오는 '하늘'과 운을 맞추기 위한 것입니다. 출애굽기 9:22-24에서 모세가 '하늘'을 향해 손을 들자 하늘에서 우박이 내려 애굽을 심판했습니다. 마찬가지로 여기 계시록 16장에서 천사가 '공중'에 대접을 쏟자 우박이 내렸습니다(21절). 둘째로, '공중'은 악의 핵심적 영역과 관련이 있습니다. 에베소서 2:2은 사탄을 "공중의 권세 잡은 자"라고 하여 '공중'을 사탄이 사역하는 영역으로 규정합니다. 따라서 일곱째 천사가 '공중'에 대접을 쏟는 것은 다섯째 천사가 '짐승의 보좌'를 향해서 대접을 붓는 것과 유사한 성격의 심판 행위입니다. 천사가 이렇게 공중에 대접을 쏟자 성전 안에 있는 보좌로부터 '큰 음성'이 났습니다. 이는 틀림없이 '하나님의 음성'이었을 것입니다. 그런데 그 음성의 내용은 '되었다', 즉 '다 이루었다'는 것이었습니다. 십자가상에서 예수님도 동일하게 "다 이루었다"라고 외치신 바가 있습니다(요 19:30). 그러므로 주님의 십자가는 사탄에 대한 종말적 심판―신자에 대한 종말적 구원―사건의 시작임을 알 수 있습니다. 그리고 십자가에서 시작된 그 종말적 심판이 이제 일곱 대접 재앙을 통해 완성을 보게 된 것입니다.

이 일곱 대접 심판이 최후의 심판임을 알려주는 명백한 징조들이 다음 본문에서 소개됩니다. "번개와 음성들과 우렛소리가 있고 또 큰 지진이 있어 얼마나 큰지 사람이 땅에 있어 온 이래로 이같이 큰 지진

이 없었더라. 큰 성이 세 갈래로 갈라지고 만국의 성들도 무너지니 큰 성 바벨론이 하나님 앞에 기억하신 바 되어 그의 맹렬한 진노의 포도주 잔을 받으매 각 섬도 없어지고 산악도 간 데 없더라. 또 무게가 한 달란트나 되는 큰 우박이 하늘로부터 사람들에게 내리매 사람들이 그 우박의 재앙 때문에 하나님을 비방하니 그 재앙이 심히 큼이러라"(18-21절).

여기 보면 일곱 인기 일곱 나팔 심판처럼 '번개, 우레, 음성'이 등장합니다. 그런데 이 일곱째 대접 심판은 이전 두 심판과는 큰 차이점이 있습니다. 이는 심판의 강도에 대한 설명이 더 강해지고 있다는 것입니다. 일곱째 나팔 심판은 일곱째 인 심판에 '큰 우박'을 덧붙였습니다. 그런데 이 일곱째 대접 심판은 일곱째 나팔 심판에 '무게가 한 달란트(약 34kg)가 되는 큰 우박'이라는 표현을 추가했습니다. 또한 지진도 '큰 지진'이라고 말합니다. 게다가, 큰 지진은 그냥 큰 지진이 아니라 "사람이 땅에 있어 온 이래로 이같이 큰 지진이 없었다"는 표현을 통해서 알 수 있듯이, '전무후무한 큰 지진'입니다. 이렇게 큰 지진이 바벨론(로마 제국, 즉 불신 세상)을 강타하자 그것이 세 동강이 났습니다. 완전히 파괴되었습니다.

17장 멸망

(음녀 바벨론의 멸망)

16장은 결국 일곱째 천사가 마지막 대접을 공중에 쏟자 '번개와 음성과 우레와 큰 지진'이 일어나서 큰 성 바벨론을 세 동강이 냄으로써 끝을 맺습니다. 그리고 이제 살펴볼 17장에서는 이 바벨론 심판 내용을 보다

자세히 소개합니다. 17장은 이렇게 시작합니다. "또 일곱 대접을 가진 일곱 천사 중 하나가 와서 내게 말하여 이르되 이리로 오라, 많은 물 위에 앉은 큰 음녀가 받을 심판을 네게 보이리라." 여기 일곱 대접을 가진 천사가 다시 등장하는 것은 이 부분이 일곱 대접 심판의 연장선에 있음을 알 수 있습니다. 다시 말해서, 대접 심판의 결과로 하나님의 심판이 완성되고 있음을 나타내는 것입니다. 요한에게 다시 나타난 천사는 그에게 "이리로 오라"고 지시했습니다. 그리고 그 이유를 큰 음녀가 받을 심판을 네게 보이기 위함이라고 설명했습니다. 그러면 이 천사가 말하는 '큰 음녀'란 누구를 지칭하는 걸까요? 뒤따르는 절들을 통해 이 여자의 정체를 파악할 수 있습니다.

먼저, 음녀(음행을 행하는 여자)는 그 이름에 걸맞게 "땅의 임금들과 땅에 사는 자들과 더불어 음행의 포도주에 취해 있었습니다"(2절). 여기 '땅의 임금들과 땅에 사는 자들'은 땅에 속한 불신자들을 총칭하는 말입니다. 그리고 '음행'은 우상 숭배 등의 하나님을 거역하는 행위를 의미합니다. 또한 '포도주'는 '성도들의 피와 예수 증인들의 피'에 대한 다른 표현입니다. 왜냐하면 6절에 "이 여자가 성도들의 피와 예수 증인들의 피에 취하였다"라고 했기 때문입니다. 따라서 여기 음녀는 땅에 속한 자들을 미혹하여 자신을 숭배하게 하고 이에 동조하지 않는 하늘에 속한 자들을 핍박하고 있는 것입니다.

이어서, 이 여자는 "광야에서 머리가 일곱에 열 뿔을 가지고 몸에 하나님을 모독하는 이름들이 가득한 붉은 빛 짐승을 타고 있었습니다"(3

절 하). 그런데 이러한 모습을 요한은 "성령 안에서" 보았다고 했습니다 (3절 상). 이 '성령 안에서'(헬. '엔 프뉴마티')라는 문구는 여기에서 세 번째로 발견되는데, 이는 21:10과 함께 계시록의 이중적 결론을 이끌어내는 역할을 합니다. 그리고 이 짐승을 탄 음녀가 '광야'에 있다는 것은 12장에서 여자로 상징되는 교회가 '광야'로 갔다는 것을 상기시킵니다. 다시 말해서, 교회와 음녀는 지금 이 세상에 공존하고 있음을 이렇게 표현한 것입니다. 그렇다면 그녀가 타고 있는 이 붉은 빛 짐승은 누구를 상징하는 걸까요? 이미 살펴본 13:1에 바다에서 나온 짐승의 모습이 "뿔이 열이요 머리가 일곱이라"라고 묘사된 것을 볼 때, 이 '열 뿔에 머리가 일곱'인 짐승은 13장의 첫 번째 짐승과 동일한 것임을 알 수 있습니다. 그러므로 이 짐승은 일차적으로는 '로마 황제'를 의미합니다. 그리고 궁극적으로는 '적그리스도'를 상징합니다. 특히, '몸에 하나님을 모독하는 이름들이 가득한 붉은 빛 짐승'이라고 한 표현을 통해서 이는 참람하게도 자신을 '주요 하나님'이라고 칭하며 그를 숭배하지 않는 성도들의 피를 흘리게 했던 짐승 같은 로마 황제 도미티아누스를 가리키는 것으로 볼 수 있습니다.

끝으로, "음녀의 이마에 큰 바벨론이라는 이름이 적혀 있었습니다"(5절). 이제 드디어 이 베일에 싸인 음녀의 정체가 드러납니다. 본 장의 음녀는 다름 아닌 '큰 성 바벨론'입니다. 이 큰 성 바벨론은 '로마 제국'을 가리키는 말입니다. 신약의 로마는 예루살렘 성전 파괴, 우상 숭배 강요, 사치와 부패, 막강한 권력으로 성도를 핍박했다는 점 등에서 구약의 바벨론의 화신이요 가히 음녀라 불릴 만합니다.

그런데 이 음녀 바벨론은 "성도들과 예수님의 증인들의 피에 취해 있었습니다"(6절). 이는 로마 제국이 사도 요한을 비롯해서 주님을 증거하는 성도들을 핍박하며 그들의 고혈을 짜서 마시는 데 혈안이 되어 있었음을 시사하는 것입니다. 이렇게 술보다 성도들의 피, 즉 '음행의 포도주'를 즐겼던 이 음녀 로마는 결국 하나님의 맹렬한 "진노의 포도주"(계 16:19)라는 벌주 한 잔을 마시게 됩니다. 그러고 나서 필름이 뚝 끊어집니다. 완전히 정신 줄을 놓게 됩니다. 멸망하게 됩니다.

18장 애가

(음녀 동조 세력의 애가)

바벨론이 하나님의 심판을 받고 멸망하자 그것과 결탁되었던 세 부류의 사람들이 슬픔에 잠겨 노래를 부릅니다. 첫째로, "땅의 왕들"이 애가를 선창합니다 (9-10절). 이들은 바벨론이 불타는 연기를 보고 무서워 멀리 서서 "화 있도다 화 있도다 큰 성, 견고한 성 바벨론이여 한 시간에 네 심판이 이르렀다"라고 외쳤습니다. 둘째로, 그 애가를 "땅의 상인들"이 이어받습니다(11-17절 상). 이들은 다시는 자신들의 상품을 사는 자가 없을 것이기에 바벨론을 위해 울고 애통했습니다. 끝으로, "바다에서 일하는 자들"이 이 슬픈 노래를 마무리합니다(17절 하-19절). 모든 선장과 각처를 다니는 선객들과 선원들과 바다에서 일하는 자들은 멀리 서서 바벨론이 불타는 연기를 보고 "이 큰 성이여, 바다에서 배 부리는 모든 자들이 너의 보배로운 상품으로 치부하였더니 한 시간에 망하였도다"라고 소리치며 울부짖었습니다(19절).

　여기 9절의 '땅의 왕들'이란 로마 제국 내의 분봉왕들과 각 주의 통치 계급을 가리킵니다. 이들은 제국 속에 편입되어 나름대로 정치적, 경제적 이익을 누리고 있었습니다. 11절의 '땅의 상인들'은 로마와의 장사를 통해 경제적 이득을 챙기던 집단입니다. 이들은 심지어 '종들과 사람의 영혼들'의 판매, 즉 노예 매매까지 하면서 자기들의 배를 불리고 있었습니다. 그리고 17절의 '선장들과 선원들과 선객들'은 이 땅의 상인들이 로마와 거래한 상품들을 뱃길로 운반하며 돈을 벌던 해상 무역업자들입니다. 이들 모두는 자기들을 지금까지 돌봐준 로마에 대한 우정이나 깊은 내적 사랑 때문이 아니라 주 거래처가 사라져 버림으로써 발생하는 손실 때문에 슬퍼하고 있는 것입니다. 로마의 패망이 가슴 아픈 것이 아니라 로마를 상대로 경제적 이익을 더는 취할 수 없기에 애통해하고 있는 것입니다.

　세상 사람들이 서로를 향해 맺는 관계란 바로 이런 것입니다. 철저하게 이익을 위해서 하나가 되고 이익이 사라지면 가차 없이 등을 돌리는 것이 세상의 본질입니다. 이러한 사실은 본문에 등장하는 임금들, 상인들, 무역업자들이 한결같이 바벨론의 무너짐을 슬퍼하면서도 멀찍이 서서 수수방관하고 있는 모습을 통해 잘 나타납니다. 이렇게 인간관계가 이해관계 중심으로 흘러갈 때 어떠한 결과를 초래하게 될지를 본문은 '한 시간에'라는 표현을 계속해서 반복함으로써 독자들에게 주지시키고 있습니다. 먼저 10절에 "큰 성, 견고한 성 바벨론이여 **한 시간에** 네 심판이 이르렀다"라고 했습니다. 그리고 17절에 "그러한 부가 **한 시간에** 망하였도다"라고 했습니다. 마지막으로 19절에 "바다에서 배 부리는 모든 자들이 너의 보배로운 상품으로 치부하였더니 **한 시간에** 망하였도다"라고 했습니다. 돈만 밝히면 결국 돈줄인 바벨론이 한순간에 무너질 때 동반 추락한다는 말입니다. 불신 세상이라는 바람과 함께 순식간에 사라진다는 말입니다.

땅에서는 바벨론의 멸망으로 인해 애가가 흘러나오지만, 하늘에서는 오히려 그로 말미암아 환희의 찬가가 울려 퍼집니다. "하늘과 성도들과 사도들과 선지자들아, 그로 말미암아 즐거워하라. 하나님이 너희를 위하여 그에게 심판을 행하셨음이라 하더라"(20절). 본문에서 즐거워할 자들은 하늘에 있는 '성도들'과 '사도들'과 '선지자들'입니다. 이는 세 개의 별도 그룹을 지칭하는 것이 아니라 '하늘에 거하는 교회 공동체'를 총칭하는 말입니다. 그런데 이렇게 셋으로 세분한 이유는 바로 앞에 애가의 주체들로 등장하는 '땅의 왕들', '상인들', 그리고 '바다 사람들'과 3대(對) 3으로 대응시키려고 했기 때문입니다. 이 천상의 교회 공동체가 기뻐해야 할 이유는 하반절에 제시되어 있듯이, 하나님께서 바벨론에게 심판을 행하셨기 때문입니다. 그것도 갑절로 갚으셨기 때문입니다. 완전히 보응하셨기 때문입니다.

하늘에 속한 자들은 땅에 속한 사람들과는 전혀 다른 차원의 기쁨을 추구합니다. 불신자들은 바벨론으로 대변되는 불의한 세상과 적당히 야합하면서 거기서 오는 이익으로 자기 배를 불리며 즐거워합니다. 반면에 신자들은 이 세상의 불의에 동참하여 죄악의 낙을 누리는 것을 단호히 거부하고 주님을 위해 기꺼이 고난을 감내하면서 향유할 수 있는 기쁨을 좇습니다. 출애굽의 영웅 모세가 바로 그런 사람이었습니다. 히브리서의 기자는 그에 대해서 이렇게 증언합니다. "믿음으로 모세는 장성하여 바로의 공주의 아들이라 칭함 받기를 거절하고 도리어 하나님의 백성과 함께 고난받기를 잠시 죄악의 낙을 누리는 것보다 더 좋아하고 그리스도를 위하여 받는 수모를 애굽의 모든 보화보다 더 큰 재물로 여겼으니 이는 상 주심을 바라봄이라"(히 11:24-26).

　　우리도 모세처럼 이 기쁨을 아는 자가 되어야 합니다. 이 기쁨으로 위로를 받고 이 기쁨 때문에 사는 자가 되어야 합니다. 그러한 자에게만 하나님의 크신 상급이 수어시기 때문입니다.

19장 잔치
(이 땅상의 혼인 잔치)

17-18장이 '바벨론의 멸망'이라는 어두운 주제에 초점을 맞추었다면, 19장은 '어린 양의 혼인 잔치'라는 밝은 이슈에 집중합니다.

　　큰 성 바벨론이 무너지자 찬가가 울려 퍼집니다. "또 내가 들으니 허다한 무리의 음성과도 같고 많은 물소리와도 같고 큰 우렛소리와도 같은 소리로 이르되 할렐루야 주 우리 하나님 곧 전능하신 이가 통치하시도다. 우리가 즐거워하고 크게 기뻐하며 그에게 영광을 돌리세"(6-7절 상). 요한이 들은 소리는 '허다한 무리의 음성'과도 같고 '많은 물소리'와도 같고 '큰 우렛소리'와도 같았습니다. 이러한 소리들은 그 어느 한 부류의 소리라고 딱히 규정하기 힘들고 단지 지금 발생하고 있는 상황의 장엄함을 강조하기 위한 표현입니다. 그런데 이 삼중적 소리는 "할렐루야 주 우리 하나님 곧 전능하신 이가 통치하신다"라고 외쳤습니다. 하나님의 통치는 바벨론 심판의 직접적인 결과로 시작되는 것입니다. 음녀 바벨론이 지배하던 세상 나라는 이제 전능하신 하나님께서 통치하시는 하나님의 나라가 되어 그분이 영원토록 다스리게 될 것입니다.

6절에서는 전능하신 하나님의 통치에 대해서 찬양했다면 이어지는 7-8절은 찬양해야 하는 이유가 소개됩니다. "우리가 즐거워하고 크게 기뻐하며 그에게 영광을 돌리세. 어린양의 혼인 기약이 이르렀고 그의 아내가 자신을 준비하였으므로 그에게 빛나고 깨끗한 세마포 옷을 입도록 허락하셨으니 이 세마포 옷은 성도들의 옳은 행실이로다 하더라." 여기서 하늘에 허다한 무리들이 즐거워하고 크게 기뻐하며 하나님께 영광을 돌려야 하는 이유가 제시되고 있는데, 그것은 바로 '어린양의 혼인 기약'이 이르렀기 때문입니다. 본문의 '어린양'은 예수 그리스도를 지칭합니다. 그리고 '혼인 기약'이란 '혼인 잔치'를 말합니다. 따라서 이는 큰 성 바벨론이 마침내 무너짐으로써 이제 아무런 방해꾼 없이 어린양이신 예수 그리스도께서 그의 신부와 완전한 연합을 이룰 때가 왔다는 말입니다. 그러면 이 신랑인 어린양의 파트너가 될 신부는 과연 누구일까요? 하나님의 백성인 '저와 여러분'입니다. 구약(호 2:19 등)에서 여호와를 신랑으로 그리고 이스라엘을 신부로 묘사하고 있고 또한 신약(엡 5:32 등)에서도 예수님을 신랑으로 그리고 새 이스라엘인 교회를 신부로 비유하고 있기 때문입니다. 7절 하반절은 이 주님의 아내가 될 교회 공동체가 자신을 "준비하였다"라고 했는데, 이는 무엇을 의미하는 것일까요? 신랑 집에 가지고 갈 혼수를 바리바리 준비했다는 말일까요? 만왕의 왕이신 예수 그리스도에게 이런 것은 아무 쓸모가 없습니다. 요한계시록의 문맥에서 신부가 준비해야 할 최대의 혼수는 바로 목숨을 내놓고 짐승과 그 우상에 절하지 않고 그 짐승의 표를 받지 않는 것입니다.

음녀 바벨론과 더불어 행음하지 않음으로써 몸을 더럽히지 않고 정절을 유지하는 것입니다. 그럴 때만이 비로소 주님으로부터 빛나고 깨끗한 “세마포 옷”을 하사받을 수 있는 것입니다(8절 상). 그런데 여기 ‘세마포 옷’은 실제 옷이 아니라 “성도들의 옳은 행실”을 상징합니다(8절 하). 그리고 ‘옳은 행실’이란 옳고 바른 것에 대해 그 기대를 충족시켜 주는 행위를 의미합니다. 따라서 과거 보러 한양 간 이몽룡을 기다렸던 성춘향처럼 일편단심의 마음을 갖고 어린양 예수 그리스도를 기다리며 지조를 지킨 성도는 하나님의 기대에 부응한 옳은 행위를 한 것으로 인정받는다는 말입니다.

이렇게 신랑 되신 어린양(예수님)을 위해 정조를 지킨 신부(성도)에게 천사는 복을 선언합니다. “천사가 내게 말하기를 기록하라, 어린양의 혼인 잔치에 청함을 받은 자들은 복이 있도다 하고 또 내게 말하되 이것은 하나님의 참되신 말씀이라”(9절). 신약을 시작하는 마태복음이 ‘팔복’(八福)을 언급한다면(마 5:2-11), 그것을 마무리하는 요한계시록은 ‘칠복’(七福)을 논합니다(계 1:3; 14:13; 16:15; 19:9; 20:6; 22:7; 22:14). 그런데 이 복들의 대부분은 주님께 충성을 지킨 자들의 ‘복됨’을 묘사합니다. 이 본문의 복 또한 이와 맥을 같이합니다. 여기 ‘어린양의 혼인 잔치’라고 할 때 그 ‘혼인 잔치’는 좀 더 정확히 번역하면 ‘혼인 잔치의 식사’를 의미합니다. 다시 말해서, 혼인 잔치 중의 ‘식탁 교제’를 뜻합니다. 따라서 이 ‘어린양의 혼인 잔치에 청함을 받은 자들은 복이 있도다’라는 말은 이 땅의 치열한 영적 전투에서 끝까지 참고 견딘 자들은 결국 하나님 나라에서 예수 그리스도와 친밀한 식탁의 교제에 참여하는 복을 누리게 된다는 말입니다.

20장 천 년
(천년왕국)

밀레니엄

20:1-10에는 '천 년'이라는 말이 총 여섯 번 발견됩니다. 그리고 이 '천 년' 기간 동안 일어나는 일이 크게 두 가지로 소개됩니다. 첫째로, 천 년 동안 사탄이 결박 당하여 만국을 미혹하지 못합니다(1-3절). 둘째로, 천 년 동안 성도들이 그리스도와 함께 왕 노릇 합니다(4-6절). 그래서 사람들은 그리스도와 천 년 동안 왕 노릇 하는 이 천 년을 가리켜 '천년왕국'(Millennium)이라고 부릅니다.

이 천년왕국에 대한 견해는 크게 세 가지로 주님의 재림이 먼저 있고 천년왕국이 문자적으로 온다고 보는 '전천년설'(천년왕국 전 예수 재림설), 주님의 재림 전 천 년의 기간이 존재할 것이라고 보는 '후천년설'(천년왕국 후 예수 재림설), 그리고 천 년이 따로 존재하는 것이 아니라 예수님의 초림과 재림의 시기를 상징한다고 보는 '무천년설'이 있습니다. 천년왕국이라는 말만 나오면 '전천년설이 옳으니 후천년설이 옳으니 무천년설이 옳으니' 하며 다투는 경향이 있는데, 계시록 20장은 그 주된 관심이 언제 천 년이 도래할 것인가에 있지 않고 용으로 상징되는 사탄의 운명이 결국 어떻게 될 것인가에 있다는 사실을 기억해야 할 것입니다.

요한은 한 천사가 하늘에서 내려오는 것을 봅니다(1절). 이 천사는 손에 무저갱의 열쇠와 큰 쇠사슬을 가지고 있습니다. 이 천사는 사탄을 결박하여 감옥(무저갱)에 처넣기 위해 손에 무저갱의 열쇠와 큰 쇠사슬을 들고 하늘로부터 하나님께 파송을 받으신 '예수 그리스도'입니다. 왜냐하면 1:18에 주님은 "사망과 음부의 열쇠"를 가지신 분으로 묘사되고 있기 때문입니다.

다음 2-3절에서는 주님이 자신의 임무를 충실히 수행하고 계신 모습을 소개합니다. "용을 잡으니 곧 옛 뱀이요 마귀요 사탄이라. 잡아서 천 년 동안 결박하여 무저갱에 던져 넣어 잠그고 그 위에 인봉하여 천 년이 차도록 다시는 만국을 미혹하지 못하게 하였는데 그 후에는 반드시 잠깐 놓이리라." 여기 보면 '천 년'이라는 단어가 두 번 반복해서 나옵니다. 본문은 용과 옛 뱀은 동물이 아니라 마귀, 즉 '사탄'을 상징한다고 했습니다(2절 상). 그러므로 이 '천 년' 또한 예수님의 초림과 재림 사이에 복음 전파를 통한 교회의 승리와 통치의 기간을 상징하는 것입니다. 그래서 주님이 "용(사탄)을 결박하여 무저갱에 감금했다"(2절 하)라는 말은 예수님이 오셔서(초림) 십자가에서 죽으시고 부활·승천하심으로 사탄을 결정적으로 패배시킨 것을 의미합니다. 그런데 주님께서 용을 가두신 목적이 "다시는 나라들(만국)을 미혹하지 못하게 하기 위함"이라고 했습니다(3절). 이는 사탄이 지금 전혀 활동할 수 없게 되었다는 말이 아니라 사탄은 이미 치명상을 입은 무기력한 존재라는 사실을 요한이 독자들에게 주지시키기 위한 표현입니다

게다가, 예수 그리스도의 초림 이전에는 하나님의 백성인 이스라엘을 제외한 '나라들'(만국)은 사탄에 미혹되어서 무지와 어두움 가운데서 구원의 빛을 보지 못하는 안타까운 상태에 있었습니다. 그러나 이제 주님이 오셔서 사탄을 결박시켰기 때문에 사탄의 활동이 제약을 받고 복음이 만국에 전파됩니다. 그러므로 이 '사탄이 더 이상 만국을 미혹하지 못한다'라는 말씀은 사탄이 교회의 만국에 대한 복음 증거 사역을 더는 막지 못할 것이라는 의미입니다. 다시 말해서, 결국은 복음이 사탄을 물

리치고 승리할 것이라는 말씀입니다.

요한은 1-3절에서 만국을 미혹하던 용의 결박에 대해서 언급한 후에, 이어지는 4-6절에서 잠시 화제를 용에게서 교회로 돌립니다. 요한은 보좌들과 거기에 앉아 심판하는 권세를 받은 자들을 보았습니다(4절 상). 이들은 두 부류, 곧 '예수를 증언함과 하나님의 말씀 때문에 목 베임을 당한 자들의 영혼들'(순교자들)과 '짐승과 그의 우상에게 경배하지 아니하고 그들의 이마와 손에 그의 표를 받지 아니한 자들'(신앙의 정절을 지켰던 성도들)로 구성되어 있었습니다(4절 중). 그리고 이들은 살아나서 그리스도와 더불어 천 년 동안 왕 노릇 하고 있었습니다(4절 하). 그러므로 베드로와 바울처럼 순교당했거나 비록 순교는 당하지 않았어도 이 땅에서 믿음을 지키며 신실하게 살다가 소천한 성도들은 예수님이 재림하기 전까지 천 년(초림-재림 기간) 동안 하늘에서 주님과 함께 왕 노릇 하고 있는 것입니다. 반면에 '나머지 죽은 자들', 즉 '믿지 않고 죽은 자들'은 그 천 년이 차기까지 살아나지 못했습니다(5절). 이는 죽은 불신자들은 죽은 신자들이 천 년 동안 주님과 함께 천상 통치할 때 계속 죽어 있는 상태로 있어서 아무런 영향력을 발휘하지 못한다는 말입니다.

순교자들을 비롯한 죽은 성도들은 "첫째 부활"에 참여하는 복을 누립니다(6절 상). '첫째 부활'이란 일차적으로 이 죽었던 성도들이 다시 살아나는 것을 의미합니다. 그런데 이는 이차적으로 지금 살아 있는 성도들에게도 적용될 수 있습니다. 그럴 경우 살아 있는 그리스도인들이 '중생'하여 새로운 생명을 얻는 것을 의미합니다. 이 첫째 부활에 참여하는 믿는 자들이 복된 이유는 두 가지로 설명할 수 있습니다. 첫째로, 둘째 사망이 그들을 다스릴 수 없기 때문입니다(6절 중). '둘째 사망'이란 하나님의 심판을 받아 영원히 꺼지지 않는 불 못에 던져지는 것을 의미합니다. 주님을 믿는 신자들은 이러한 심판에서 제외되는 복을 받을 것입니다. 둘째로, 그들이 하나님과 그리스도의 제사장이 되어 천 년 동안 그리스도와 함께 왕 노릇 하기 때문입니다(6절 하).

'왕 노릇 하는 것'은 '왕으로서 통치하는 것'을 의미합니다. 그리고 그 통치 행위는 바로 만왕의 왕이신 하나님의 통치에 동참하는 것을 의미합니다. 성도가 전 우주의 왕이신 하나님의 통치에 동참한다니 이 얼마나 대단한 특권입니까?

21장 신부
(어린양의 신부)

요한은 영안이 열려서 영광스러운 "새 하늘과 새 땅"을 보았습니다(1절). 그가 본 이 신천신지는 우리가 흔히 생각하는 '하나님 나라'를 말합니다. 이는 그리스도의 초림으로 시작해서 그의 재림으로 완성될 것입니다. 사도는 이 하나님 나라의 보물이 하늘에서 내려오는 것을 보았습니다. "또 내가 보매 거룩한 성 새 예루살렘이 하나님께로부터 하늘에서 내려오니 그 준비한 것이 신부가 남편을 위하여 단장한 것 같더라"(2절). 하나님 나라의 강조점은 '새 예루살렘'에 있습니다. 본 절에서는 새 예루살렘이 남편을 위해 단장한 '신부'에 비유됩니다. 이 신부는 19:7에서 살펴본 신랑인 어린양이 돌아오면 그와 혼인할 바로 그 신부를 지칭합니다. 그러므로 이 새 예루살렘은 예수님의 재림 때 그의 아내가 될 성도를 상징하는 것입니다. 다시 말해서, 종말에 완성될 교회의 모습을 요한은 지금 새 예루살렘으로 묘사하고 있는 것입니다. 그런데 이 어린양의 신부인 새 예루살렘 앞에는 '거룩한 성'이라는 수식어가 붙어 있습니다. 이는 17-18장에서 살펴본 사탄의 신부인 '큰 성' 바벨론과 대조를 이룹니다. 교회의 영광은 '거룩성'에 있습니다. 내면의 거룩함을 그 표지로 삼지 않고 외형의 거대함만을 자랑하는 교회는 어린양의 신부로서 자격 미달입니다.

요한은 새 예루살렘이 거룩한 성이 될 수 있었던 비결을 이렇게 제시합니다. "내가 들으니 보좌에서 큰 음성이 나서 이르되 보라 하나님의 장막이 사람들과 함께 있으매 하나님이 그들과 함께 계시리니 그들은 하나님의 백성이 되고 하나님은 친히 그들과 함께 계셔서"(3절). 신부의 아름다움은 신부가 마련한 화장술이나 그녀의 선함에 근거한 것이 아닙니다. 그것은 신랑인 어린양이 신부인 새 예루살렘과 함께해주셨기 때문입니다. '임마누엘'해주셨기 때문입니다. 하나님 나라의 축복의 핵심은 신랑 되신 예수님과 함께 한 텐트에서 동거하며 지속적으로 그와 교제하며 살아가는 데 있습니다.[163] 이러한 임마누엘의 복은 궁극적으로 주님 재림 때 완성될 것입니다. 그렇지만 예수님은 승천 직전에 사도들에게 "볼지어다 내가 세상 끝 날까지 너희와 항상 함께 있으리라"라고 약속하셨습니다(마 28:20). 그러므로 내 비록 초라한 반딧불 초가집에 기거하고 있을지라도 '내 사랑하는 님(주님)'을 마음속에 모신 채 그분과 함께 살아가고 있다면 바로 지금 이 땅에서도 천국을 누리며 살고 있는 것입니다. 우리 인생에서 가장 중요한 것은 '물질의 유무(有無)'가 아니라 '주님의 유무(有無)'인 것입니다.

이어서 한 천사가 요한에게 새 예루살렘 성의 단장한 모습을 보여주는데, 이를 통해서 우리는 마지막에 완성될 교회의 모습(성도의 자화상)이 어떠할지 미루어 짐작할 수 있습니다. "하나님의 영광이 있어 그 성의 빛이 지극히 귀한 보석 같고 벽옥과 수정같이 맑더라"(11절). 이 성의 모습은 한마디로 말하면 '눈부심' 그 자체입니다. 이는 다름 아닌 '하나님의 영광'이 새 예루살렘 가운데 있기 때문입니다. 본문에 하나님께서 새 예루살렘 성(교회) 가운데 임재하시자 그것이 '벽옥'과 '수정' 같은 보석처럼 찬란한 빛을 띠었다고 하는 표현은 4:3의 보좌에 앉으신 이(하나님)의 모습이 "벽옥 같았다"는 표현을 상기시킵니다('벽옥'은 수정같이 맑고 투명한 보석으로 하나님의 거룩하고 성결하신 성품을 상징함). 이러한 둘 사이의 유사성은 완성될 교회 공동체가 하나님의 영광에 동참한 자들로 하나님의 거룩하고 성결하신 성품에 부합하는 모습을 지니게 될 것임을 시사합니다.

　뒤따르는 단락에서는 이 성의 구체적인 모습이 제시됩니다. 새 예루살렘은 정육면체로 한 변의 길이가 '만 이천 스다디온', 즉 약 2,400km라고 했습니다(16절). 이는 가로, 세로, 높이가 모두 서울에서 부산까지의 여섯 배가 넘는 크기이므로 '교회의 완전함과 광대함'을 상징합니다. 이 어마어마한 성은 온갖 보석들로 장식되어 있었습니다. "그 성곽은 벽옥으로 쌓였고 그 성은 정금인데 맑은 유리 같더라. 그 성의 성곽의 기초석은 각색 보석으로 꾸몄는데 첫째 기초석은 벽옥이요 둘째는 남보석이요 셋째는 옥수요 넷째는 녹보석이요 다섯째는 홍마노요 여섯째는 홍보석이요 일곱째는 황옥이요 여덟째는 녹옥이요 아홉째는 담황옥이요 열째는 비취옥이요 열한째는 청옥이요 열두째는 자수정이라 그 열두 문은 열두 진주니 각 문마다 한 개의 진주로 되어 있고 성의 길은 맑은 유리 같은 정금이더라"(18-21절). 여기 등장하는 보석 하나 하나에 의미를 부여하여 풍유적 해석을 시도하는 것은 어리석은 행위입니다. 본문의 보석들은 전체로 종말의 교회가 얼마나 눈부시고 영광스럽고 아름다울지를 묘사해주는 것이기 때문입니다.

주님은 이 땅에 살면서 신실하게 자신을 따른 자들을 종국에는 보석처럼 값지고 귀한 존재로 만들어주실 것입니다. 그래서 예수님을 믿는 저와 여러분 또한 다윗이 시편 8편에서 했던 것처럼, "오 주님! 도대체 신자가 무엇이관대 이토록 존귀히 여기십니까? 당신이 저를 영화와 존귀로 관을 씌우셨나이다"라고 고백하지 않을 수 없을 것입니다.

22장 고대

(예수 그리스도의 재림 고대)

계시록을 마무리하면서 요한은 하나님의 말씀과 관련해서 최종적으로 두 가지 권면을 합니다. 첫째로, 그는 계시록을 포함한 하나님의 말씀을 온 세상에 전파해야 할 것을 강조합니다. "성령과 신부가 말씀하시기를 오라 하시는도다. 듣는 자도 오라 할 것이요 목마른 자도 올 것이요 또 원하는 자는 값없이 생명수를 받으라 하시더라"(17절). 여기 보면 성령과 신부가 '오라'는 말을 두 번 반복하며 간절히 구원 초청을 합니다. 다시 말해서, 세상 사람들에게 하나님의 말씀을 증거합니다. 본문에 요한이 증거하는 주체를 신부인 교회만이 아니라 '성령과 교회'라고 한 이유는 성령님이 교회를 통하여, 교회로 하여금 세상에 복음을 전하게 하시기 때문입니다. 그 구원 초청의 내용은 '목마른 자도 올 것이요 또 원하는 자는 값없이 생명수를 받으라'라는 것입니다. 이 초청에 응해서 주님께 나아오는 자는 '영생'을 선물로 받을 것입니다.

둘째로, 사도는 계시록을 포함한 하나님의 말씀을 가감하지 말 것을 강조합니다. "내가 이 두루마리의 예언의 말씀을 듣는 모든 사람에게 증언하노니 만일 누구든지 이것들 외에 더하면 하나님이 이 두루마리에 기록된 재앙들을 그에게 더하실 것이요 만일 누구든지 이 두루마리의 예언의 말씀에서 제하여 버리면 하나님이 이 두루마리에 기록된 생명나무와 및 거룩한 성에 참여함을 제하여 버리시리라"(18-19절).

이 말씀은 신명기 4:2을 그 배경으로 합니다. "내가 너희에게 명하는 말을 너희는 가감하지 말고 내가 너희에게 내리는 너희 하나님 여호와의 명령을 지키라." 이러한 명령은 거짓 선지자 발람이 이스라엘 백성에게 우상인 바알브올을 따르게 하려고 자기의 말을 하나님의 말씀으로 가장하거나 하나님의 말씀을 왜곡한 데서 나온 것입니다. 그러므로 요한은 지금 계시록의 말씀을 자신의 욕심을 좇아 마구잡이식으로 왜곡하고 변질시킴으로써 하나님의 교회 공동체를 해롭게 하는 사이비 이단들을 경계하고 있는 것입니다. 계시록의 메시지에 제 맘대로 무언가를 덧붙이는 자는 계시록에 기록된 재앙, 즉 7인·7나팔·7대접 심판, 더 나아가서 악의 삼위일체인 용, 두 짐승이 겪는 유황 불 못 심판을 받을 것입니다(18절). 그리고 계시록의 내용을 임의로 빼는 자는 생명나무와 거룩한 성에 참여하지 못할 것입니다. 다시 말해서, 영생과 구원의 복을 받지 못할 것입니다(19절). 사실 불과 유황이 타는 못에 들어가는 것이 바로 구원받지 못하는 것이므로 이는 동일한 결과입니다.

본문에 가감하지 말라는 말씀은 계시록에 초점을 맞추고 있지만, 우리는 계시록뿐만 아니라 성경 66권 전체를 이와 같이 조심 또 조심해서 다루어야 할 것입니다. 하나님의 말씀을 가지고 장난치면 그 결과가 영원한 형벌이기 때문입니다.

다음은 요한계시록 및 성경 66권 전체의 결론 부분입니다. "이것들을 증언하신 이가 이르시되 내가 진실로 속히 오리라 하시거늘 아멘 주 예수여 오시옵소서. 주 예수의 은혜가 모든 자들에게 있을지어다 아멘"(20-21절). 지금까지 천사를 통해서 요한에게 계시를 주신 예수님의 마지막 말씀은 '내가 진실로 속히 오리라'였습니다. 그리고 이에 대한 요한의 대답도 '주 예수여 오시옵소서'였습니다. 그는 두 번이나 '아멘', '아멘' 하며 주님이 오시기를 간절히 소원했습니다.

계시록 22장에서만 '온다'(헬. '에르코마이')는 단어가 무려 일곱 번 사용되었습니다(7, 12, 17[×3], 20절[×2]). 그리고 주님은 '속히' 온다는 말씀을 세 번이나 하셨습니다(7, 12, 20절). 게다가, 마지막에는 '진실로' 속히 온다고까지 하셨습니다(20절). 그러므로 비록 그날과 그 시가 언제가 될지 우리는 알 수 없지만 예수님은 반드시 다시 오실 것입니다. 그날이 얼마 남지 않았습니다. 짐승에 속한 자들은 예수님이 재림하시는 것을 별로 달가워하지 않을 것입니다. 주님 다시 오시는 그날이 바로 자신들의 제삿날이기 때문입니다. 그러나 어린양에 속한 자들은 주님의 '파루시아'를 학수고대합니다. 그분이 오시면 그들의 구원이 완성되기 때문입니다.

세월에는 장사가 없다고 저도 어느덧 오 학년이 되니까 오십견이 오고 또 노안도 찾아옵니다. 그래서 가끔씩은 '이제 좋은 날 다 갔구나!' 하는 생각이 들곤 합니다. 그런데 이런 생각이 잘못되었다는 것을 계시록을 묵상하면서 새삼 깨닫게 되었습니다. 우리 그리스도인들에게는 봄날이 '가는 것'이 아니라 봄날이 '오는 것'입니다. 내 사랑하는 주님이 다시 오시는 그날 진짜 '꽃피는 새봄'이 돌아오는 것입니다. 그러므로 저와 여러분도 또한 사도 요한처럼 이렇게 고백해야 할 것입니다. "아멘 주 예수여 속히 오시옵소서! 마라나타!"

미주

1. Carson & Moo, *An Introduction to the New Testament* (Grand Rapids: Zondervan, 2005), pp. 391-93.

2. 바울서신의 맺는말 부분은 대체로 "평강의 하나님이 너희와 함께 계시기를"과 같이 수신자들 위에 하나님의 평강이 임하기를 간구하는 평강의 축도로 시작합니다(롬 15:33; 고후 13:11; 갈 6:16; 빌 4:9; 살전 5:23; 살후 3:16).

3. 바울은 보통 "마지막으로"(고후 13:11; 갈 6:17; 빌 4:8)라는 도입구를 사용하여 수신자들에게 최종 권면을 합니다.

4. "아무개에게 문안하라"(롬 16:3-16 상; 고전 16:20 하; 고후 13:12 상; 빌 4:21 상; 살전 5:26; 골 4:15; 딤후 4:19; 딛 3:15 하) 또는 "아무개가 네게 문안한다"(롬 16:16 하, 21, 23; 고전 16:19, 20 상; 고후 13:12 하; 빌 4:21 하, 22; 골 4:10-14; 딤후 4:21; 딛 3:15 상)라는 식의 작별 인사는 바울의 편지 맺는말의 흔한 형태입니다.

5. 바울은 종종 편지 말미에 "내가 친필로 문안한다"(고전 16:21; 살후 3:17; 골 4:18)라고 자필서명을 합니다.

6. 바울서신은 보통 "우리 주 예수의 은혜가 너희에게 있을지어다"(롬 16:20

하)와 같은 정형화된 문구로 마무리가 됩니다.

7.   C. J. Hemer, "The Name of Paul", *Tyndale Bulletin* 36 (1985): p. 183.

8.   길성남, 『에베소서 어떻게 읽을 것인가』 (서울: 성서유니온선교회, 2005). pp. 56-59.

9.   홍인규, 『로마서 어떻게 읽을 것인가(개정2판)』 (서울: 성서유니온 선교회, 2018), pp. 36-37.

10.   오경준, 『로마서 정독하기』 (서울: 홍성사, 2021), p. 45.

11.   크리스토퍼 애쉬, 『티칭 로마서』 (서울: 성서유니온, 2018), pp. 69-70.

12.   John Stott, *The Message of Romans* (Downers Grove: IVP, 2001), p. 92.

13.   홍인규, 『로마서 어떻게 읽을 것인가(개정2판)』, p. 78.

14.   위의 책, p. 91.

15.   이상웅, 『로마서 강해』 (서울: 솔로몬, 2021), pp. 334-35.

16.   물론 여기서는 율법이 죽은 것이 아니고 율법과 결혼한 신자가 죽은 것입니다.

17.   이상웅, p. 450.

18.   위의 책, p. 457.

19.   18절 하반절의 "완악하게 하셨다"는 말은 하나님께서 후자, 즉 하나님의 긍휼을 거부하고 더욱 완악해진 자들을 완악한 상태 그대로 버려두셨다는 말입니다.

20.   율법과 관련해서 바울이 문제 삼는 것은 하나님께서 본래 모세에게 주신 율법이 아니라 유대인들의 구전 율법을 통해서 왜곡되게 이해한 율법입니다.

21.   John Stott, *The Message of Romans*, p. 322.

22.   24절의 "너희가 그리로 보내줌을 바람이라"는 말은 물질적인 지원에 대한 기대를 표현하는 것입니다. '보내주다'라는 헬라어 동사 '프로펨포'는 선교사 후원을 의미하기 때문입니다.

23. 제프리 A. D. 와이마, 『고대의 편지 저술가, 바울』 (서울: 그리심, 2017), p. 280.

24. 위의 책, pp. 282-83.

25. 심상법, 『바울의 영성』 (서울: 생명의 말씀사, 2006), p. 36.

26. 제프리 A. D. 와이마, 『고대의 편지 저술가, 바울』, pp. 123-27.

27. 홍인규, 『우리의 자화상 고린도 교회』 (용인: 킹덤북스, 2013), p. 27.

28. 철학(philosophy)이라는 말의 어원상 의미가 바로 '지혜'(sophia)에 대한 '사랑'(philos)입니다.

29. 김세윤, 『고린도전서 강해』 (서울: 두란노, 2008), p. 49.

30. 소병수, 『고린도전서 어떻게 읽을 것인가』 (서울: 성서유니온 선교회, 2015), p. 199.

31. 홍인규, 『우리의 자화상 고린도 교회』, pp. 71-72.

32. 위의 책, p. 111.

33. 김세윤, 『고린도전서 강해』, pp. 269-70.

34. 이 은사 목록에는 모든 성령의 은사들이 전부 열거되어 있는 것은 아닙니다(참고, 롬 12:6-8; 엡 4:11-13). 바울은 그 교회가 처한 상황에 맞게 은사 목록을 제시하고 있는 것입니다.

35. 조병수, pp. 334-36.

36. 제프리 A. D. 와이마, 『고대의 편지 저술가, 바울』, pp. 276-78.

37. 한글 개역개정판은 원문에 있는 '데'를 번역하지 않았습니다.

38. 정성국, 『고린도후서 어떻게 읽을 것인가(개정판)』 (서울: 성서유니온 선교회, 2020), pp. 89-90.

39. Ben Witherington III, *Conflict and Community in Corinth* (Grand Rapids: Eerdmans, 1995), pp. 377-78.

40. 목회와 신학 편집부, 『고린도후서 어떻게 설교할 것인가』 (서울: 두란노, 2012), pp. 152-53.

41. 정성국, p. 142.

42. 7절 상반절의 "너희는 외모만 보는도다"라는 말에서 '외모'(헬. '프로소폰')는 표면적인 것이 아니라 '눈앞에 있는 명백한 사실들'을 의미합니다. 그리고 이 문장은 평서문이 아니라 명령문으로 번역해야 합니다. 따라서 "눈앞에 있는 명백한 사실들을 보라"라고 해야 하겠습니다.

43. 고린도후서의 핵심 화두 중의 하나는 '자랑'입니다. 그래서 바울은 10-13장에 '자랑하다'라는 뜻을 지닌 헬라어 동사 '카우카오마이'를 무려 17회나 쓰고 있는 것입니다(고후 10:8, 13, 15, 16, 17[×2]; 11:12, 16, 18[×2], 30[×2]; 12:1, 5[×2], 6, 9).

44. 제프리 A. D. 와이마, 『고대의 편지 저술가, 바울』, pp. 268-69.

45. 그래서 갈라디아서를 '소(小) 로마서'라고도 부릅니다.

46. 제프리 A. D. 와이마, 『고대의 편지 저술가, 바울』, p. 49.

47. 존 스토트, 『갈라디아서 강해』 (서울: IVP, 2007), p. 24.

48. 권연경, 『갈라디아서 어떻게 읽을 것인가』 (서울: 성서유니온 선교회, 2013), p. 65.

49. 본문에 나온 예루살렘 방문 사건은 사도행전 11:27-30에 나오는 연보 전달 혹은 15장의 사도들의 만남, 즉 예루살렘 공의회 둘 중의 한 사건으로 보여집니다.

50. 김선용, 『갈라디아서』 (서울: 비아토르, 2020), p. 39.

51. 김관성·문지환·정우조, 『지금 우리가 갈라디아서를 읽는 이유』 (서울: 두란노, 2023), pp. 133-34.

52. 김선용, p. 103.

53. 김관성·문지환·정우조, pp. 216-17.

54. 김선용, pp. 167-68.

55. 길성남, 『에베소서 어떻게 읽을 것인가(개정판)』 (서울: 성서유니온 선교회, 2016), p. 69.

56. 위의 책, pp. 137-38.

57. 강학종, 『LET'S GO 에베소서』 (고양: 베드로서원, 2022), p. 64.

58. 한글 개역개정판에서는 원문에 있는 '데'를 번역하지 않았습니다.

59. 길성남, 『에베소서 어떻게 읽을 것인가(개정판)』, p. 206.

60. 김성훈, 『개혁주의 해서 에베소서』 (서울: 총신대학교 출판부, 2013), p. 163.

61. 위의 책, p. 300.

62. 존 스토트, 『에베소서 강해』 (서울: IVP, 2007), pp. 203-4.

63. 한병수, 『교회란 무엇인가: 에베소서 강해』 (서울: 복 있는 사람, 2018), p. 207.

64. Ben Witherington III, *Women in the Earliest Churches* (Cambridge: Cambridge University Press, 1988), p. 59.

65. 김세윤, 『빌립보서 강해』 (서울: 두란노, 2011), p. 19.

66. 김도현, 『빌립보서 어떻게 읽을 것인가』 (서울: 성서유니온 선교회, 2016), p. 57.

67. 그래서 바울은 "나의 매임이 그리스도 안에서 온 시위대 안과 그 밖의 모든 사람에게 나타났으니"라고 말합니다(13절).

68. 화종부, 『사랑을 더 풍성하게 하라』 (서울: 두란노, 2015), p. 186.

69. 화종부, 『기쁨을 더 풍성하게 하라』 (서울: 두란노, 2016), pp. 23-25.

70. 빌립보서에는 총 27번의 권면이 있는데, 그중 1/3이 "주 안에서 ~하라"는 권면입니다.

71. 김도현, p. 200.

72. 화종부, 『기쁨을 더 풍성하게 하라』, p. 201.

73. 길성남, 『골로새서, 빌레몬서』 (서울: 이레서원, 2019), pp. 31-33.

74. 위의 책, p. 157.

75. 한글 개역개정판은 '호티'를 번역하지 않았습니다.

76. Peter O'Brien, *Colossians-Philemon* (Dallas: Word Books, 1982), p. 307.

77. 본 절에서 '생각하다'(헬. '프로네오')라는 말은 '마음에 두다', '몰두하다' 라는 의미입니다.

78. 길성남, 『골로새서, 빌레몬서』, p. 235.

79. Jeffrey Weima, *1-2 Thessalonians* (Grand Rapids: Baker, 2014), p. 89.

80. 위의 책, p. 104.

81. 김세윤, 『데살로니가전서 강해』, p. 53.

82. 현대 역본들(NIV, NKJV, NRSV, 한글 개역개정판 등)은 7절에서 헬라어 '네피오이'(유아들) 대신에 문맥상 보다 자연스러워 보이는 '에피오이'(유순한 자들)를 채택하였습니다. 하지만, '네피오이'가 '에피오이'보다 원문에 더 가깝고, 바울은 여기서 가족 이미지를 사용하고 있기 때문입니다.

83. John Stott, *The Message of 1 & 2 Thessalonians* (Downers Grove: IVP, 1994), p. 65.

84. 데살로니가 교인들이 어떤 박해를 받았는지 본서는 구체적으로 언급하고 있지 않습니다. 다만 그들은 유대에 있는 교회가 유대인들에게 고난을 받은 것처럼 자기 나라 사람들에게 고난을 받았다고 바울은 말합니다(살전 2:14). 이들이 동족에게 고난을 받은 이유는 4장의 사도의 권면대로 거룩한 삶을 살았기 때문일 것입니다. 거룩은 세상과의 '다름'과 '구별'입니다. 동족들과 달리 거룩을 추구하는 삶은 필연적으로 고난을 수반하게 되어 있습니다.

85. '거룩'이라는 말은 헬라어로, '하기아스모스'인데, 신약에서는 세 가지 종류의 거룩을 이야기합니다. 첫째, 죄인이 회심할 때 얻게 되는 그리스도의 거룩함에 참여하는 것, 즉 칭의입니다. 둘째, 일상의 삶 속에서 거룩하게 되어가는 것, 즉 성화입니다. 셋째, 하나님의 나라에 들어가서 완전히 거룩하여지는 것, 즉 영화입니다. 우리 그리스도인들은 주님을 믿음으로 거룩함을 덧입고, 이 세상을 살아가면서 거룩하여지고, 저 천국에 들어가서

완전한 거룩함에 도달하게 됩니다.

86. 화종부, 『읽는 설교 데살로니가전후서』 (서울: 죠이북스, 2022), p. 152.

87. Jeffrey Weima, *1-2 Thessalonians*, p. 346.

88. 화종부, 『읽는 설교 데살로니가전후서』, pp. 204-5.

89. Jeffrey Weima, *1-2 Thessalonians*, p. 443.

90. 문일규, 『그리스도의 새림을 기다리는 당신에게』 (서울: 그리심, 2023), pp. 289-90.

91. John Stott, *The Message of 1 & 2 Thessalonians*, p. 227.

92. 위의 책, pp. 188-89.

93. 바울이 자신의 사도직을 하나님과 그리스도 양자 모두에게 기원한다고 말하는 다른 서신은 갈라디아서뿐입니다.

94. 본 장에서 '모든 사람'이라는 말이 강조됩니다. 첫째, 기도는 '모든 사람'을 위하여 드려져야 합니다(1절). 둘째, 하나님은 '모든 사람'이 구원받기를 원하십니다(3-4절). 셋째, 그리스도는 '모든 사람'을 위하여 자기를 대속물로 주셨습니다(6절). 넷째, 바울은 유대인뿐만 아니라 이방인의 스승이 되었습니다. 다시 말해서, 그는 '모든 사람'을 위해 복음을 증거하는 일을 합니다(7절). 이러한 반복이 의도하는 것은 교회의 기도와 선포는 '모든 사람', 즉 그 범위가 우주적이라는 사실을 말하는 것입니다. John Stott, *The Message of 1 Timothy & Titus* (Downers Grove: IVP, 2001), p. 60.

95. 크렉 S. 키너, 『바울과 여성』 (서울: 기독교문서선교회, 1997), p. 156.

96. '유세베이아'라는 헬라어 단어는 신약성경에 총 15번 나오는데, 디모데전서에서만 그것의 절반 이상인 9번이 나옵니다.

97. 한글 개역개정판에서는 '가르'가 생략되었습니다.

98. 여기서 바울은 헬라어 부정 접두어 '알파'를 사용하여 이들이 타고났어야 하는 자질이 결여되었음을 강조합니다.

99. John Stott, *The Message of 2 Timothy* (Downers Grove: IVP, 1984), p. 89.

100. 위의 책, p. 97.

101. 영감이란 성경이 정확, 무오(無謬)한 하나님의 말씀이 되도록 기록 과정에서 성령님께서 초자연적으로 개입하신 것을 의미합니다.

102. Walter Lock, *A Critical and Exegetical Commentary on the Pastoral Epistles* (T.&T. Clark, 1924), p. 140.

103. 박대영, 『디도여, 교회를 부탁하오』 (서울: 두란노, 2018), p. 153.

104. William Mounce, *Pastoral Epistles* (Dallas: Word Books, 2000), p. 411.

105. 한글 개역개정판에서는 '왜냐하면'이라는 뜻을 가진 헬라어 '가르'가 생략되었습니다.

106. 제프리 A. D. 와이마, 『고대의 편지 저술가, 바울』, p. 307.

107. Ben Witherington III, *The Letters to Philemon, the Colossians, and the Ephesians* (Grand Rapids: Eerdmans, 2007), p. 56.

108. Norman Petersen, *Rediscovering Paul: Philemon and the Sociology of Paul's narrative World* (Philadelphia: Fortress, 1985), p. 100.

109. 권성수, 『히브리서』 (서울: 총신대학교 출판부, 1997), p. 48.

110. 강학종, 『LET'S GO 히브리서』 (고양: 베드로서원, 2021), p. 18.

111. 레이먼드 브라운, 『히브리서 강해』 (서울: IVP, 2000), pp. 46-51.

112. 양용의, 『히브리서 어떻게 읽을 것인가』 (서울: 성서유니온 선교회, 2014), p. 62.

113. 위의 책, pp. 98-99.

114. 하용조, 『예수님만 바라보면 행복해집니다』 (서울: 두란노, 2004), pp. 83-85.

115. 양용의, 『히브리서 어떻게 읽을 것인가』, pp. 125-27.

116. 강학종, 『LET'S GO 히브리서』, pp. 89-90.

117. 목회와 신학 편집부, 『히브리서 어떻게 설교할 것인가』 (서울: 두란노, 2007), p. 217.

118. 토머스 R. 슈라이너, 『히브리서 주석』 (서울: 복 있는 사람, 2016), p. 275.

119. 하용조, 『예수님만 바라보면 행복해집니다』, p. 144.

120. 여기 '완전함'이란 완전한 대제사장 예수님의 완전한 희생 제사를 통해 죄가 실제로 제거되고 양심이 깨끗하게 되어 하나님과 올바른 관계를 이루는 목표가 성취되었다는 의미입니다. William Lane, *Hebrews 1-8* (Dallas: Word Books, 1991), pp. 180-81.

121. 목회와 신학 편집부, 『히브리서 어떻게 설교할 것인가』, pp. 268-69.

122. 양용의, 『히브리서 어떻게 읽을 것인가』, p. 427.

123. 당시 유대교는 로마 정부가 공식적으로 인정한, 대체로 방해하지 않고 내버려 두는 '인정한 종교'의 하나였습니다.

124. 목회와 신학 편집부, 『히브리서 어떻게 설교할 것인가』, pp. 279-80.

125. 목회와 신학 편집부, 『야고보서, 벧전후, 유다 어떻게 설교할 것인가』 (서울: 두란노, 2011), p. 21.

126. 야고보가 말하는 '온전한 자'(perfect man)란 모든 사람이 죄인이므로(롬 3:23), 예수님처럼 죄가 전혀 없는 자를 의미하는 것이 아니라 영적으로 성숙하고 균형 잡힌 사람을 말합니다.

127. 사도 요한의 형제, 알패오의 아들, 예수님의 동생.

128. 채영삼, 『지붕 없는 교회』 (서울: 이레서원, 2012), pp. 191-92.

129. 다니엘 도리아니, 『야고보서』 (서울: 부흥과개혁사, 2012), p. 287.

130. 채영삼, 『십자가와 선한 양심』 (서울: 이레서원, 2014), p. 122.

131. John Elliott, *A Home for the Homeless: A Social-Scientific Criticism of 1 Peter, Its Situation and Strategy* (Eugene: Wipf and Stock, 2005), pp. 166-69.

132. 채영삼, 『십자가와 선한 양심』, pp. 245-47.

133. 사도가 "겸손으로 허리를 동이라"는 표현을 쓴 것은 세족식 때 했던 주님의 행동을 암시합니다.

134. 채영삼, 『신적 성품과 거짓 가르침』 (서울: 이레서원, 2017), p. 30.

135. 김병국, 『설교자를 위한 공동서신 강해』 (서울: 이레서원, 2004), pp. 175-76.

136. 채영삼, 『신적 성품과 거짓 가르침』, p. 227.

137. 이는 단지 명사형만을 계수한 것입니다.

138. 요한은 자신의 복음서에서는 예수 그리스도의 사랑과 예수 그리스도에 대한 우리의 사랑을 강조한다면, 요한서신에서는 하나님의 사랑과 하나님에 대한 우리의 사랑을 보다 빈번히 언급합니다.

139. 채영삼, 『코이노니아와 코스모스』 (서울: 이레서원, 2021), pp. 121-31.

140. 사실 이 세 가지 문제는 요한일서 전반에 걸쳐 반복해서 다루어지고 있습니다. 하지만 좀 더 지면을 많이 할애해서 2장은 진리, 3장은 윤리, 4장은 사랑의 이슈를 취급하고 있기에 이렇게 구분해도 큰 무리는 없습니다.

141. '진리'란 하나님의 계시를 말하는데, 성육신을 부인하는 가현설주의자들과 관련해서는 예수가 육체로 오신 그리스도라는 사실을 믿는 것을 의미합니다.

142. 여기 '세상'(헬. '코스모스')이란 세상 안에 살아가고 있는 사람들을 일컫는 말이 아니라 하나님을 적대하는 세상의 주류 문화와 가치 체계를 말합니다.

143. 이재현, 『요한서신』 (서울: 감은사, 2021), pp. 118-19.

144. 목회와 신학 편집부, 『요한일·이·삼서 어떻게 설교할 것인가』 (서울: 두란노, 2007), p. 213.

145. John Stott, *The Letter of Johns* (Downers Grove: IVP, 2014), pp. 161-62.

146. 목회와 신학 편집부, 『요한일·이·삼서 어떻게 설교할 것인가』, pp. 222-26.

147. 하워드 마샬 외 2인, 『서신서와 요한계시록』 (서울: 성서유니온 선교회, 2007), p. 490.

148. 마빈 페이트, 『요한을 읽다』 (서울: 성서유니온, 2022), p. 501.

149. 진리와 사랑은 수레의 두 바퀴처럼 항상 같이 가야 하는데, 하나가 빠진 상태에서 억지로 끌고 가면 삐거덕거리는 겁니다. 사랑이 없는 진리는 타인을 정죄하는 율법주의로 전락하고, 진리가 결여된 사랑은 분별이 없는 맹목주의로 흐릅니다.

150. 여기 "그를 너희 집에 들이지 말라"라는 금지 명령 표현은 두 가지 의미를 담고 있습니다. 첫째, 요한이 지금 편지를 써 보내는 수신자들은 거짓 교사들을 그들의 집에 맞아들여서는 안 된다는 말입니다. 둘째, 여기 '집'은 개인의 집을 넘어서 그리스도인들이 공예배 모임 장소로 사용했던 '가정교회'를 지칭하는 말일 수도 있습니다. 만일 그렇다면 이는 적그리스도 이단들을 교회 모임에 초청하여 그들의 그릇된 가르침을 퍼뜨릴 기회를 주지 말라는 권면입니다. 마빈 페이트, p. 504.

151. 서론에서 예고된 '거짓 교사들'이 유다서의 핵심 화두라는 것은 유다가 편지 본론에서 이들을 지칭하는 '이 사람들'이라는 말을 거듭 반복하고 있다는 사실을 통해서도 쉽게 드러납니다. "**이 사람들은** 무엇이든지 그 알지 못하는 것을 비방하는도다. 또 그들은 이성 없는 짐승같이 본능으로 아는 그것으로 멸망하느니라"(10절). "**이 사람들은** 원망하는 자며 불만을 토하는 자며 그 정욕대로 행하는 자라. 그 입으로 자랑하는 말을 하며 이익을 위하여 아첨하느니라"(16절). "**이 사람들은** 분열을 일으키는 자며 육에 속한 자며 성령이 없는 자니라"(19절).

152. Carson & Moo, pp. 688-89.

153. Lucas & Green, *The Message of 2 Peter and Jude* (Downers Grove: IVP, 1995), p. 253.

154. 이필찬, 『내가 속히 오리라』 (서울: 이레서원, 2006), p. 36.

155. Michael Wilcock, *The Message of Revelation* (Downers Grove: IVP, 1975), p. 44.

156. 신성종, 『요한계시록 강해(상)』 (서울: 두란노, 1996), pp. 94-95.

157. 브루스 바톤 외 3인, 『적용을 도와주는 요한계시록』 (서울: 성서유니온, 2008), p. 85.

158. 이필찬, pp. 287-88.

159. 얼핏 보면 5장의 '두루마리'와 여기 10장의 '작은 두루마리'는 서로 다른 책 같아 보입니다. 하지만 외양만 보아서는 안 됩니다. 자세히 들여다보면, 둘은 같은 책인 것을 알 수가 있습니다. 여기 10:2에서는 '작은 두루마리'라고 했지만, 8절에서는 동일한 책을 그냥 '두루마리'라고 부릅니다. 그러므로 둘은 의미상의 차이 없이 교호적으로 사용되고 있는 것입니다.

160. 이필찬, p. 493.

161. 여기 등장하는 짐승의 모습이 다니엘 7장에 나오는 세 짐승을 모두 종합해 놓은 특성을 가지고 있으므로 요한은 로마가 이전의 세 제국의 모든 악함을 포함할 뿐 아니라 그것들을 능가하는 포악성을 지닌 제국이었음을 나타내는 것입니다.

162. 이 '거짓 선지자'는 일차적으로는 요한 당시 로마 황제(첫째 짐승) 숭배를 부추겼던 '이교적 제사장'을 지칭하며, 실질적으로는 주님의 초림과 재림 기간 사이에 교회를 대적하는 '세상 종교 세력'을 가리킵니다.

163. 목회와 신학 편집부, 『요한계시록 어떻게 설교할 것인가』 (서울: 두란노, 2011), p. 432.